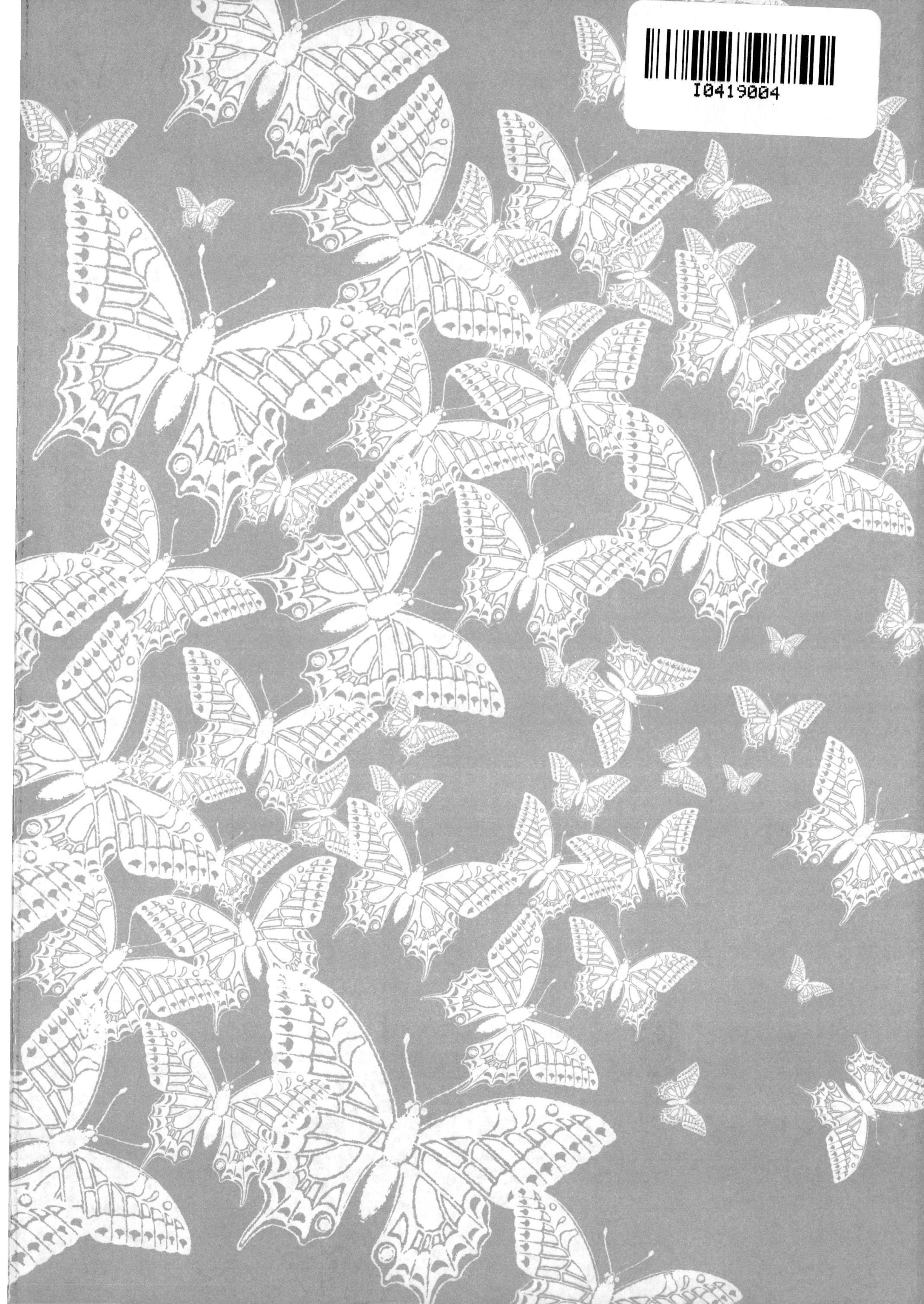

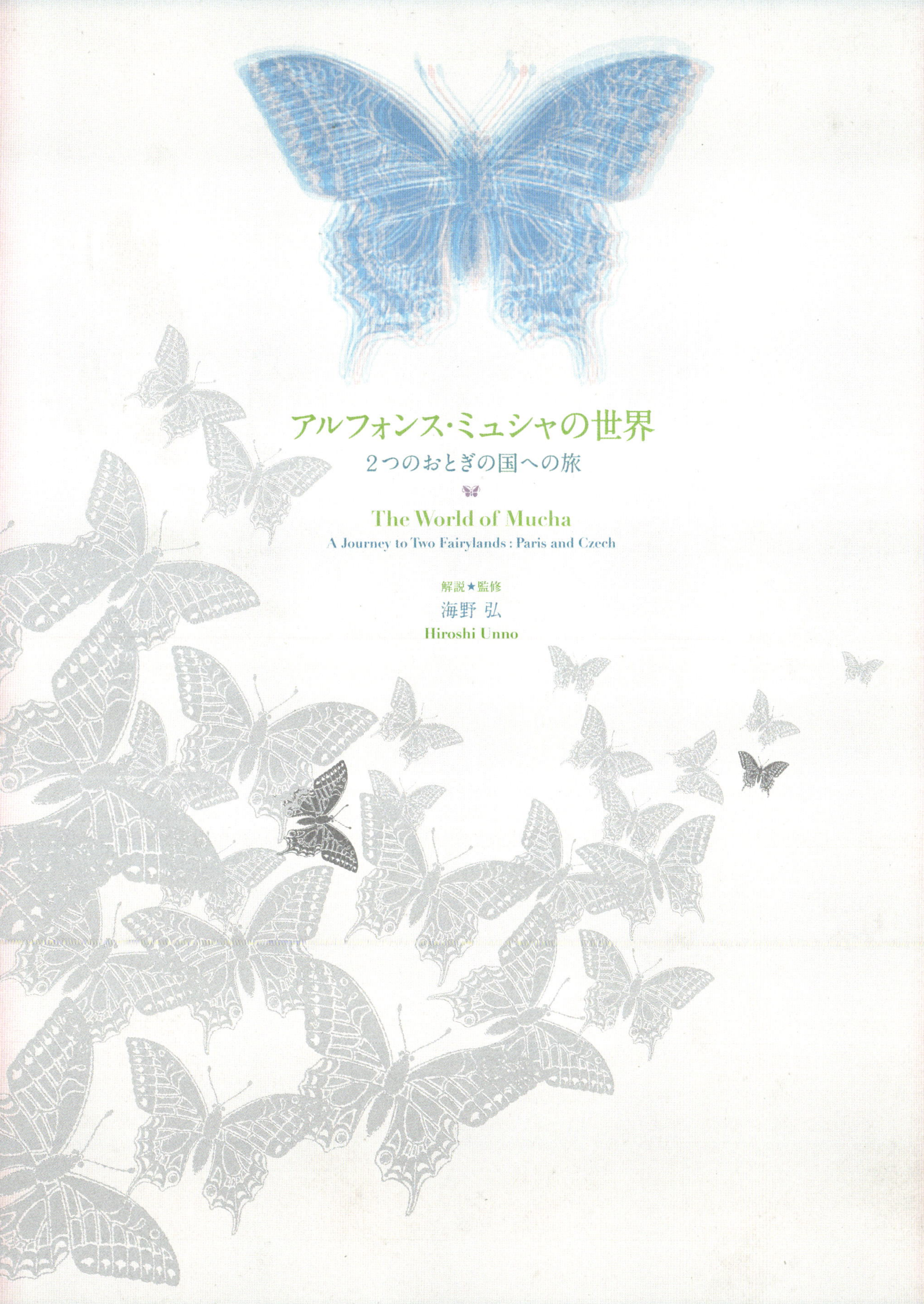

アルフォンス・ミュシャの世界

2つのおとぎの国への旅

The World of Mucha

A Journey to Two Fairylands : Paris and Czech

解説★監修
海野 弘
Hiroshi Unno

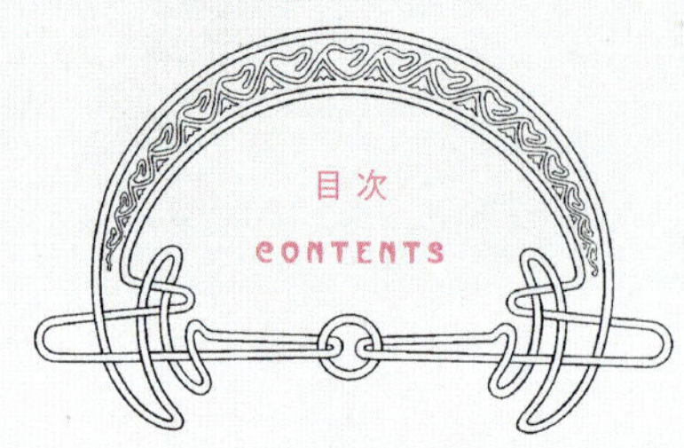

☆☆

序文
アルフォンス・ミュシャ
2つのおとぎの国への旅 004
Preface
Alfons Mucha :
A Journey to Two Fairylands

ミュシャの時代の美術と歴史 026
The Art and History of Mucha's Time

ミュシャ年表 028
Mucha's Biography

第1章
ミュシャとパリ 029
Chapter 1
Mucha and Paris

MAP：ミュシャが飾った世紀末パリ 034
Paris—Mucha's Marvelous Fin de siéle

ミュシャ・スタイルの開幕
聖なるサラの光の下に 036
The Dawn of Mucha's Style
Under Divine Sarah's Glow

[コラム1] パリのアール・ヌーヴォー 051
Topic 1 : Paris Art Nouveau

ミュシャの世紀末劇場 052
Mucha and Fin-de-Siècle Theater

[コラム2] パリの女、チェコの女 059
Topic 2 : Parisiennes and Czech Women

ミュシャの装飾宇宙
美しき女たちの楽園 060
Mucha's Decorative Cosmos
A Paradise of Beautiful Women

[コラム3] ミュシャとフリーメイソン 097
Topic 3 : Mucha and Freemasonry

ミュシャとモダン都市生活
ポスターからパッケージまで 098
Mucha and the Modern City
From Posters to Packaging

[コラム4] ポスターの黄金時代 129
Topic 4 : The Golden Age of Posters

パリ万国博覧会とミュシャ 130
The Paris Expo and Mucha

MAP：1900年パリ万国博覧会 137
The Paris Exposition of 1900

本—ミュシャの小さな濃密な世界 138
Books—
Mucha's Small, Exquisitely Detailed Worlds

[コラム5] ミュシャと写真 195
Topic 5 : Mucha and Photography

雑誌—ミュシャの近代都市スタイル 196
Magazines—
Mucha and Modern Urban Style

[コラム6] ミュシャのジュエリー、工芸品 225
Topic 6 : Mucha's Jewelry and Craftwork

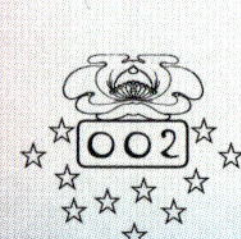

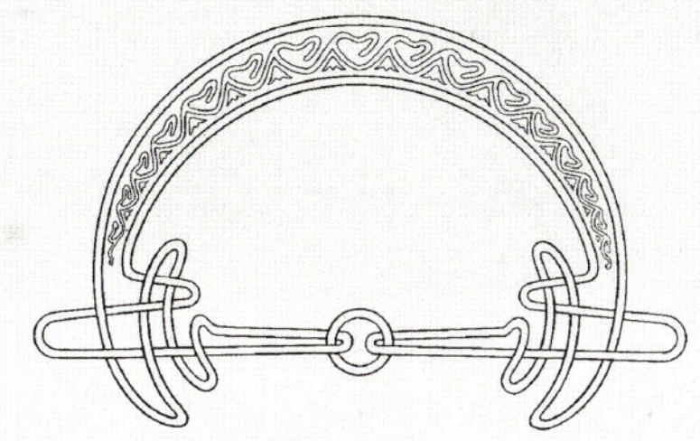

☆☆☆☆☆☆☆☆☆☆☆☆☆☆☆☆☆☆☆☆☆☆☆☆☆☆☆☆☆☆☆☆☆☆☆

絵入りの日常生活
カレンダー、メニュー、
絵はがき 226
Illustration in Everyday Life
Calendars, Menus, Postcards

[コラム7] **ミュシャと建築 240**
Topic 7 : Mucha and Architecture

第2章
ミュシャとアメリカ 241
Chapter 2
Mucha and the United States

ミュシャ・アメリカン
祖国への回り道 246
Mucha American
A Detour

[コラム8] **ミュシャのパトロンⅠ**
ロスチャイルド夫人 251
Topic 8 : Mucha's Patron I,
Adèle von Rothschild

[コラム9] **ミュシャのパトロンⅡ**
チャールズ・クレイン 266
Topic 9 : Mucha's Patron II,
Charles R. Crane

[コラム10] **アメリカン・コネクション**
ミュシャとクレインとマサリク 270
Topic 10 : American Connection:
Mucha, Crane and Masaryk

第3章
ムハ(ミュシャ)とチェコ 271
Chapter 3
Mucha and Czech

MAP:ムハ(ミュシャ)のふるさとチェコ 276
Czech — Mucha's Homeland

「スラヴ叙事詩」への招待 278
To the Slav Epic

「スラヴ叙事詩」MAP、年表 324
The Slav Epic Map and Timeline

スラヴの歴史と文化小百科 326
The Encyclopedia of Slavic History and Culture

スラヴ主義とデザイン
ポスト・アール・ヌーヴォー 328
The Slavism and Design
Post Art Nouveau

[コラム11] **チェコのアール・ヌーヴォー 351**
Topic 11 : Czech Art Nouveau

ムハ(ミュシャ)の油絵
—色彩と線の葛藤 352
Mucha's Oil Paintings —
Conflict between Color and Line

[コラム12] **ミュシャとバレエ・リュス 358**
Topic 12 : Mucha and Ballets Russes

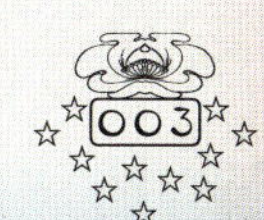

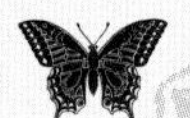

アルフォンス・ミュシャ 2つのおとぎの国への旅

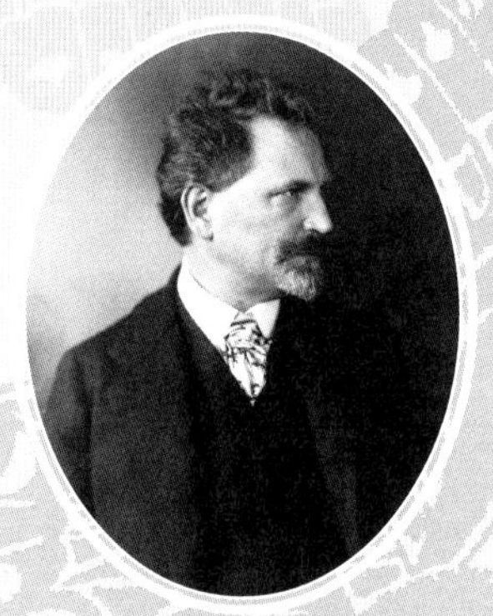

2つのおとぎの国 〈世紀末アール・ヌーヴォー〉と〈スラヴ・ファンタジー〉

アルフォンス・ミュシャは花のように愛らしく魅惑的な女たちを描いた。私は彼女たちに見とれつつ、その微笑みの中にふと謎めいた、秘められた哀愁を感じる。もしかしたら、その哀愁、そのはかない美しさこそが、私たちを限りなくひきつけるミュシャの絵の秘密なのではないだろうか。

ミュシャはチェコの田舎町に生まれ、画家になるためにふるさとを出て、長い旅をした。そして異国のパリで華麗な装飾幻想を紡ぎ出し、美しい女たちが群れる楽園を築くのだ。ミュシャはそこで〈世紀末アール・ヌーヴォー〉というおとぎの国に出会うのだ。1900年に開かれた、パリ万国博覧会はそのおとぎの国の遊園地であったのかもしれない。

ではなぜ、彼女たちの美しい表情に哀愁が浮かぶのか。なぜなら、このおとぎの国が束の間の、はかない幻影であり、博覧会がもうすぐ閉会になるように、やがて消えることを、まもなく、別れを告げなければならないことを、彼女たちが予感しているからなのだ。

ミュシャの女性たちを見ると、私はマルセル・プルーストの『失われた時を求めて』の第2篇「花咲く乙女たちのかげに」を思い浮かべる。プルーストは、ノルマンディーの夏の浜辺で出会う娘たちについて書いているが、その背後に白鳥乙女、羽衣天女の伝説が浮かんでくる。乙女たちは一瞬、地上にあらわれるが、やがて飛び去っていかなければならないのだ。

ミュシャが描いた〈世紀末アール・ヌーヴォー〉の乙女たちも、まもなく飛び去り、おとぎの国は消えてしまう。

夢からさめたミュシャはふるさとへの帰りの旅路につく。しかしふるさとはかなたにあり、なかなか帰りつけない。彼のふるさとへの想いはスラヴ民族(1)の叙事詩へとふくらんでゆく。それは現実のチェコをはるかに超えた〈スラヴ・ファンタジー〉になっていくのだ。そのために、現実のふるさとか

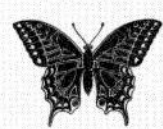

らはなかなか理解されず、幻想として、おとぎ話と見られるのである。ミュシャの芸術がふるさとに本当の帰還を遂げるのは、ずっと後のことであった。

私はミュシャを、ふるさとを出て放浪し、ふるさとに帰るために長い旅をした画家と考えてみたい。ミュシャはその長い、はるかな旅において、2つのおとぎの国を訪ねた。〈世紀末アール・ヌーヴォー〉と〈スラヴ・ファンタジー〉という2つの国である。

彼はそんな2つのおとぎの国の思い出を鮮やかに描き出して私たちに贈ってくれた。ミュシャに導かれて、私たちもその幻想的な国を周遊することにしよう。

ミュシャの青春

アルフォンス・ミュシャは1860年、チェコのイヴァンチツェという町で生まれた。チェコは西部のボヘミアと東部のモラヴィアに分けられる。ボヘミアには首都プラハがある。モラヴィアにはチェコの第2の都市ブルノがあり、イヴァンチツェはその近くにあった。

父は地方裁判所で働いていたが、あまり豊かではなかった。ミュシャは子どもの時から絵が好きだったが、声がよかったので教会の聖歌隊に入り、学費を稼いだという。絵と教会と音楽の3つに彼は関心を持った。

ブルノで学んだ後は、ミュシャはプラハの美術学校に行こうとしたが、入学を許可されず、イヴァンチツェで、父を継いで地方裁判所の書記をしていたところ、ウィーンで舞台装置制作会社に入ることができた。舞台デザインが最初の仕事になったのである。その体験がミュシャ・スタイルに大きな影響を与えている。サラ・ベルナールのポスターの成功も、彼の舞台空間への感覚が役立っているのである。

しかし1881年、ウィーンのリング劇場が火事で焼けてしまい、舞台の仕事がなくなったので、ミュシャも失職する。仕方なく彼はイヴァンチツェに帰ろうとする。昔のアーティストは修業の旅をしていた。ミュシャも旅まわりの絵師となり、途中の町で地元の人の肖像を描いたり、教会や個人の邸の壁画を描いたりして稼ぎながら、ウィーンから北のブルノに向かって旅した。オーストリアとチェコの国境に近いミクロフでも、町の人に頼んで絵の仕事をさせてもらった。

ミュシャは社交的で、どこへ行っても友だちができる人だったようだ。ミクロフでも彼の評判はよく、仕事に恵まれた。そしてミクロフの大地主だったクーエン＝ベラシ伯爵の援助で南ドイツのミュンヘンに出て絵を学ぶことになった。ミュンヘンはドイツで最も新しい芸術家が集まっていた都市で、1900年前後にはドイツのアール・ヌーヴォーである〈ユーゲントシュティール〉(2)の中心となる。ミュシャはその直前のさまざまな動きに刺激を受けた。バヴァリア（バイエルン、南ドイツ）の王はワーグナーの熱狂的なファンで、ワーグナーのオペラの舞台そのままのような幻想的な城をつくったルートヴィヒ2世であった〈fig.1〉。1885年、精神を病んだルートヴィヒが湖で水死しているのが発見された。ニーベルンゲンやタンホイザーの伝説によるワーグナーの幻想的オペラと現実とが区別できなくなった狂える王の悲劇はミュンヘンの話題となった。ちょうどミュンヘンにいたミュシャもワーグナー趣味に影響を受けるのである。

ミュシャの美術の旅はさらにつづく。1887年、彼はついにパリに出る。パリは美術の都であり、チェコからの画学生も多かったから、すぐに仲間を見つけることができた。彼はアカデミー・ジュリ

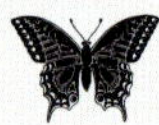

アン[3]に入った。マティス〈fig.2〉なども学んだ古い美術学校であったが、旧式な教育で面白くなかったので、1889年にはアカデミー・コラロッシ[4]に移った。しかし悪いニュースがとどく。クーエン家からの援助が打ち切られたのである。彼はパリで自分で生活費を稼ぐことになった。

そのためにミュシャは挿絵などの仕事をするようになる。絵を学んでいた彼の青春時代は終わる。彼は絵によって、1人で世界と戦っていかなければならないのだ。

装飾の錬金術

ミュシャは奇蹟とか魔術を信じる人であったらしい。困った時にだれかがふとあらわれて助けてくれる、なにか見えないものが自分を導いてくれる、と思っていた。そして神秘的なもの、魔術的なものにひかれていた。

そのような予感は当たっていたかもしれない。1889年、パトロンを失って、彼はパリで1人になった。だがちょうどその時、パリは彼を待っていたのだ。リトグラフ（石版画）が開発され、色彩豊かなグラフィック・アートの時代がはじまろうとしていた。19世紀末にライフ・スタイルが変わり、パリは世界のメイン・ストリートになった。ベル・エポック（よき時代）を華やかに飾る〈アール・ヌーヴォー・スタイル〉が開花しようとしていた。アルフォンス・ミュシャは一挙にその主役として躍り出たのである。

1894年末に制作したサラ・ベルナールの《ジスモンダ》（P38）のポスターがミュシャの出世作といわれる。すでにそこでミュシャ・スタイルが確立されている。1889年から1894年までの間になにがあったのだろうか。

援助を失った時、ミュシャはプラハの出版社の挿絵の仕事をしたが、生活は苦しかった。彼はパリにいたチェコやポーランドからきた画家たちに助けられた。無名で貧しい芸術家たちは自由なボヘミアン生活をし、アカデミズムに縛られない新しいアートを求めていた。ボヘミアンのグループに入ったミュシャは世紀末のパリのユニークなアーティストと知り会う。チェコ、ポーランド、ハンガリーなどからの画家たちとのつき合いは、しだいに〈スラヴ〉民族という同胞意識を目覚めさせた。

さらにスラヴ系の人たちだけでなく、フランスやイタリアの人々とのつき合いも広がっていった。その中にはパリ生まれのポール・セリュジエ〈fig.3〉がいた。彼はモーリス・ドニ〈fig.4〉などとナビ派[5]を結成し、ポール・ゴーギャン〈fig.5〉と親しかった。ナビ派は神秘主義、神智学、仏教などに魅せられ

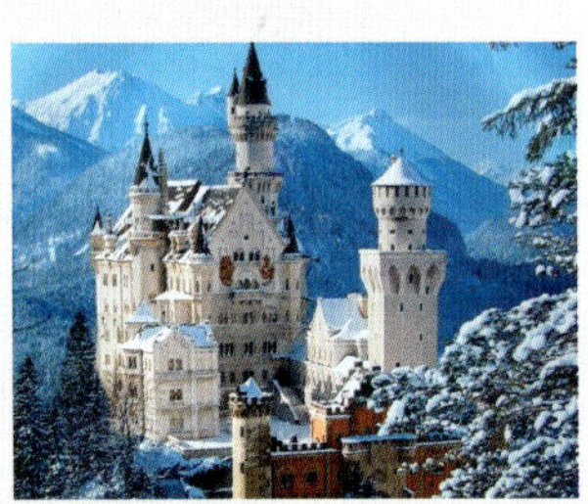

fig.1

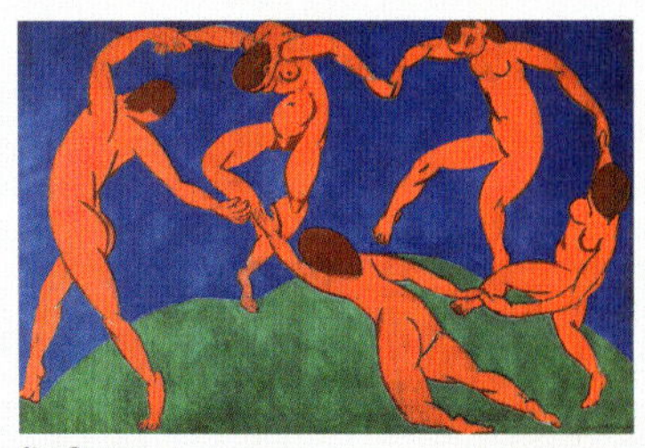

fig.2

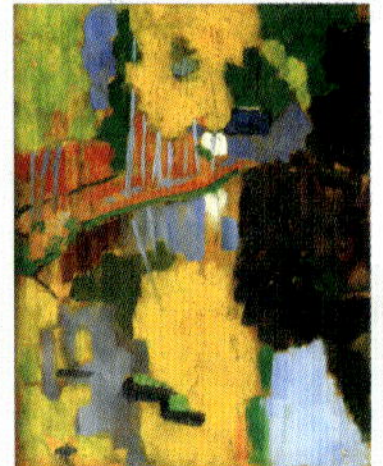

fig.3

fig.1 19世紀にルートヴィヒ2世が建てたノイシュヴァンシュタイン城
fig.2 「ダンスⅡ」アンリ・マティス画／1910年
fig.3 「護符（タリスマン、ポン・タヴェンの愛の森）」ポール・セリュジエ画／1888年

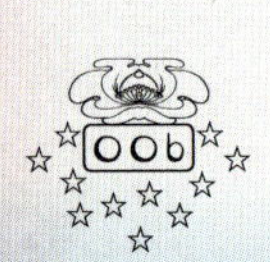

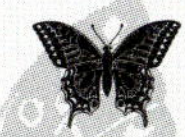

ていた。彼らとのつき合いによって、ミュシャもそれらの魔術的思想に強くひかれていった。

野性的なゴーギャンとミュシャとは正反対の性格のようだが親しくなり、ゴーギャンはパリにもどってくると、ミュシャのアトリエで仕事をした。社交的なミュシャはさまざまなタイプの人とつき合うのを好んだのだろう。

その頃、パリの出版社アルマン・コランから挿絵の仕事がくる。ミュシャの生活は少し楽になった。イラストレーターとして認められ、広告の仕事も手がけた。1892年、シャルル・ロリュー社のカレンダー(P228)をつくった。円形のフレームの中で、子どもが黄道帯の十二宮(星座)のシンボルと戯れる12図であった。ルネサンス以来のモチーフであるが、ミュシャはすでに彼らしい装飾スタイルを見つけている。

ミュシャと世紀末の魔術・心霊主義的傾向を語るのに欠かせないのは、スウェーデンの劇作家ヨハン・アウグスト・ストリンドベリ(6)との出会いである。彼は自由奔放で破滅的な私生活をくりひろげ、しばしば狂気に憑かれながらヨーロッパをさまよった。特に妻と別れてパリに逃れた1894-98年は〈地獄時代〉といわれる。彼は錬金術によって超人となり、世界を支配するという夢にとり憑かれた。ミュシャに会ったのはこの時である。

ミュシャとストリンドベリを出会わせたのは、ミュシャのアトリエの近くにいたモラール夫妻であった。夫のウィリアム・モラールは音楽家で、妻のイダはスウェーデン人の彫刻家であった。ストリンドベリは彼女を頼ってモラール家にあらわれたのである。モラール家はボヘミアン・アーティストのサロンになっていて、ゴーギャンもよくやってきた。ミュシャもこのサロンでゴーギャン、ストリンドベリと出会った。ミュシャは社交的でおだやかな人であったが、なぜかこれらの狂気をはらんだエキセントリックなアーティストと気が合った。

ストリンドベリとミュシャは深夜のモンパルナス墓地をめぐりながら、死者たちの魂や錬金術について語り合ったという。ミュシャの魔術趣味はますます高まって、アトリエを錬金術師の部屋のように飾りつけ、魂を呼びよせて、そのことばを聞く降霊術の会(セアンス)を開いた。モデルでもあったリナ・フェルクル夫人〈fig.6〉が霊媒をつとめた。霊に憑かれた彼女をミュシャは撮影している。

そのようなミュシャのアトリエの会には天文学者カミーユ・フラマリオン、心霊学者アルベール・ド・ロシャなどがやってきた。

このような魔術の会は19世紀末フランスの流行であった。ユイスマンス(7)の『さかしま』(1884)は象徴派と頽廃(デカダンス)趣味を結びつけ、オカルティズム(8)と芸術を結びつけた。その後継者と

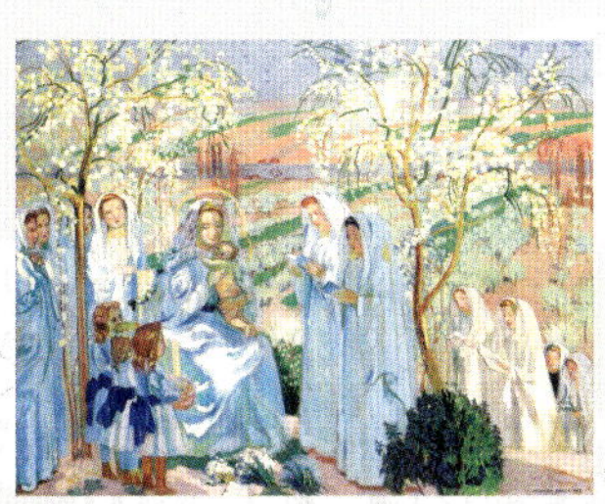

fig.4

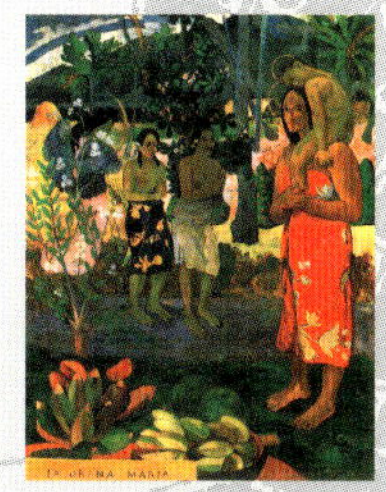

fig.5

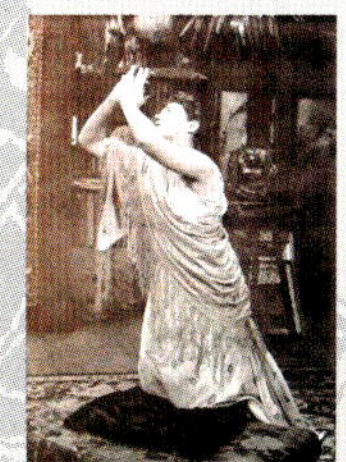

fig.6

fig.4 「聖母月」モーリス・ドニ画／1907年
fig.5 「イア・オラナ・マリア(我マリアを拝する)」ポール・ゴーギャン画／1891年
fig.6 ミュシャが撮影したフェルクル夫人

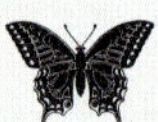

もいえるジョゼファン・ペラダンはドイツの秘密結社につながると称する薔薇十字カバラ会(9)を結成する。さらに「聖堂と聖杯のカトリック薔薇十字会」をつくった。この結社は1892年から1897年にかけて、パリで「薔薇十字展」を開いた。1892年、パリのサンジェルマン・ロクセロワ教会でワーグナーの《パルジファル》やエリック・サティ作曲のファンファーレとともに開かれた第1回展には、ベルギーのカルロス・シュヴァーベのポスターと「百合の聖母」〈fig.7〉が出されていた。その象徴主義的な人物像と装飾的形式の融合はミュシャに大きな影響を与えた、と私は思う。

このようなパリの世紀末の象徴とデカダンの雰囲気の中でミュシャのアール・ヌーヴォー・スタイルは読み直されなければならない。

サラ・ベルナールとの出会い

1894年の年末、ミュシャはサラ・ベルナールの《ジスモンダ》(P38)のポスターを描いた。年明けまでという急ぎの仕事であったが、ミュシャは間に合わせ、新年にそれがパリ中に貼り出され、評判となった。ミュシャの名とアール・ヌーヴォー・スタイルがパリの話題となった。そのいきさつをミュシャ自身が派手に演出して語っている。それによると1894年のクリスマスにミュシャはルメルシエ版画工房でリトグラフの仕事をしていた。その時、急に電話があって、サラのポスターを急きょつくってくれといってきた。そこにいたミュシャが引き受けて、すぐにその夜の公演を見に行き、ポスターを仕上げたというのである。

しかし実際はミュシャは以前からサラのファンで、雑誌の挿絵で彼女を描いたことがあったらしい(P42-47)。またすでに舞台美術を手がけていたミュシャにはサラのポスターをつくるための準備はできていたのである。

サラ・ベルナールとの出会いは決定的であった。サラを描くことでミュシャは〈世紀末〉に出会い、アール・ヌーヴォー・スタイルを確立することができた。そしてサラはミュシャのポスターによって、〈世紀末〉の象徴となった。

1890年代はサラの絶頂期であった。わがままでエキセントリックで、スキャンダラスな私生活と舞台の演技が彼女の人気を伝説的なものとした。ギリシア、ビザンチン、ロシアなどのエキゾティックな装飾が彼女を包んでいた。彼女の邸宅そのものが1つの劇場で、ビザンチンやオリエントの装飾で埋めつくされた空間にサラは異国の女王のように君臨していた〈fig.8〉。

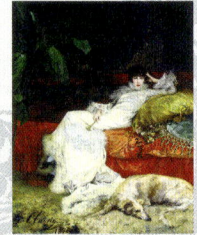

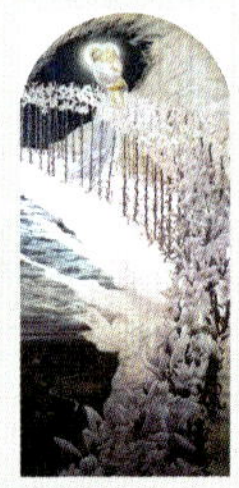
fig.7

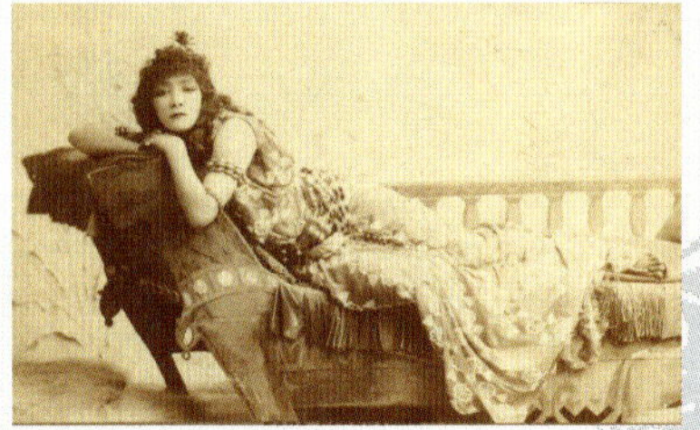
fig.8

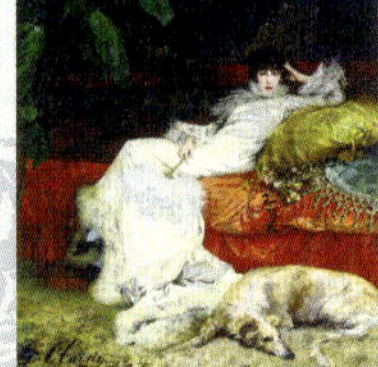
fig.9

fig.7 「百合の聖母」カルロス・シュヴァーベ画／1898年
fig.8 クレオパトラに扮するサラ・ベルナール／撮影：ナポレオン・サロニー／1891年
fig.9 「サラ・ベルナールの肖像」ジョルジュ・クレラン画／1876年

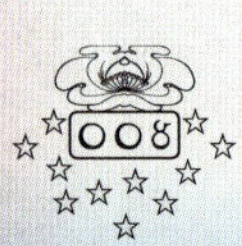

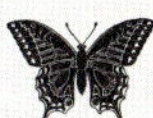

サラはミュシャのポスターが気に入り、それから6年間、彼女のポスターをまかせた。サラに出会い、その家に招かれた時、その客間の豪華で神秘的な装飾にミュシャは魅せられたろう。あるいはその前にG・クレランが描いたサラの肖像〈fig.9〉などで知っていたかもしれないが、実際に、巨大なソファにS字状に座るサラを見るのはおどろきだったろう。装飾の迷路の中にくねる女たち、というミュシャ・スタイルのイメージはサラの部屋で育てられたのではないだろうか。

サラはだれかの役に乗り移り、だれかになりきることができた。彼女は巫女(シャーマン)であり、霊媒でもあった。ミュシャはそのようなサラに魅せられ、一緒に降霊会を開いたという。サラは棺に入り、死者の甦りを演じた〈fig.10〉。

1896年12月9日、「グラン・オテルでサラ・ベルナールを讃える日」が催され、パリ中の名士が集った。「グラン・オテル」〈fig.11〉はサラの劇場であるルネサンス劇場〈fig.12〉の隣にあった。フランス大統領までが出席した、サラの「最良の日」であった。「グラン・オテル」の広間は"黄道帯(ゾディアック)"の間と呼ばれ、十二宮の星座で飾られ、サラのために特別にらせん階段がつくられた。まっ白なドレスをひらめかせながら彼女は登場し、ゆるやかに旋回しながら階段を下りてきた。妖精を見るかのように人々は幻惑された。ミュシャが描く、星座の中に踊る女たちが見えてくるかのようだ。

サラと出会ったことで、ミュシャの女性像が変化する。憂いをふくんだ、思い悩み、なにかに憑かれたような女たち、つまり内面を持った女性像があらわれるのだ。彼の初期に描かれた女たちは美しくほほえむが、そのひとみの向こう側にはなにもない。彼女はなんの悩みもなく、無邪気に笑っている。

しかしやがて、思いに沈んだり、なにかにあこがれ、陶酔しているような、私がはじめに触れた、哀愁を漂わせる女たちがあらわれる。それはロセッティ〈fig.13〉などのラファエル前派[10]の女性像の影響を感じさせるが、私はミュシャにおける内面を持った女性のイメージの1つのきっかけを、サラとの出会いのうちに見たいと思う。

第1のおとぎの国
〈世紀末のアール・ヌーヴォー〉

ミュシャは世紀末のパリにやってくる。それは〈アール・ヌーヴォー〉という新しいスタイルが、それを花咲かせるアーティストを待っている時であった。

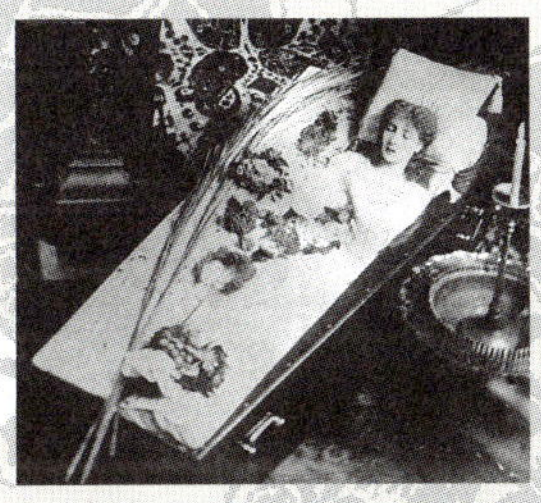

fig.10

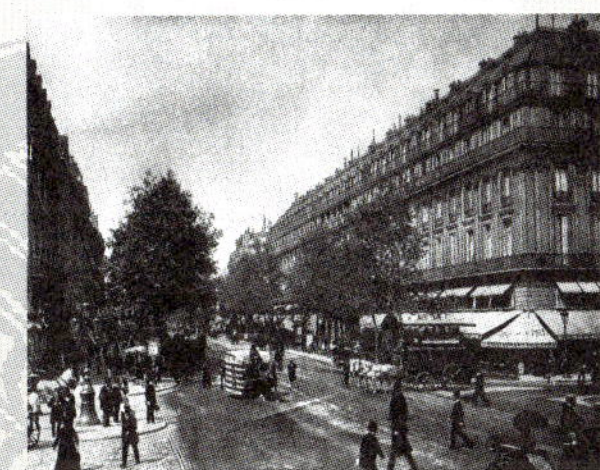

fig.11

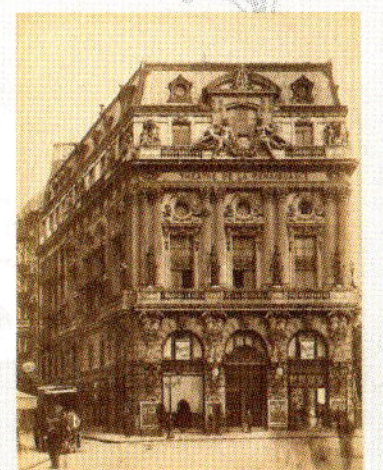

fig.12

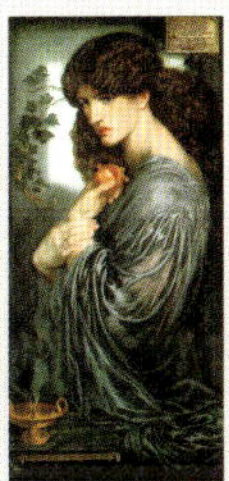

fig.13

fig.10 棺で眠るサラ・ベルナール
fig.11 1890年頃のグラン・オテル
fig.12 1890年代のルネサンス劇場
fig.13 「プロセルピナ」ダンテ・ゲイブリエル・ロセッティ画/1874年

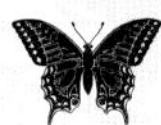

ミュシャはなぜ一挙にアール・ヌーヴォー・スタイルを使いこなすことができたのだろうか。彼が3つのもの、絵画、音楽、教会にひかれたことを思い出そう。〈教会〉とは装飾の宝庫である。その建築空間は、装飾や象徴で埋めつくされている。そこにはゴシック、ルネサンス、バロック、ロココなどの装飾が蓄積されている。ミュシャは〈教会〉から、その霊的な象徴主義、そして装飾的空間分割を学び、アール・ヌーヴォーにもたらしたのである。

アール・ヌーヴォーの特徴は平面的であり、曲線的なことだ。その平面性は浮世絵などのジャポニスムの影響を受けている。ミュシャは人物像にはモデルを使ったが装飾については空間分割、枠取り（フレーミング）、アラベスクなどの曲線を自在に描くことができたという。それはリズムやメロディといった音楽的感性と関係があるかもしれない。彼のアラベスクの曲線は、ト音記号のような音楽的な記号を感じさせ、その流れるような線は、音楽に合わせて氷上をすべるフィギュア・スケートのようである。

ミュシャによるサラ・ベルナールのポスターはつねに縦長で、サラは細く長くひきのばされ、そそり立つような圧倒的なシルエットを持ち、上部に光輪のようなアーチがかけられている。教会の天使や聖者の像の構図が使われているのだ。サラ・ベルナールは〈神のような（ディヴァイン）、聖なる〉サラといわれたが、ミュシャはまさに女神のように彼女を描いている。

アール・ヌーヴォーの平面化と装飾化は、イメージを現代世界から切り離し、自由にする。女たちは装飾の網をかけられると、幻想的な、おとぎの国の妖精のような雰囲気を漂わせるのである。

〈世紀末〉というのは19世紀が20世紀になる時の祝祭であったかもしれない。その祝祭は1900年のパリの万国博覧会〈fig.14〉として開かれた。きびしい現実を一瞬忘れて、思いきり楽しもうと人々は思ったのである。そして万国博は、新しい世紀の明るい未来への期待でもあった。

ミュシャはアール・ヌーヴォーの波に乗り、ミュシャ・スタイルは街にあふれていた。注文は殺到し、勤勉な彼は次々と作品をつくった。しかしある不満も湧いてきた。彼は世界を変え、新しい世界をつくりたいと夢見ていた。しかし仕事は、ポスターや本の挿絵など、日常生活、日々の娯楽のためのものであった。もっと大きな目的、人間の精神に関わる仕事がしたい、と彼は思った。

その時、1900年のパリ博からの仕事がきた。1つはボスニア・ヘルツェゴヴィナ館の装飾（P134-135）である。ボスニア・ヘルツェゴヴィナはバルカン半島にあり、かつてトルコのオスマン帝国領であったが、1878年にハプスブルク帝国（オーストリア）に占領された。オーストリアは1900年のパリ博でこの新しい領地を宣伝することにしたのである。

ミュシャはこの仕事を喜んで受けた。なぜならこの地域には南スラヴ民族という、チェコと同族

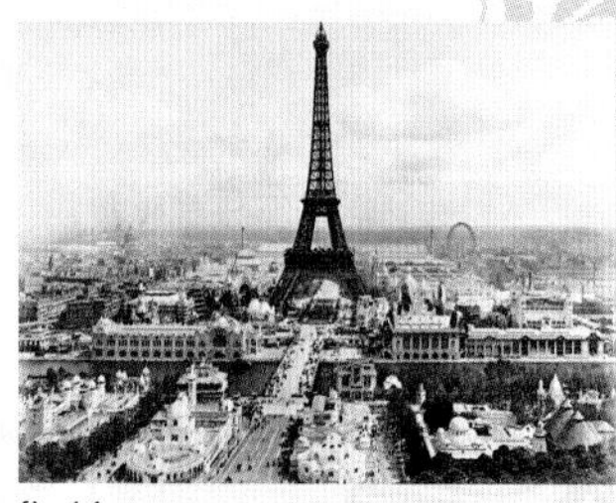
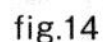

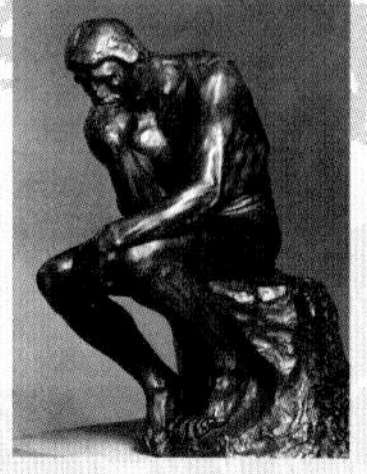
fig.15

fig.14　1900年パリ万国博覧会
fig.15「考える人」オーギュスト・ロダン作／1879-1889年

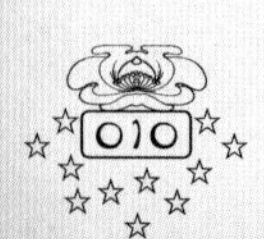

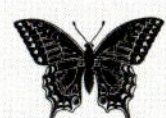

的な人々がいたからである。彼は南スラヴの歴史と神話についての物語絵を描いた。その仕事はやがて、チェコを含む〈大スラヴ〉の民族叙事詩という彼のライフワークへのきっかけとなった。

しかしミュシャが本当にやりたかったのは、エッフェル塔の下に、〈人類のパヴィリオン〉をつくろうとする計画であった。そこで人類の壮大な歴史と未来が描かれるはずで、ロダン〈fig.15〉などと協力して進められてきたが、費用が集まらず、流れてしまった。

その他にもパリ万博のいろいろな仕事にミュシャは関わった。オーストリア館では彼の『主の祈り』(P148-155)のシリーズが展示された。

パリ博とともに、ミュシャのアール・ヌーヴォーの1つのまとめといえるのは、1901年に完成した宝飾店「フーケ」のインテリア・デザイン〈fig.16〉である。ミュシャはサラ・ベルナールのためにポスターだけでなく、衣裳やアクセサリーをデザインするようになった。1899年にはサラのために蛇形のブレスレット〈fig.17〉をデザインした。これはフーケで制作している。その縁で、フーケはロワイヤル通りのマキシムの向かい側にしゃれた店を開くのに、ミュシャに依頼したのである。彼は自分のアール・ヌーヴォー・スタイルのまとめとして、トータルな空間をデザインした。

このように、多くの仕事をしたが、1900年前後に、ミュシャは自分の方向について悩みつづけていた。コマーシャルの仕事で自分を消費してしまっていいのか、なにか精神的な、大きな目的を持った仕事をしたい、と思うようになった。この時期に、私的に描かれていた死や闇など暗いテーマのパステル画は、ビアズリー〈fig.18〉などともつながるミュシャのもう1つの面をのぞかせている。

19世紀末、アール・ヌーヴォーの波に乗り、その華やかで快楽的な花園に遊んできたミュシャはそれが夢のようなおとぎの国であり、蜃気楼のように消えていくことを予感していたのだろう。1900年のパリ博はアール・ヌーヴォーの集大成であり、その終末のはじまりであった。ミュシャは世紀末の〈おとぎの国〉に別れを告げ、ふるさとに帰らなければならなかった。

まわり道　アメリカ

すべてのコマーシャルの仕事を捨て、ふるさとにもどって自分の本当の仕事をしよう、とミュシャは決意した。本当の仕事とはなにか。それはまだ漠然としていたが自分の起源としての〈スラヴ民族〉の姿を甦らせたい、というものであった。

しかし長らくチェコを離れていた彼には、ふるさとには場所がなかった。チェコで経済的心配を

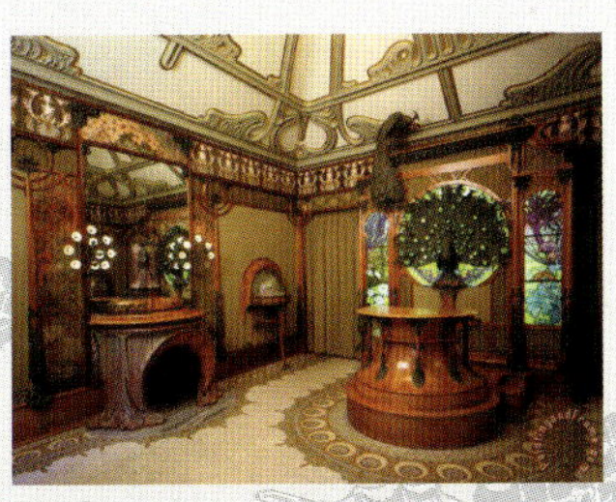

fig.16

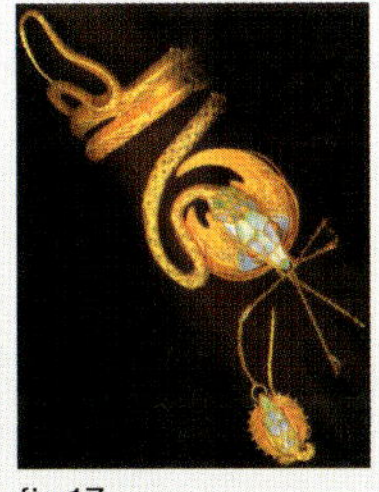

fig.17

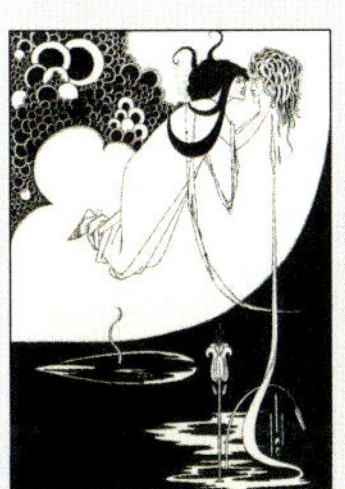

fig.18

fig.16 宝飾店フーケのインテリア
fig.17 「蛇のブレスレットと指輪」アルフォンス・ミュシャ作／1899年
fig.18 書籍『サロメ』挿絵／オーブリー・ビアズリー画／オスカー・ワイルド著／1894年

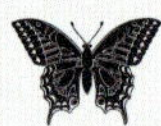

しないで絵を描くために、まずアメリカで資金を稼いでから、チェコにもどろうと彼は考えた。アメリカで資金をつくるという案は、サラ・ベルナールの影響であったろう。サラはアメリカ公演で大きな利益をあげていた。パリの彼女の劇場が赤字になると、アメリカに出かけたのである。

さらに、アメリカ公演においてミュシャのポスター〈fig.19〉を使っていたから、そのおかげでミュシャ・スタイルはアメリカでよく知られていた。

19世紀末からアメリカは空前の富を蓄積し、ヨーロッパの文化を買い占めていた。モルガン[11]やロックフェラー[12]などの百万長者が続出し、彼らは娘たちをヨーロッパの貴族と結婚させ、伯爵夫人にした。そしてメトロポリタン・オペラや交響楽団、美術館などをつくり、ヨーロッパの芸術家を呼び寄せた。ミュシャがアメリカで一稼ぎと思ったのもうなずける。

1904年、ミュシャははじめてアメリカ旅行をする。アメリカで肖像画を描く仕事であった。この頃チェコへの帰還をうながす出会いがあった。チェコからやってきた若い画学生マリ・ヒティロヴァー〈fig.20〉と親しくなったのである。美しいパリ女に囲まれた人気画家であるのに、ミュシャの恋愛はほとんど伝えられていない。女神や妖精のような女たちにあこがれていたために、人間の女には興味がなかったのだろうか。

そのような彼がチェコの娘に会い、1906年にプラハで結婚したのである。それは〈スラヴ〉の女を描きたいという彼の決意であったろうか。

パリでは仕事でいそがしいだけでなく、多くの友人とのつき合いで時間が失われた。そのわずらわしさを逃れてアメリカにきたが、ここでもやはりアメリカの百万長者の夫人たちとの社交にミュシャは追いまくられた。メトロポリタン・オペラに招かれたウィーンの音楽家グスタフ・マーラーが、ご夫人たちとのつき合いに疲れ切ってしまったことが思い出される。

1906年には結婚したばかりのヒティロヴァーを連れてアメリカに行った。シカゴのアート・インスティチュート（美術館）で講演をした。それからもしばしばアメリカを訪れている。1908年にはボストン交響楽団の演奏会でスメタナの《わが祖国》を聴き、あらためて「スラヴ叙事詩」（P280-323）の構想を燃え上がらせる。

しかしアメリカでも、人づきあいや雑用に時間をとられて、「スラヴ叙事詩」の準備はなかなか進まなかった。そんな時、ミュシャの人生の危機をしばしば救ってきた幸運な出会いが訪れる。シカゴの百万長者チャールズ・クレイン（P266）があらわれ、「スラヴ叙事詩」制作の資金援助を引き受けるのである。

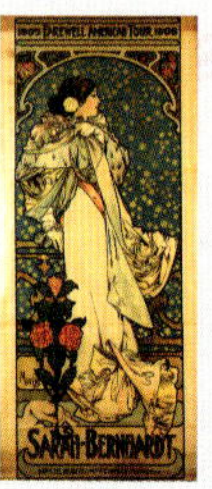

fig.19

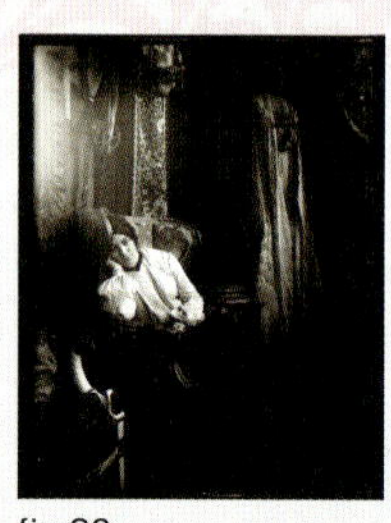
fig.20

fig.19
サラ・ベルナールの
アメリカ公演のための演劇
《椿姫》ポスター／
アルフォンス・ミュシャ画／
1905-06年

fig.20
後にミュシャの妻となる
マリ・ヒティロヴァー
（ヴァル・ド・グラース通りのアトリエにて）
1903年

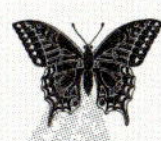

チャールズ・クレインは実に面白い人で、いつか伝記を書いてみたいと思うほどだ。アメリカのシカゴの富豪で、その財産をロシア研究に捧げた。1879年に彼はアジアに旅をし、中央アジアのブハラに行った。そしてロシアやアジアで起こっている民族運動、革命運動に関心を持った。1894年にはロシアに滞在し、ロシア、さらにスラヴの文化にひかれた。そしてチェコへ行き、哲学者T・G・マサリクと親しくなり、チェコの民族独立運動を支持するようになった。クレインは第1次世界大戦の時、ウッドロー・ウィルソン大統領のブレーンとして、ロシア・東欧問題の顧問となり、マサリクをウィルソンに紹介した。

第1次大戦でオーストリアが敗れてハプスブルク帝国が解体した。それによってチェコスロヴァキアは独立し、マサリクは初代大統領となった。チャールズ・クレインの息子リチャードはアメリカ大使としてプラハに赴任した。その妹フランシスはマサリクの息子ヤンと結婚した。

ミュシャは1904年にはじめてアメリカを訪ねた時にクレインに会い、〈スラヴ〉問題について語り合った。2人は親しくなり、ミュシャは「スラヴ叙事詩」を描きたいという夢を打ち明けた。そして彼はクレインの長女ジョセフィンを、スラヴの女性像"スラヴィア"(P330)として描いた。さらにミュシャはクレインの次女フランシスの肖像を描いた。

クレインは「スラヴ叙事詩」のテーマに魅せられた。これからの生涯のすべてをこの作品に捧げたい、というミュシャの願いに共感し、1909年、クレインはミュシャが安心してこの作品に没頭するための財政的援助を約束したのである。

1910年、ミュシャはついにチェコにもどり、「スラヴ叙事詩」にとりかかった。新しい出発であった。

第2のおとぎの国
〈スラヴ・ファンタジー〉

1910年、ミュシャは「スラヴ叙事詩」を描くための場所を見つけた。プラハから西南へ行き、プルゼニ(ピルゼン)の手前のロキツァニ近郊のズビロフの古城〈fig.21〉である。コロレド=マンスフェルト伯爵の所有だが荒れ果てていた。そこのガラス天井の大広間を借りてアトリエにした。電気がなかったのでアセチレン・ランプをつけた。ミュシャ一家はこの城で生活した。

「スラヴ叙事詩」は20点の絵によってスラヴ民族の歴史を物語る構想であった。1年に3点のペースの予定で、7年ぐらいで完成されるはずだったが、そうはいかなかった。ミュシャはこの城で18年間描きつづけ、1928年に描き上げて、プラハ市に寄贈された。

この大作にミュシャは自分のすべてを投入したのだろう。その後のミュシャは静かに休息の時代に入ってゆく。1936年、ひさしぶりにパリにもどり、クプカ〈fig.22〉との2人展を開き、なつかしいパリの日々を楽しむが、体調を崩し、1938年にプラハにもどり、1939年に没した。奇しくも、「スラヴ叙事詩」を後援したチャールズ・クレインもこの年に亡くなった。

ミュシャが祖国に捧げた「スラヴ叙事詩」は必ずしもチェコの人々に歓迎されなかった。この大作は1910年から1928年までの年月がかかった。その間に時代が大きく変わったのである。第1次世界大戦があり、古い時代は壊れてしまった。

なぜミュシャの思いは祖国に伝わらなかったのだろうか。表現と意味の両面においてチェコの現

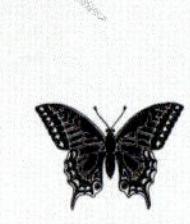

実と微妙にずれていたからである。

ミュシャは「スラヴ叙事詩」において、世紀末アール・ヌーヴォー・スタイルを封印して、それ以前の象徴主義的物語絵の表現に回帰した。しかし彼がそれを描いていた1910-28年はモダン・アートの革命期であり、キュビスム(13)、未来派(14)、ロシア・アヴァンギャルド(15)などの抽象表現が登場していた。モダン・アート(16)では純粋な視覚性が追求され、象徴や物語は美術から排除された。そのためにミュシャの表現は古くさい、時代おくれのものと見られた。

そしてミュシャが描こうとした〈スラヴ〉の意味も変わりつつあった。スラヴ人はスラヴ語を話す諸民族でオーストリア=ハンガリー帝国やトルコに支配されていた。18世紀末から、それらの諸民族の解放と〈スラヴ〉としての結集を目指す汎(パン)スラヴ主義(17)の運動が起こる。19世紀末にはチェコスロヴァキアで汎スラヴ主義が盛り上がり、ミュシャもその影響を受けたのである。1910年、チェコの民族解放運動の気運の中でミュシャは「スラヴ叙事詩」を描きはじめる。

しかし、第1次世界大戦が起こり、その結果オーストリア=ハンガリー帝国は解体し、チェコスロヴァキアは独立し、共和国となった。ミュシャのロマンティックな夢は現実的に果たされ、過去のものとなった。神話的なイメージではなく、現実の問題が迫っていた。汎スラヴ主義は第1次世界大戦とともに終わったといわれる。ポーランド、チェコからロシアまでが1つの〈スラヴ〉にまとまるなどというのは絵空事に過ぎないとされた。

「スラヴ叙事詩」全20点のうち、10点はチェコの歴史をあつかうが、あとの10点はその他のスラヴ民族のシーンを描いている。1928年に「スラヴ叙事詩」がプラハに贈られた時、人々は〈スラヴ〉の統一を信じてはいなかったのである。

ミュシャが祖国に捧げたこの大作は、歓迎されず、あまり評価されず、それを飾る場所さえもなかなか見つけられなかった。

私が「スラヴ叙事詩」をもう1つのおとぎの国と呼ぶのは、ミュシャが古城で18年かけて描きつづけたこの作品が、現実の祖国からはるかに離れた、夢の物語だからだ。

ミュシャは異国のパリにやってきて、〈世紀末アール・ヌーヴォー〉という、華やかに女たちが踊る蜃気楼のようなおとぎの国を見つけ、その楽しげな幻想をくりひろげた。

それがおとぎの国であり、やがて失われていくことを予感した彼は祖国にもどる旅に出る。アメリカというまわり道をして、ついに自分のふるさと〈スラヴ〉へと帰ってゆく。しかし彼が見た〈スラヴ〉が現実のチェコの空に浮かぶ、大いなる幻影であり、それもまたもう1つのおとぎの国だったのである。

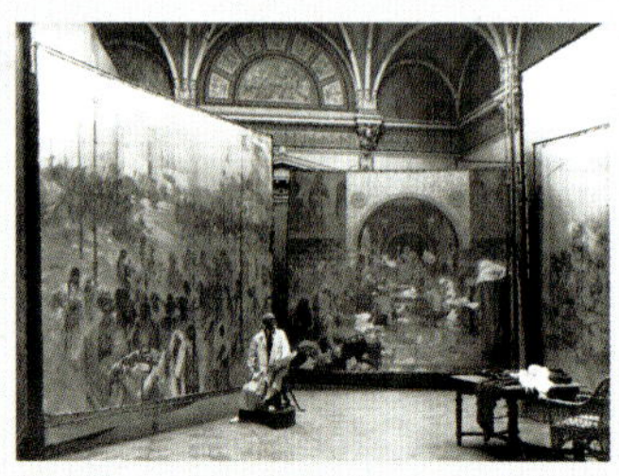

fig.21

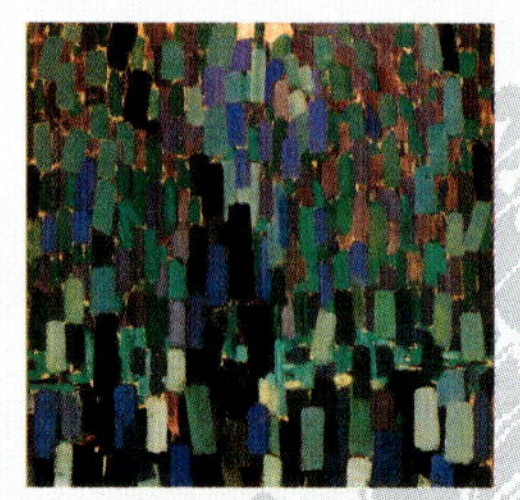

fig.22

fig.21 ズビロフ城内のミュシャのアトリエ
fig.22 「ノクターン」フランチシェク・クプカ画／1910年

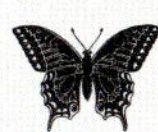

そしてミュシャと彼が旅した2つのおとぎの国は淡雪のように消え、忘れられていった。だがその失われた時は甦ってくるのだ。

1960年代、第1のおとぎの国、〈世紀末アール・ヌーヴォー〉がもどってくる。ミュシャが描いた〈花咲く乙女〉たちがその裳裾（もすそ）を風になびかせながら、浜辺を通り過ぎていくのが見えてくる。

そして私たちは今、ミュシャの第2のおとぎの国、〈スラヴ・ファンタジー〉の意味を理解できる時に出会っているのではないだろうか。神話や伝説、物語のある絵をあらためて評価できる時点に私たちは達してきている。その時、神秘的で魔術的なミュシャが見えてくる。100年の時をへだてて、「スラヴ叙事詩」と私たちは向き合っている。その時の流れの中で、今ようやくミュシャの新しい魅力が見えてくる。2つのおとぎの国がまるで花のように開いて、アルフォンス・ミュシャの夢をのぞかせてくれる。

註

註1　スラヴ民族…中欧・東欧に住み、インド・ヨーロッパ語族スラヴ語派に属する言語を話す民族集団。東スラヴ人（ウクライナ人、ベラルーシ人、ロシア人など）と西スラヴ人（チェコ人、スロヴァキア人、ポーランド人など）、南スラヴ人（クロアチア人、セルビア人、ブルガリア人など）に分けられる。1つの民族を指すわけではなく、あくまで言語学上の分類。

註2　ユーゲントシュティール…1896年に刊行された『ユーゲント』に代表される「構成と装飾の一致」を理念とし、美や快楽と実用性を融合させることを主たる目的としたドイツ語圏の世紀末美術の様式。19世紀末から20世紀初頭にかけ、絵画や彫刻の他にも、建築、室内装飾、家具デザイン、織物、印刷物から文学・音楽などに展開した。

註3　アカデミー・ジュリアン…フランスのパリに存在した美術学校。ミュシャ、ボナール、マティスなど多くの画家が学んだ。

註4　アカデミー・コラロッシ…フランスのパリに存在した美術学校。ゴーギャン、黒田清輝など多くの画家が学んだ。

註5　ナビ派…19世紀末のパリでポール・セリュジエを中心に、パリのアカデミー・ジュリアンに通う若い画家たちによって結成された集団。「ナビ」とはヘブライ語で「預言者」を意味する。秩序づけられた平面としての絵画を追求し、芸術の装飾性を主張。アール・ヌーヴォーの先駆的役割を果たした。

註6　ヨハン・アウグスト・ストリンドベリ（1849-1912）…スウェーデンの小説家・劇作家。史劇、童話劇、自然主義小説のほか、写実主義・知性的貴族主義・神秘主義に傾倒した戯曲を執筆。主な戯曲に《令嬢ジュリー》、《大海のほとり》、《死の舞踏》など。自然科学や錬金術、オカルト研究でも知られる。

註7　ジョリス＝カルル・ユイスマンス（1848-1907）…フランスのデカダンス派作家の代表。代表作の『さかしま』は象徴主義・デカダンス作品としてポール・ヴァレリーやオスカー・ワイルドなどに影響を与えた。『さかしま』は「さかさま＝道理にそむくこと」の意味で、「デカダンスの聖書」と評される。

註8　オカルティズム…オカルト主義、隠秘学。解明できない神秘的自然現象・人間的事象への傾倒、占星術、錬金術、魔術、呪術などを指す。

註9　薔薇十字団…中世から存在するといわれる思想運動をになった秘密結社。
カバラ…ユダヤ教の伝統に基づいた創造論（神による万物創造）、終末論、メシア論をともなう神秘主義思想。

註10　ラファエル前派…19世紀中頃のヴィクトリア朝時代のイギリスで活躍した芸術家グループ。1848年にロセッティ、ミレイ、ウィリアム・ホルマン・ハントにより結成された。ラファエロ以前の素朴な初期ルネサンスやフランドル美術を模範とし、絵画の素朴さを追求し、ありのままの自然を写し出そうとした。

註11　ジョン・ピアポント・モルガン（1837-1913）…アメリカの5大財閥の1つであるモルガン財閥の創始者。父親から引き継いだ事業を発展させ、銀行家、鉄道・海運・製鉄業・通信事業に成功。巨大な芸術品のコレクションを所蔵し、メトロポリタン美術館等に寄贈した。

註12　ジョン・ロックフェラー（1839-1937）…石油業界大手のスタンダード・オイル等で財をなし、史上最大ともいわれる資産を保有したアメリカの大富豪。引退後は慈善活動に従事し、医療・教育・科学研究促進等に寄与する多くの財団を設立した。

註13　キュビスム…20世紀初頭にパブロ・ピカソとジョルジュ・ブラックらが提唱した視覚絵画の総称。さまざまな角度から見たものの形を1つの画面に収めた「絵画の視覚革命」として後世に多大な影響を与えた。

註14　未来派…20世紀初頭、イタリアを中心に興った芸術革新運動。急速に変化する近代社会の「速度の美」を称え、あらゆる破壊的な行動を讃美する過激なものだった。

註15　ロシア・アヴァンギャルド…20世紀初頭、ロシア・ソ連で興った前衛的（アヴァンギャルド）な芸術運動の総称。キュビスムや未来派の影響を受け、「芸術に死を！」をスローガンに、新しい芸術理論を構築する試み。

註16　モダン・アート…近代・現代美術。20世紀に入ってから第2次世界大戦までに生まれた抽象主義・超現実主義（シュールレアリスム）などの新傾向の美術。大戦以後に生まれた新傾向の美術はコンテンポラリー・アートと呼んで区別することが多い。

註17　汎（パン）スラヴ主義…スラヴ民族の連帯と統一を目指す思想運動。19世紀初頭、オーストリア＝ハンガリー帝国やトルコの統治下にあった西および南スラヴ諸民族の民族的覚醒とともに生まれ、共通の言語的・人種的紐帯を強調した。

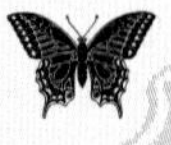

Preface

Alfons Mucha : A Journey to Two Fairylands

Two Fairylands: Fin-de-siècle Art Nouveau and Slavic Fantasy

Alfons Mucha portrayed female figures as alluring and lovely as flowers. They are fascinating, but we sense an unexpected presence of enigmatic and secret sorrows behind the smiles. That combination of sorrow and fleeting beauty may be the secret behind the never-ending fascination of Mucha's paintings.

Mucha was born in a rural town in Moravia (now the Czech Republic). To become a painter, he had to leave his birthplace and embark on a long journey. In Paris, a place that was alien to him, he created a paradise teeming with beautiful female figures interlaced with magnificent ornamental illusions. Paris is where Mucha encountered the fairyland of fin-de-siècle Art Nouveau and its playground, the Exposition Universelle de Paris (the Paris World's Fair) in 1900.

What is the source of that sorrow we sense in the beautiful expressions of these female figures? Perhaps because of a premonition that the fairyland is only a brief and fleeting illusion, soon to vanish when the World's Fair ends and they have to bid their farewells.

The female figures that Mucha painted recall *In the Shadow of Young Girls in Flower*, the second volume of Marcel Proust's *In Search of Lost Time*. There Proust writes about the girls he encounters at the seaside during a Normandy summer, but the context is the legend of celestial maidens and their feather robes: the Swan Maidens who make a brief appearance on earth, but soon have to fly away.

The maidens of the fin-de-siècle Art Nouveau portrayed by Mucha will also fly away. That fairyland will shortly vanish.

Awaking from the dream, Mucha sets out to return to his place of birth, but the journey is long and not an easy one. His thoughts about his native place are developed in an epic poem about the Slavs that, eventually, becomes a Slavic fantasy having little do to with the actual Czech nation. It, too, is a fairytale and an illusion, rather than a description of his real place of birth. The actual return of the art of Mucha to his place of birth comes much later.

I would like to consider Mucha as a painter who left his place of birth to wander the world, undertaking a long journey that eventually led him back to where he was born. During that long journey, Mucha visited two fairylands: fin-de-siècle Art Nouveau and Slavic fantasy.

He expressed his memories of these two fairylands in vivid paintings that are a gift to us all. Guided by Mucha, let us take a tour of these magical countries.

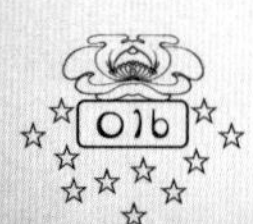

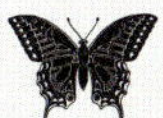

Mucha's Youth

Alfons Mucha was born in the Czech town of Ivančice in 1860. The country was then divided into Bohemia in the west and Moravia in the east. The capital Prague was located in Bohemia while Ivančice is located in Moravia near Brno, the second largest city in the country.

His father worked at the local district court, but the family had only modest means. Mucha loved painting from a young age, but since he had a good voice, he joined the church choir to earn money to pay for his schooling. He cared about three things: painting, the church, and music.

After studying in Brno, Mucha wanted to attend the Academy of the Arts in Prague, but his application was not accepted. Instead, he followed in his father's footsteps, working as a clerk at the local district court in Ivančice before finding a job with a company making stage sets in Vienna. His first vocation was stage design, an experience that came to have a major influence on "le style Mucha." His posters for Sarah Bernhardt owe their success to his feel for the stage.

Then, however, 1881the Ring Theater in Vienna was destroyed by fire and Mucha lost his job when stage-related work dried up. He was about to return to Ivančice, but decided to do what artists had done before him and become a traveling painter. Traveling from Vienna to Brno, he earned money by painting portraits of local people in the towns where he stopped, or by painting churches and houses. One stop was the town of Mikulov near the Austrian-Czech border where the local people asked him to produce some pictures for them.

Mucha was a sociable person, making friends wherever he went. He was popular in Mikulov and found plenty of work. With the help of Count Khuen Belasi, the local landowner, Mucha was able to study painting in Munich in southern Germany. Munich was the gathering place for pioneering German artists and later, in around 1900, the city became the center for the German Art Nouveau (Jugendstil) movement. It was, however, movements and events before the Art Nouveau that inspired Mucha. Ludwig II, the king of Bavaria (in southern Germany), was fanatical about the music of Wagner and had built a fantastical castle that looks like the setting for one of Wagner's operas. But Ludwig suffered from a nervous disorder and drowned himself in a lake in 1885. Everyone in Munich was talking about tragedy of the mad king who lost the ability to distinguish between reality and Wagner's fantastical operas based on the legends of the Nibelungen and Tannhäuser and Mucha was also influenced by Wagner.

Mucha's artistic journey continued and in 1887, he finally arrived in Paris, the city of the arts. Since there were many other Czech painting students in the city, he was able to find friends immediately. He entered the Académie Julian, an old art school where Matisse and other painters had studied before him, but the old-fashioned education did not interest Mucha and in 1889, he transferred to the Académie Colarossi. However, bad news was on its way: the Khuen family withdrew its support, and he had to earn a living on his own in Paris.

This is why Mucha became an illustrator. The days of his youth and of taking art classes were over. Now, he had to make his own way in the world with the help of his pictures.

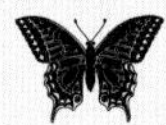

The Alchemy of Ornamentation

Mucha seems to have been someone who believed in miracles and magic. When things were tough, he believed that help would come from some unexpected quarter, or that some invisible being would provide guidance. He was attracted to the mystical and the magical.

Perhaps he had a presentiment. When he lost his patron in 1889, he found himself alone in Paris, but Paris was waiting for someone like him. Thanks to the development of the color lithograph, the city was on the cusp of the age of the colorful graphic arts. At the end of the nineteenth century, lifestyles were changing and Paris was at the center of the world. The glittering Belle Époque and the Art Nouveau style was about to blossom and Alfons Mucha emerged at center stage.

At the end of 1894, Mucha found fame with *Gismonda* (P38), the poster that he produced for Sarah Bernhardt. "Le Style Mucha" was born on the spot, but what had he done between 1889 and 1894?

When he lost his financial support, Mucha found work producing illustrations for a publisher in Prague. Life was hard. Other Czech and Polish artists working in Paris helped him. Anonymous and poor, these artists lived a free bohemian life, seeking a new kind of art that was free of the constraints of academicism. Joining this group of bohemians, Mucha met many unique artists working in Paris in the late nineteenth century. Socializing with Czech, Polish, and Hungarian artists, he gradually awakened to an awareness of Slavs as his compatriots.

That said, his social circle was broad and included French and Italian friends as well as the Slavs. One of them was Paul Sérusier, a Parisian by birth. A close associate of Paul Gauguin, Sérusier had formed the Nabis group, which included Maurice Denis and other artists. The Nabis painters were attracted to mysticism, theosophy, and Buddhism. Through his association with them, Mucha was also strongly drawn to mystical thinking.

The fierce Gauguin and Mucha were completely opposite characters, but they became close friends and when Gauguin returned to Paris, he worked in Mucha's studio. The sociable Mucha must have enjoyed meeting so many different kinds of people.

Around this time, Mucha started to work as an illustrator for the publisher Armand Colin. Life became a little easier as he gained recognition for his work as an illustrator. He also found work in advertising, creating a calendar for Ch. Lorilleux & Cie in 1892 (P288). For the calendar, he made twelve drawings, each one featuring a picture of a child with the symbol of one of the twelve signs of the zodiac (the star signs) set in a circular frame. Although the motif dates back to the Renaissance, Mucha had already found his own style of ornamentation.

When discussing Mucha and the mystical and spiritualist tendencies at the end of the nineteenth century, we must not omit his encounter with the Swedish playwright Johan August Strindberg. Strindberg's private life unfolded as a series of freewheeling and destructive events. Living in exile in Europe, the playwright was often in the grips of madness. The period from 1894 to 1898 when he had left his wife and

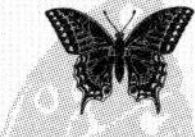

escaped to Paris is described as an inferno. Strindberg was obsessed with alchemy and transfixed by dreams of ruling the world and becoming superhuman. Mucha knew him at this time.

Mr. and Mrs. Molard, a couple who lived near Mucha's studio, introduced Mucha to Strindberg. William Molard was a musician and his wife Ida was a Swedish sculptor. Strindberg turned up in the home of the Molards and came to rely heavily on Ida. The Molards had turned their home into a salon for the bohemian artists and Gauguin was a frequent visitor. It was here that Mucha met both Gauguin and Strindberg. Mucha was a sociable and gentle soul, and he found that he had something in common with these madly eccentric artists.

Strindberg and Mucha would roam around the Montparnasse cemetery late at night, talking about alchemy and the spirits of the dead. Mucha's interest in the mystical grew even stronger. He decorated his studio to look like an alchemist's laboratory, summoned spirits, and started up a spiritualist society (séances). The spirit medium was an artist's model, Mme. Lina de Ferkel. Mucha photographed her while she was possessed by spirits.

The astronomer Camille Flammarion and the psychic Albert de Rochas were among the people who came to the spiritualist society seances at Mucha's studio. Such spiritual societies were all the rage in France at the end of the nineteenth century. *Against the Grain* (1884), a novel by Joris Karl Huysman, was linked to the preference for Symbolism and decadence as well as Occultism and art. Joséphin Péladan, who followed in Huysman's footsteps, formed the Cabalistic Order of the Rosicrucian, which was linked to secret societies in Germany. He also set up the quasi-Catholic Mystic Order of the Rose+Croix. This order organized the Salon de la Rose+Croix in Paris from 1892 to 1897. In 1892, the *Virgin of the Lilies* and posters by the Belgian artist Carlos Schwabe were shown at the first Salon at the Église Saint-Germain l'Auxerrois in Paris. There were also performances of Wagner's *Parsifal* and compositions by Eric Satie. That fusion of Symbolist figures and ornamental shapes must have had a great influence on Mucha.

It is essential to reconsider the style of the Art Nouveau created by Mucha in the context of the atmosphere of Symbolism and decadence in fin-de-siècle Paris.

The Encounter with Sarah Bernhardt

Mucha designed the *Gismonda* poster (P38) for Sarah Bernhardt at the end of 1894. He did the design in a huge rush just before the end of the year, but managed to get it done on time. At New Year 1895, the poster was plastered all over Paris, creating an overnight sensation. The name of Mucha and the Art Nouveau style became the talk of Paris. Mucha relates the particulars of the story in his own flamboyant style: He was working on lithographs at the Lemercier's printing works at Christmas 1894 when suddenly the phone rang with an urgent demand for a poster for Sarah Bernhardt. Since Mucha was the only one who happened to be there, the assignment was given to him. He went to see that night's performance and polished off the poster.

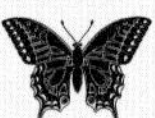

In actual fact, however, Mucha was already a fan of Sarah Bernhardt and had drawn her for magazine illustrations. Since he had also worked on her set designs, he was well prepared to create a poster for Sarah.

The meeting with Sarah Bernhardt proved decisive. In drawing Sarah, Mucha found his fin-de-siècle and established the Art Nouveau style. Mucha's poster made Sarah Bernhardt the epitome of the fin-de-siècle.

The 1890s was the pinnacle of Bernhardt's career. She was a legendary actress, self-indulgent and eccentric, with a scandalous private life and an enduring popularity on the stage. She surrounded herself with Greek, Byzantine, Russian, and other exotic ornaments. The stage was her home, a space filled with Byzantine and Oriental ornaments, where she reigned like a queen of some foreign country.

Bernhardt liked Mucha's poster and entrusted her poster designs to him for the next six years. When he met Bernhardt and was invited to her home, he was enchanted by the extravagant and mystical ornaments in her living room. Perhaps he was familiar with her image from the portrait by Georges Clairin, but he must still have been astonished to see her draped over a huge sofa. It is entirely possible that the Mucha style of portraying the female figure as if swaying in a sea of ornamentation was inspired by Sarah's rooms.

Sarah Bernhardt was able to inhabit any role, to turn herself into anyone. She was a shaman and she was a medium. That is the Bernhardt that enchanted Mucha. They apparently attended séances together at which she would lie in the coffin, acting out the resurrection of the dead.

On December 9, 1896, a day to honor Sarah Bernhardt was organized at the Grand Hotel; everyone who was anyone in Paris was invited. The Grand Hotel was next door to the Théâtre de la Renaissance where Bernhardt performed. Even the French president was in attendance on Sarah Bernhardt's red-letter day. The hall at the Grand Hotel was transformed into the Zodiac Room, decorated with the twelve star signs and a winding staircase that had been specially installed for her. She appeared wearing a gleaming white dress and proceeded to slowly make her way down the staircase. People were enchanted by her appearance. It was as if one of Mucha's drawings of female figures dancing among the star signs had come to life before them.

The encounter with Sarah Bernhardt changed Mucha's portrayal of female figures. He began to draw female figures wrapped in sorrows or worries, or apparently possessed. He began to depict women with an inner life. In his early drawings, the female figures were beautiful and smiling, but there was nothing behind their gaze. They were all innocent smiles and knew no sorrows.

Then, as I mentioned at the outset, he began to portray female figures as pensive, wistful, as if longing or enraptured by something. The influence of the female figures by Rossetti and the Pre-Raphaelites can be felt here, but in my view, it was the encounter with Sarah Bernhardt that inspired Mucha to portray the internal life of his female figures.

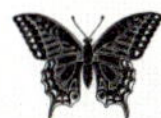

The First Fairyland: Fin-de-siècle Art Nouveau

Mucha arrives in fin-de-siècle Paris at a time when the new style of Art Nouveau is waiting for the artist that will make it flourish and thrive.

Why is it that Mucha was able to master the Art Nouveau style so quickly? Remember how I said that he cared about only three things: pictures, the church, and music. The church is a treasure house of ornaments. It is an architectural space filled with ornaments and symbols in the Gothic, Renaissance, Baroque, Rococo, and other styles of ornamentation. The church is where Mucha learnt about spiritual Symbolism and the division of ornamental space, which he carried over to the Art Nouveau.

Art Nouveau is characterized by flat perspective and sinuous lines. The flat perspective can be traced to the influence of *ukiyo-e* on Japonisme. Mucha used models for his figures, but the ornamentation, including the division of the space, framing, arabesques, and other sinuous lines, was all done by freehand drawing. Perhaps this skill is related to a musical sensibility for rhythm and melody. The curved lines of his arabesques recall the treble clef and other musical notation while the sinuous flow of the lines suggests a figure skater gliding across the ice in time with music.

In the oblong posters that Mucha made for Sarah Bernhardt, the actress is always elongated, a towering and overpowering silhouette, her head encircled by a curved shape similar to a halo. This is the composition used for the figures of angels or saints in the church. Sarah Bernhardt was known as "the Divine Sarah" and Mucha certainly portrayed her as a goddess.

Art Nouveau with its flat perspective and ornamentation sets the images free by detaching them from the modern world. Portraying the female figures in a web of ornamentation gave them an aura of magical spirits from a fairy tale.

In some ways, the fin-de-siècle was a celebration marking the transition from the nineteenth to the twentieth century, culminating in the Paris World's Fair in 1900. Forgetting the harsh realities for a moment, people made the most of this opportunity to enjoy themselves. The World's Fair also bore the expectations of a bright future for the new century.

Mucha rode the Art Nouveau wave and "le Style Mucha" was everywhere in the city. He was flooded with orders and, being an industrious man, created one work after another. However, there was also a recurring sense of dissatisfaction. Mucha wanted to change the world, to create a new world, but the assignments were for posters, book illustrations, and other things for daily use and everyday amusement. He wanted a vocation with a greater purpose, one that was related to the human spirit.

Then, he was awarded a couple of assignments for the Paris World's Fair in 1900. One of them was to decorate the Bosnia-Herzegovina Pavilion (P134-135). Located on the Balkan Peninsula, Bosnia-Herzegovina was once part of the Ottoman empire, but the region was annexed by the Habsburg empire (Austria-Hungary) in 1878. Austria had decided to promote its new territory at the Paris World's Fair in 1900.

Mucha was pleased to accept the assignment because the people living in this region were southern Slavs,

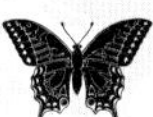

the same ethnic and linguistic family as the Czechs. He produced a series of narrative images that told the history and legends of the southern Slavs. It was an assignment that would soon inspire his life's work, his epic poem about the pan-Slavic people, which included the Czechs.

What Mucha had really wanted to do, however, was to produce paintings for the Pavilion of Mankind below the Eiffel Tower. The pavilion was supposed to depict the magnificent history and future of mankind. The collaborators included Rodin, but the funding was insufficient and the project was called off.

Mucha also had a hand in many other assignments for the Paris World's Fair including the series *The Lord's Prayer* (P148-155), which was exhibited in the Austrian Pavilion.

Together with the Paris World's Fair, the interior design for the Boutique Fouquet jewelry shop completed in 1901 consolidates all the elements of Mucha's Art Nouveau. In addition to the posters, Mucha also designed costumes and accessories for Sarah Bernhardt. In 1899, he designed a snake bracelet, which was made by Fouquet. This connection led to a commission from Fouquet to design a fashionable shop for the Rue Royale across the street from Maxim's. Mucha designed a complete work of art for the space, one that integrated all the elements of the Mucha style of Art Nouveau.

As we can see, Mucha had a lot of work, but around 1900 he started to agonize about his own direction in life. He began to doubt the wisdom of submerging himself in commercial projects, thinking that he wanted to accomplish work with a greater, spiritual purpose. During this period, he produced pastel drawings on death, despair, and other dark themes. These pastels reveal another aspect of Mucha, one that links him to Aubrey Beardsley.

At the end of the nineteenth century, Mucha rode the wave of Art Nouveau, but while playing in that bright and hedonistic garden, he must have had a premonition that it was all a dream, a fairyland about to vanish like a mirage. The 1900 Paris World's Fair was both the culmination of the Art Nouveau and the beginning of the end. Mucha had to bid farewell to the fairyland of the fin-de-siècle and return to his place of birth.

A Detour: The United States of America

Mucha decided to give up all commercial work and to return to his place of birth to embark on his real work, but would that be? His ideas were still undefined, but he wanted to return to his own origins and restore the image of the Slavs.

However, he had been away for a long time and no longer had anywhere to return to in the land where he was born. So, he thought he would first move to the United States and earn enough money to enable him to paint without financial worries after returning to Czech territory. The idea to earn money in the United States probably came from Sarah Bernhardt who had profited greatly from her performances in the United States. She would head for the United States whenever her theater in Paris was losing money.

In addition, "le Style Mucha" was already familiar to the Americans because Sarah Bernhardt had used

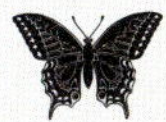

his posters to advertise her performances in the United States.

As of the late nineteenth century, unprecedented wealth had accumulated in the United States and the Americans were buying up European culture. One millionaire after another emerged including Morgan and Rockefeller. Some of them married their daughters off to European aristocrats, turning them into countesses. Others founded the Metropolitan Opera and Orchestra, the Metropolitan Museum, inviting European artists to perform and exhibit. Mucha had good reason to think he could earn some money in the United States.

In 1904, Mucha set sail for America for the first time, intending to embark on a new career as a society painter. By this time, he had grown close to Marie Chytilová, a young art student who had come to Paris to study, and he was now more convinced than ever about his plans to return home. Mucha was a popular painter surrounded by beautiful Parisiennes, yet we know next to nothing about his affections. Perhaps he yearned for goddesses or fairies and had no interest in women of flesh and blood.

Such a man meets a Czech girl and marries her in Prague in 1906. Could it have had something to do with his resolve to portray Slav women?

It was not only work that kept him busy in Paris; he also spent a lot of time socializing with his large circle of friends. By going to the United States, he escaped these complications, but it was not long before he found himself in demand by the wives of American millionaires. His experience is reminiscent of Gustav Mahler, the Viennese musician invited to the Metropolitan Opera, who was also exhausted by his encounters with socialites.

In 1906, the newly wed Mucha and Chytilová traveled together to the United States, where Mucha lectured at the Art Institute of Chicago. For the next few years, they continued to pay frequent visits to the United States. In 1908, Mucha attended a performance of Smetana's *Má Vlast* (My Country) by the Boston Symphony Orchestra, which rekindled his ideas for the *Slav Epic* (P280-323).

The preparations for the *Slav Epic*, however, hardly progressed at all in the United States. Once again, his time was consumed by socializing and other tasks. Then, Mucha had one of those strokes of luck that had so often rescued him at times of personal crisis: he met the Chicago millionaire Charles Crane, who guaranteed him financial support for the production of the *Slav Epic*.

Charles Crane was actually such an interesting man that I would like to write his biography. He was a Chicago millionaire who used his fortune to fund Russian research. He traveled to Asia in 1879 where he visited Buxoro in Central Asia. He had an interest in ethnic and revolutionary movements in Russia and Asia. In 1894, he visited Russia and was attracted to both the Russian and Slav cultures. He also went to Czech where he befriended the philosopher T.G. Masaryk and he seems to have supported the movement for ethnic independence for the Czechs. At the time of the First World War, Crane advised President Woodrow Wilson on Russian and Eastern European issues. He also introduced Wilson to Masaryk.

The Habsburg empire was broken up after the First World War as Austria was on the losing side. This lead to independence for Czechoslovakia where Masaryk became the first president of the new nation.

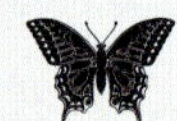

Richard Crane, the son of Charles Crane, was appointed U.S. Ambassador and posted to Prague. His younger sister Frances married Masaryk's son Jan.

When Mucha met Crane on his first trip to the United States in 1904, they talked together about the Slav issue. They developed a friendship and Mucha spoke openly about his dream to paint the *Slav Epic*. Mucha painted a portrait of Josephine, Crane's older daughter as the symbolic figure of Slavia (P330) . He also painted a portrait of Frances, Crane's younger daughter.

Crane was fascinated by the idea of the *Slav Epic*. He was also sympathetic to Mucha's desire to devote the rest of his life to this work. In 1909, Crane promised financial support to allow Mucha the peace of mind he needed to immerse himself in the work.

In 1910, Mucha returned to Czech to start work on the *Slav Epic*. It was another new departure.

The Second Fairyland: A Slavic Fantasy

In 1910, Mucha found a place where he could work on the *Slav Epic*. It was Zbiroh Castle on the outskirts of Rokycany on the near side of Plzen (Pilsen) southwest of Prague. Zbiroh castle was owned by Count Colloredo-Mannsfeld, but it had fallen into ruin. Mucha rented the great hall with its skylights for his studio and an apartment in the castle for his family. Since there was no electricity, he had carbide lamps installed.

The concept for the *Slav Epic* was to narrate the history of the Slav people in twenty paintings. Mucha intended to finish three paintings a year and to complete the epic work in about seven years, but things did not go to plan. He spent eighteen years at the castle, working continuously, and when he completed the work in 1928, he donated it to the city of Prague.

Mucha invested all he had in this great work and once it was finished, he entered a period of quiet rest. In 1936, he returned to Paris for the first time in years for a joint exhibition with Frantisek Kupka. Mucha enjoyed the time back in his beloved Paris, but his health deteriorated and he returned to Prague in 1938 where he died the following year. Oddly, Charles Crane who had provided financial support for the *Slav Epic* also died in 1939.

The *Slav Epic*, which Mucha dedicated to his native country, was not particularly well received by the Czech people. He had worked on the epic from 1910 to 1928, a period of sweeping changes when the old order had crumbled with the First World War.

Why did Mucha's ideas fall on deaf ears in his native country? The reason is that he was slightly out of sync with Czech reality in terms of both expression and meaning.

Mucha revived the earlier Symbolist narrative paintings and put the stamp of the fin-de-siècle Art Nouveau style on the *Slav Epic*. However, he painted these works between 1910 and 1928, a revolutionary period in modern art when Cubism, Futurism, the Russian Avant-garde and other abstract expression emerged. Modern art pursued pure visual qualities, eliminating symbols and narratives. This is why Mucha's

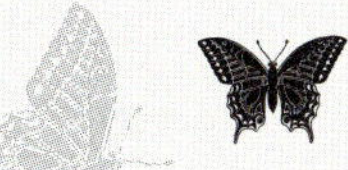

expression was viewed as old-fashioned and behind the times.

The meaning of "Slav" was also changing even as Mucha attempted to capture it in his painting. The Slavs were ethnically diverse peoples, speaking Slavic languages, who had been under the rule of the Austro-Hungarian empire and Turkey. At the end of the eighteenth century, a pan-Slavic movement emerged that sought to liberate the different ethnic groups and to unite them as one Slavic people. Mucha was greatly influenced by Pan-Slavism, which roused the Czechs at the end of the nineteenth century. He started to work on the *Slav Epic* in 1910 amid the movement for Czech liberation.

Then, the First World War broke out and when it ended, the Austro-Hungarian empire was broken up and Czechoslovakia became an independent republic. Mucha's romantic dreams had become a new reality and were quickly turning into history. Confronted with real problems, no one was interested in mythological images. Pan-Slavism came to an end. Coming together as one Slavic nation extending from Poland and Czechoslovakia to Russia had come to be considered considered no more than a figment of imagination.

Ten out of the twenty paintings that make up the *Slav Epic* are treatments of the history of Czechoslovakia, while the remaining ten depict images of the other Slavic ethnic groups. By 1928 when the *Slav Epic* was donated to Prague, people no longer believed in the unity of the Slavs.

The epic work that Mucha donated to his native country was not well received, hardly appreciated, and no one could even find a suitable place for it.

I call the *Slav Epic* another fairyland because these works, which Mucha painted over a period of eighteen years holed up in an old castle, were a dream narrative far removed from the realities of his native country.

When Mucha arrived in Paris, a place that was foreign to him, he discovered the fairyland of fin-de-siècle Art Nouveau, a mirage of glamorous female figures, and set about perfecting the pleasing illusion.

Sensing that the fairyland would soon vanish, he set out on the journey back to his native country. The journey took him on a detour via the United States, but in the end he returned home to his native Slav country. However, his perspective on the Slavs was a great illusion and turned out to be another fairyland when confronted with Czech reality.

In the end, Mucha and the two fairylands where he had sojourned vanished like a light snowfall and were soon forgotten, but the lost years have since been regained.

The first fairyland, the fin-de-siècle Art Nouveau, made a comeback in the 1960s. The flower maidens that Mucha had depicted were once again walking along the seashores with their dresses fluttering in the wind.

I wonder if now is not the time when we are able to appreciate the significance of Mucha's second fairytale, the Slavic Fantasy. We have reached a point in time when people once again appreciate mythology, legends, and narrative paintings, a time when the mystical and magical Mucha is coming into focus. After an interval of one hundred years, we are once again face to face with the *Slav Epic*. With the passing of time, the novel appeal of Mucha is once again shining through. Like flowers, the two fairylands are blooming once again, allowing us to glimpse of the dreams of Alfons Mucha.

ミュシャの時代の美術と歴史

19世紀

1850　1860　1870　1880　1890　1900

世界情勢

- ロシア農奴解放（1861）
- オーストリア＝ハンガリー帝国成立（1867）
- ドイツ、オーストリア＝ハンガリー、イタリア三国同盟成立（1882）
- パリ万国博覧会（1900）
- 日英同盟（1902）
- 日露戦争（1904-05）

チェコの情勢

ハプスブルク家統治下（1437-1918）

チェコの国名

オーストリア＝ハンガリー帝国（1437-1918）

美術の流れ

- アーツ・アンド・クラフツ運動　Arts and Crafts Movement（19世紀半ば-19世紀末）
- ナビ派　Les Nabis（1890年代-1899）
- アール・ヌーヴォー　Art Nouveau
- ゼツェッシオン（分離派）
- 〈芸術世界〉グループとバレエ・リュス

ミュシャの生涯

- イヴァンチツェに生まれる（1860）
- ウィーンの舞台美術の工房で働く（1879-81）
- パリへ出る（1887）
- サラ・ベルナールの《ジスモンダ》のポスターを制作（1894）
- アメリカへ招かれる（1904）

ミュシャをめぐる人びと

- ウィリアム・モリス［イギリス、デザイナー・詩人］William Morris（1834-96）
- ジュール・シェレ［フランス、画家・イラストレーター］Jules Chéret（1836-1932）
- オーギュスト・ロダン［フランス、彫刻家］François-Auguste-René Rodin（1840-1917）
- サラ・ベルナール［フランス、女優］Sarah Bernhardt（1844-1923）
- ウジェーヌ・グラッセ［フランス、装飾芸術家］Eugène Grasset（1845-1917）
- エミール・ガレ［フランス、工芸家］Émile Gallé（1846-1904）
- ポール・ゴーギャン［フランス、画家］Paul Gauguin（1848-1903）
- チャールズ・R・クレイン［アメリカ、実業家］Charles Richard Crane（1858-1939）
- テオフィル・アレクサンドル・スタンラン［フランス、画家］Théophile Alexandre Steinlen（1859-1923）
- ルネ・ラリック［フランス、ガラス工芸家・宝飾デザイナー］René Lalique（1860-1945）
- ジョルジュ・フーケ［フランス、宝飾デザイナー］Georges Fouquet（1862-1957）
- アンリ・ド・トゥールーズ＝ロートレック［フランス、画家］Henri de Toulouse-Lautrec
- ポール・セリュジエ［フランス、画家］Paul Sérusier（1864-1927）
- アンリ・マティス［フランス、画家］Henri Matisse（1869-1954）
- モーリス・ドニ［フランス、画家］Maurice Denis（1870-1943）
- フランチシェク・クプカ［チェコ、画家］František Kupka（1871-1957）
- オーブリー・ビアズリー［イギリス、画家・イラストレーター］Aubrey Beardsley

20世紀

1910 1920 1930 1940 1950 1960 1970

第1次世界大戦(1914-18)
ロシア革命(1917)
世界恐慌(1929)
第2次世界大戦(1939-1945)
北大西洋条約機構(NATO)結成(1949)
朝鮮戦争(1950-53)
キューバ危機(1962)
ベトナム戦争(1955-75)

マサリク大統領による民主主義政権(1918-38)
ナチス・ドイツ統治下(1939-45)
共産党体制、ソヴィエト連邦の影響下(1948-89)
プラハの春(1968) ビロード革命(1989)

チェコスロヴァキア共和国(1918-38)
ナチス・ドイツに併合(1939-45)
ナチス・ドイツの侵略によりボヘミアとモラヴィアは保護領、スロヴァキアは独立国に(1939-45)
チェコスロヴァキア共和国(1945-60)
チェコスロヴァキア社会主義共和国(1960-90)
チェコスロヴァキア解体、チェコ共和国となる(1993)

(19世紀末-1910年代)
Sezession (1897-1905)
"World of Art"and Ballets Russes (1899-1929)
キュビスム Cubism (1907-第2次世界大戦)
ロシア・アヴァンギャルド、構成主義 Russian Avant-garde (1910年代-30年代)
アール・デコ Art Deco (1910年代後半-30年代)
バウハウス Bauhaus (1919-33)
モダニスム、モダン・アート Modernism (20世紀初頭-1960年代)

マリ・ヒティロヴァーと結婚(1906)
ズビロフ城に移住、「スラヴ叙事詩」制作開始(1910)
「スラヴ叙事詩」完成、チェコ国民およびプラハ市への寄贈を発表(1928)
プラハにて死去(1939)

(1864-1901)

(1872-98)

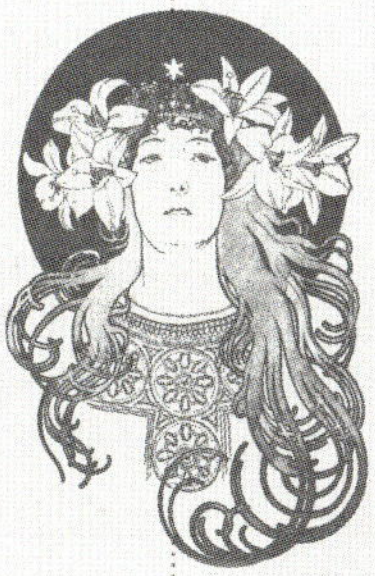

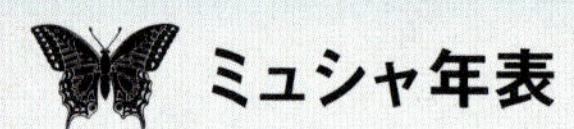

ミュシャ年表

MUCHA'S BIOGRAPHY

1860年　0歳
7月24日、現チェコ共和国南モラヴィアのイヴァンチツェに生まれる。チェコ語読みでは「アルフォンス・ムハ」。

1871年　11歳
ブルノの中学校に通い、聖歌隊に入る。

1875年　15歳
変声期のため聖歌隊を続けることができなくなりイヴァンチツェに戻る。地方裁判所の書記をしながらデッサンに励む。

1877年　17歳
プラハの美術学校に入学希望を出すが不合格。

1879年　19歳
広告に応募してウィーンに行き、舞台美術の工房で働く。夜はデッサン教室に通う。

1881年　21歳
ウィーンのリング劇場が焼失し、工房はミュシャを含むスタッフの一部を解雇。

1882年　22歳
ウィーンを去りミクロフ（チェコとオーストリアの国境の町）で名士たちの肖像画を描いて生計を立てる。

1883年　23歳
ミクロフの領主クーエン=ベラシ伯爵に雇われ、エマホフ城の食堂と図書室の絵画を修復。伯爵の弟がミュシャの最初のパトロンとなる。

1884年　24歳
クーエン家の援助を受けミュンヘンに留学。

1887年　27歳
パリへ出る。

1888年　28歳
アカデミー・ジュリアンに入学。

1889年　29歳
アカデミー・コラロッシに移る。年末、クーエン家からの援助が打ち切られる。

1890年　30歳
フランスの雑誌にはじめてミュシャの挿絵が登場。

1891年　31歳
ポール・ゴーギャン、ストリンドベリと出会う。

1892年　32歳
『ドイツの歴史の諸場面とエピソード』の挿絵（P170、1896年刊）の依頼を受ける。

1894年　34歳
サロン・デ・ザルティスト・フランセに『ドイツの歴史の諸場面とエピソード』の原画4点を出品、優秀賞牌を受ける。
年末、ヴィクトリアン・サルドゥの戯曲《ジスモンダ》に出演するサラ・ベルナールの最初のポスターを制作。

1895年　35歳
1月1日から《ジスモンダ》のポスターがパリの街中に貼りだされ、ミュシャの名声が高まる。その後、サラ・ベルナールと6年間の契約を結ぶ。

1896年　36歳
ミュシャ最初の装飾パネル「四季」（P66-67）を制作。

1897年　37歳
2月、パリのギャラリー・ラ・ボディニエールで初個展を開催。カタログ収録作品107点。
6月、雑誌『ラ・プリュム』のギャラリーで催されたサロン・デ・サンにて2度目の個展開催。カタログ収録作品448点。『ラ・プリュム』誌個展の期間中にあわせてミュシャ特集号（P208）を刊行。

1898年　38歳
雑誌『ココリコ』によると、ミュシャはアカデミー・カルメンで「紳士淑女絵画教室」を開講。
バルカン諸国を旅行し「スラヴ叙事詩」の最初の構想を練る。

1899年　39歳
1900年パリ万国博覧会に向けて、オーストリア=ハンガリー帝国政府よりポスターとカタログ、ボスニア・ヘルツェゴヴィナ館の装飾の注文を受ける（P131-136）。

1900年　40歳
サラ・ベルナールとの契約終了。
パリ博のボスニア・ヘルツェゴヴィナ館の装飾が銀賞を受賞。
宝飾店フーケのためのデザインをはじめる。

1901年　41歳
パリのロワイヤル通りに宝飾店フーケが開店。
レジオン・ドヌール勲章受賞。
チェコ科学芸術アカデミーの美術部門の会員に選ばれる。

1902年　42歳
芸術家のための教本『装飾資料集』（P180-189）出版。
チェコの芸術家協会「マーネス」がプラハでオーギュスト・ロダンの大展覧会を開催。ミュシャは友人のロダンをともないプラハとモラヴィアを訪ねる。

1903年　43歳
パリで未来の妻マリ・ヒティロヴァーと出会う。彼女は一時ミュシャの生徒だった。

1904年　44歳
アメリカに招かれる。祖国のための制作に専念する資金を得るようと、上流社会の人びとの肖像画を描こうとする。
4月3日、『ニューヨーク・デイリー・ニュース』紙がミュシャ特集号発行。

1905年　45歳
芸術家のためのもう1つの教本『装飾人物集』（P190-194）出版。
ニューヨークで有名なチェコのヴァイオリニスト、ヤン・クーベリックと出会う。

1906年　46歳
マリ・ヒティロヴァーとプラハで結婚。ハネムーンをボヘミア南西部で過ごし、そこで「真福八端」（P258-261）を描き、妻マルシュカが装飾を描く。
秋、妻とともにアメリカへ渡り、シカゴの美術研究所で講義をはじめる。
ニューヨークの女子応用美術学校の教授に任命される。

1907年　47歳
ルーマニア皇帝より最高勲章授与。

1908年　48歳
ボストン交響楽団のスメタナ作曲交響詩《わが祖国》を聴き、スラヴの団結を促進し、芸術を通してスラヴ諸国の文化を広めるために生涯をささげる決心をする。
「ハーモニー」（P268-269）など、ニューヨークのドイツ劇場のための装飾画を制作。

1909年　49歳
ニューヨークで娘ヤロスラヴァ誕生。
クリスマス・イヴにチャールズ・R・クレインがミュシャの「スラヴ叙事詩」の計画に賛同、財政援助に同意。

1910年　50歳
「スラヴ叙事詩」の制作のためにプラハへ帰る。
西ボヘミアのズビロフ城の一翼をアトリエ兼住まいとして借り、そこで18年間「スラヴ叙事詩」の制作をつづける。

1911年　51歳
プラハ市民会館の壁画制作をはじめる。
アドリア海岸で「スラヴ叙事詩」の最初の油彩スケッチ。

1912年　52歳
「スラヴ叙事詩」の最初の3点が完成、プラハ市に寄贈。

1915年　55歳
息子イジー（ジリ）誕生。

1918年　58歳
チェコスロヴァキア共和国の新しい国章、切手、紙幣をデザイン（P350）。

1919年　59歳
「スラブ叙事詩」の最初の11点をプラハ、クレメンティナム・ホールで展示。

1920年　60歳
アメリカへ向け出発。

1921年　61歳
「スラヴ叙事詩」5点をニューヨークのブルックリン美術館およびシカゴ美術館で展示、成功を収める。

1928年　68歳
10月、チャールズ・R・クレインとともに完成した「スラヴ叙事詩」全20点をチェコ国民とプラハ市に正式に寄贈すると発表。産業博覧会の新会館で展示。

1931年　71歳
プラハ城の聖ヴィート大聖堂のステンドグラスをデザイン。

1936年　76歳
パリのジュ・ド・ポーム美術館でフランチシェク・クプカとともに共同個展。カタログ収録作品139点。

1938年　78歳
肺炎にかかり、健康を害する。

1939年　78歳
7月14日、プラハでミュシャ死去。享年78才。

第1章

ミュシャとパリ

CHAPTER 1
MUCHA AND PARIS

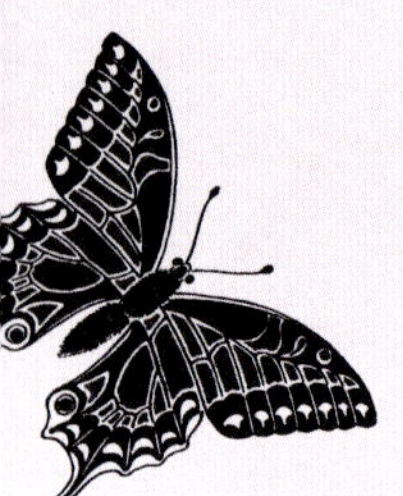

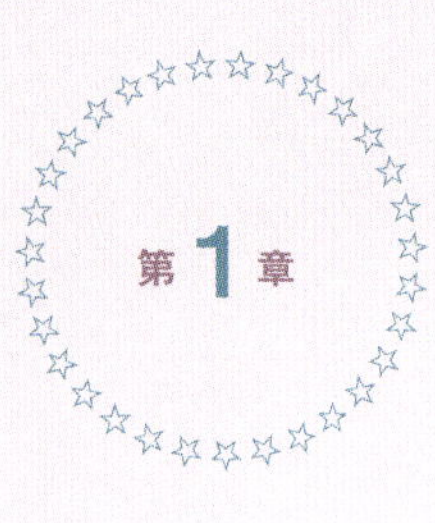

第1章

世紀末のパリ

ミュシャの第1のおとぎの国

パリの女神の肖像

パリはミュシャを待っていた。サラ・ベルナールを描いた彼のポスターがパリ中の通りに貼りめぐらされた時、人々はそれに熱狂的に魅せられたのである。

ミュシャのポスターはパリの世紀末の象徴的イメージとして開花した。なにがそれを可能とさせたのか。私は3つの要因を挙げておこう。1つは、パリは新しい都市として、世界の首都として生まれ変わろうとしていたことである。オスマン男爵によるパリ大改造〈fig.1〉により、新しく広い通りが切り開かれ、灰色の壁を飾る新しいアートが求められていた。それに応えたのはポスターであった。石版(リトグラフ)印刷によるカラー・ポスターが可能となり、ジュール・シェレ〈fig.2〉による華やかなポスターが登場していた。

2つ目はサラ・ベルナール〈fig.3〉とミュシャの出会いである。サラの人気は世紀末に絶頂に達しようとしていた。〈聖なるサラ〉といわれ、女優というより女神のように崇拝されていた。それにもかかわらず、彼女は画家たちが描くポスターのイメージに不満を持っていた。あまりに俗っぽい美女にすぎない、人間を超えた神のような姿を、と彼女は思っていたのである。ミュシャのポスターこそ、それにふさわしいものであった。

3つ目の要因としては〈アール・ヌーヴォー〉という新しいスタイルが準備されつつあり、チェコからやってきた、エキゾティックな想像力を持ったミュシャのための花道になったことである。

ミュシャ・スタイルとアール・ヌーヴォー

ミュシャはアール・ヌーヴォーの代表的作家とされている。確かに、アール・ヌーヴォーの特徴である平面性、曲線性、そして花と女のイメージをミュシャに見ることができる。それにもかかわらず、ミュシャのスタイルは、フランス的な、甘美なアール・ヌーヴォーとはやや異質の特徴を持っている。アール・ヌーヴォーの流れにありながら、しかも他のアール・ヌーヴォー作家にはない独自性を持っていることが〈ミュシャ・スタイル〉の魅力なのである。

〈ミュシャ・スタイル〉の特徴はどのようなものだろうか。アール・ヌーヴォーは、大衆的な、日常生活のスタイルである。ジュール・シェレ〈fig.4〉、ロートレック〈fig.5〉、ウジェーヌ・グラッセ〈fig.6〉、スタンラン〈fig.7〉などのポスターには陽気で軽やかなパリ女や日常的なパリ風俗が描かれているが、ミュシャが描くのは超現実的世界であり、おとぎの国の女たちなのだ。

サラ・ベルナールが演じるのも、日常的な世界ではない。彼女は激情にとらわれた、狂乱の演技で知られ、それだからこそ、

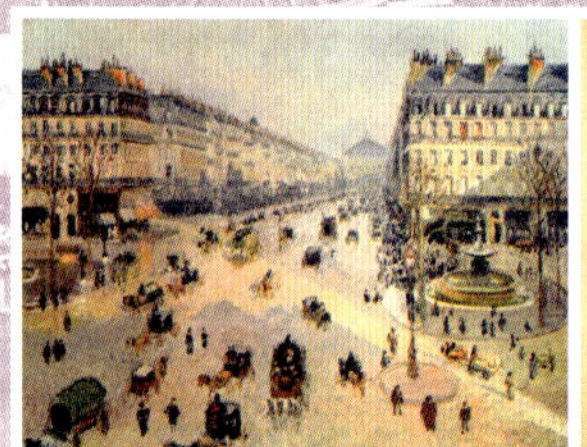

fig.1

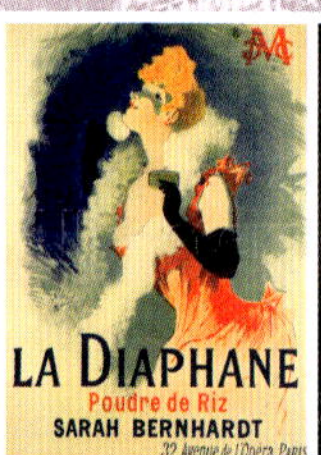

fig.2

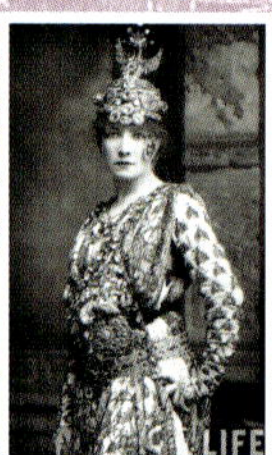

fig.3

fig.1 **オスマンのパリ改造計画による新しいオペラ大通り**
カミーユ・ピサロ画/1898年

fig.2 **演劇《ラ・ディアファーヌ》のポスターに描かれたサラ・ベルナール**
ジュール・シェレ画/1898年

fig.3 **演劇《テオドラ》で皇后テオドラに扮するサラ・ベルナール**

人間を超えた、聖なる怪物として崇拝されたのである。そのようなサラをミュシャは表現している。彼女のシルエットは実物よりずっと長くひきのばされ、ゴシック聖像のように堂々とそそり立っている。私はふと、ミュシャが描いたサラのポスターに、プラハのカレル橋上に林立している聖像群のイメージを重ねてみたくなる。ミュシャはサラをそのような聖なる女神像として描いたのではないだろうか。

〈ミュシャ・スタイル〉の第1の特徴はこのような非日常性、幻想性、象徴性にある。彼はアール・ヌーヴォーの日常的、大衆的スタイルに、世紀末のもう1つの極であった象徴主義、魔術的デカダンスをひそませていた。

〈ミュシャ・スタイル〉の第2の特徴として重層性を挙げたい。それは、1つの絵に、フレームやスクリーンを重ねていくやり方である。装飾的なフレームの層が重ねられる。世紀末のポスターでミュシャの作品ほど複雑な枠組みを持ったものはない。それらの何重ものフレームの重ね合わせのうちに、中心の絵は幻想の、おとぎの国のシーンになってゆくのである。

フレームやスクリーンによって、装飾は幻想的、魔術的な雰囲気と意味を漂わせる。見えるものはその彼方のなにか、象徴的意味を示すのだ。生きた人間の身体のエロスと装飾的空間格子の幾何学との重層性が〈ミュシャ・スタイル〉なのである。

ミュシャ博覧会

1900年のパリ万国博覧会〈fig.8〉はアール・ヌーヴォーのショーウィンドウであった。世紀末アール・ヌーヴォー・スタイルは、世界中に発信された。博覧会は、すべてを一場に集めて見せるものであった。そしてアルフォンス・ミュシャもアール・ヌーヴォーの花形デザイナーとして、あらゆる分野で活躍した。ポスターだけでなく、雑誌や本の挿絵、さらに宝飾デザイン、コスチュームや舞台、そして、フーケのブティック〈fig.9〉、パリ博のボスニア・ヘルツェゴヴィナ館〈fig.10〉のデザインまでを手がけ、ウィリアム・モリスのような普遍的デザイナーとなり、まるで彼自身が1人で博覧会を開いたかのようであった。

しかしパリの空に打ち上げられた花火のようにあざやかに開いたアール・ヌーヴォーというおとぎの国にミュシャはやがて別れを告げなければならない。

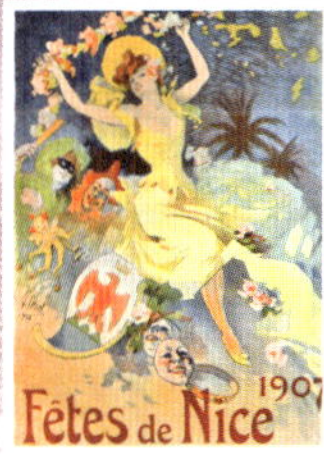

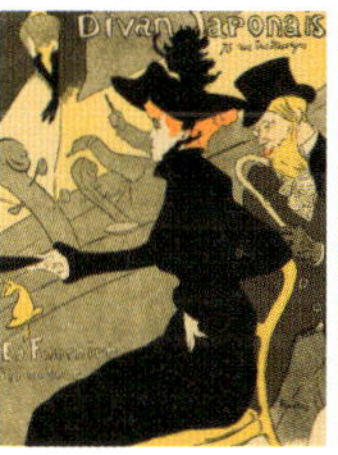

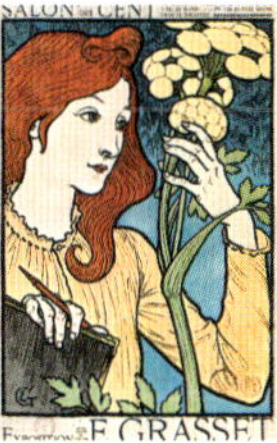

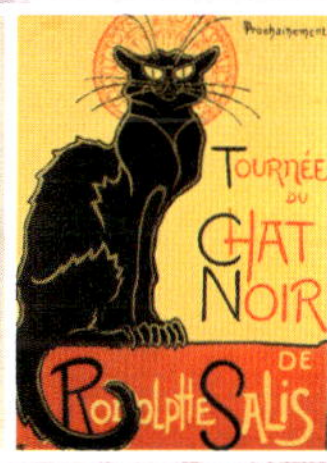

fig.4　fig.5　fig.6　fig.7

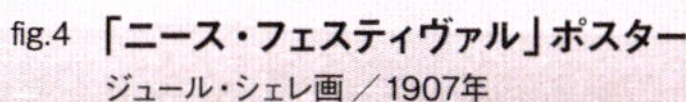
fig.4 **「ニース・フェスティヴァル」ポスター**
ジュール・シェレ画／1907年

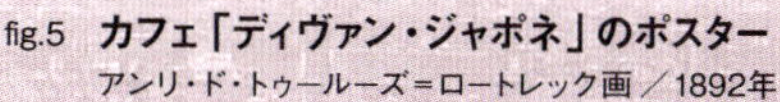
fig.5 **カフェ「ディヴァン・ジャポネ」のポスター**
アンリ・ド・トゥールーズ＝ロートレック画／1892年

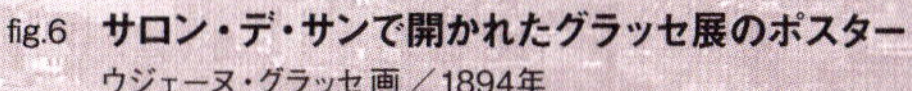
fig.6 **サロン・デ・サンで開かれたグラッセ展のポスター**
ウジェーヌ・グラッセ画／1894年

fig.7 **キャバレー「黒猫」のポスター**
テオフィル・アレクサンドル・スタンラン作／1896年

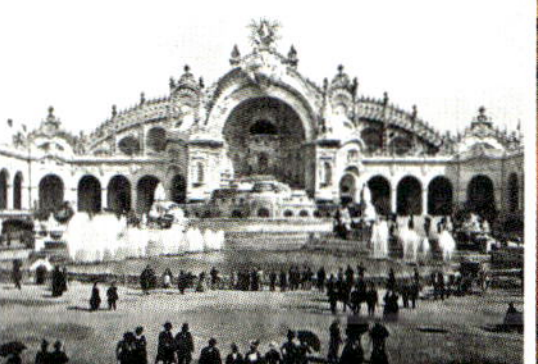
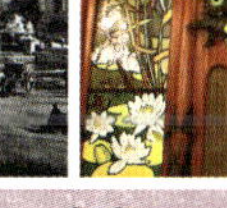
fig.8

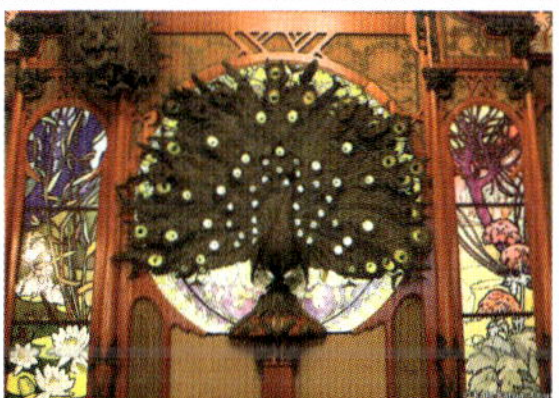
fig.9

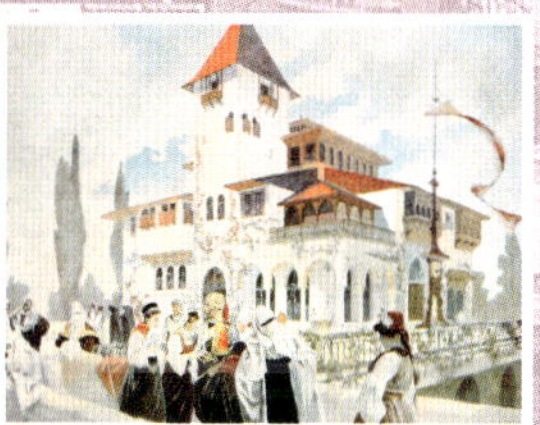
fig.10

fig.8 **1900年パリ万国博覧会**

fig.9 **宝飾店フーケのインテリア**

fig.10 **パリ万博のボスニア・ヘルツェゴヴィナ館のデザイン下絵**
雑誌『フィガロ・イリュストレ』掲載
アルフォンス・ミュシャ画
1900年

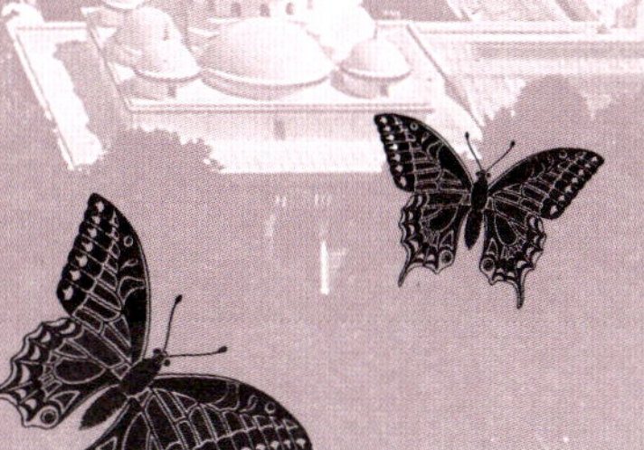
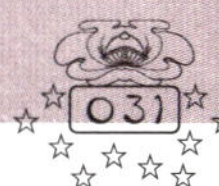

CHAPTER 1

FIN-DE-SIÈCLE PARIS—MUCHA'S FIRST FAIRYLAND

Portrait of a Parisian Goddess

Paris had been waiting for someone like Mucha. When his posters portraying Sarah Bernhardt appeared, plastered all over the streets of Paris, people were spellbound.

The posters by Mucha became popular as the symbolic image of fin-de-siècle Paris. How did this happen? I think there are three reasons. The first one is that Paris was trying to recreate itself as a new city and as the capital of the world. The grand restructuring of Paris by Baron Georges-Eugène Haussmann had opened up broad new boulevards and there were calls for a new kind of art to decorate the grey walls. The answer was the poster. Thanks to advances in lithograph printing, it was now possible to create color posters. As a matter of fact, Jules Chéret had already created gorgeous posters.

The second reason is the encounter between Sarah Bernhardt and Mucha. The late nineteenth century marked the pinnacle of Sarah's popularity. She was adored as the "Divine Sarah," a goddess rather than an actress. However, she was dissatisfied with her own image on the posters created by the artists of the day. She thought that the images depicted a fairly vulgar beauty, not an unearthly goddess, but Mucha's posters were perfectly suited to her ideas.

The third reason is that the new style of Art Nouveau was emerging; a style that set the stage for Mucha with his Czech roots and exotic powers of imagination.

The Mucha Style and Art Nouveau

Mucha is regarded as the representative artist of the Art Nouveau. The flat perspective, the sinuous lines, and the images of flowers and women that are typical of Art Nouveau are certainly evident in Mucha's work. Nonetheless, some characteristics of Mucha's style have a slightly different quality than the luscious French Art Nouveau. Even though his work is of the Art Nouveau school, the attraction of "le Style Mucha" is the sense of originality not found in other Art Nouveau artists.

What then are the characteristics of "le style Mucha" ? Art Nouveau is a popular, everyday style. Posters by Jules Chéret, Henri de Toulouse-Lautrec, Eugène Grasset, Theophile

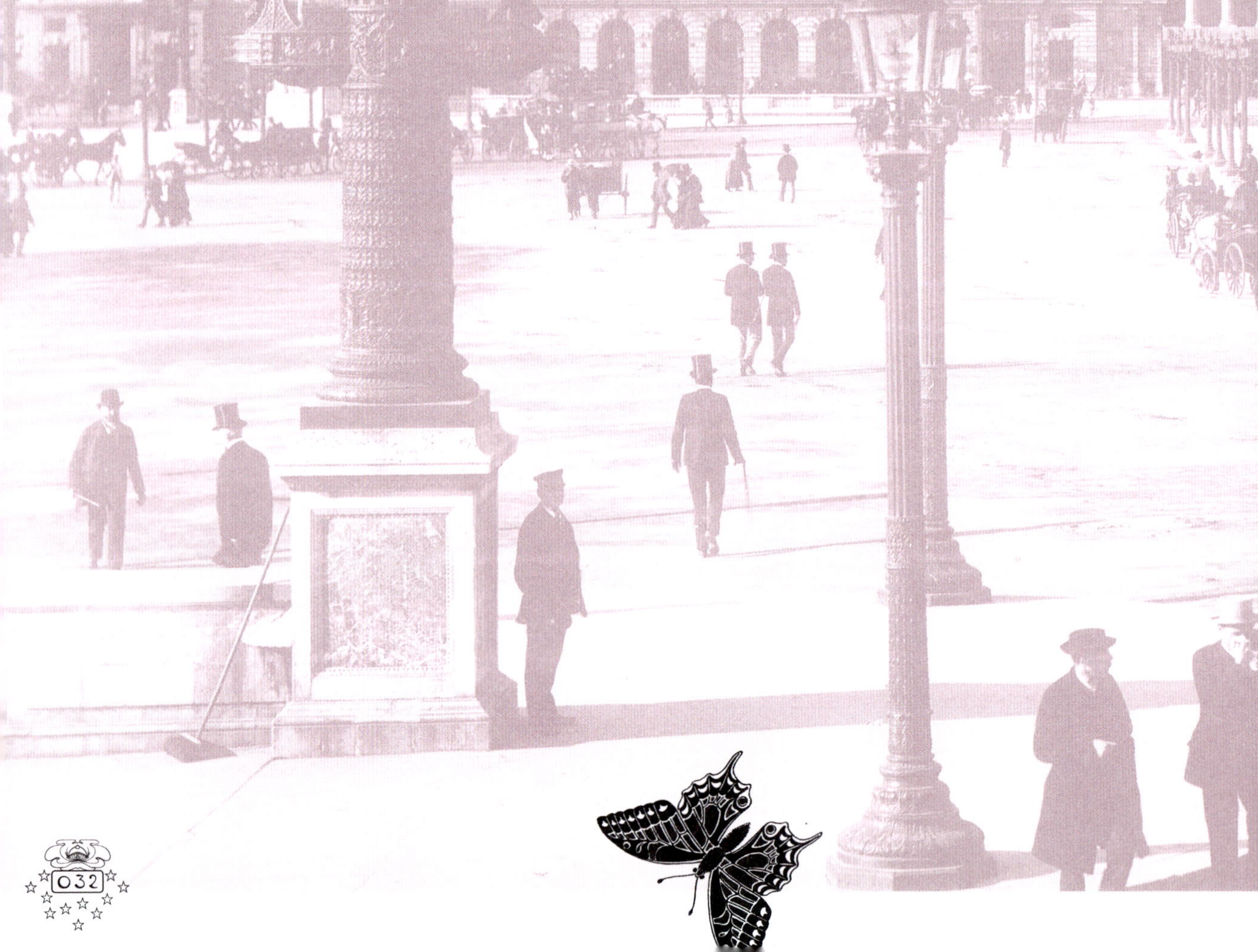

Alexandre Steinlen, and others depicted vivacious and graceful Parisian women or the everyday manners and customs of Paris, but Mucha depicted a surreal world and women straight out of fairy tales.

Sarah Bernhardt's performances had nothing to do with the everyday world. She was consumed by passion and famed for her frenzied acting, which is also why people adored her as someone who was more than human, a holy monster. This is the Sarah that Mucha presents. Her silhouette is far more elongated than in real life and she towers majestically like a Gothic sacred image. Mucha's posters of Sarah inadvertently remind me of the statues of saints mounted on either side of Charles Bridge in Prague. I wonder if Mucha did not depict Sarah in the image of such sacred goddesses.

The first characteristic of "le Style Mucha" is this extraordinary, illusory, and symbolic quality. Within the everyday popular style of the Art Nouveau, he concealed the Symbolism and the mystical decadence that was the other extreme of the fin-de-siècle.

The second characteristic of "le Style Mucha" is the use of repeated frames and screens in a single picture where layers of decorative frames overlap. No other posters from the end of the nineteenth century equal the complexity of the framing in Mucha's work. Framed in overlapping layers, the central image takes on the quality of an illusion, a scene from a fairy tale.

The frames and screens give the ornamentation a fantastical, magical air and significance, indicating some symbolic meaning beyond what you see. The Eros of the human body and the geometry of the ornamental spatial latticework are the multifaceted qualities that create "le Style Mucha."

Mucha and the World's Fair

The Paris World's Fair in 1900 was a showcase for Art Nouveau. From here, the fin-de-siècle Art Nouveau style spread around the whole world. The World's Fair was the showground where everything came together in one place. As a designer of Art Nouveau floral ornaments, Alfons Mucha worked in several fields. In addition to the posters, he designed illustrations for magazines and books and he handled designs for jewelry, costumes, and stage settings. He even designed the interiors for the Boutique Fouquet jewelry shop and for the Bosnia-Herzegovina Pavilion at the World's Fair. Like William Morris, he became a universal designer to the point where he might have single-handedly organized the World's Fair.

However, it would not be long before Mucha had to bid farewell to the Art Nouveau fairyland that had flared as brilliantly as the fireworks launched into the skies over Paris.

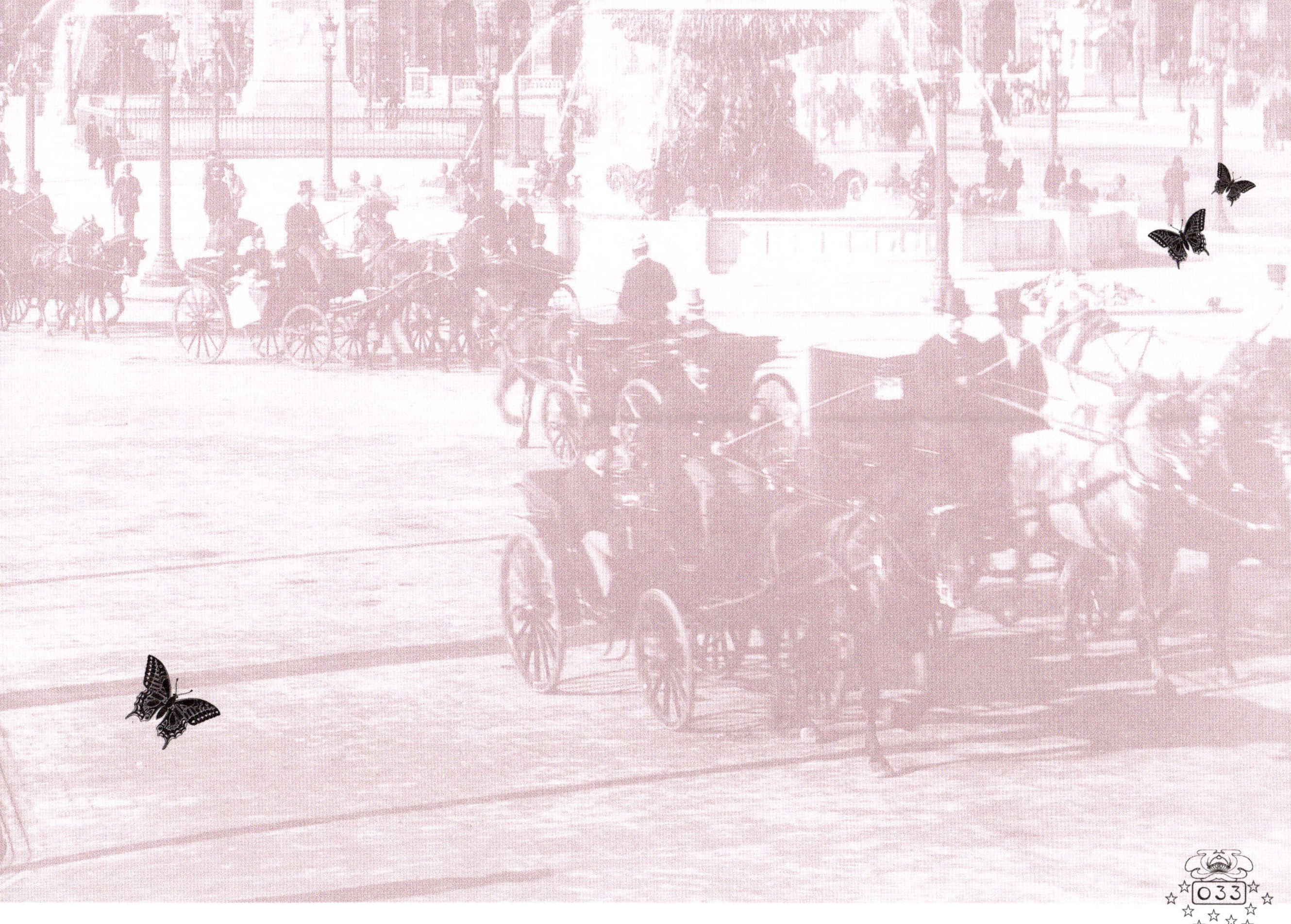

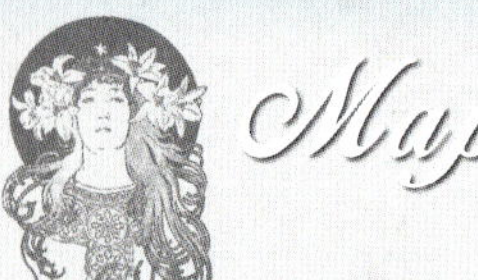

Map ミュシャが飾った世紀末パリ

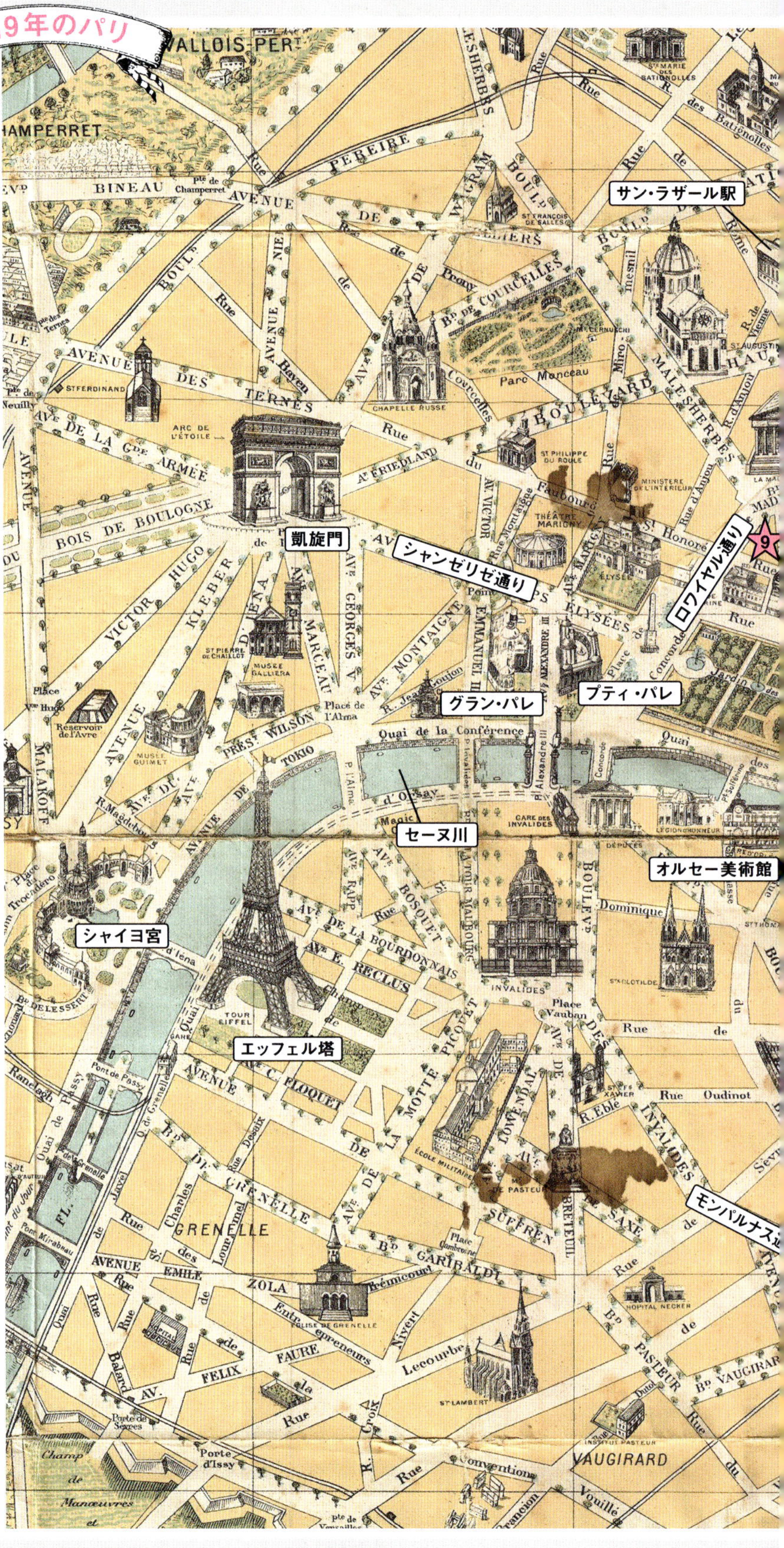

［1919年のパリの地図より］

★1　アカデミー・ジュリアン
Académie Julian
…1888年入学。ボナールやマティス、レジェなども学んだ市立の美術学校。

★2　アカデミー・コラロッシ
Académie Colarossi
…1889年にアカデミー・ジュリアンから移る。ゴーギャンやヨゼフ・チャペックなども学んだ。

★3　アトリエ
Mucha's Atelier
…1896年までグランド・ショミエール街のアトリエにて制作。

★4　アトリエ
Mucha's Atelier
…1896年にヴァル・ド・グラース通りの大きなアトリエへ移る。

★5　コメディ・フランセーズ
Comédie-Française
…1862年にパリのコンセルヴァトワール演劇高等科を卒業したサラ・ベルナールはコメディ・フランセーズに入団し、スターへとのぼりつめていった。ミュシャは劇場の公演パンフレットなどを制作した。

★6　ルネサンス劇場
Théâtre de la Renaissance
…1894年末、サラ・ベルナール主演の演劇《ジスモンダ》のポスターを制作。その後もルネサンス劇場で上演される数々の演劇ポスターを制作した。

★7　グラン・オテル
The Grand Hotel
…1897年グラン・オテルで「サラ・ベルナールを讃える日」が催された。

★8　サロン・デ・サン展会場
Salon des Cent Exhibition Hall
…『ラ・プリュム』誌出版社の画廊における展覧会。1897年6月にミュシャ自身2度目となる個展を開催。

★9　宝飾店フーケ
Fouquet Jewellery Boutique
…1900年にミュシャが内装をデザイン。1923年に解体された。

★10　カルナヴァレ美術館
The Museum Carnavalet
…1941年よりミュシャが手がけたフーケの宝飾店の店内が再現されている。

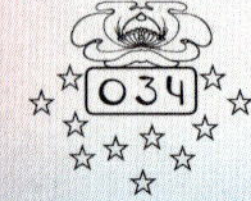

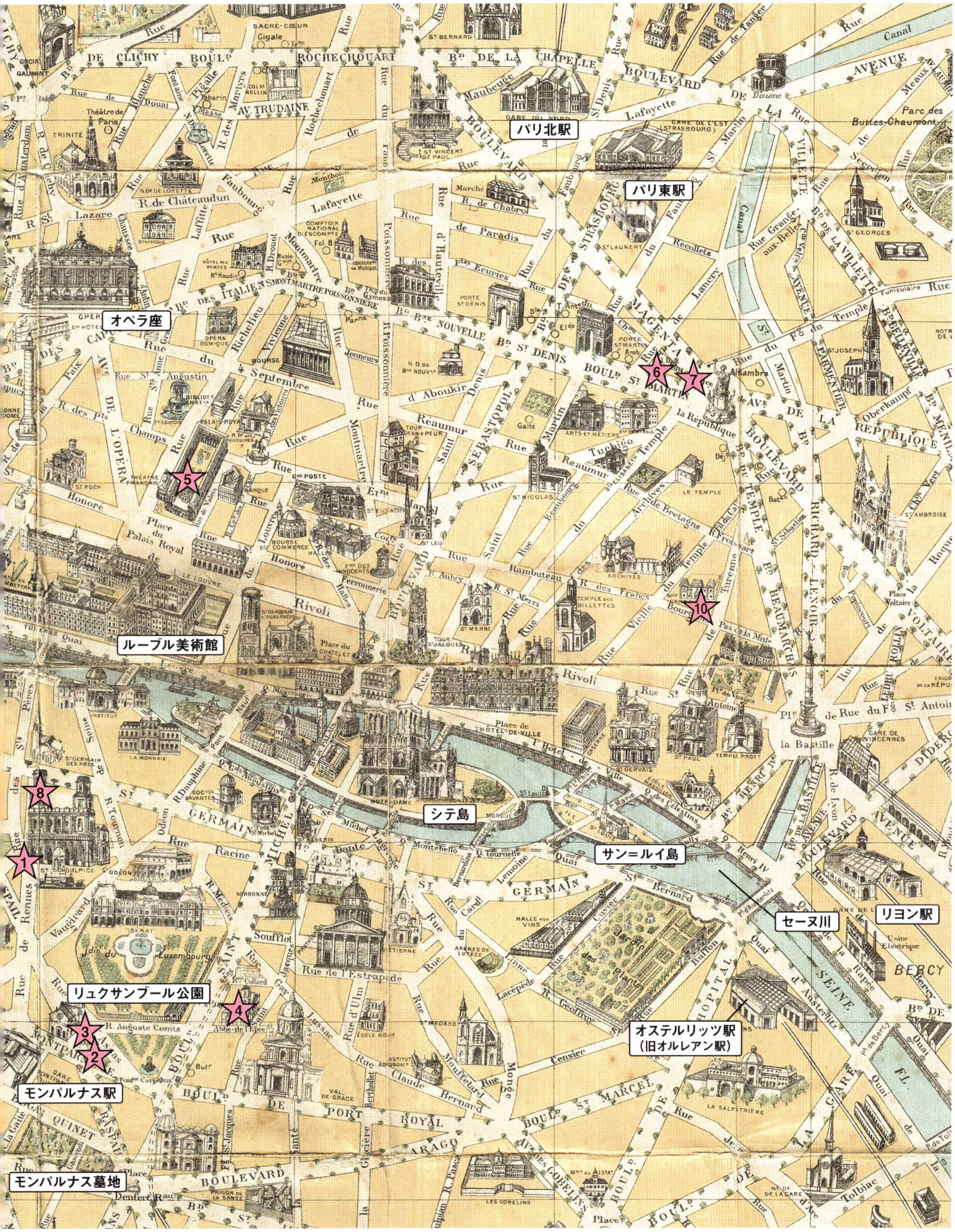

パリ北駅
パリ東駅
オペラ座
ルーブル美術館
シテ島
サン=ルイ島
セーヌ川
リヨン駅
リュクサンブール公園
オステルリッツ駅
（旧オルレアン駅）
モンパルナス駅
モンパルナス墓地

ALFONS MARIA MUCHA

ミュシャ・スタイルの開幕
聖なるサラの光の下に

THE DAWN OF MUCHA'S STYLE UNDER DIVINE SARAH'S GLOW

サラ・ベルナールとの出会いで、ミュシャ・スタイルは一気に開花した。ミュシャの中で眠っていた豪華な装飾的想像力を受けとめられるのはサラしかいなかった。彼女はそれまでの、かわいらしく、エロティックという女優のイメージを超えて、男性中心の舞台では異色の、強烈な意志を表現して主役に立つ、最初の女優であった。

サラは19世紀末にあらわれた、男性をしのぐ力を持った女性の先駆である。ミュシャは《ジスモンダ》(P38)でサラを、ギリシア彫刻のようにしっかりと立つ、男性的ともいえるシルエットで描き、ビザンチン風の重厚で豪華なガウンをまとわせた。

サラの顔は少し斜め上を向き、高い鼻とがっしりしたあごを見せ、男性的ともいえる強い意志を示している。

《ジスモンダ》につづくサラのポスターでは、重々しくまっすぐ垂れていたガウンに代わって、衣裳は薄く軽やかになり、ゆるやかにひるがえり、アール・ヌーヴォーの曲線を解き放ってゆく。1897年頃までにミュシャ・スタイルが完成してゆくのである。

全体の作品の中で、ミュシャは２種類の女性像を描いているように見える。サラを描いた作品群と、ふっくらとした、いかにもかわいらしい女性を描いた作品群がある。サロン・デ・サン展のポスター(1896、P99)、「ジョブ」のポスター(1896、P103)などは、サラ像と同じく、なにかを思っているような、陶酔的な、内面的ともいえる表情をしている。そのほかのコマーシャル・ポスターでは、女性的な、愛らしいイメージがあふれている。

ミュシャにおいて２つの女性のイメージが交錯している。激しい情熱を秘めた女と生きる喜びを発散する女と。ミュシャ・スタイルの揺れる曲線とそれを平面的に、静的にとらえようとする強い曲線の葛藤に私たちは魅惑される。

•••

Upon Mucha's meeting Sarah Bernhardt, his distinctive style blossomed: the first to appreciate his decorative imagination, she was also the first actress to transcend the prevailing cute, erotic image of her profession to present herself as a passionate protagonist, as compelling as her male counterparts. In his *Gismonda* poster, Mucha depicts Sarah like a Greek sculpture. Her face is tilted upward, displaying her high-bridged nose and firm jaw, conveying a virile power. In posters after *Gismonda*, Mucha replaces the heavy gown with lighter garments, their flowing lines liberated by Art Nouveau. By 1897, the Mucha style is formed, with works depicting Sarah and others in which the women are voluptuous, magnificent, and adorable. In the posters for the Salon de Cent and JOB cigarette paper, we see images similar to those of Sarah, with internally focused, passionate expressions. His other posters are filled with images of delicately feminine, charming women. In the Mucha style, these two images intersect. The conflict between the trembling curves and flat, quietly powerful lines in Mucha's style is a source of endless fascination.

雑誌『ラ・プリュム』のためのポスター「サラ・ベルナール」(次ページ)

"SARAH BERNHARDT", POSTER FOR MAGAZINE "LA PLUME"

1897年12月10日、サラを祝う「サラ・ベルナールの日」がグラン・オテルで催された。それを祝うポスターで《はるかなる姫君》のシーンを描いている。ユリの花の王冠はミュシャが舞台のためにデザインした。髪の毛の重なった部分の線を略して、まわりの輪郭線だけを強調し、不思議な木の根のように描くミュシャ・スタイルは日本のアール・ヌーヴォーに影響を与え、詩歌雑誌『明星』などで使われた。

P37：1896年／カラー・リトグラフ、紙／66.6×48.5mm／フランス国立図書館蔵

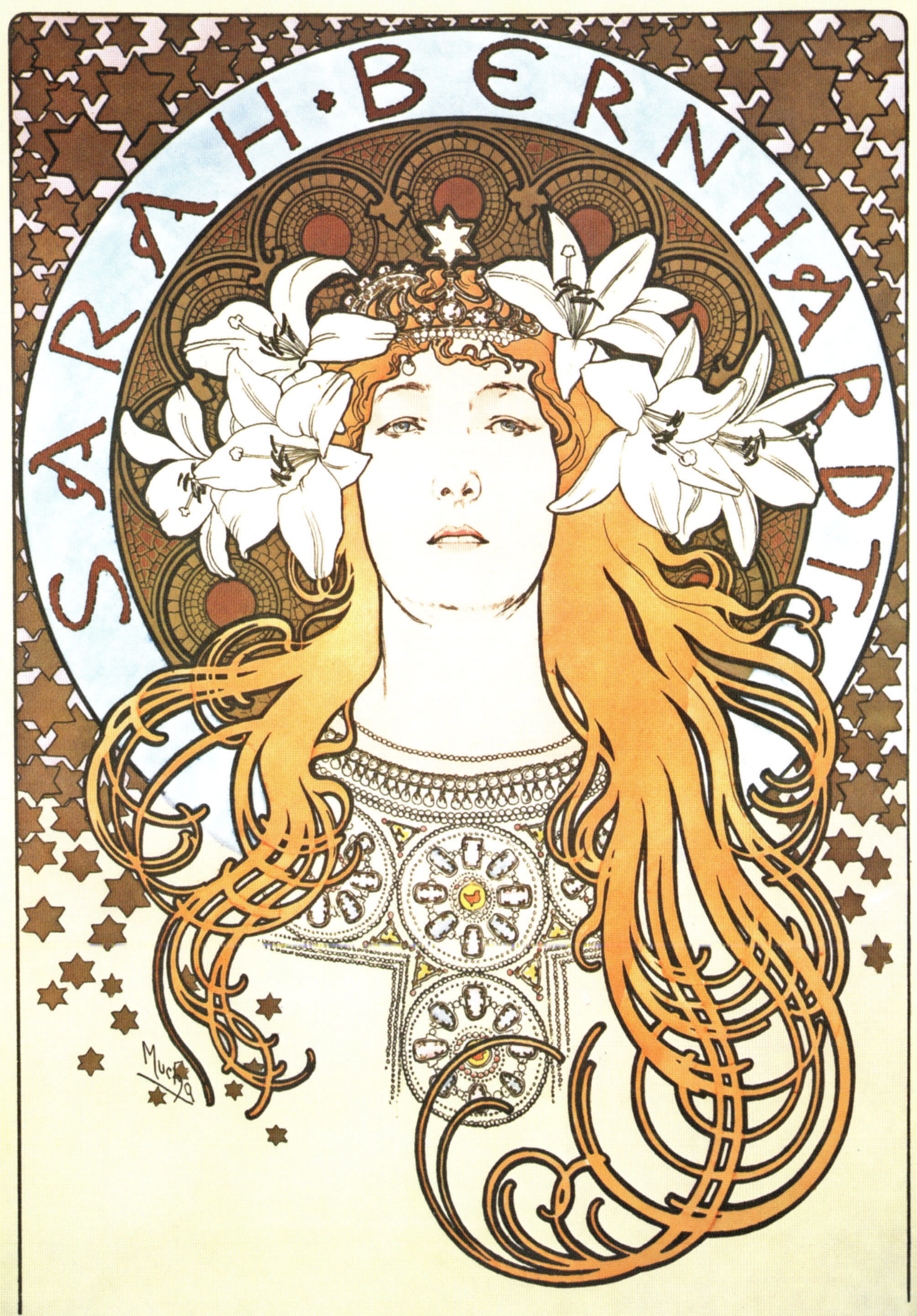
SARAH·BERNHARDT

演劇《ジスモンダ》ポスター

★★★★★★★★★★★★★★★★★★★★★

POSTER FOR A PLAY "GISMONDA"

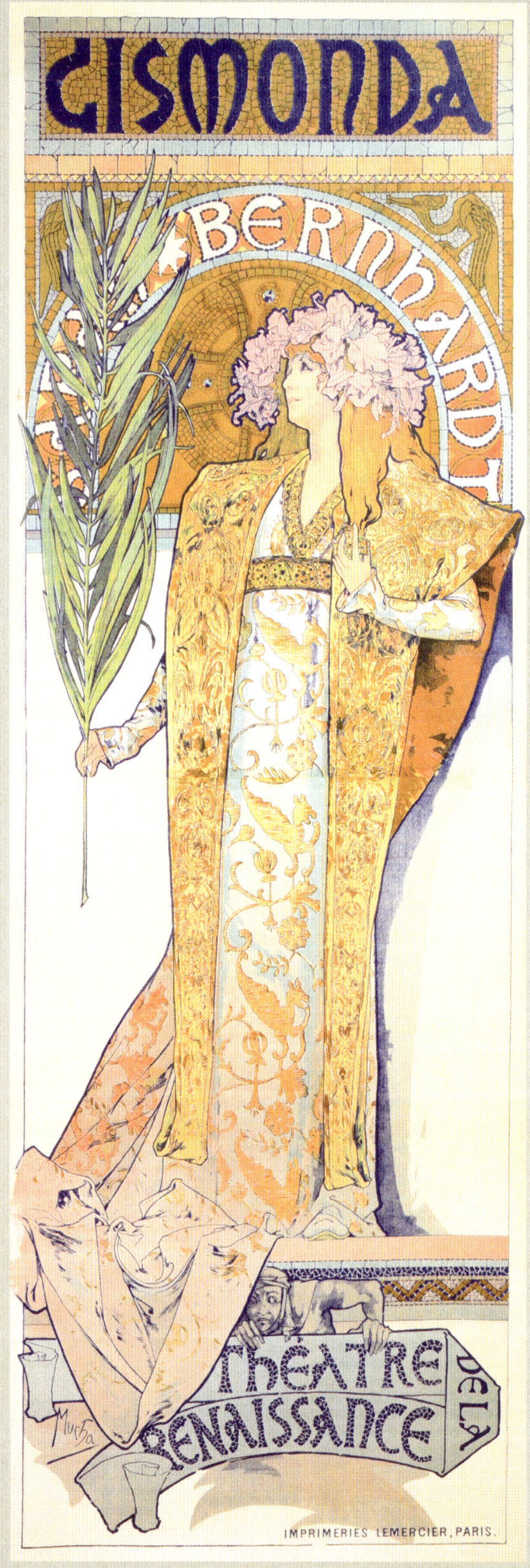

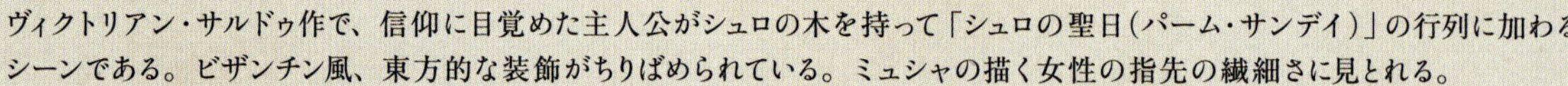

ヴィクトリアン・サルドゥ作で、信仰に目覚めた主人公がシュロの木を持って「シュロの聖日（パーム・サンデイ）」の行列に加わるシーンである。ビザンチン風、東方的な装飾がちりばめられている。ミュシャの描く女性の指先の繊細さに見とれる。

1894年 / カラー・リトグラフ、紙 / 216×74.2cm / フランス国立図書館蔵

演劇《椿姫》、《ロレンザッチオ》ポスター

POSTERS FOR PLAYS "LADY OF THE CAMELLIAS" / "LORENZACCIO"

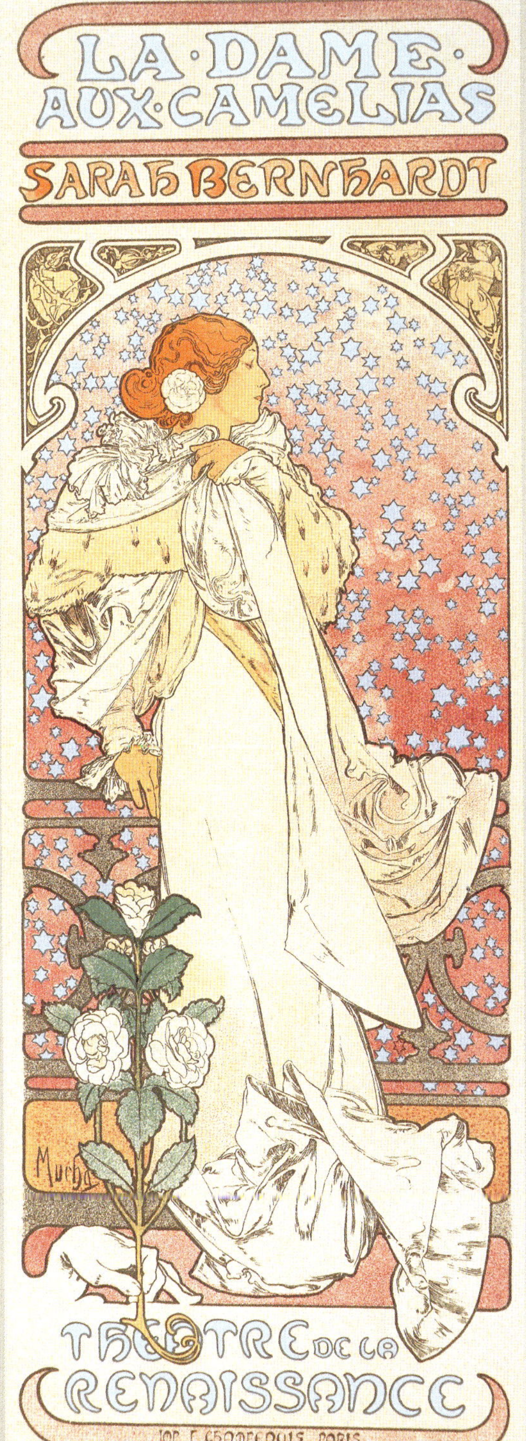

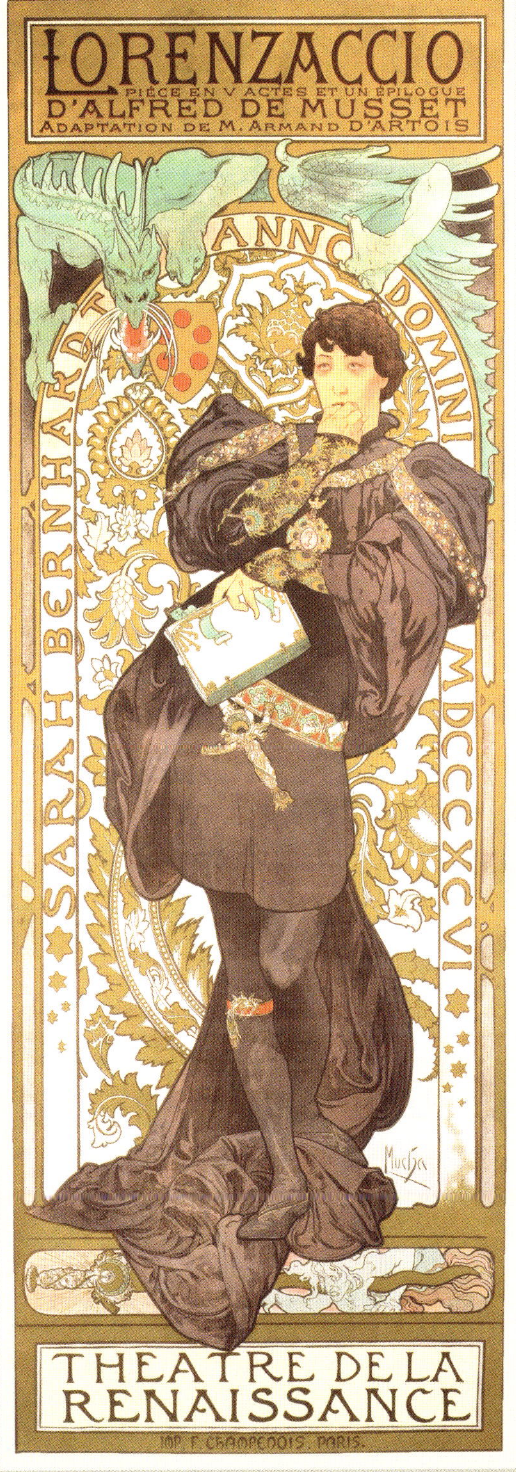

《椿姫》(左)はアレクサンドル・デュマ・フィスの原作。薄幸の娼婦《椿姫》の芝居はサラの当たり役であった。《ジスモンダ》に比べて優雅な女性像となり、衣服もソフトにひるがえり、アール・ヌーヴォーの曲線を見せはじめる。白椿を引き抜こうとしている男の手が象徴的である。《ロレンザッチオ》(右)はアルフレッド・ド・ミュッセの原作。ロレンザッチオがフィレンツェの独裁者(左上の竜)の暗殺を考えている。足下には、剣で貫かれた竜がいる。男装のサラは人気を集めた。タイツの足にはマントがからまっていて、両性的ともいえるS字形のポーズが見事である。

左:1896年 / カラー・リトグラフ、紙 / 207.3×76.2cm / アートハーベスト蔵　右:1896年 / カラー・リトグラフ、紙 / 203.7×76cm / フランス国立図書館蔵

演劇《サマリアの女》、《メディア》ポスター

★★★★★★★★★★★★★★★★★★★★★★★★★

POSTERS FOR PLAYS "LA SAMARITAINE (THE WOMAN OF SAMARIA)" / "MÉDÉE (MEDEA)"

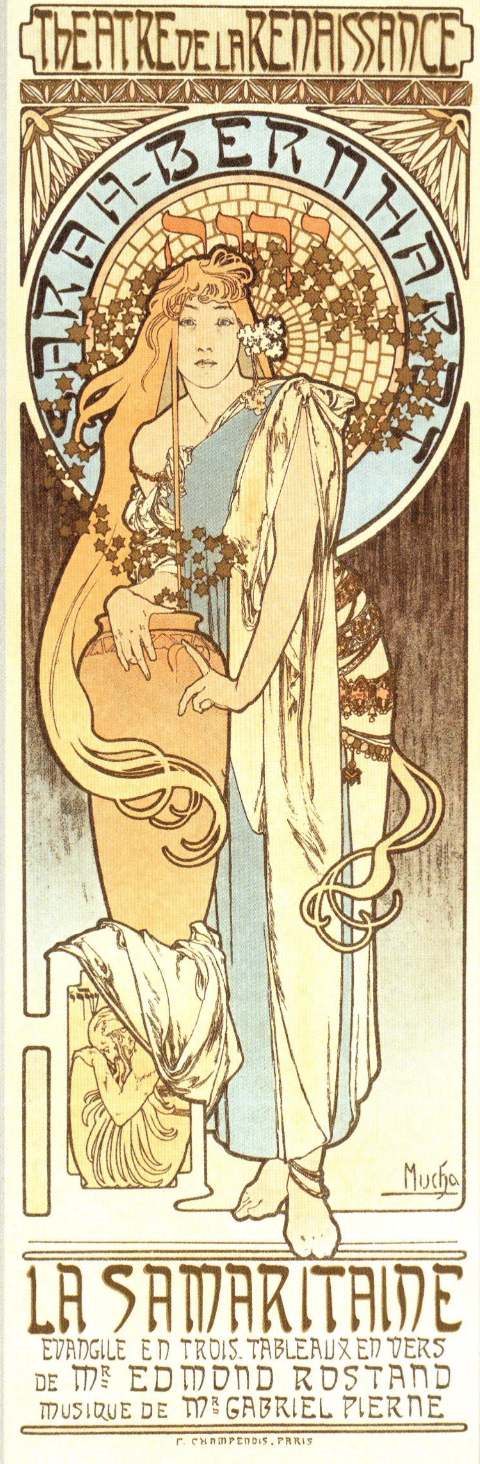

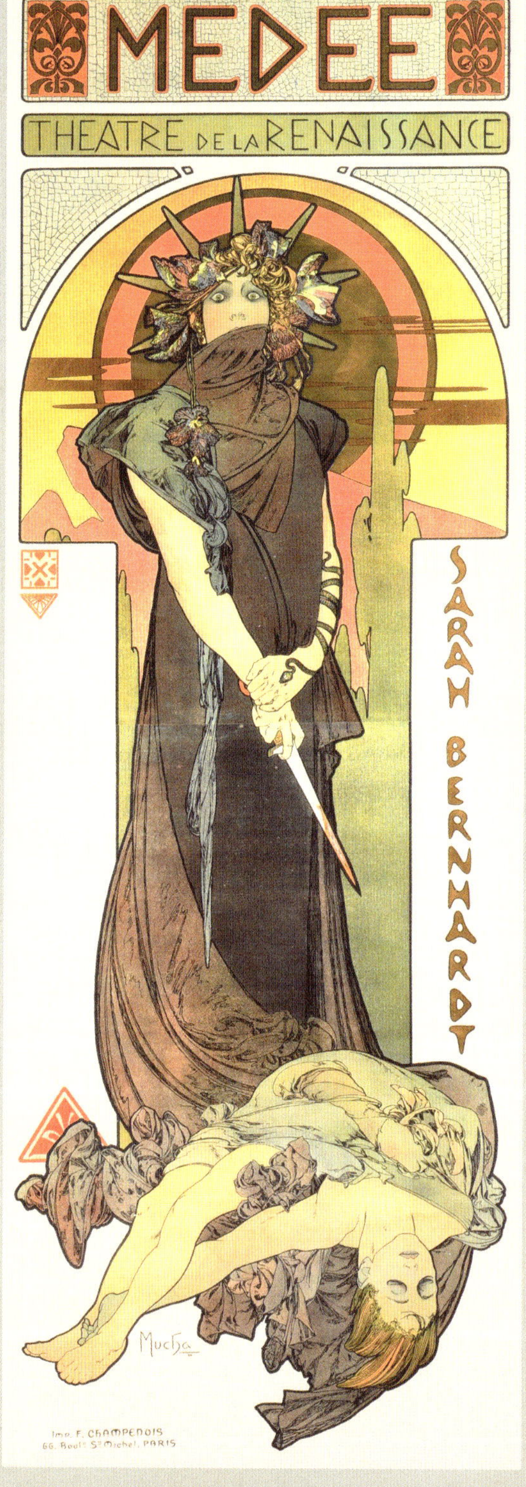

《サマリアの女》(左)はエドモン・ロスタンの原作。《ジスモンダ》と同じく聖者の物語で、サマリアを通ったイエスに水を汲んで捧げた女の話である。まるで生きているような髪の強い輪郭線、女性の頭を囲む円形などミュシャのスタイルが見られる。左下に疲れたキリストがいる。壺にかけられたひとさし指がすてきだ。《メディア》(右)はギリシア悲劇をカチュール・マンデスが改作している。夫に裏切られ捨てられたメディアが2人の間にできた2人の子を殺す。ミュシャの傑作であるが、狂気をはらんだ怪奇な表現は、当時は評価されなかった。半円と長方形を組み合わせた背後のきのこ形のフレームは男性のシンボルであるかもしれない。

左：1897年 / カラー・リトグラフ、紙 / 173×58.3cm / アートハーベスト蔵　　右：1898年 / カラー・リトグラフ、紙 / 206×76cm / フランス国立図書館蔵

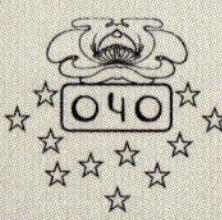

演劇《ハムレット》、《トスカ》ポスター

★★★★★★★★★★★★★★★★★★★★★★★★

POSTERS FOR PLAYS "HAMLET" / "TOSCA"

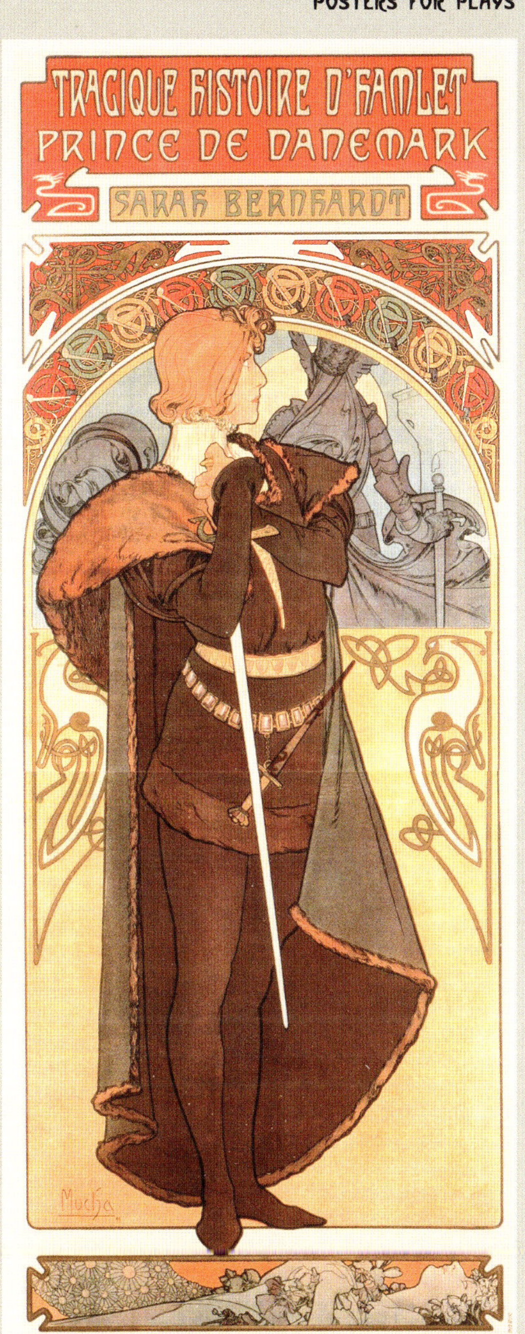

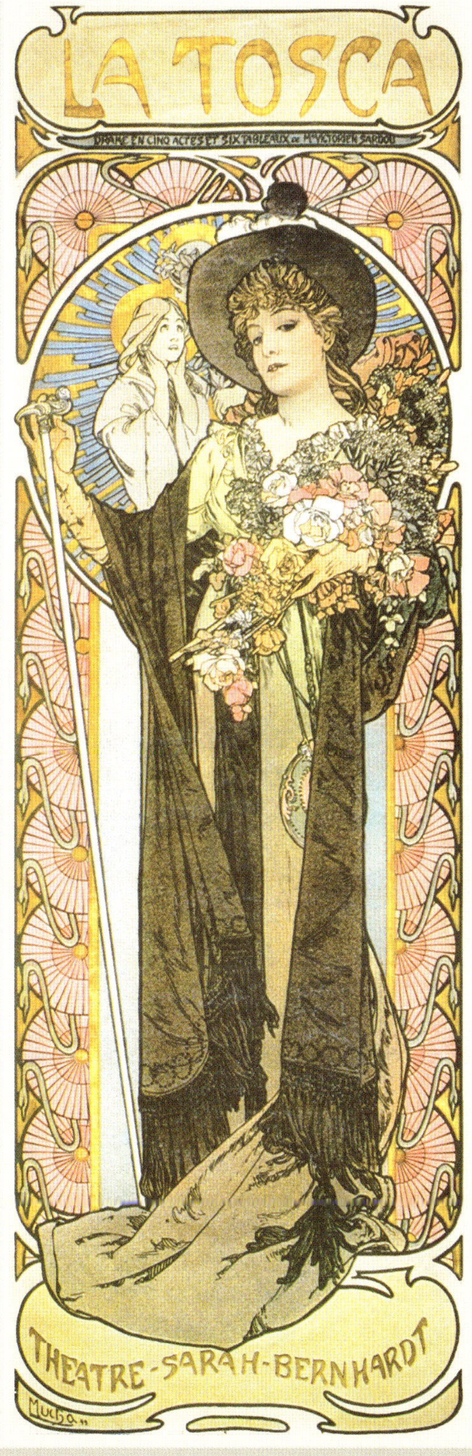

《ロレンザッチオ》の男役が好評だったのでサラは《ハムレット》(左)を演じた。ハムレットのポーズはなにげなく見えるが、白い剣とそれを握る手、さらにそれを囲む曲線文など、ミュシャ・スタイルは洗練され、ピークに達している。上部に殺された父の亡霊、下に溺死したオフィーリアが薄青で描かれている。《トスカ》(右)はヴィクトリアン・サルドゥの原作。ナポレオンがイタリアに侵入した時代の暗い話であるが、これは第1幕のまだ悲劇がはじまっていない、恋人たちのシーン。画家カヴァラドッシは教会でマリアの絵(左上)を描いているが、そこに恋人トスカがあらわれて、マリアに嫉妬する。彼女の黒い帽子、黒いショールがきいた小意気な作品となっている。

左：1899年 / カラー・リトグラフ、紙 / 207.5×76.5cm / フランス国立図書館蔵　　右：1898年 / カラー・リトグラフ、紙 / 104×38cm / フランス国立図書館蔵

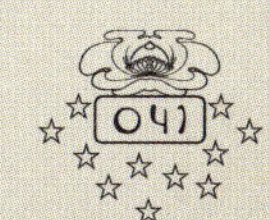

雑誌『ル・ゴロワ』別冊《ジスモンダ》特集

★★★★★★★★★★★★★★★★★★★★★★

COVER AND INSIDE PAGES OF "GISMONDA" ISSUE OF "LE GAULOIS"

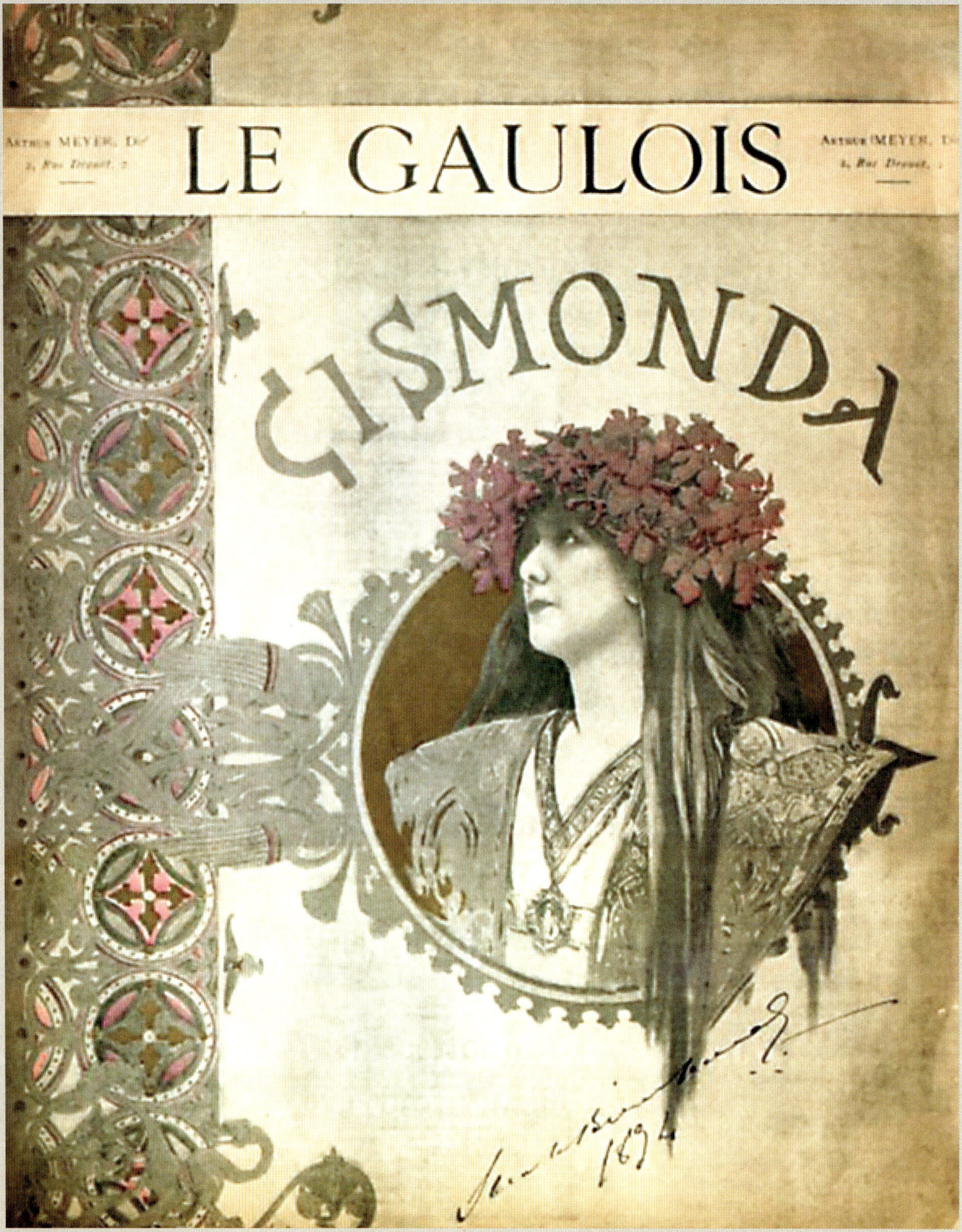

表紙にはポスターと同じポーズのサラの上半身が描かれている。ポスターよりリアルで写真的である。そして本文には《ジスモンダ》の絵物語が入っている。神殿や大広間、ラストの「シュロの聖日」の行進（P47）などの挿絵が楽しい。

P42-43すべて：1894年刊 / リトグラフ、紙 / 35×27cm / フランス国立図書館蔵

Théâtre de la Renaissance

ADMINISTRATEUR GÉNÉRAL : M. VICTOR ULLMANN

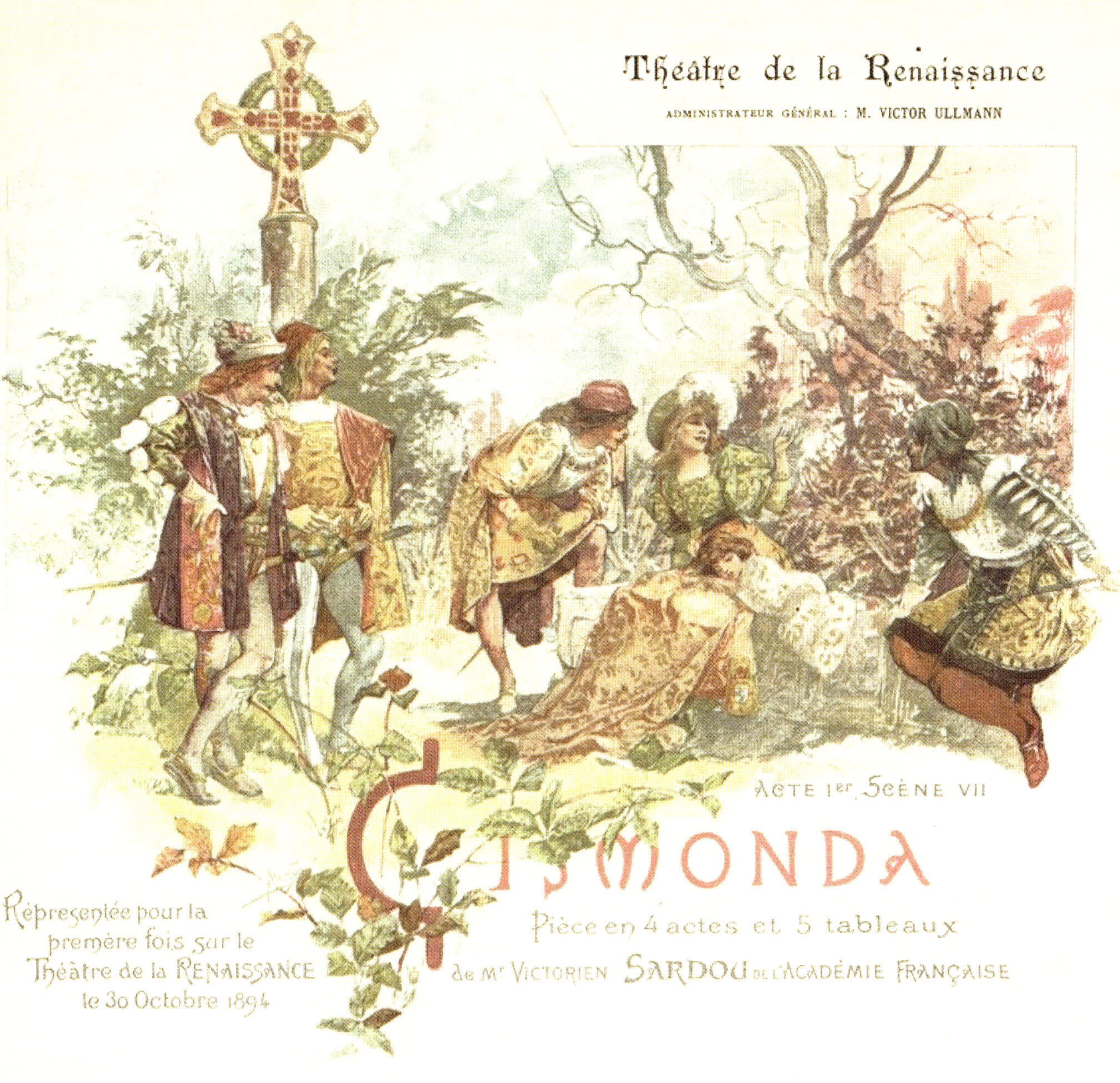

ACTE 1er SCÈNE VII

GISMONDA

Pièce en 4 actes et 5 tableaux

de Mr VICTORIEN SARDOU de l'ACADÉMIE FRANÇAISE

Réprésentée pour la premère fois sur le Théâtre de la RENAISSANCE le 30 Octobre 1894

A pièce dont nous avons voulu fixer le souvenir dans ce livre d'images, s'ouvre comme un de ces contes bleus que Boccace a recueillis des sept belles dames et des trois jeunes hommes, qui, à l'époque de la peste de Florence, s'assemblèrent loin de la ville, sous des berceaux d'orangers et de lauriers roses, pour se dire des histoires d'amour. Et nous n'en voulons comme preuve que l'aquarelle ci-dessus où l'on voit l'héroïne de cette comédie dramatique, la princesse Gismonda, veuve de Nério II, duc d'Athènes, écouter les tendres propos des quatre seigneurs qui aspirent à sa main. Elle les écoute et sourit en passant ses doigts délicats dans la chevelure blonde de Francesco Acciaiuoli, son jeune enfant. Et l'on verra que le conte bleu poursuit ses imaginations fleuries si l'on continue à feuilleter ces pages où se déroulent, au cours d'évocations du plus étrange et du plus divertissant intérêt, les épisodes d'une histoire farouche, tendre et poétique, dont le but est assurément de nous montrer que si, aux temps héroïques et galants, les rois épousaient des bergères, il arrivait aussi aux reines d'épouser des fauconniers. Il va sans dire que si, pour les besoins de sa cause, le conteur prête, dans le cas qui nous occupe, à son fauconnier, toutes les séductions que donne à un homme beau et courageux la conscience d'une âme pure, hantée par la passion la plus ardente et la plus noble, il n'a pas moins comblé la princesse de toutes les fiertés et de toutes les tendresses d'une femme qui, veuve et mère de roi, voit l'orgueil de sa race se fondre sous la chaude et pénétrante caresse de l'amour. Et le conte bleu finit, comme tous les contes bleus, par un mariage.

Et ce mariage a lieu dans une église d'or et de porphyre, au milieu d'une foule couronnée de fleurs, qui se prosterne, attendrie, tandis que des chants d'allégresse montent dans les parfums de l'encens. Et la princesse, c'est Sarah Bernhardt, la comédienne prodigieuse qui semble avoir évoqué, à cette occasion, toutes les fées de son berceau pour leur demander le secret d'un suprême enchantement.

Et cela se passe dans un pays que les séductions d'une mise en scène chatoyante et fastueuse feraient paraître chimérique si l'on ne savait que l'auteur de la pièce, le maître ouvrier dramatique Victorien Sardou, est de ceux pour qui le rêve n'existe qu'à la condition d'être évoqué par la plus scrupuleuse réalité. Mais, au fait, pourquoi ne pas vous raconter la pièce ?

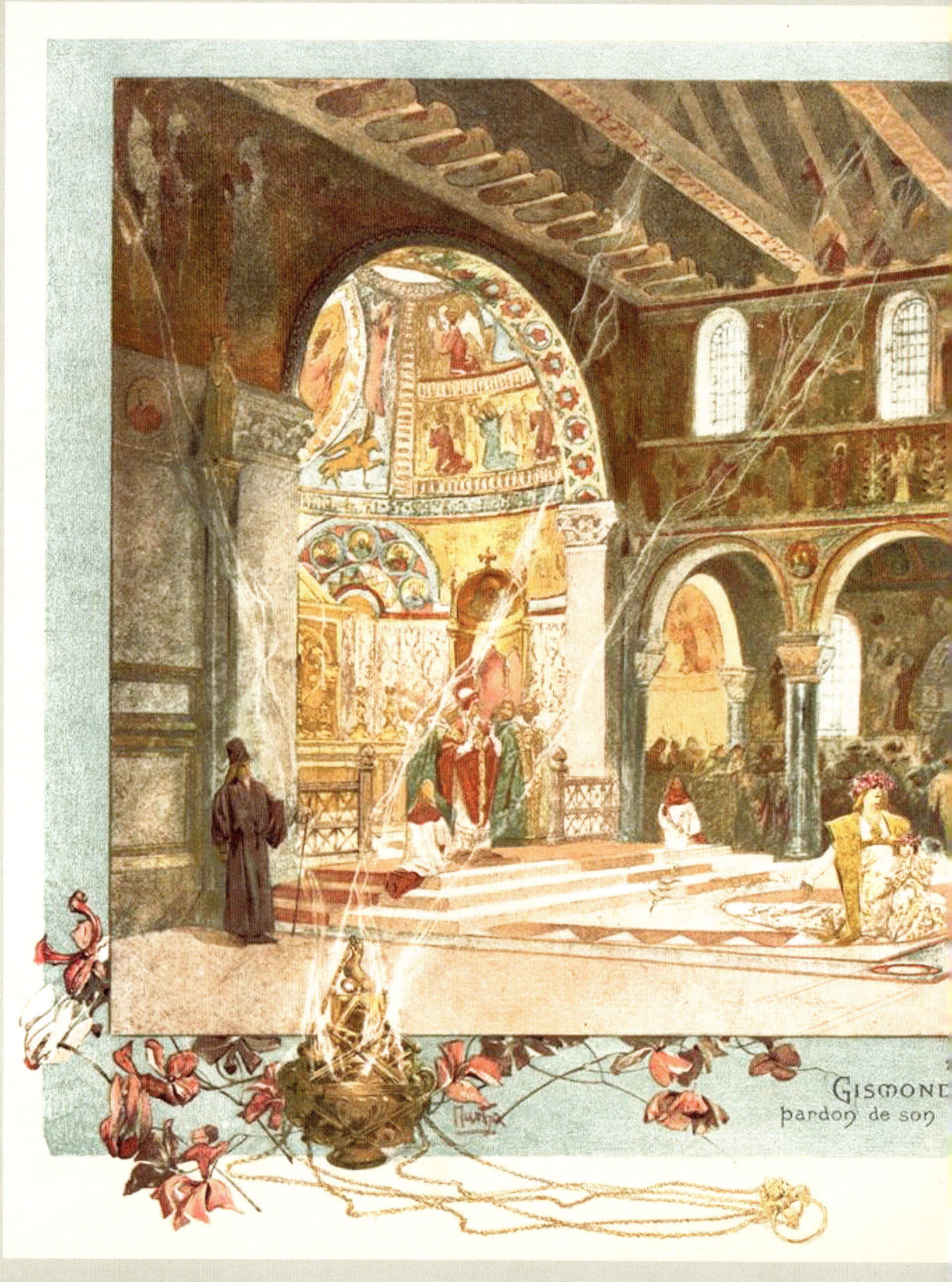

GISMOND
pardon de son

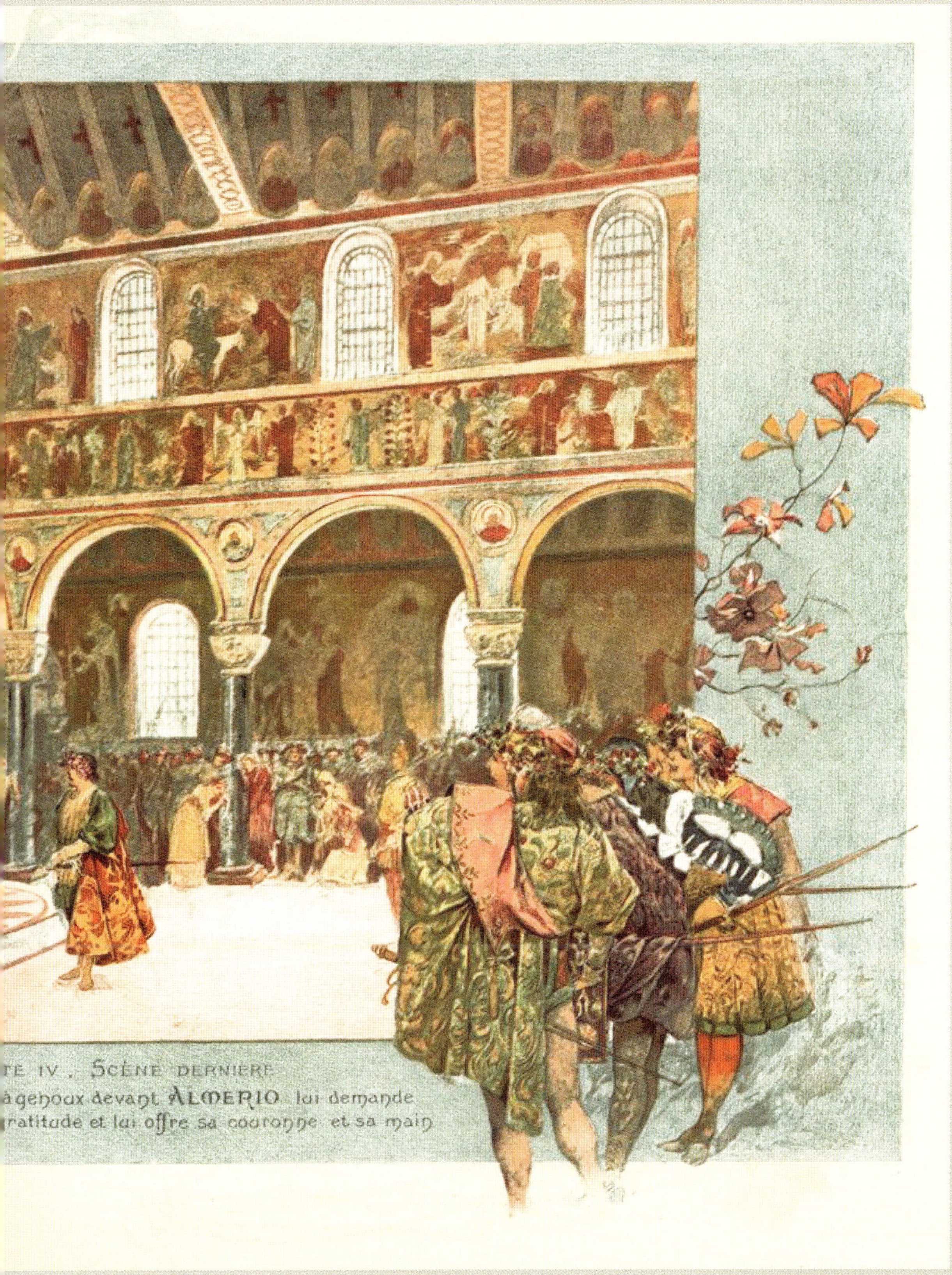

TE IV, SCÈNE DERNIÈRE
à genoux devant ALMERIO lui demande
ratitude et lui offre sa couronne et sa main

1894年刊 / リトグラフ、紙 / 35×27cm / フランス国立図書館蔵

雑誌『ル・ゴロワ』別冊《ジスモンダ》特集

★★★★★★★★★★★★★★★★★★★★★★★★★

INSIDE PAGES OF "GISMONDA" ISSUE OF "LE GAULOIS"

ACTE Ier L'ACROPOLE

RUINES SUR LA COLLINE DES NYMPHES ACTE IV

LA CHAMBRE DE GISMONDA ACTE III

châtiment. Aussi bien devant l'interrogation muette de l'assistance, Almerio, tremblant que le trouble de Gismonda ne la trahisse et ne révèle la présence de la duchesse chez lui, s'avoue coupable : — « C'est vrai, dit-il ; Zaccaria venait pour m'assassiner, j'ai prévenu son dessein et je l'ai tué. » Devant cet acte de sublime dévouement le cœur de Gismonda éclate dans une explosion de reconnaissance et d'amour. — « Il ment ! » s'écrie-t-elle.

Et elle avoue toute la vérité. — « Qu'Almerio me pardonne, ajoute-t-elle, qu'il oublie les lâchetés de mon orgueil et qu'il reçoive avec ma profonde affection, cette main dont il s'est rendu digne par sa loyauté et son courage ! » Et voici comment le valet Almerio épousa la duchesse Gismonda, le jour de Pâques fleuries de l'année 1451.

Mais ce qu'il est impossible de raconter, c'est la multiplicité des détails ingénieux et rares qui font de ce spectacle un des plus mirifiques qu'il ait été donné à nos yeux de contempler au théâtre. Jamais l'illusion ne fut portée si loin qu'au cours de ce mélange savoureux de fantaisie et de réalité que M. Victorien Sardou a fondu dans l'or tendre et riant d'un rêve florentin. Et ce qu'il est impossible de dire surtout, c'est le charme mystérieux et doux, la grâce ineffable, ondoyante et chantante, la force agile et tragique de Mme Sarah Bernhardt dans ce rôle de Gismonda qui restera comme un des plus singulièrement personnels auxquels elle aura attaché son nom. Faut-il ajouter qu'elle trouve dans M. Guitry, dans M. de Max, dans M. Deval, dans Mmes Seylor et Marthold, et enfin dans toute cette troupe vaillante de la Renaissance, qui lui prête un si intelligent concours, des partenaires dignes de son incomparable talent? Une fois de plus, l'art de M. Victorien Sardou aura fait œuvre de magie.

ANGE GALDEMAR.

Paris. — Imprimeries LEMERCIER, 57, rue de Seine.

1894年刊 / リトグラフ、紙 / 35×27cm / フランス国立図書館蔵

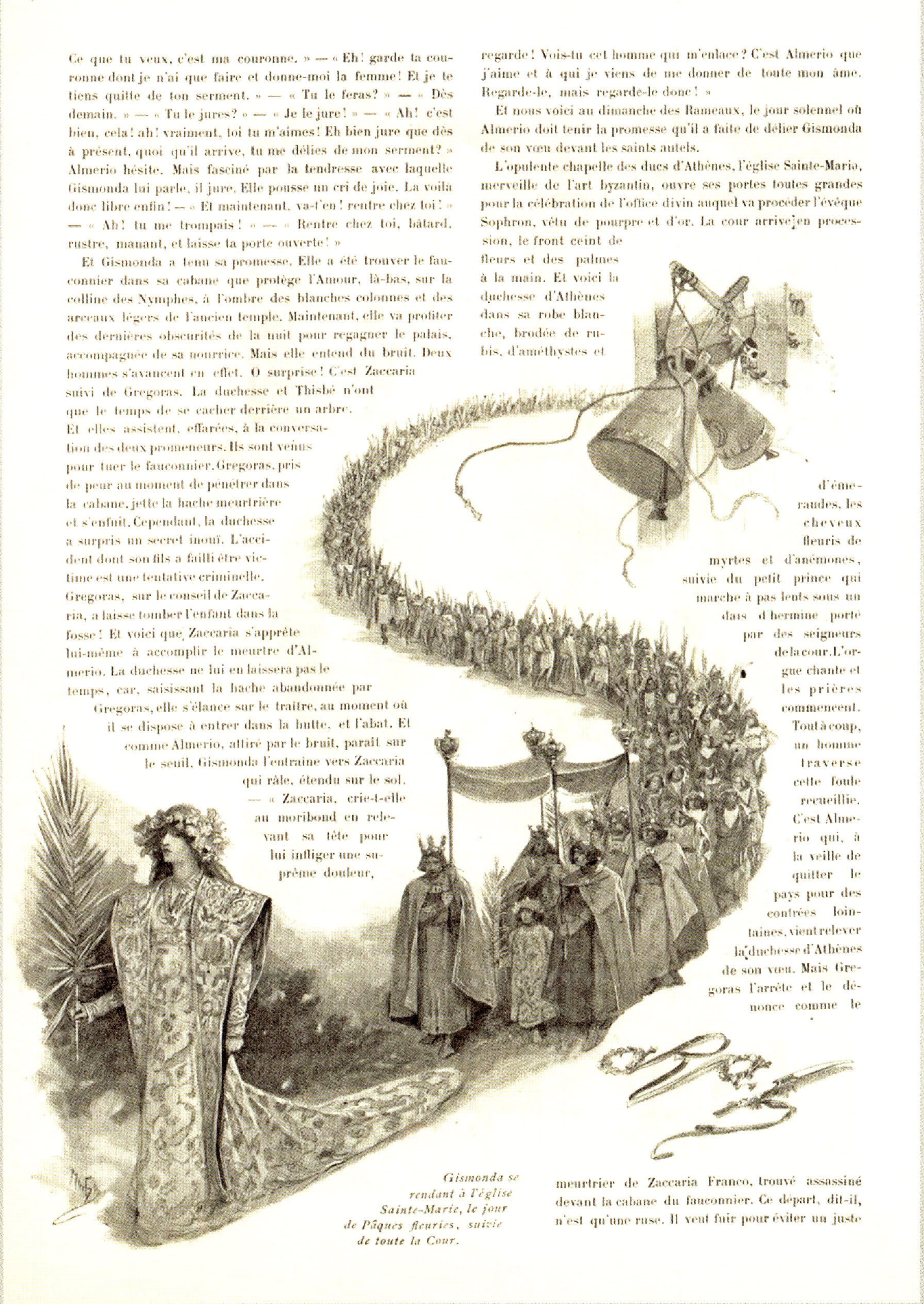

Ce que tu veux, c'est ma couronne. » — « Eh! garde ta couronne dont je n'ai que faire et donne-moi la femme! Et je te tiens quitte de ton serment. » — « Tu le feras? » — « Dès demain. » — « Tu le jures? » — « Je le jure! » — « Ah! c'est bien, cela! ah! vraiment, toi tu m'aimes! Eh bien jure que dès à présent, quoi qu'il arrive, tu me délies de mon serment? » Almerio hésite. Mais fasciné par la tendresse avec laquelle Gismonda lui parle, il jure. Elle pousse un cri de joie. La voilà donc libre enfin! — « Et maintenant, va-t'en! rentre chez toi! » — « Ah! tu me trompais! » — « Rentre chez toi, bâtard, rustre, manant, et laisse ta porte ouverte! »

Et Gismonda a tenu sa promesse. Elle a été trouver le fauconnier dans sa cabane que protège l'Amour, là-bas, sur la colline des Nymphes, à l'ombre des blanches colonnes et des arceaux légers de l'ancien temple. Maintenant, elle va profiter des dernières obscurités de la nuit pour regagner le palais, accompagnée de sa nourrice. Mais elle entend du bruit. Deux hommes s'avancent en effet. O surprise! C'est Zaccaria suivi de Gregoras. La duchesse et Thisbé n'ont que le temps de se cacher derrière un arbre. Et elles assistent, effarées, à la conversation des deux promeneurs. Ils sont venus pour tuer le fauconnier. Gregoras, pris de peur au moment de pénétrer dans la cabane, jette la hache meurtrière et s'enfuit. Cependant, la duchesse a surpris un secret inouï. L'accident dont son fils a failli être victime est une tentative criminelle. Gregoras, sur le conseil de Zaccaria, a laissé tomber l'enfant dans la fosse! Et voici que Zaccaria s'apprête lui-même à accomplir le meurtre d'Almerio. La duchesse ne lui en laissera pas le temps, car, saisissant la hache abandonnée par Gregoras, elle s'élance sur le traître, au moment où il se dispose à entrer dans la hutte, et l'abat. Et comme Almerio, attiré par le bruit, paraît sur le seuil, Gismonda l'entraîne vers Zaccaria qui râle, étendu sur le sol. — « Zaccaria, crie-t-elle au moribond en relevant sa tête pour lui infliger une suprême douleur, regarde! Vois-tu cet homme qui m'enlace? C'est Almerio que j'aime et à qui je viens de me donner de toute mon âme. Regarde-le, mais regarde-le donc! »

Et nous voici au dimanche des Rameaux, le jour solennel où Almerio doit tenir la promesse qu'il a faite de délier Gismonda de son vœu devant les saints autels.

L'opulente chapelle des ducs d'Athènes, l'église Sainte-Marie, merveille de l'art byzantin, ouvre ses portes toutes grandes pour la célébration de l'office divin auquel va procéder l'évêque Sophron, vêtu de pourpre et d'or. La cour arrive en procession, le front ceint de fleurs et des palmes à la main. Et voici la duchesse d'Athènes dans sa robe blanche, brodée de rubis, d'améthystes et d'émeraudes, les cheveux fleuris de myrtes et d'anémones, suivie du petit prince qui marche à pas lents sous un dais d'hermine porté par des seigneurs de la cour. L'orgue chante et les prières commencent. Tout à coup, un homme traverse cette foule recueillie. C'est Almerio qui, à la veille de quitter le pays pour des contrées lointaines, vient relever la duchesse d'Athènes de son vœu. Mais Gregoras l'arrête et le dénonce comme le meurtrier de Zaccaria Franco, trouvé assassiné devant la cabane du fauconnier. Ce départ, dit-il, n'est qu'une ruse. Il veut fuir pour éviter un juste

Gismonda se rendant à l'église Sainte-Marie, le jour de Pâques fleuries, suivie de toute la Cour.

1894年刊 / リトグラフ、紙 / 35×27cm / フランス国立図書館蔵

書籍『エドモン・ロスタンの演劇《はるかなる姫君》』

★★★★★★★★★★★★★★★★★★★★★★

BOOK COVER AND INSIDE PAGES OF "EDMOND ROSTAND'S PLAY 'THE PRINCESS FAR-AWAY'"

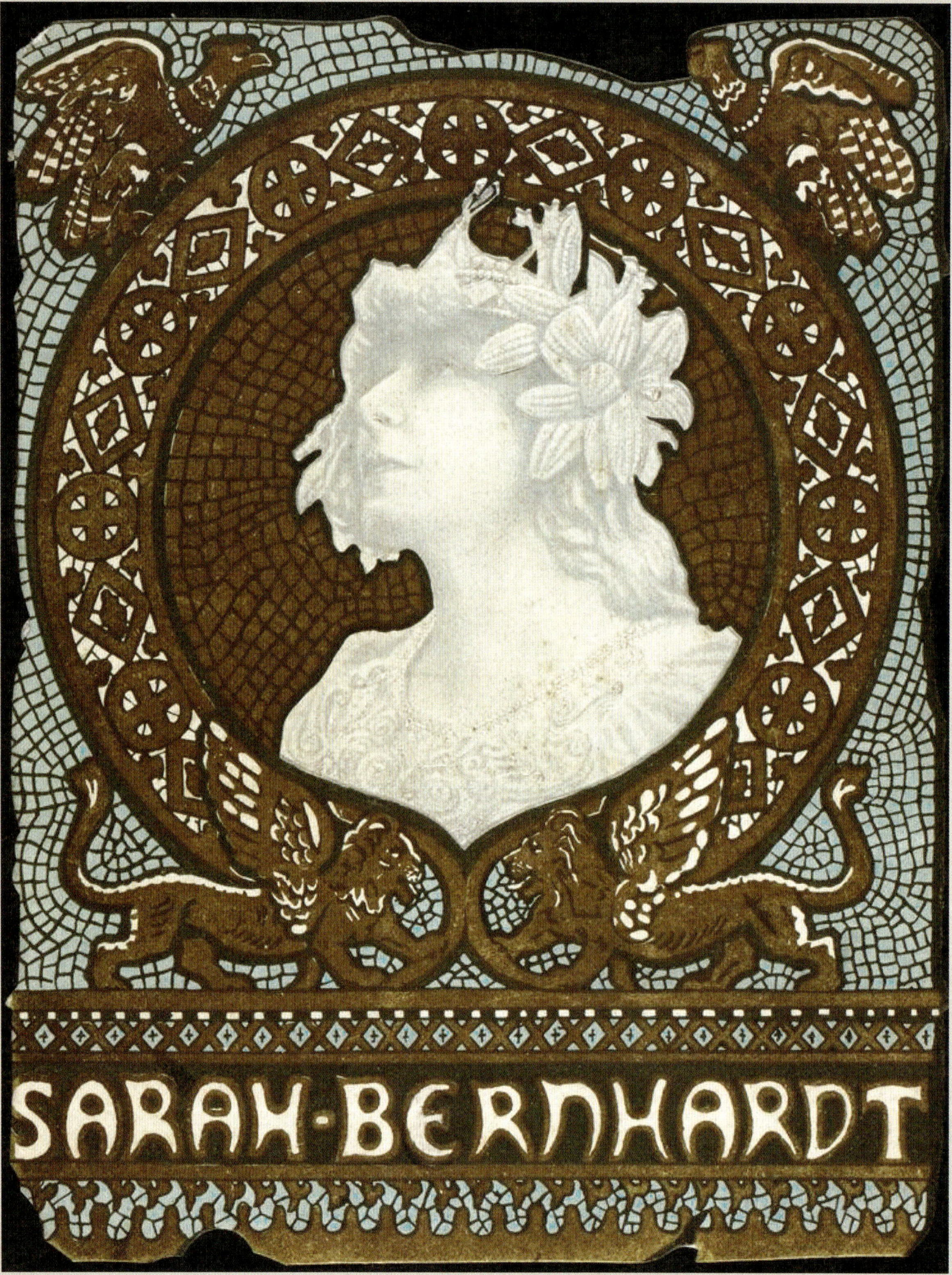

SARAH-BERNHARDT

エドモン・ロスタンの《はるかなる姫君》をサラ・ベルナールは1895年に初演した。サラが扮する遠い国の姫君にあこがれて詩人がはるかな海に船を漕ぎ出してゆく。この詩的な演劇作品は大赤字であった。この演劇にちなんでつくられた本の表紙には、ミュシャがデザインした白ユリの冠のサラが描かれている(上)。内部には絵と写真を融合したサラのアルバムが入っている。

P48-49すべて：1895年刊 / フランス国立図書館蔵

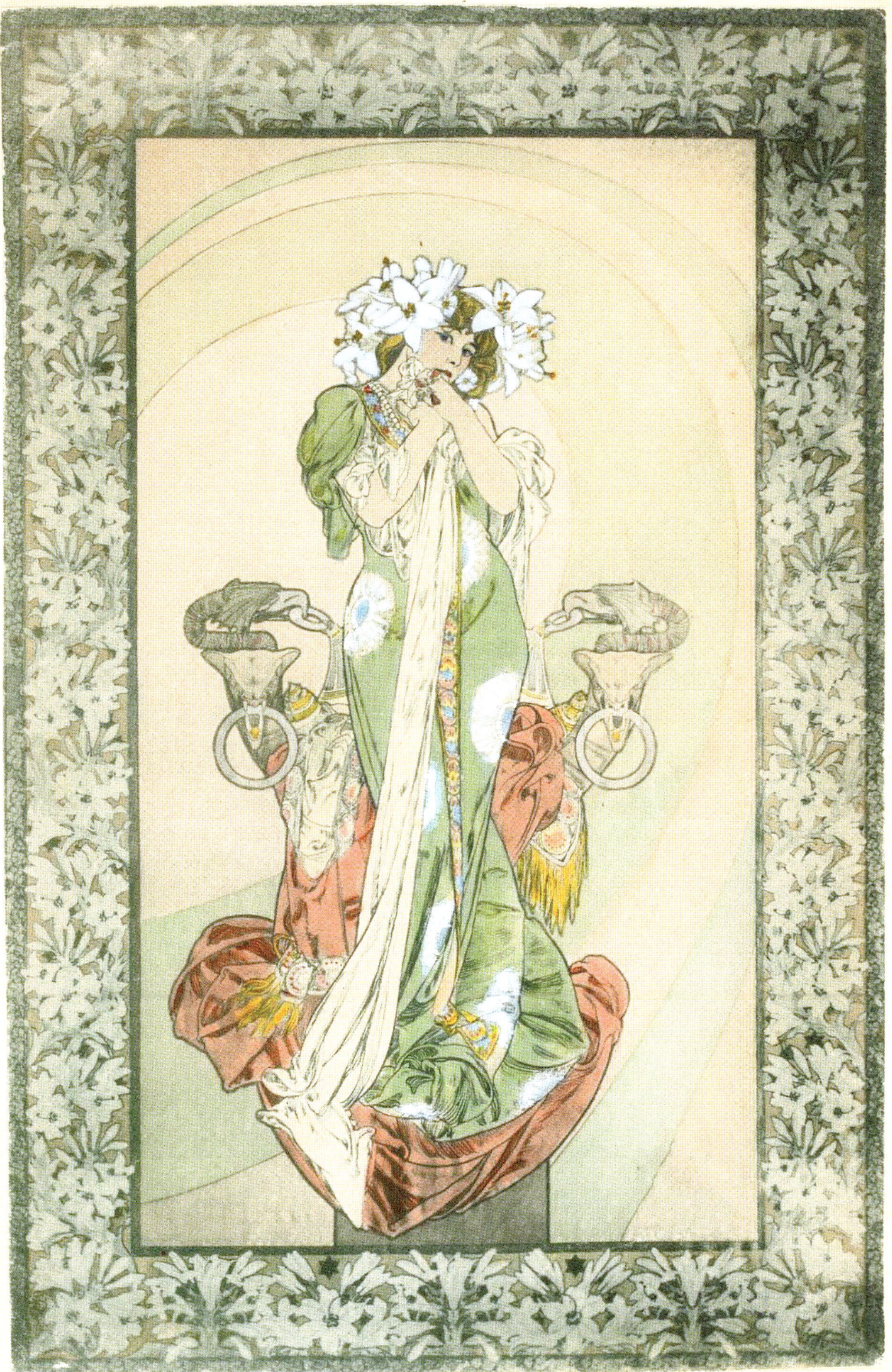

サラ・ベルナール劇場のプログラム表紙

COVER FOR A PROGRAM OF SARAH BERNHARDT THEATER

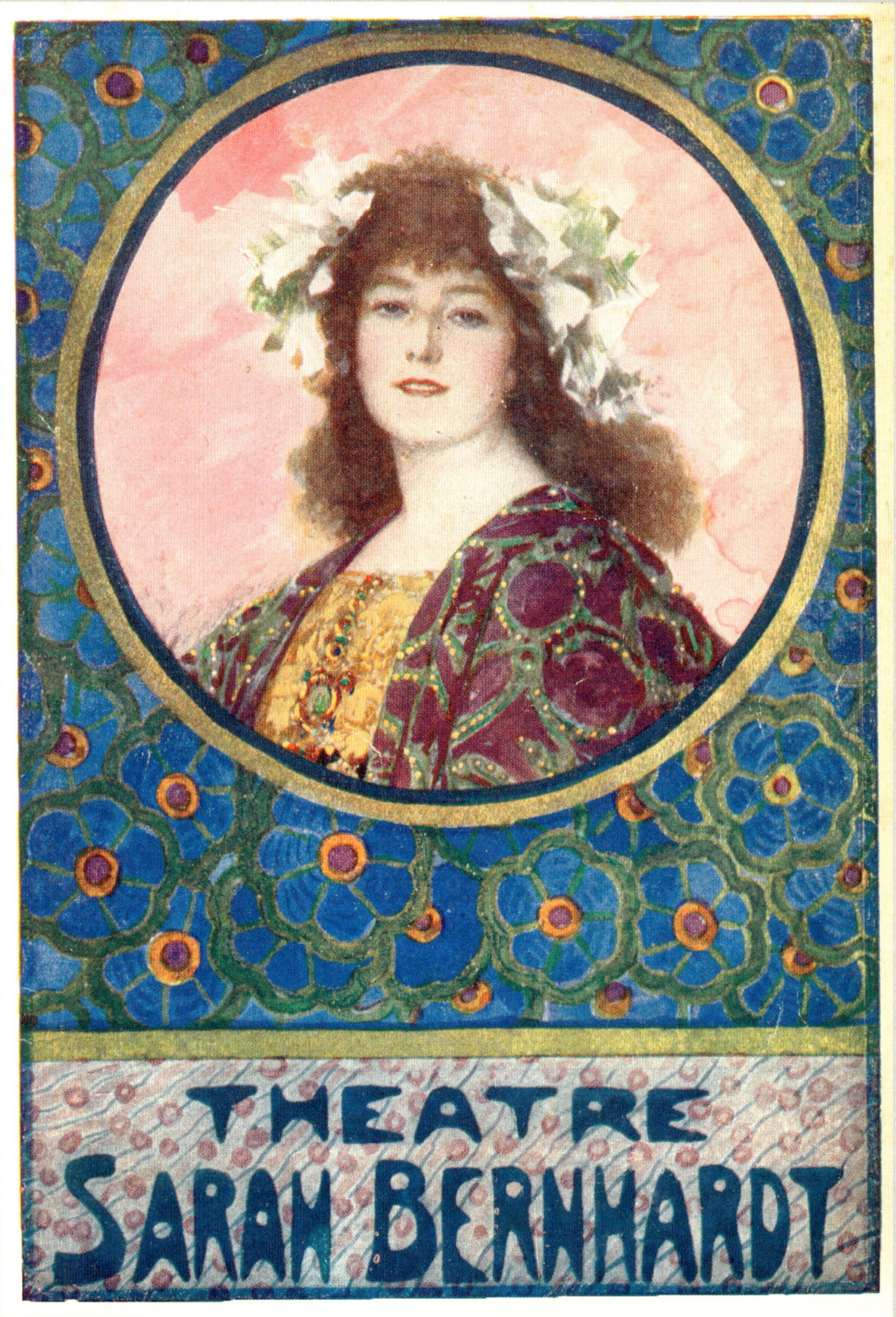

THEATRE
SARAH BERNHARDT

サラは小さなルネサンス座を売り、セーヌ川畔にあった大きな劇場をパリ市から借り、サラ・ベルナール劇場として改装した。1899年の《トスカ》でオープンする。サラが年を取り、小さな劇場ではあらが見えるのをいやがったから、といわれる。そのせいか、プログラムの彼女は若々しく表現されている。

1922年頃 / 18×13.5cm / alamy/PPS通信社

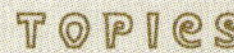

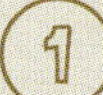

パリのアール・ヌーヴォー

PARIS ART NOUVEAU

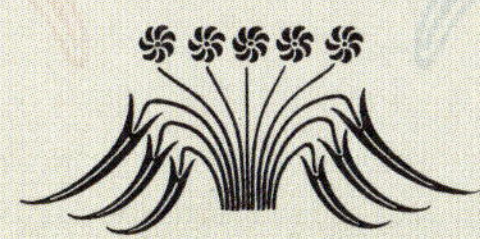

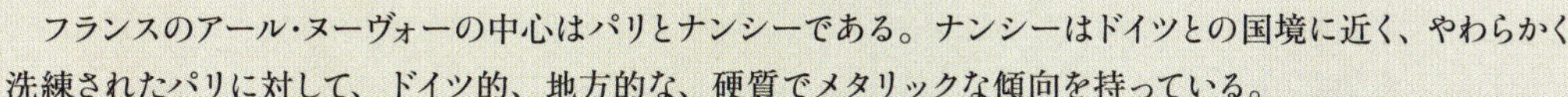

フランスのアール・ヌーヴォーの中心はパリとナンシーである。ナンシーはドイツとの国境に近く、やわらかく、洗練されたパリに対して、ドイツ的、地方的な、硬質でメタリックな傾向を持っている。

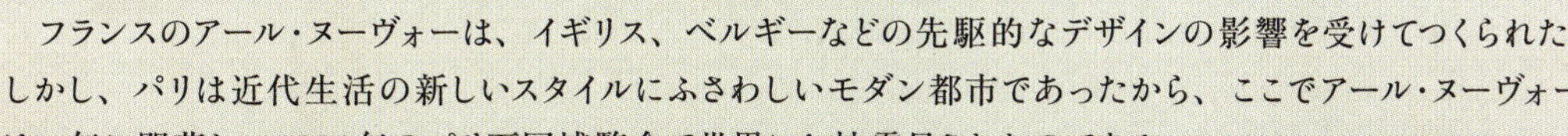

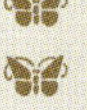

フランスのアール・ヌーヴォーは、イギリス、ベルギーなどの先駆的なデザインの影響を受けてつくられた。しかし、パリは近代生活の新しいスタイルにふさわしいモダン都市であったから、ここでアール・ヌーヴォーは一気に開花し、1900年のパリ万国博覧会で世界にお披露目されたのである。

パリのアール・ヌーヴォーを代表するのは、ジュエリー・デザインのルネ・ラリック、建築装飾のエクトール・ギマール、ポスターのミュシャ、ウジェーヌ・グラッセなどである。ラリックは1878年から1881年までロンドンで修業してパリにもどり、1886年頃から自分の工房を持ち、アール・ヌーヴォー・スタイルに向かっている。

1889年にはパリで万国博覧会が開かれ、エッフェル塔が建てられる。この博覧会によって、アール・ヌーヴォーのための環境が整えられる。色彩豊かなポスターの黄金時代がはじまる。ピエール・ボナールの「フランス・シャンパーニュ」のポスターが1つのはじまりといわれる。ジュール・シェレ、グラッセなどとともに、ロートレック、モーリス・ドニなどの一般の画家たちもポスターを描く。そこにチェコからきたアルフォンス・ミュシャが《ジスモンダ》(1894)によってデビューするのである。

しかしパリで人気を集めたにもかかわらず、ミュシャのポスターはパリ風とは少しちがっていた。女性のイメージは軽快なパリ女ではなかったし、装飾は金属的な硬さを持っていた。たとえばミュシャが描く女の髪はメタリックな硬い線と光沢を持っている。その花の形も、様式的で、自然のやわらかさを持っていない。

ミュシャ・スタイルはパリのアール・ヌーヴォーの中でエキゾティックでミステリアスな雰囲気を漂わせていたのである。

☆☆☆

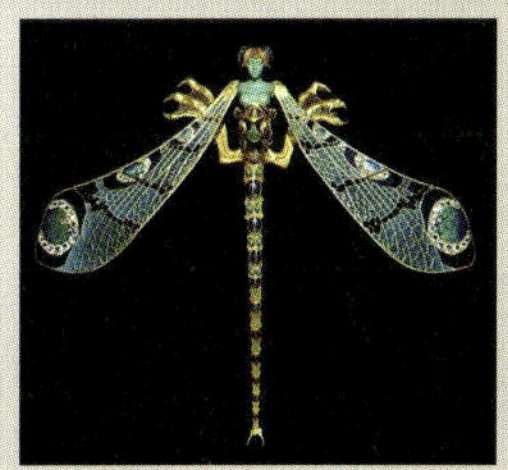

「トンボの精」
ルネ・ラリック作
1897-98年

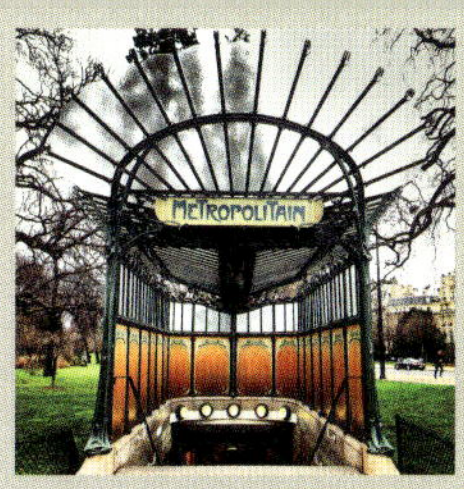

パリのメトロ入口
設計・建築：エクトール・ギマール
1900-13年

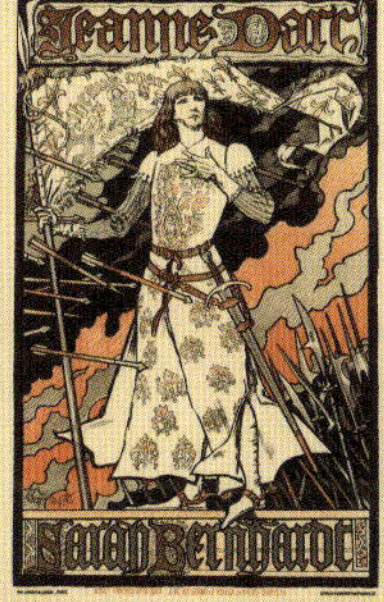

サラ・ベルナール主演の
演劇《ジャンヌ・ダルク》ポスター
ウジェーヌ・グラッセ画
1899年

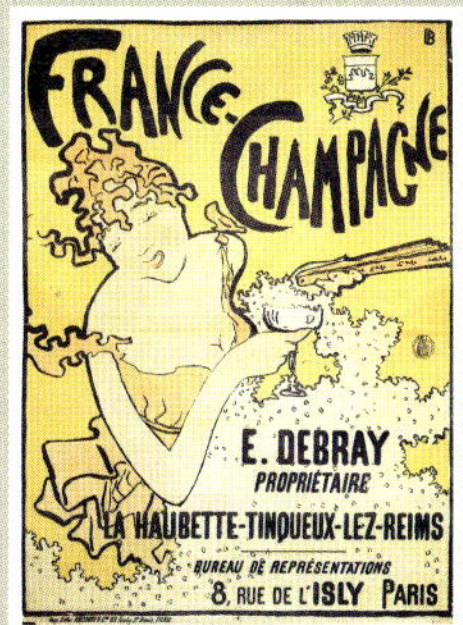

「フランス・シャンパーニュ」ポスター
ピエール・ボナール画
1891年

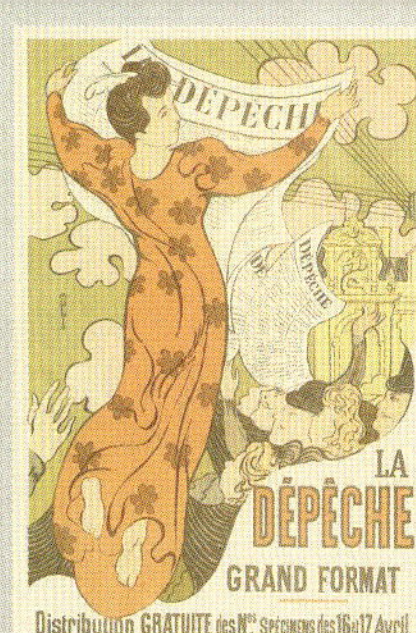

「ラ・デペシュ・ド・トゥールーズ」
新聞のポスター
モーリス・ドニ画
1892年

ALFONS MARIA MUCHA

ミュシャの世紀末劇場

MUCHA AND FIN-DE-SIÉCLE THEATER

ミュシャは生涯、劇場的な世界への関心を持ちつづけた。サラ・ベルナールとの幸運な出会いはもちろんであるが、その他にもさまざまな演劇のデザインを手がけている。ここではそのような、ミュシャの多面的な演劇ファンタジーを見ていくことにしよう。

サラを離れた作品には、パリの軽演劇、寄席のヴァラエテイといった陽気で喜劇的な雰囲気のものが多いように思える。サラの強烈で重苦しいともいえる悲劇とはちがった気楽な自由さをミュシャは感じていたのだろうか。そのいい例が喜劇《愛人たち》の広告(1895、次ページ)である。パリのレストランで享楽的なパーティーがくりひろげられているシーンだ。劇作家モーリス・ドネ作の《愛人たち》のルネサンス劇場公演を告げている。

ルネサンス劇場は、サラの劇場なのだが、実はこの時、彼女はいなかった。《はるかなる姫君》に彼女はのめり込んだが、不入りで20万フランの赤字であった。借金を埋めるために、彼女は地方公演に出た。留守中はリュシアン・ギトリ(フランスの劇作家、映画監督。サシャ・ギトリの父)にまかせることにした。ギトリは《愛人たち》を上演した。彼の相手役の女優はジャンヌ・グラニエで、なんとこの芝居が大当たりした。帰ってきたサラは、「私がいない方がもうかるのよ」といったそうである。

ミュシャは、サラのいない時のルネサンス劇場のポスターを描いたのである。サラのポスターとはちがって、思いきって通俗的に、他のパリの画家のスタイルもとり入れている。サラは自分のいない時に、のびのびと描いているミュシャに皮肉をいっただろうか。

ともかくミュシャは、聖歌隊に参加していた少年の頃から、芝居や演奏会の劇的な空間にひかれ、舞台装置、コスチューム、芝居ポスターなどのデザインを好んでいた。

Mucha, a lifelong fan of the theater, had been fascinated with performing and with the theater since singing in a choir as a boy. He loved to design sets, props, costumes, and posters for theatrical and other performances. Fortunate in meeting Sarah Bernhardt, he also produced designs for other performances. We find, in his works not devoted to Sarah, many examples with the cheerful, lighthearted atmosphere of Parisian comedy and variety shows. Here we glimpse Mucha in a lighter mood, liberated from the powerful but heavy tragedies in which Sarah performed. His advertisement for The Lovers (1895, P000) is a good example: he uses a scene from a hedonistic party at a Paris restaurant to advertise Maurice Donnay's play at the Théâtre de la Renaissance. The Théâtre de la Renaissance was Bernhardt's theater, but when she was away, Mucha continued to produce posters for it. Compared to those he created for Sarah, these are commonplace and borrow styles from other artists. In Sarah's absence, Mucha, who had depicted her so generously, displayed a somewhat sarcastic tone.

演劇《愛人たち》ポスター (次ページ)

POSTER FOR A PLAY "THE LOVERS"

サラがいない時のルネサンス劇場で上演された、エロティック・ロマンティック・コメディ。
ベル・エポックの頽廃的風俗が描かれている。ミュシャも思いきってパリ風の女たちを登場させている。

P53：1895年 / カラー・リトグラフ、紙 / 106.5×137cm / フランス国立図書館蔵

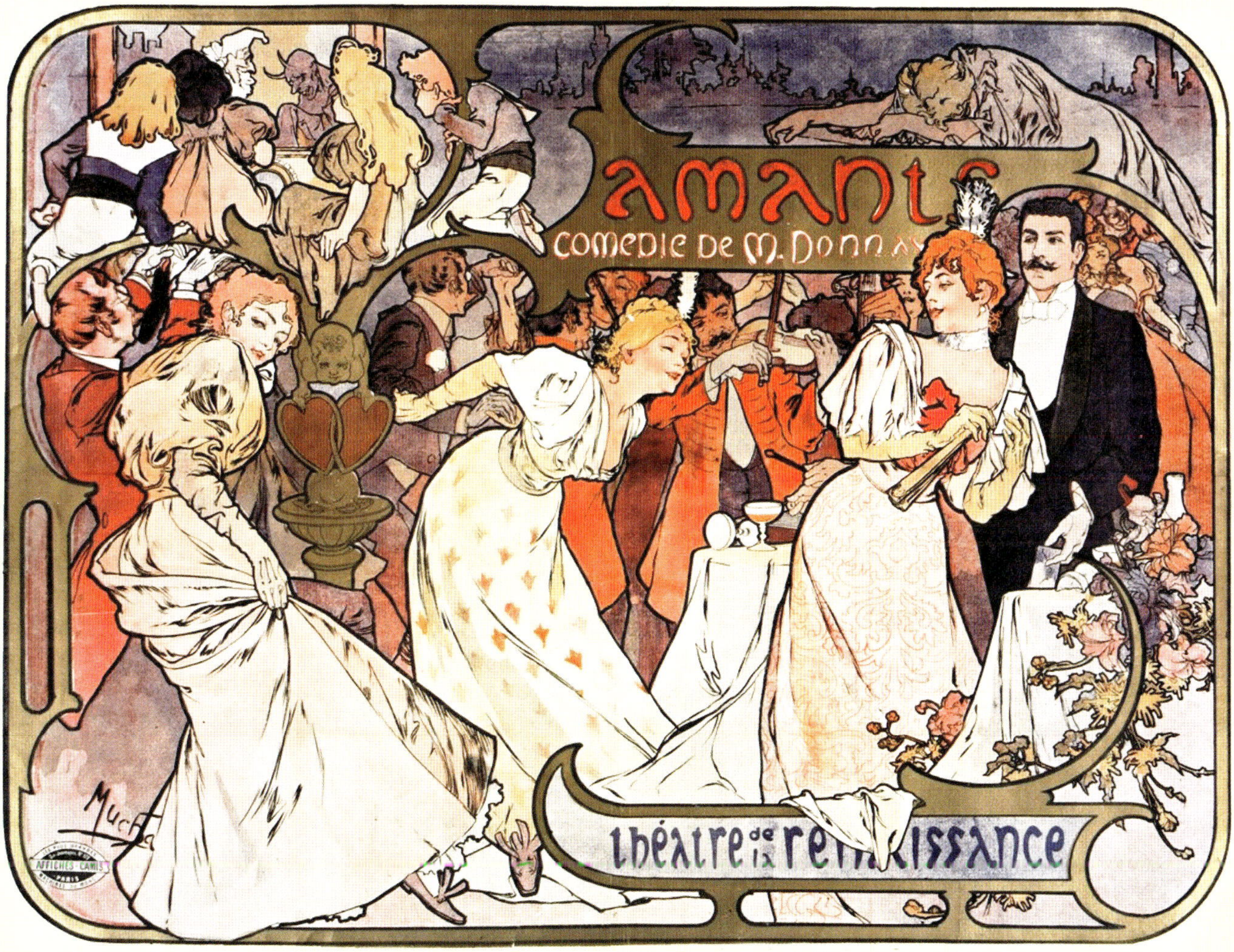

Amants

Comedie de M. Donnay

Théâtre de la Renaissance

Mucha

Affiches Camis Paris

演劇《リジー》、《受難》ポスター

★★★★★★★★★★★★★★★★★★★★★★

POSTERS FOR PLAYS "LYGIE" / "THE PASSION"

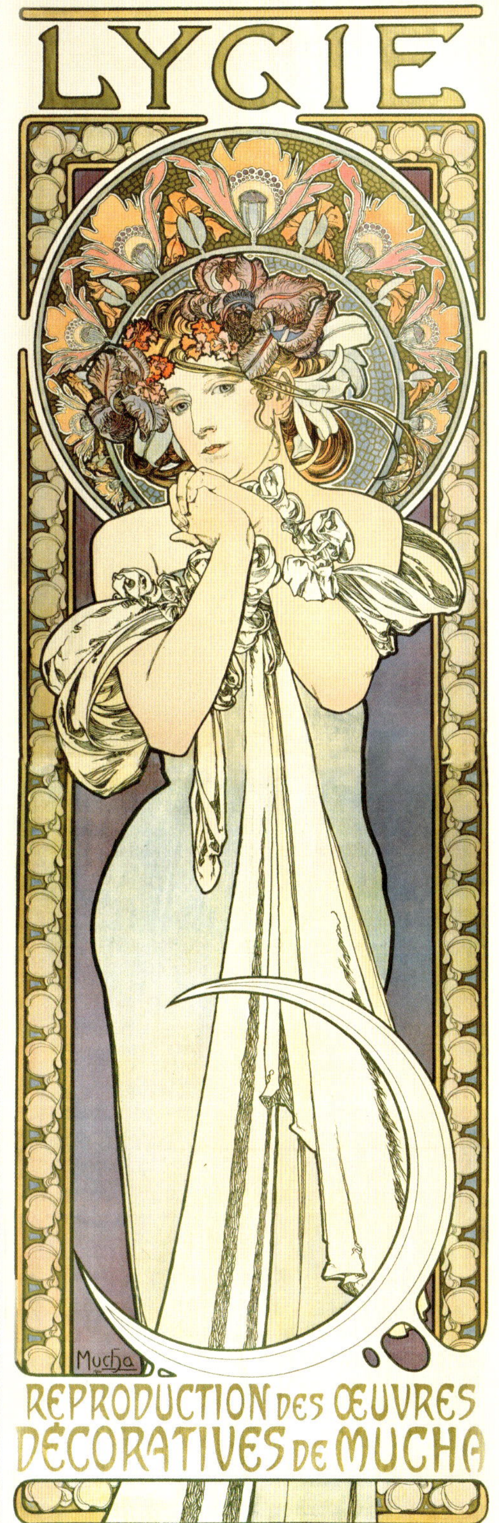

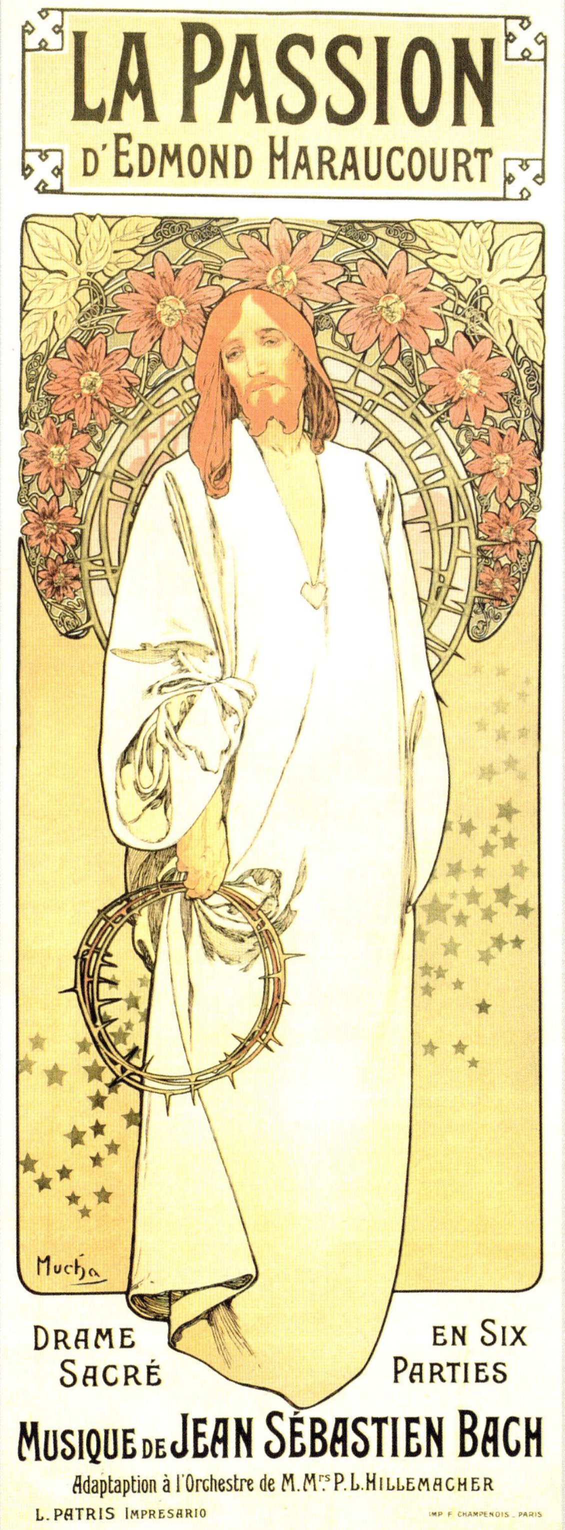

左はミュージック・ホール「フォリー・ベルジェール」の踊り子リジーのポスターである。衣服のひだ、頭の背後の装飾の環、縁飾りなどミュシャ・スタイルのモチーフがちりばめられている。右はエドモン・アロクールの作、バッハ音楽によるキリスト受難劇。イバラの冠を持ったキリストが立っている。頭のうしろの花輪もイバラである。

左：1901年 / カラー・リトグラフ、紙 / 175.5×59.5cm / akg-images/PPS通信社　右：1904年 / カラー・リトグラフ、紙 / 202×74cm / フランス国立図書館蔵

カジノ・ド・モンテカルロのコンサートのポスター

★★★★★★★★★★★★★★★★★★★★★★★

POSTER FOR THE MONTE-CARLO CASINO CONCERT

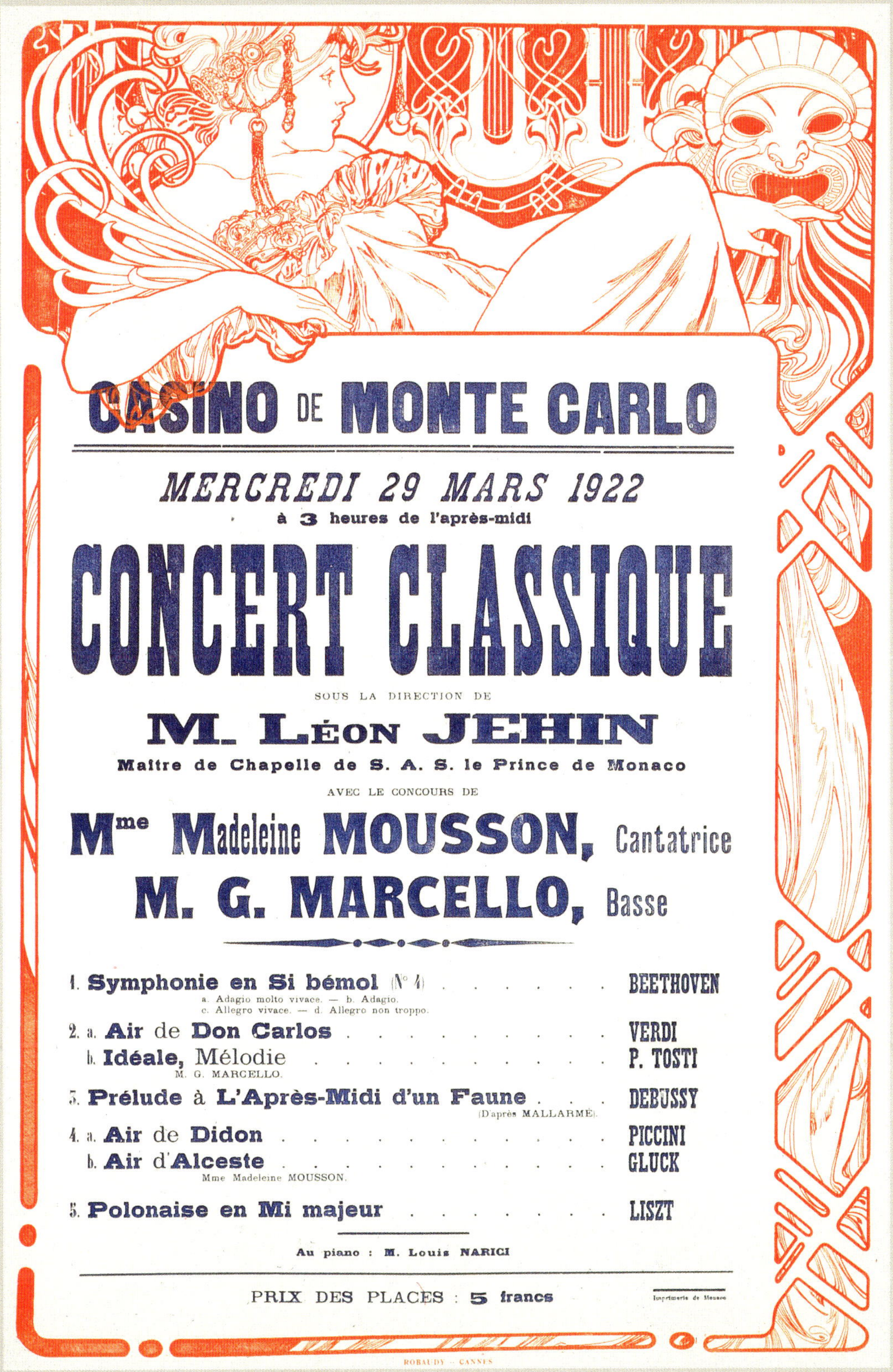

CASINO DE MONTE CARLO

MERCREDI 29 MARS 1922

à 3 heures de l'après-midi

CONCERT CLASSIQUE

SOUS LA DIRECTION DE

M. LÉON JEHIN

Maître de Chapelle de S. A. S. le Prince de Monaco

AVEC LE CONCOURS DE

Mme Madeleine MOUSSON, Cantatrice
M. G. MARCELLO, Basse

1. **Symphonie en Si bémol** (N° 4) . . . . BEETHOVEN
 a. Adagio molto vivace. — b. Adagio.
 c. Allegro vivace. — d. Allegro non troppo.

2. a. **Air** de **Don Carlos** . . . . VERDI
 b. **Idéale,** Mélodie . . . . P. TOSTI
 M. G. MARCELLO.

3. **Prélude** à **L'Après-Midi d'un Faune** . . . . DEBUSSY
 (D'après MALLARMÉ).

4. a. **Air** de **Didon** . . . . PICCINI
 b. **Air** d'**Alceste** . . . . GLUCK
 Mme Madeleine MOUSSON.

5. **Polonaise en Mi majeur** . . . . LISZT

Au piano : M. Louis NARICI

PRIX DES PLACES : **5 francs**

Imprimerie de Monaco

ROBAUDY — CANNES

クラシック音楽のコンサート。おなじみのミュシャ・スタイルの女性が演劇の神の象徴である仮面を見ている。世紀末アール・ヌーヴォーがドビュッシーの《牧神の午後》の気分を甦らせる。

1897年 / カラー・リトグラフ、紙 / 77.2×54.6cm / Alamy/PPS通信社

書籍『劇場の衣裳』挿絵

★★★★★★★★★★★★★★★★★★★★★★

INSIDE PAGES OF A BOOK "THE COSTUME IN THE THEATER"

CLÉOPÂTRE
CLÉOPÂTRE._Mme SARAH BERNHARDT
(1er ACTE)

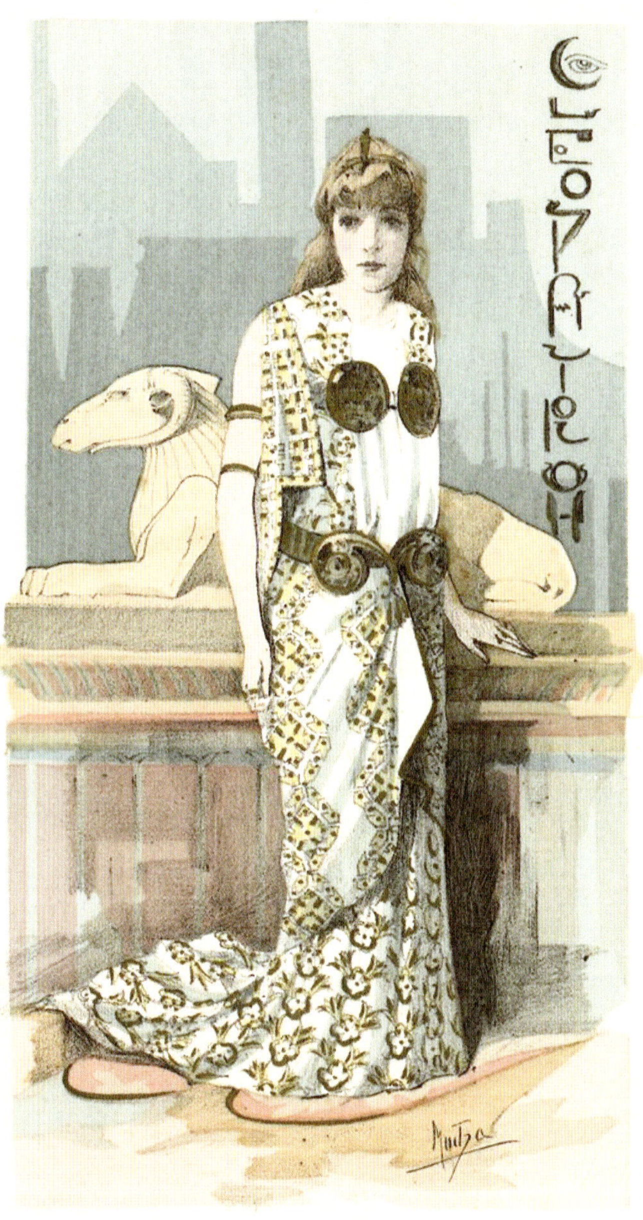

ミュシャはプラハやウィーンにいた頃から舞台デザインに関わってきた。この本はパリ時代の舞台衣裳のデザインをまとめたもので、サラ・ベルナールのためのものが多い。初期のスケッチなので、まだ様式化、アール・ヌヌーヴォー化されていないミュシャの表現を見ることができる。

P56-57すべて：1890年刊 / 30×22cm / フランス国立図書館蔵

CLÉOPÂTRE
CLÉOPÂTRE._Mme SARAH BERNHARDT
(2ème ACTE)
KÉPHREN._M. DARMONT

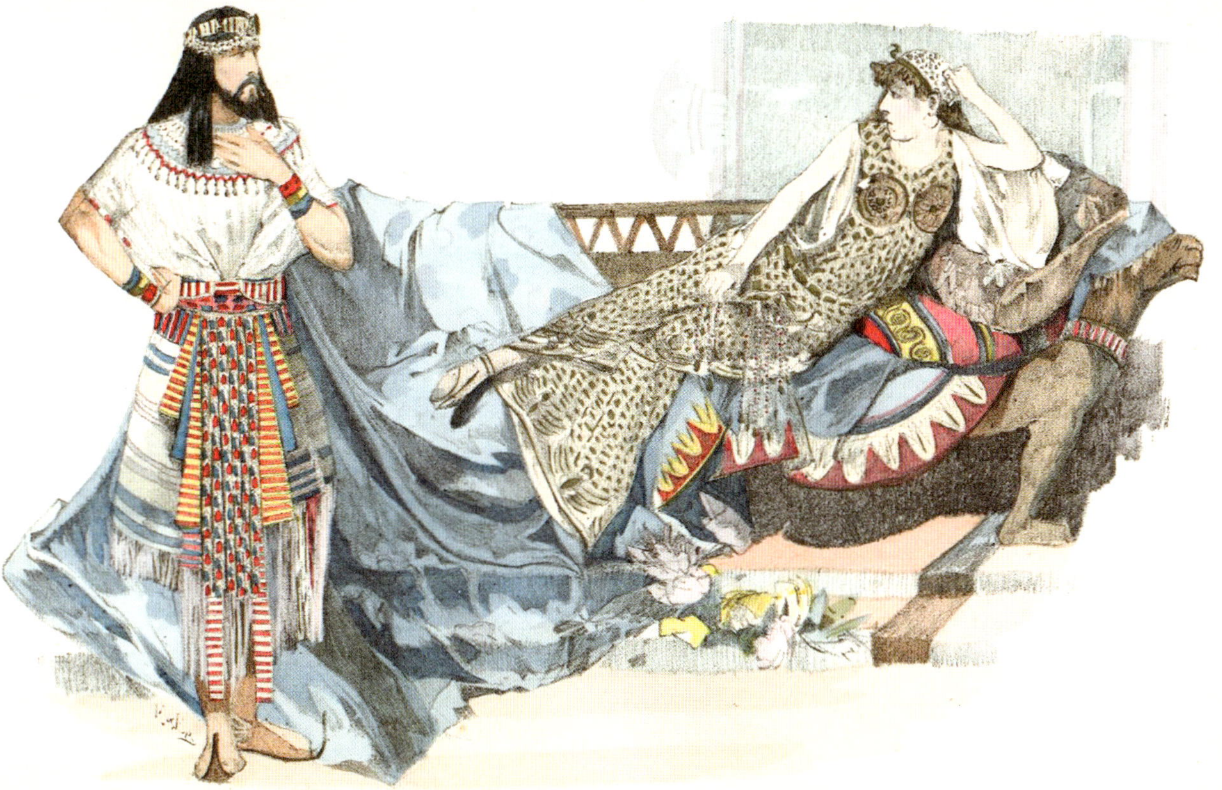

CLÉOPÂTRE
CLÉOPÂTRE._Mme SARAH BERNHARDT
(4ème ACTE)
DANSEUSE NUBIENNE

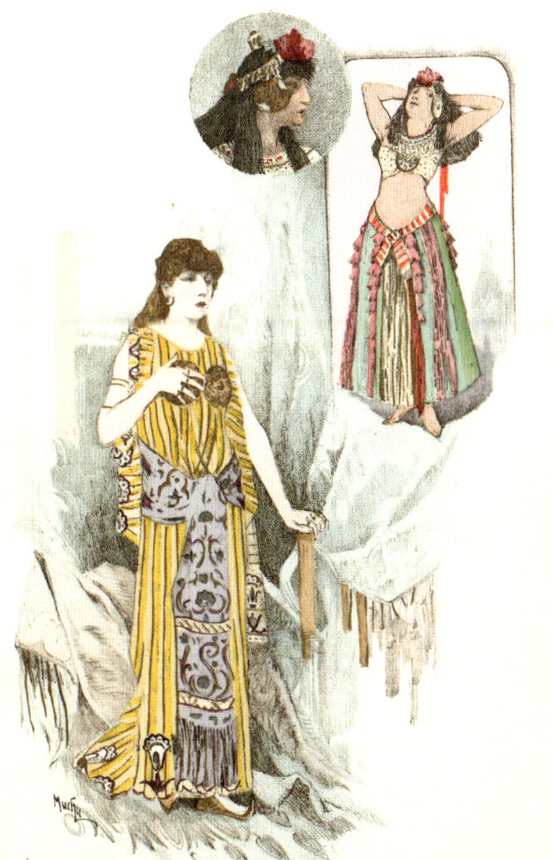

ASCANIO
DUCHESSE D'ÉTAMPES
Mme ADINY

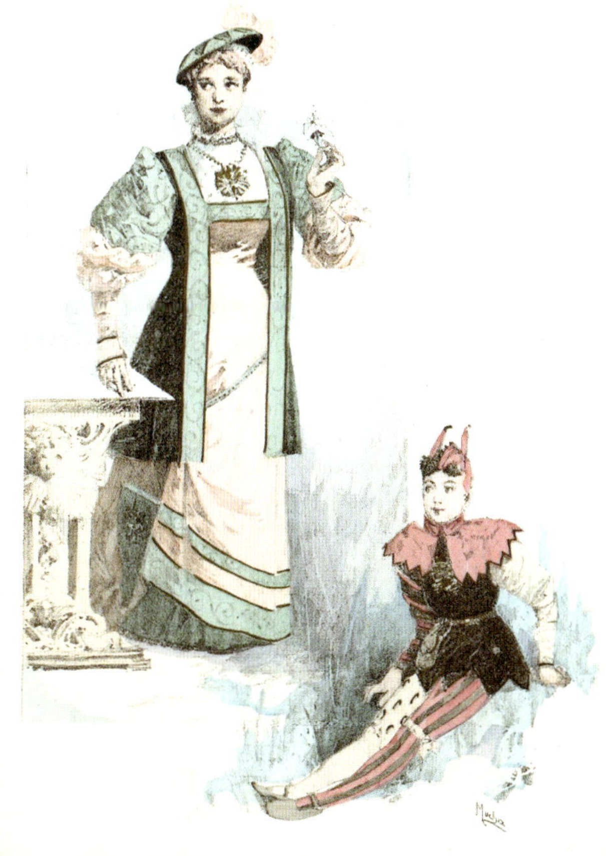

書籍『劇場の衣裳』挿絵

★★★★★★★★★★★★★★★★★★★★

INSIDE PAGES OF A BOOK "THE COSTUME IN THE THEATER"

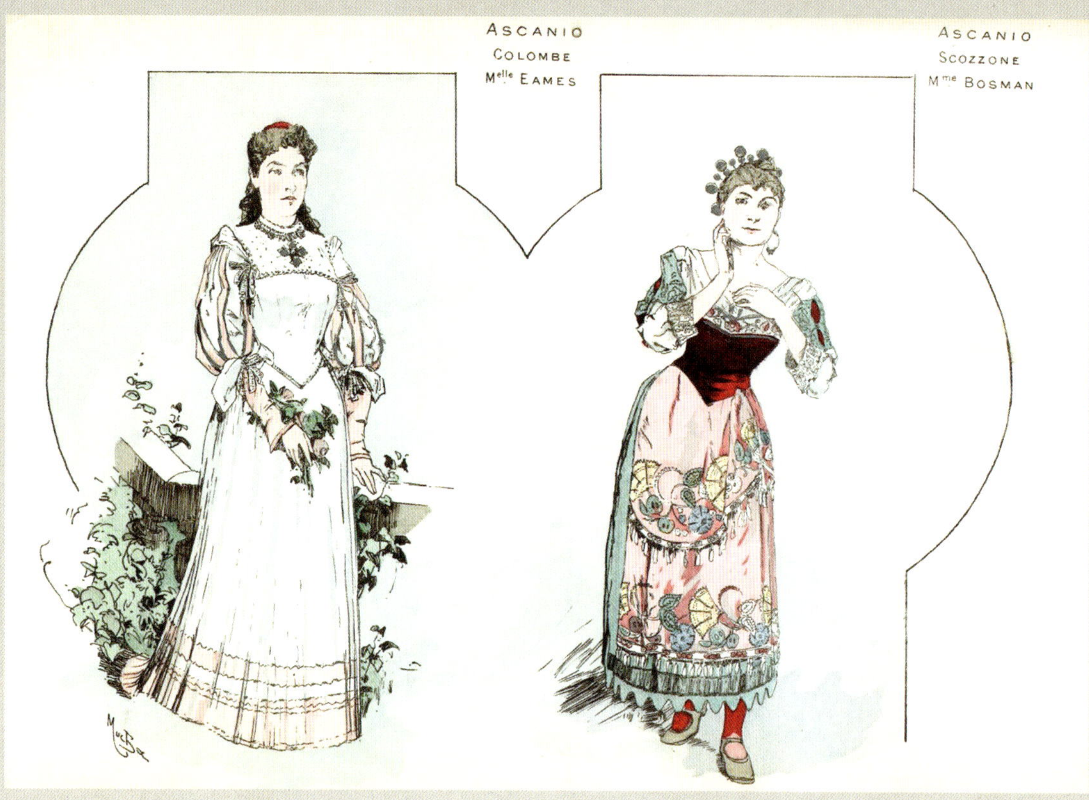

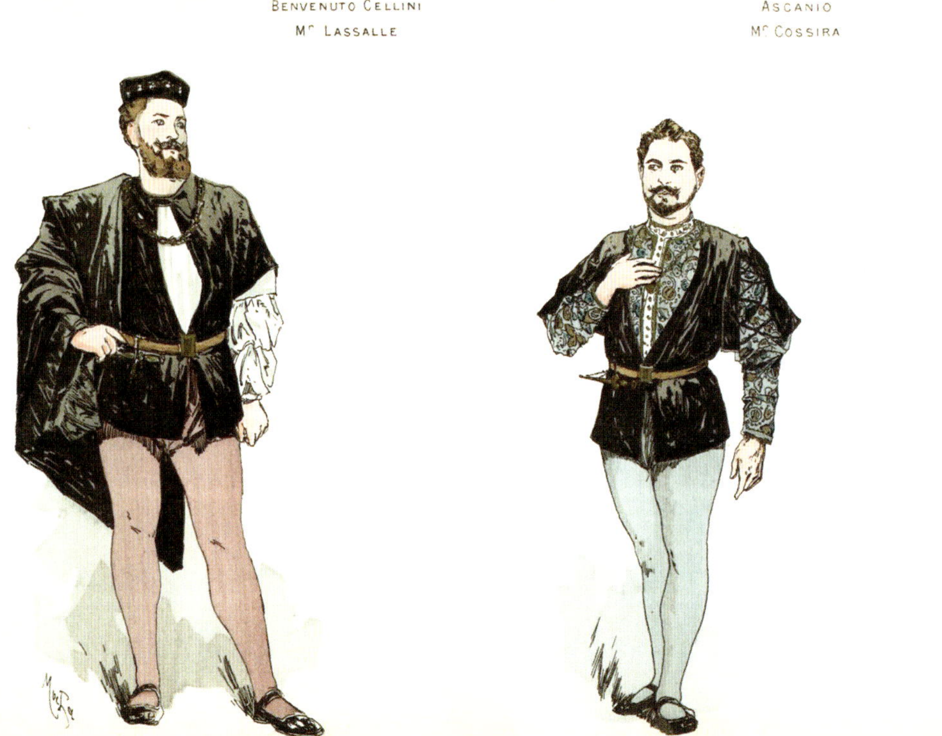

P58すべて：1890年刊 / 30×22cm / フランス国立図書館蔵

TOPICS

パリの女、チェコの女

PARISIENNES AND CZECH WOMEN

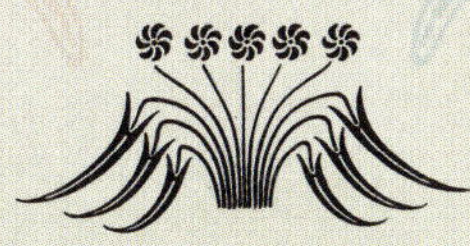

ミュシャは美女を描きつづけた画家であるが、パリにいて、小意気でオシャレなパリ女にはあまり興味がなかったらしい。たとえば、やはり女性を描いたポスター作家ジュール・シェレと比較してみると、そのことがよくわかる。

シェレが描くのはほっそりして軽やかで、ぴちぴちとはねるようなエロティシズムを発散しているパリジェンヌである。

それに対しミュシャの描く女は、健康で、しっかりした体つきで、素朴でやわらかい表情をしたふるさとの女、スラヴ女である。彼は都会的な女にひかれなかったようである。サラ・ベルナールはスラヴ女ではないが、人間の女性というより女神であったから別格であった。

シェレと比べるとミュシャの女性表現の1つの特徴が見えてくる。それは、女性の素足をほとんど描かないことだ。「四芸術」(1898)の1つ「ダンス」(P75)ではちらりと見えるが、そろえて、爪先立ちをしているだけだ。シェレの場合は足を大きく跳ね上げて、太股が見えるものが数多くある。

ミュシャの女性像の多くは上半身像である。下半身はヴェールに包まれている。そしてヌードの女性も多く、そのふくよかな裸は魅力的ではあるが、シェレのように、コケットリー(挑発的なエロス)を持ってはいない。ミュシャの女は、現実の女というより、おとぎの国の妖精のようだ。その表情は、スラヴ的、東方的なエキゾティシズムを感じさせるが、やはり現実のチェコというより、神話化され、理想化された故郷の女なのである。

ミュシャの描く女で私が注目するのは、手の動き、特に指先の繊細なポーズである。おそらくミュシャは女性の手や指がつくる形に神秘的な意味を伝える魔術的な力を見ていたのではないだろうか。

☆☆☆

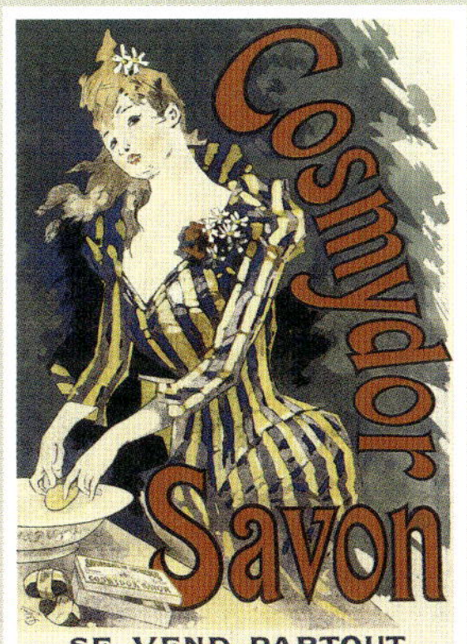

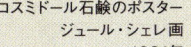

コスミドール石鹸のポスター
ジュール・シェレ画
1891年

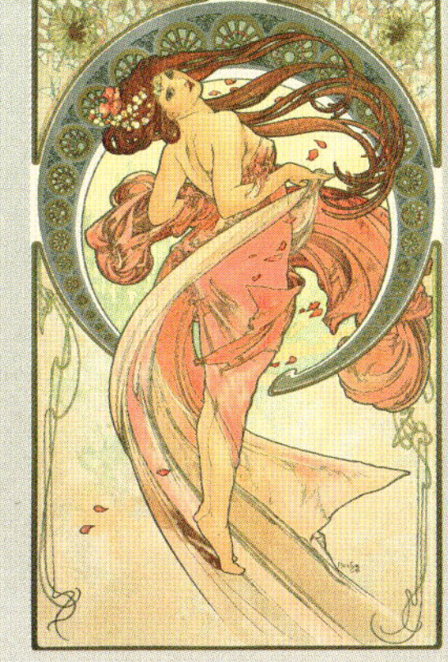

「四芸術 ── ダンス」
アルフォンス・ミュシャ画
1898年
(P75参照)

ALFONS MARIA MUCHA

ミュシャの装飾宇宙
美しき女たちの楽園

MUCHA'S DECORATIVE COSMOS
A PARADISE OF BEAUTIFUL WOMEN

〈装飾〉について、ミュシャは2つの方向を追求した。1つは空間の秩序化、空間の全体的構成である。装飾空間は画面全体をおおうとともに、それを分割し、見やすいものとし、音楽的なリズムをもたらす。ミュシャのフレームによる空間分割は画面全体を連続的で、1つのものとする。

もう1つの方向は、装飾を視覚的な言語としてとらえる。装飾は単なるパターン、純粋形ではなく、なにかを語る言語として意味を持つことになる。言語は1つの体系をつくるから、それをおぼえれば、共通で使うことができ、対話できるものとなる。ミュシャは自分の装飾スタイルを『装飾資料集』(P180-189)としてまとめ、だれでも使えるものとした。ミュシャ・スタイルは世界中で装飾を共有する、いわば〈アール・ヌーヴォー〉共同体を出現させたのである。

すでにのべたように、ミュシャは、装飾を単なる形ではなく、なにかを語る言語、象徴言語として考えた。女と花という彼が最も愛したモチーフは、彼が伝えようとした物語を今も私たちに語りかけているのだ。

〈花〉は、機械の時代に失われようとしているやさしさ、植物的、有機的(オーガニック)な世界を伝えようとしている。やさしさ、やわらかさ、はかなさ、繊細さ、そして優美さ、自然のなかで生長していく、生命力の流れをあふれるようにきらめかせる。

そして〈女〉は、植物的生命力の化身のような、ういういしい春の気配を放ち、一瞬の美しさの開花で私たちをおどろかせるのだ。

ミュシャは多くの装飾パネルを制作した。19世紀末は〈室内(インテリア)〉の時代であった。装飾パネルは、人間の青春の時を甦らせてくれる、小さな、私たちの内面の部屋をのぞかせてくれ、生きる悦びを幻視させてくれる。

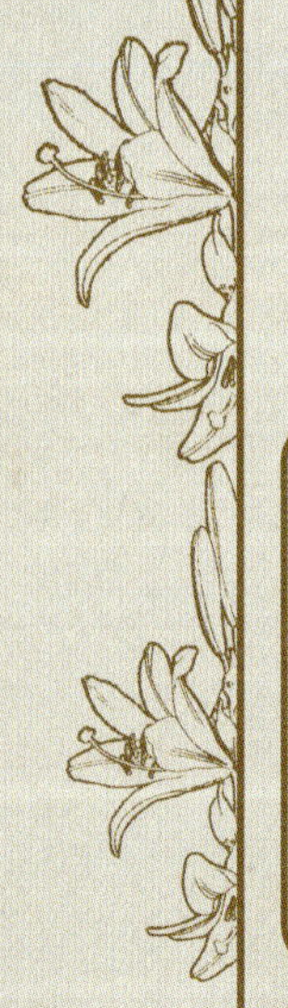

• • •

Mucha pursued two approaches to decoration. One was to impose structure on the space as a whole and add musical rhythm. The other was to treat decoration as a visual language that conveys meaning and, once systematized, can be shared. Mucha compiled a *Collection of Decorative Materials* to make this language available to all. As the Mucha style was adopted around the world, it emerged as the design community known as Art Nouveau. To Mucha, decoration was never simply form; it had something to say, to symbolize. Women and flowers, his favorite motifs, still tell us his stories. Flowers represent a world of green growing things and organic beauty that the age of the machine seemed to be losing. They speak to us of gentleness, evanescence, delicacy, elegance, born of nature and sparkling with natural vitality. His women are avatars of this natural, green vitality. They display a springlike innocence, a startling, evanescent beauty. Mucha created many decorative panels for interiors, for the fin de siècle world was the age of the interior. In these panels we glimpse small, private spaces filled with visions of happiness.

「黄道十二宮」(次ページ)

"ZODIAC"

太陽は黄道をたどり、12の星座をめぐってゆく。十二宮（星座）を12の月に当てる。つまり「黄道十二宮」は1年の星のめぐり、カレンダーとなる。これはミュシャが専属であった印刷業者シャンプノワのためのカレンダーとしてつくったものである。錬金術、占星術が好きだったミュシャがオカルト的な記号をちりばめて、宝石細工のような豪華な時の本をつくり上げている。

P61：1897年 / カラー・リトグラフ，紙 / 65.7×48.2cm / フランス国立図書館蔵

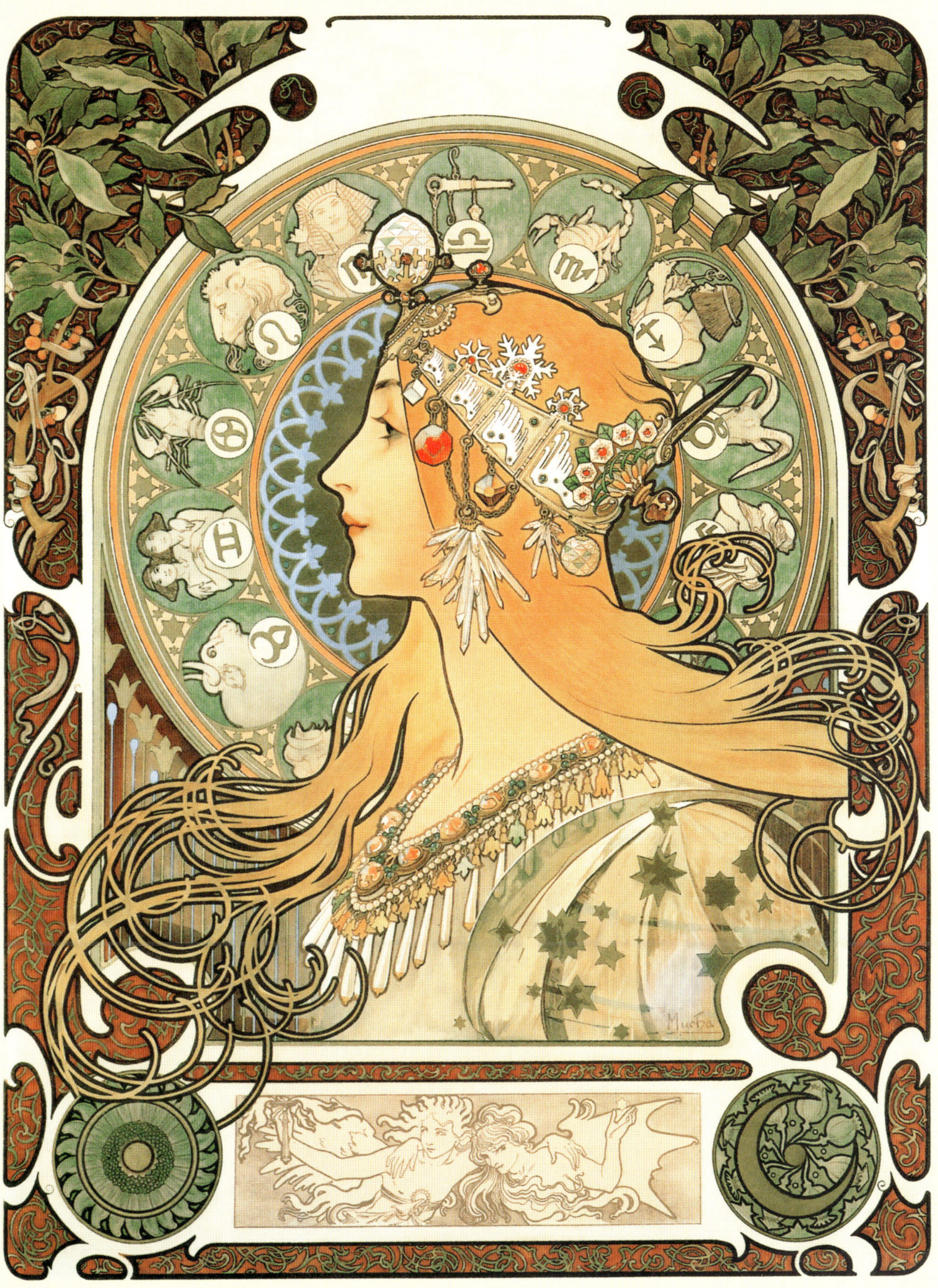
Mucha

「花」、「夢想」

★★★★★★★★★★★★★★★★★★★★★

"FLOWER" / "RÊVERIE"

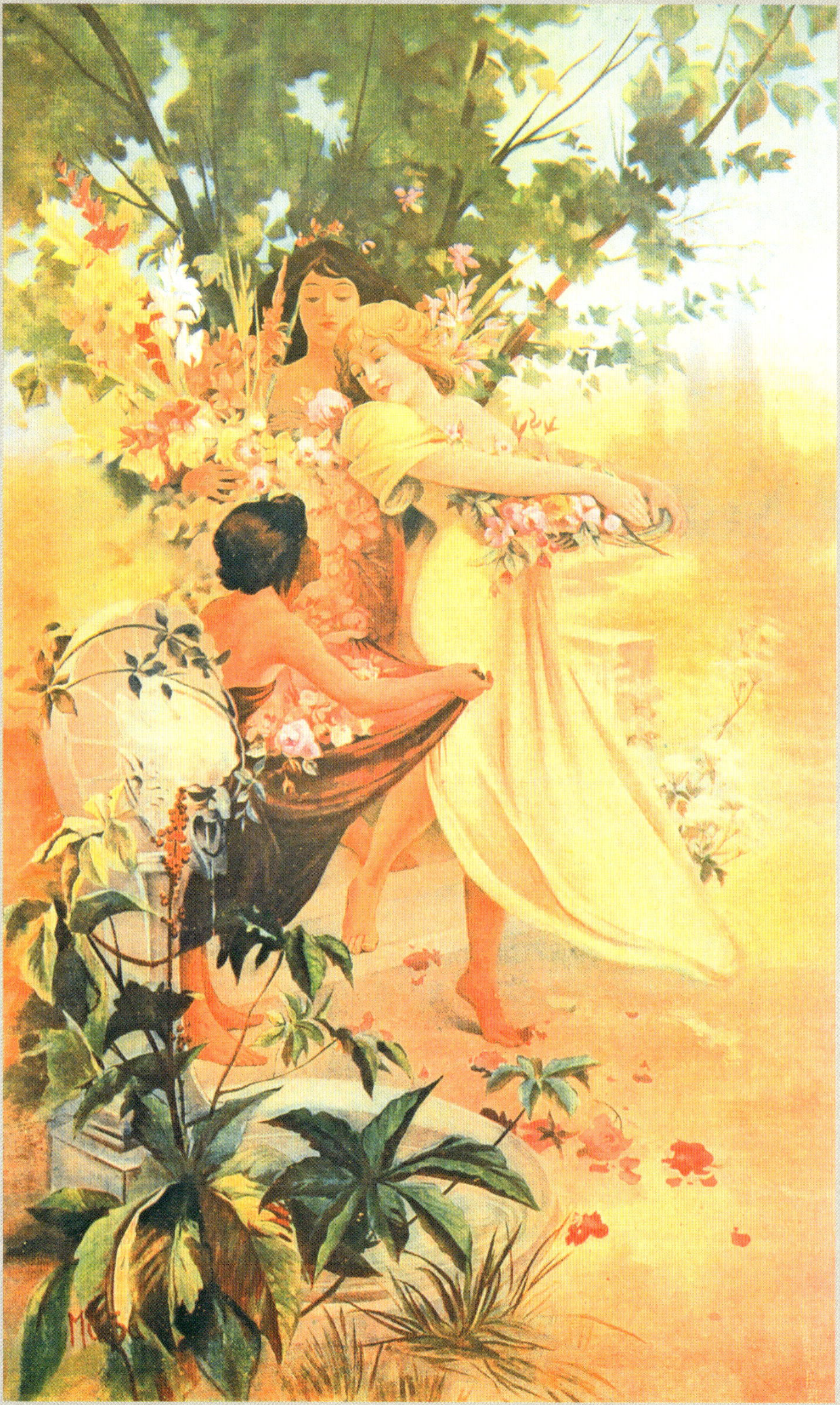

世紀末には室内を飾る装飾パネルがはやった。ミュシャもその注文を受けたが、上の「花」ではまだアール・ヌーヴォー・スタイルは目覚めていない。次ページの「夢想」ではミュシャ・スタイルが一気に完成している。バラ色の女が装飾宇宙に包まれている。衣服はスラヴ風の民族服である。円形のフレームに花文様、そして抽象的な白いアラベスクなどミュシャの世界が全開である。

P62：1894年 / 115×80cm / 個人蔵　　P63：1898年 / カラー・リトグラフ、紙 / 72.7×55.2cm / フランス国立図書館蔵

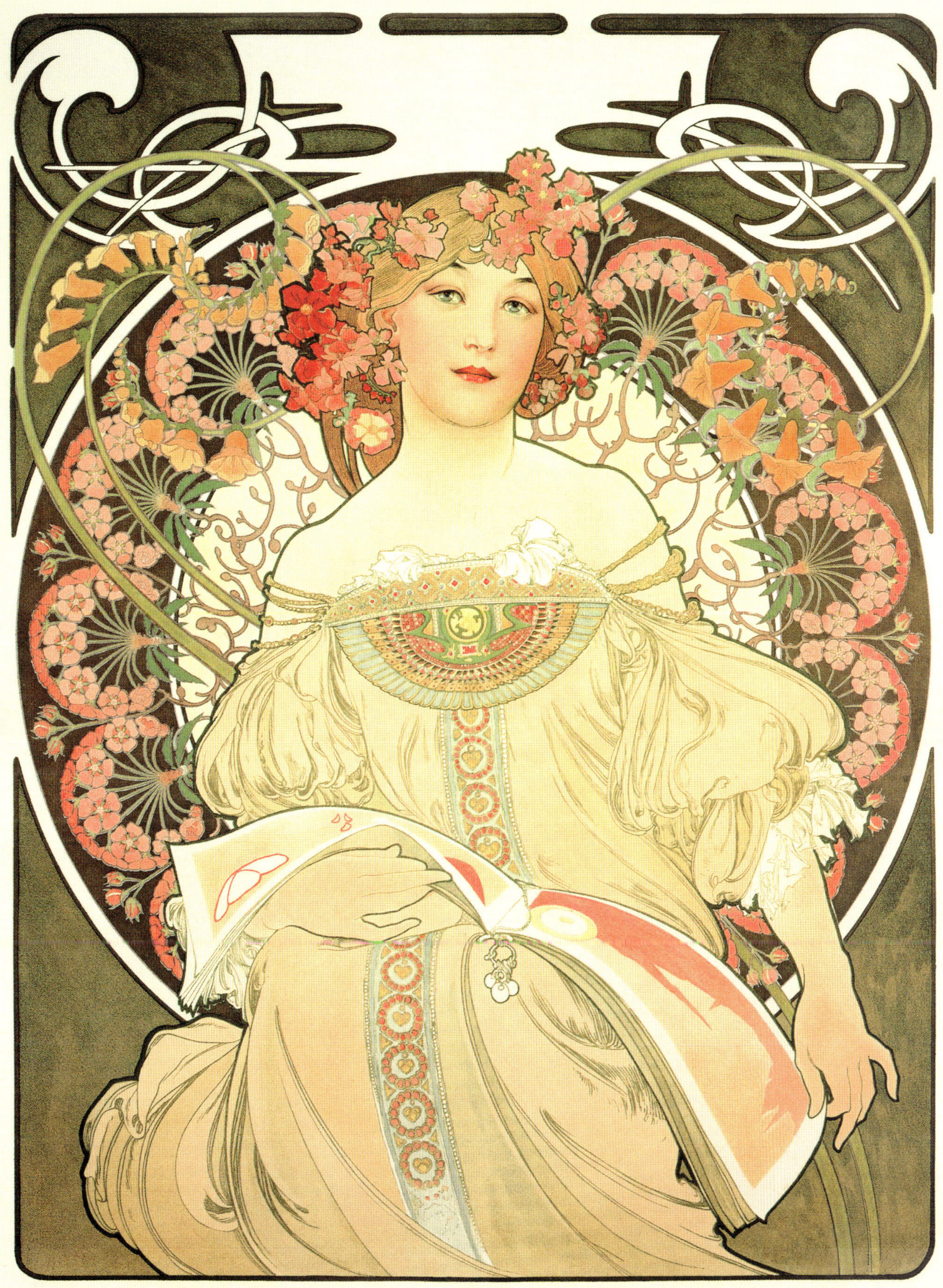

「ビザンチン風の頭部 ── ブルネット、ブロンド」

★★★★★★★★★★★★★★★★★★★★★

"BYZANTINE HEADS: BRUNETTE AND BLONDE"

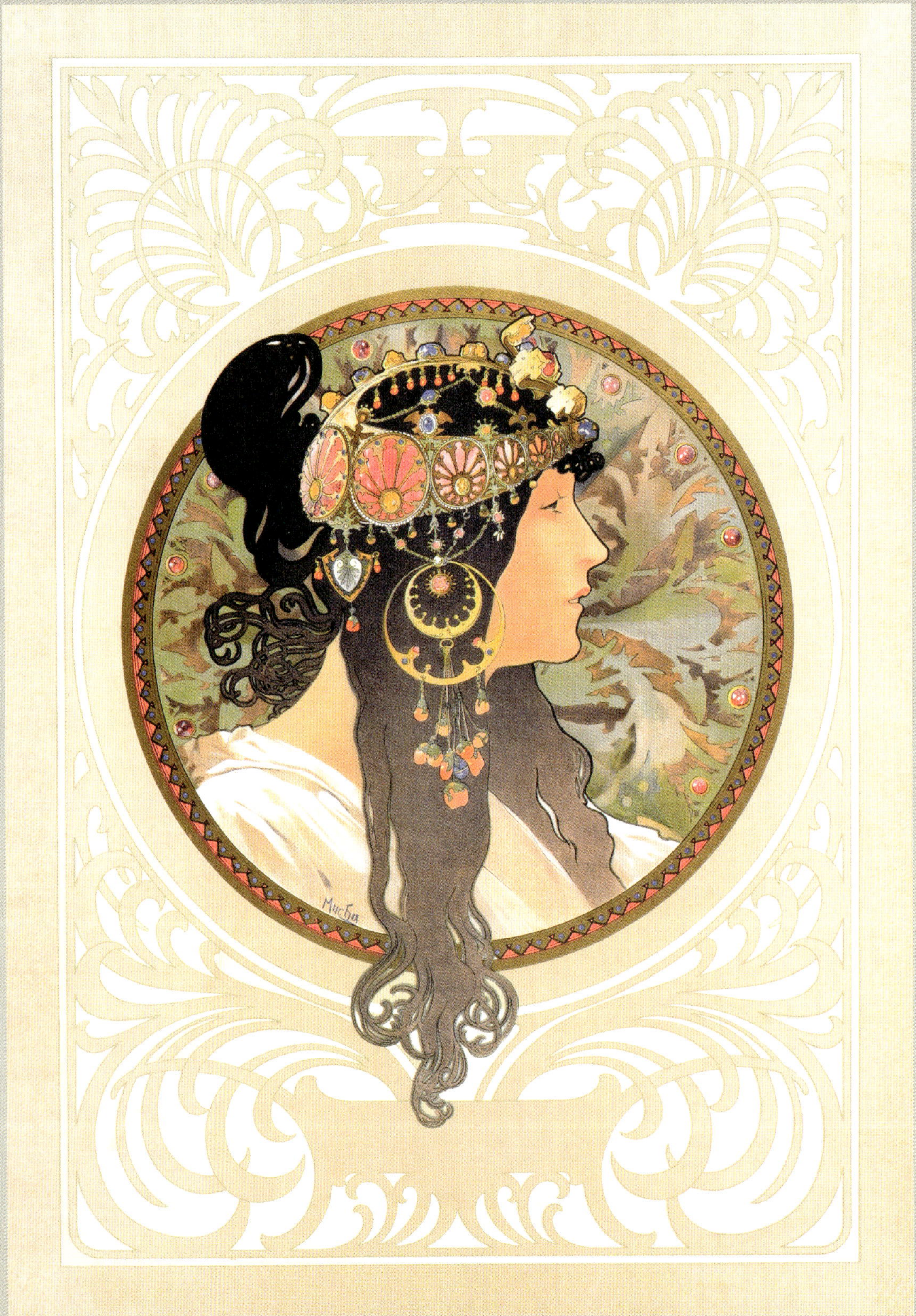

ビザンチン風の豪華な髪飾りをつけた、ブルネットとブロンドの女性がペアになった装飾画。世紀末には、ビザンチンの平面的、エキゾティックなスタイルがはやった。女性の窓を囲む、ベージュ色の切り絵は中国風である。

P64-65すべて：1897年 / カラー・リトグラフ、紙 / 34.5×28cm / フランス国立図書館蔵

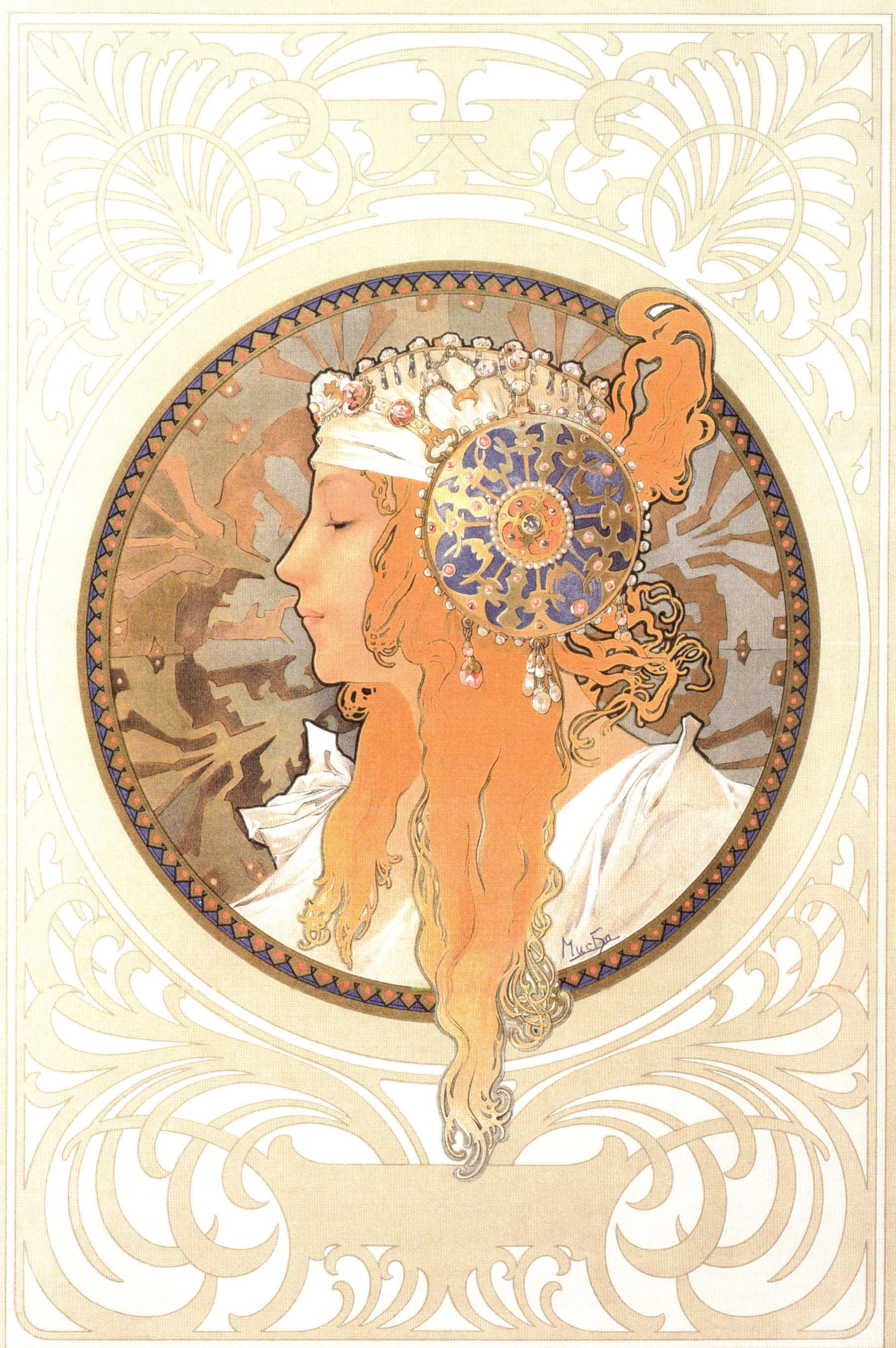
Mucha

「四季 ── 夏・春・秋・冬」(作品順)

★★★★★★★★★★★★★★★★★★★★★

"THE FOUR SEASONS: SUMMER, SPRING, AUTUMN AND WINTER"

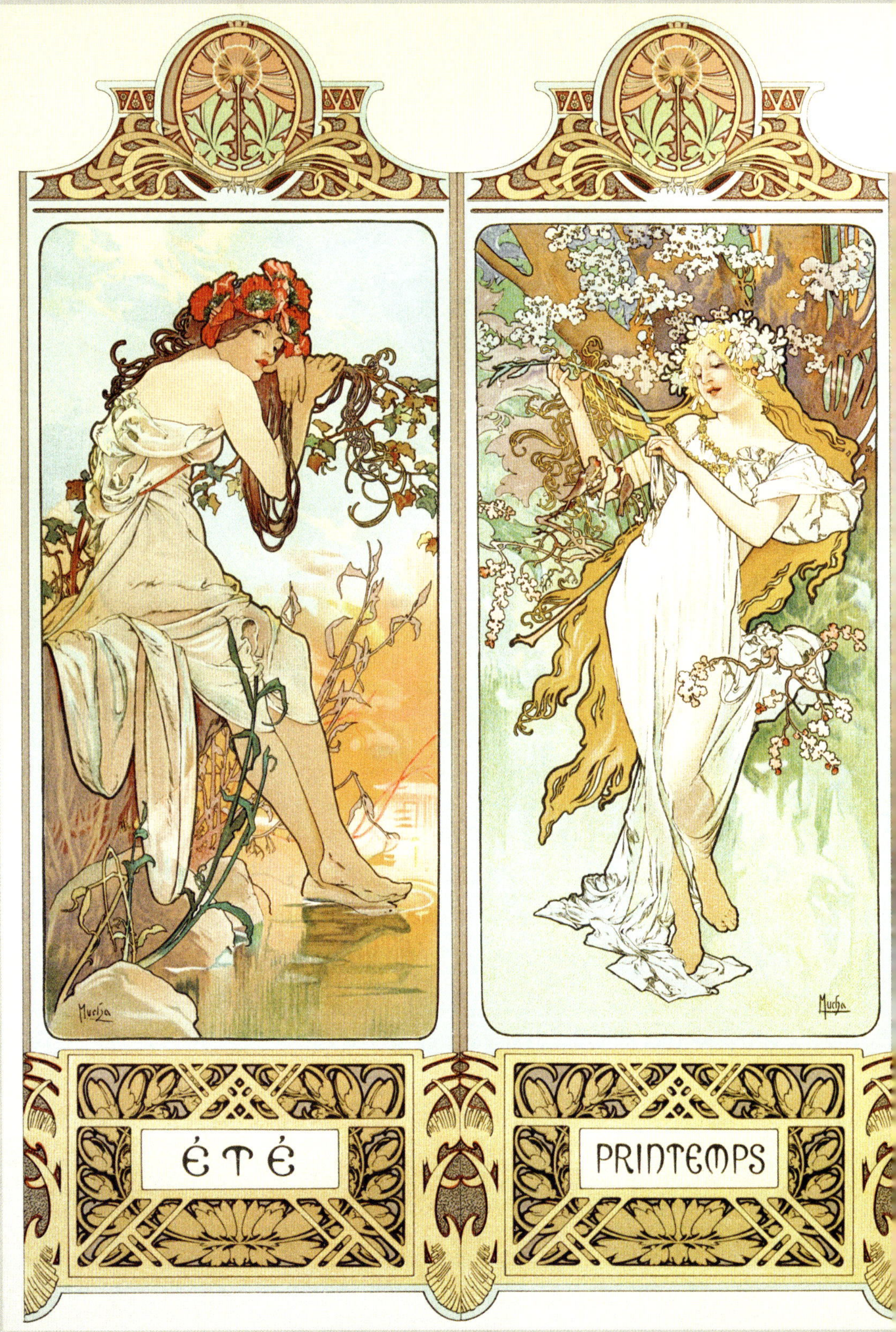

Mucha

ÉTÉ

Mucha

PRINTEMPS

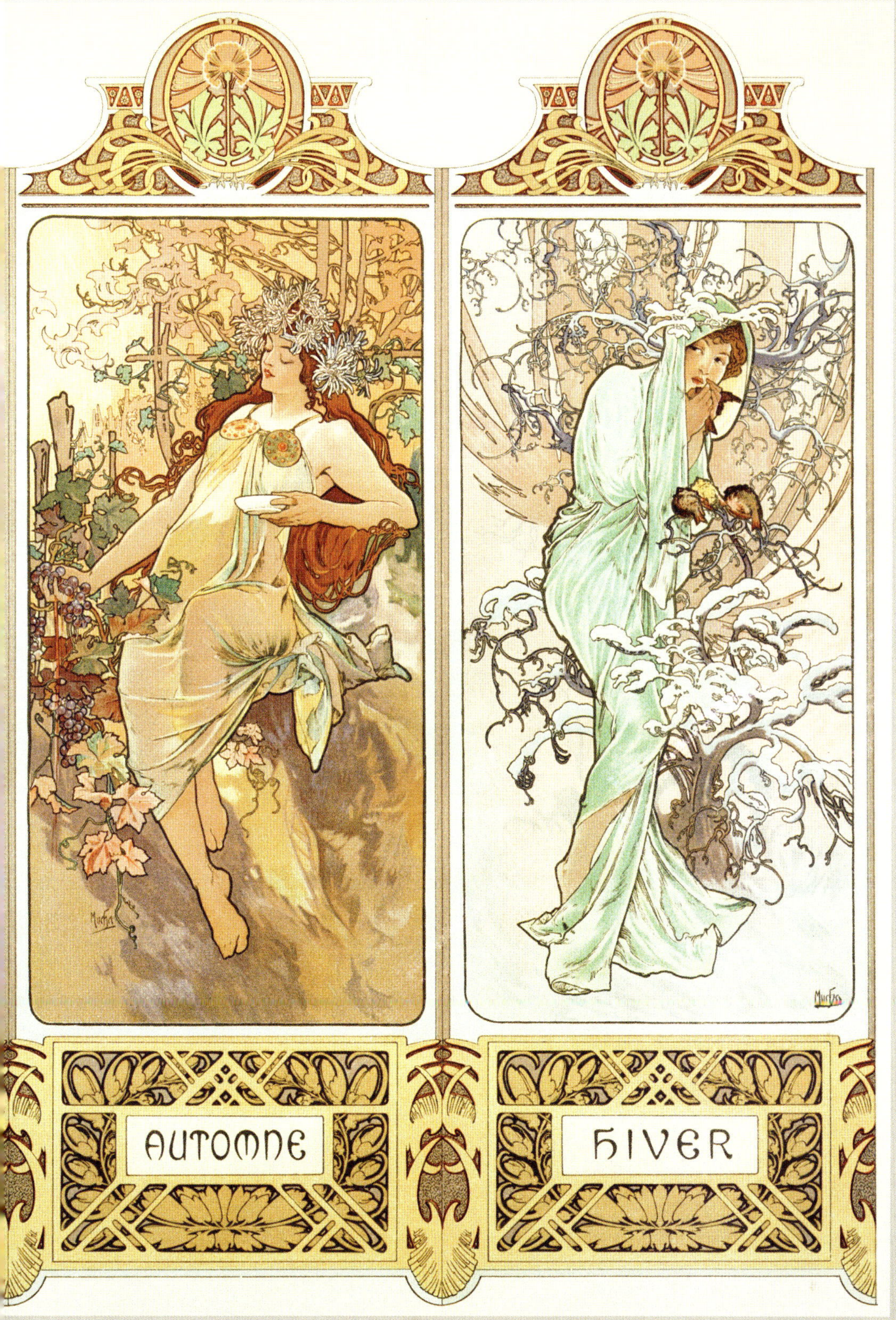

AUTOMNE

HIVER

春、夏、秋、冬という4枚組の装飾パネルも人気があった。日本の四季屏風などの影響を受けている。そのそれぞれの季節に合わせてのポーズ、衣裳、背景の装飾のとり合わせをミュシャは楽しんでいる。

1896年 / 紙に印刷 / 53.5×102.5cm / akg-images/PPS通信社

「四季 ── 冬・春・夏・秋」(作品順)

★★★★★★★★★★★★★★★★★★★★★

"THE FOUR SEASONS: WINTER, SPRING, SUMMER AND AUTUMN"

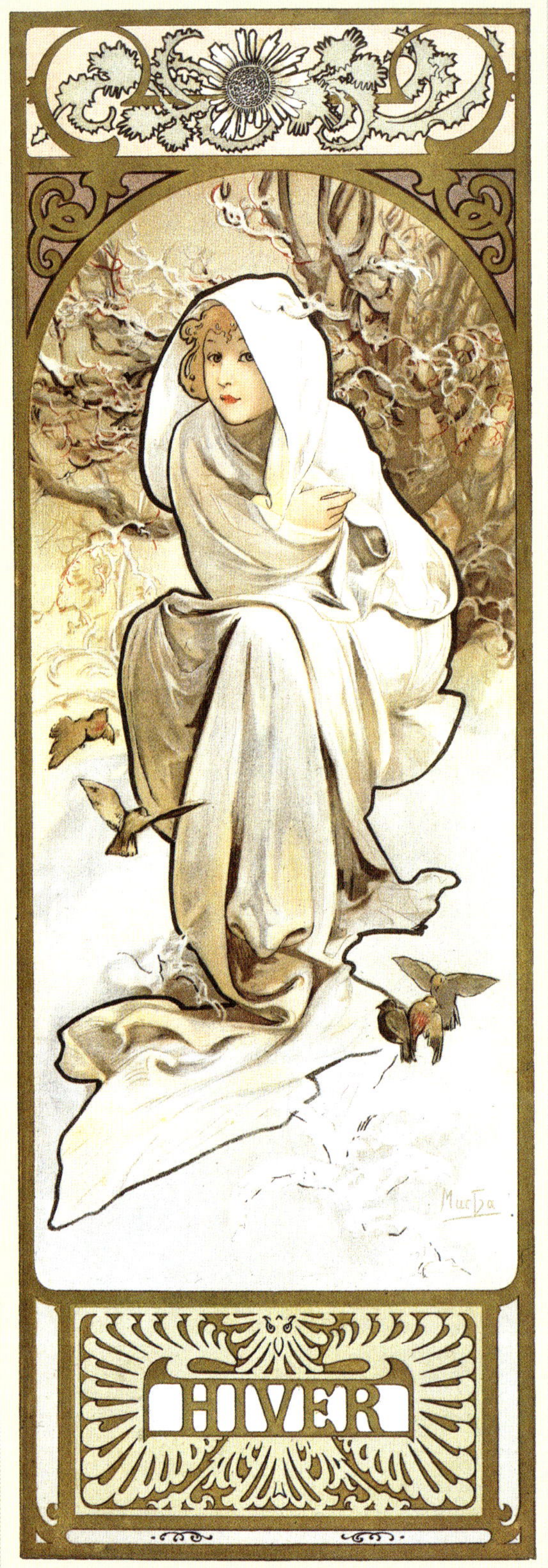

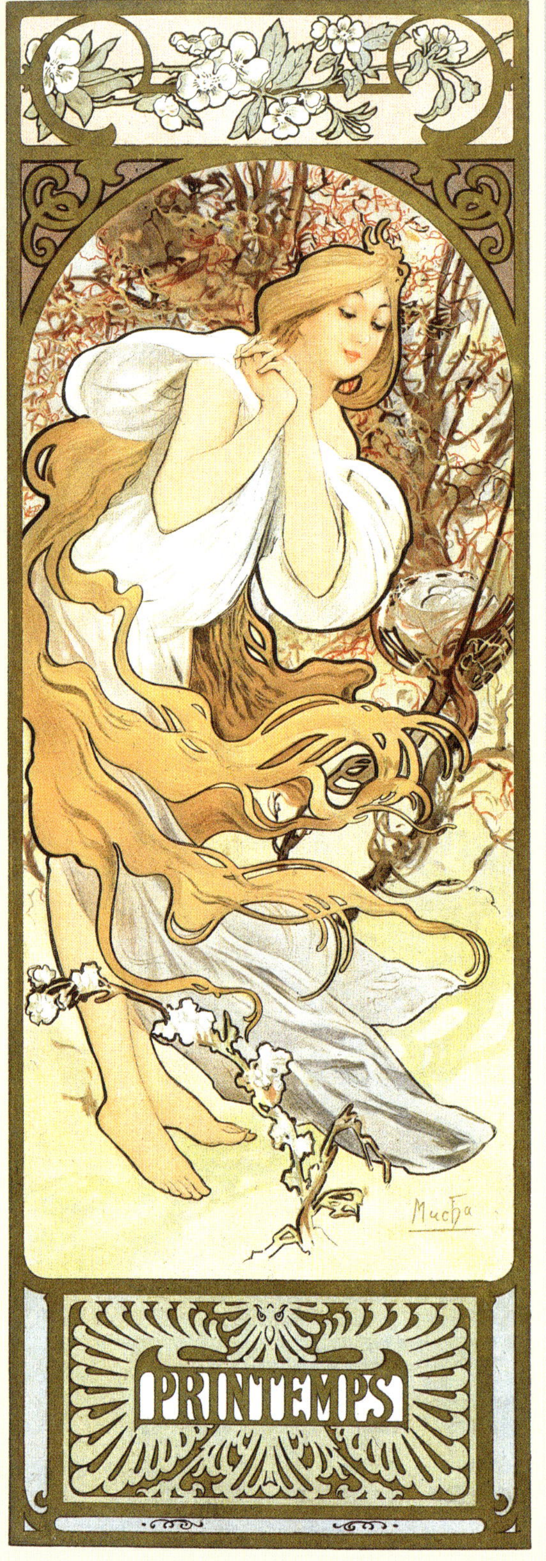

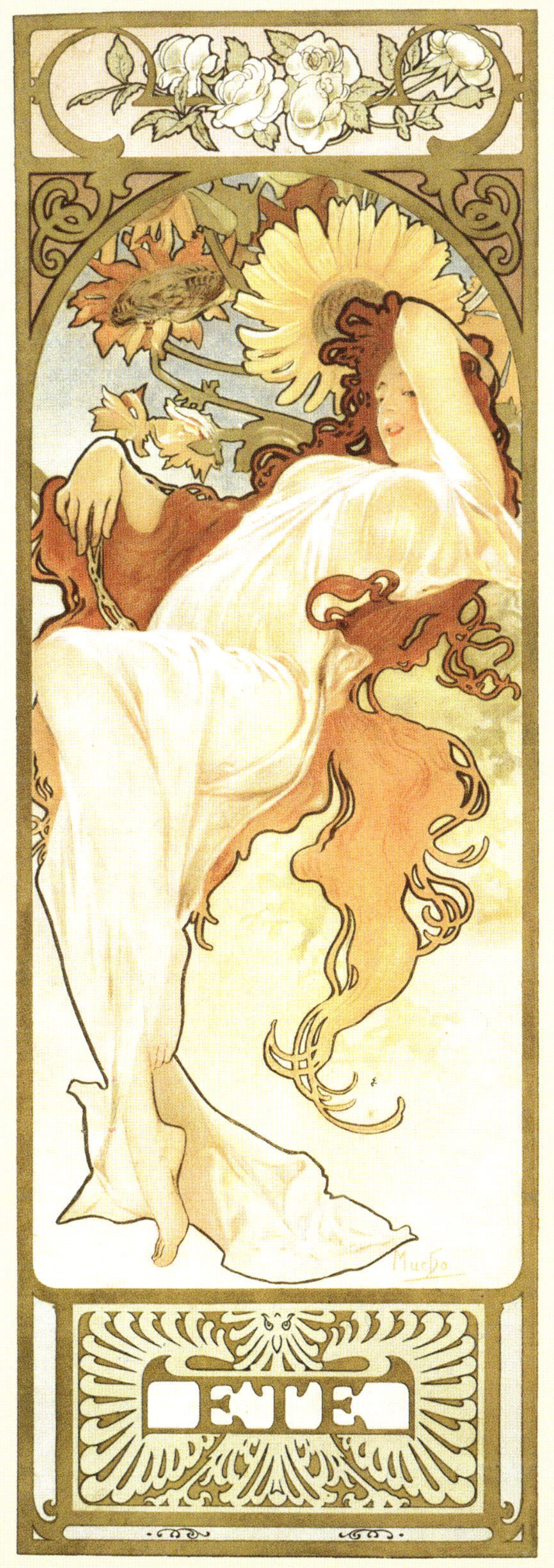

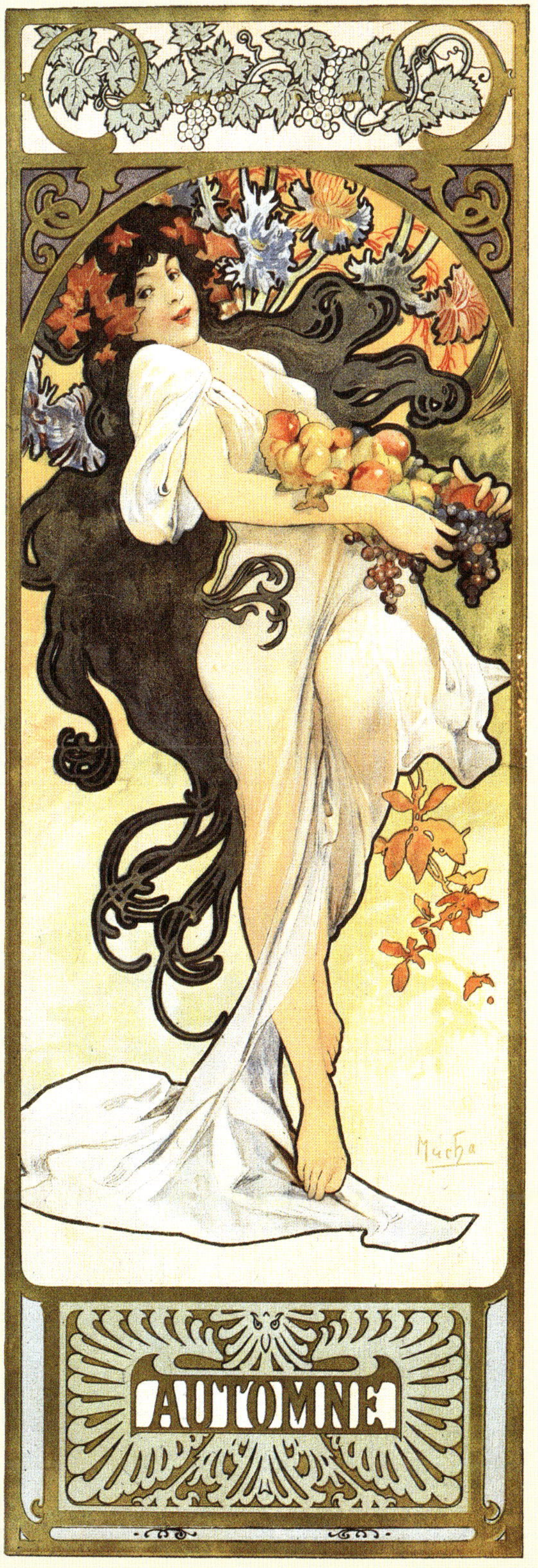

1896年の「四季」（P66-67）に比べて、女性のポーズはより大胆になり、衣裳はよりすけて裸に近くなっている。髪の毛もより激しく揺れ、不思議な輪郭が踊っている。

P68-69すべて：1897年 / カラー・リトグラフ、紙 / 43.2×15cm / パリ装飾芸術美術館蔵

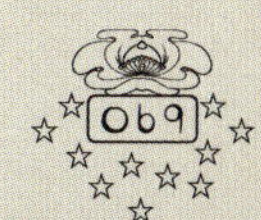

「4つの花 ── カーネーション、アイリス、百合、バラ」

"THE FOUR FLOWERS: CARNATION, IRIS, LILY AND ROSE"

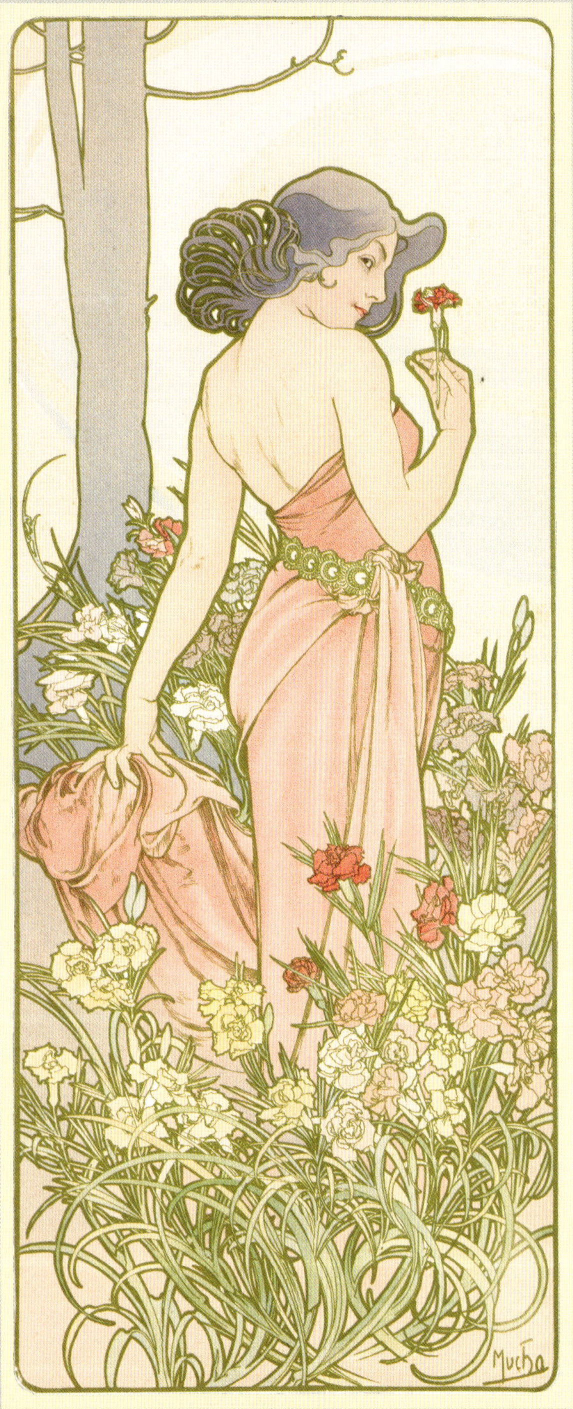

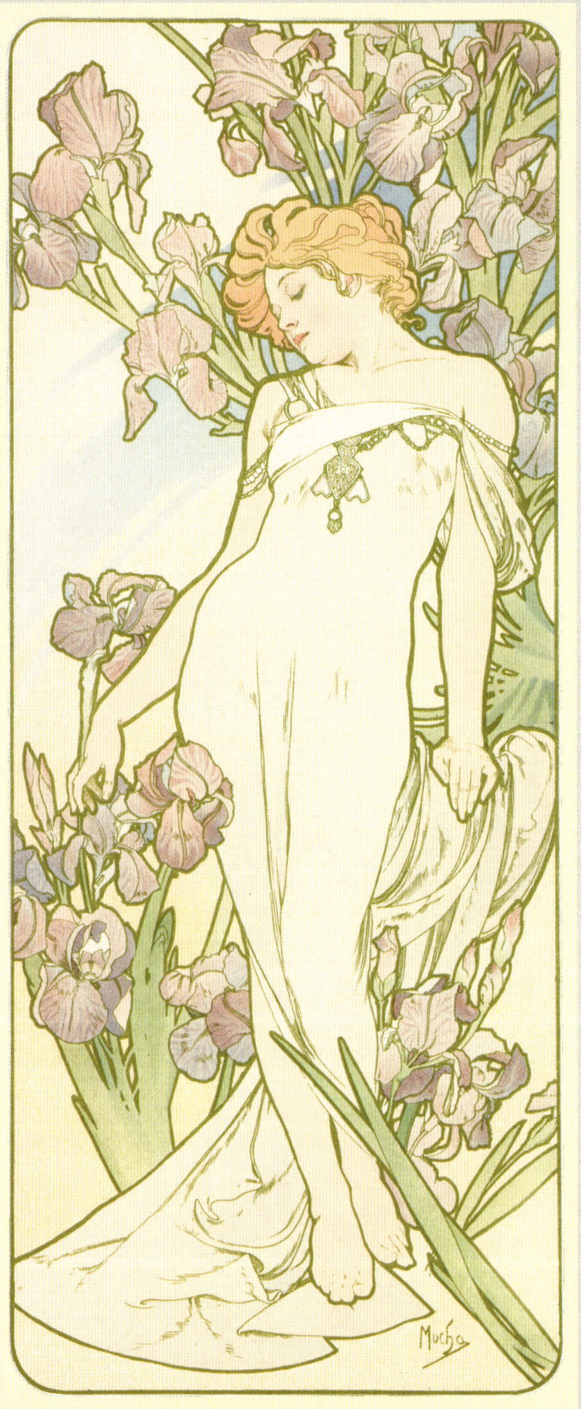

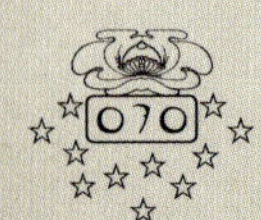

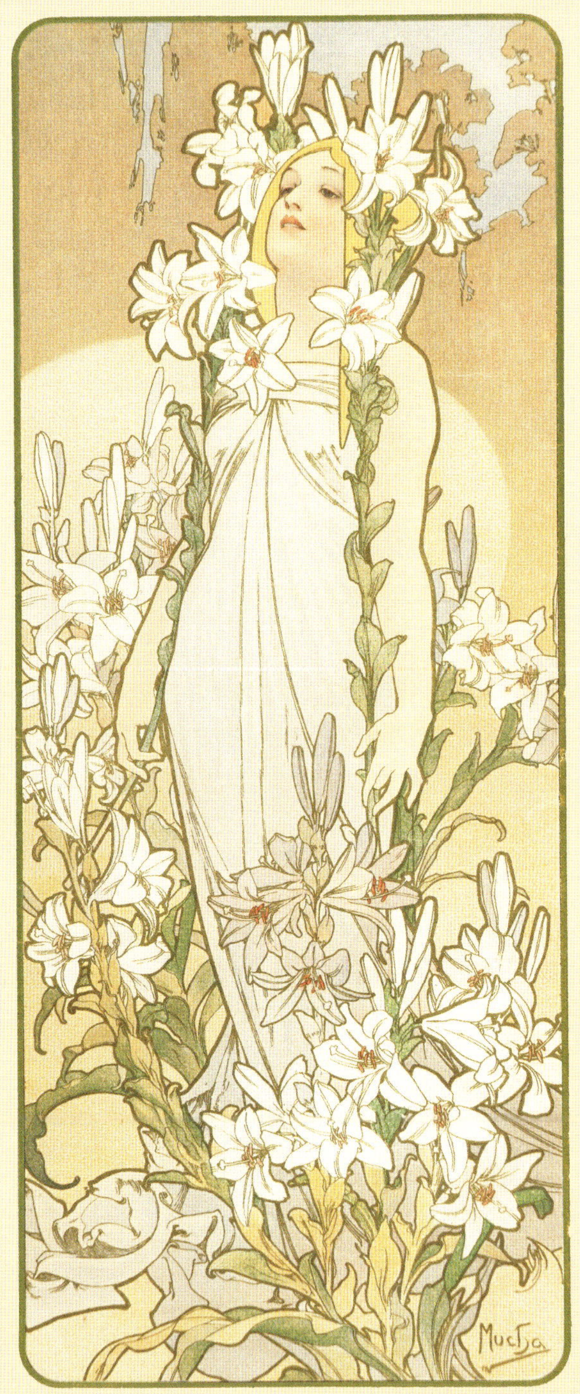

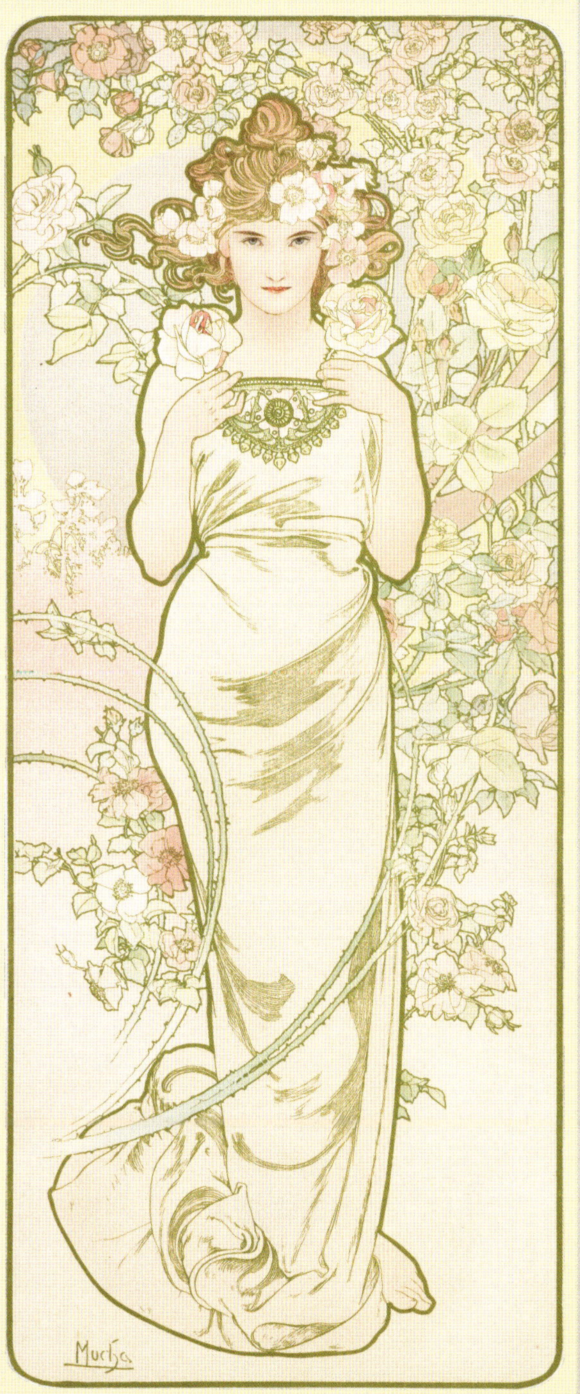

カーネーション、アイリス、百合、バラという花の4枚組である。花に埋もれ、花へと化身する女たち。「百合」では、左上を向き、ユリの冠をつけたポーズは、《はるかなる姫君》のサラ・ベルナール（P37）を思わせる。

P70-71すべて：1898年 / カラー・リトグラフ、紙 / 103.5×43.3cm / アートハーベスト蔵

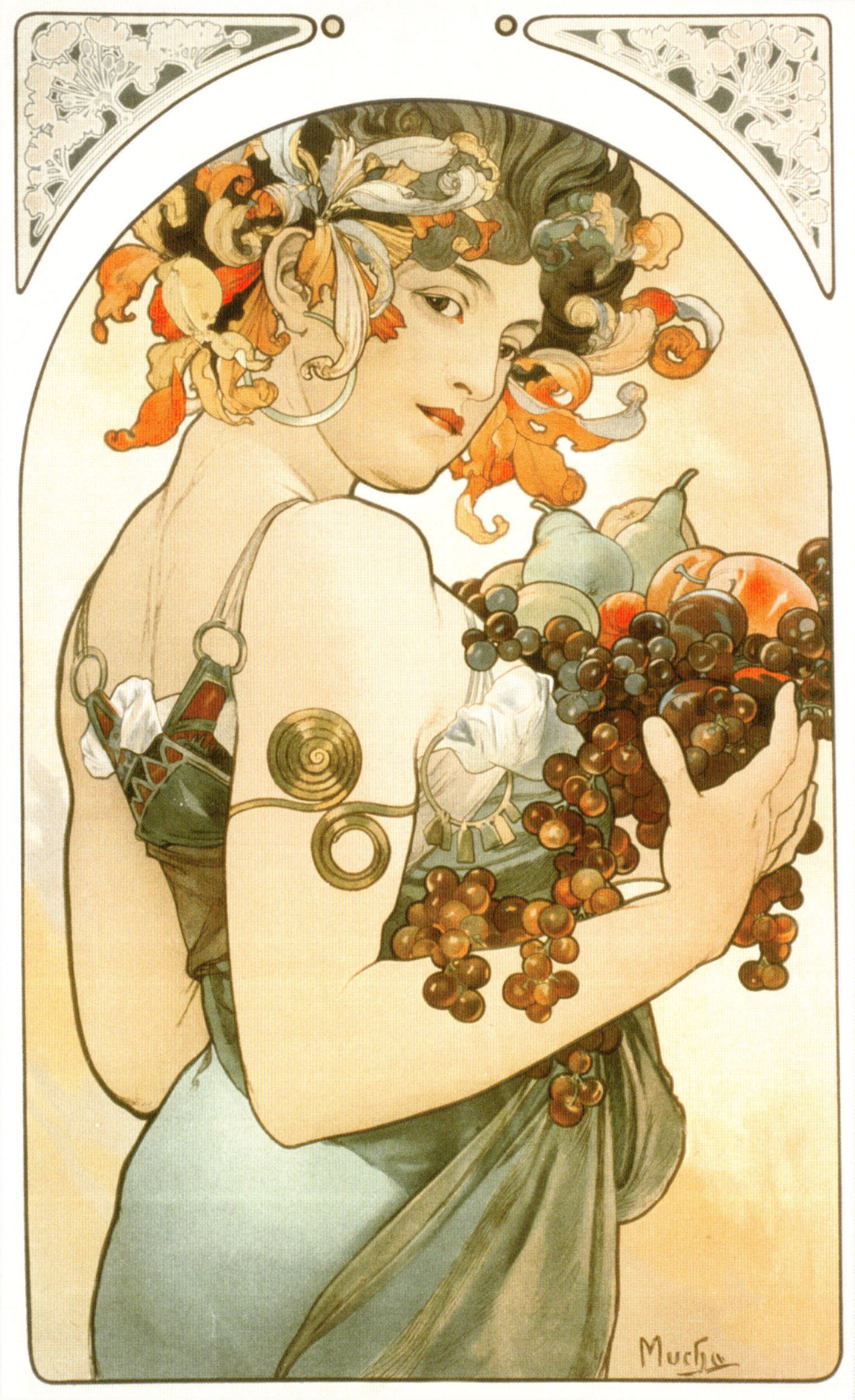

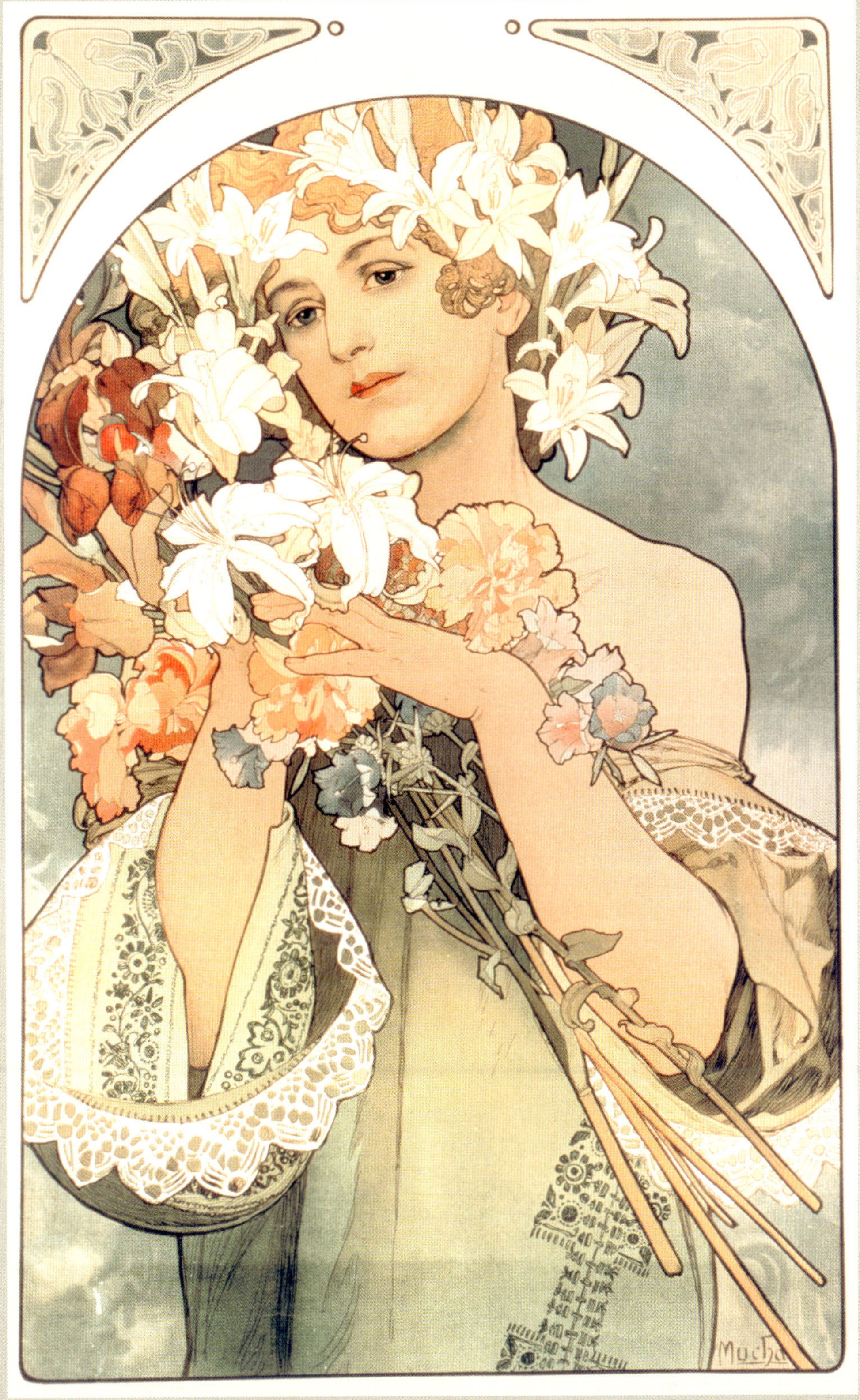

自然の豊かな実りが伝わってくる。ミュシャは都会の女ではなく、地方の田園の女を描いている。「果物」の女の黄金色の肌を飾る渦巻き状の腕輪が原始的な自然を象徴している。

P72-73すべて：1897年 / カラー・リトグラフ、紙 / 66.2×44.4cm / Artothek/アフロ

「四芸術 ── 詩、ダンス」

"THE FOUR ARTS: POETRY AND DANCE"

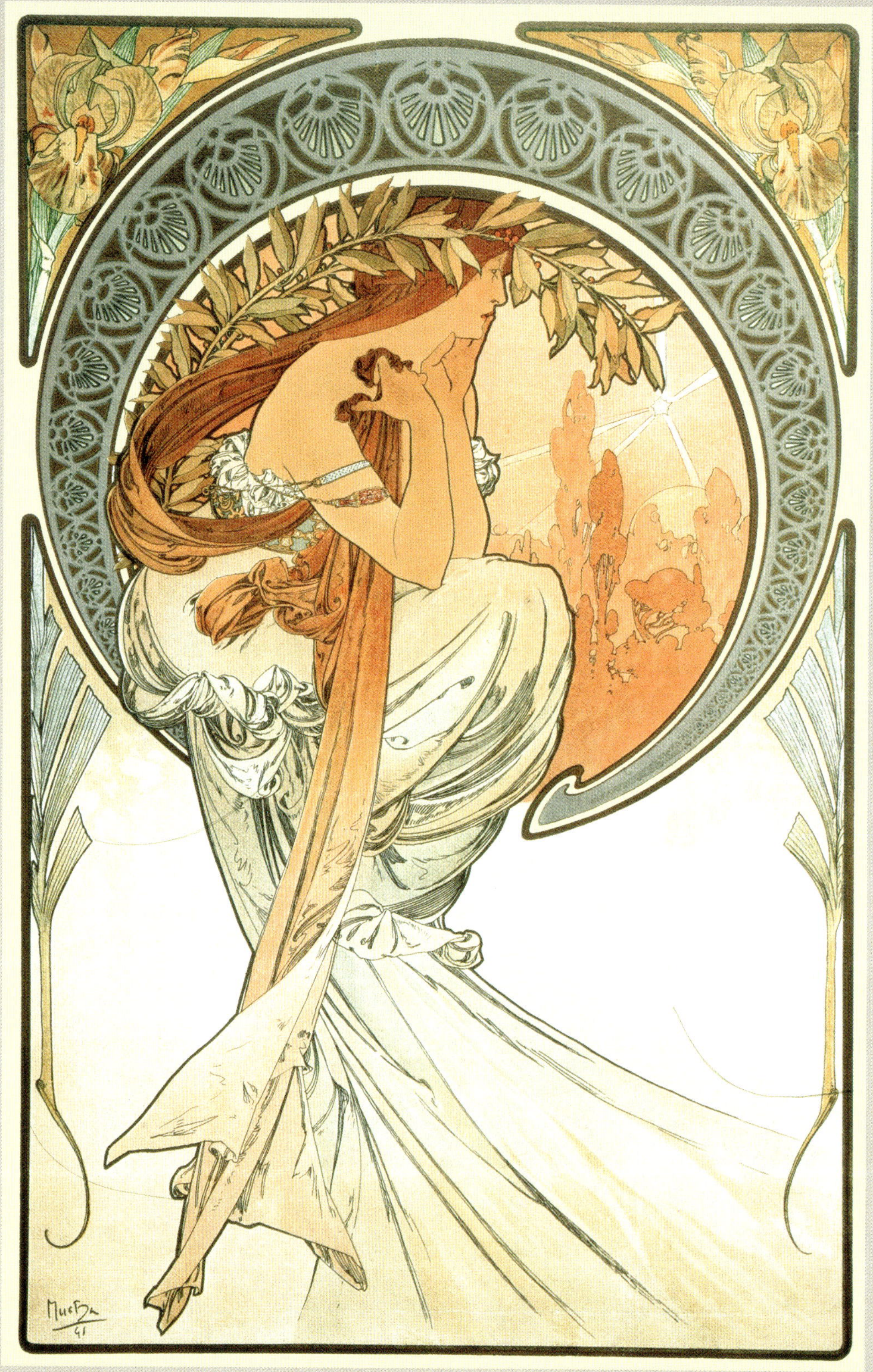

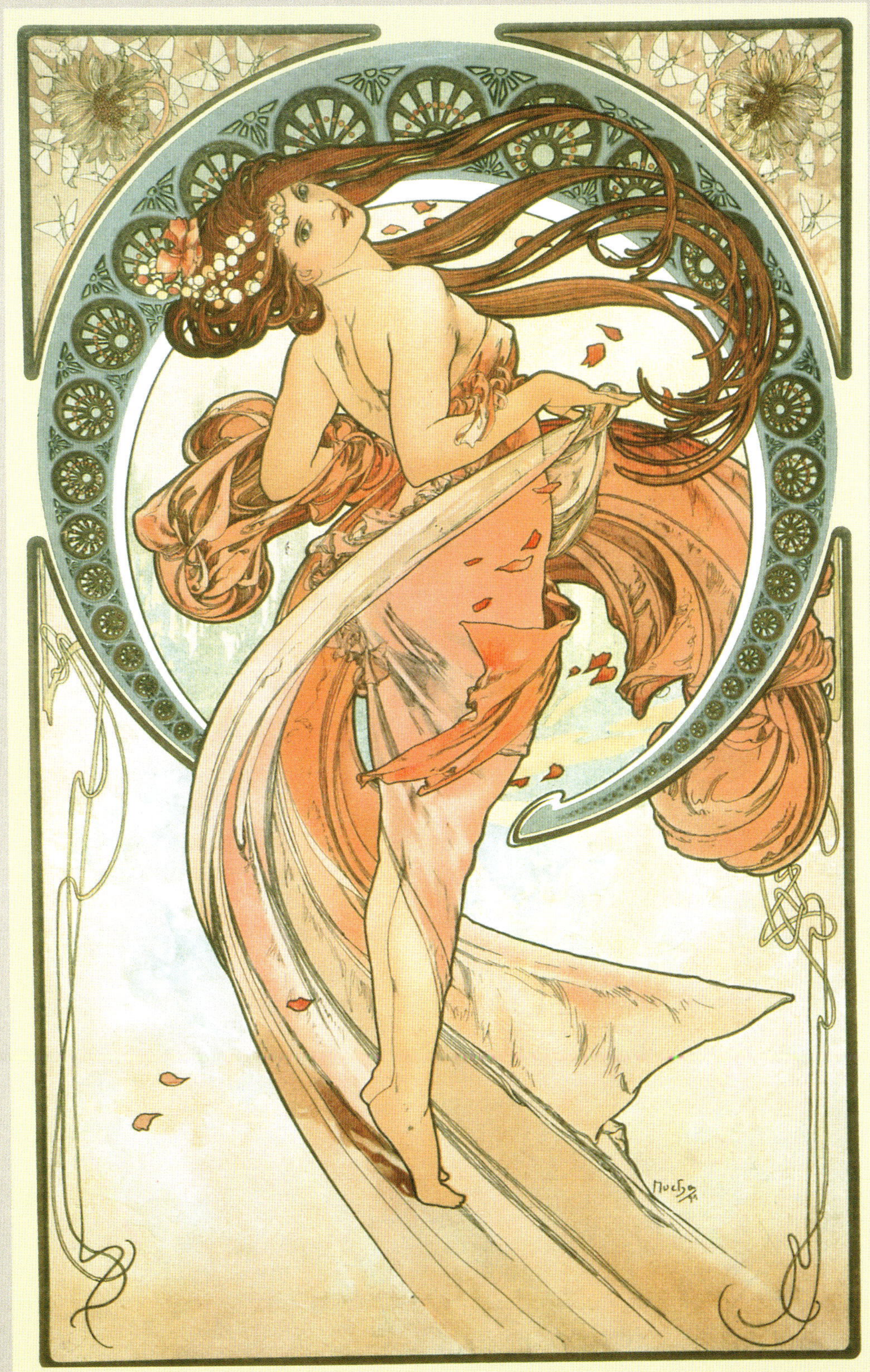

ミュシャは四芸術に楽器、絵筆といったそれぞれをあらわす道具を持たせるという従来のやり方をとらず、1日の時の流れと結びつけている。「ダンス」は朝、「絵画」は昼、「詩」は夕べ、「音楽」は月夜である。

P74-75すべて：1898年 / カラー・リトグラフ / 各56.5×35cm / Artothek/アフロ

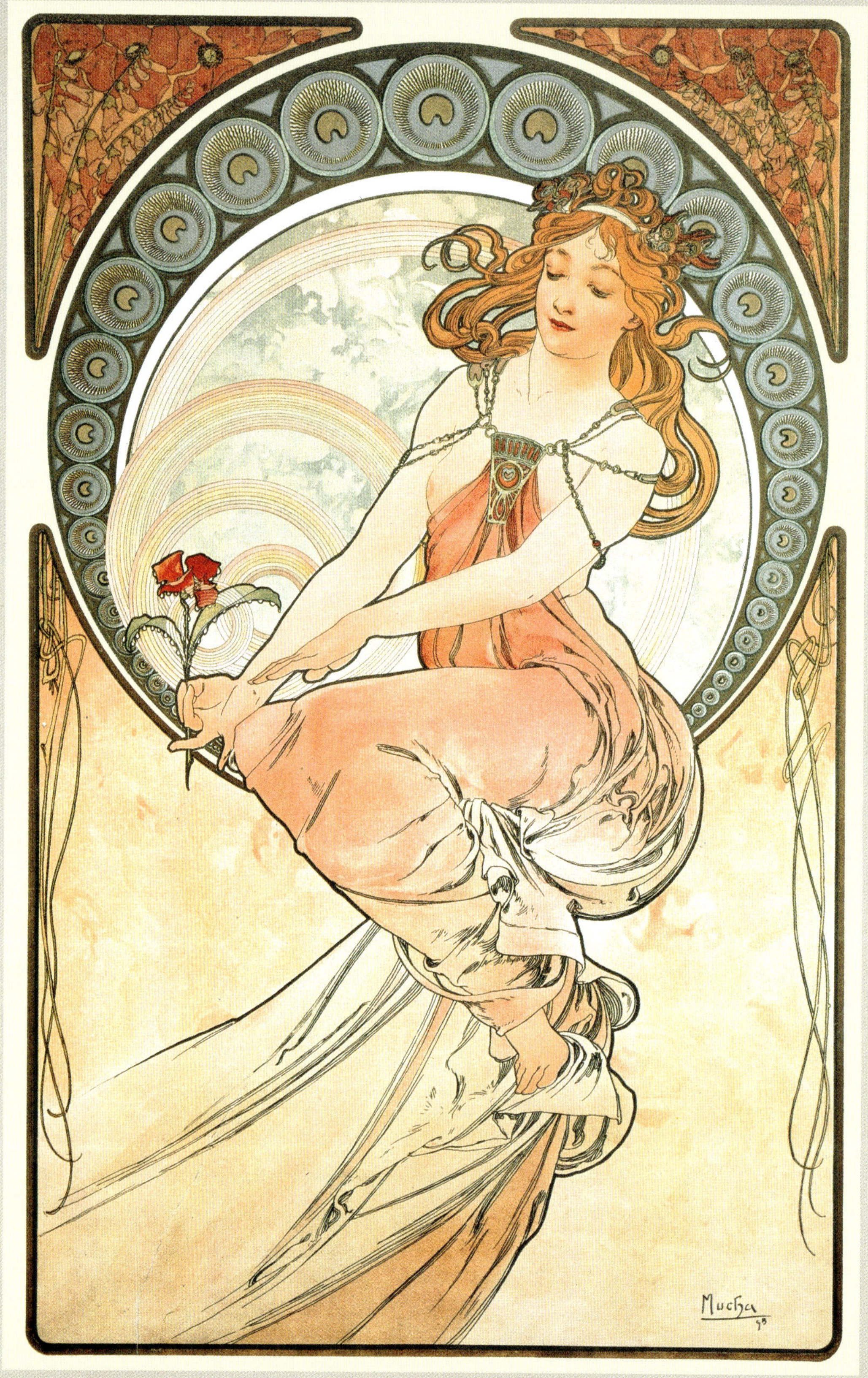

「四芸術 ── 絵画、音楽」

"THE FOUR ARTS: PAINTING AND MUSIC"

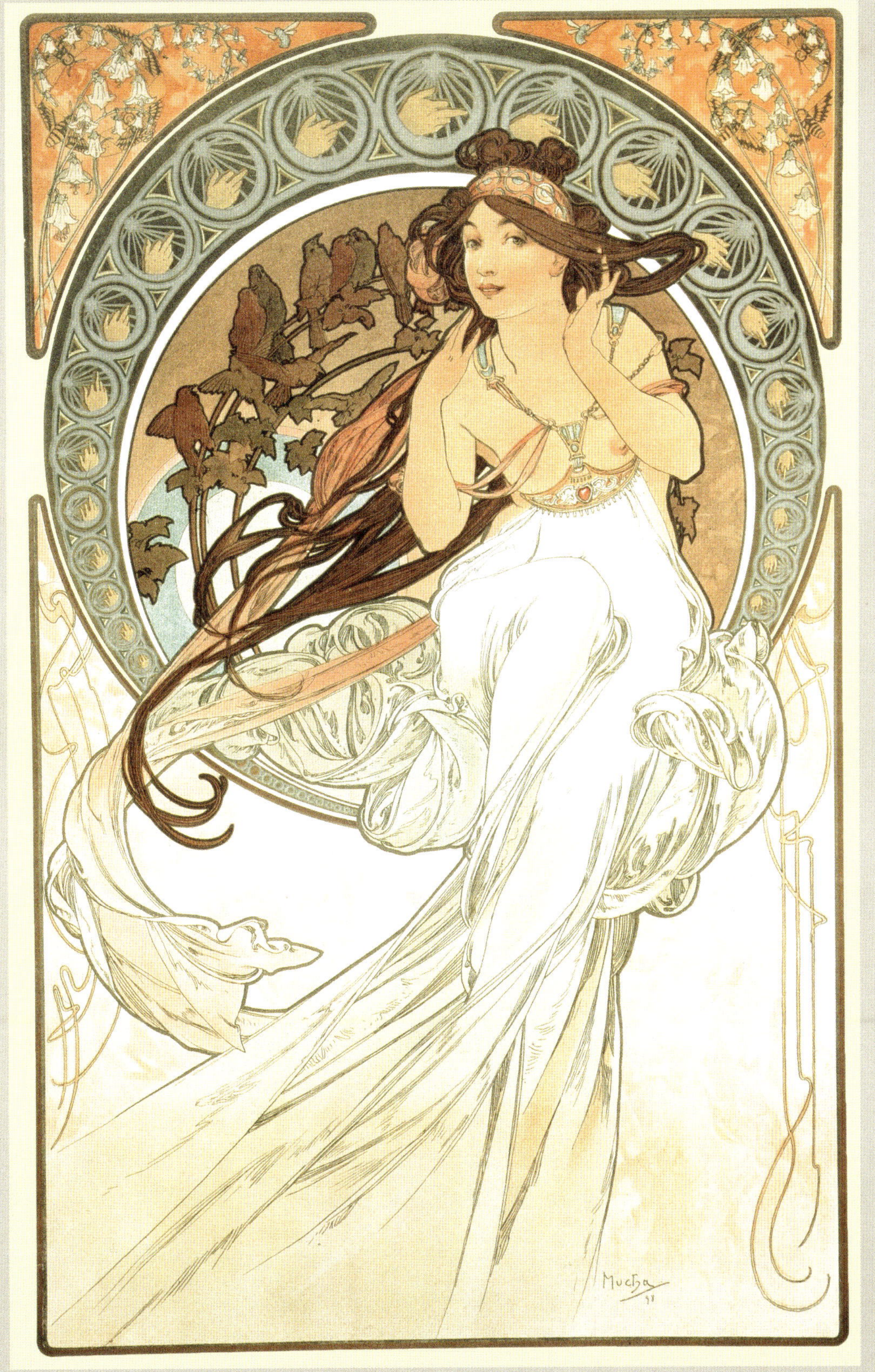

P76-77すべて：1898年 / カラー・リトグラフ / 各56.5×35cm / Artothek/アフロ

「イーゼルと少女」、「通りすぎる風が若さを奪い去る」

★★★★★★★★★★★★★★★★★★★★★

"GIRL WITH EASEL" / "THE PASSING WIND TAKES YOUTH AWAY"

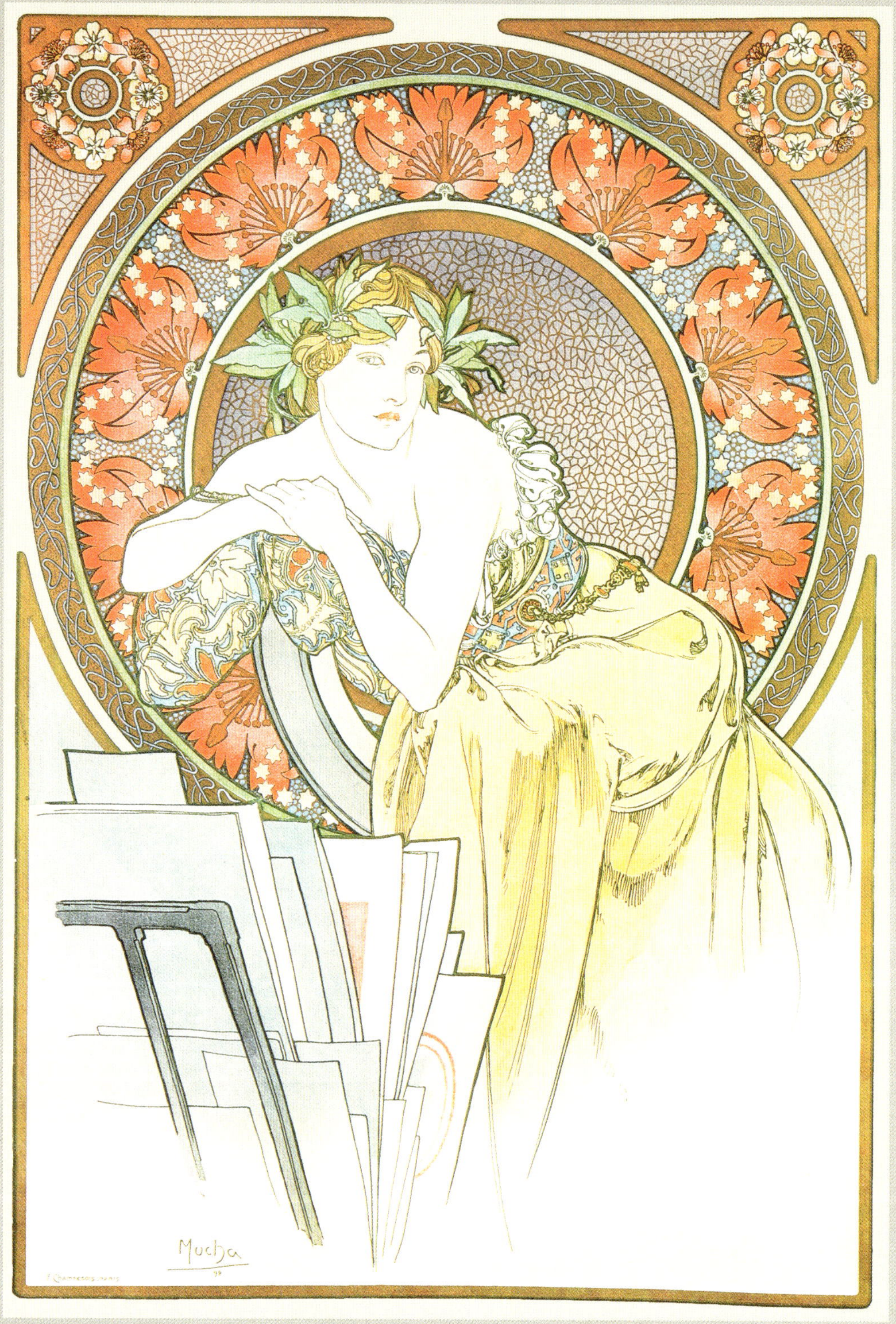

芸術誌『ラ・プリュム』でミュシャのポスターを販売した。上はそれを伝える広告としてつくられた絵だが、文字なしで装飾パネルとしても売られた。女性の前に重ねられているのはミュシャのポスターである。次ページはパリ万博に関連してつくられたという。日本の団扇がはやり、ミュシャもその面白いフレームに描いてみたくなったのだろう。そういえば下があいているまるい環の形は、ミュシャが女性像の頭部のフレームに使う形である。絵は「通りすぎる風が若さを奪い去る」と題されている。扇と花を散らす風が連想されている。

P78：1898年 / カラー・リトグラフ、紙 / 63.5×45cm / Alamy/PPS通信社　P79：1899年 / カラー・リトグラフ、紙 / 62.2×45.5cm / アートハーベスト蔵

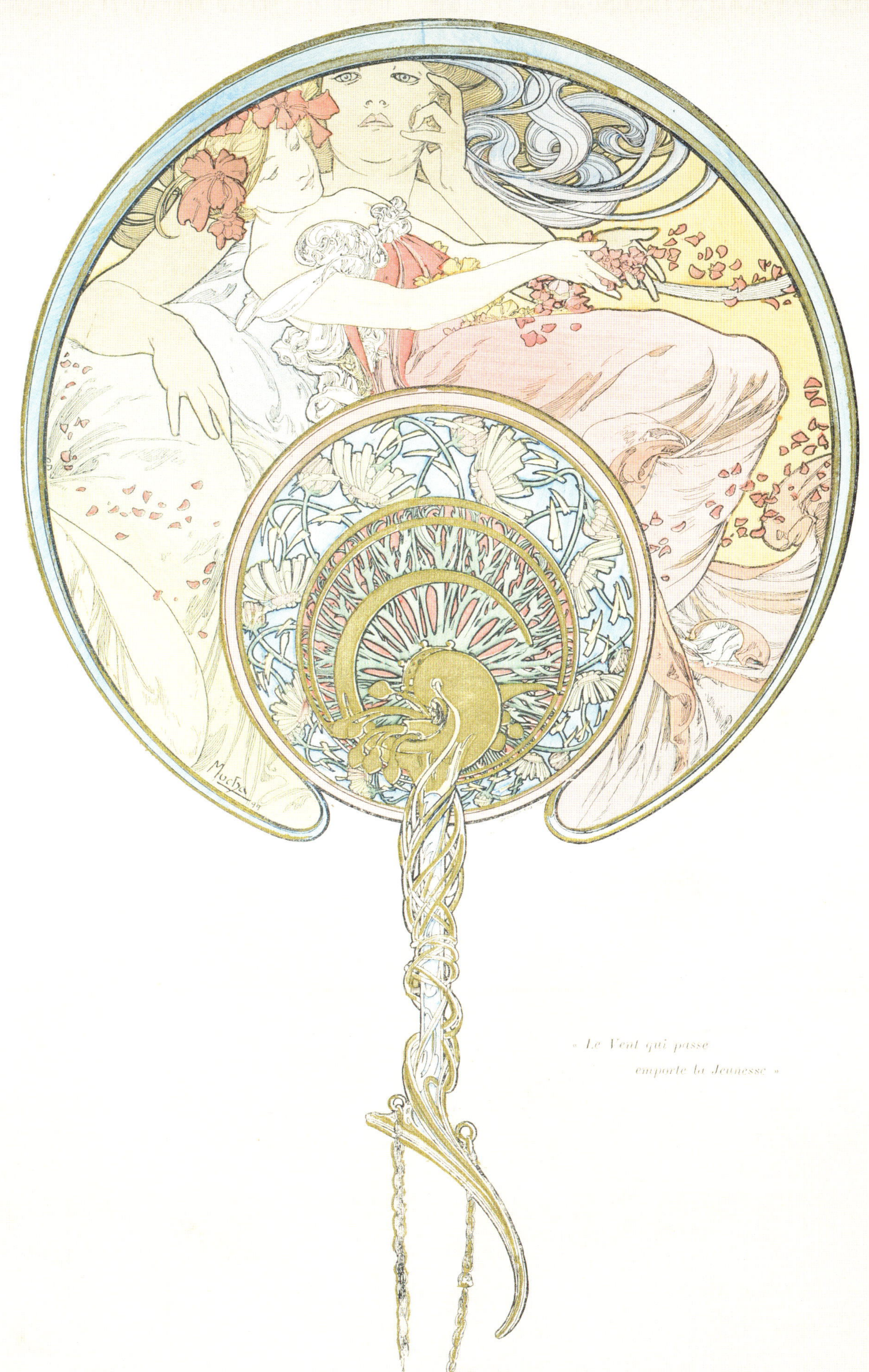

« Le Vent qui passe
emporte la Jeunesse »

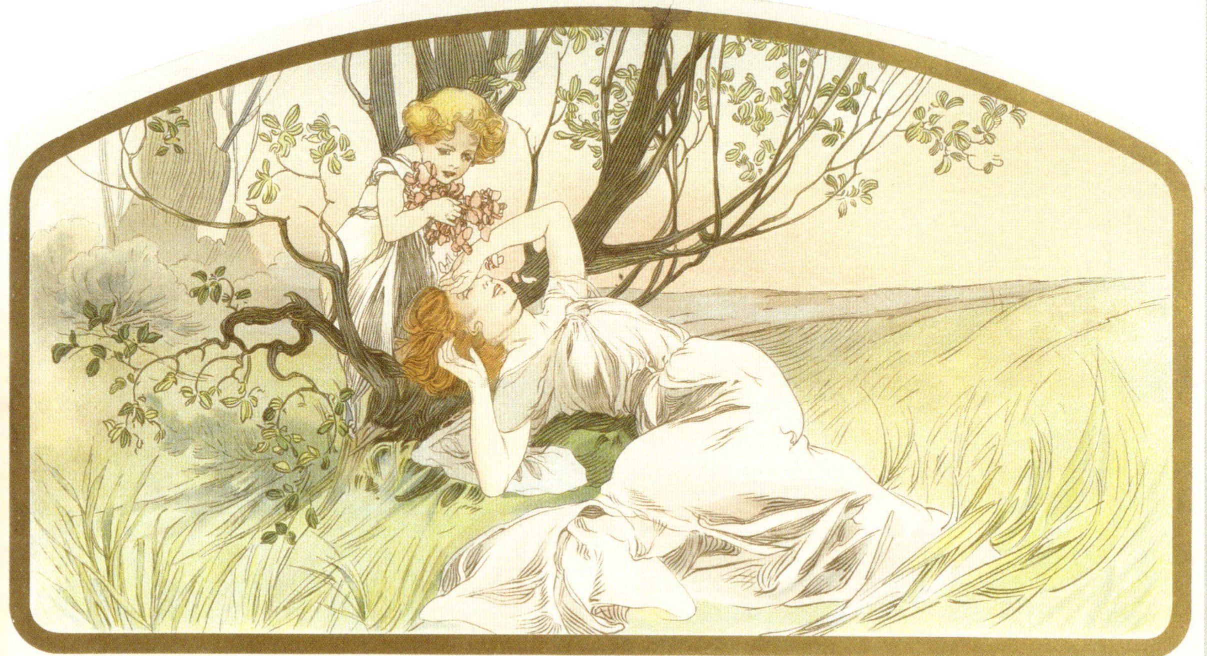

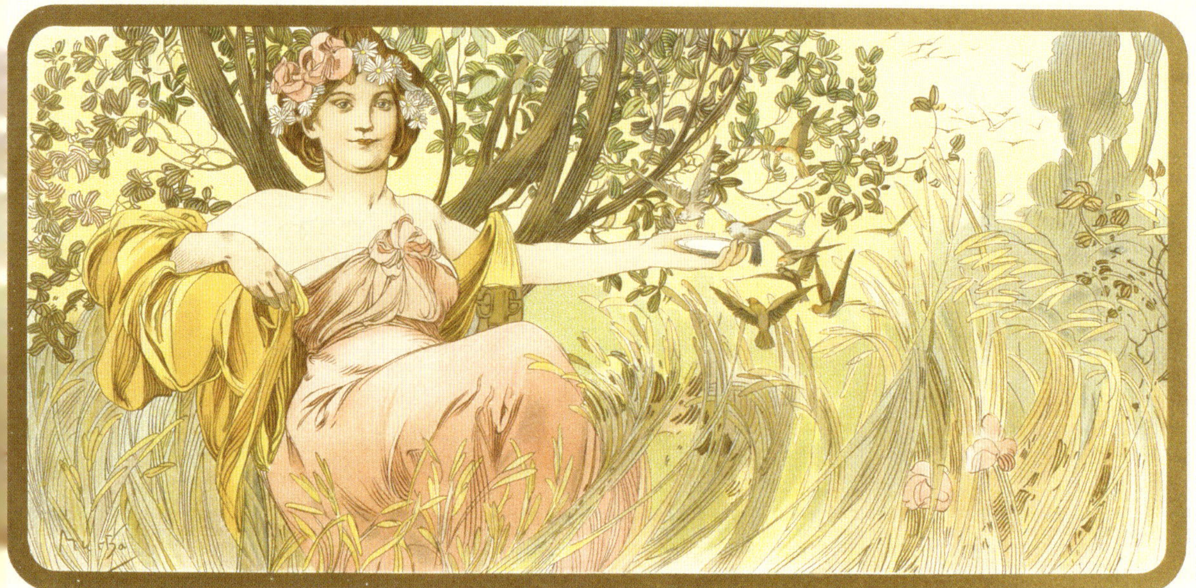

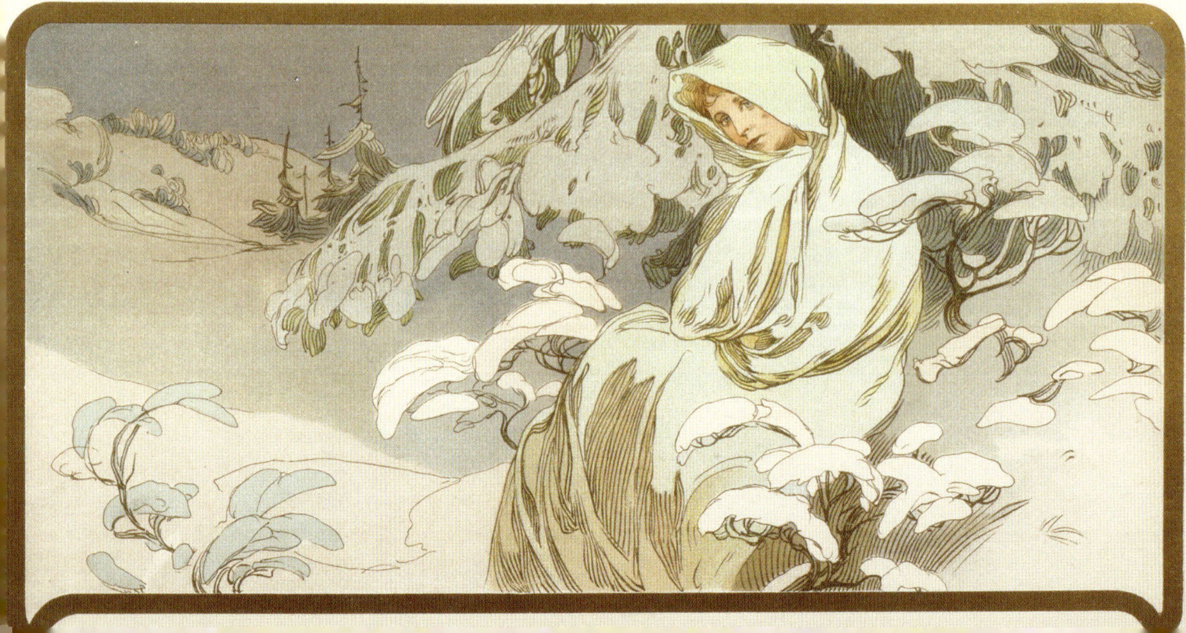

「三季節」、「夜明け」と「黄昏」

★★★★★★★★★★★★★★★★★★★★★

"THREE SEASONS" / "DAWN" AND "DUSK"

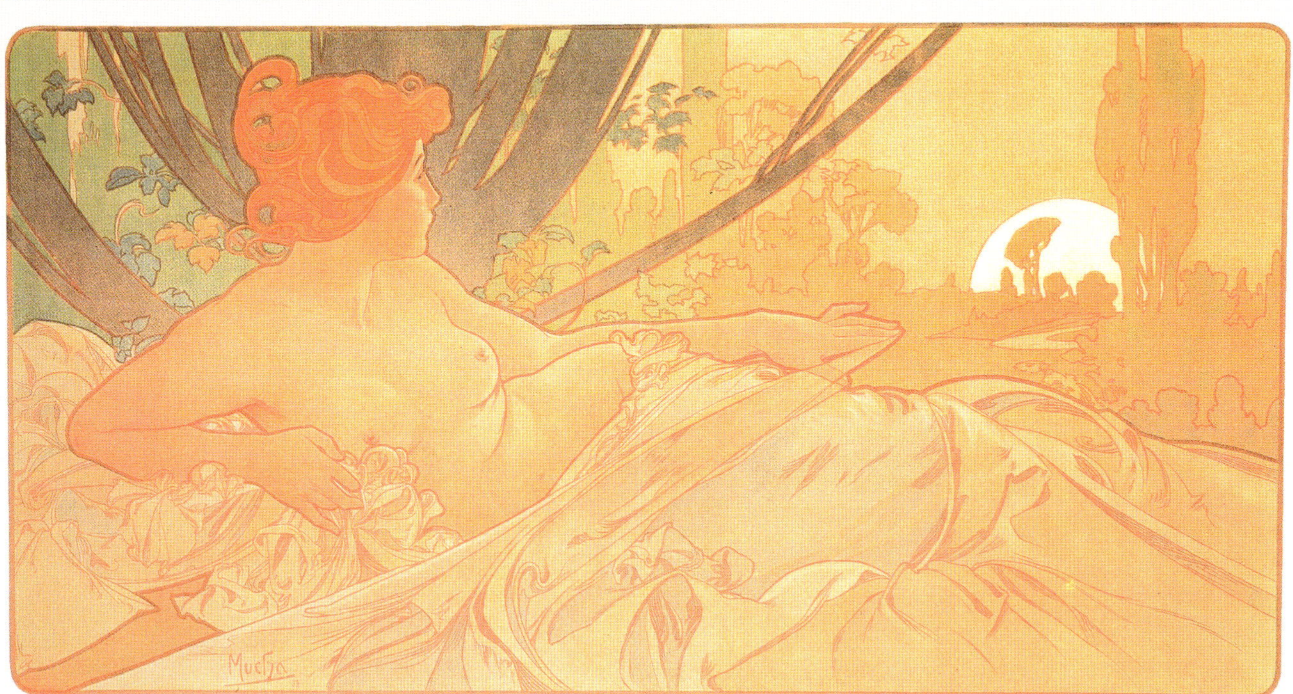

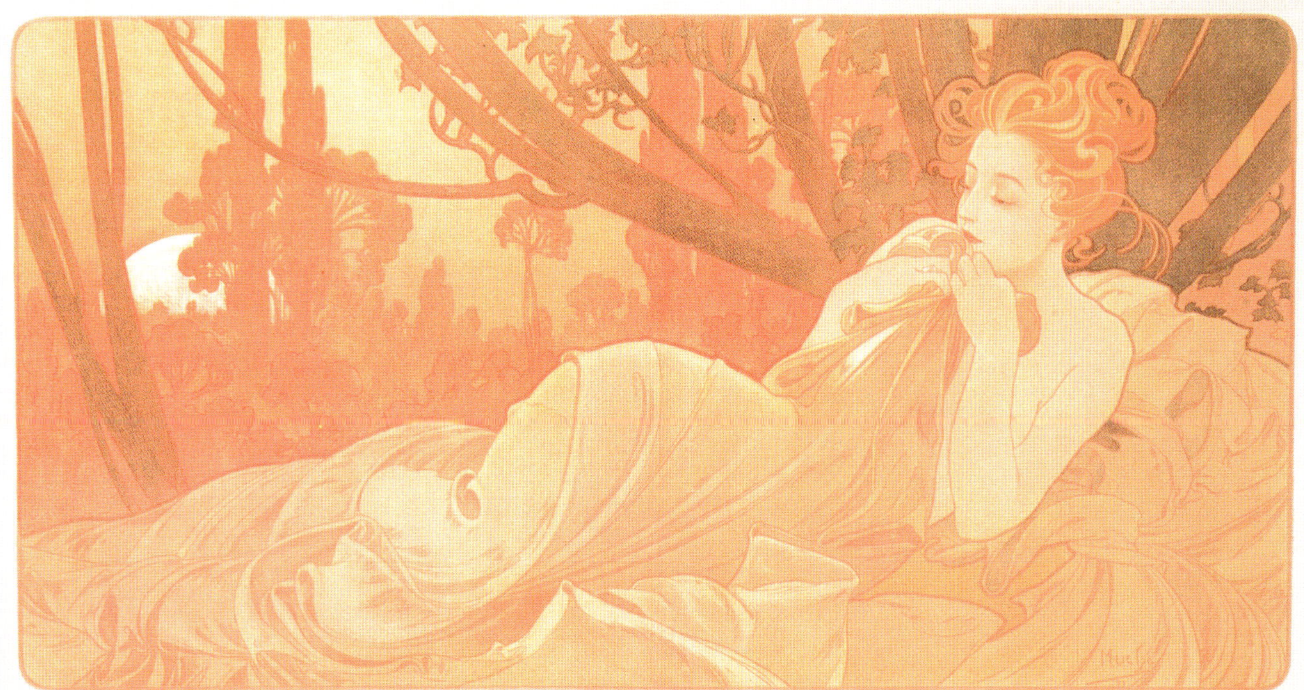

前ページの「三季節」の上はアーチ形になっていて、3枚で1つの形を構成している。下段は夏と冬と思われるが、上段は春であろうか。子どもと若い女で、春から夏を示しているのかもしれない。2段目の夏は女盛り、冬はちょっと悲しそうだ。上の「夜明け」、「黄昏」の朝の女と夕べの女はどうちがうのか。朝の女は晴れやかに裸をさらし、夕べの女は胸をかくそうとしている。朝の女は日の出を見ているが、夕べの女は沈む日を見ようともしない。夜明けに無邪気だった女は夕暮れにはもの思いに沈むのだろうか。

P80：1898年頃 / カラー・リトグラフ、紙 / 62.7×41.8cm / 堺市蔵　P81すべて：1899年 / カラー・リトグラフ、紙 / 60×100cm / フランス国立図書館蔵

「桜草」と「羽根」

"PRIMROSE" AND "FEATHER"

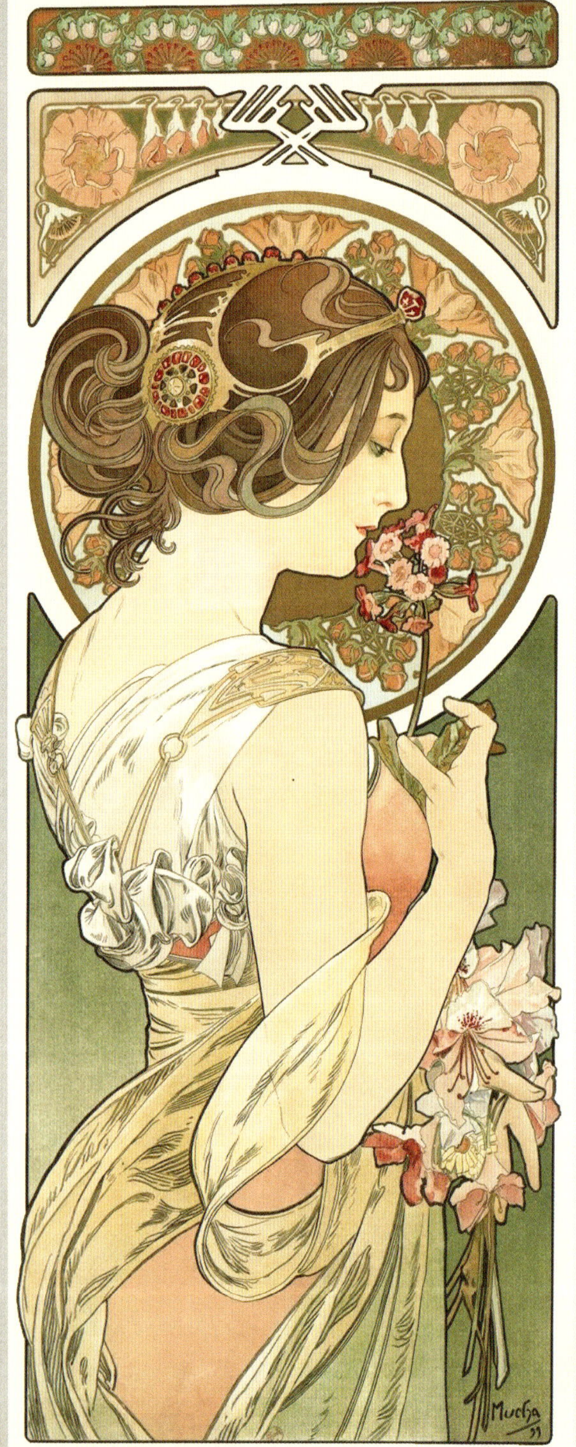

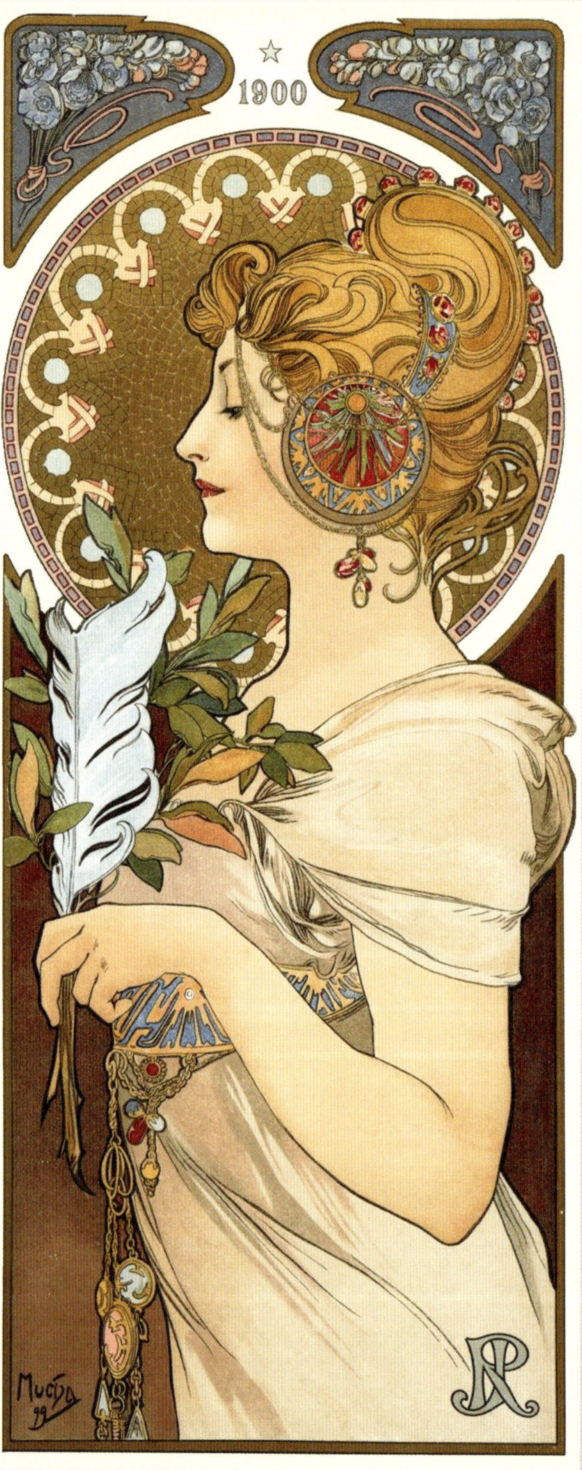

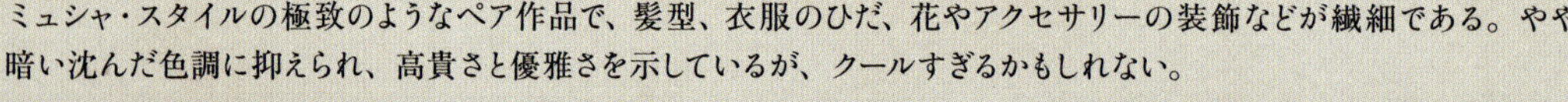
ミュシャ・スタイルの極致のようなペア作品で、髪型、衣服のひだ、花やアクセサリーの装飾などが繊細である。やや暗い沈んだ色調に抑えられ、高貴さと優雅さを示しているが、クールすぎるかもしれない。

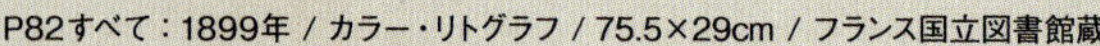
P82すべて：1899年 / カラー・リトグラフ / 75.5×29cm / フランス国立図書館蔵

「岸辺のエリカ」と「砂浜のアザミ」

"HEATHER" AND "SEA-HOLLY"

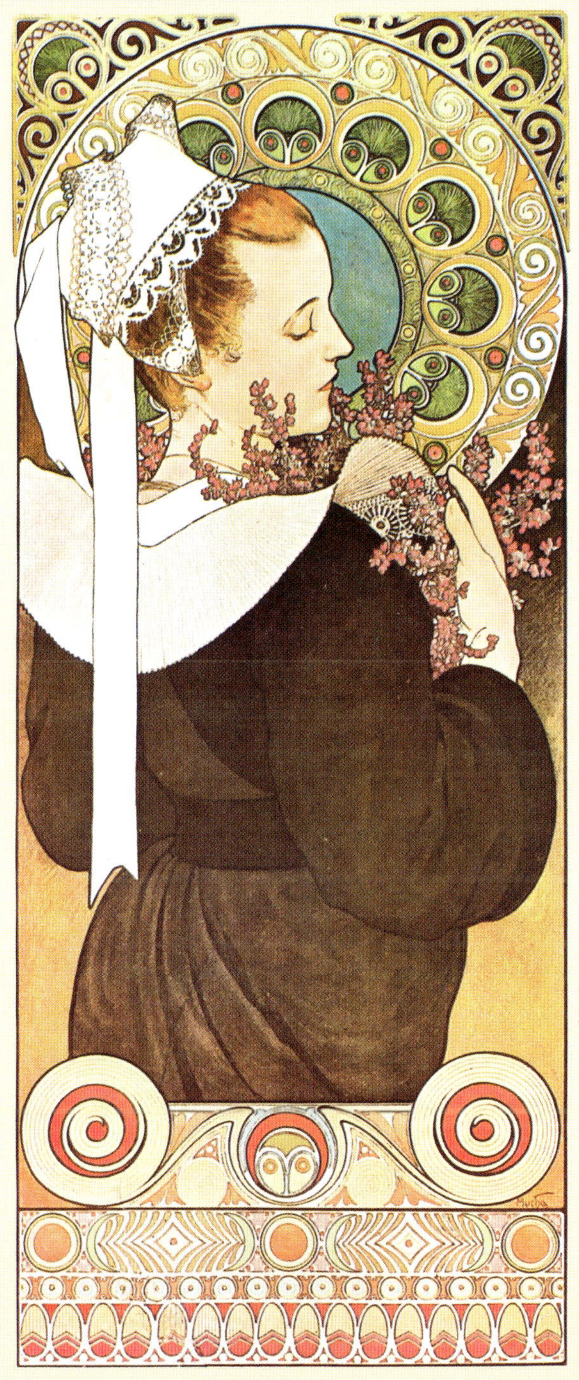

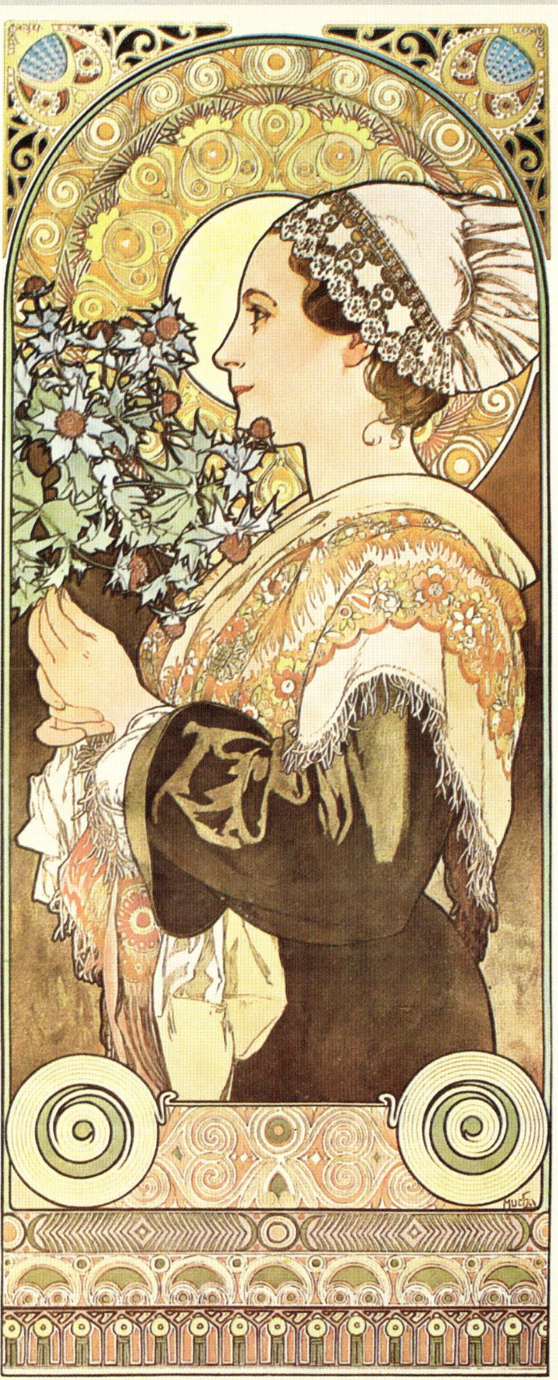

ミュシャはこの２枚を「ノルマンディー女」、「ブルターニュ女」と呼んでいたという。彼はしばしばフランス北部の海岸に出かけ、この地方の民俗衣裳に興味を持った。古代ケルト文様なども意識したかもしれない。

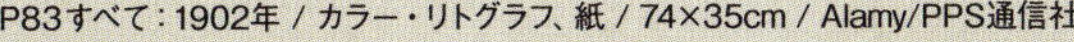

P83すべて：1902年 / カラー・リトグラフ、紙 / 74×35cm / Alamy/PPS通信社

「4つの時の流れ ── 朝の目覚め、昼の輝き、夕べの夢想、夜の安らぎ」

"The Four Times: Morning Awakening, Daytime Dash, Evening Reverie and Nightly Rest"

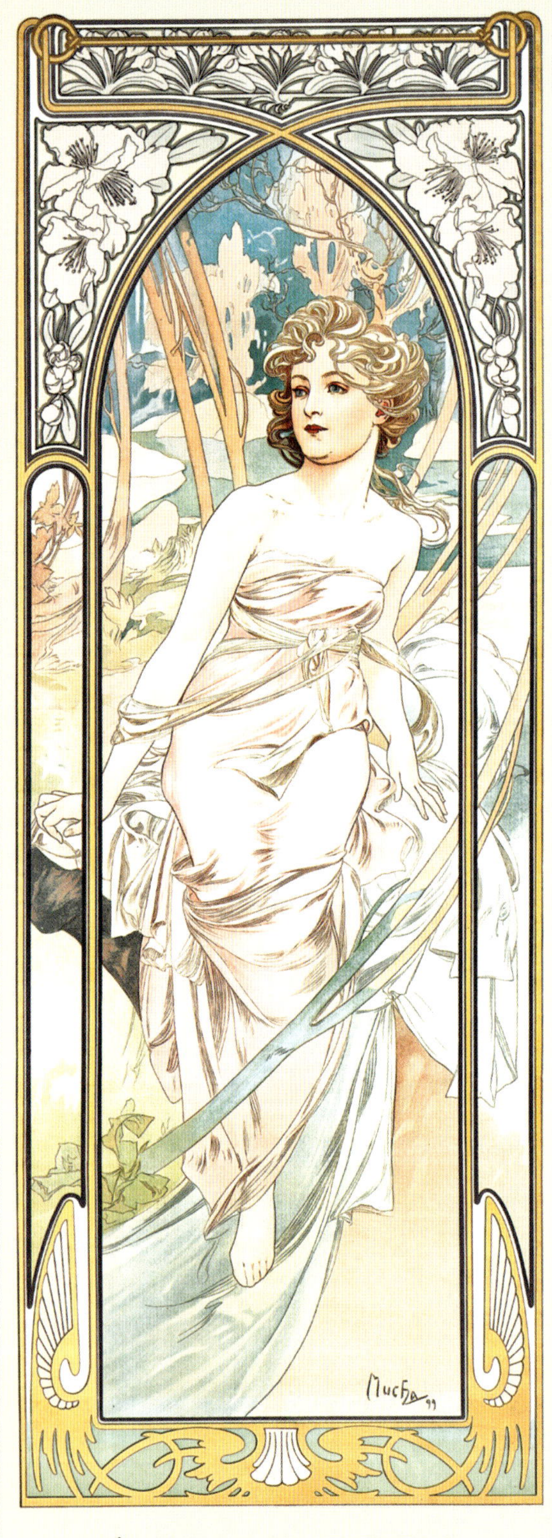

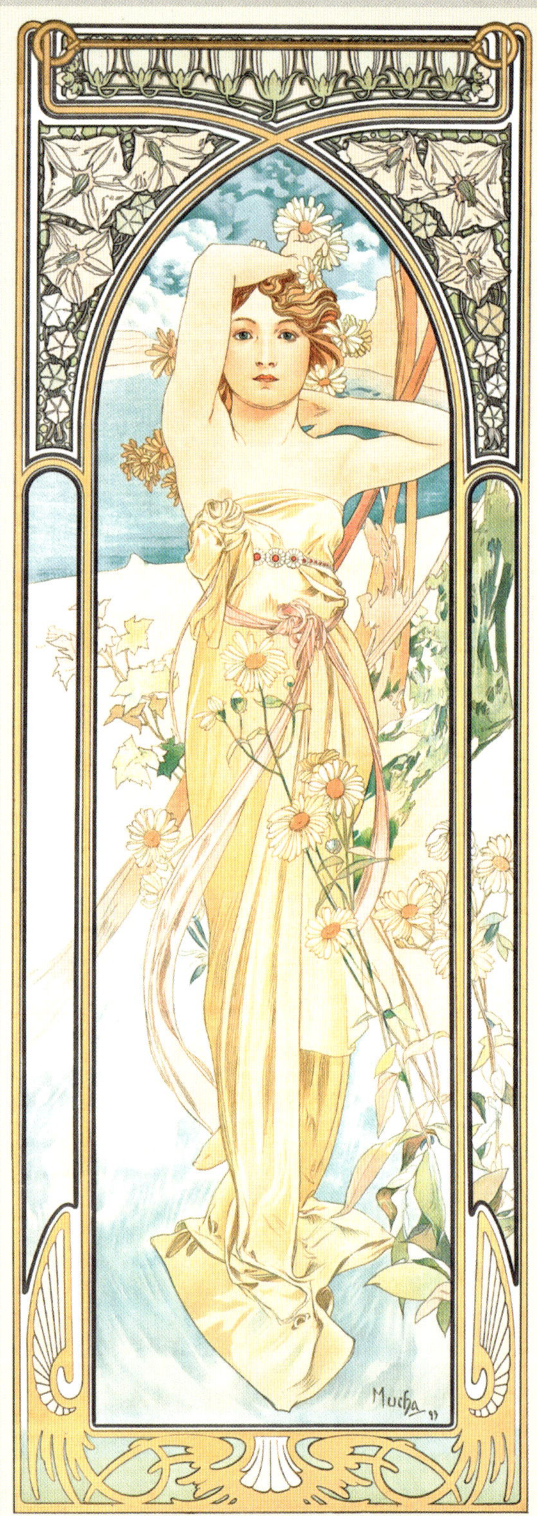

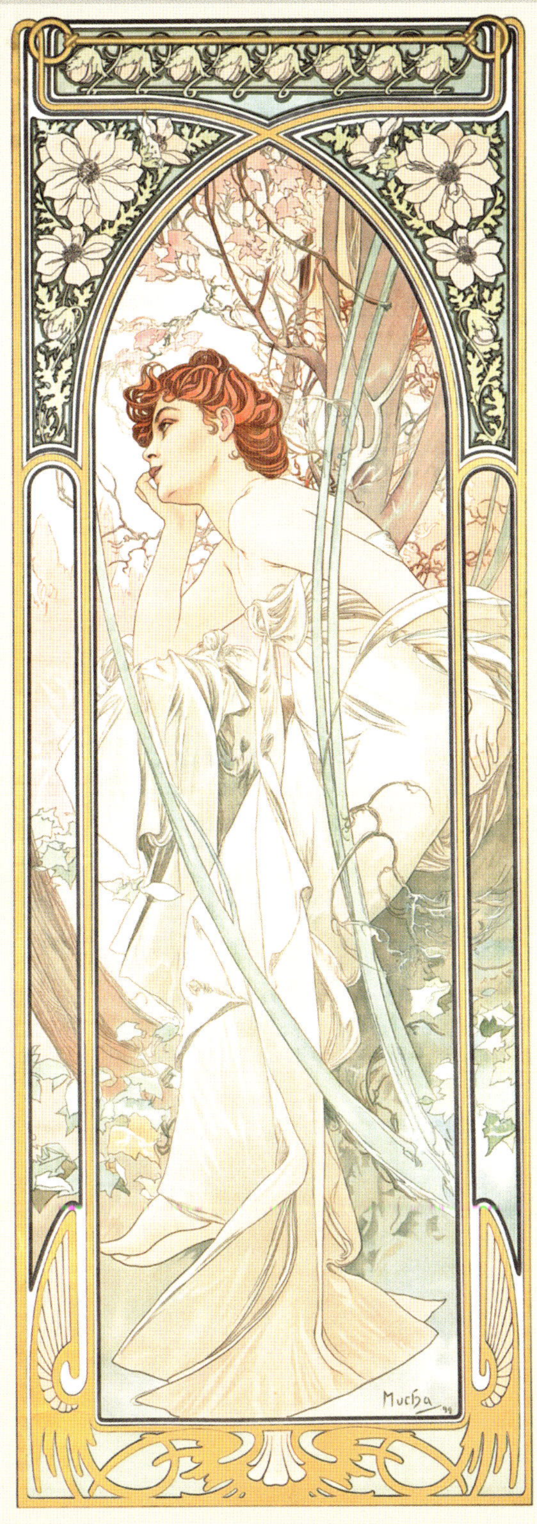

RÊVERIE DU SOIR

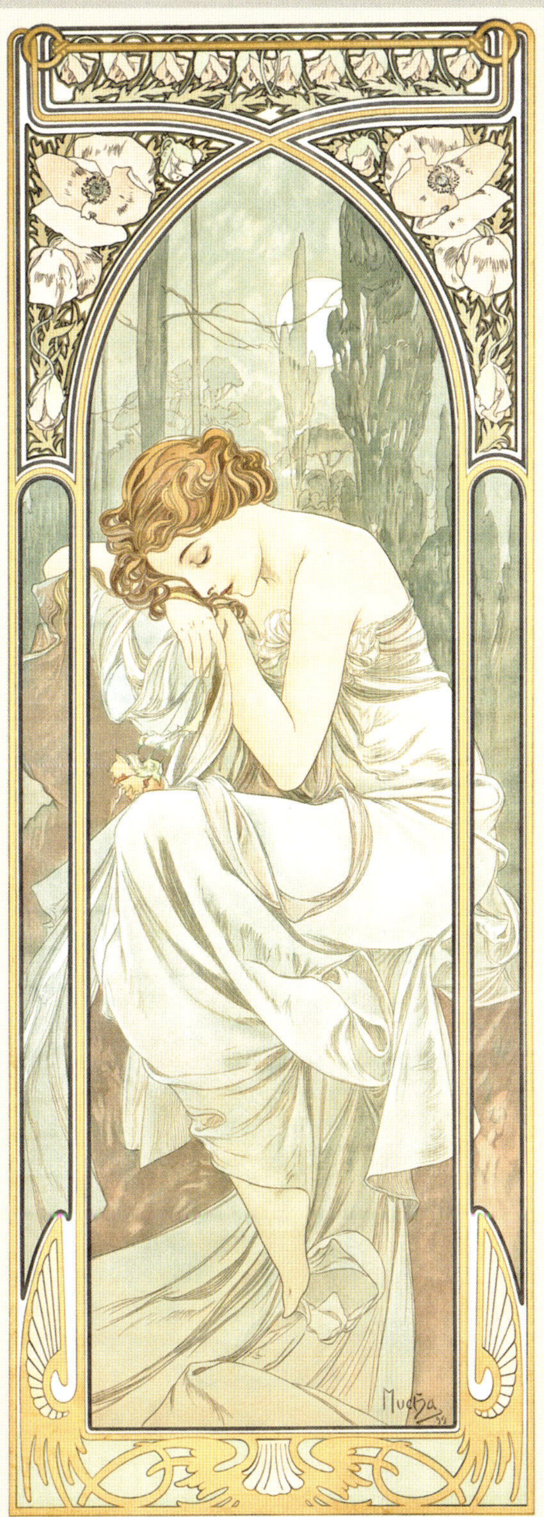

REPOS DE LA NUIT

1日の流れを見せる4枚組。朝、昼、夕べ、夜の1日の女性の姿を追っている。この頃のミュシャはウビガン香水の仕事をしている（P128）。化粧品と女性の1日が重なってくる。

P84-85すべて：1899年 / カラー・リトグラフ / 107.7×39cm / Private Collection/Bridgeman Images/amanaimages

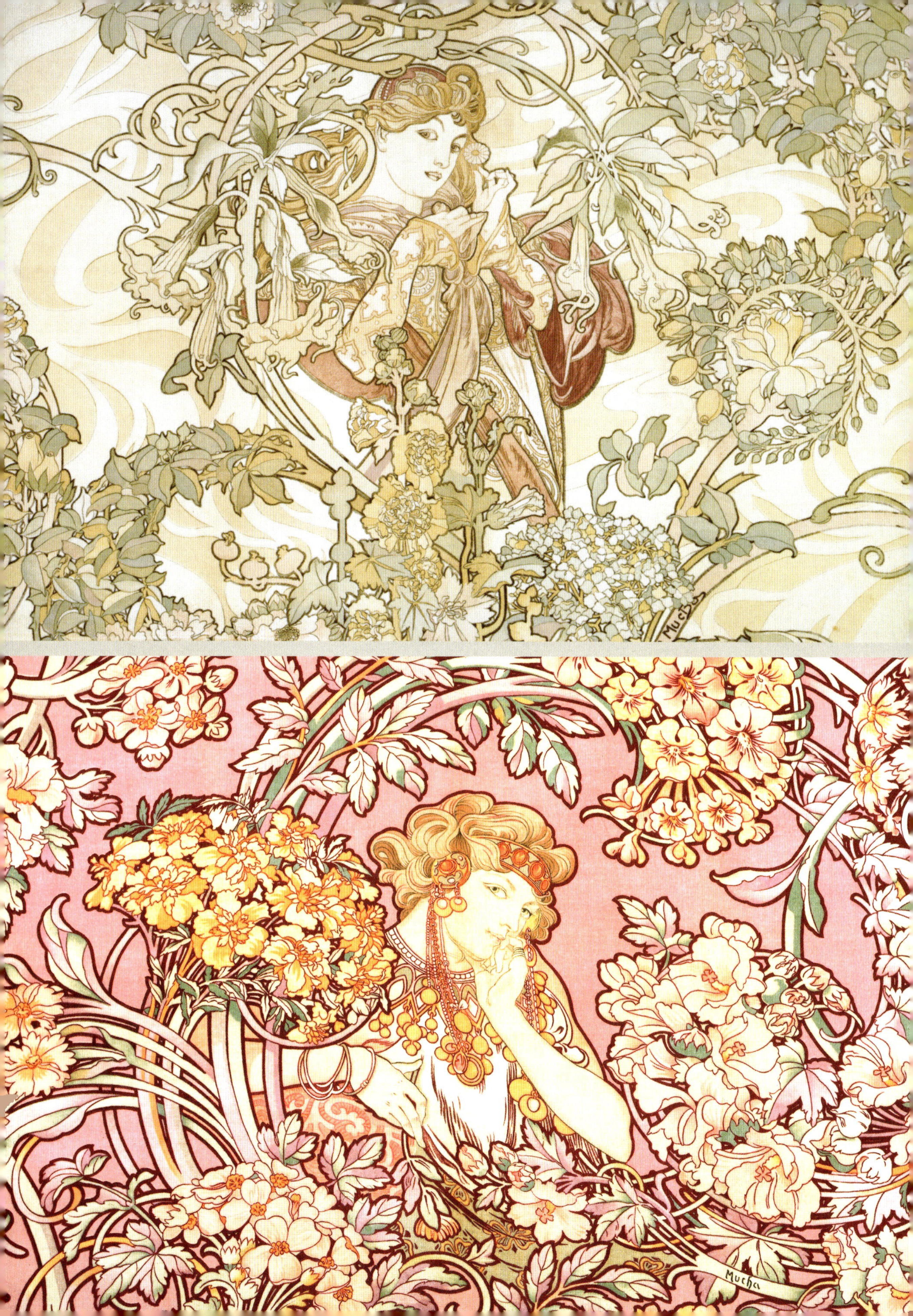
Mucha

織物「女と花」、織物デザイン「花言葉」と「ビザンチン」

★★★★★★★★★★★★★★★★★★★★★★

TEXTILE "WOMAN WITH FLOWERS" / TEXTILE DESIGN "LANGUAGE OF FLOWERS" AND "BYZANTINE"

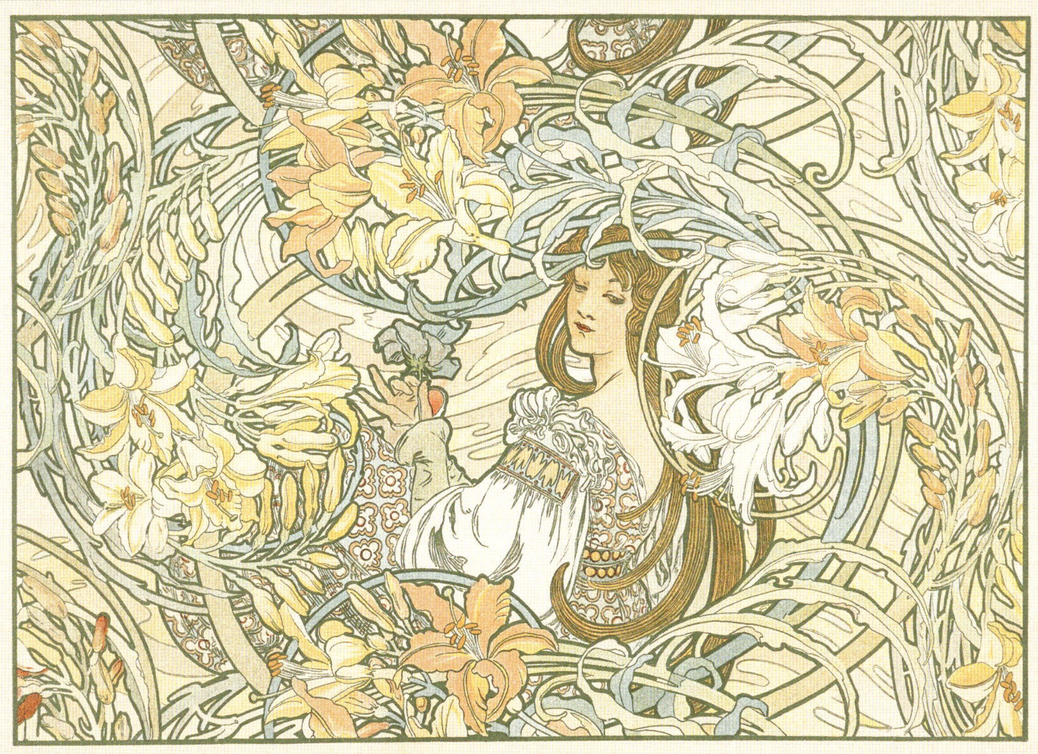

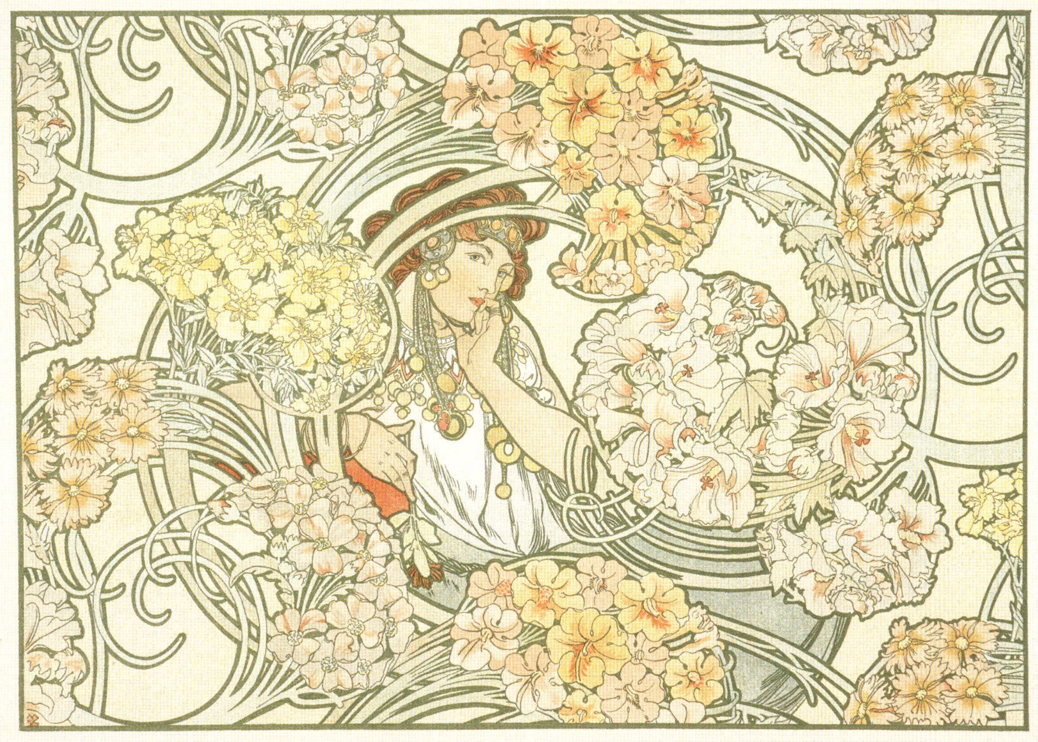

前ページの２枚は紙ではなく布にプリントされている。タペストリーやテキスタイル・デザインを意識したのだろうか。装飾が全面に広がっている。他に上の「花言葉」、「ビザンチン」といったテキスタイル風の作品がある。

P86すべて：1900年頃 / コットンヴェルヴェットに印刷（上段）、ヴェルヴェットに印刷（下段）/ 65×83cm / V&A Images/amanaimages
P87すべて：1900年 / カラー・リトグラフ、紙 / 23.5×30.2cm / アートハーベスト蔵

「木蔦」と「月桂樹」

★★★★★★★★★★★★★★★★★★★★★★

"IVY" AND "LAUREL"

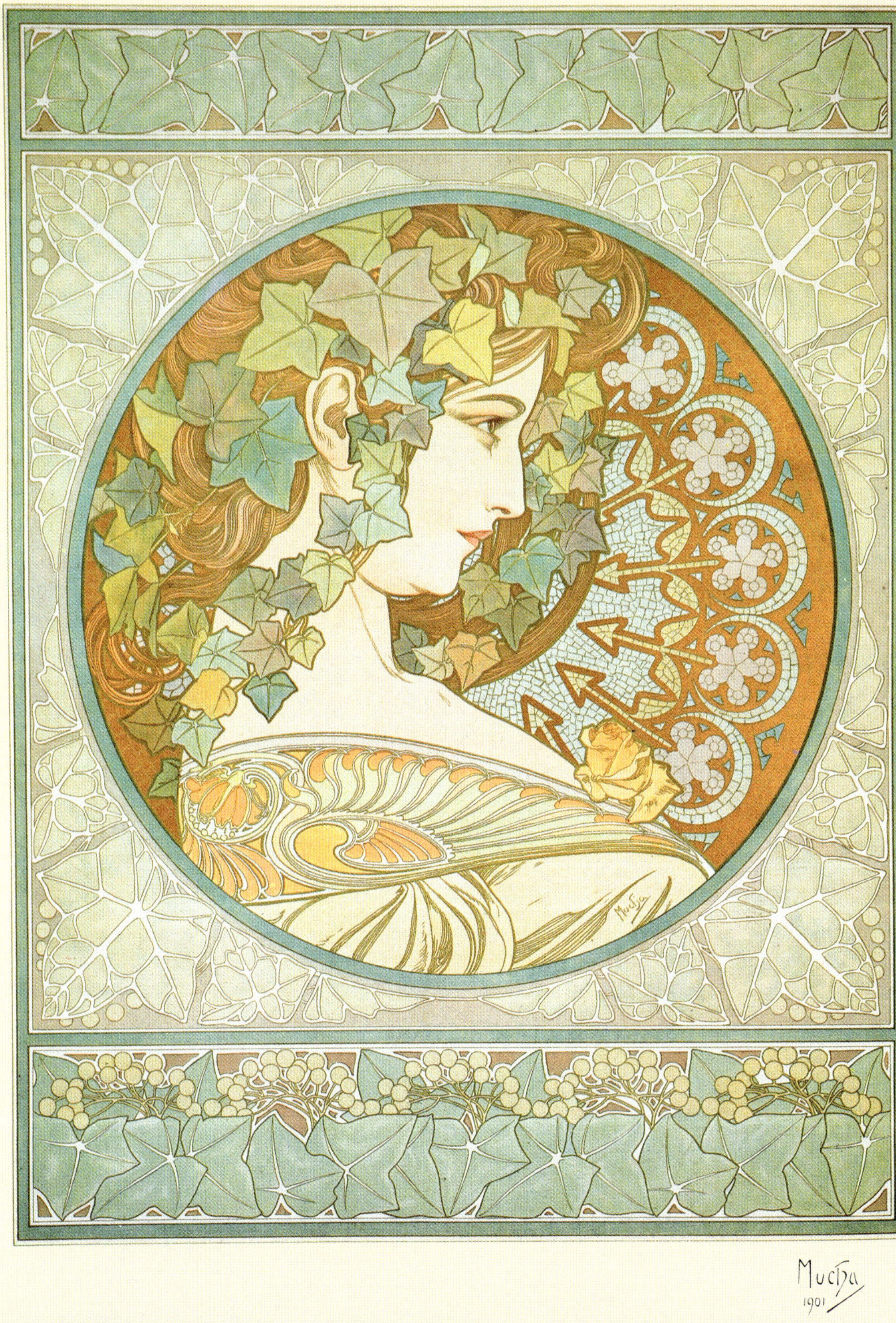

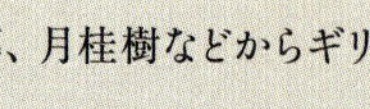

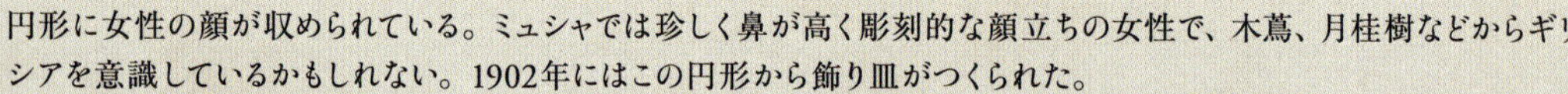

円形に女性の顔が収められている。ミュシャでは珍しく鼻が高く彫刻的な顔立ちの女性で、木蔦、月桂樹などからギリシアを意識しているかもしれない。1902年にはこの円形から飾り皿がつくられた。

P88-89すべて：1901年 / カラー・リトグラフ、紙 / 53×39.5cm / Alamy/PPS通信社

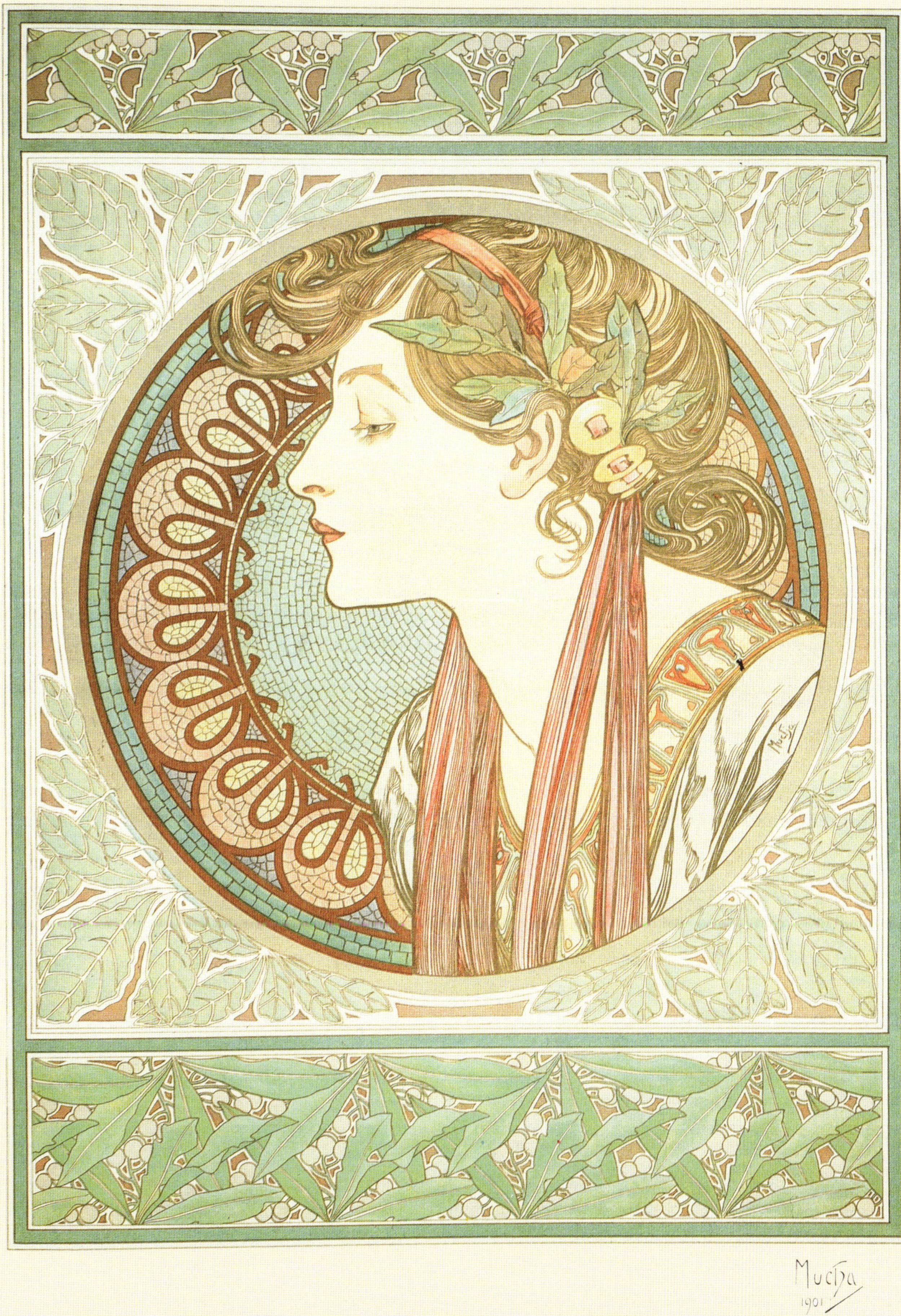

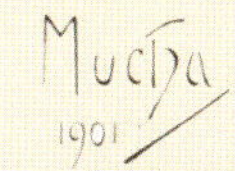
Mucha
1901

「4つの宝石 ── トパーズ、ルビー、アメジスト、エメラルド」

"THE FOUR PRECIOUS STONES: TOPAZ, RUBY, AMETHYST AND EMERALD"

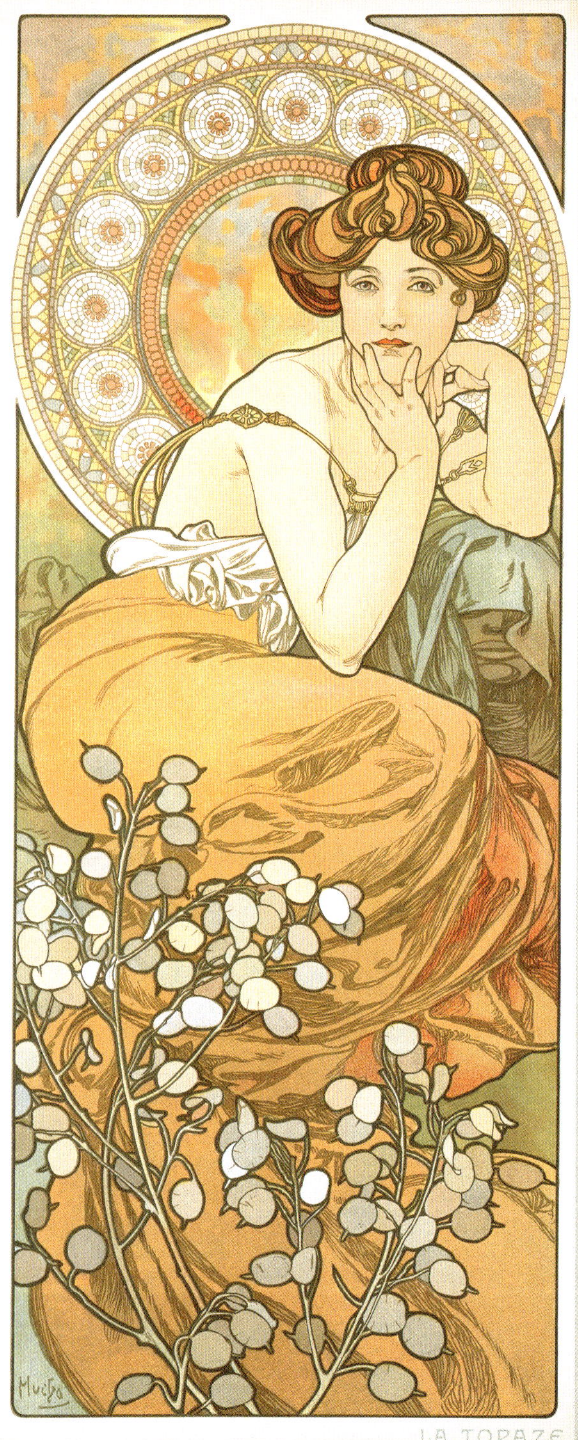

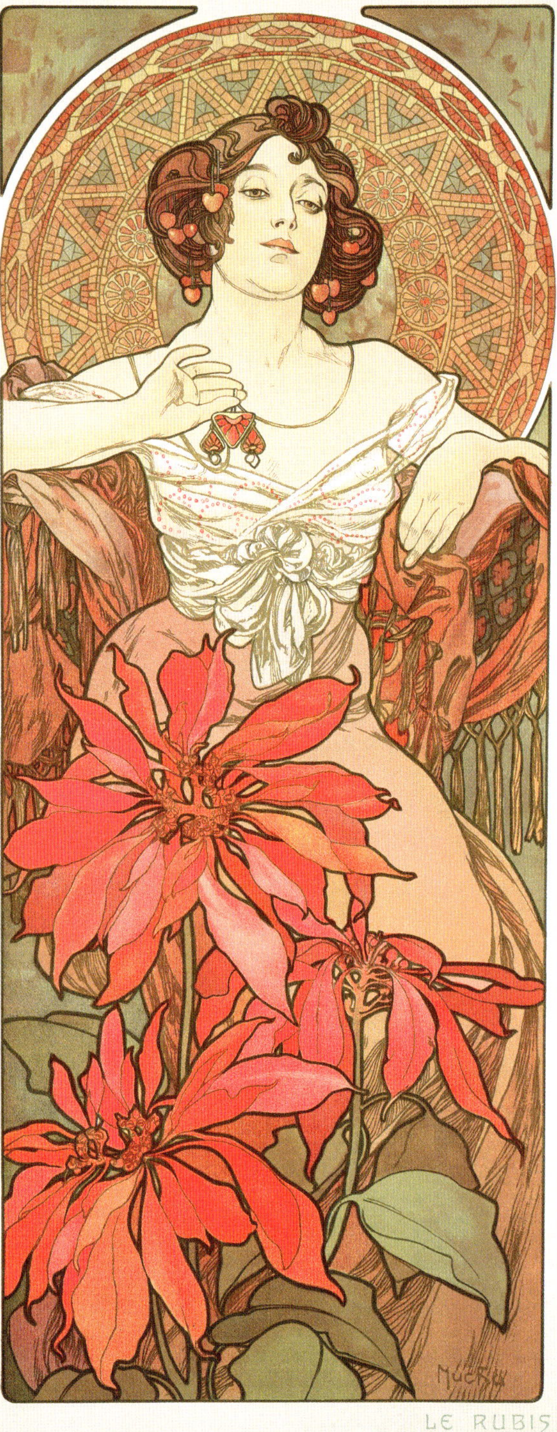

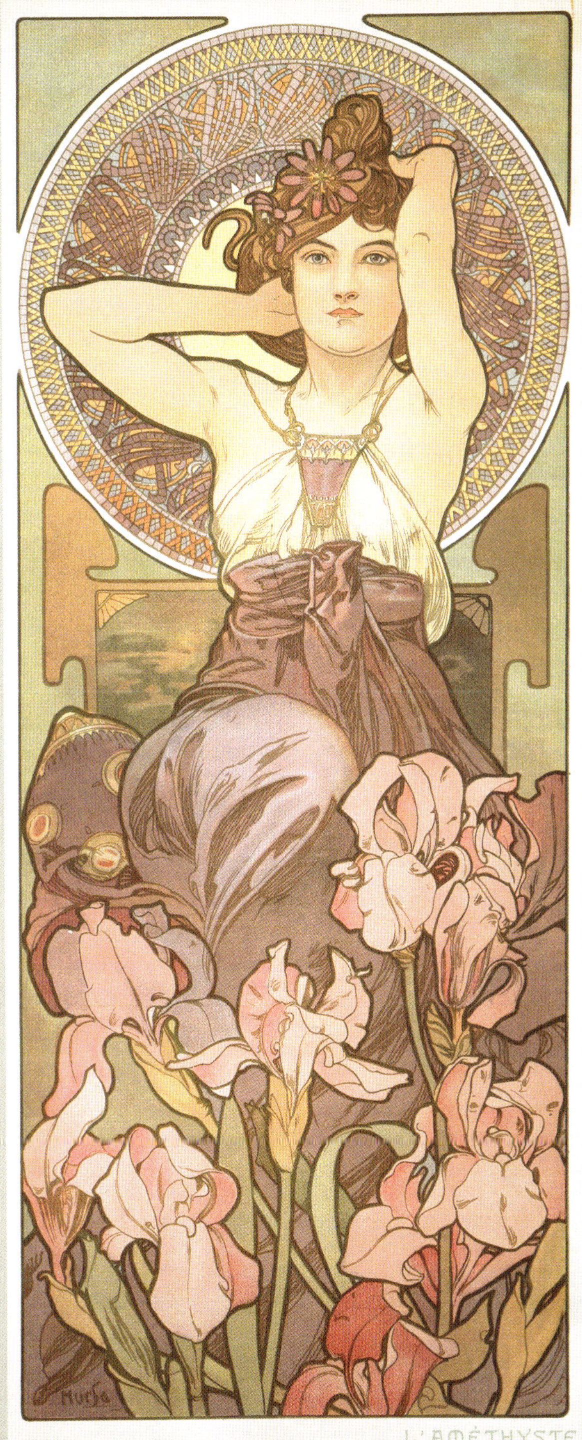

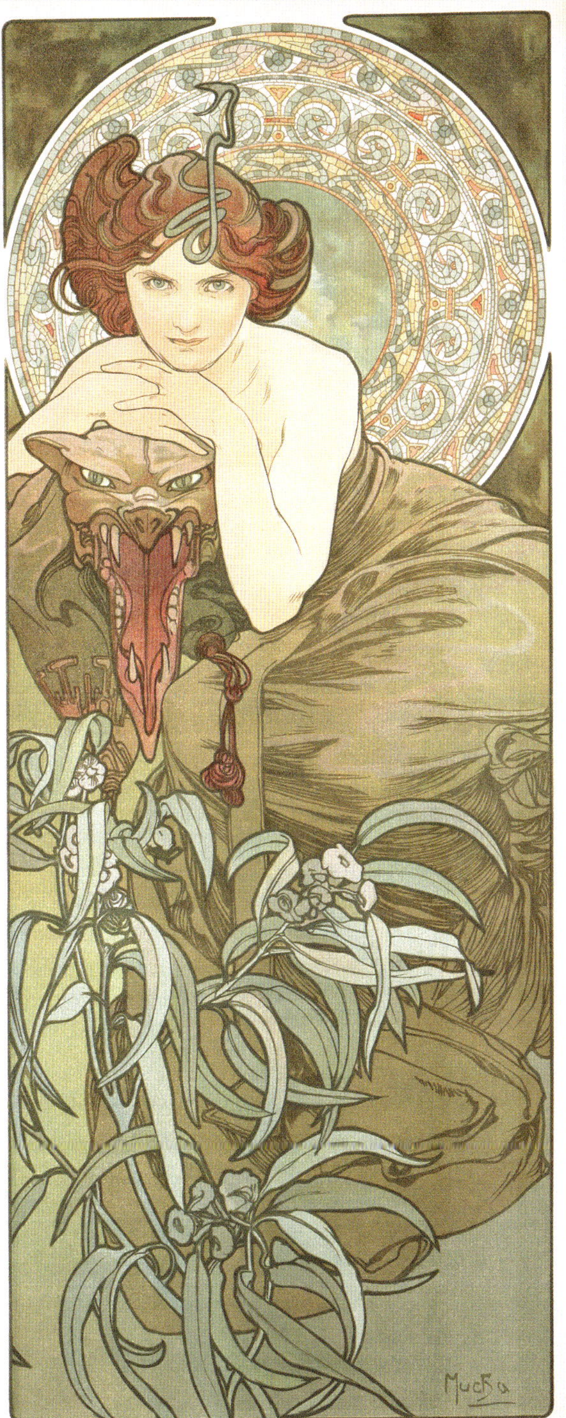

トパーズ、ルビー、アメジスト、エメラルドをつけた女性シリーズ。宝石と下部の花の色がひびき合っている。トパーズ（前ページ左）のひじの下の奇怪な顔など不思議なものが隠されている絵である。

P90-91すべて：1900年／カラー・リトグラフ、紙／67.2×30cm／Private Collection/Bridgeman Images/amanaimage

「四季 — 春・夏・秋・冬」

"THE FOUR SEASONS: SPRING, SUMMER, AUTUMN AND WINTER"

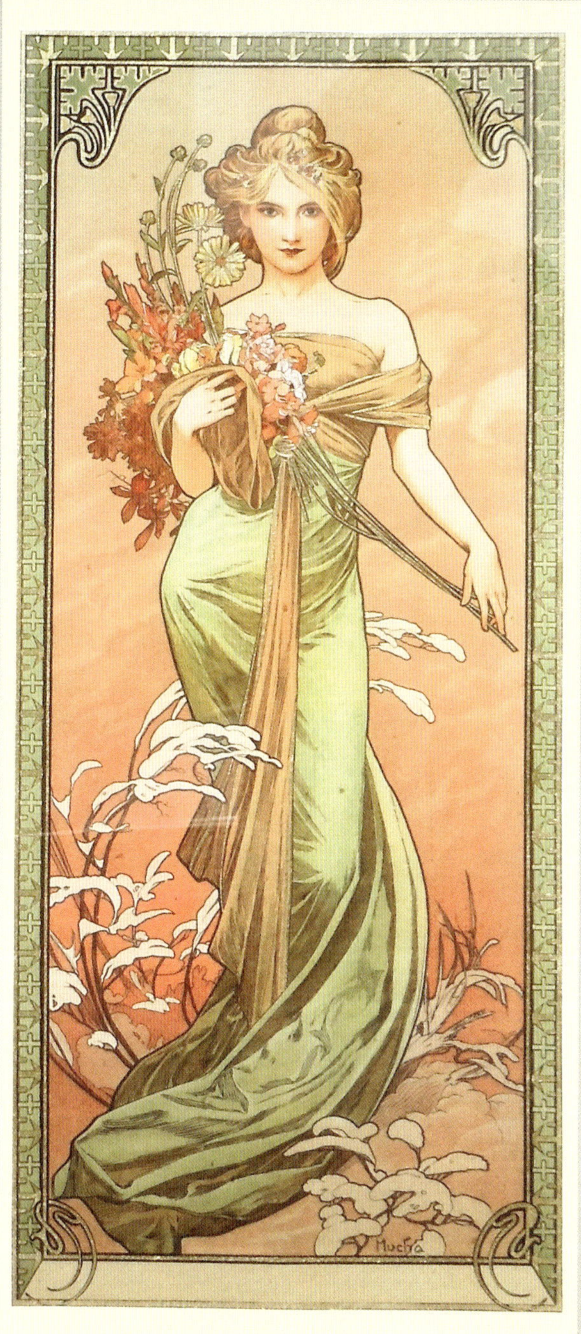

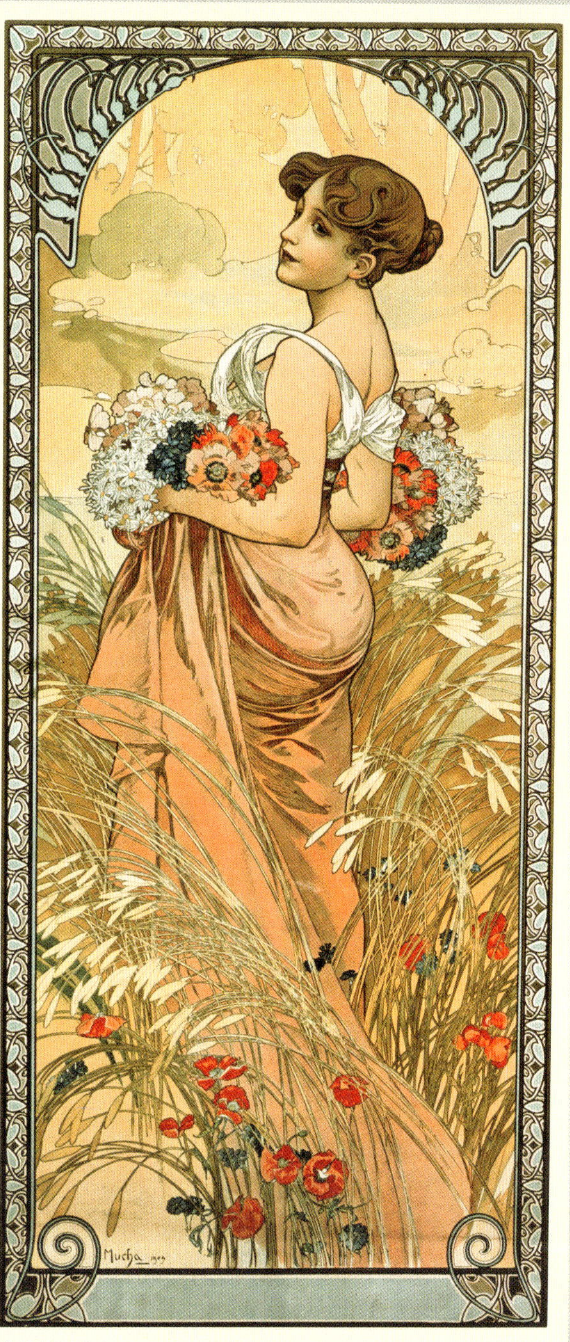

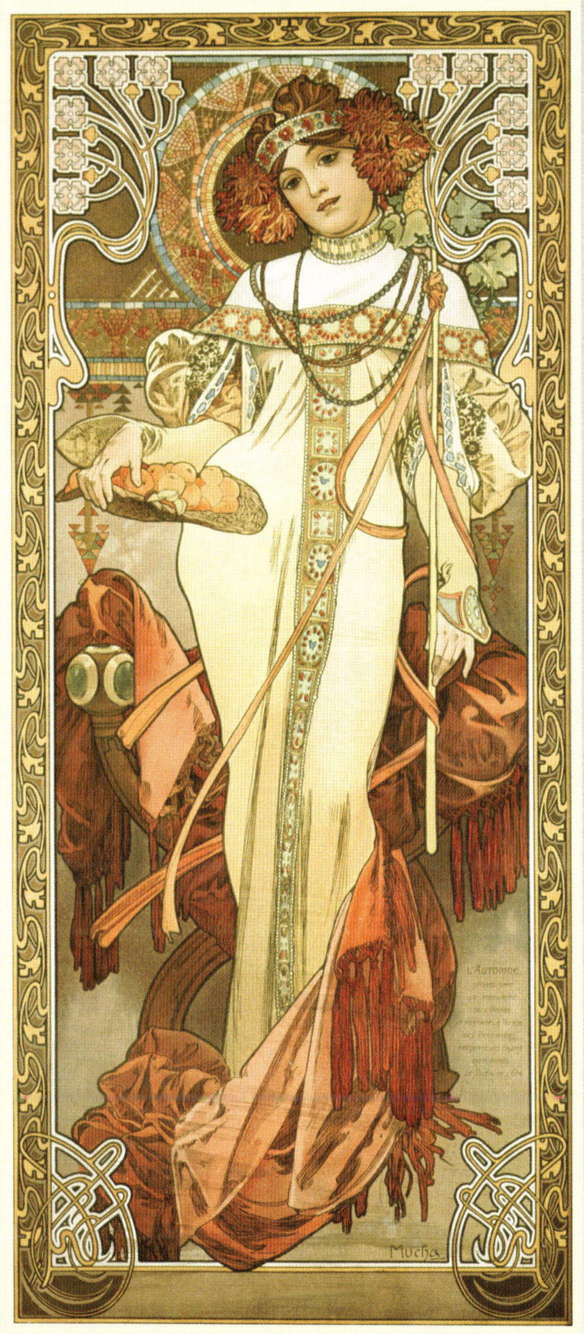

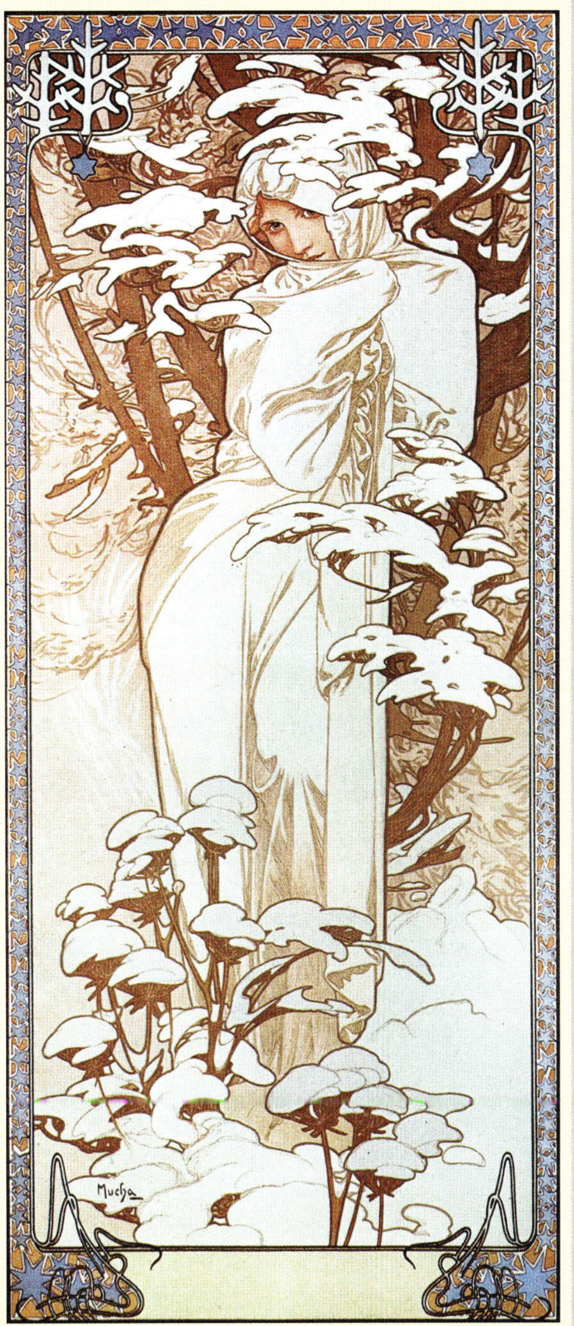

女性の四季を追うシリーズでは3度目である。それぞれの微妙なちがいをたどるのも面白い。草花の描き方が自然となり、日本の花鳥画のタッチも感じられる。女性の表情がクールになっているのは、同じテーマを求められるミュシャがちょっとうんざりしているのだろうか。

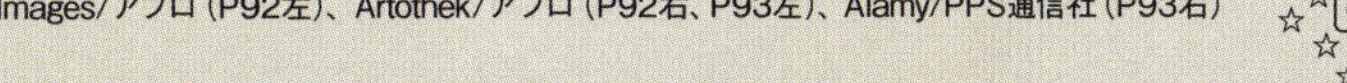
P92-93すべて：1903年 / カラー・リトグラフ、紙 / 73×32cm / Heritage Images/アフロ（P92左）、Artothek/アフロ（P92右、P93左）、Alamy/PPS通信社（P93右）

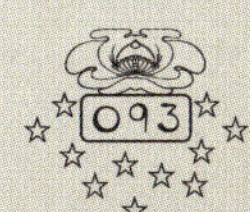

「4つの星 ― 月、宵の明星、北極星、明けの明星」

"THE FOUR STARS: MOON, EVENING STAR, POLE STAR AND MORNING STAR"

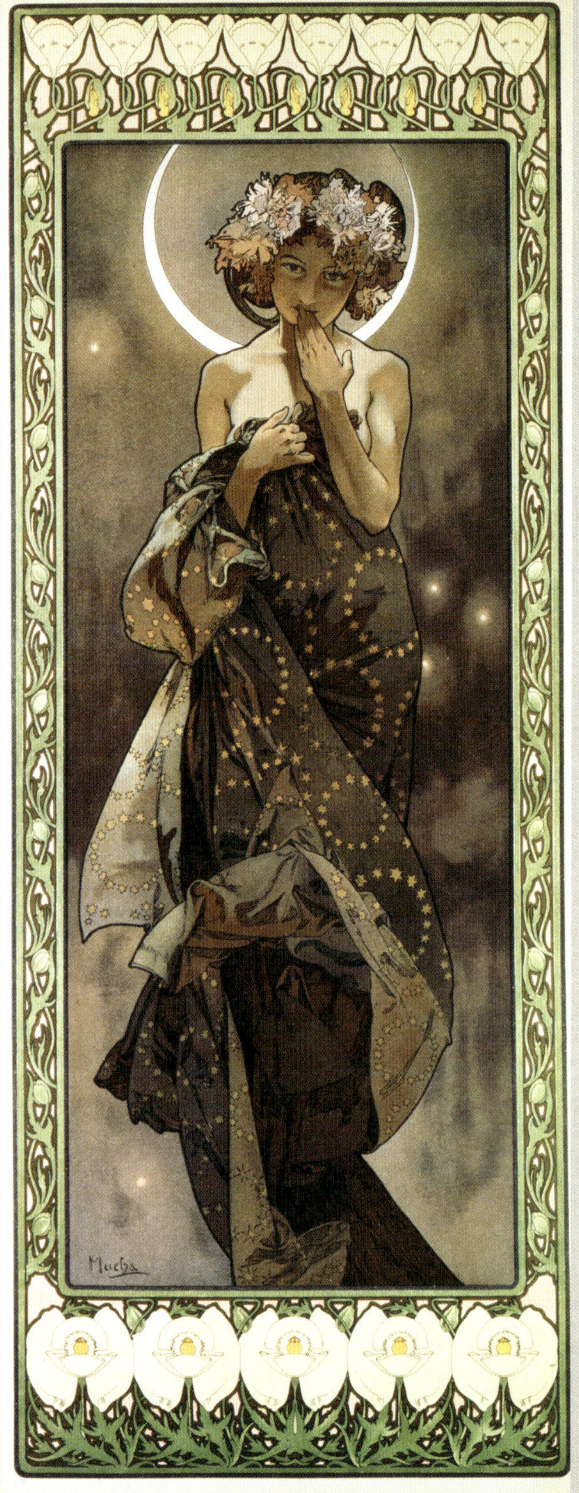

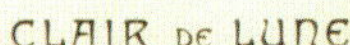

CLAIR DE LUNE

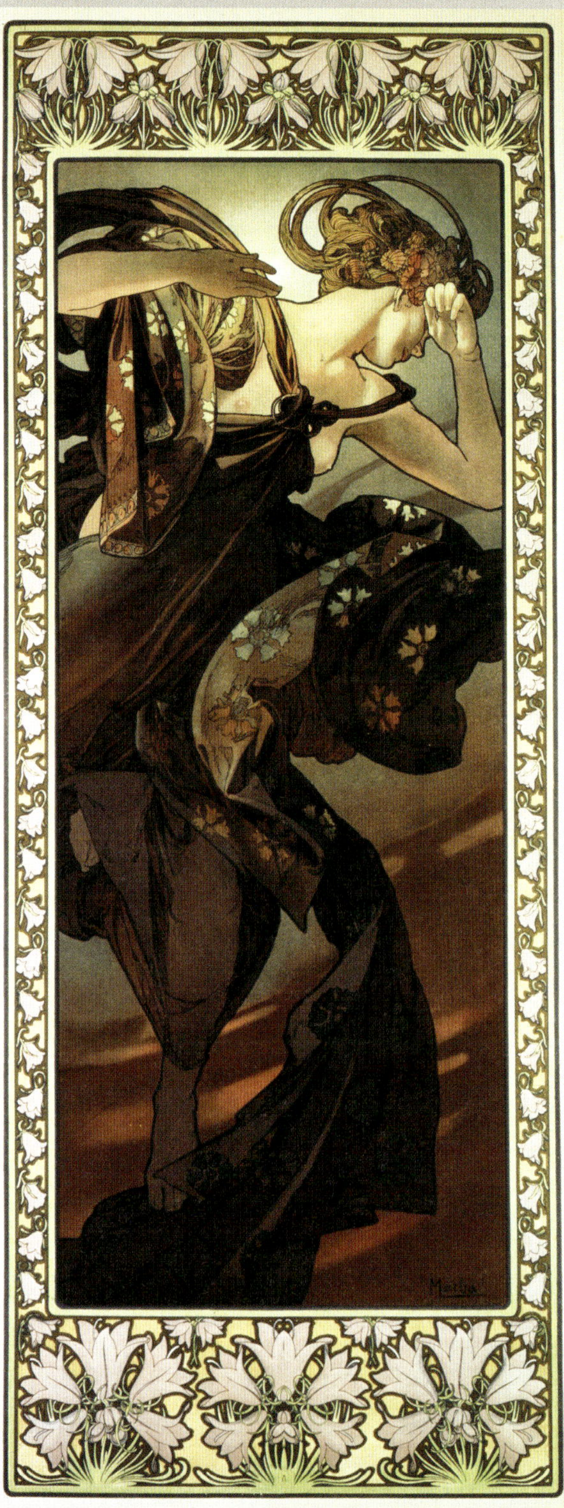

ÉTOILE DU SOIR

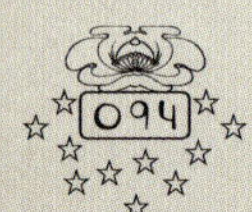

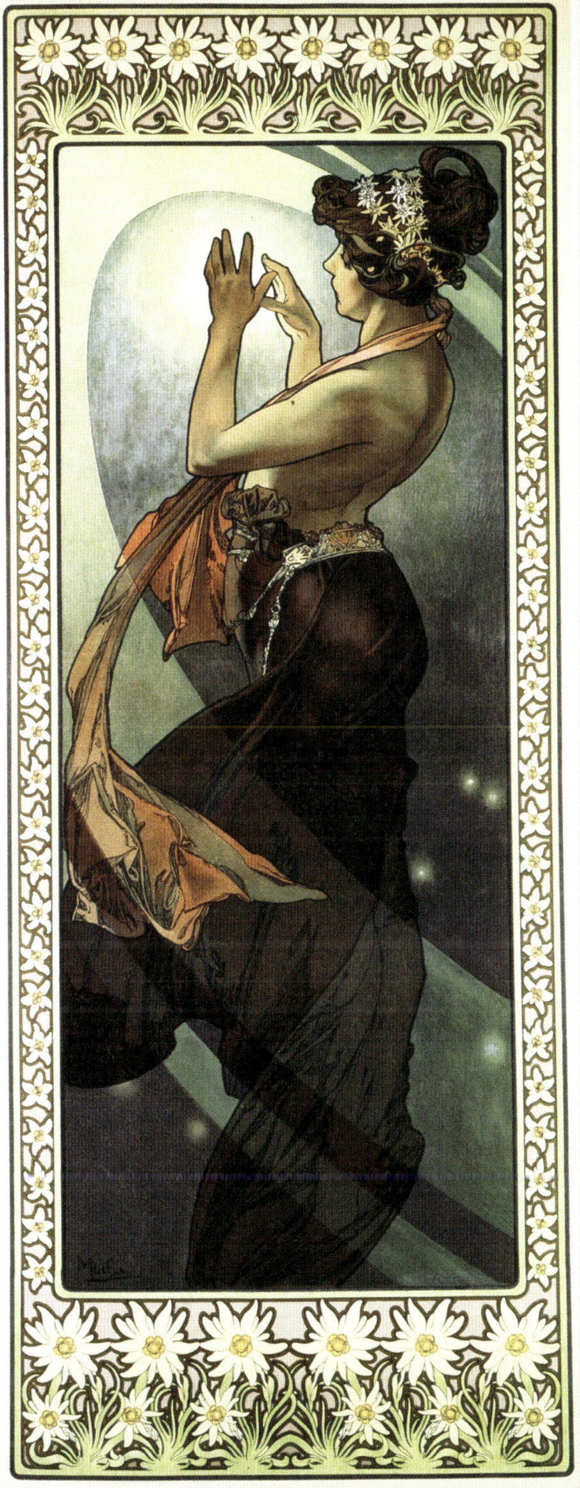

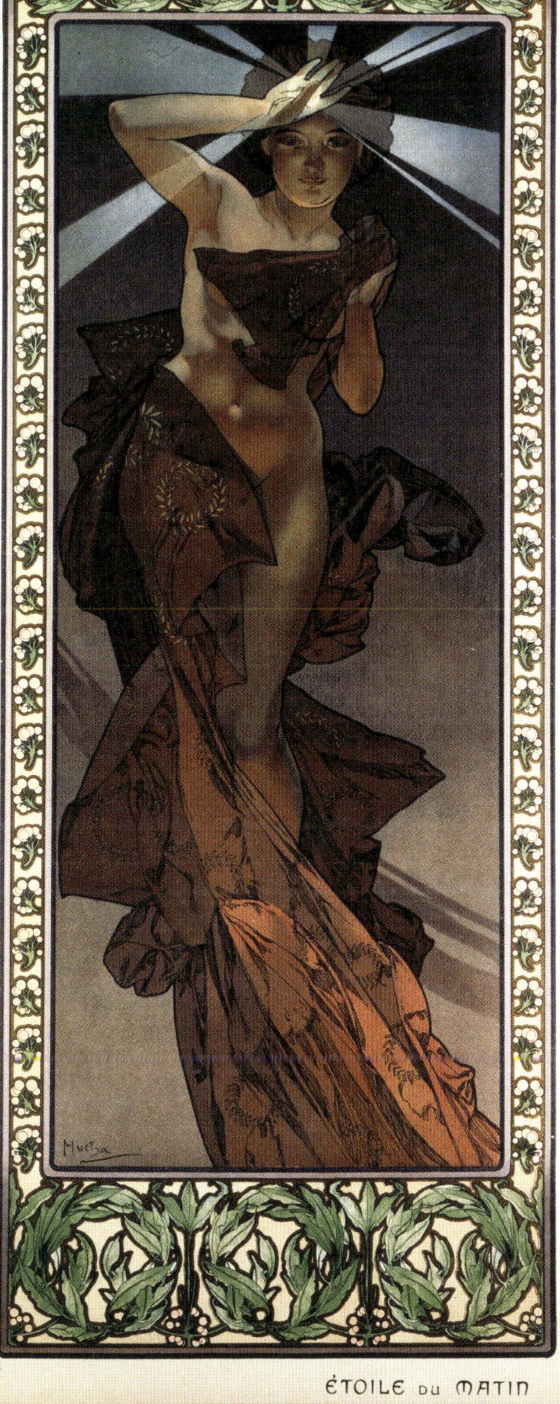

月、宵の明星、北極星、明けの明星の4つを女性像で象徴する。占星術が好きなミュシャには刺激的なテーマであった。闇の中に輝く光が、ミュシャの装飾パネルの中で最も幻想的である。女性はほとんどヌードであるのも特徴である。

P94-95すべて：1902年 / カラー・リトグラフ、紙 / 86.3×34.8cm / 堺市蔵

室内ディスプレイ「ブルー・デシャン」

★★★★★★★★★★★★★★★★★★★★★★

INDOOR DISPLAY "BLEU DESCHAMPS"

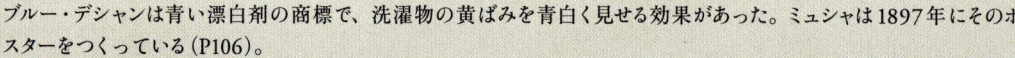

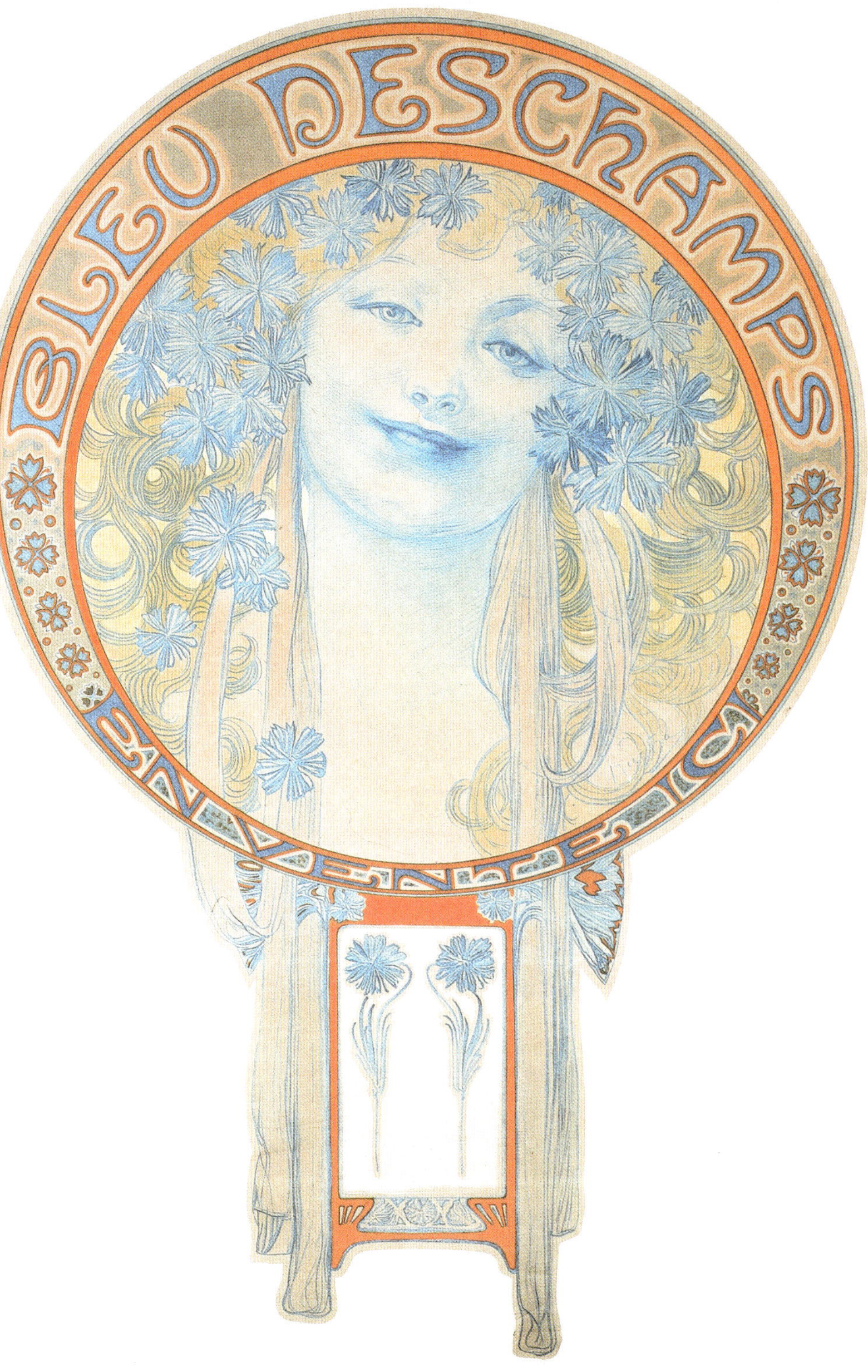

ブルー・デシャンは青い漂白剤の商標で、洗濯物の黄ばみを青白く見せる効果があった。ミュシャは1897年にそのポスターをつくっている(P106)。

1903年 / カラー・リトグラフ、紙 / 50.5×33.5cm / 個人蔵

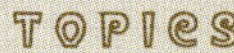

TOPICS

3

ミュシャとフリーメイソン

MUCHA AND FREEMASONRY

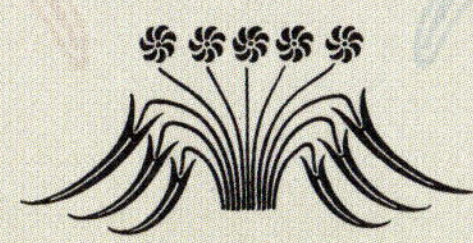

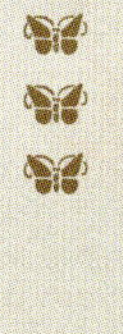

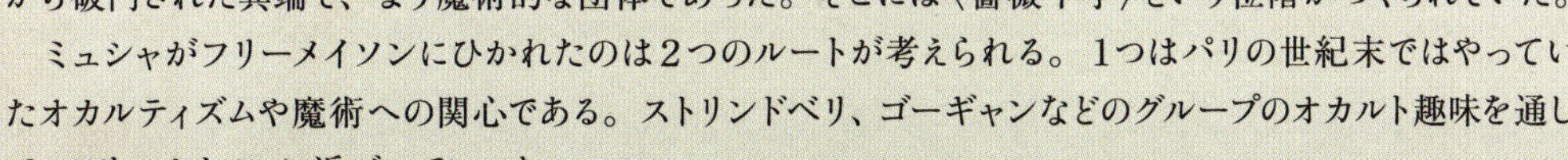

ミュシャはフリーメイソンの熱心なメンバーであった。彼は1898年にフランスのロッジ（支部）に入会した。フランスのロッジは大東社（グラントリアノン）と呼ばれ、オーソドックスなイギリスのフリーメイソンから破門された異端で、より魔術的な団体であった。そこには〈薔薇十字〉という位階がつくられていた。

ミュシャがフリーメイソンにひかれたのは2つのルートが考えられる。1つはパリの世紀末ではやっていたオカルティズムや魔術への関心である。ストリンドベリ、ゴーギャンなどのグループのオカルト趣味を通して、フリーメイソンに近づいていった。

もう1つは、ふるさとモラヴィアが生んだ偉大なる思想家ヤン・アモス・コメンスキー（コメニウス）の影響である。コメニウス（1592-1670）は世界最初の子どもの絵本『世界図絵』をつくった。彼はハプスブルク王国に支配されたチェコを解放しようとし、17世紀につくられた薔薇十字団に強くひかれていた。ミュシャはチェコの民族独立の意識に目覚め、コメニウスにあこがれ、「スラヴ叙事詩」を構想する。19世紀末に、薔薇十字の思想はフリーメイソンと結びついて復活する。ミュシャのコメニウスへの関心がフリーメイソンに導くのである。

フランスのロッジに入ったミュシャは1909年に、ドイツのフリーメイソンのロッジ“ヒラム“を訪れている。そして第1次世界大戦後、チェコスロヴァキア共和国ができると、ミュシャはチェコスロヴァキア最初のロッジをプラハに設立し、ヤン・アモス・コメンスキー支部と名づけている。そして1925年、チェコのフリーメイソンのグランド・マスターとなった。彼はコメンスキー・ロッジのバッジなどもデザインしている。

ミュシャの絵にちりばめられている象徴や装飾には薔薇十字的フリーメイソンの図像体系が反映されている。『主の祈り』（1899年刊、P148-155）はその典型である。

☆☆☆

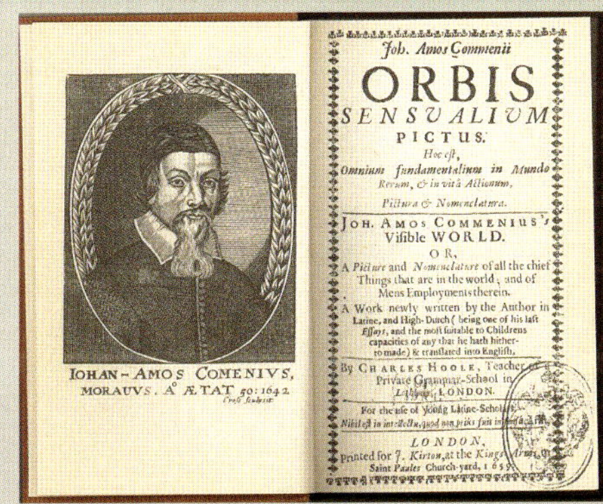

『世界図絵』
ヤン・アモス・コメンスキー著
1658年刊

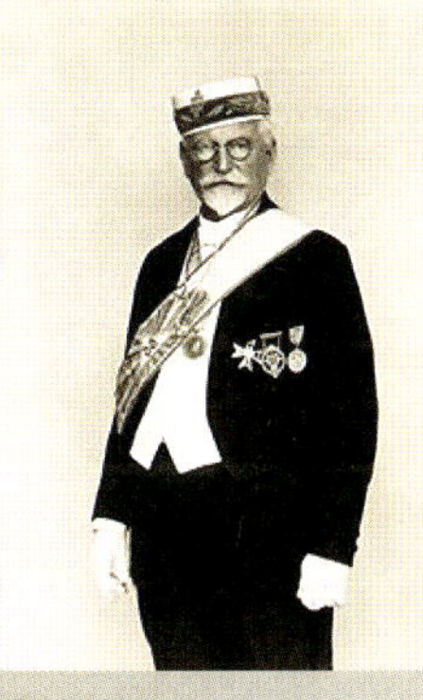

プラハのフリーメイソンの
礼服を着たミュシャ
1925年頃

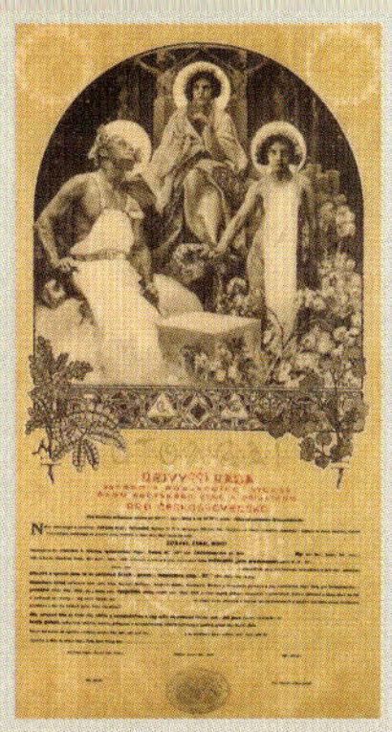

チェコスロヴァキアのフリーメイソン入団証書
デザイン：アルフォンス・ミュシャ
1825年頃

ALFONS MARIA MUCHA

ミュシャとモダン都市生活
ポスターからパッケージまで

MUCHA AND THE MODERN CITY FROM POSTERS TO PACKAGING

ミュシャは世紀末のパリにあらわれた。それはまさに近代都市生活がはじまろうとしていた時であった。そこでは視覚的広告がにぎわいだしていた。なにしろパリには世界中の外国人がやってきたので、視覚的コミュニケーションが必要であった。

広告の黄金時代が開幕した。カラー印刷によって色鮮やかなポスター、パンフレットなどがつくられた。

アール・ヌーヴォーはそのようなコマーシャル・アート、ストリート・アートにふさわしい表現をもたらした。ミュシャの感性は時代の要望に応え、都市の視覚的言語となった。あらゆる商品が彼に押し寄せて、それを華やかに飾り、目立たせてほしいと求めた。

さまざまな新しい物があらわれ、モダン都市のライフスタイルが準備される。その中で女性のライフスタイルが目立つようになった。女性の一般社会への進出がスタートしたのである。そのような女性の新しいライフスタイルこそミュシャの活躍の舞台となった。女性のイメージが商品を強くアピールした。

広告のアートは絵とことばによっている。ミュシャ・スタイルの魅力においては文字のデザインの面白さが欠かせない。ことばも説明ではなく、グラフィック・アートに参加しているのだ。

ミュシャのポスターは広告として街に貼られるだけでなく、アート作品として販売されるようになった。彼はポスターやパンフレットがグラフィック・アートとして評価される道を開いたのであった。

当時のパリの街の生活を伝えるミュシャの広告デザインは、今、あらためて面白い。それは同時代の都市のひびき、街の音楽を今も聴かせてくれるのだ。

●●●

Modern urban life was beginning in the fin de siècle Paris where Mucha made his mark. The city was filled with visual advertising, to communicate with visitors from all over. The curtain had gone up on advertising's golden age. Color printing made possible vivid posters and pamphlets. Art Nouveau was ideal for commercial art. Mucha's sensibility provided a visual language for the city, and his clients commissioned eye-catching packaging and posters. The groundwork for modern, urban lifestyles was being laid. Women began to take public roles, to be part of general society. Their lifestyles became the stage on which Mucha was active; his images of women gave products strong appeal. Advertising art combines images and words. Any discussion of the appeal of Mucha's style must include his lettering and calligraphic design: words a part of art. Mucha's posters, which were also sold as works of art, and his pamphlets created new ways to appreciate graphic art. The way in which Mucha's advertising communicates Parisian life during that era remains fascinating. In it we can hear the resonance of the music of its streets.

サロン・デ・サン第20回展ポスター (次ページ)

POSTER FOR THE 20TH EXHIBITION OF THE SALON DES CENT

サロン・デ・サンはレオン・デシャンが1889年に創刊した『ラ・プリュム』誌が開いた展覧会である。ロートレック、ボナールなどが参加した。特にポスターなどをアートとして紹介したので、グラッセ、ド・フール、そしてミュシャといったアール・ヌーヴォーの作家がここで育った。ミュシャのポスターは彼のスタイルのすべてを結集した傑作で、アール・ヌーヴォーの代表的な作品となっている。

P99：1896年 / カラー・リトグラフ、紙 / 63.3×43.2cm / アートハーベスト蔵

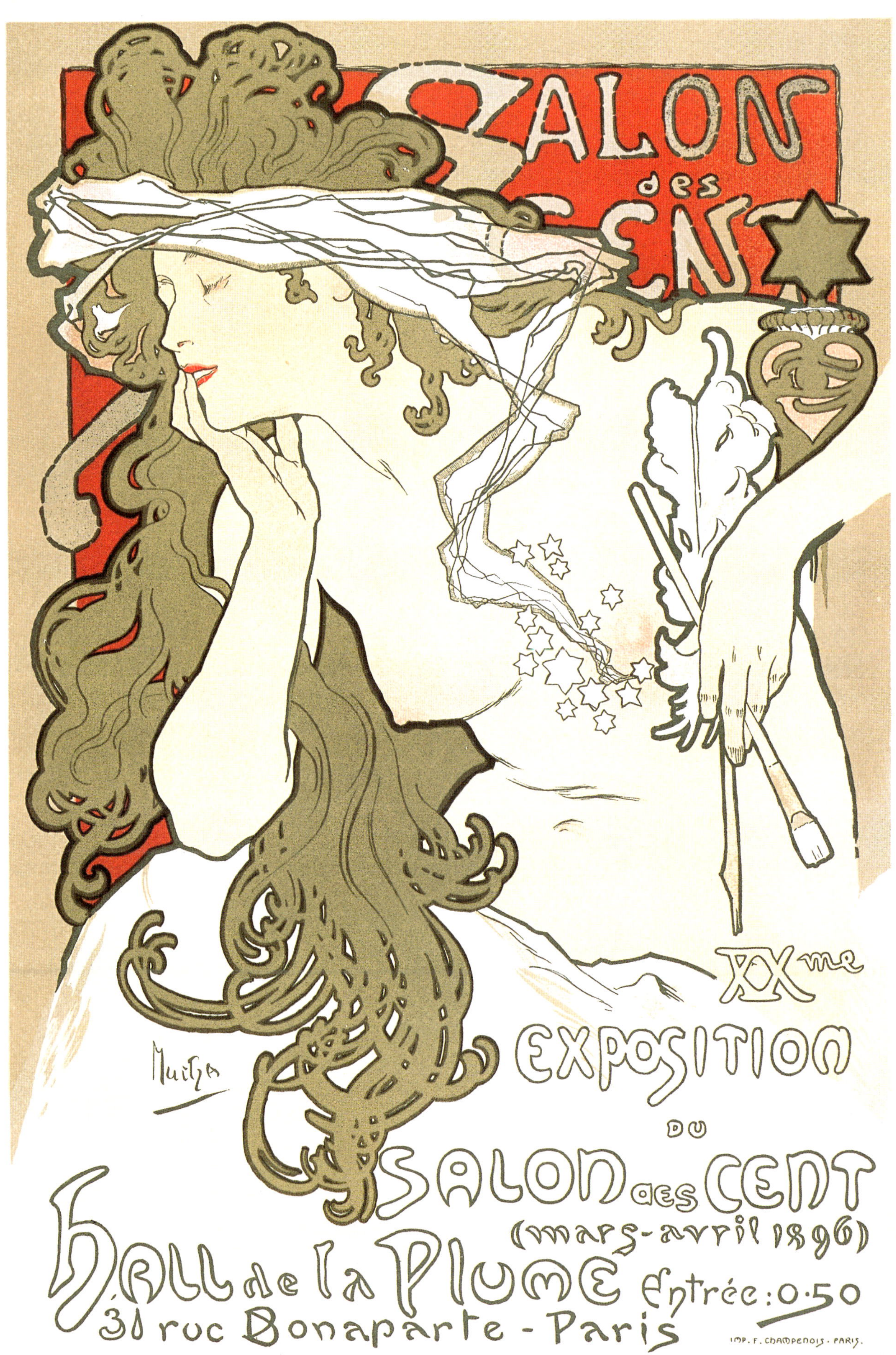
SALON
des
XXme
EXPOSITION
DU
SALON des CENT
(mars-avril 1896)
Hall de la Plume
Entrée: 0.50
31 rue Bonaparte - Paris
Mucha
IMP. F. CHAMPENOIS. PARIS.

サロン・デ・サンでのミュシャ個展ポスター

★★★★★★★★★★★★★★★★★★★★★★

POSTER FOR THE EXHIBITION OF MUCHA'S WORKS AT THE SALON DES CENT

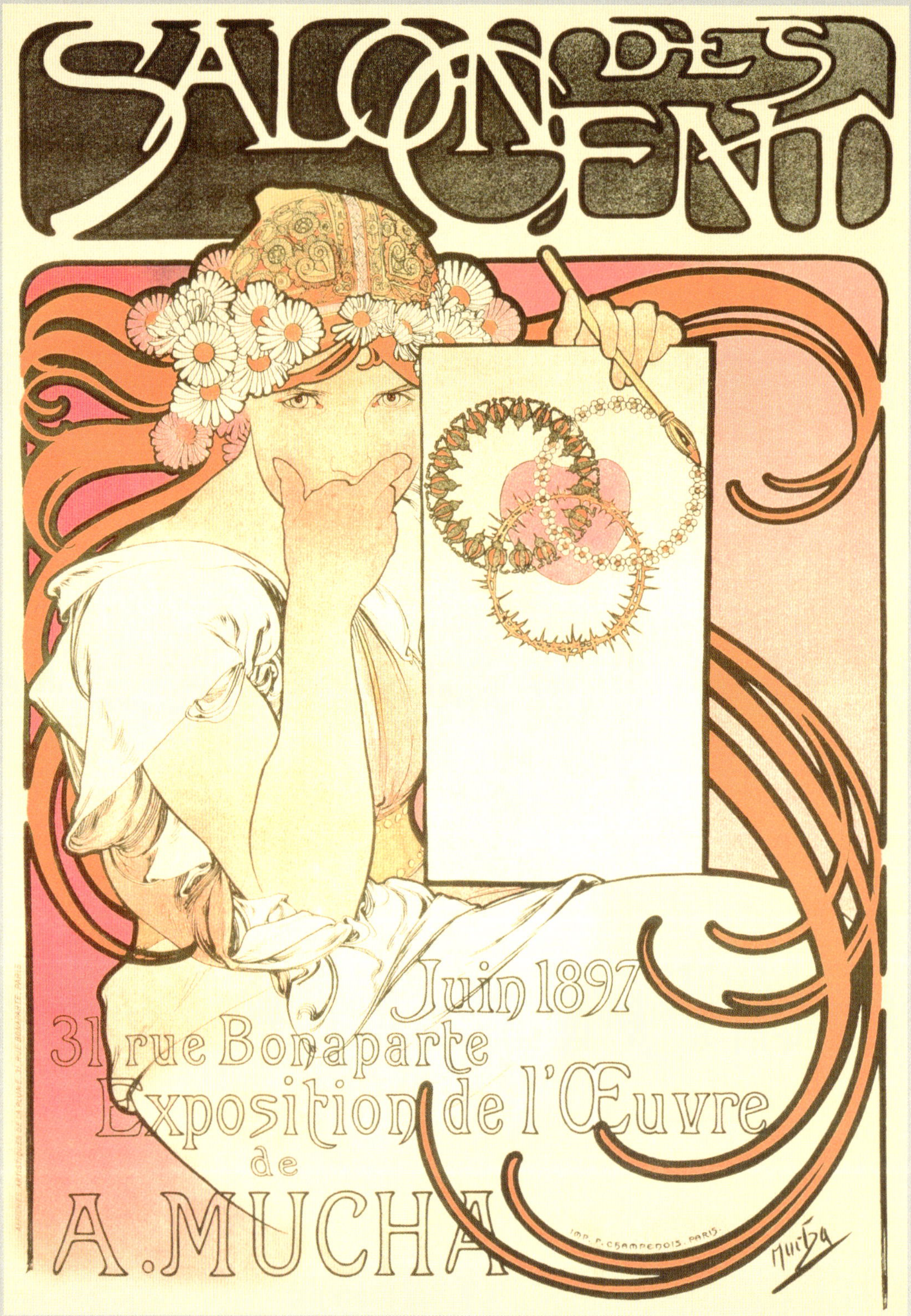

『ラ・プリュム』誌のギャラリー「サロン・デ・サン」でミュシャ展が開かれた。400点近くのミュシャのポスターやスケッチが出された。恥じらうように口元を隠した少女が、ピンクのハートと3つの輪による神秘的な記号のカードを見せている。彼女はスラヴの娘であり、ミュシャは自分がチェコからきた画家であることを語ろうとしている。神秘的な記号は、ミュシャの作品の不思議な世界にいざなっている。

1897年 / カラー・リトグラフ、紙 / 66.2×46cm / フランス国立図書館蔵

民衆美術協会ポスター

★★★★★★★★★★★★★★★★★★★★★

POSTER FOR SOCIÉTÉ POPULAIRE DES BEAUX-ARTS (THE SOCIETY OF POPULAR ARTS)

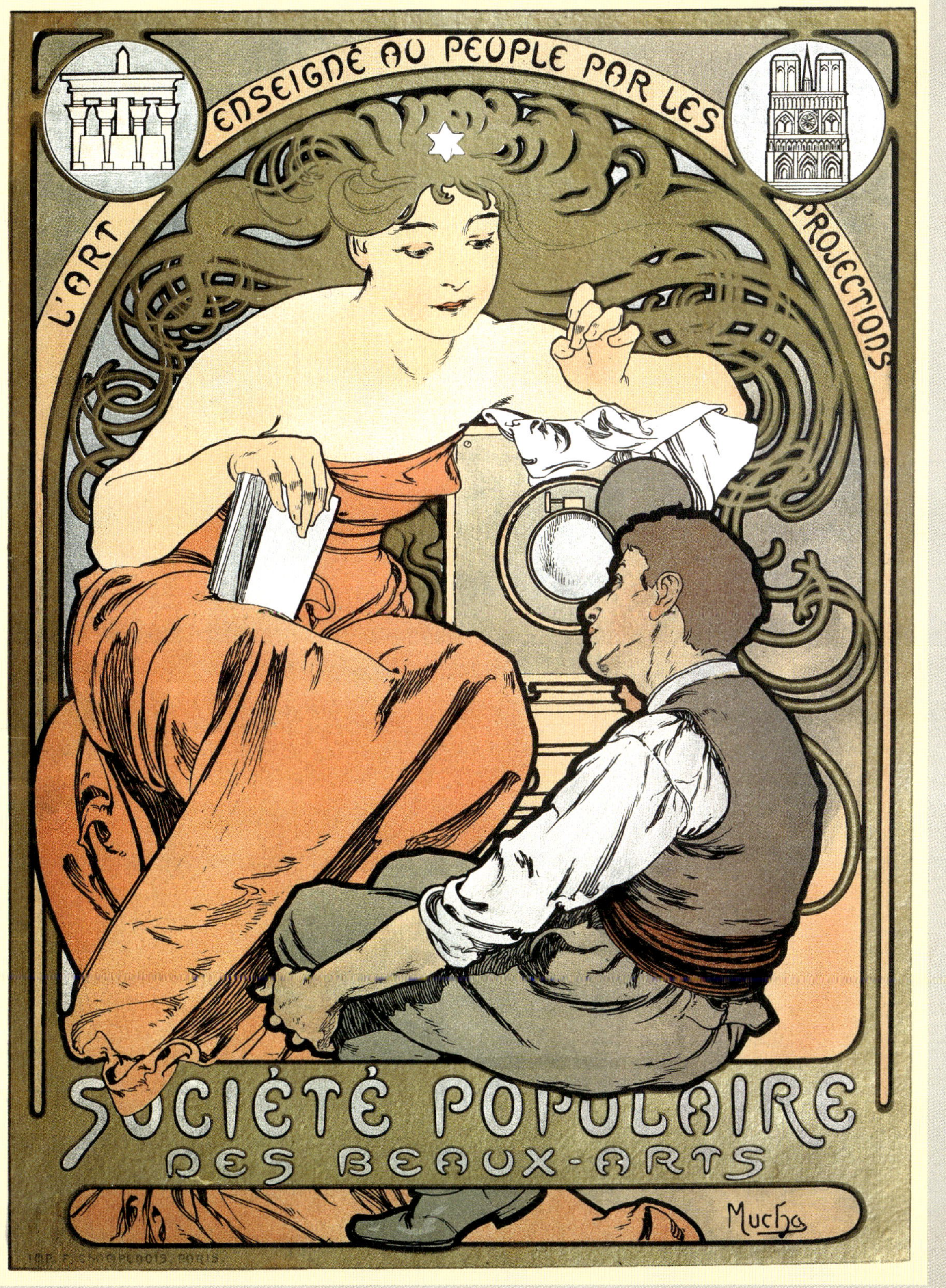

1894年、パリの弁護士エドモン・ブノワ=レヴィにより結成され、映写機で美術作品をスライドで映し、大衆に普及する活動をした。映写機にもたれた女神が会員に解説している。彼女の髪がアーチを埋めつくしている。

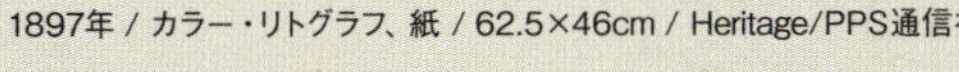
1897年 / カラー・リトグラフ、紙 / 62.5×46cm / Heritage/PPS通信社

巻タバコ用紙「ジョブ」ポスター

ADVERTISING POSTER FOR CIGARETTE PAPER "JOB"

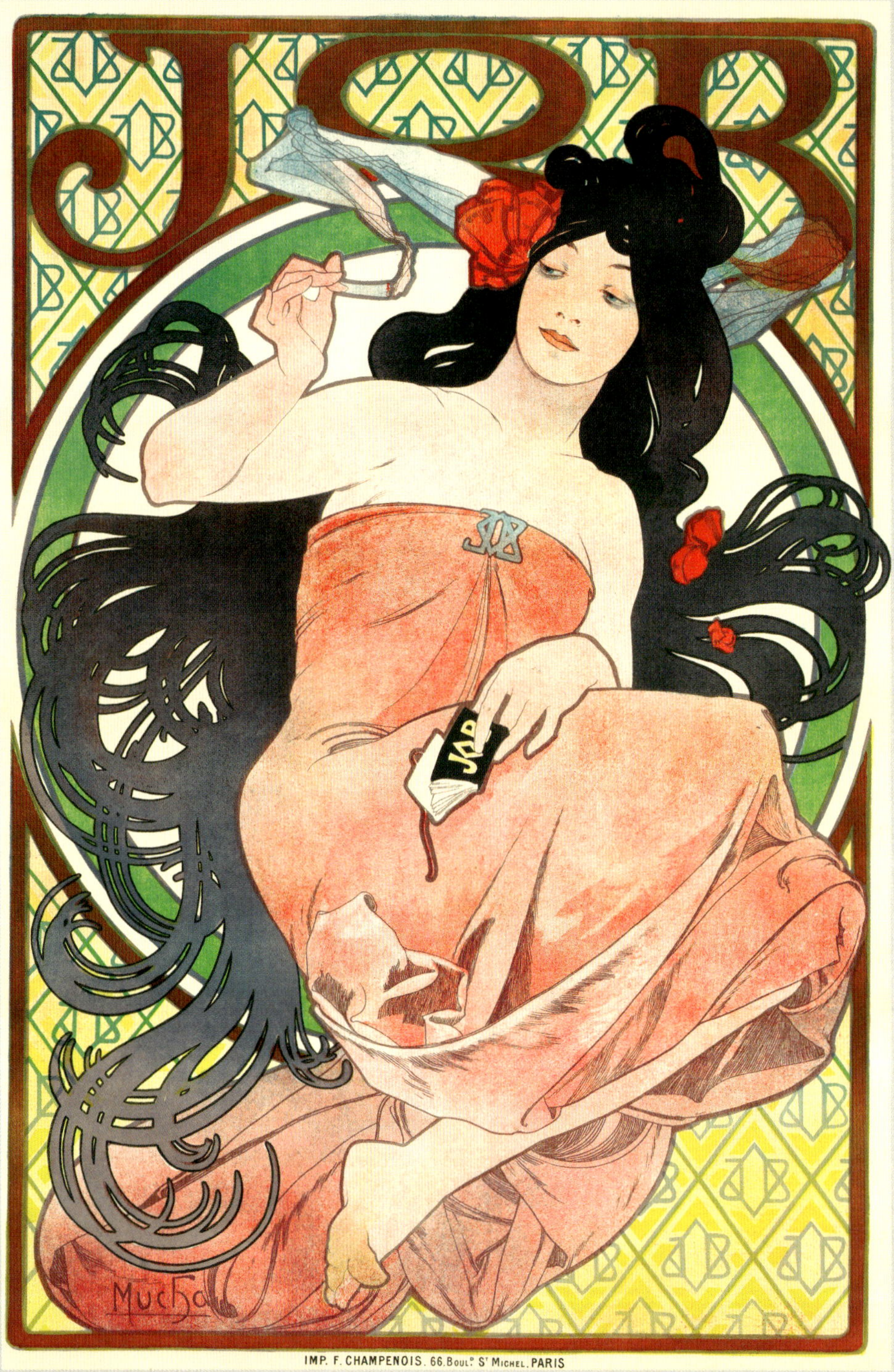

タバコの巻紙の会社のポスターは、ミュシャのポスターの頂点となる作品となった。19世紀末にタバコを吸う女性は時代の最先端のモダン・ガールとなった。上でも素足を出し、足の親指をそらせているポーズにそれがあらわれている。バックの茶色い輪とそこに広がる乱れ髪も、女性の激しい情熱を語っている。胸のブローチはジョブ（JOB）をデザインしたもので、バックのダイヤ形の中にもそれがくりかえされている。次ページは「ジョブ」のための最初のポスターであるが、タバコに陶酔する女性が描かれている。そして彼女の、嵐のように乱れる髪の流れが強烈である。まるでタバコの煙がもくもくと立ち上がっているようだ。ラファエル前派の、なにかに陶酔している女の表情を思わせる。タバコの宣伝という現実的なシーンに、謎めいた、魔術的な気分を立ちのぼらせるというミュシャの試みにおどろかされる。

P102：1898年 / カラー・リトグラフ、紙 / 149.2×101cm / フランス国立図書館蔵　P103：1896年 / カラー・リトグラフ、紙 / 66.7×46.4cm / アートハーベスト蔵

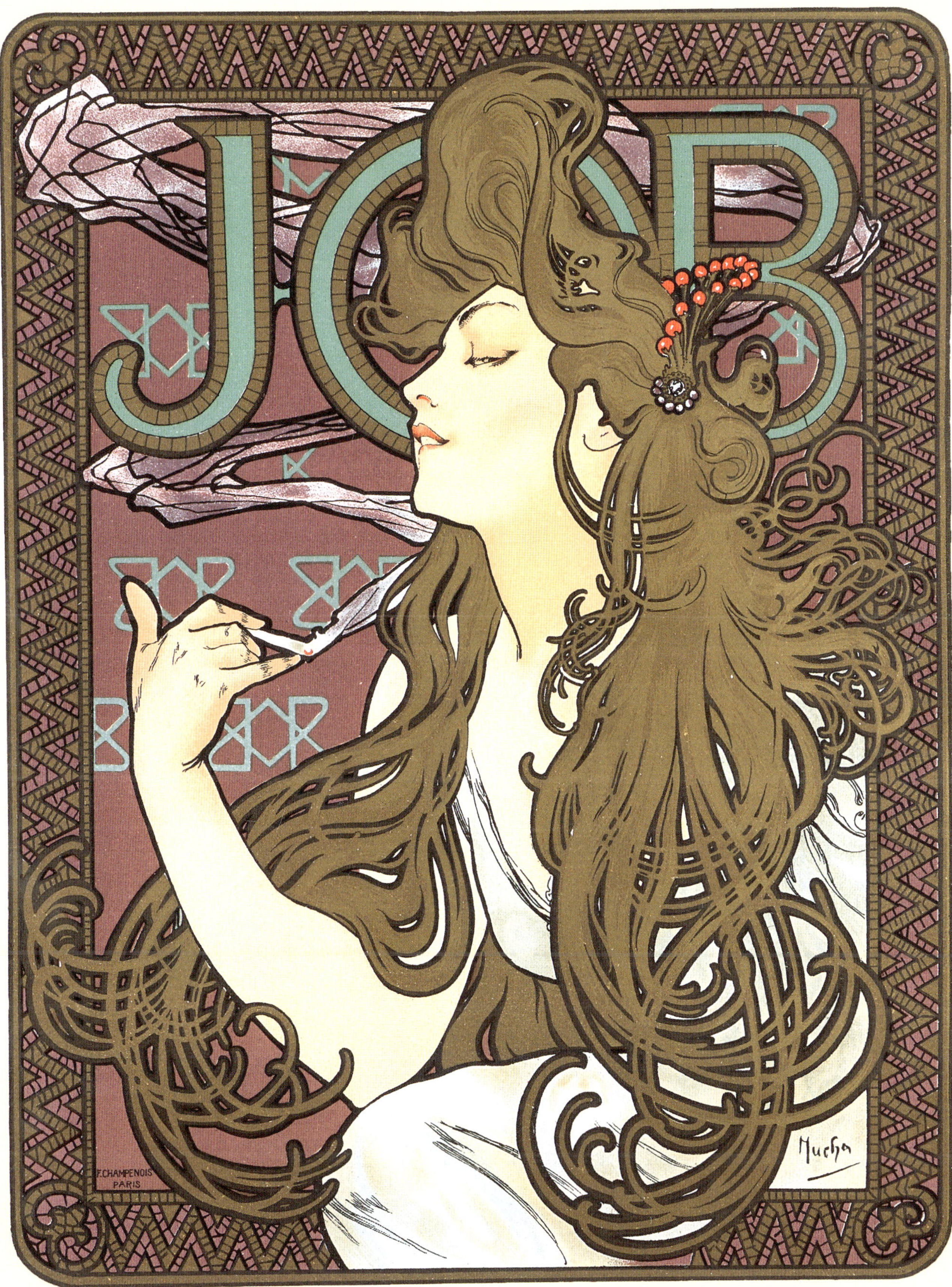
JOB
F. CHAMPENOIS
PARIS
Mucha

「ピレネー山脈の女王リュション」ポスター

★★★★★★★★★★★★★★★★★★★★

ADVERTISING POSTERS FOR "LUCHON"

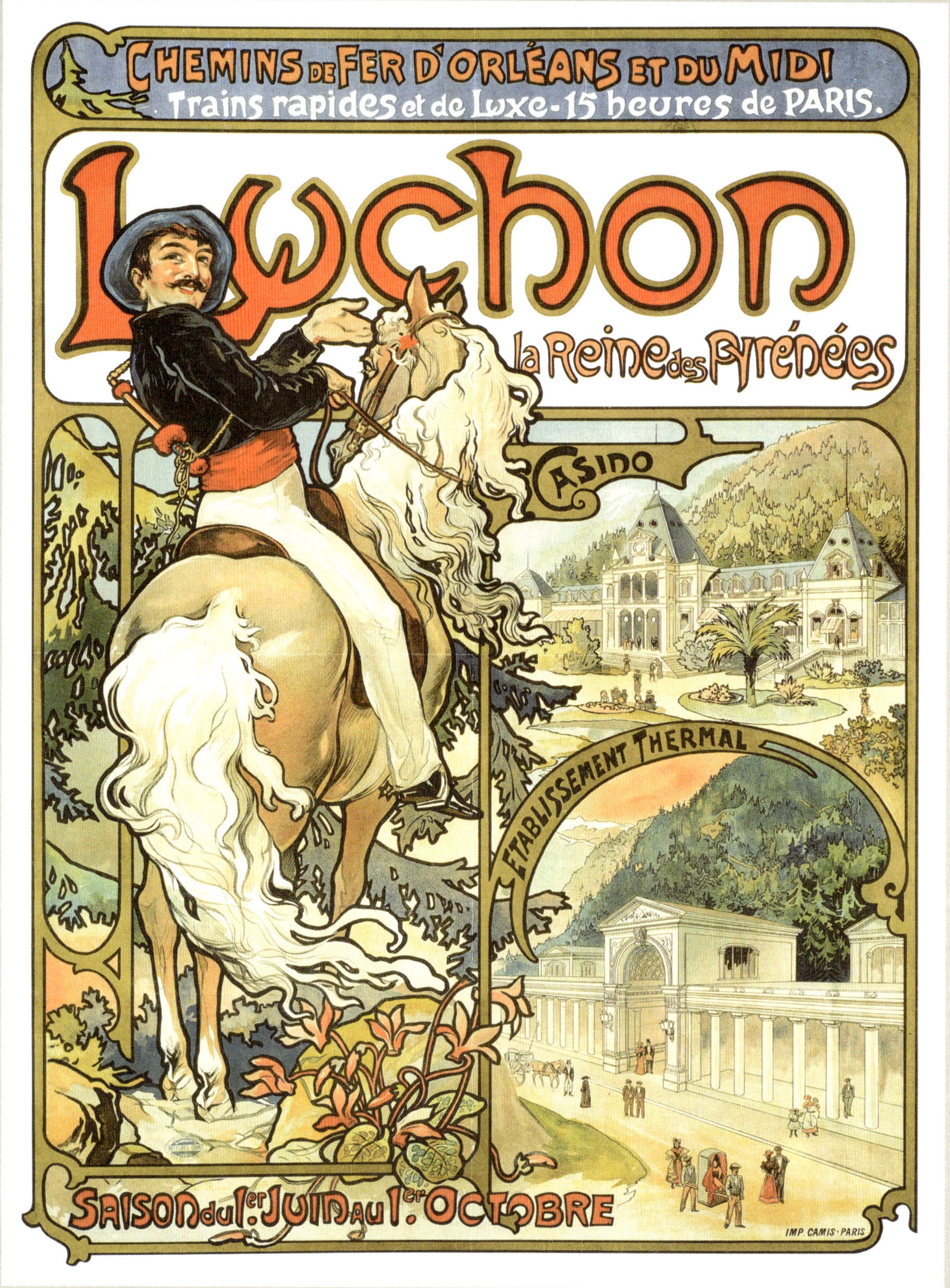

CHEMINS DE FER D'ORLÉANS ET DU MIDI
Trains rapides et de Luxe - 15 heures de PARIS.
Luchon
la Reine des Pyrénées
CASINO
ÉTABLISSEMENT THERMAL
SAISON du 1er JUIN au 1er OCTOBRE
IMP. CAMIS · PARIS

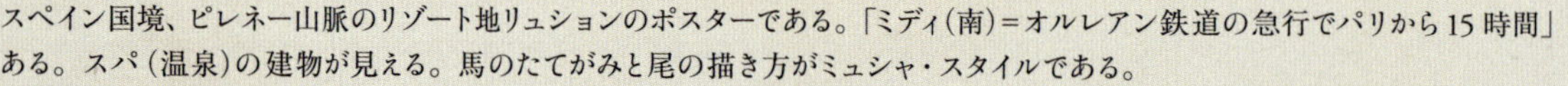

スペイン国境、ピレネー山脈のリゾート地リュションのポスターである。「ミディ(南)＝オルレアン鉄道の急行でパリから15時間」とある。スパ(温泉)の建物が見える。馬のたてがみと尾の描き方がミュシャ・スタイルである。

1895年 / カラー・リトグラフ、紙 / 105.7×75.2cm / フランス国立図書館蔵

ロス・シガリーリョス・パリ社ポスター

★★★★★★★★★★★★★★★★★★★★★

ADVERTISING POSTER FOR LOS CIGARRILLOS PARIS (THE PARIS CIGARETTE)

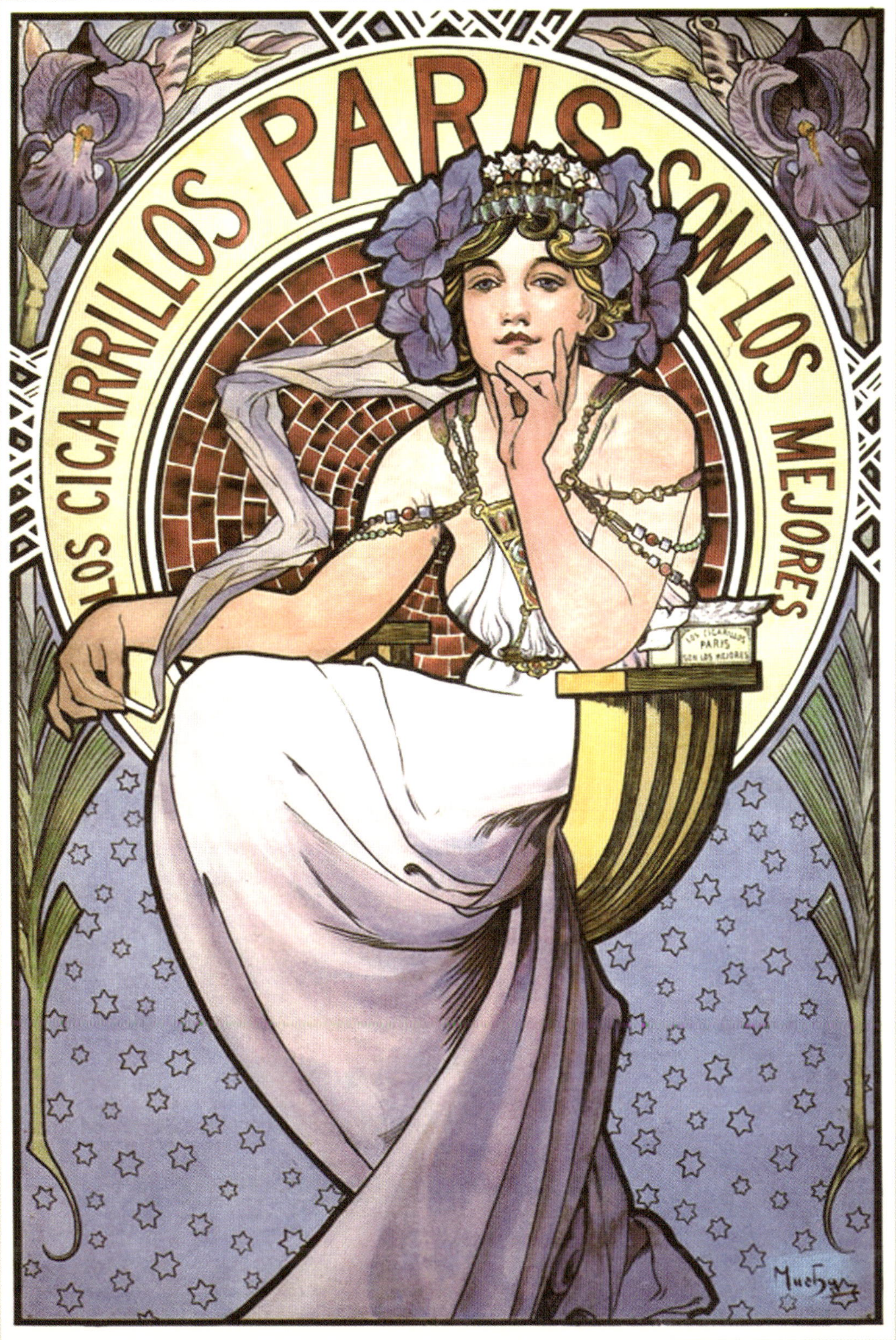

「ジョブ」(P102-103)では女性がうっとりとタバコをくゆらしていたが、ここではクールな表情だ。ミュシャは1898年の「ウェイヴァリー自転車」のポスター(P117)で、これとまったく同じポーズと表情の女を使っている。

1897年 / カラー・リトグラフ、紙 / 133.3×91.5cm / Heritage/PPS通信社

「ブルー・デシャン」、ランスの香水「ロド」ポスター

★★★★★★★★★★★★★★★★★★★★★

ADVERTISING POSTERS FOR "BLEU DESCHAMPS" / LANCE PERFUME "RODO"

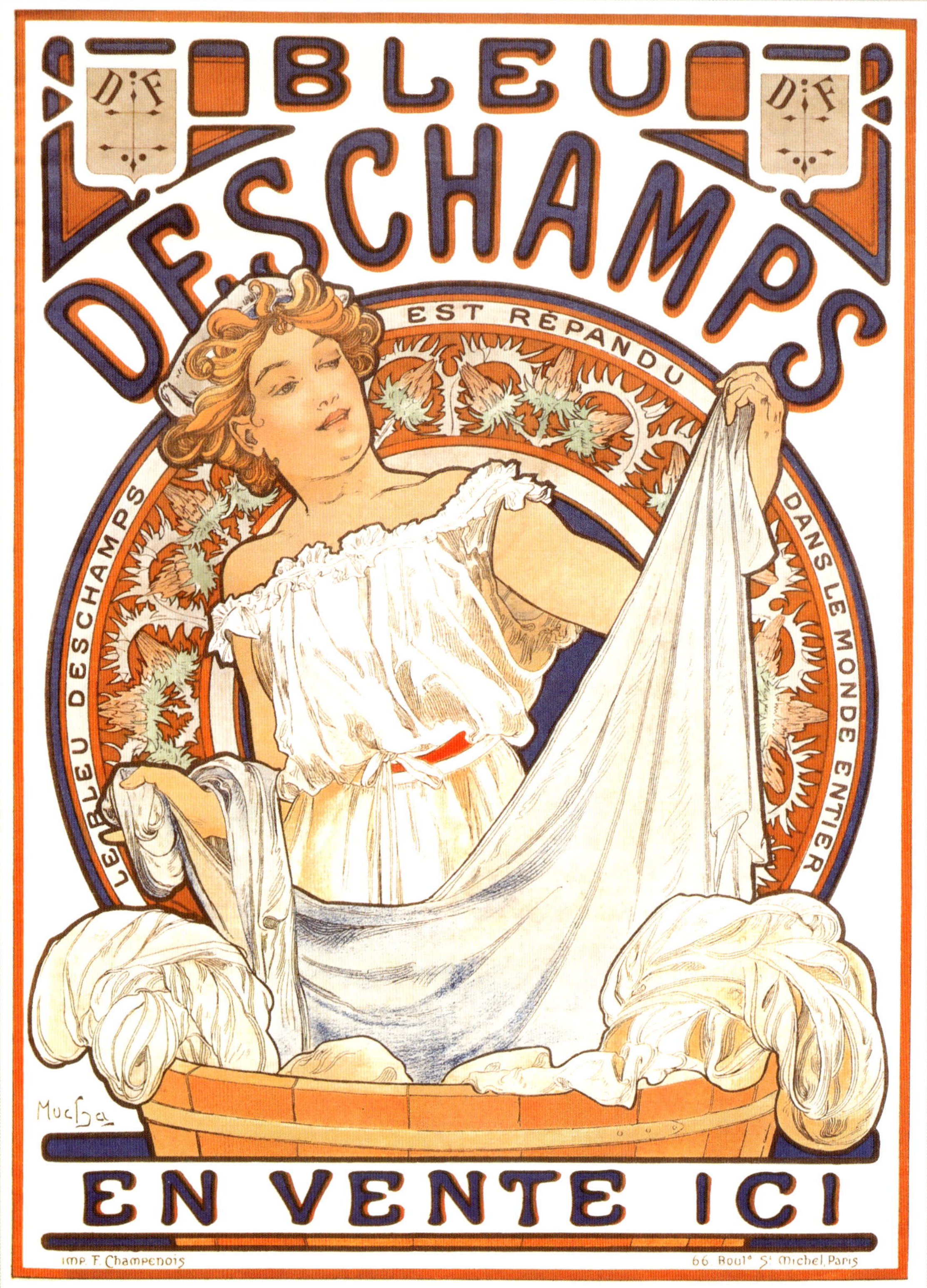

BLEU DESCHAMPS

D.F D.F

LE BLEU DESCHAMPS EST RÉPANDU DANS LE MONDE ENTIER

Mucha

EN VENTE ICI

imp. F. Champenois

66 Boul^d St Michel, Paris

上は黄ばんだ洗濯物を青白くするブルー・デシャンの広告である。洗濯女が布を広げてみせている。円い装飾帯はミュシャらしいが、文字はミュシャ・スタイルではない。次ページの「ランス・パルファン」は絵でわかるようにスプレー式香水の意味である。髪の毛、衣服のひだ、円形のバックなどミュシャ・スタイルのはじまりを見ることができる。

P106：1897年 / カラー・リトグラフ、紙 / 35×25cm / Alamy/PPS通信社　　P107：1896年 / カラー・リトグラフ、紙 / 44.5×32cm / Alamy/PPS通信社

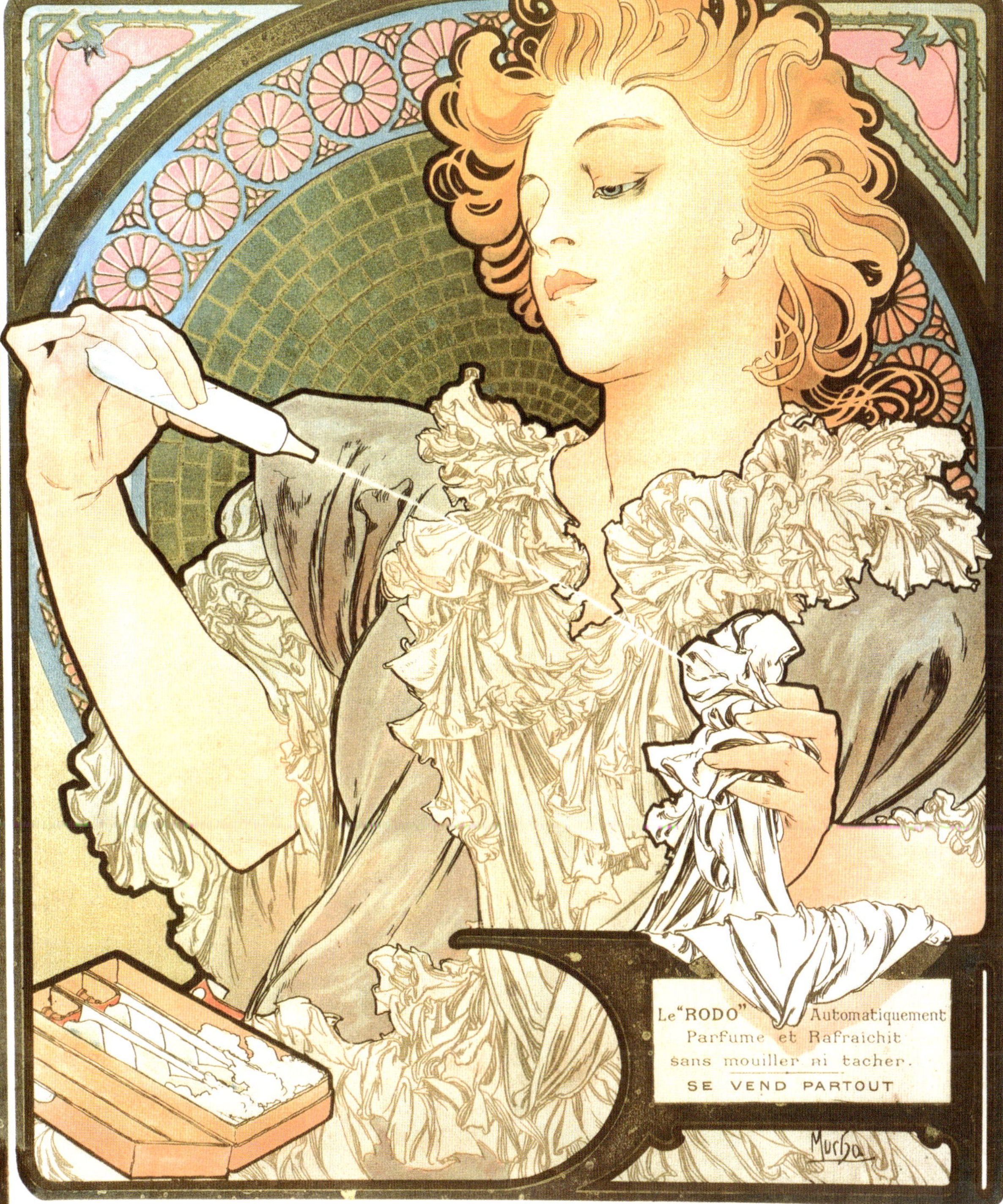
LANCE PARFUM "RODO"
BREVETÉ S.G.D.G.
Le "RODO" Automatiquement
Parfume et Rafraichit
sans mouiller ni tacher.
SE VEND PARTOUT
Mucha
F. CHAMPENOIS 66 BOUL^D S^T MICHEL _ PARIS

ルフェーヴル=ユティル社「シャンパーニュ・ビスケット」ポスター

★★★★★★★★★★★★★★★★★★★★

ADVERTISING POSTER FOR LEFÈVRE-UTILE'S "BISCUITS CHAMPAGNE"

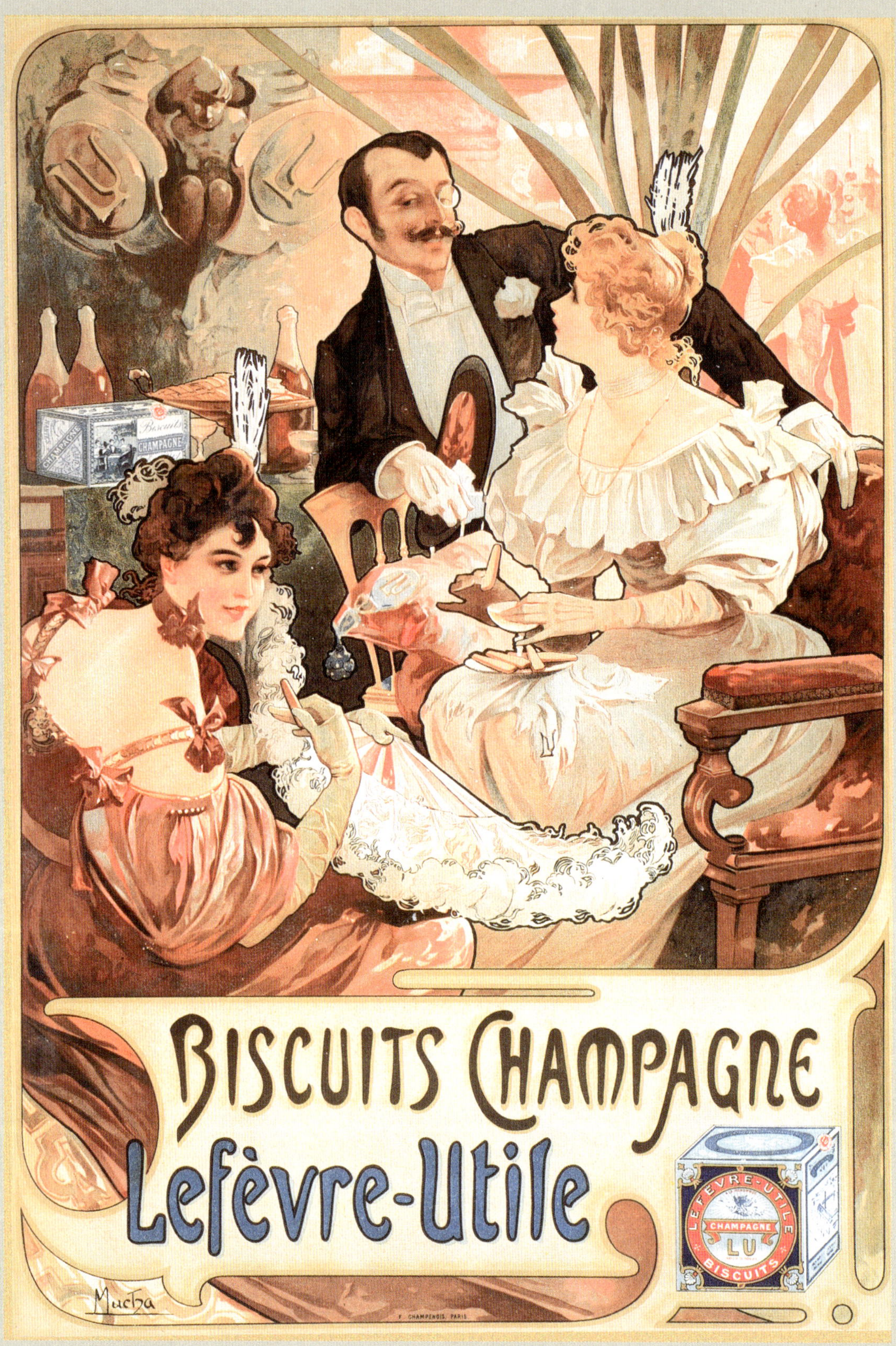

BISCUITS CHAMPAGNE
Lefèvre-Utile
Mucha

ルフェーヴル=ユティル社のための最初のポスターである。まだミュシャ・スタイルははっきりしていない。

1896年 / カラー・リトグラフ、紙 / 52×35.5cm / 個人蔵

ルフェーヴル＝ユティル社ビスケット「戯れの恋」、「ネスレの乳幼児食」ポスター

ADVERTISING POSTERS FOR LEFÈVRE-UTILE'S "FLIRT BISCUITS" / "NESTLÉ'S FOOD FOR INFANTS"

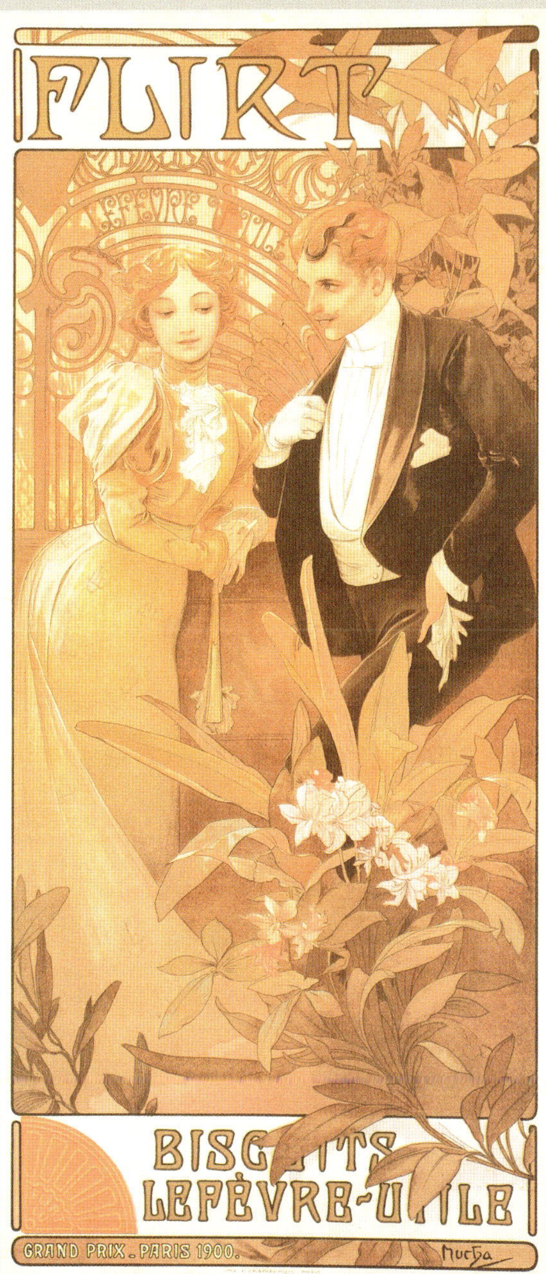

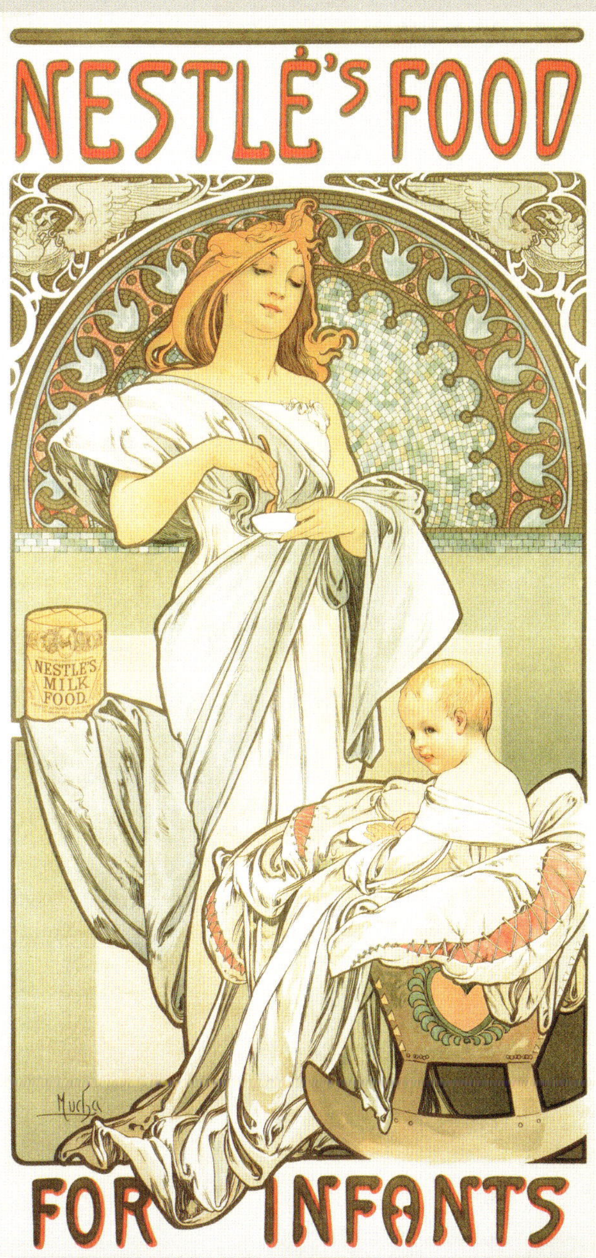

左は「フルールト」（いちゃいちゃする、火遊び）という名のビスケットのポスターである。ルフェーヴル＝ユティル社のためにミュシャは1896年から広告デザインをしている。劇場の前で男女が仲良くしている。右はネスレの粉ミルクなどの乳幼児食の広告である。半円のバックや椅子にはビザンチン風の装飾がちりばめられている。椅子のカバーの人参の絵は子どもの栄養を象徴している。

左：1899年頃 / カラー・リトグラフ、紙 / 64.2×30cm / フランス国立図書館蔵　右：1897年 / カラー・リトグラフ、紙 / 72×34.5cm / フランス国立図書館蔵

Biscuits Lefèvre-Utile

GAUFRETTE VANILLE

LEFEVRE UTILE

DESSERTS LU

RECOMMANDÉS

GAUFRETTE PRALINÉE

OFFICIEL FLIRT

GRAND PRIX - PARIS 1900

LU

EXIGER LA MARQUE

ルフェーヴル=ユティル社「ヴァニラ・ウエハース」ポスター、ルフェーヴル=ユティル社広告パネル

★★★★★★★★★★★★★★★★★★★★★

ADVERTISING POSTER FOR LEFÈVRE-UTILE'S "VANILLA WAFERS" / ADVERTISING PANEL FOR LEFÈVRE-UTILE

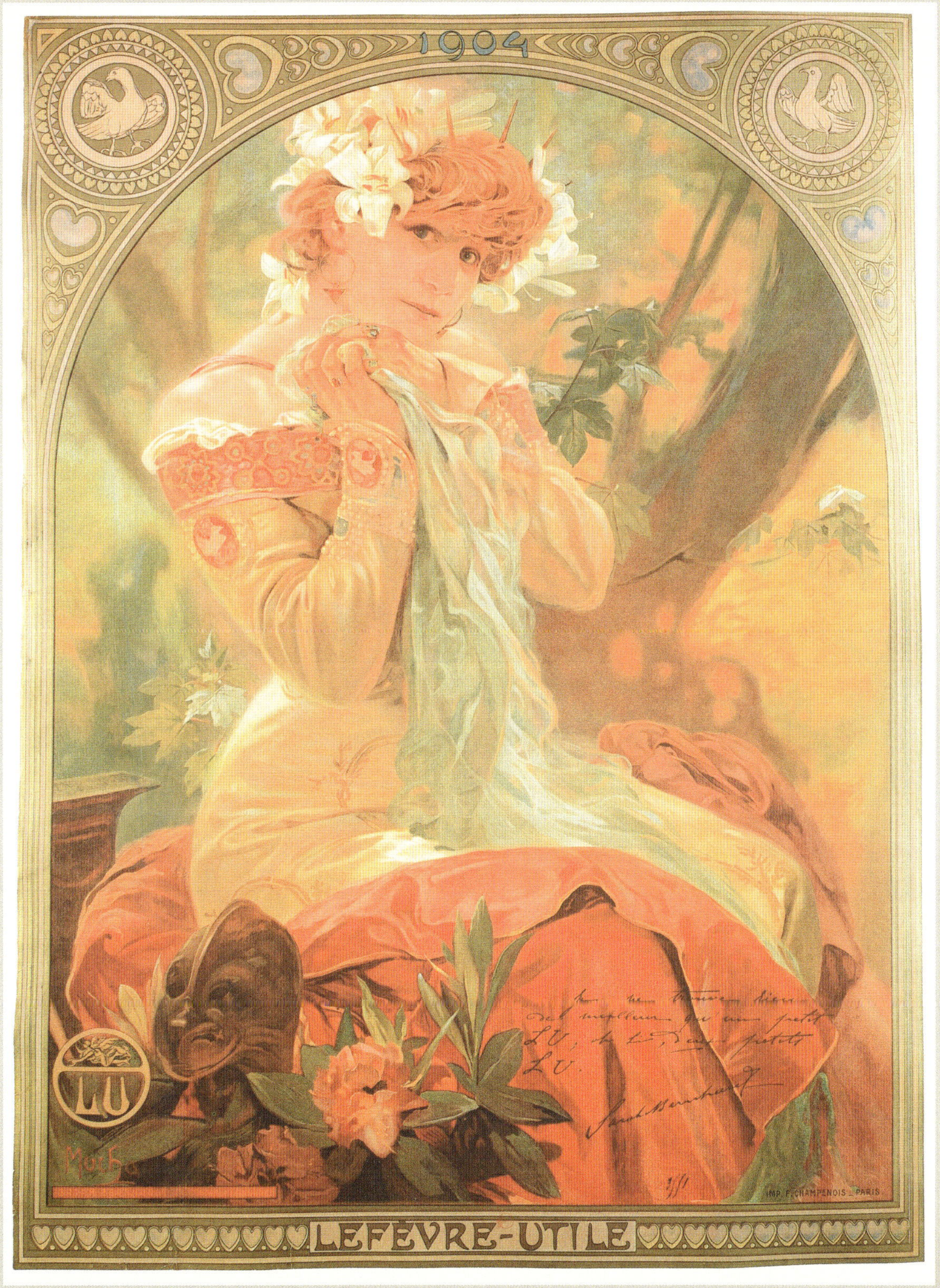

前ページは1896年につくられているが、ここではすでにミュシャらしい曲線や装飾があふれ、輝くような光があふれている。上はルフェーヴル=ユティル社の依頼で描かれたサラの像である。《はるかなる姫君》のコスチュームでポーズしている。この絵はビスケット会社の広告に使われた。右下にはサラの直筆で、「LUビスケットが好き」と書かれている。

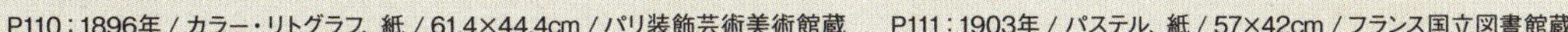

P110：1896年 / カラー・リトグラフ、紙 / 61.4×44.4cm / パリ装飾芸術美術館蔵　　P111：1903年 / パステル、紙 / 57×42cm / フランス国立図書館蔵

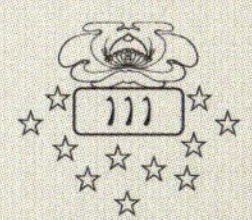

「ショコラ・イデアル」ポスター

★★★★★★★★★★★★★★★★★★★★★

ADVERTISING POSTER FOR "CHOCOLAT IDÉAL (PERFECT CHOCOLATE)"

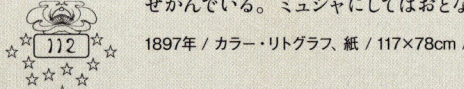

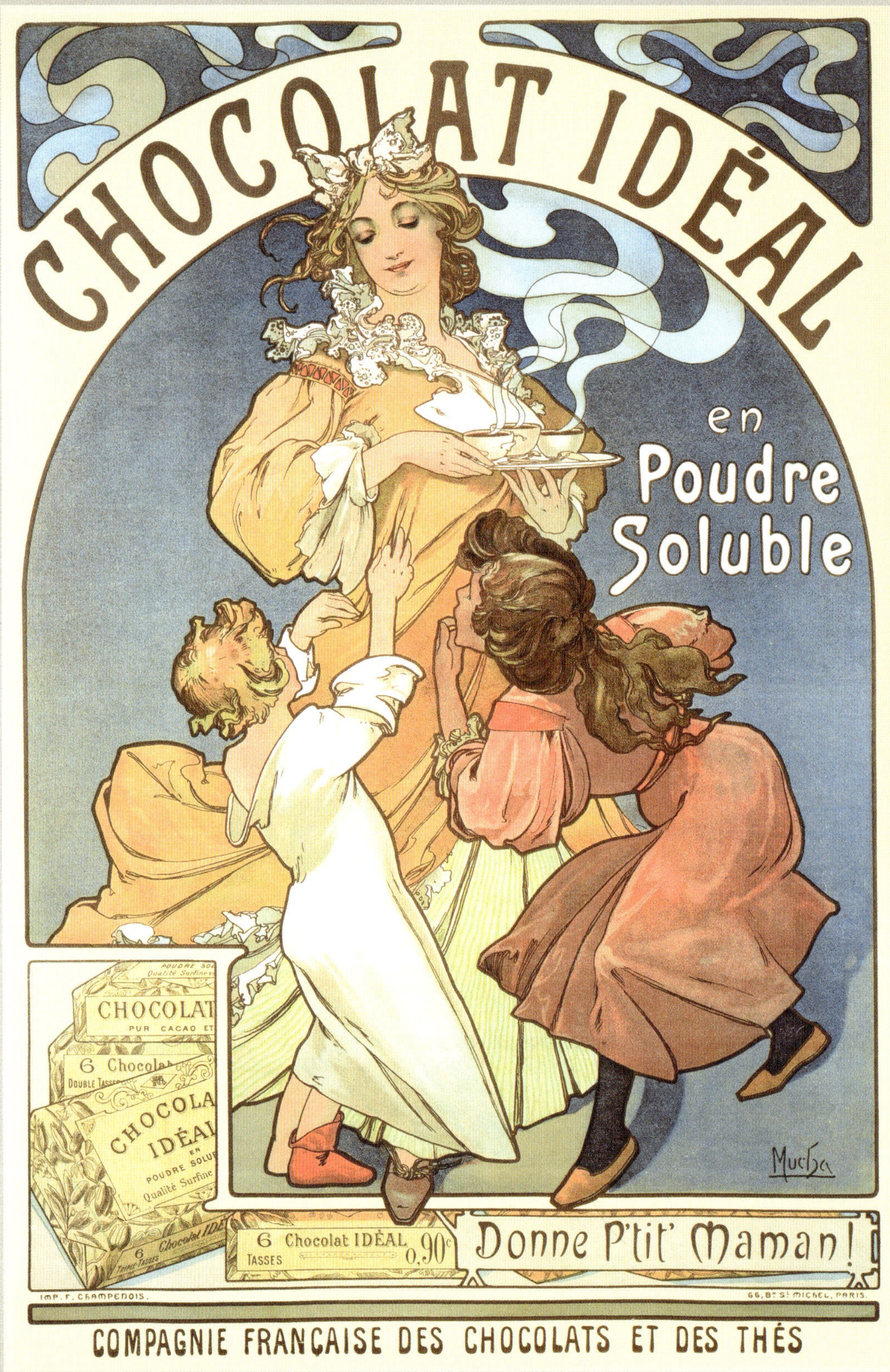

粉末のチョコレートの広告である。お湯を注ぐとホット・チョコレートになる。「お母さん、ちょうだい！」と２人の女の子がせがんでいる。ミュシャにしてはおとなしい表現である。

1897年 / カラー・リトグラフ、紙 / 117×78cm / パリ装飾芸術美術館蔵

カサン・フィス印刷所ポスター

★★★★★★★★★★★★★★★★★★★★★★★★★★★★★

ADVERTISING POSTER FOR PRINTING HOUSE CASSAN FILS

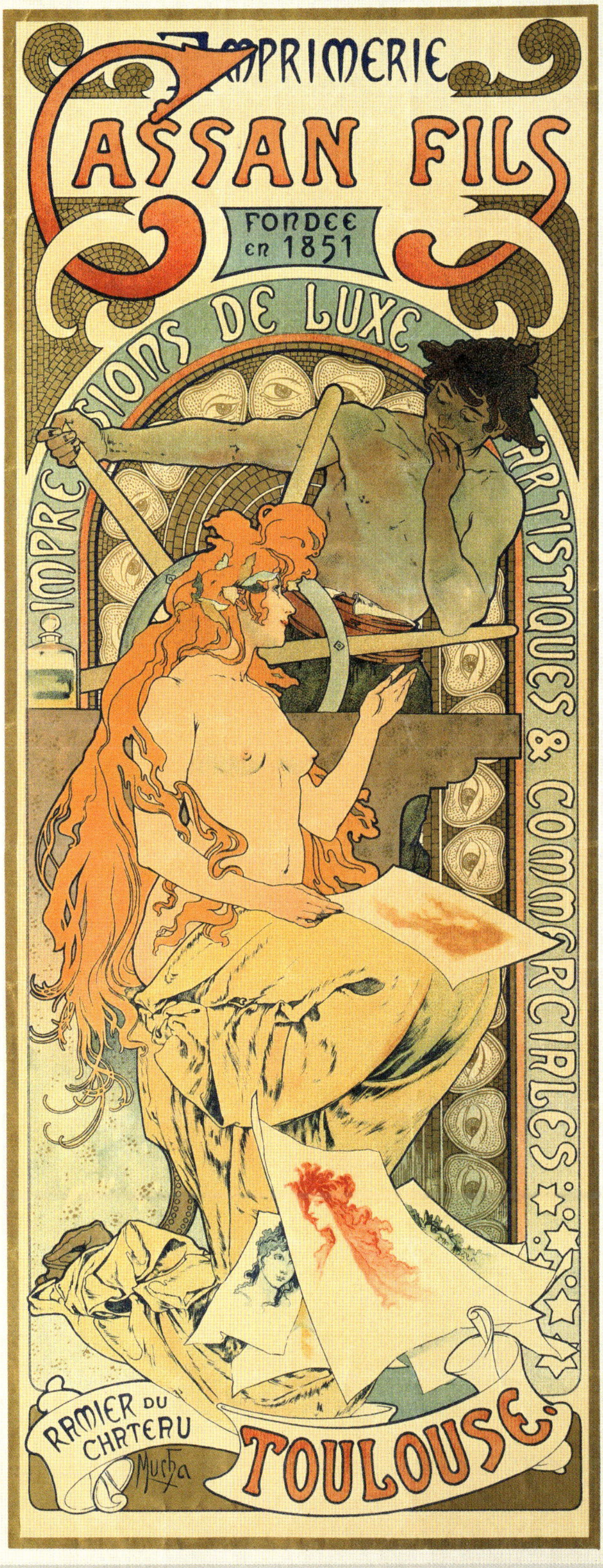

トゥールーズのカサン・フィス印刷所の広告である。裸の女（芸術の女神だろうか）が刷り上がったアートを手に印刷工に話しかけている。アーチの内側に並べられた眼は、校正や印刷の仕上がりを監視しているのだろうか。

1896年 / カラー・リトグラフ、紙 / 174.7×68.4cm / Artothek/アフロ

雑誌『ウェスト・エンド・レヴュー』、P.L.M.鉄道「モナコ・モンテカルロ」ポスター

★★★★★★★★★★★★★★★★★★★★★

ADVERTISING POSTER FOR "THE WEST END REVIEW" / "MONACO-MONTE-CARPO"

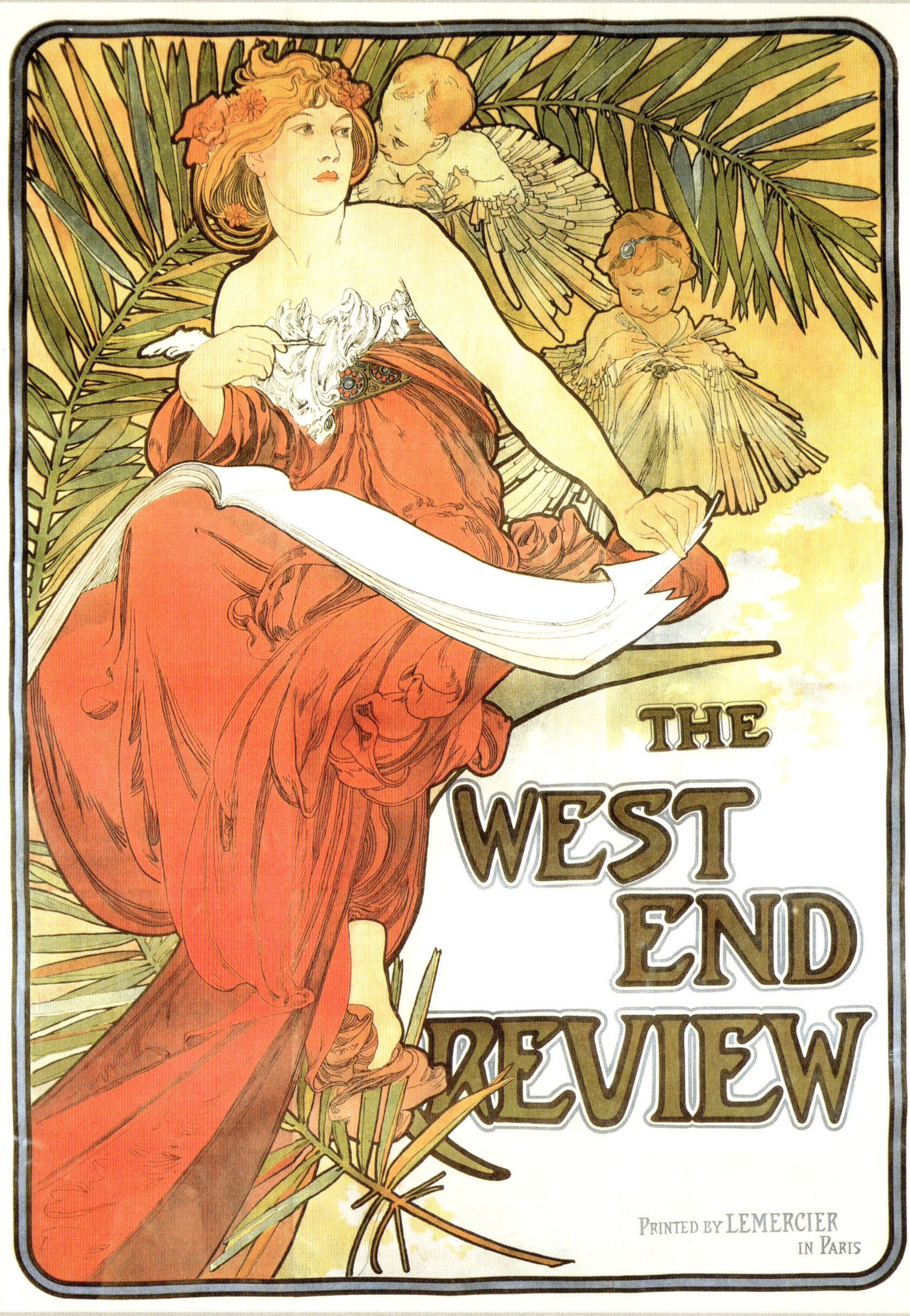

上は英国の雑誌の仕事であるが、フランスで印刷された。まっ赤なドレスの女（文芸の女神らしい）が２人の子どもの天使と話をしている。背後のシュロの木は、その葉をペンにしたので書くことを意味する。次ページはパリからマルセイユにいたる鉄道会社の広告。青い地中海を背に若い女が夢見るような表情をしている。花輪が鉄道の車輪を思わせる。リゾートの時代に入っている。

P114：1898年 / カラー・リトグラフ、紙 / 307.3×218.4cm / Alamy/PPS通信社　P115：1897年 / カラー・リトグラフ、紙 / 108×74.5cm / akg-images/PPS通信社

MONACO·MONTE-CARLO

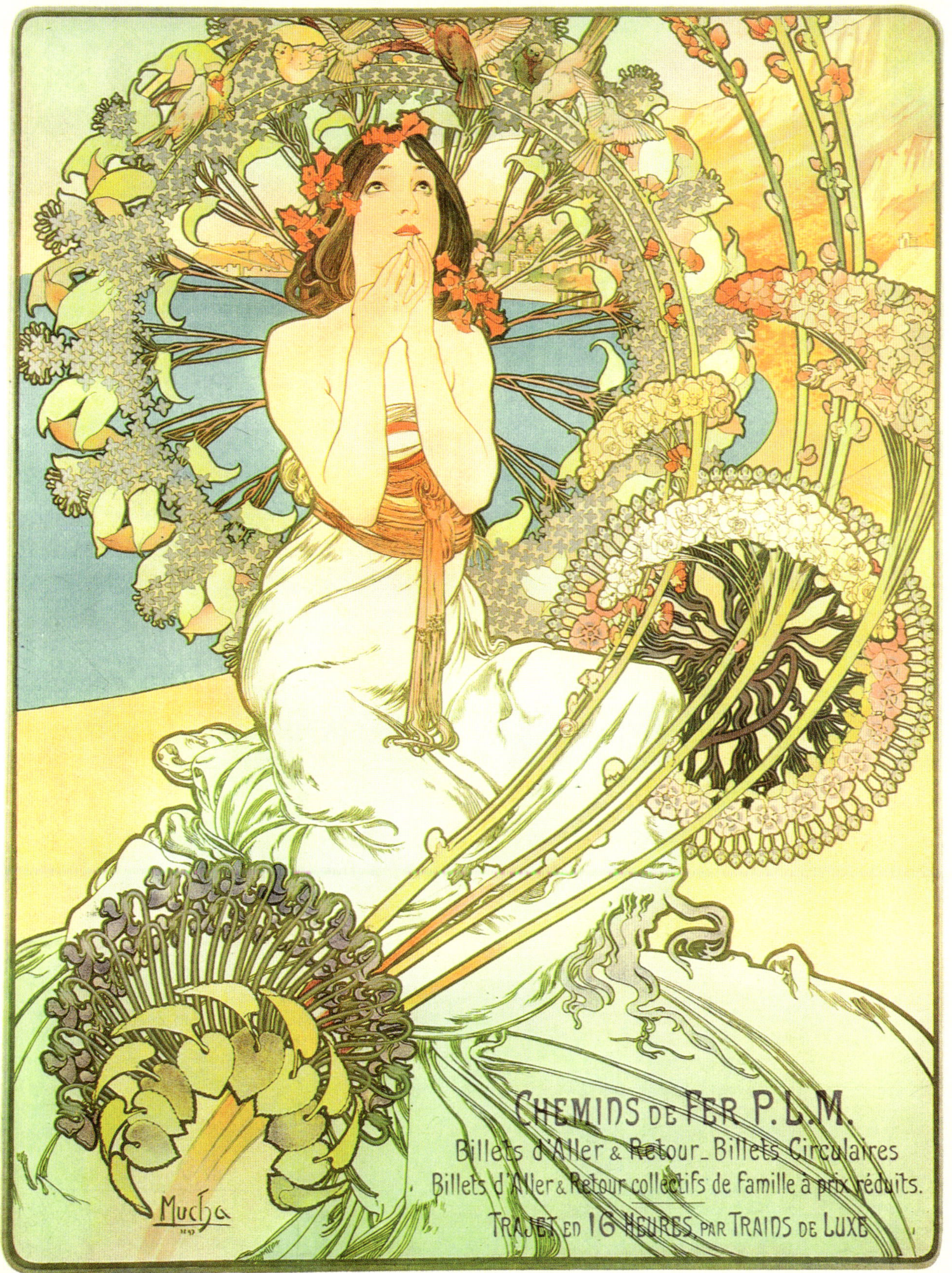

CHEMINS DE FER P.L.M.
Billets d'Aller & Retour_Billets Circulaires
Billets d'Aller & Retour collectifs de famille à prix réduits.
TRAJET EN 16 HEURES, PAR TRAINS DE LUXE
Mucha

「パーフェクタ自転車」ポスター

★★★★★★★★★★★★★★★★★★★★★

ADVERTISING POSTER FOR "CYCLES PERFECTA"

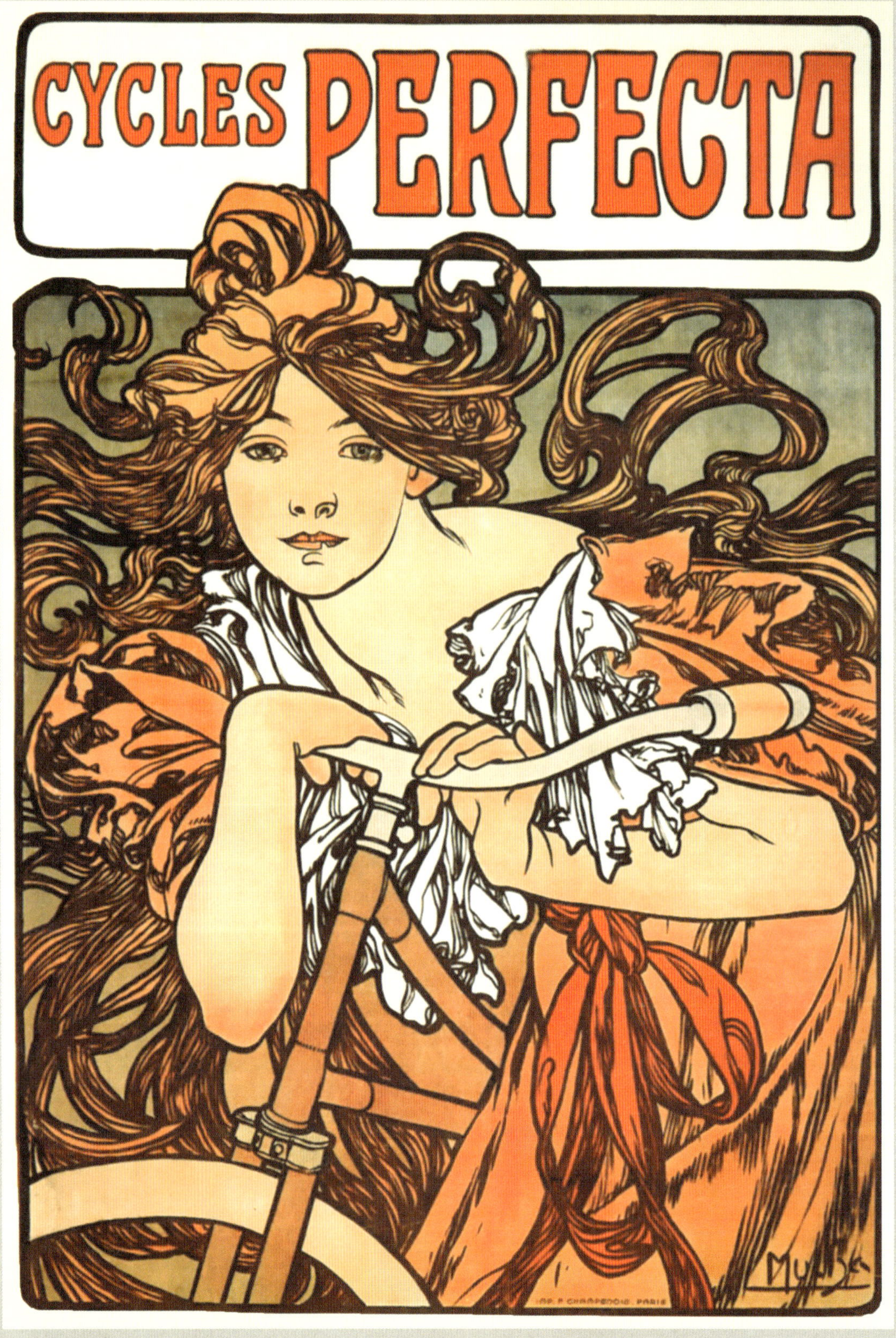

1900年前後は自転車が大流行した時代であった。女性も乗るようになったことが大きな原因であった。イギリスの自転車のための仕事である。アール・ヌーヴォー風の曲線的なコスチュームをつけた女性が自転車にもたれている。

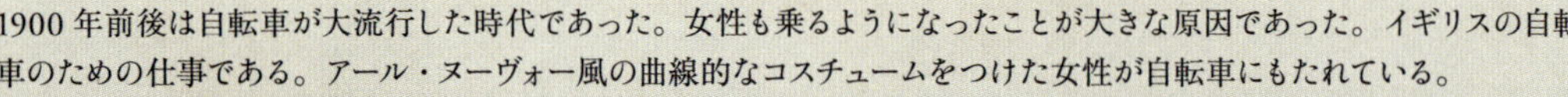

1902年 / カラー・リトグラフ、紙 / 154.6×104.3cm / Super Stock/アフロ

「ウェイヴァリー自転車」、「インカ族の酒」ポスター

★★★★★★★★★★★★★★★★★★★★

ADVERTISING POSTERS FOR "WAVERLY CYCLES" / "VIN DES INCAS"

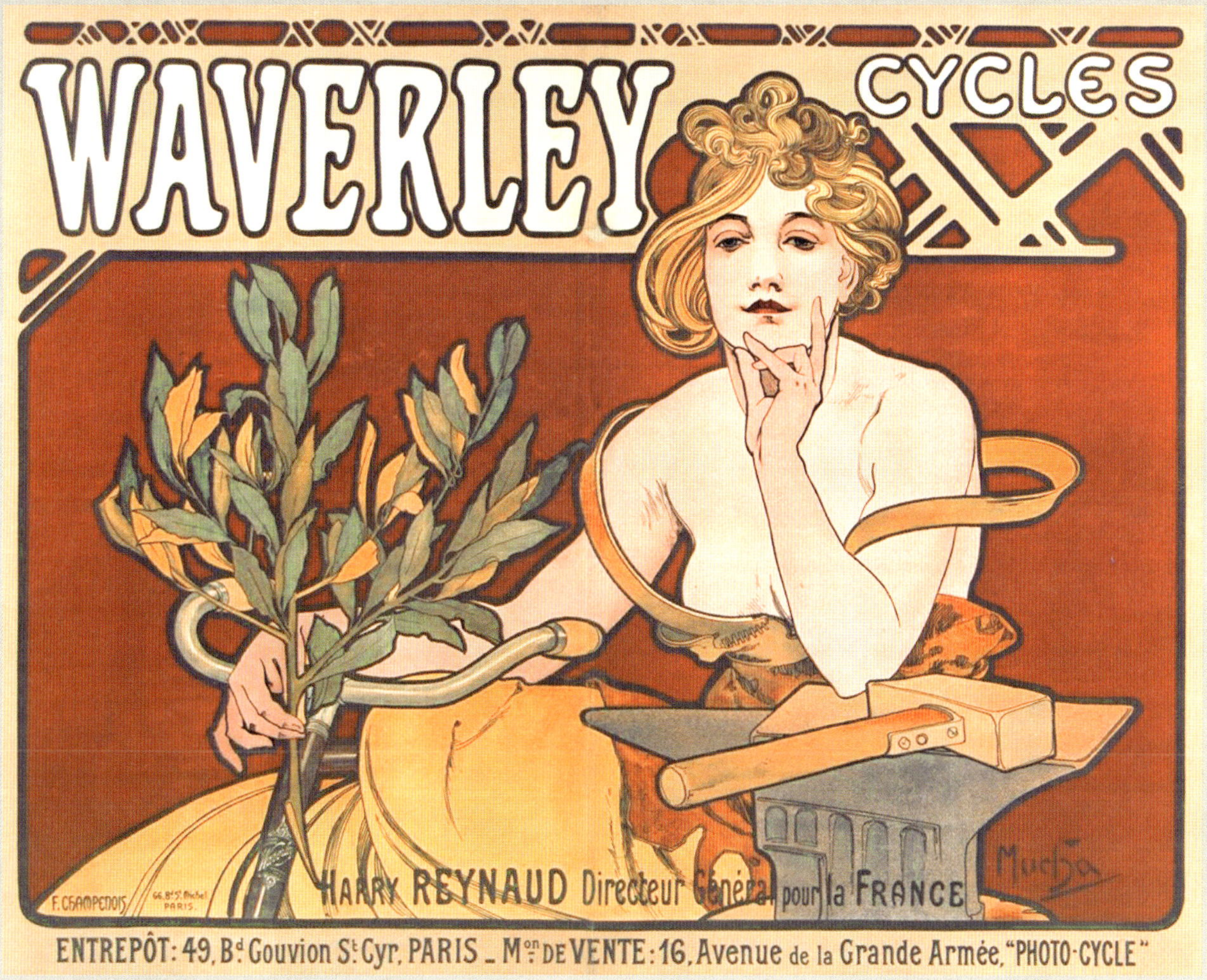

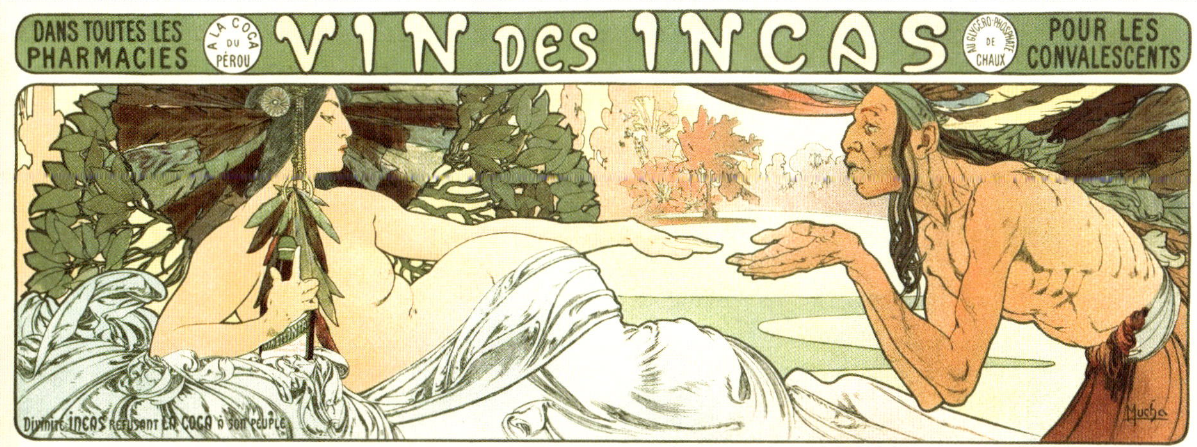

上段のウェイヴァリー自転車はアメリカのインディアナポリスでつくられ、フランスに輸出されていた。裸の女性と自転車という大胆な組み合わせである。この女性のポーズはロス・シガリーリョス・パリ社のタバコのポスター(P105)からそっくり移されている。ハンドルの上に月桂樹の枝を持った手が置かれている。この自転車が受賞したことを暗示している。下段はコカ入りで滋養強壮にきくという薬用酒の広告である。インディアンがそれをねだり、女神がそれを押しとどめている。19世紀末にはヨーロッパの外の民族への興味が高まる。万国博覧会などがその刺激になった。

上段：1898年 / カラー・リトグラフ、紙 / 88.5×114.2cm / フランス国立図書館蔵　　下段：1897年 / カラー・リトグラフ、紙 / 77×212cm / Alamy/PPS通信社

「ベネディクティヌ酒」、「トラピスティヌ酒」ポスター

★★★★★★★★★★★★★★★★★★★★★

ADVERTISING POSTERS FOR "BÉNÉDICTINE" / "LA TRAPPISTINE"

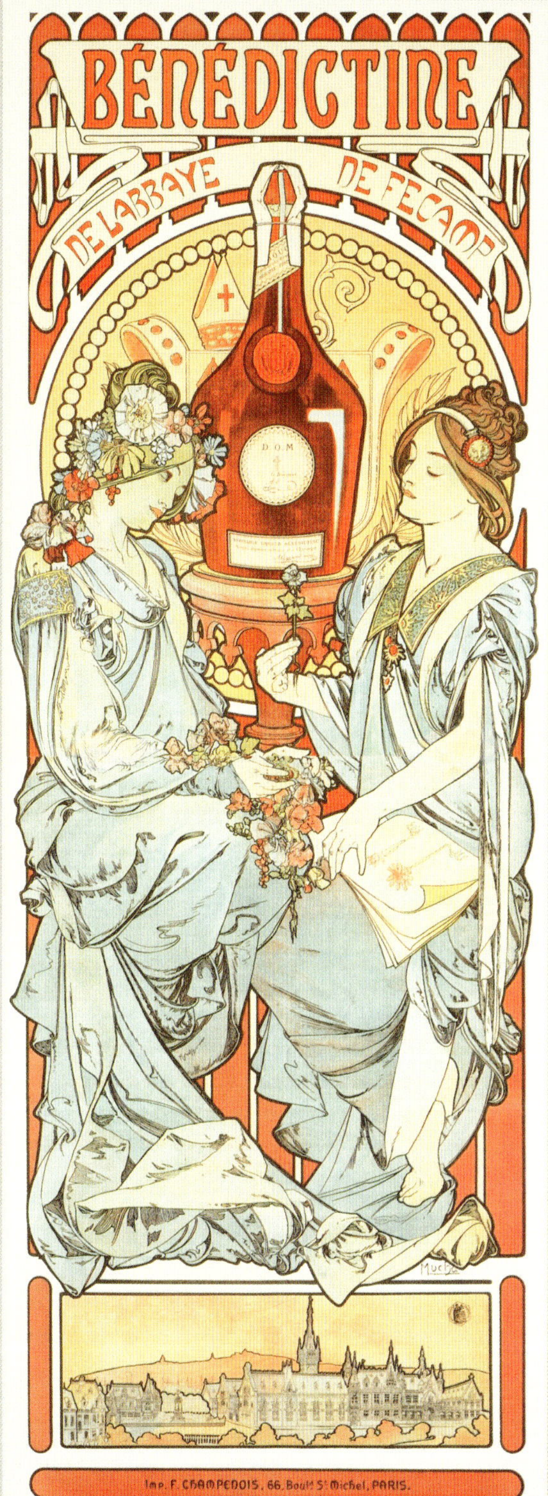

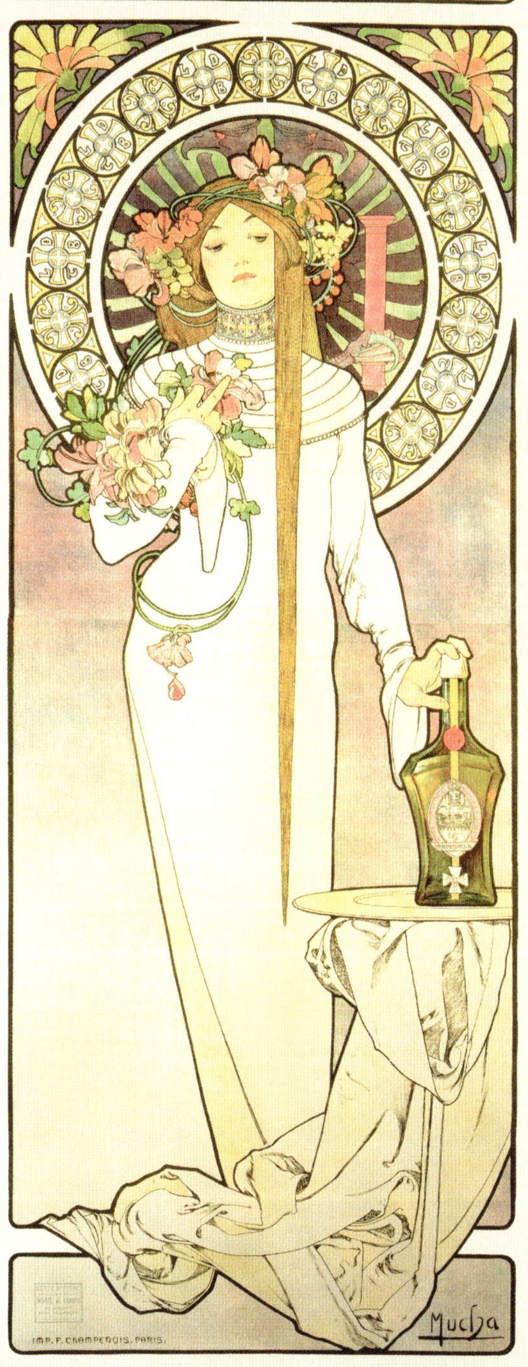

左はベネディクト修道士がつくったという酒の広告である。下にノルマンディーのフェカンにあるベネディクト修道院の建物が描かれている。酒瓶を中央にして２人の女性が向き合い、図鑑を見ながら花を選んでいる。右はトラピスト修道士がつくったという伝説の酒である。サラのポスターのイメージが転用される。キリストに水を捧げたサマリアの女が、酒を持ってあらわれるのである。酒瓶にも十字の印が入っている。

左：1898年 / カラー・リトグラフ、紙 / 205.7×77cm / フランス国立図書館蔵　右：1897年 / カラー・リトグラフ、紙 / 206×77cm / フランス国立図書館蔵

「リュイナール・シャンパン」、「ビスキュイ・コニャック」ポスター

★★★★★★★★★★★★★★★★★★★★★★

ADVERTISING POSTERS FOR "CHAMPAGNE RUINART" / "COGNAC BISQUIT"

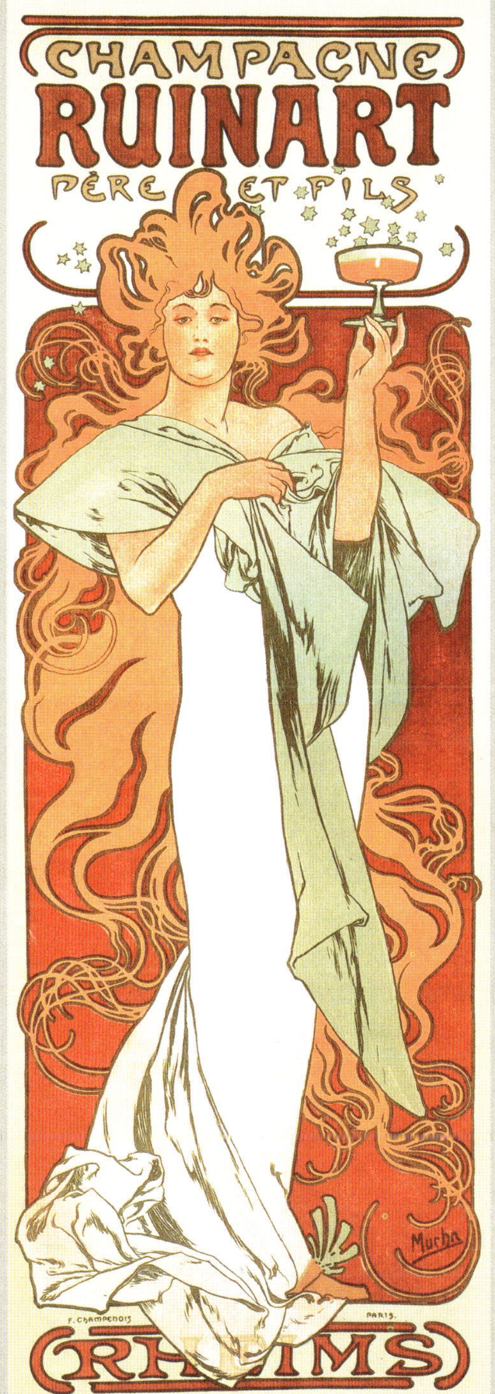

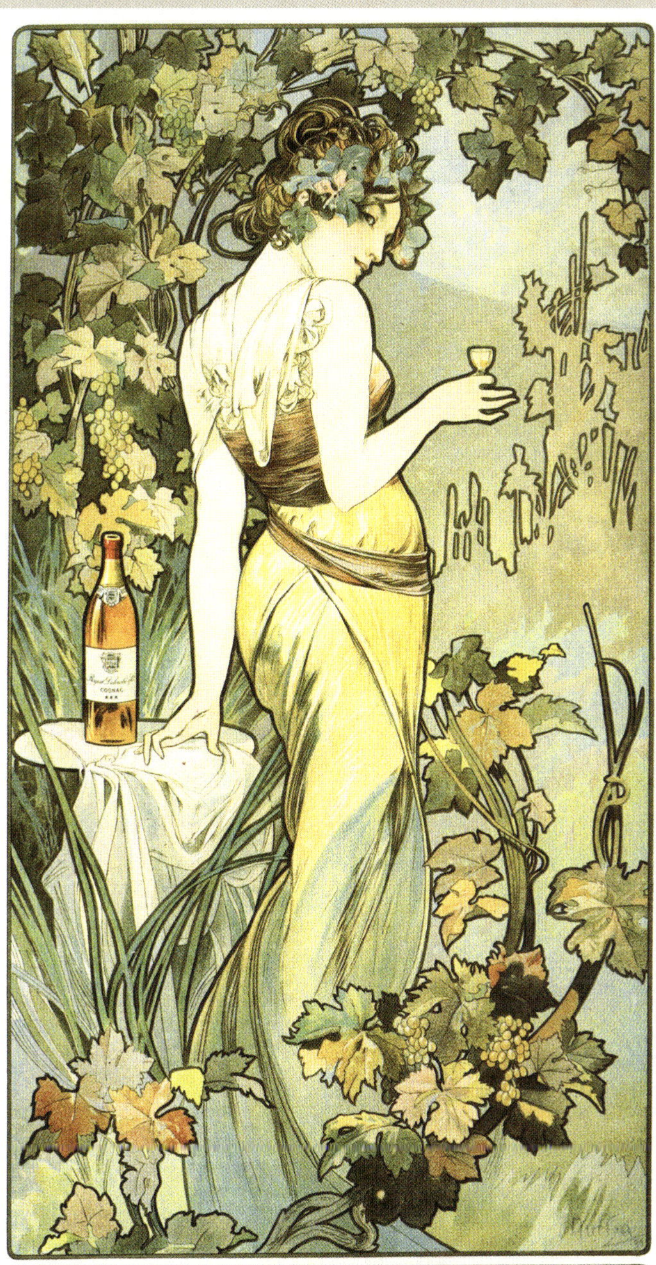

左は彫像のように立つサラのポスターのイメージが使われ、シュロの木の代わりにグラスを持っている。炎のような乱れ髪が強烈である。グラスから星形がシャンパンの泡のように立ち上がっている。右はミュシャの得意の1つ、ふりかえったポーズである。見返り美人というところだ。酒瓶を置いたテーブルを背にして、グラスを持ってふりかえっている。右上にシルエットの輪郭線だけの市街風景が見える。

左：1896年 / カラー・リトグラフ、紙 / 173×59cm / フランス国立図書館蔵　　右：1899年 / カラー・リトグラフ、紙 / 66×33.3cm / 個人蔵

「フォックス=ランド・ジャマイカ・ラム」、「ムーズ川のビール」ポスター

★★★★★★★★★★★★★★★★★★★★★★★★

ADVERTISING POSTERS FOR "FOX-LAND JAMAICA RUM" / "BEER OF THE MEUSE"

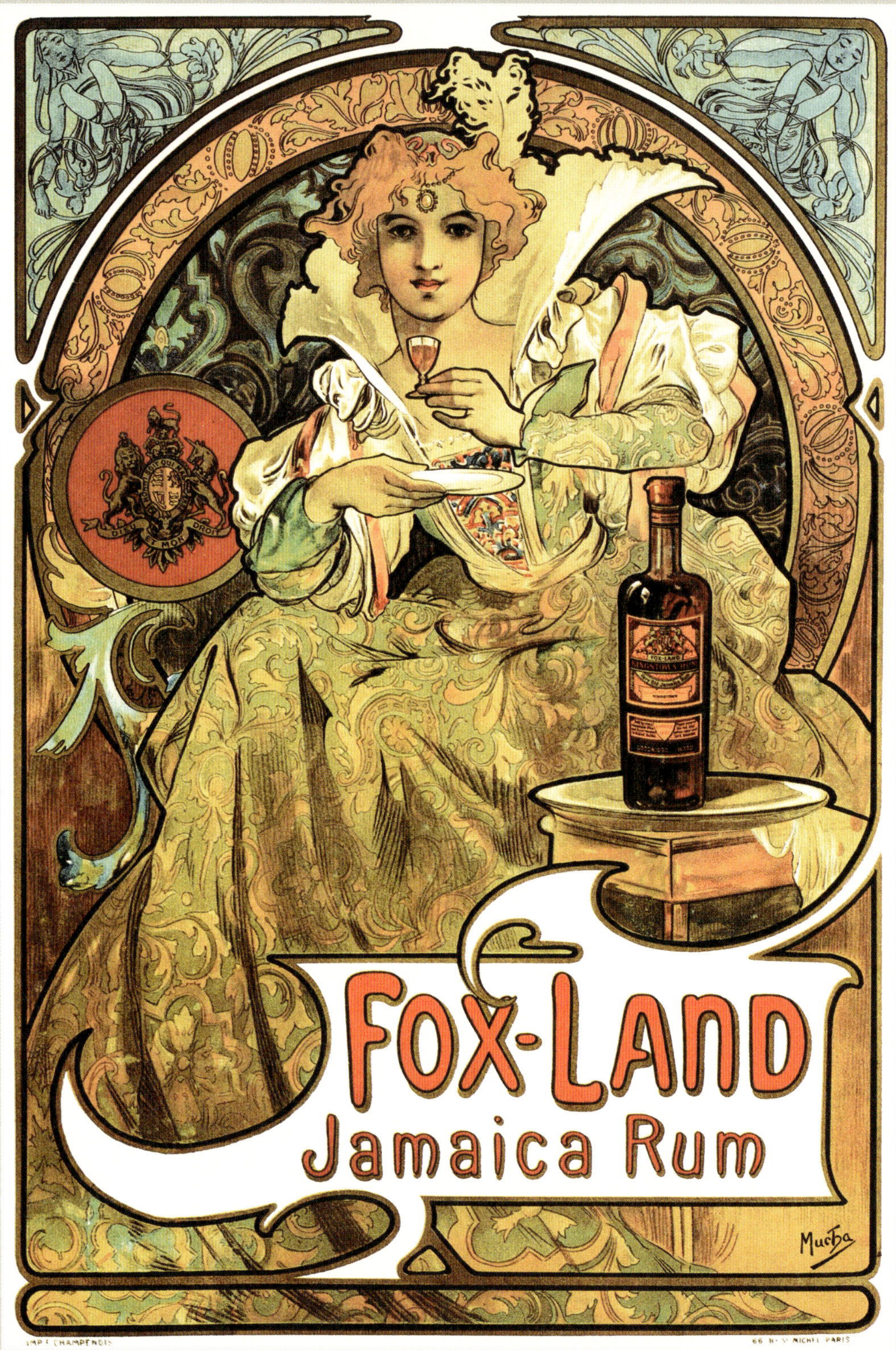

上の中央の女性は写実的に描かれ、ミュシャ・スタイルは見えないが背後の円環、その外の、右上・左上隅のフレームに描かれた女性像などにミュシャらしさが見える。次ページはフランスの北部からオランダへ流れるムーズ川のほとりでつくられるビールの広告である。花の冠をかぶった女がゆったりとビールのジョッキを持っている。華やかな色彩、音楽のように流れる髪のアラベスクなど、生きる歓びがあふれるシーンである。

P120：1897年 / カラー・リトグラフ、紙 / 44×30cm / Alamy/PPS通信社　　P121：1897年 / カラー・リトグラフ、紙 / 154.5×104.5cm / アートハーベスト蔵

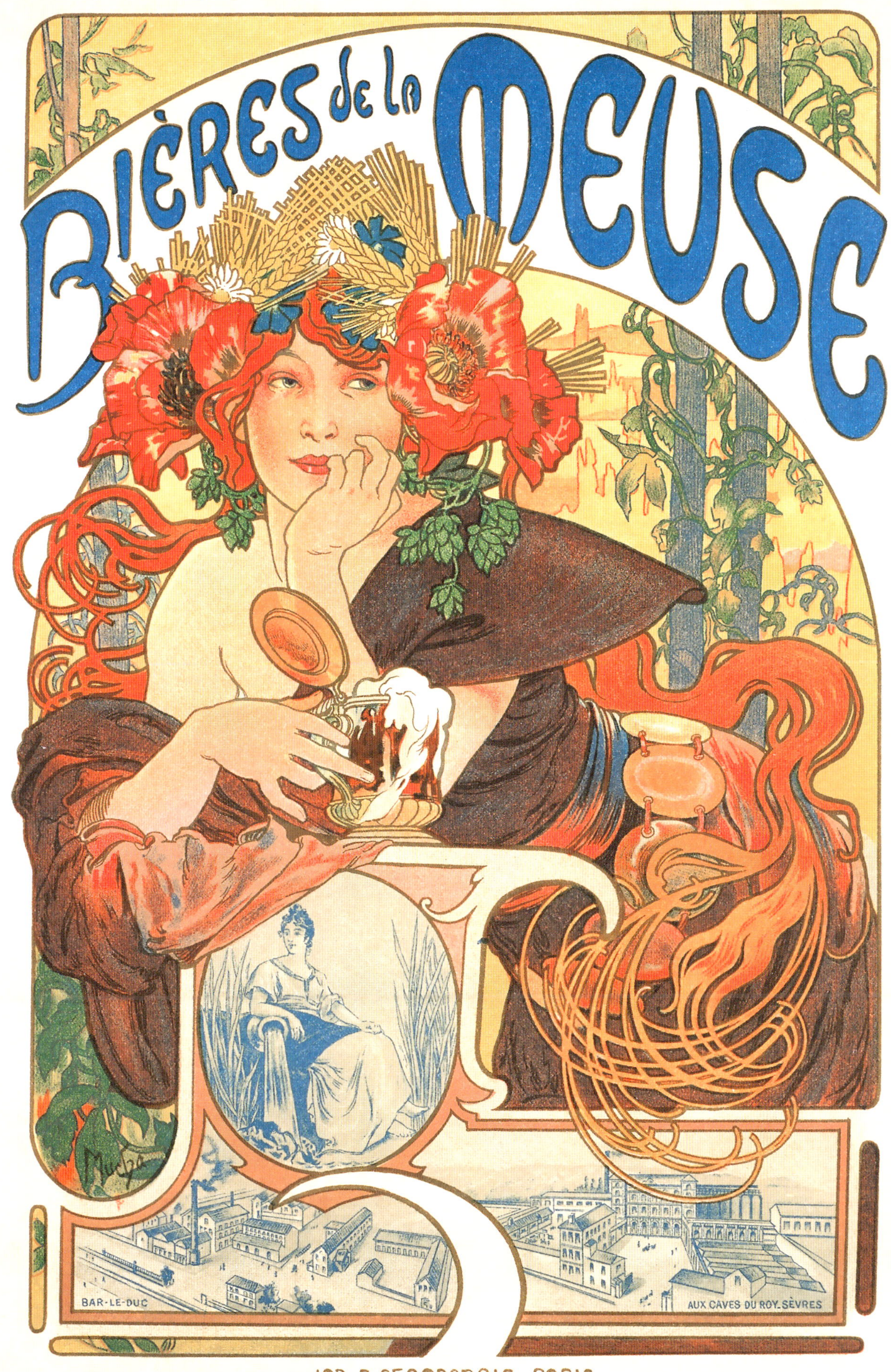
Bières de la Meuse
BAR-LE-DUC
AUX CAVES DU ROY. SÈVRES
IMP. F. CHAMPENOIS. PARIS

モエ・エ・シャンドン社「シャンパン・ホワイトスター」と「クレマン・アンペリアル」ポスター

★★★★★★★★★★★★★★★★★★★★★★

ADVERTISING POSTERS FOR MOËT & CHANDON'S "CHAMPAGNE WHITE STAR" AND "CRÉMANT IMPÉRIAL"

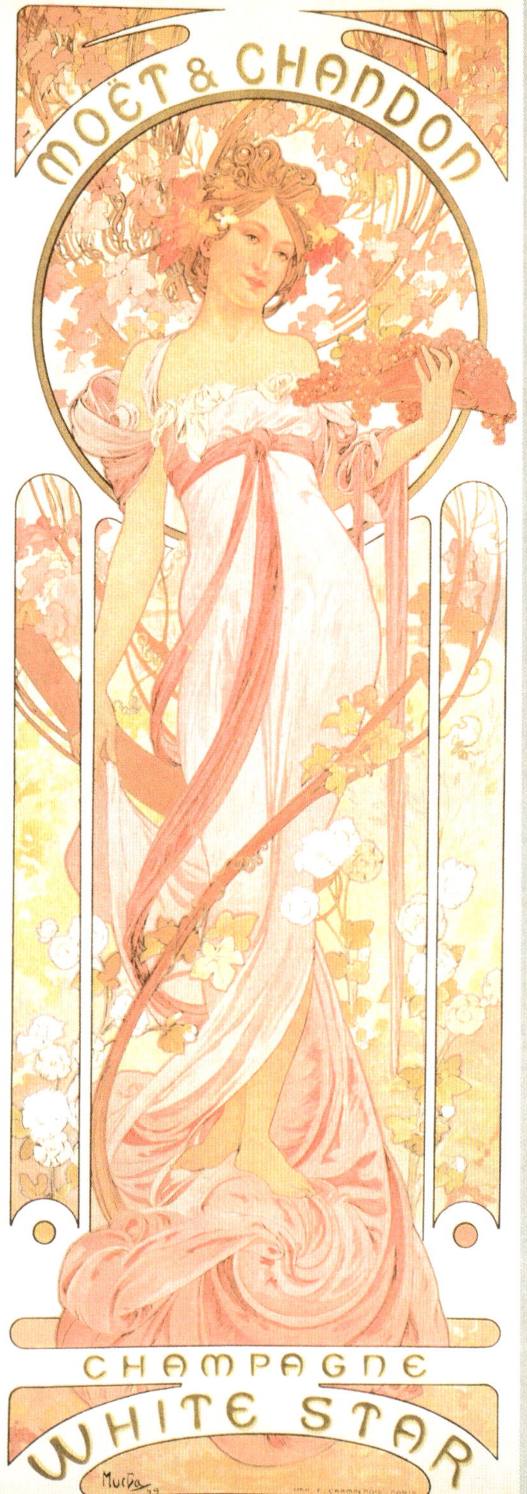

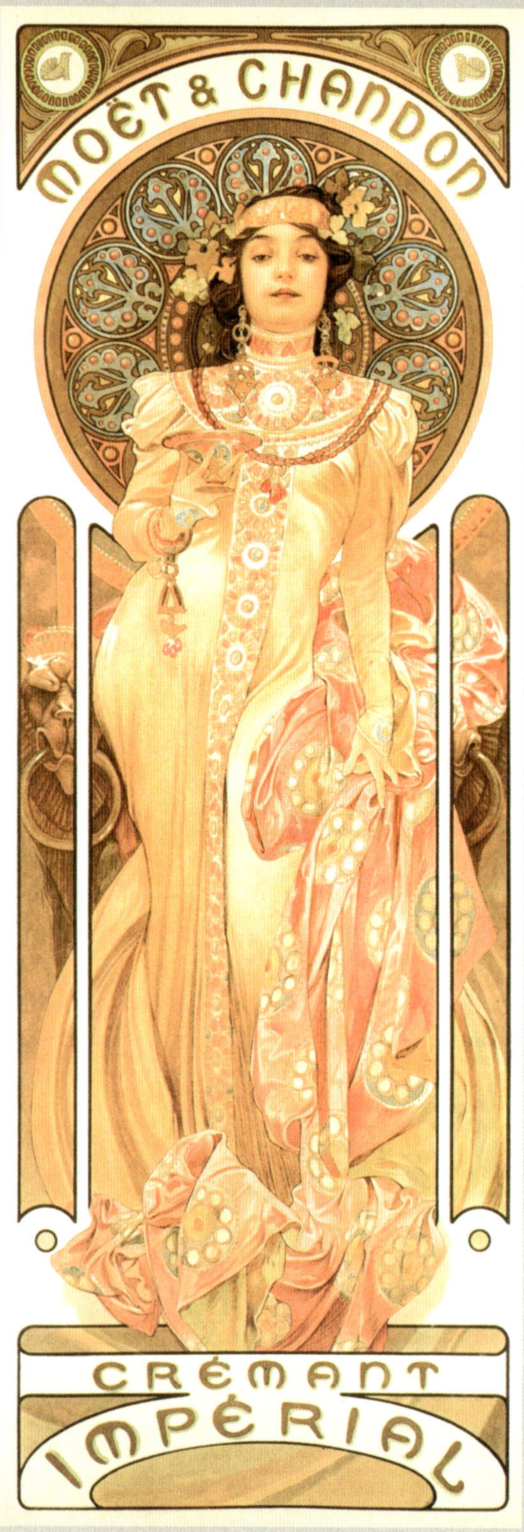

左は「クレマン・アンペリアル」(右)とほぼ同じ構図であるが、女性のポーズはひねられていて、らせん状で動きがある。右は宮殿のような室内をバックにしているが、こちらは自然の山野で踊るように動いている。右は舞台に立つサラのようなりりしい姿が、スパークリング・ワイン(クレマン)のイメージに使われている。円と2本の垂直線でつくられたフレームが、曲線的な女性像と衣服のうねりなどの複雑な流れを見事に明快に分割してくれる。

P122すべて：1899年 / カラー・リトグラフ、紙 / 60.8×23cm / フランス国立図書館蔵

エドシック社「モノポール・シャンパン」ポスター

★★★★★★★★★★★★★★★★★★★★

ADVERTISING POSTER FOR HEIDSIECK & CO.'S "MONOPOLE CHAMPAGNE"

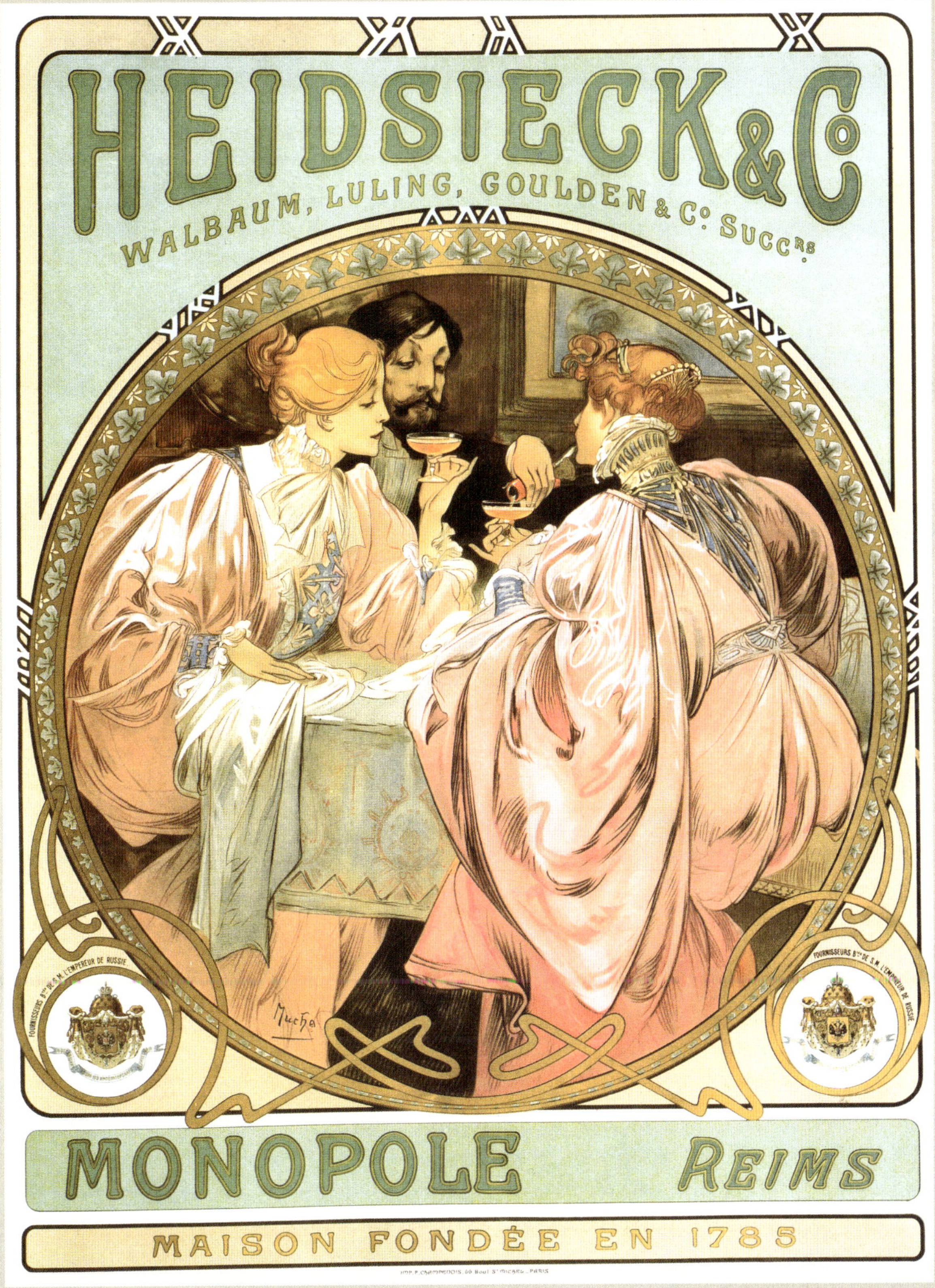

モエ・エ・シャンドンのポスターが好評だったので、他のシャンパン会社からも依頼された。これはロシアの宮廷向けシャンパンのポスターだったらしく、ロシア貴族が貴婦人たちにシャンパンを注いでいる。

1901年 / カラー・リトグラフ、紙 / 66.5×49.7cm / フランス国立図書館蔵

ルフェーヴル=ユティル社ビスケットのパッケージ・デザイン

★★★★★★★★★★★★★★★★★★★★★★

PACKAGE DESIGN FOR BISCUITS OF LEFÈVRE-UTILE

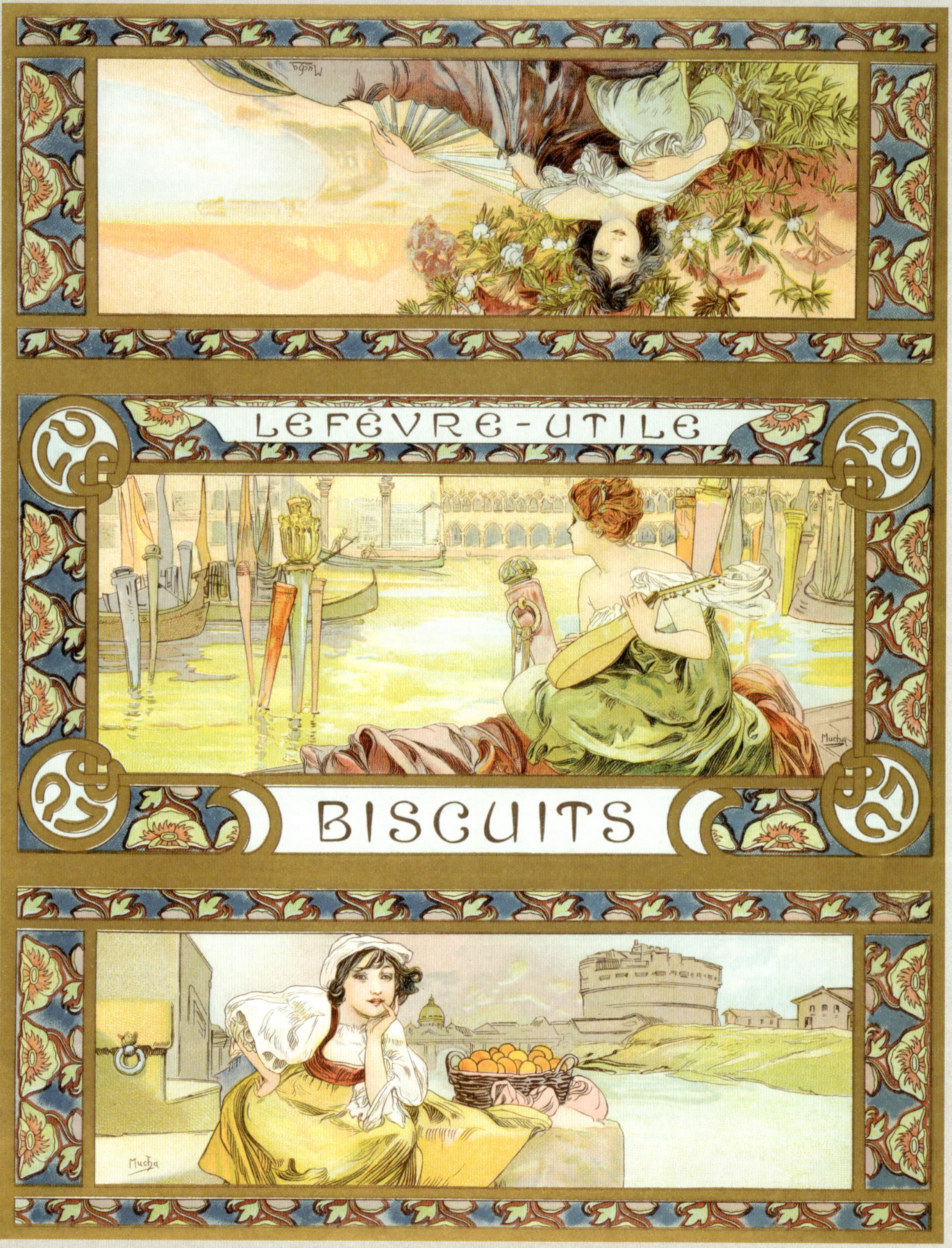

P124-127 はルフェーヴル＝ユティル社のお菓子のパッケージ・デザイン。

1910年 / カラー・リトグラフ、紙 / アートハーベスト蔵

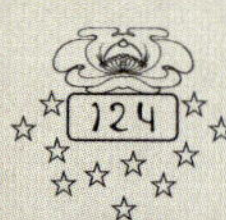

ルフェーヴル＝ユティル社ビスケットのパッケージ・デザイン

★★★★★★★★★★★★★★★★★★★★★

PACKAGE DESIGN FOR BISCUITS OF LEFÈVRE-UTILE

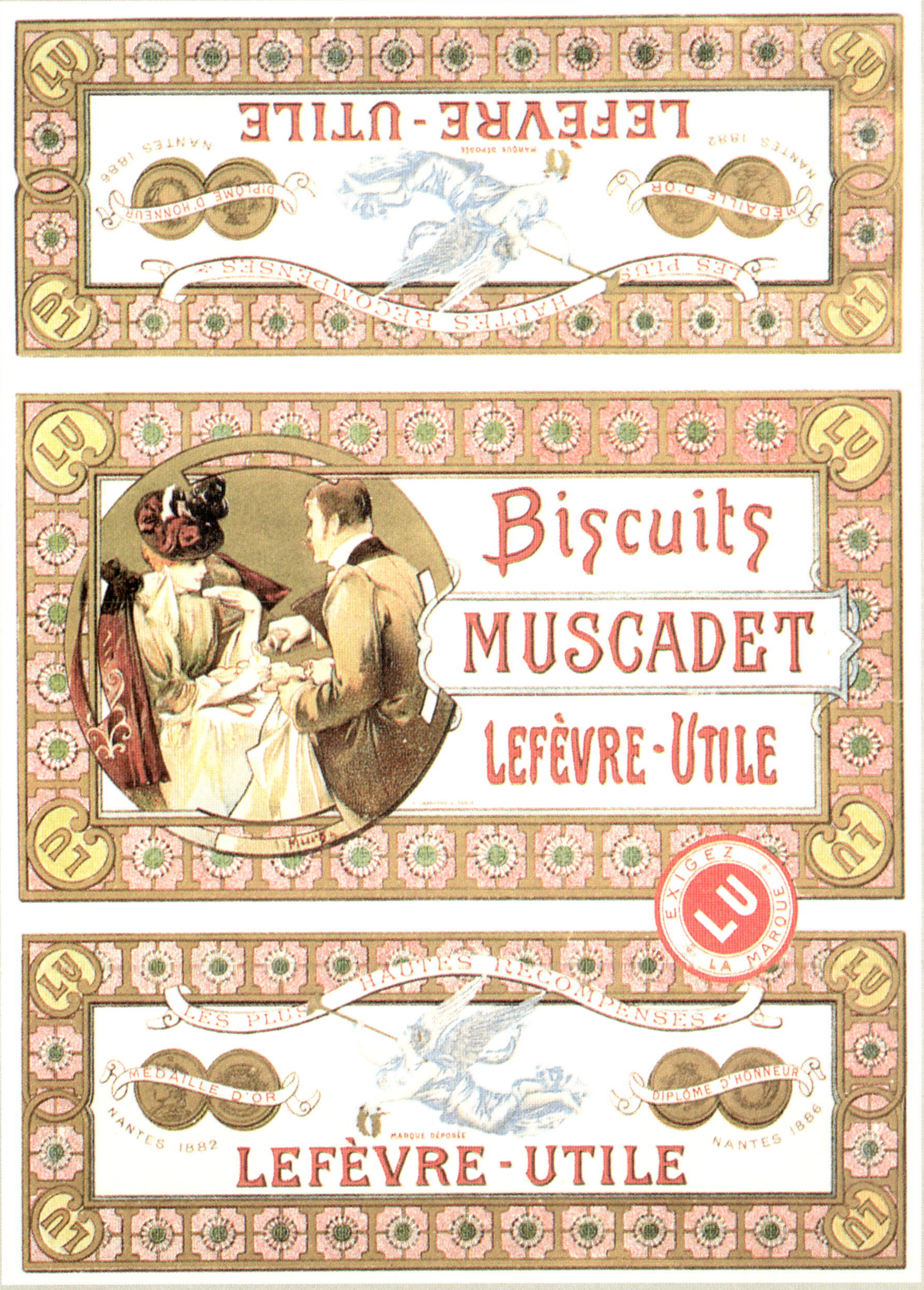

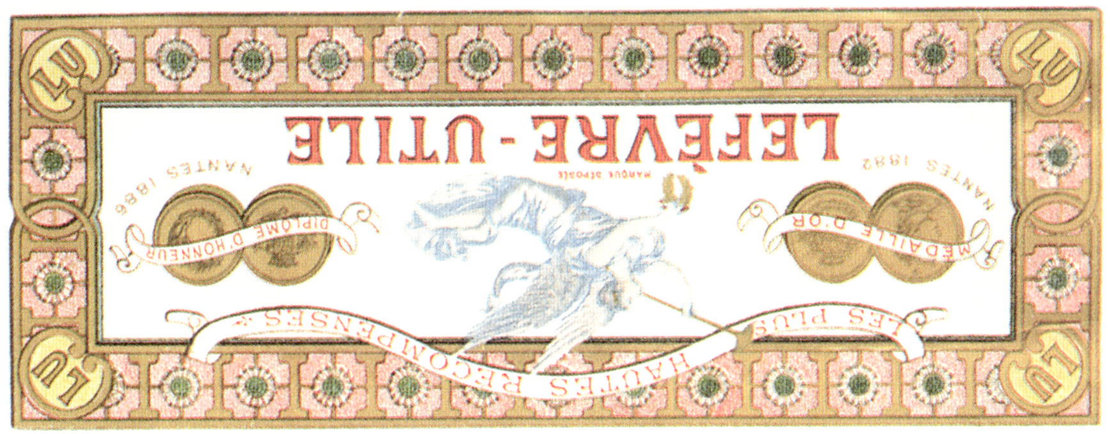

恋人たちが親しげに会食している。ビスケットはデートの時のロマンティックな小道具であったのだろうか。

1900年 / カラー・リトグラフ、紙 / 個人蔵

ルフェーヴル＝ユティル社ビスケットとウエハースのパッケージ・デザイン

★★★★★★★★★★★★★★★★★★★★

PACKAGE DESIGN FOR BISCUITS AND WAFERS OF LEFÈVRE-UTILE

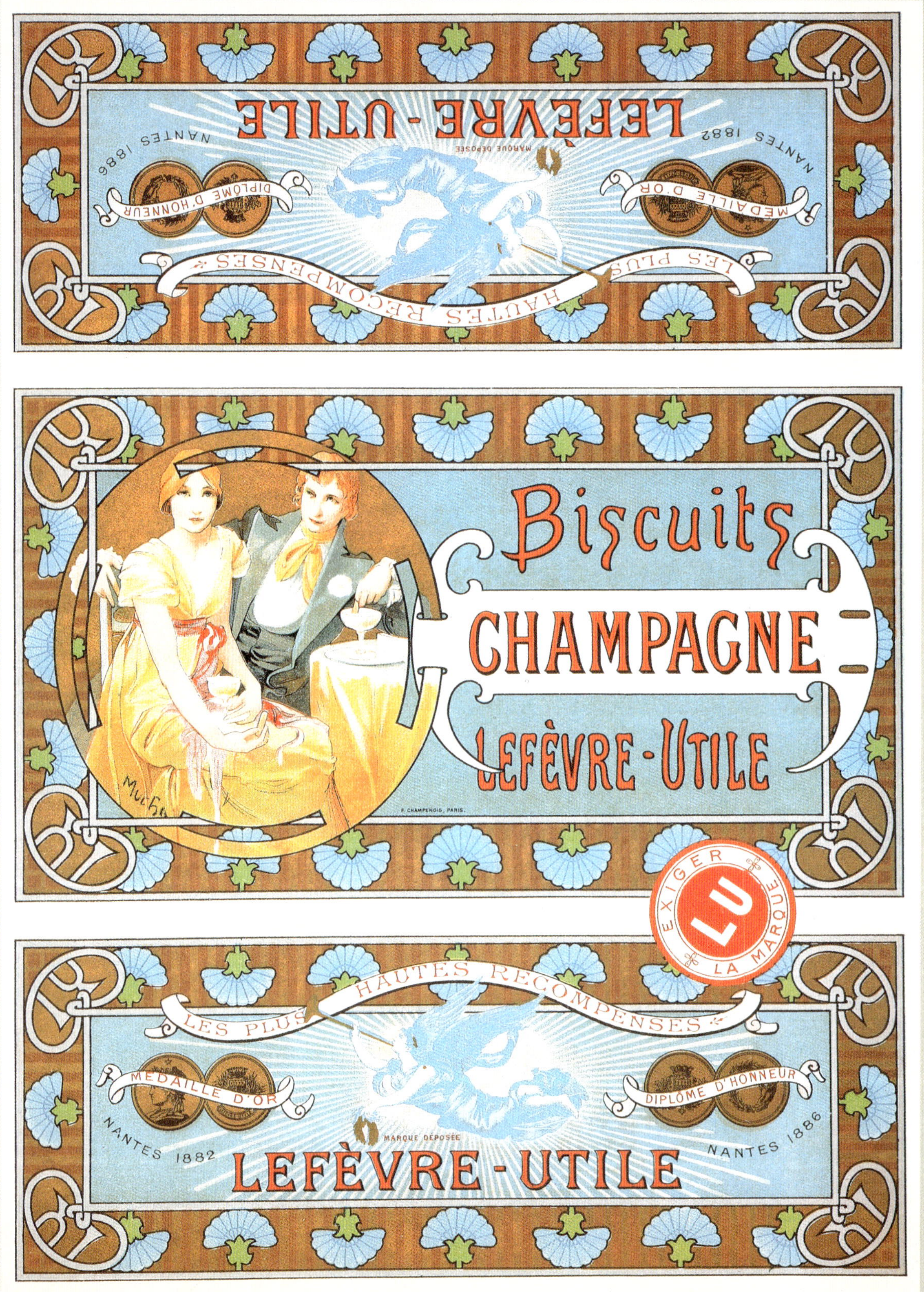

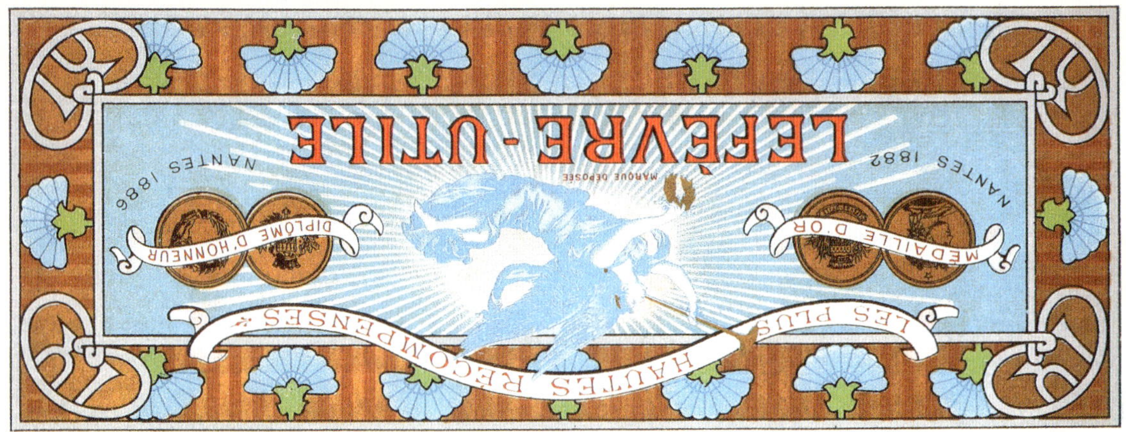

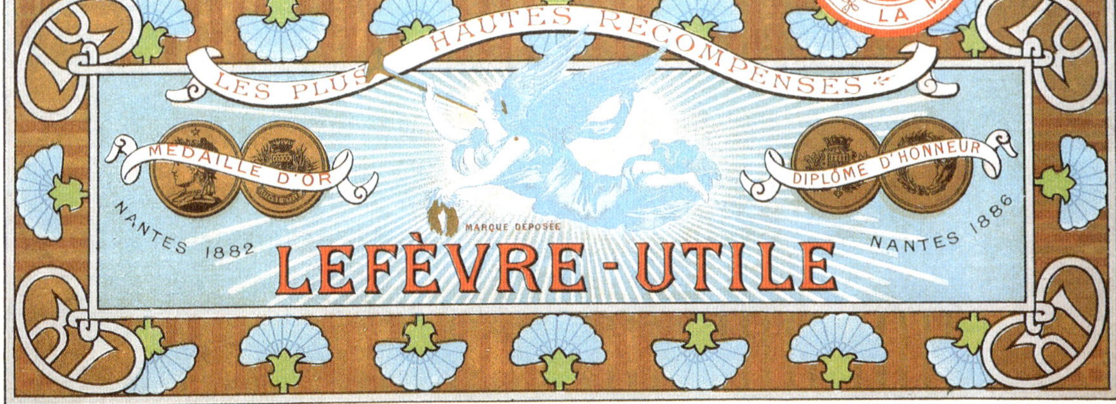

1900年 / カラー・リトグラフ、紙 / Alamy/PPS通信社

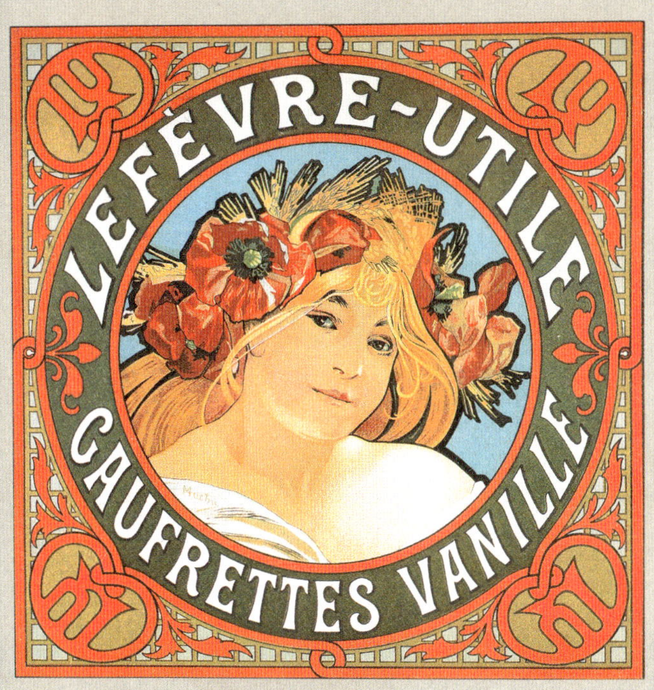

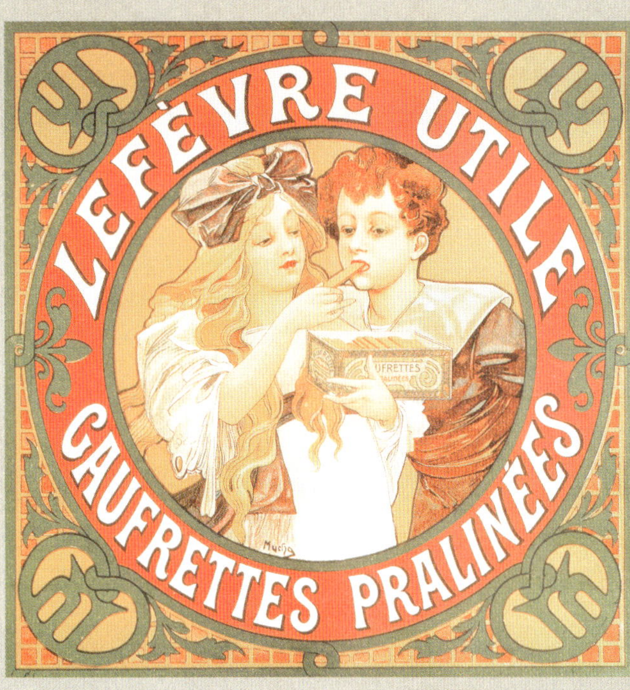

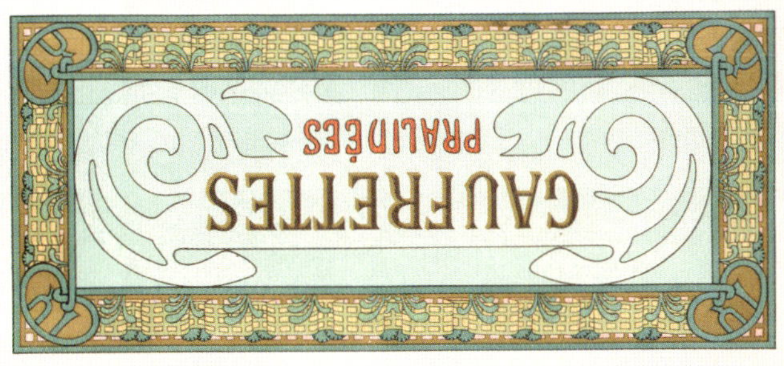

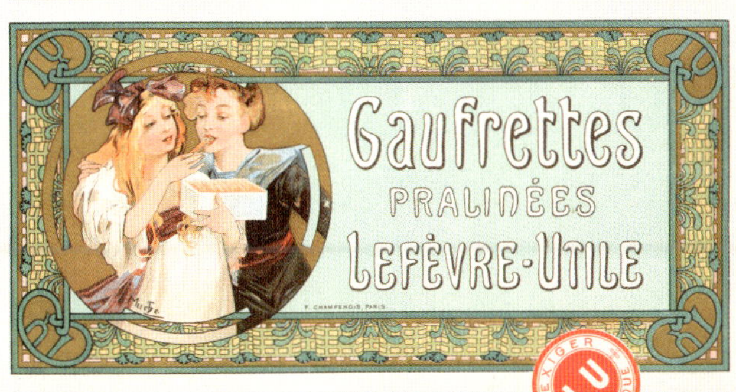

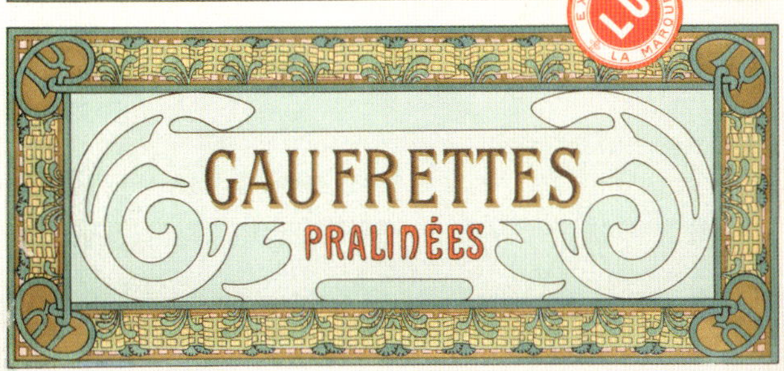

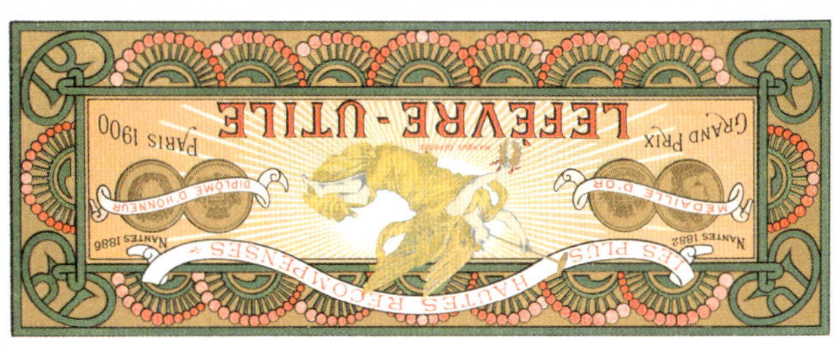

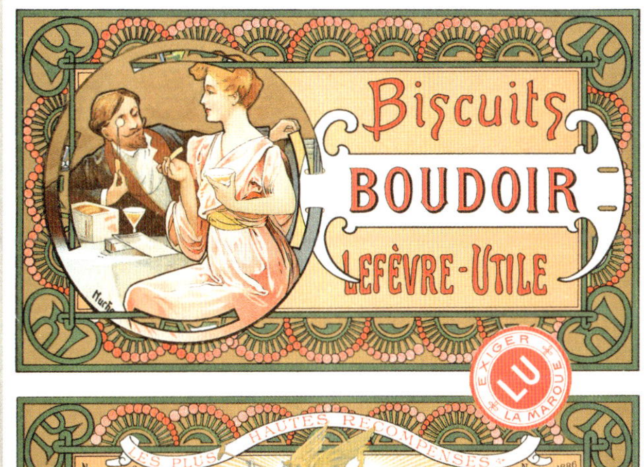

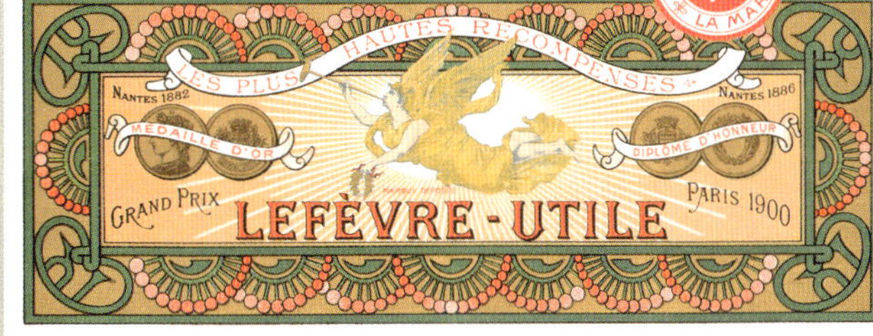

上段すべて：1900年 / カラー・リトグラフ、紙 / Mary Evans/PPS通信社　下段すべて：1900年 / カラー・リトグラフ、紙 / アートハーベスト蔵

ウビガン社香水「クール・ド・ジャネット」、ランスの香水「ロド」のパッケージ

★★★★★★★★★★★★★★★★★★★★★

PACKAGES FOR HOUBIGANT'S PERFUME "CŒUR DE JEANNETTE" / LANCE PERFUME "RODO"

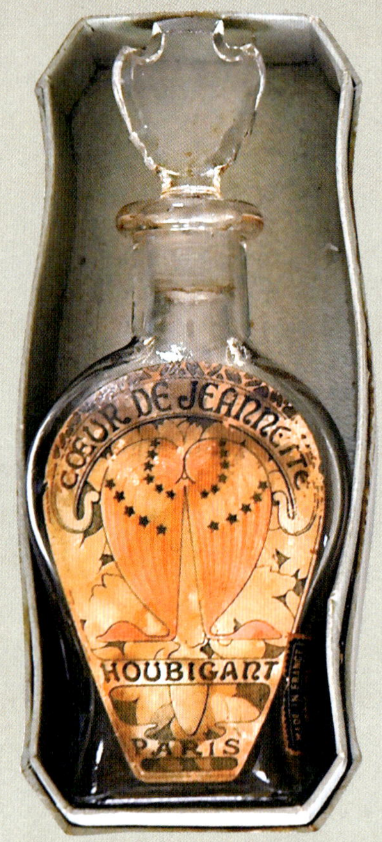

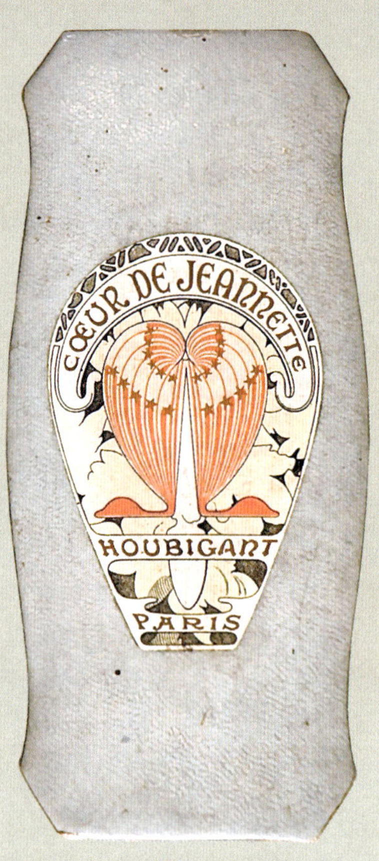

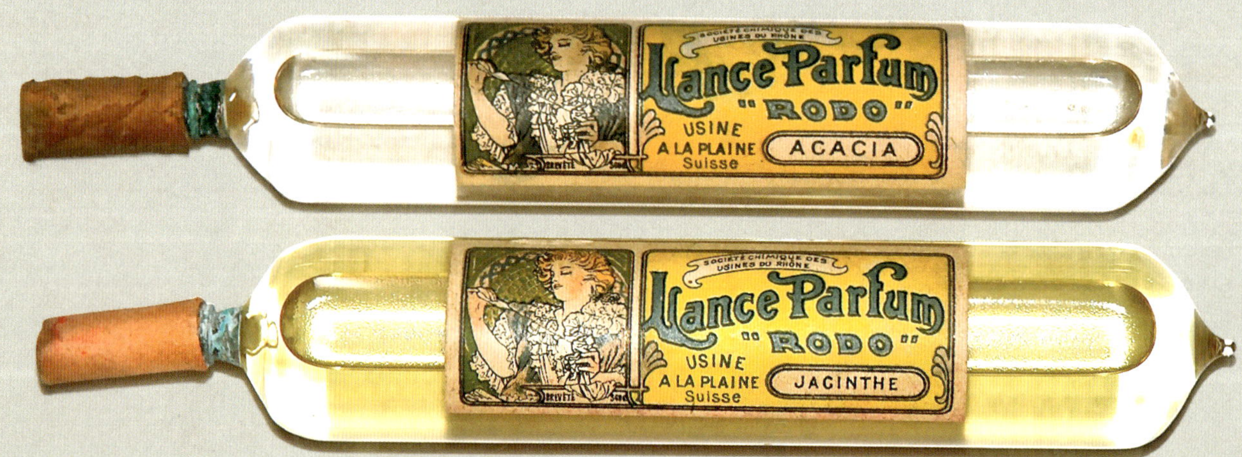

世紀末の女性の社会進出によって、香水や化粧品のマーケットが大きくなり、広告を盛んにするようになる。ミュシャはそのような時代の寵児となった。女性のライフスタイルへの感性がすぐれていたのである。上段のウビガンは英国女王、ロシア宮廷御用達となっている。香水瓶やケースのデザインもオカルト的で面白い。

上段：1900年 / 香水瓶とラベル / 14×4cm / OGATAコレクション蔵　下段：1897年 / 香水瓶とラベル / 17×3×3cm / OGATAコレクション蔵

TOPICS

ポスターの黄金時代

THE GOLDEN AGE OF POSTERS

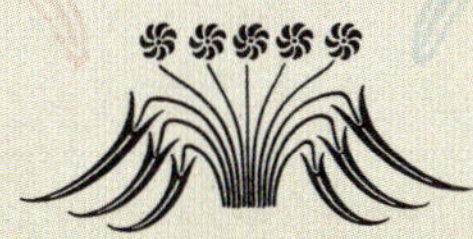

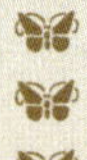

1880年代末から1900年まで〈ポスターの黄金時代〉が花開く。それはちょうどアール・ヌーヴォー・スタイルの時代でもあった。1889年と1900年という2つのパリ万国博覧会がポスター・ブームをバックアップしていた。

パリのポスターは1881年から新しい法律で管理されることになった。それまではそれぞれ勝手に貼られていたのだが、パリ市が壁を管理し、その許可を受けて貼ることになり、またそのために手数料を払わなければならなくなった。1884年にパリ市は街路に面した壁の年間使用料を決めて売りに出した。年間1万5000フランであったという。また私有の建物の壁などもポスター用に貸し出された。鉄道会社なども広告板をつくった。

ポスターのスペースが有料化されたことは、それだけポスターの広告価値が認められたということである。石版(リトグラフ)によるカラー印刷の発展によって、大判の美しいポスターが可能となり、パリの市街を飾ることになった。

ポスターが増えると、遠くからでも目立つ工夫が試みられる。派手で面白い図柄が求められる。そこで重要な役割を果たしたのはサーカスのポスターであった。道化や曲馬、アクロバットなどが動きのあるにぎやかなデザインと原色で描かれ、モンタージュされる。そのようなサーカス・ポスターの表現が、一般の商品の広告ポスターのデザインにも応用される。エロティックな女芸人の動きのあるポーズなどが酒やお菓子の広告に使われる。サーカス・ポスターの刺激的な色彩やダンスのポーズなどは、アール・ヌーヴォー・スタイルに吸収された。

世紀末のポスターにおいて、ポスターは〈アート〉として認められ、一般の画家も参加し、ポスターはコレクションされ、画廊であつかわれた。そのような〈アート〉と〈デザイン〉の幸せな出合いの時に、ミュシャもポスターの世界に入っていったのである。

☆☆☆

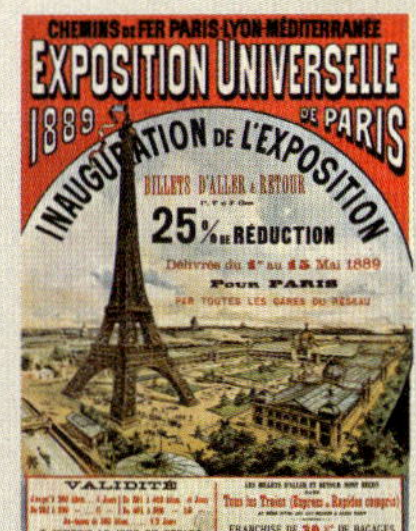

1889年
パリ万国博覧会の
ポスター

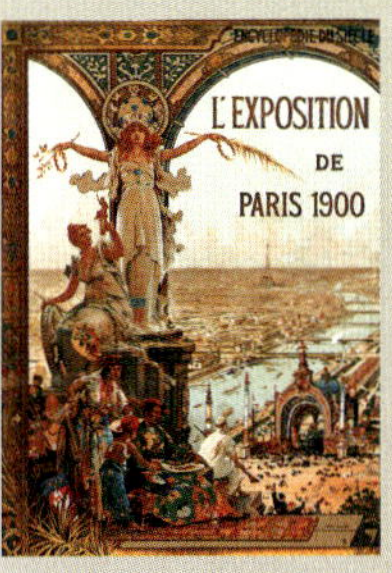

1900年
パリ万国博覧会の
ポスター

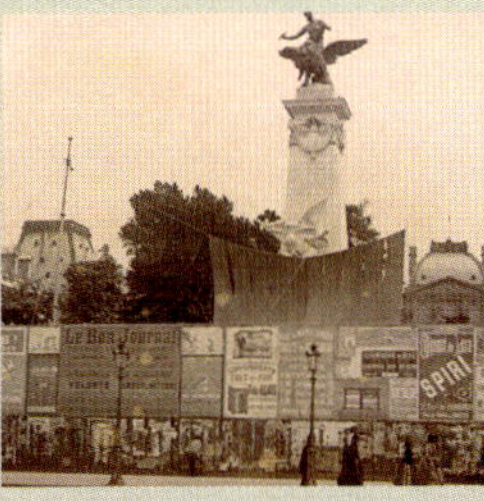

1890年頃のパリの壁面広告

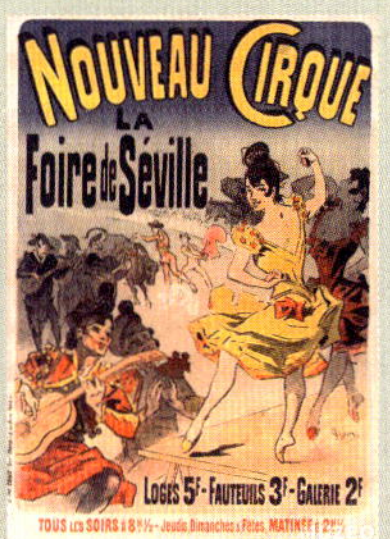

「新サーカス」ポスター
ジュール・シェレ画
1889年

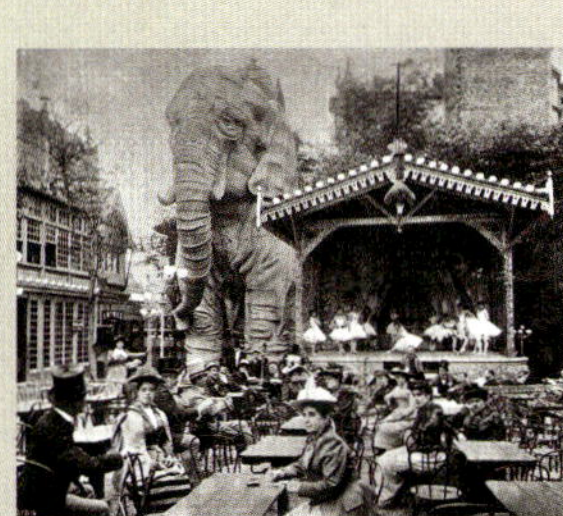

1900年代のパリのムーラン・ルージュ

パリ万国博覧会とミュシャ

THE PARIS EXPO AND MUCHA

1900年のパリ万国博覧会は〈アール・ヌーヴォーの勝利〉ともいわれ、世紀末のアール・ヌーヴォーが全開となり、世界に紹介された。当然、ミュシャもそのさまざまな分野で関わることになった。しかしこれはあくまでフランスのための博覧会であったから、中心的部分には入れなかった。彼はやはりパリの異邦人であった。

ミュシャが依頼されたのはオーストリア＝ハンガリー帝国の仕事であった。彼のふるさとのチェコはハプスブルク家によるオーストリアに支配されていた。チェコの独立を夢見ていた彼にとって、それは複雑な思いをかきたてられたろう。

彼はオーストリア部門のポスターとオーストリア館の内部装飾などを担当し、さらにボスニア・ヘルツェゴヴィナ館の内部装飾を依頼された。ミュシャはボスニア・ヘルツェゴヴィナ史の12の場面を描いた。その取材にバルカン半島をめぐった彼は、チェコと同じくハプスブルク帝国の圧政に苦しむボスニア・ヘルツェゴヴィナにスラヴ民族としての同胞意識が目覚めた。「スラヴ叙事詩」へのステップの1つとなったのである。

パリ万博では、ミュシャのポスターが展示され、フーケやウビガンのための彼のデザインも出品された。ミュシャ・スタイルの集大成を世界に見せることができたのである。それにもかかわらず、彼は迷いはじめつつあった。パリという華やかではあるが小さな世界で夢中で仕事をしてきた彼は、万国博覧会でパリの外の世界を知った。さらにパリにおいて自分はやはり異邦人であることも思い知らされた。彼はボスニア・ヘルツェゴヴィナの歴史を描きながら、ハプスブルクの帝国主義のために描いているのか、という疑問に悩まされる。

パリの博覧会で、完成されたアール・ヌーヴォーを見せながら、ミュシャは迷いつづける。なにを描くべきか、だれのために描くのか、私は何者なのか、と。

• • •

The Paris Expo of 1900 was the triumph of Art Nouveau. Mucha's posters and designs he produced for Fouquet and Houbigant were displayed. The Expo became a showcase for the breadth of the Mucha style. Since France was the focus of the Expo, however, he was excluded from the central exhibits. Instead, he was asked to create work at the Expo for the Austro-Hungarian Empire, a bittersweet commission: his Czech birthplace was governed by the Hapsburg rulers of Austria, and Mucha dreamed of Czech independence. Mucha was responsible for the poster for the Austrian section and the interior decoration of the Austrian pavilion and contributed to the interior decoration of the Bosnia-Herzegovina pavilion, for which he painted twelve scenes from Bosnian history. Creating them opened his eyes to his kinship with the Bosnian Slavs, who, like the Czechs, were suffering under Hapsburg rule. That experience contributed to his Slav Epic. While showing the world the full flowering of Art Nouveau, the Paris Expo left Mucha perplexed. Realizing that he was an alien in Paris, he wondered, "What should I be painting, and for whom? Who am I?"

1900年パリ万国博覧会オーストリア館ポスター （次ページ）

POSTER FOR THE AUSTRIAN PAVILION AT THE PARIS EXPOSITION 1900

左半分の女性像はミュシャの絵である。右半分の文字と枠はミュシャで、オーストリアの都市風景の絵はがきはロスマン画である。左の女性はオーストリアを象徴し、背後の裸の男であらわされるパリが彼女のヴェールをはずそうとしている。

P131：1899年 / カラー・リトグラフ、紙 / 98.5×68cm / フランス国立図書館蔵

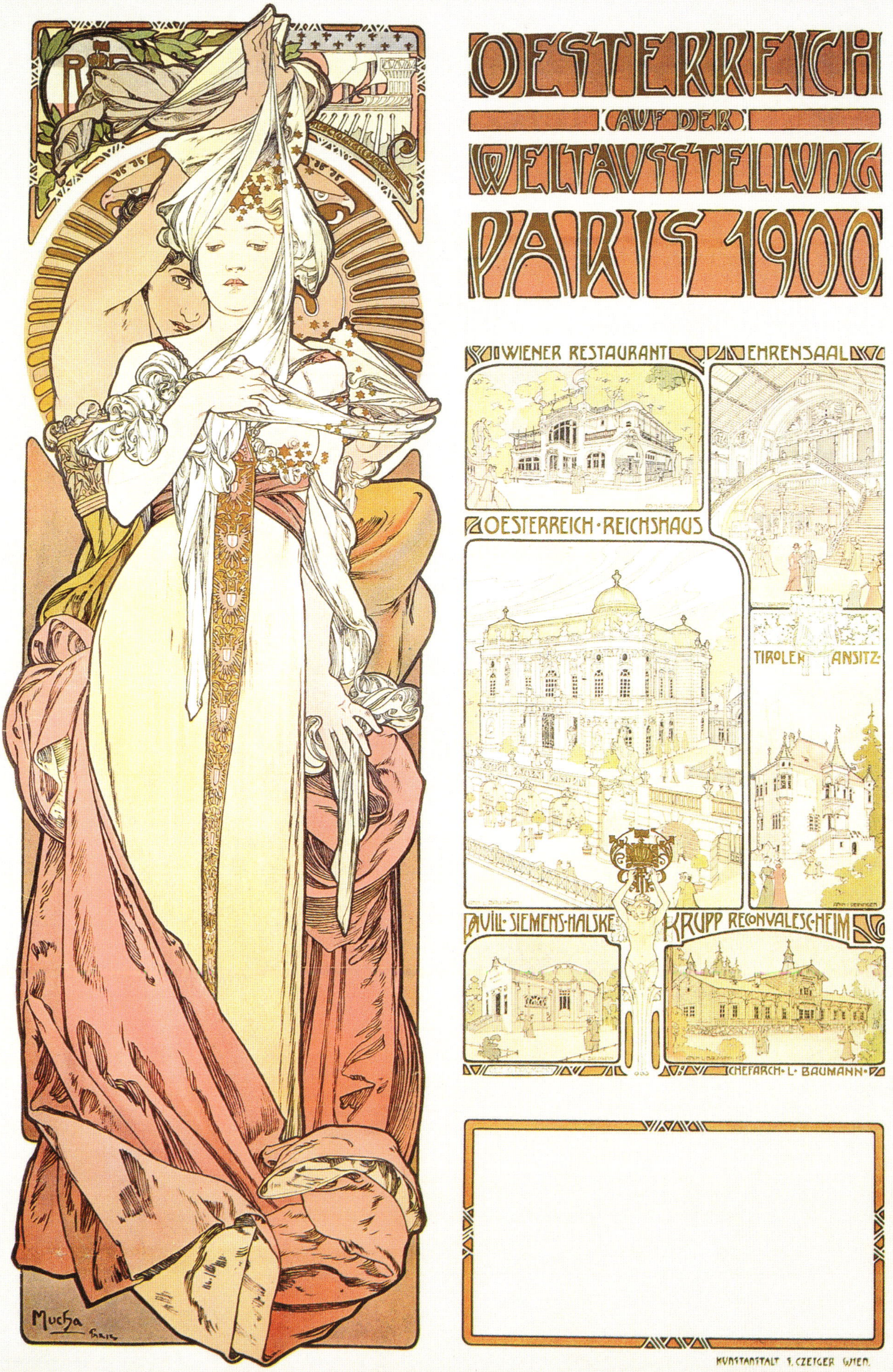

OESTERREICH AUF DER WELTAUSSTELLUNG PARIS 1900

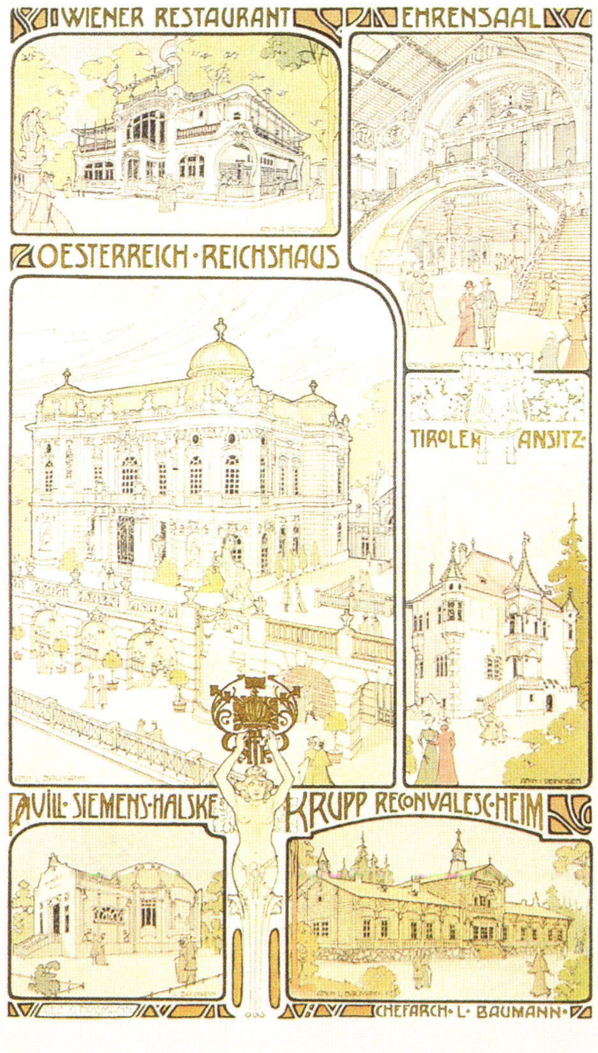

Mucha Paris

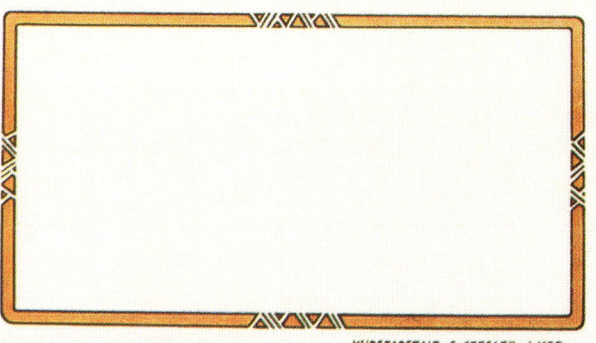

KUNSTANSTALT F. CZEIGER WIEN

1900年パリ万国博覧会オーストリア館晩餐会メニュー用イラスト

★★★★★★★★★★★★★★★★★★★★

ILLUSTRATION FOR A MENU OF A DINNER PARTY OF AUSTRIAN PAVILION AT THE PARIS EXPOSITION 1900

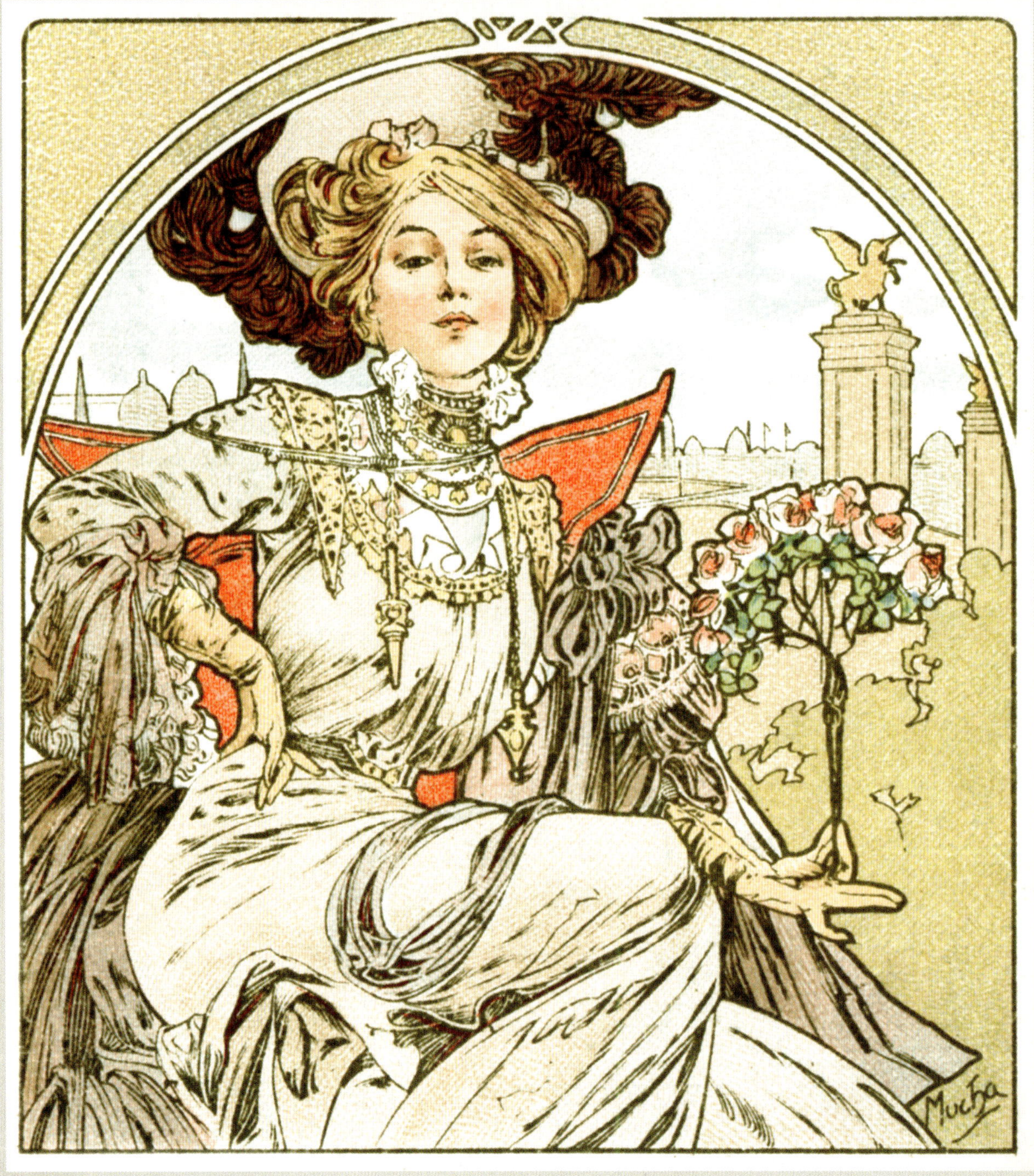

公式晩餐会のメニューのために描かれた。ミュシャがデザインした華やかなジュエリー・デザインが見られる。左側にオカルト調の円形文を並べた装飾帯が入った完成図は『装飾資料集』に入っている(P186)。

1900年 / カラー・リトグラフ、紙 / Heritage/PPS通信社

1900年パリ万国博覧会オーストリア館オフィシャル・ガイド表紙

★★★★★★★★★★★★★★★★★★★★★★

COVER ILLUSTRATION FOR AN OFFICIAL GUIDE BOOK OF THE AUSTRIAN PAVILION AT THE PARIS EXPOSITION 1900

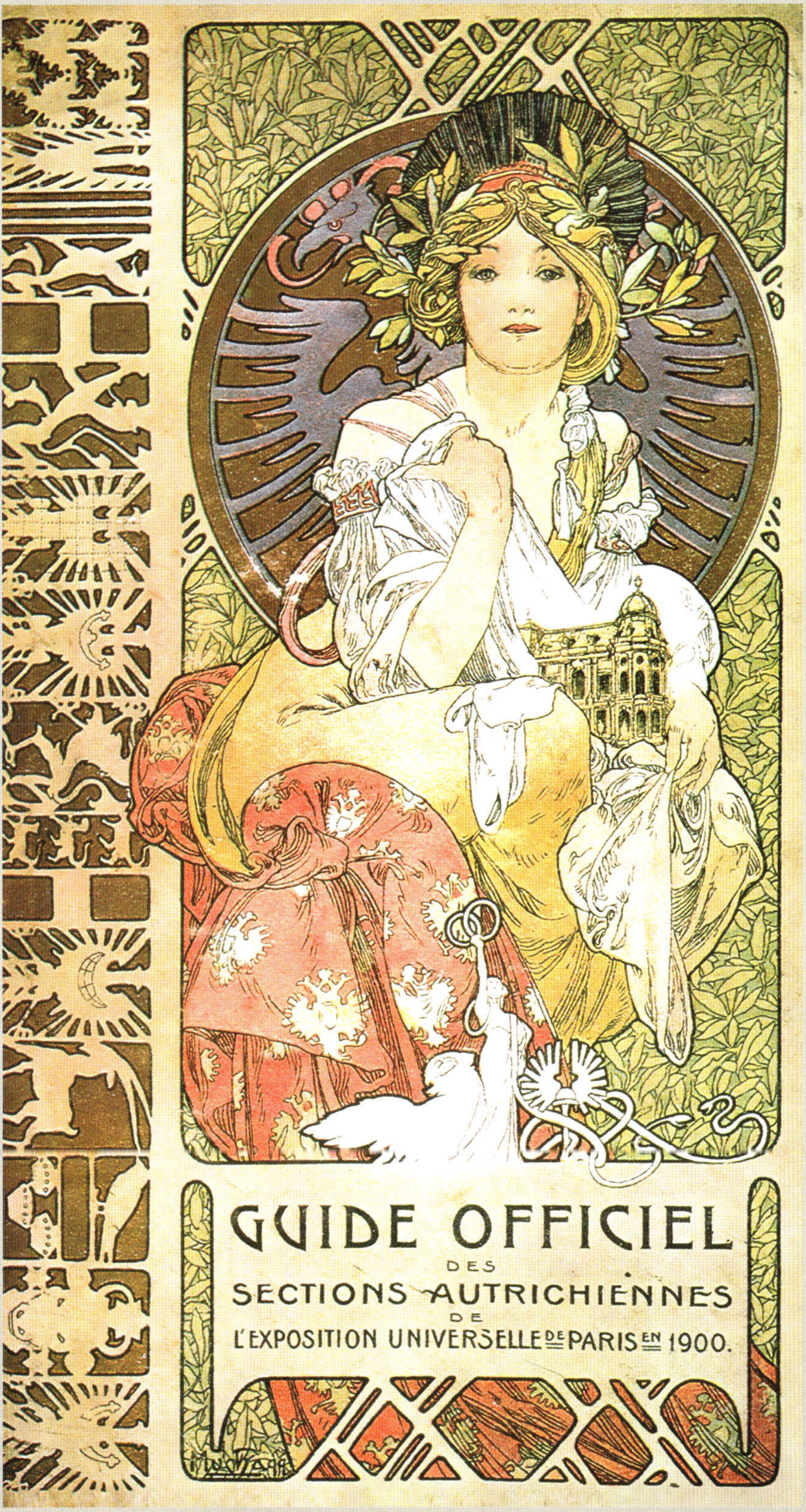

ヴェールを脱いだ〈オーストリア〉がほほえんでいる。背後の円内に、双頭の鷲の紋章が見える。左端の装飾帯などの装飾に埋めつくされているが、公式ガイドのせいかやや硬い。

1900年 / カラー・リトグラフ、紙 / 21×11cm / 個人蔵

1900年パリ万国博覧会ボスニア・ヘルツェゴヴィナ館壁画

MURAL FOR THE BOSNIA-HERZEGOVINA PAVILION AT THE PARIS EXPOSITION 1900

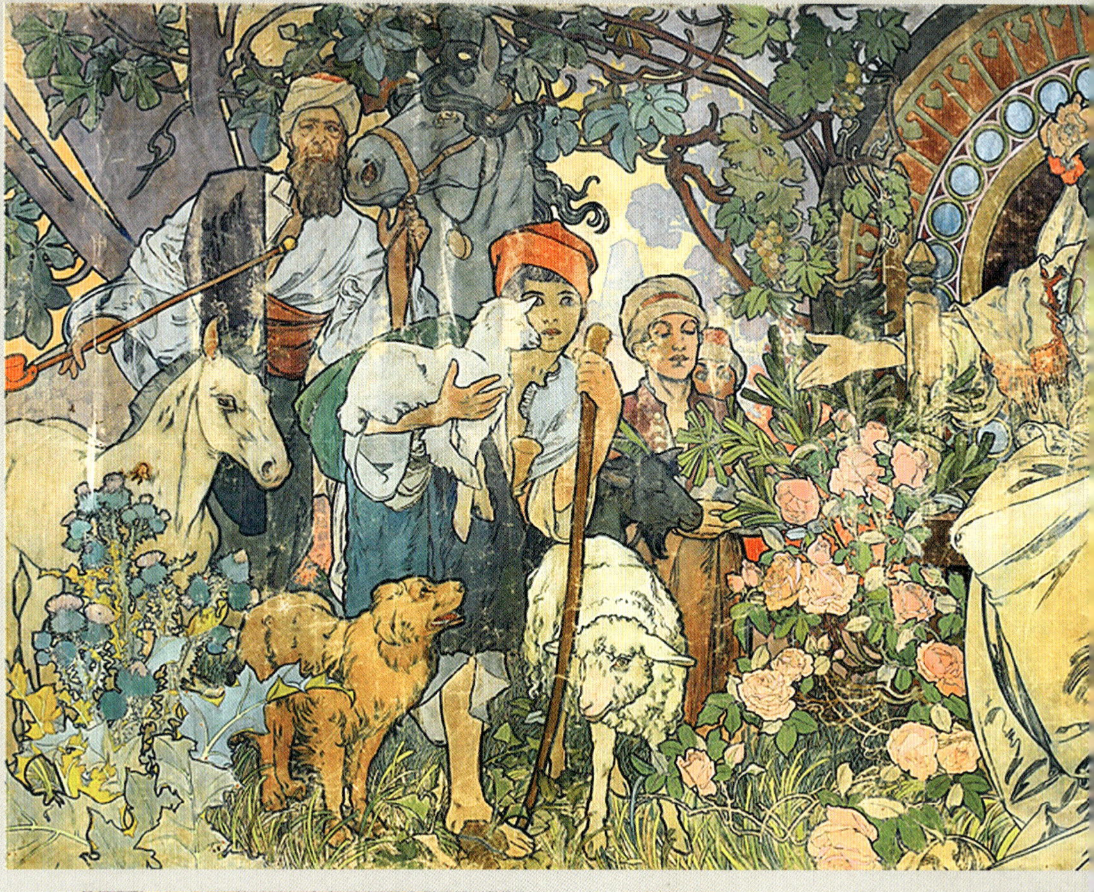

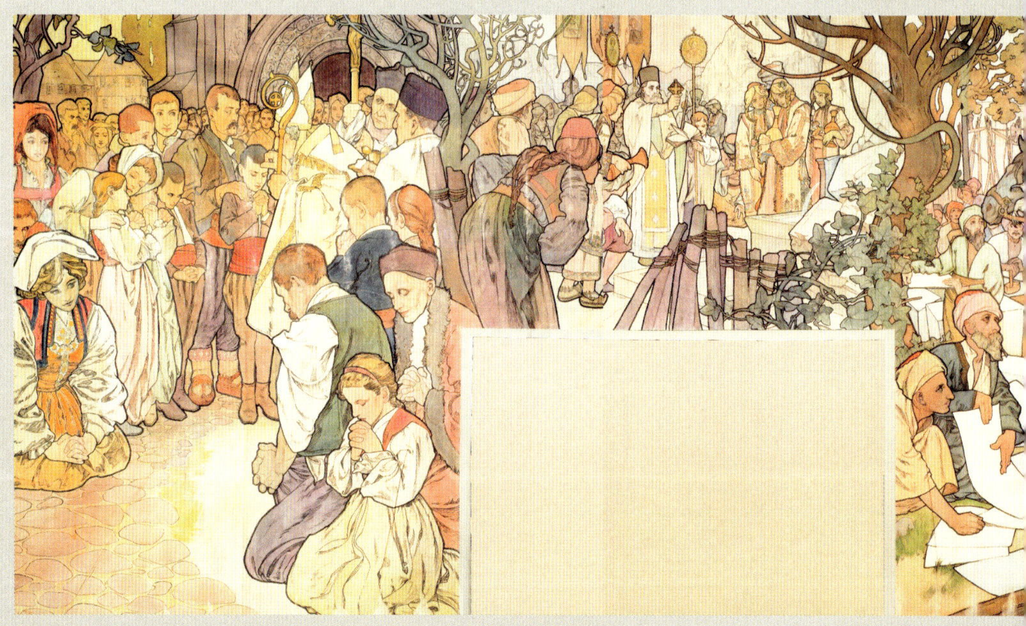

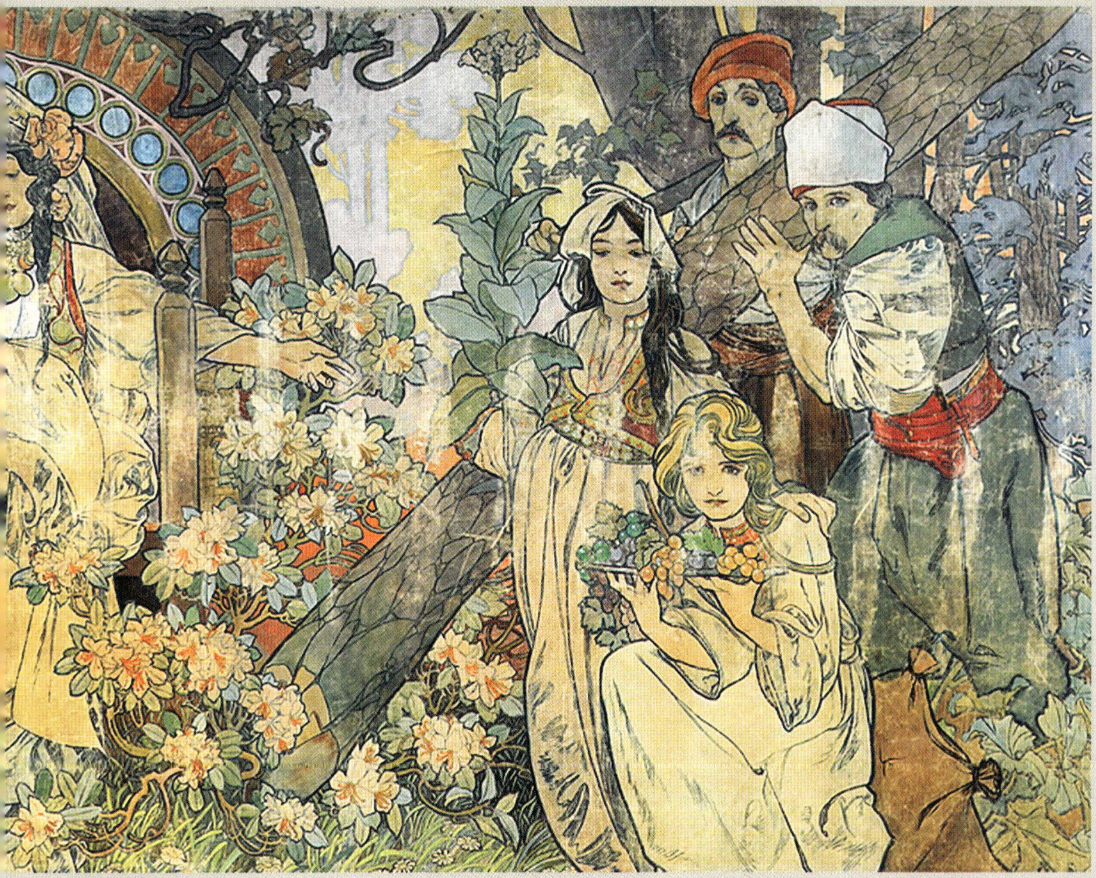

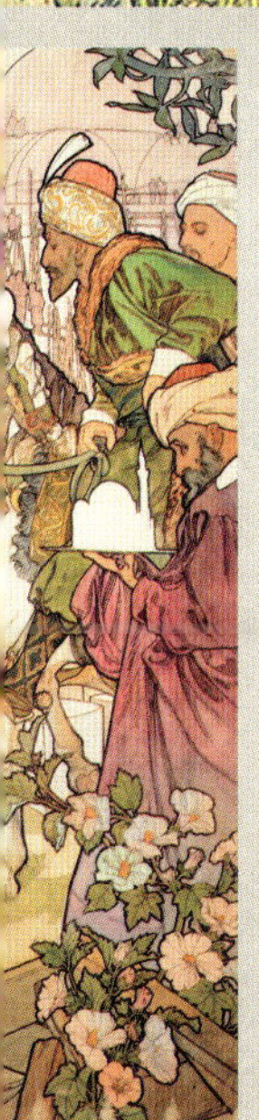

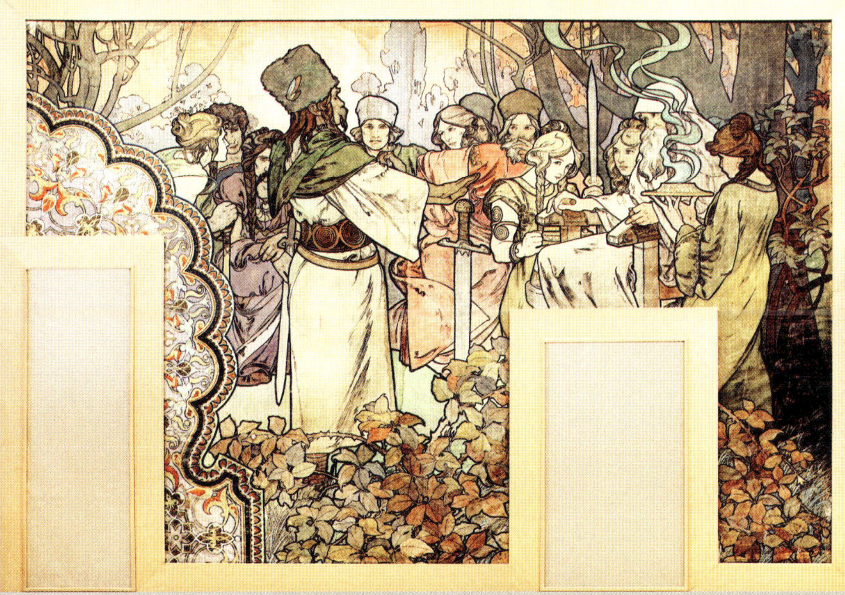

ボスニア・ヘルツェゴヴィナ館の中心はウィーンの画家A・カウフマンの「サラエヴォ市の眺め」という大壁画であった。ミュシャはそのまわりを装飾する3層の帯状の壁画を描いた。一番下は青緑の花文様の帯、天井に近い上の帯は小さいアーチのアーケードが連なり、ボスニア・ヘルツェゴヴィナの伝説が青い光の中に描かれている。中央の幅広い帯にはボスニア・ヘルツェゴヴィナの歴史の12のシーンが描かれた（上3点）。

上段：1899-1900年 / テンペラ、カンヴァス / Heritage/PPS通信社
下段左：1899-1900年 / テンペラ、カンヴァス / プラハ工芸美術館蔵　下段右：1899-1900年 / テンペラ、カンヴァス / Heritage/PPS通信社

1900年パリ万国博覧会ボスニア・ヘルツェゴヴィナ館レストランのメニュー

★★★★★★★★★★★★★★★★★★★★★★★

MENU FOR THE BOSNIA-HERZEGOVINA PAVILION RESTAURANT AT THE PARIS EXPOSITION 1900

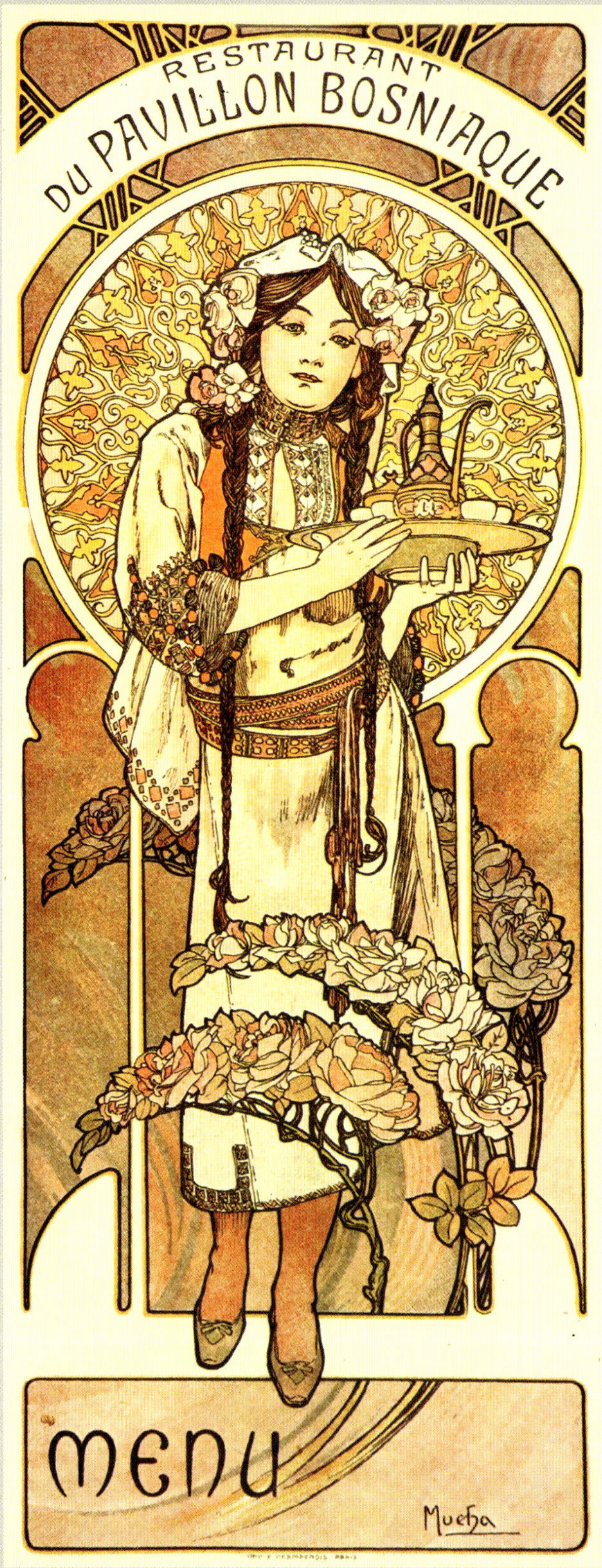

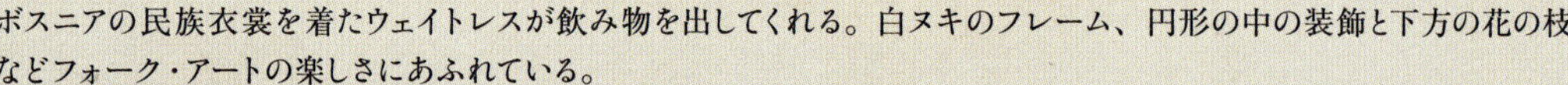

ボスニアの民族衣裳を着たウェイトレスが飲み物を出してくれる。白ヌキのフレーム、円形の中の装飾と下方の花の枝などフォーク・アートの楽しさにあふれている。

1899年 / カラー・リトグラフ、紙 / 61.7×25.5cm / Alamy/PPS通信社

Map 1900年パリ万国博覧会

THE PARIS EXPOSITION OF 1900

1900年のパリ万博は、入場者数約5000万人の大規模な博覧会となった。1889年のパリ万博会場に加え、グラン・パレとプティ・パレが建設され、セーヌ川をアレクサンドル3世橋でつないだ。パリ万博のテーマは「過去を振り返り20世紀を展望する」とされ、展示の2つの柱は「技術（テクノロジー）」と「芸術（アート）」であった。ドイツやアメリカが重工業部門で目覚ましい発展をとげる中、フランスは文化や芸術を推進し、アール・ヌーヴォー・スタイルを世界に広めたことで知られる。

ミュシャが携わった仕事

ボスニア・ヘルツェゴヴィナ館（外観・内観）

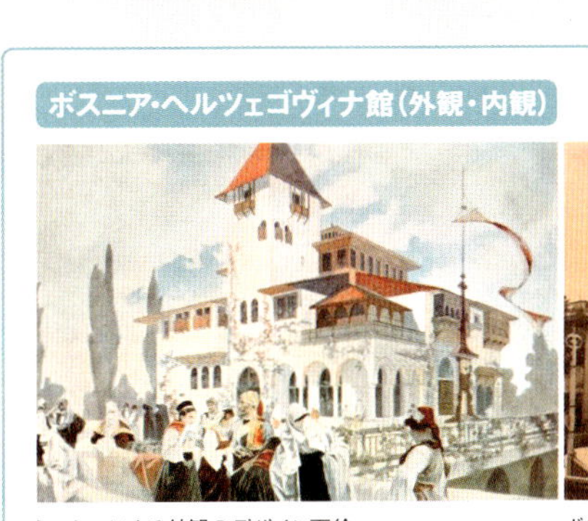

ミュシャによる外観のデザイン下絵

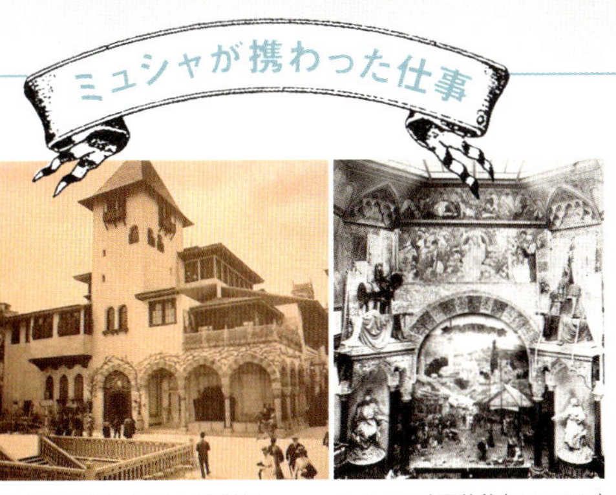

ボスニア・ヘルツェゴヴィナ館外観

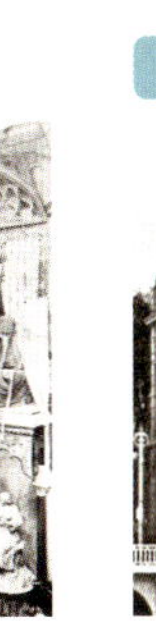

ミュシャの壁画装飾（P134-135）

オーストリア館（外観）

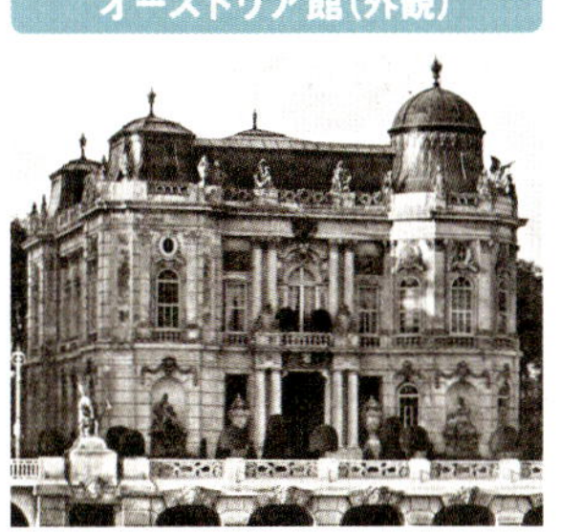

ミュシャはオーストリア館のポスターを描いた（P131）

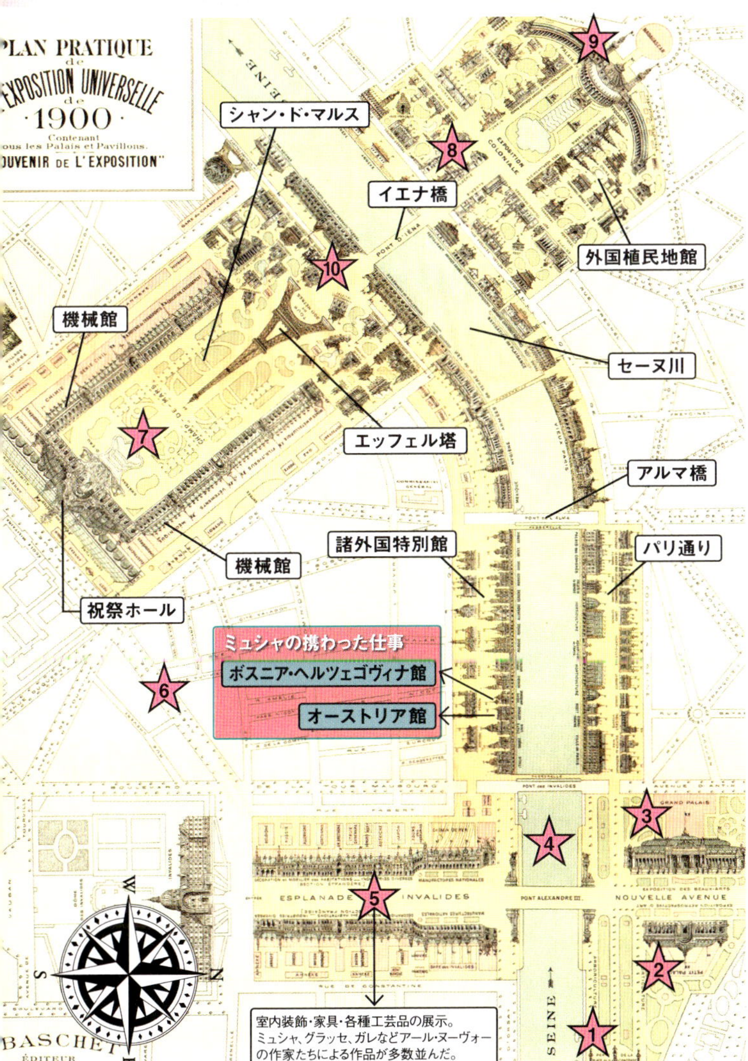

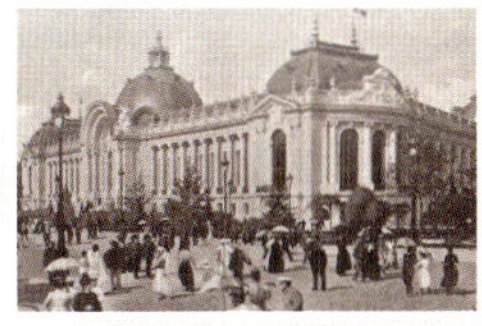

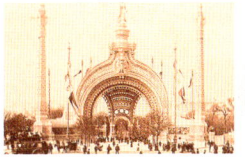

★1 ビネ門（コンコルド広場）
会場の正門。ルネ・ビネによる建設。

★2 プティ・パレ（外観）
ロココのトリアノン宮殿をイメージした建築。

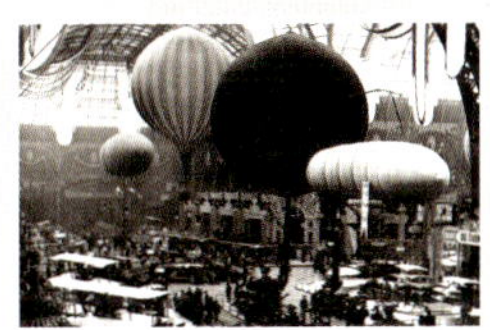

★3 グラン・パレ（内観）
内装の一部はアール・ヌーヴォー・スタイル。

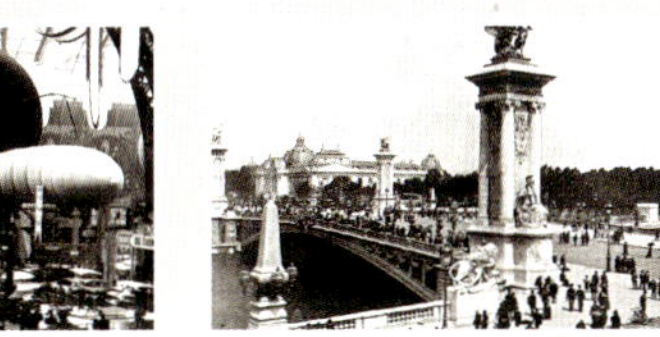

★4 アレクサンドル3世橋
この博覧会のために建てられた鋼鉄橋。

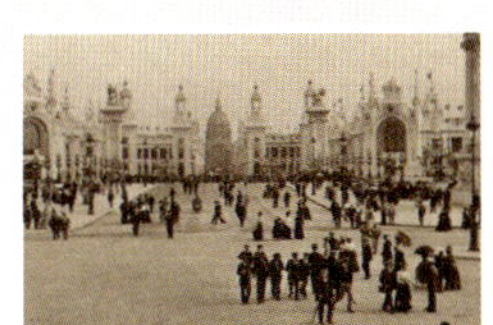

★5 エスプラナード・デ・ザンヴァリッド
装飾美術の展示道。両側に長屋がつづく。

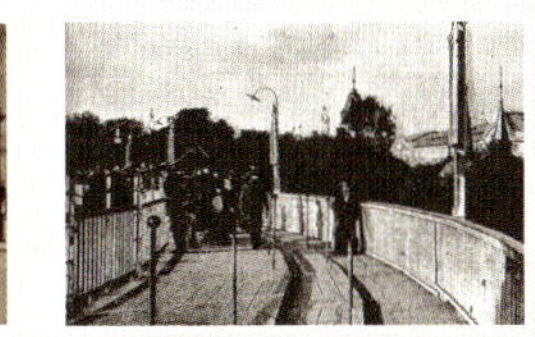

★6 動く歩道
平行して走る電車とともに人気を呼んだ。

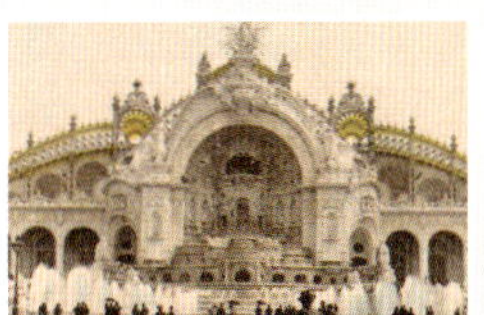

★7 電気宮殿（奥）と水の宮殿（手前）
イルミネーションが名物となった。

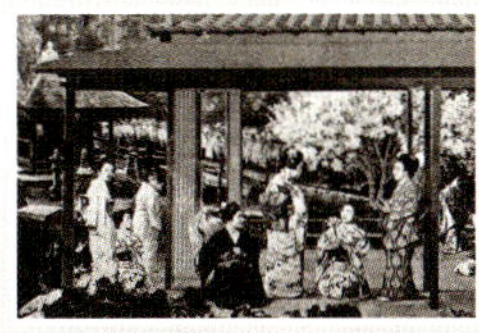

★8 世界1周パノラマ館
日本館のゲイシャ・ガールが話題となった。

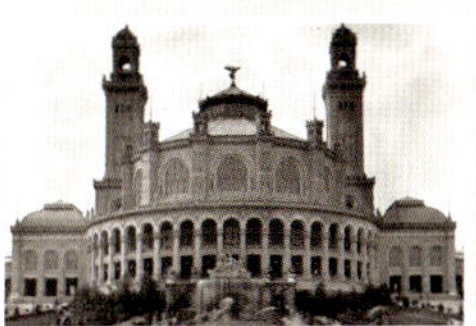

★9 トロカデロ宮殿
1878年パリ博で建てられたイスラム風宮殿。

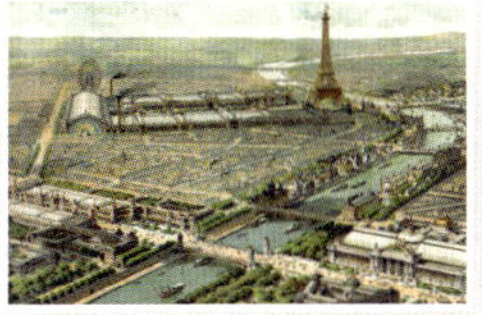

★10 パリ博会場パノラマビュー
ルシアン・ベイラックによる鳥瞰図イラスト。

本 ── ミュシャの小さな濃密な世界

BOOKS ─ MUCHA'S SMALL, EXQUISITELY DETAILED WORLDS

ミュシャは本という小世界に深く魅せられていたようだ。彼の関心はブック・デザインだけでなく、本の内容にまで入っていった。代表作ともいえる『主の祈り』(1899、P148-155)はそのいい例である。

サラ・ベルナールのポスターで売り出す前、ミュシャはシャルル・セニョボス著『ドイツの歴史の諸場面とエピソード』(P170)の挿絵を依頼された。すでに挿絵画家として著名であったジョルジュ・ロシュグロスと共作であった。この本のためのおびただしい歴史的シーンの挿絵は、やがて「スラヴ叙事詩」にいたる歴史シリーズ画のデザイン・ソースになったと思われる。

1897年にはロベール・ド・フレール著『トリポリの姫君イルゼ』(H・ピアザ刊、P139-147)の挿絵を描いた。このロマンティックなメルヘンは、エキゾティックなものにあこがれるミュシャの想像力を開花させた。濃密な装飾が本の小さな頁に圧縮されている。文字と挿絵、装飾のレイアウトが見事にそこに収められている。

1899年には、同じくピアザから『主の祈り』が出版された。この本が『イルゼ』とちがっているのは、原作の物語に挿絵をつけているのではなく、キリスト教の祈禱集に、ミュシャは絵だけでなく、自らのことばによる解説をつけていることだ。しかもそれは彼のオカルティズムによるやフリーメイソン的な、異教的、異端的な表現や解釈なのである。

つまりミュシャは、与えられた文章に絵をつけるだけで満足せず、自ら本の内容に関わりたいと思っていたのである。彼はその後、『装飾資料集』(1902、P180-189)、『装飾人物集』(1905、P190-194)という自ら編集したデザイン・ブックを出す。そして大きな本ともいえる「スラブ叙事詩」へと彼の本の夢はふくらんでゆく。

• • •

Mucha's books are small but fascinating worlds, in which he became involved not only in their design but also their content. Before creating his Sarah Bernhardt posters, Mucha had been commissioned to produce illustrations for Charles Seignobos's *Scenes and Episodes from German History.* Those illustrations of historical scenes shaped the historical illustrations in his Slav Epic. In 1897, Mucha illustrated Robert de Flers's *Ilsée, Princesse de Tripoli* (Ilsea, Princess of Tripoli). In it we see the flowering of Mucha's obsession with imagined exotic subjects. Text, illustrations, and decoration, squeezed into the book's small pages, are exquisitely assembled in the layout. Two years later, Henri Piazza published *Le Pater* (Lord's Prayer). In contrast to *Ilsée*, Mucha's role was not restricted to providing illustrations. Mucha also provided his own interpretations of these Christian prayers, juxtaposing the prayers with his occultism, freemasonry, heterodoxy, and heretical interpretations.Mucha would later publish his own *Collection of Decorative Materials* and *Collection of Decorative Human Figures* and embellished his greatest work, the *Slav Epic*, with his dreams.

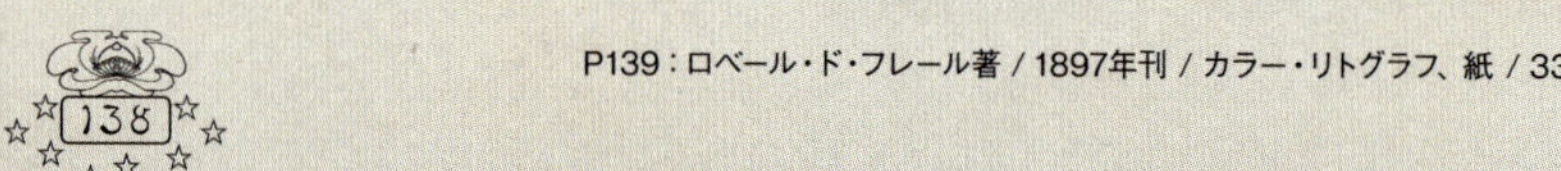

書籍『トリポリの姫君イルゼ』表紙 (次ページ)

BOOK COVER OF "ILSEA, PRINCESS OF TRIPOLI"

P139：ロベール・ド・フレール著 / 1897年刊 / カラー・リトグラフ、紙 / 33×26cm / フランス国立図書館蔵

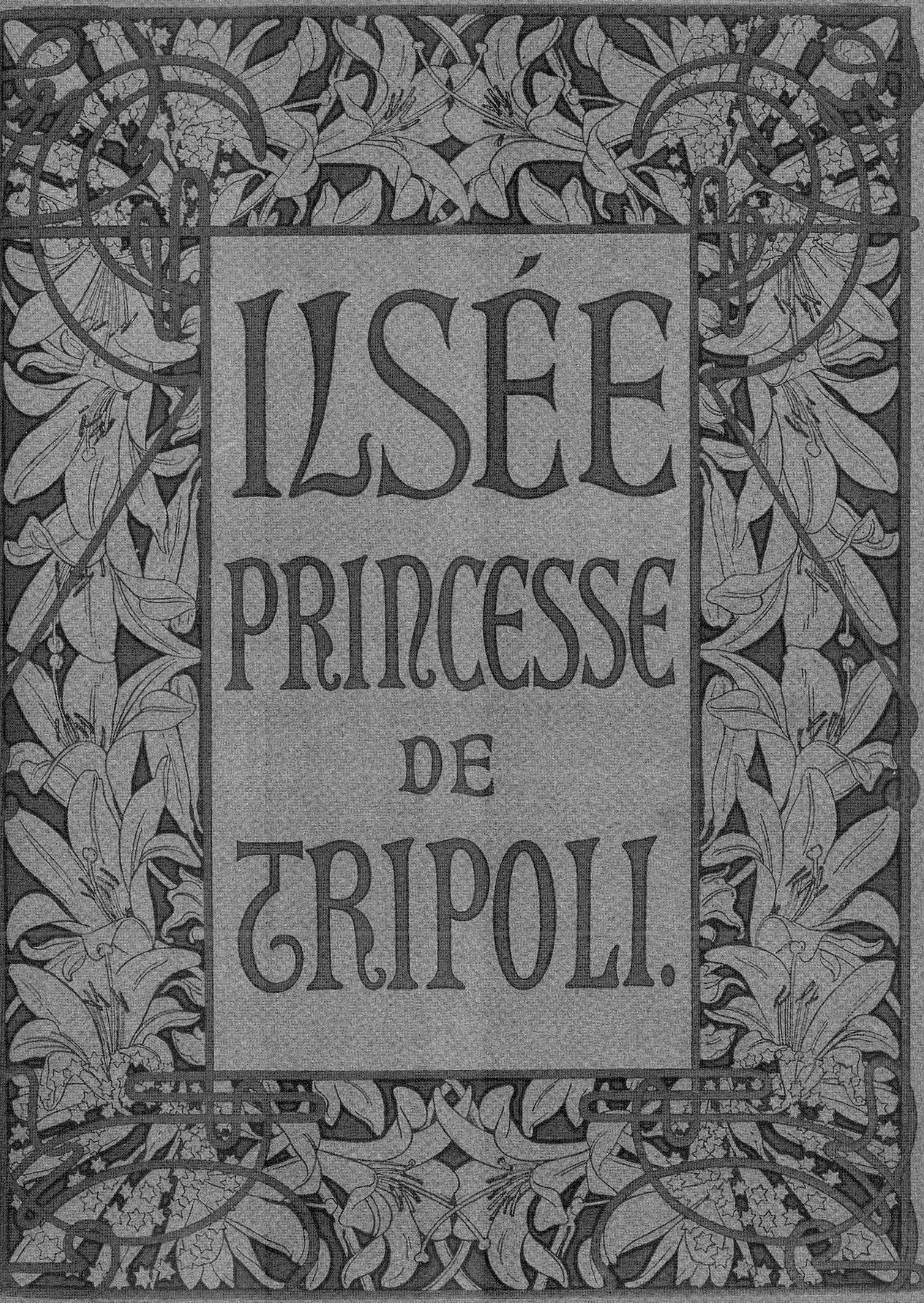
ILSÉE
PRINCESSE
DE
TRIPOLI.

書籍『トリポリの姫君イルゼ』

★★★★★★★★★★★★★★★★★★★★★★

INSIDE PAGES OF "ILSEA, PRINCESS OF TRIPOLI"

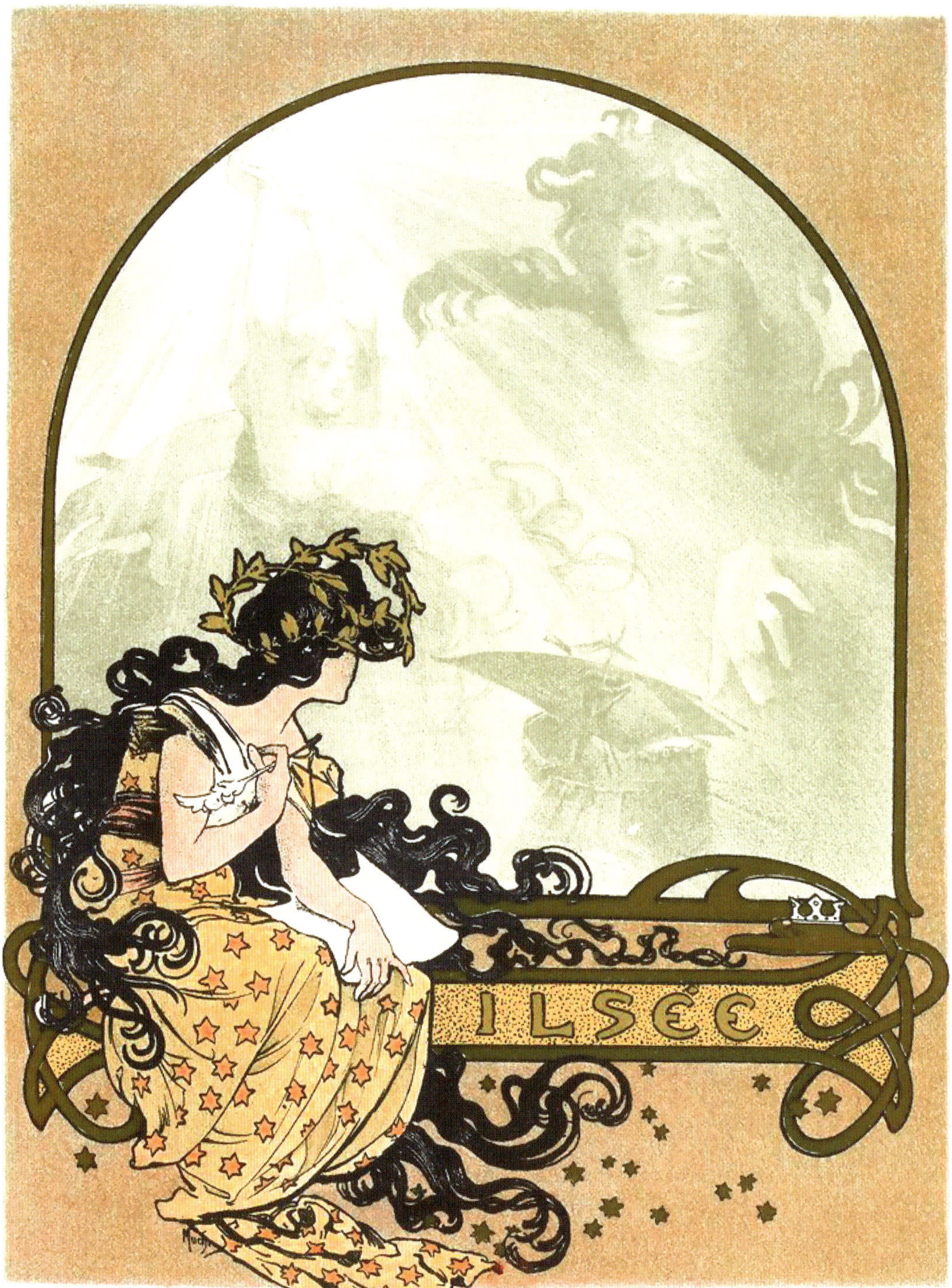

エドモン・ロスタンがサラのために書いた劇《はるかなる姫君》をミュシャの挿絵入りで小説化することになった。しかしロスタンが下り、ロベール・ド・フレールが物語を書いた。もともとは12世紀のプロヴァンスのジョフレ・リュデルの詩が原作で、トリポリの美しい姫メリザンドの話である。ミュシャは134枚のカラー・リトグラフで全頁を飾った。幾何学的文様のフレームとオリエンタル、ビザンチン、そしてラファエル前派的な物語の見事な組み合わせをなしとげた。

P140-147すべて：ロベール・ド・フレール著 / 1897年刊 / カラー・リトグラフ、紙 / 33×26cm / アートハーベスト蔵（P141）、フランス国立図書館蔵（その他）

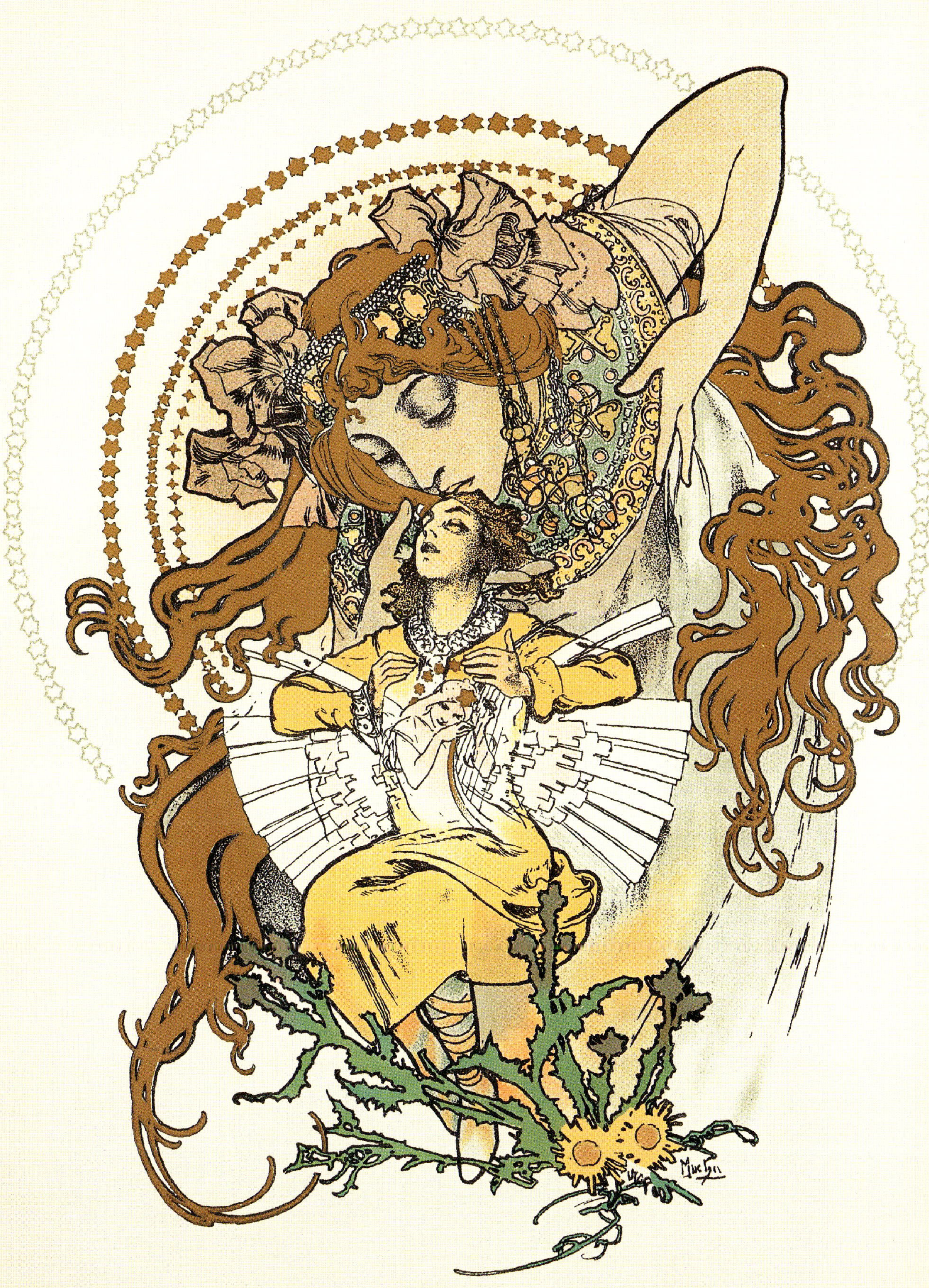
Mucha

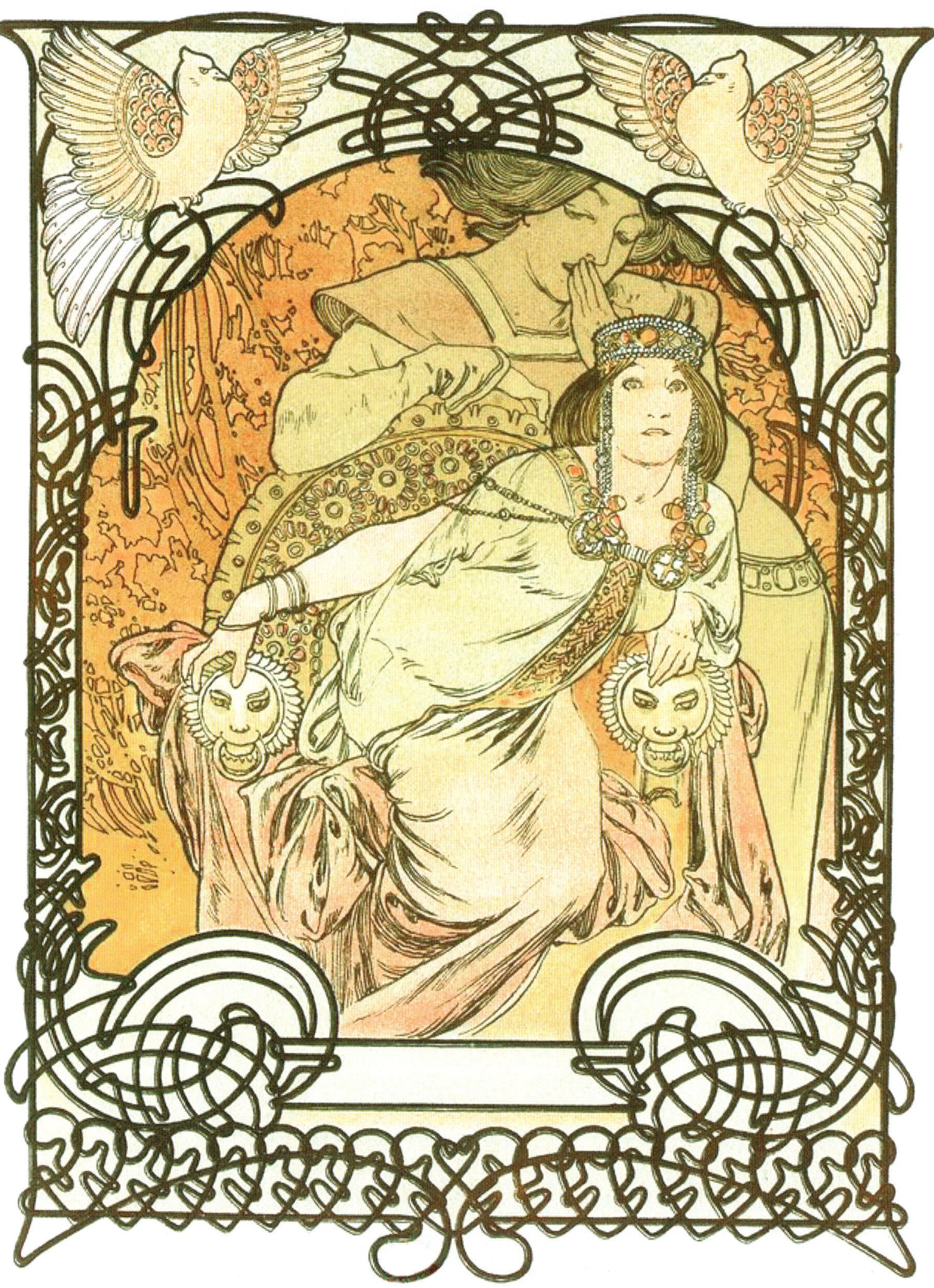

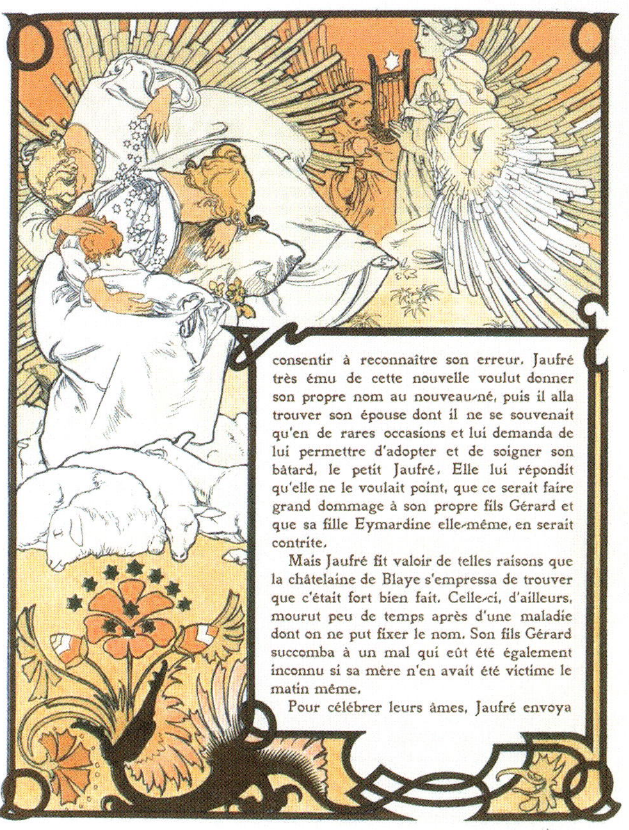

consentir à reconnaître son erreur. Jaufré très ému de cette nouvelle voulut donner son propre nom au nouveau-né, puis il alla trouver son épouse dont il ne se souvenait qu'en de rares occasions et lui demanda de lui permettre d'adopter et de soigner son bâtard, le petit Jaufré. Elle lui répondit qu'elle ne le voulait point, que ce serait faire grand dommage à son propre fils Gérard et que sa fille Eymardine elle-même, en serait contrite.

Mais Jaufré fit valoir de telles raisons que la châtelaine de Blaye s'empressa de trouver que c'était fort bien fait. Celle-ci, d'ailleurs, mourut peu de temps après d'une maladie dont on ne put fixer le nom. Son fils Gérard succomba à un mal qui eût été également inconnu si sa mère n'en avait été victime le matin même.

Pour célébrer leurs âmes, Jaufré envoya

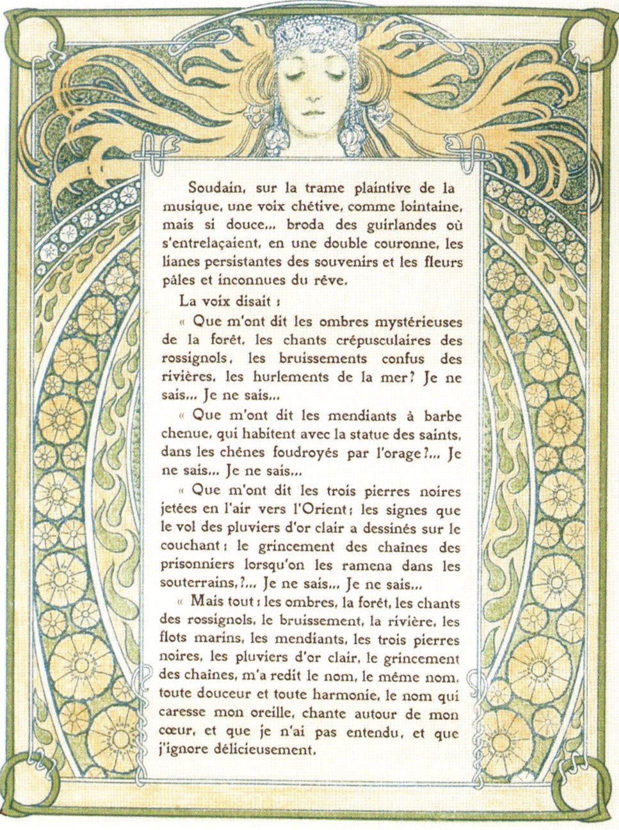

Soudain, sur la trame plaintive de la musique, une voix chétive, comme lointaine, mais si douce... broda des guirlandes où s'entrelaçaient, en une double couronne, les lianes persistantes des souvenirs et les fleurs pâles et inconnues du rêve.

La voix disait :

« Que m'ont dit les ombres mystérieuses de la forêt, les chants crépusculaires des rossignols, les bruissements confus des rivières, les hurlements de la mer? Je ne sais... Je ne sais...

« Que m'ont dit les mendiants à barbe chenue, qui habitent avec la statue des saints, dans les chênes foudroyés par l'orage?... Je ne sais... Je ne sais...

« Que m'ont dit les trois pierres noires jetées en l'air vers l'Orient; les signes que le vol des pluviers d'or clair a dessinés sur le couchant; le grincement des chaînes des prisonniers lorsqu'on les ramena dans les souterrains,?... Je ne sais... Je ne sais...

« Mais tout : les ombres, la forêt, les chants des rossignols, le bruissement, la rivière, les flots marins, les mendiants, les trois pierres noires, les pluviers d'or clair, le grincement des chaînes, m'a redit le nom, le même nom, toute douceur et toute harmonie, le nom qui caresse mon oreille, chante autour de mon cœur, et que je n'ai pas entendu, et que j'ignore délicieusement.

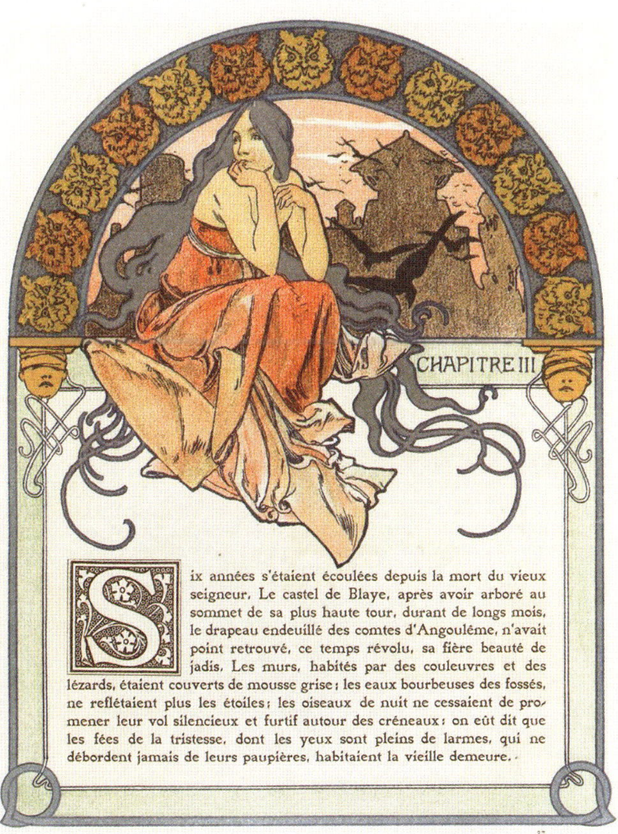

CHAPITRE III

Six années s'étaient écoulées depuis la mort du vieux seigneur. Le castel de Blaye, après avoir arboré au sommet de sa plus haute tour, durant de longs mois, le drapeau endeuillé des comtes d'Angoulême, n'avait point retrouvé, ce temps révolu, sa fière beauté de jadis. Les murs, habités par des couleuvres et des lézards, étaient couverts de mousse grise; les eaux bourbeuses des fossés, ne reflétaient plus les étoiles; les oiseaux de nuit ne cessaient de promener leur vol silencieux et furtif autour des créneaux : on eût dit que les fées de la tristesse, dont les yeux sont pleins de larmes, qui ne débordent jamais de leurs paupières, habitaient la vieille demeure.

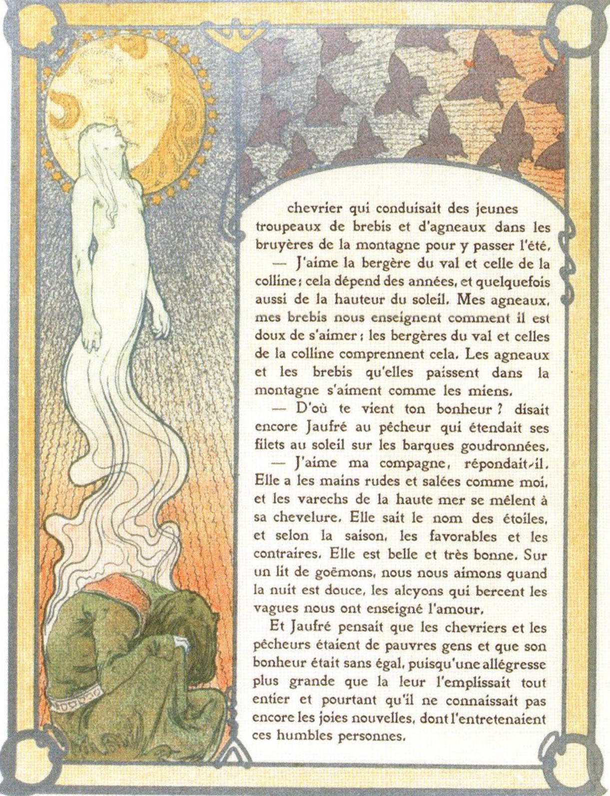

chevrier qui conduisait des jeunes troupeaux de brebis et d'agneaux dans les bruyères de la montagne pour y passer l'été.

— J'aime la bergère du val et celle de la colline; cela dépend des années, et quelquefois aussi de la hauteur du soleil. Mes agneaux, mes brebis nous enseignent comment il est doux de s'aimer; les bergères du val et celles de la colline comprennent cela. Les agneaux et les brebis qu'elles paissent dans la montagne s'aiment comme les miens.

— D'où te vient ton bonheur? disait encore Jaufré au pêcheur qui étendait ses filets au soleil sur les barques goudronnées.

— J'aime ma compagne, répondait-il. Elle a les mains rudes et salées comme moi, et les varechs de la haute mer se mêlent à sa chevelure. Elle sait le nom des étoiles, et selon la saison, les favorables et les contraires. Elle est belle et très bonne. Sur un lit de goëmons, nous nous aimons quand la nuit est douce, les alcyons qui bercent les vagues nous ont enseigné l'amour.

Et Jaufré pensait que les chevriers et les pêcheurs étaient de pauvres gens et que son bonheur était sans égal, puisqu'une allégresse plus grande que la leur l'emplissait tout entier et pourtant qu'il ne connaissait pas encore les joies nouvelles, dont l'entretenaient ces humbles personnes.

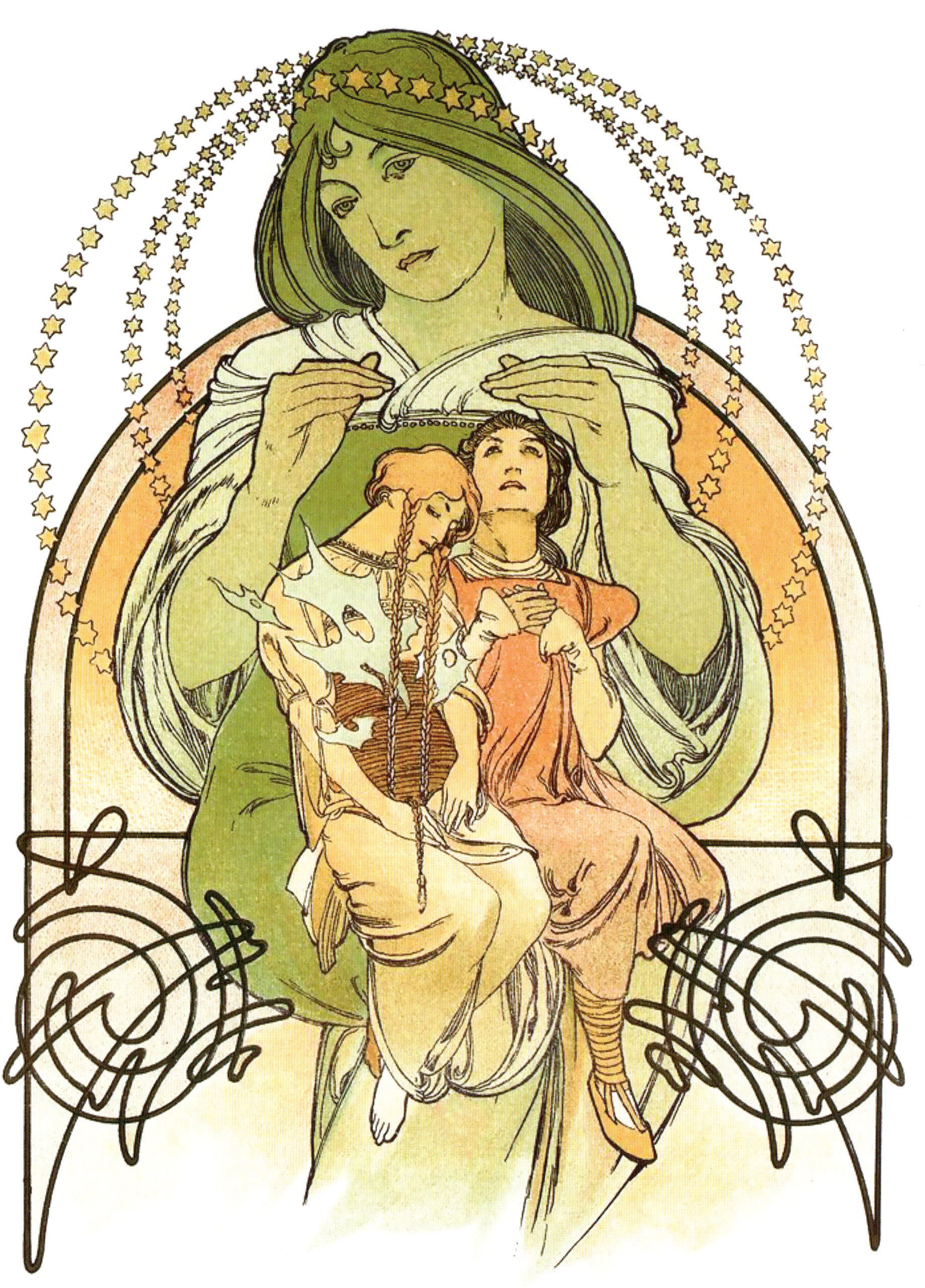

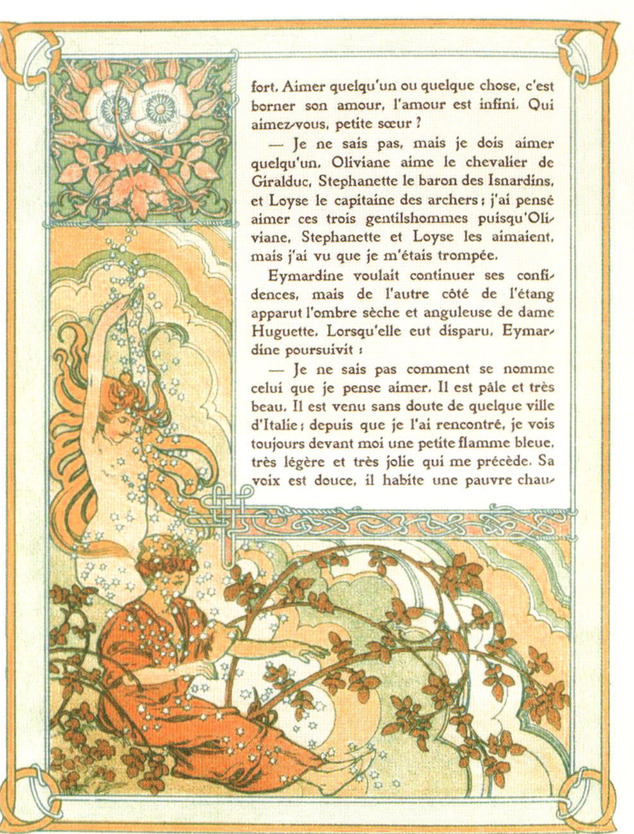

fort. Aimer quelqu'un ou quelque chose, c'est borner son amour, l'amour est infini. Qui aimez-vous, petite sœur ?

— Je ne sais pas, mais je dois aimer quelqu'un. Oliviane aime le chevalier de Giralduc, Stephanette le baron des Isnardins, et Loyse le capitaine des archers ; j'ai pensé aimer ces trois gentilshommes puisqu'Oliviane, Stephanette et Loyse les aimaient, mais j'ai vu que je m'étais trompée.

Eymardine voulait continuer ses confidences, mais de l'autre côté de l'étang apparut l'ombre sèche et anguleuse de dame Huguette. Lorsqu'elle eut disparu, Eymardine poursuivit :

— Je ne sais pas comment se nomme celui que je pense aimer. Il est pâle et très beau. Il est venu sans doute de quelque ville d'Italie ; depuis que je l'ai rencontré, je vois toujours devant moi une petite flamme bleue, très légère et très jolie qui me précède. Sa voix est douce, il habite une pauvre chau-

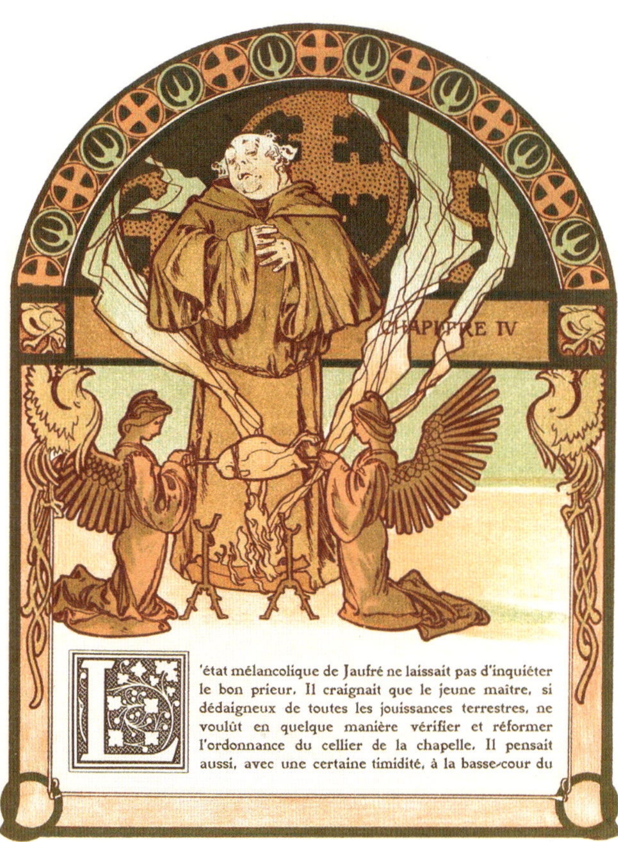

CHAPITRE IV

L'état mélancolique de Jaufré ne laissait pas d'inquiéter le bon prieur. Il craignait que le jeune maître, si dédaigneux de toutes les jouissances terrestres, ne voulût en quelque manière vérifier et réformer l'ordonnance du cellier de la chapelle. Il pensait aussi, avec une certaine timidité, à la basse-cour du

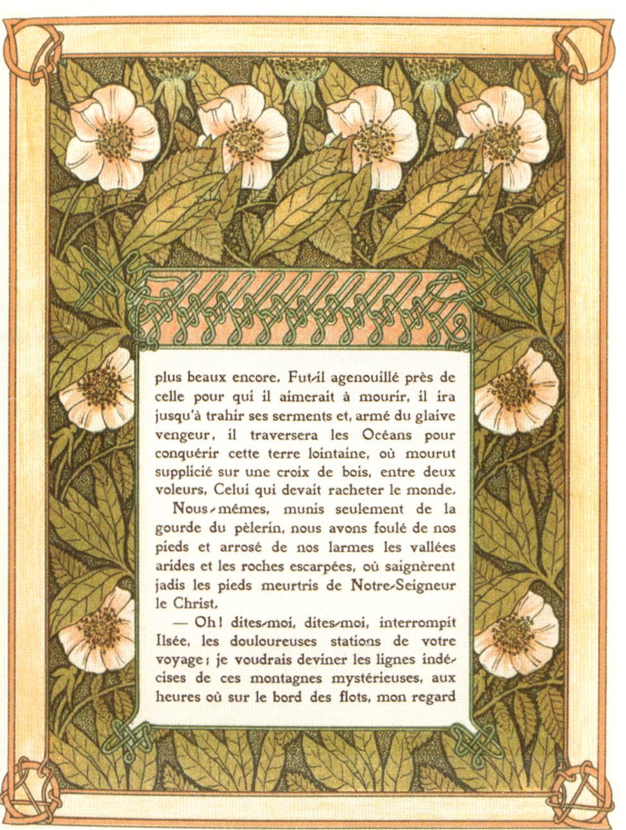

plus beaux encore. Fut-il agenouillé près de celle pour qui il aimerait à mourir, il ira jusqu'à trahir ses serments et, armé du glaive vengeur, il traversera les Océans pour conquérir cette terre lointaine, où mourut supplicié sur une croix de bois, entre deux voleurs, Celui qui devait racheter le monde.

Nous-mêmes, munis seulement de la gourde du pèlerin, nous avons foulé de nos pieds et arrosé de nos larmes les vallées arides et les roches escarpées, où saignèrent jadis les pieds meurtris de Notre-Seigneur le Christ.

— Oh ! dites-moi, dites-moi, interrompit Ilsée, les douloureuses stations de votre voyage ; je voudrais deviner les lignes indécises de ces montagnes mystérieuses, aux heures où sur le bord des flots, mon regard

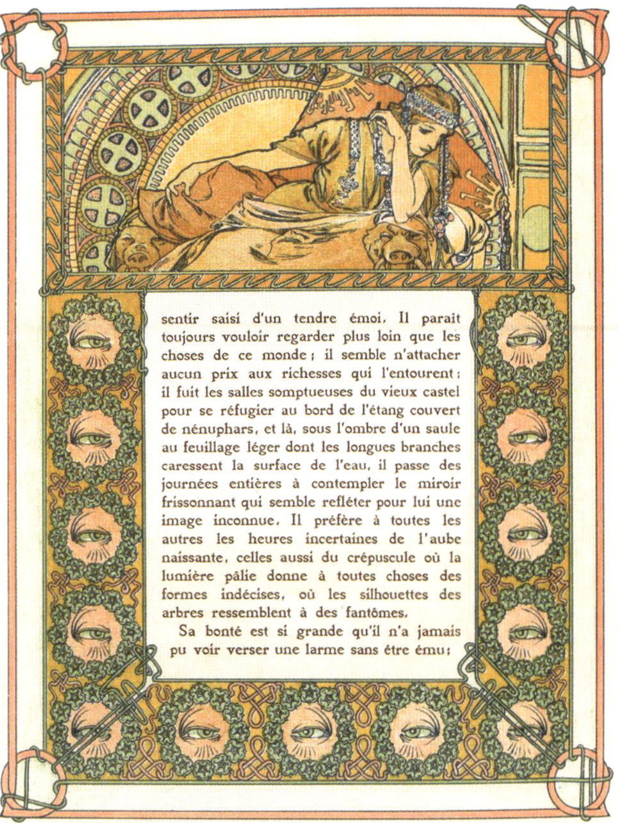

sentir saisi d'un tendre émoi. Il paraît toujours vouloir regarder plus loin que les choses de ce monde ; il semble n'attacher aucun prix aux richesses qui l'entourent ; il fuit les salles somptueuses du vieux castel pour se réfugier au bord de l'étang couvert de nénuphars, et là, sous l'ombre d'un saule au feuillage léger dont les longues branches caressent la surface de l'eau, il passe des journées entières à contempler le miroir frissonnant qui semble refléter pour lui une image inconnue. Il préfère à toutes les autres les heures incertaines de l'aube naissante, celles aussi du crépuscule où la lumière pâlie donne à toutes choses des formes indécises, où les silhouettes des arbres ressemblent à des fantômes.

Sa bonté est si grande qu'il n'a jamais pu voir verser une larme sans être ému ;

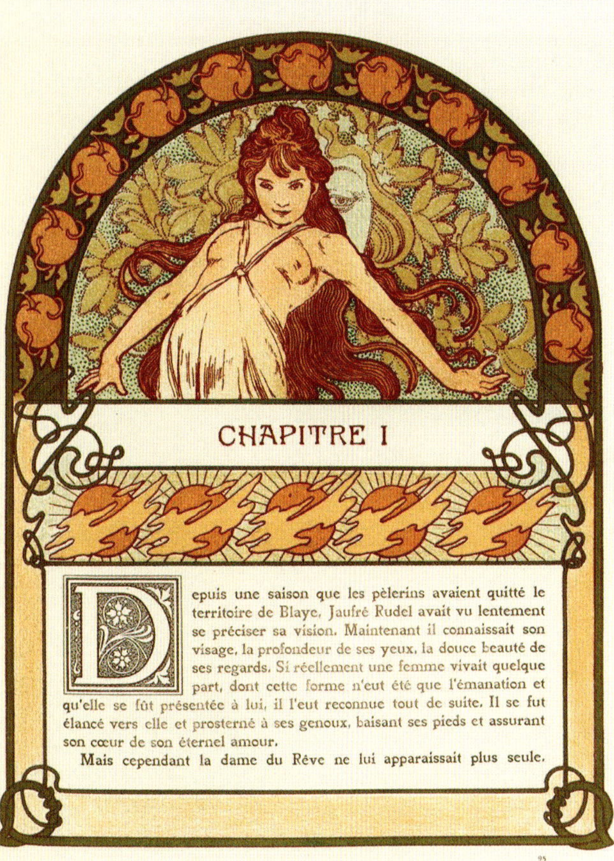

CHAPITRE I

Depuis une saison que les pèlerins avaient quitté le territoire de Blaye, Jaufré Rudel avait vu lentement se préciser sa vision. Maintenant il connaissait son visage, la profondeur de ses yeux, la douce beauté de ses regards. Si réellement une femme vivait quelque part, dont cette forme n'eut été que l'émanation et qu'elle se fût présentée à lui, il l'eut reconnue tout de suite. Il se fut élancé vers elle et prosterné à ses genoux, baisant ses pieds et assurant son cœur de son éternel amour.

Mais cependant la dame du Rêve ne lui apparaissait plus seule.

95

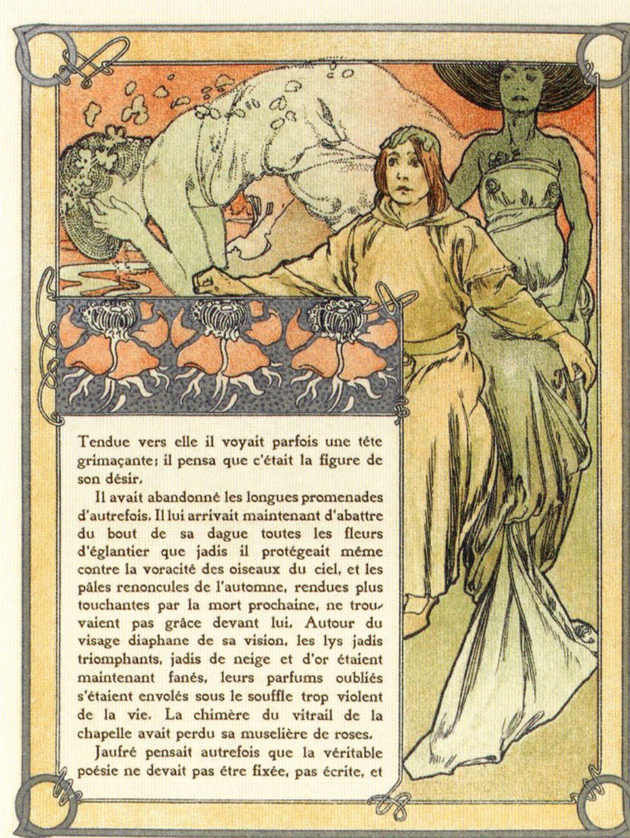

Tendue vers elle il voyait parfois une tête grimaçante; il pensa que c'était la figure de son désir.

Il avait abandonné les longues promenades d'autrefois. Il lui arrivait maintenant d'abattre du bout de sa dague toutes les fleurs d'églantier que jadis il protégeait même contre la voracité des oiseaux du ciel, et les pâles renoncules de l'automne, rendues plus touchantes par la mort prochaine, ne trouvaient pas grâce devant lui. Autour du visage diaphane de sa vision, les lys jadis triomphants, jadis de neige et d'or étaient maintenant fanés, leurs parfums oubliés s'étaient envolés sous le souffle trop violent de la vie. La chimère du vitrail de la chapelle avait perdu sa muselière de roses.

Jaufré pensait autrefois que la véritable poésie ne devait pas être fixée, pas écrite, et

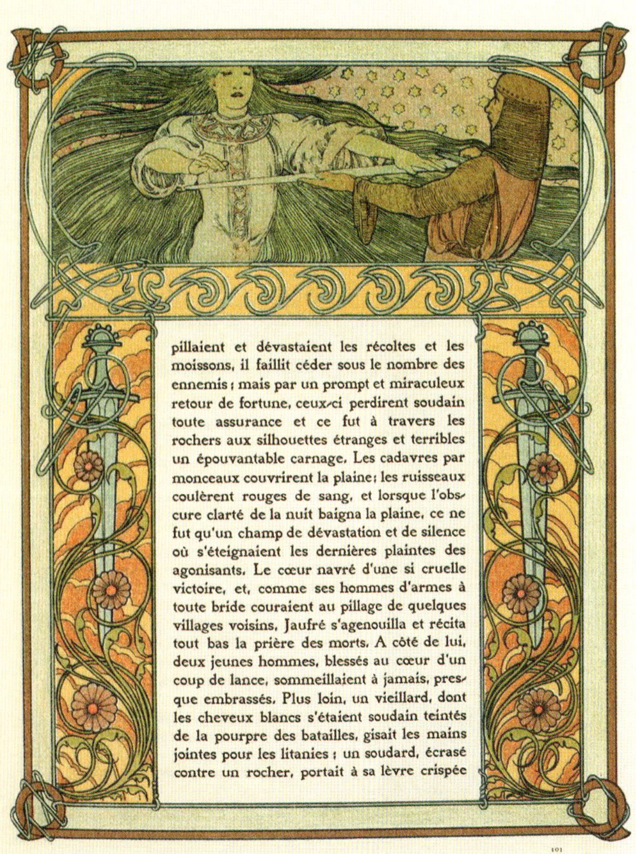

pillaient et dévastaient les récoltes et les moissons, il faillit céder sous le nombre des ennemis; mais par un prompt et miraculeux retour de fortune, ceux-ci perdirent soudain toute assurance et ce fut à travers les rochers aux silhouettes étranges et terribles un épouvantable carnage. Les cadavres par monceaux couvrirent la plaine; les ruisseaux coulèrent rouges de sang, et lorsque l'obscure clarté de la nuit baigna la plaine, ce ne fut qu'un champ de dévastation et de silence où s'éteignaient les dernières plaintes des agonisants. Le cœur navré d'une si cruelle victoire, et, comme ses hommes d'armes à toute bride couraient au pillage de quelques villages voisins, Jaufré s'agenouilla et récita tout bas la prière des morts. A côté de lui, deux jeunes hommes, blessés au cœur d'un coup de lance, sommeillaient à jamais, presque embrassés. Plus loin, un vieillard, dont les cheveux blancs s'étaient soudain teintés de la pourpre des batailles, gisait les mains jointes pour les litanies; un soudard, écrasé contre un rocher, portait à sa lèvre crispée

101

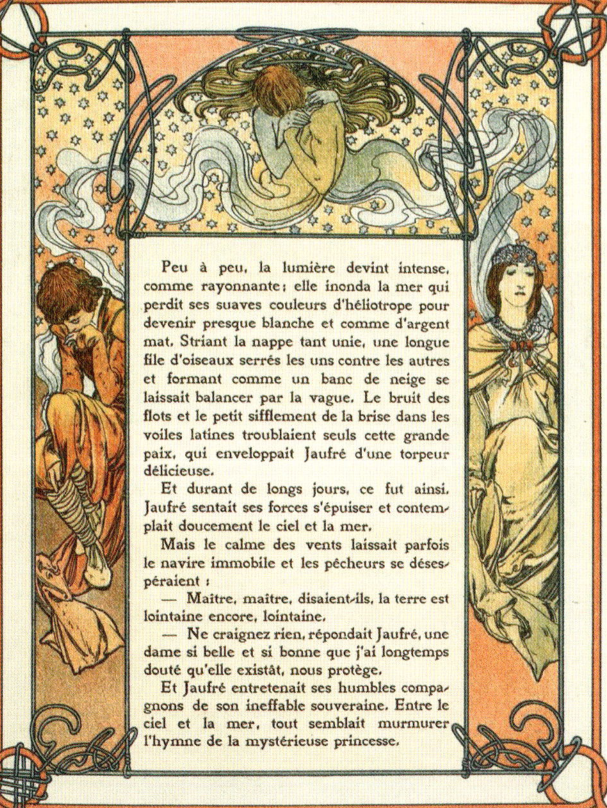

Peu à peu, la lumière devint intense, comme rayonnante; elle inonda la mer qui perdit ses suaves couleurs d'héliotrope pour devenir presque blanche et comme d'argent mat. Striant la nappe tant unie, une longue file d'oiseaux serrés les uns contre les autres et formant comme un banc de neige se laissait balancer par la vague. Le bruit des flots et le petit sifflement de la brise dans les voiles latines troublaient seuls cette grande paix, qui enveloppait Jaufré d'une torpeur délicieuse.

Et durant de longs jours, ce fut ainsi. Jaufré sentait ses forces s'épuiser et contemplait doucement le ciel et la mer.

Mais le calme des vents laissait parfois le navire immobile et les pêcheurs se désespéraient :

— Maître, maître, disaient-ils, la terre est lointaine encore, lointaine.

— Ne craignez rien, répondait Jaufré, une dame si belle et si bonne que j'ai longtemps douté qu'elle existât, nous protège.

Et Jaufré entretenait ses humbles compagnons de son ineffable souveraine. Entre le ciel et la mer, tout semblait murmurer l'hymne de la mystérieuse princesse.

115

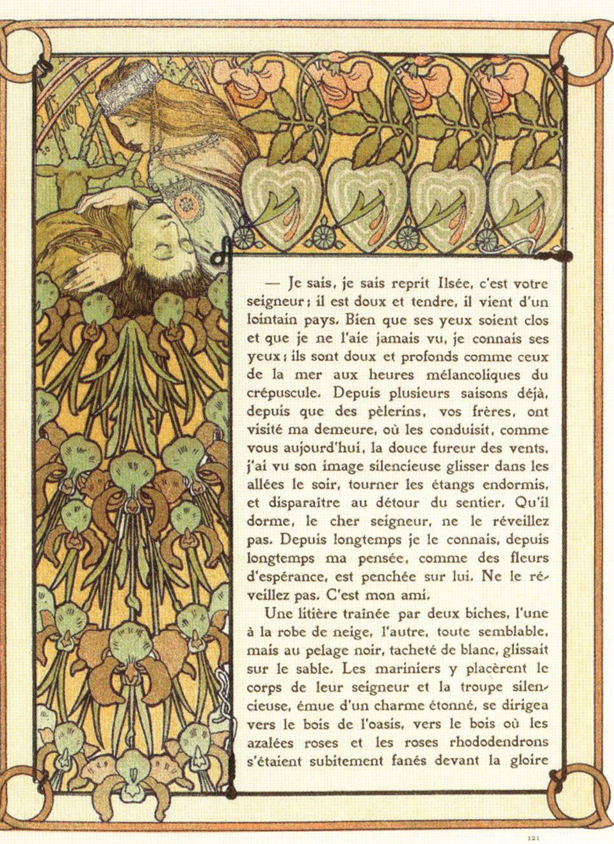

— Je sais, je sais reprit Ilsée, c'est votre seigneur ; il est doux et tendre, il vient d'un lointain pays. Bien que ses yeux soient clos et que je ne l'aie jamais vu, je connais ses yeux ; ils sont doux et profonds comme ceux de la mer aux heures mélancoliques du crépuscule. Depuis plusieurs saisons déjà, depuis que des pèlerins, vos frères, ont visité ma demeure, où les conduisit, comme vous aujourd'hui, la douce fureur des vents, j'ai vu son image silencieuse glisser dans les allées le soir, tourner les étangs endormis, et disparaître au détour du sentier. Qu'il dorme, le cher seigneur, ne le réveillez pas. Depuis longtemps je le connais, depuis longtemps ma pensée, comme des fleurs d'espérance, est penchée sur lui. Ne le réveillez pas. C'est mon ami.

Une litière traînée par deux biches, l'une à la robe de neige, l'autre, toute semblable, mais au pelage noir, tacheté de blanc, glissait sur le sable. Les mariniers y placèrent le corps de leur seigneur et la troupe silencieuse, émue d'un charme étonné, se dirigea vers le bois de l'oasis, vers le bois où les azalées roses et les roses rhododendrons s'étaient subitement fanés devant la gloire

121

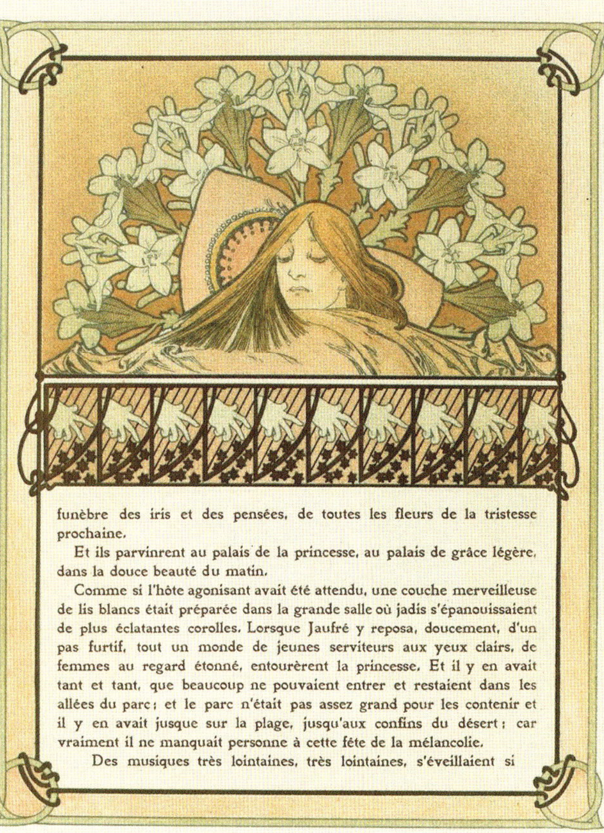

funèbre des iris et des pensées, de toutes les fleurs de la tristesse prochaine.

Et ils parvinrent au palais de la princesse, au palais de grâce légère, dans la douce beauté du matin.

Comme si l'hôte agonisant avait été attendu, une couche merveilleuse de lis blancs était préparée dans la grande salle où jadis s'épanouissaient de plus éclatantes corolles. Lorsque Jaufré y reposa, doucement, d'un pas furtif, tout un monde de jeunes serviteurs aux yeux clairs, de femmes au regard étonné, entourèrent la princesse. Et il y en avait tant et tant, que beaucoup ne pouvaient entrer et restaient dans les allées du parc ; et le parc n'était pas assez grand pour les contenir et il y en avait jusque sur la plage, jusqu'aux confins du désert : car vraiment il ne manquait personne à cette fête de la mélancolie.

Des musiques très lointaines, très lointaines, s'éveillaient si

122

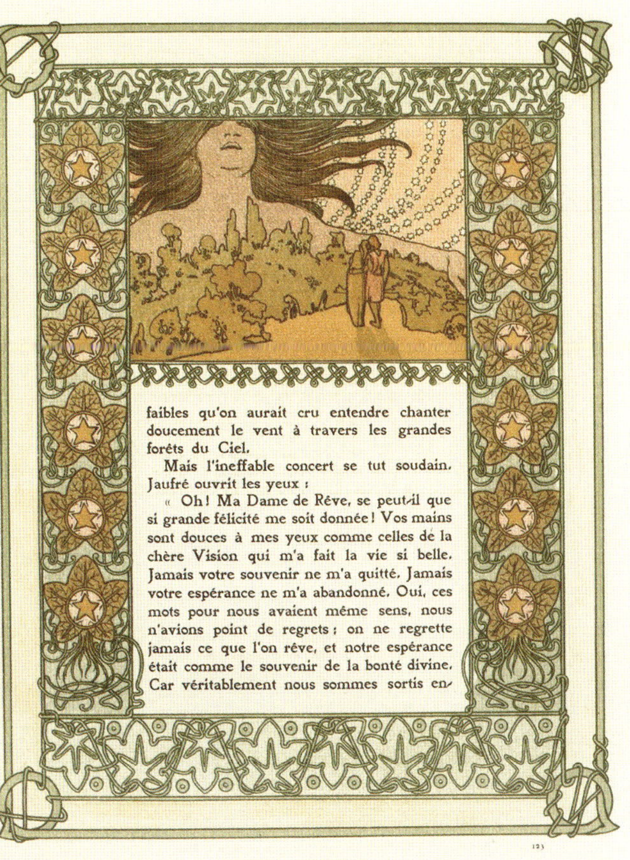

faibles qu'on aurait cru entendre chanter doucement le vent à travers les grandes forêts du Ciel.

Mais l'ineffable concert se tut soudain. Jaufré ouvrit les yeux :

« Oh ! Ma Dame de Rêve, se peut-il que si grande félicité me soit donnée ! Vos mains sont douces à mes yeux comme celles de la chère Vision qui m'a fait la vie si belle. Jamais votre souvenir ne m'a quitté. Jamais votre espérance ne m'a abandonné. Oui, ces mots pour nous avaient même sens, nous n'avions point de regrets ; on ne regrette jamais ce que l'on rêve, et notre espérance était comme le souvenir de la bonté divine. Car véritablement nous sommes sortis en-

123

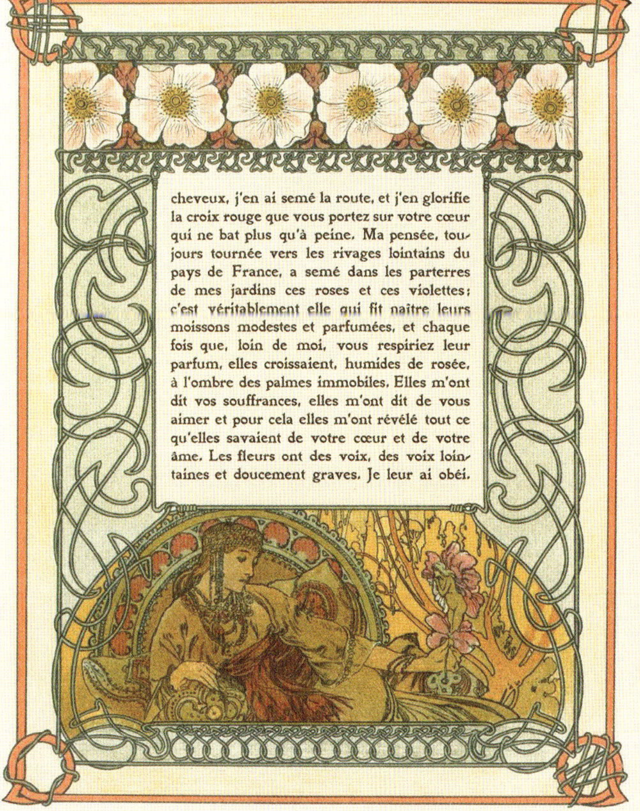

cheveux, j'en ai semé la route, et j'en glorifie la croix rouge que vous portez sur votre cœur qui ne bat plus qu'à peine. Ma pensée, toujours tournée vers les rivages lointains du pays de France, a semé dans les parterres de mes jardins ces roses et ces violettes ; c'est véritablement elle qui fit naître leurs moissons modestes et parfumées, et chaque fois que, loin de moi, vous respiriez leur parfum, elles croissaient, humides de rosée, à l'ombre des palmes immobiles. Elles m'ont dit vos souffrances, elles m'ont dit de vous aimer et pour cela elles m'ont révélé tout ce qu'elles savaient de votre cœur et de votre âme. Les fleurs ont des voix, des voix lointaines et doucement graves. Je leur ai obéi.

126

書籍『主の祈り』

★★★★★★★★★★★★★★★★★★★★★

BOOK COVER AND INSIDE PAGES OF "LE PATER (LORD'S PRAYER)"

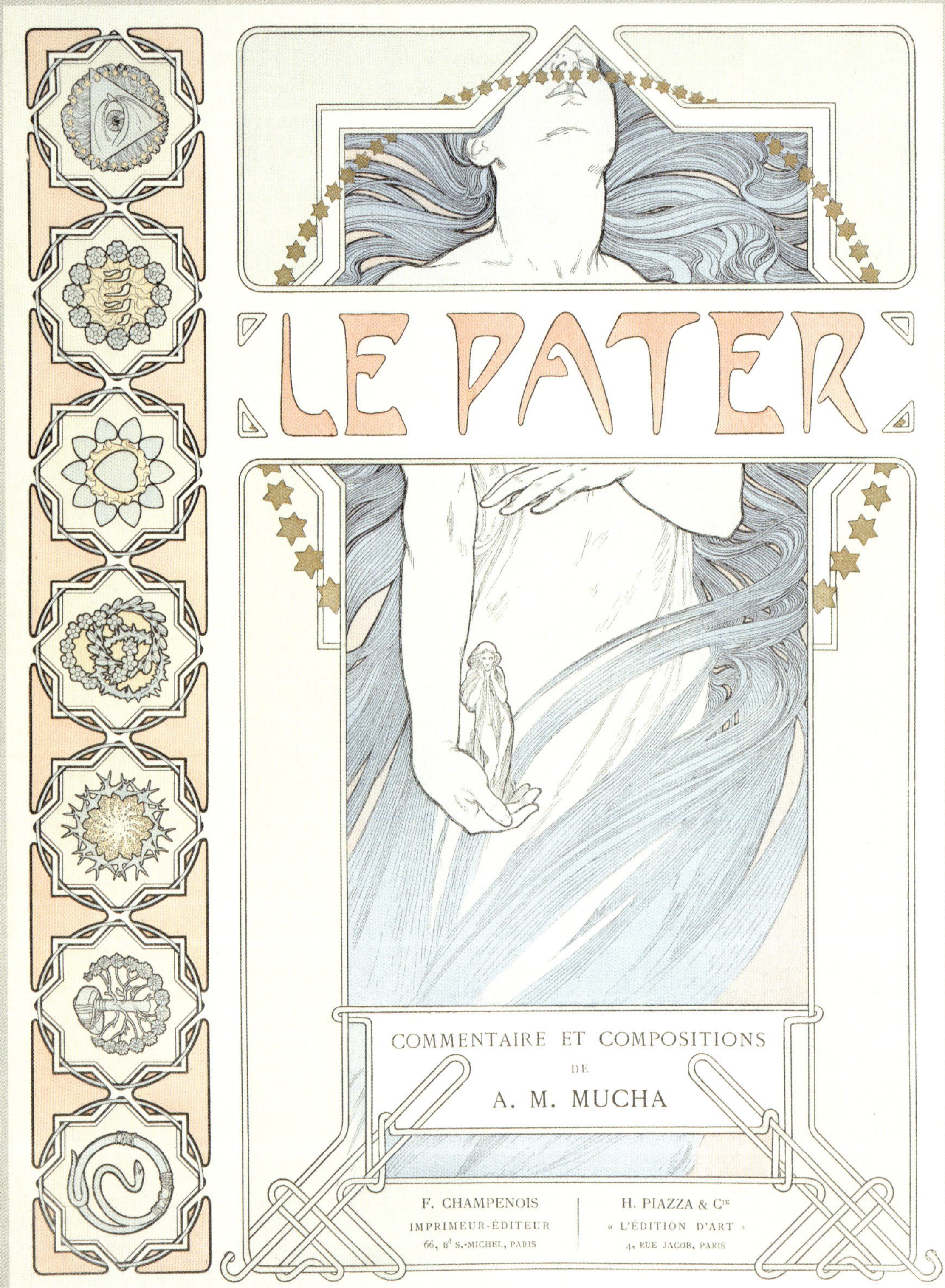

LE PATER

COMMENTAIRE ET COMPOSITIONS
DE
A. M. MUCHA

F. CHAMPENOIS
IMPRIMEUR-ÉDITEUR
66, Bd S.-MICHEL, PARIS

H. PIAZZA & Cie
« L'ÉDITION D'ART »
4, RUE JACOB, PARIS

『主の祈り』はミュシャが自ら企画した本である。彼は人気の絶頂にあったが、注文されて描くのにうんざりしていた。自分がなにをやりたいかと思った時、主への祈りの本が浮かんだのである。彼の霊的な世界への関心が一挙にあふれ出た。象徴的な装飾の表紙、それをくりかえす2枚目、そして神秘的、幻想的世界のシーンとつづく。ミュシャの装飾宇宙と霊的、夢幻的な物語の世界とが奇跡的に合体している。ミュシャの思想と表現スタイルのすべての要素が結集されている。

P148-155すべて：アルフォンス・ミュシャ著 / 1899年刊 / カラー・リトグラフ、紙 / 39.5×30cm / アートハーベスト蔵

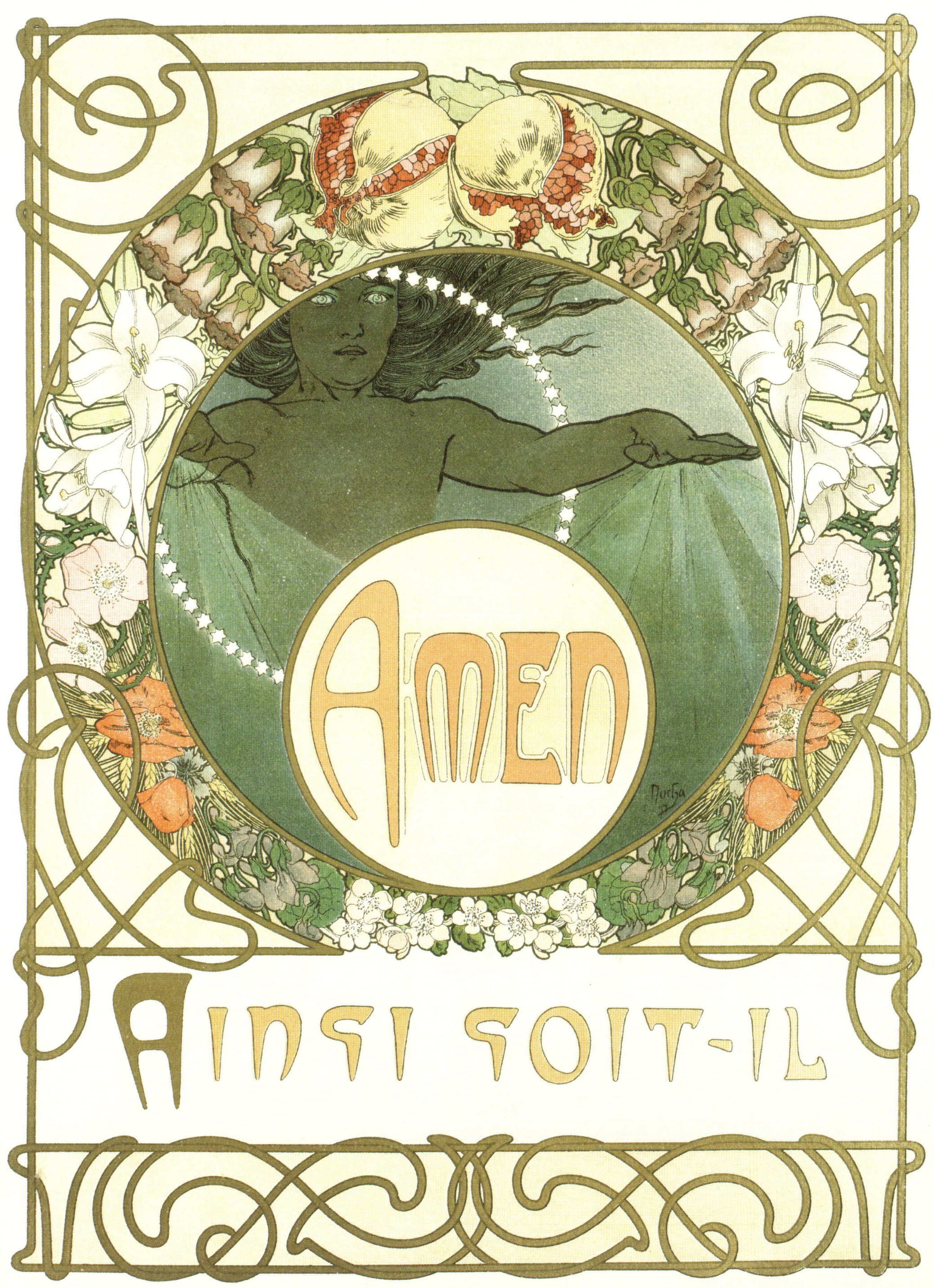
AMEN
AINSI SOIT-IL

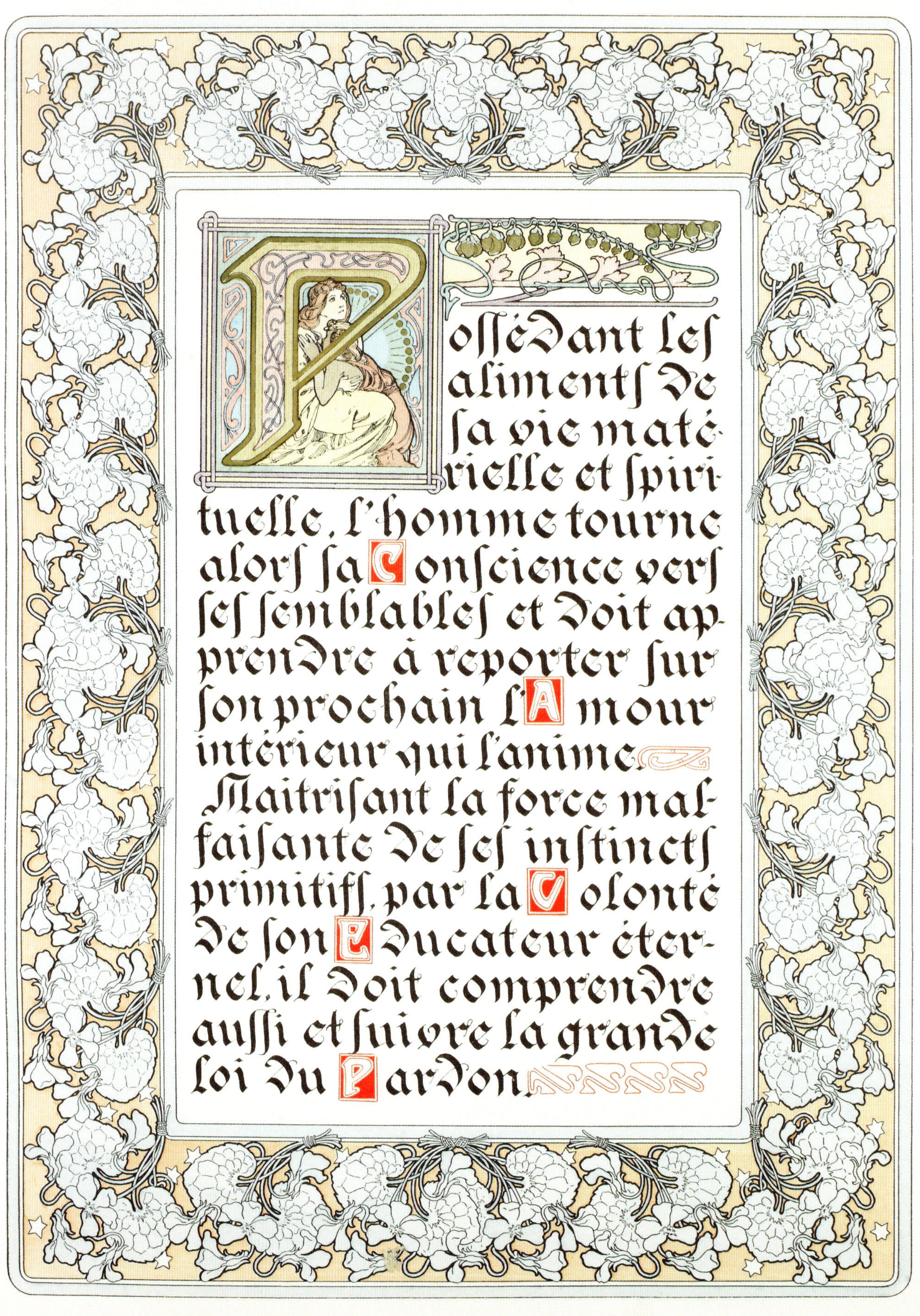
Possédant les
aliments de
sa vie maté-
rielle et spiri-
tuelle, l'homme tourne
alors sa Conscience vers
ses semblables et doit ap-
prendre à reporter sur
son prochain l'Amour
intérieur qui l'anime.
Maitrisant la force mal-
faisante de ses instincts
primitifs, par la Volonté
de son Educateur éter-
nel, il doit comprendre
aussi et suivre la grande
loi du Pardon.

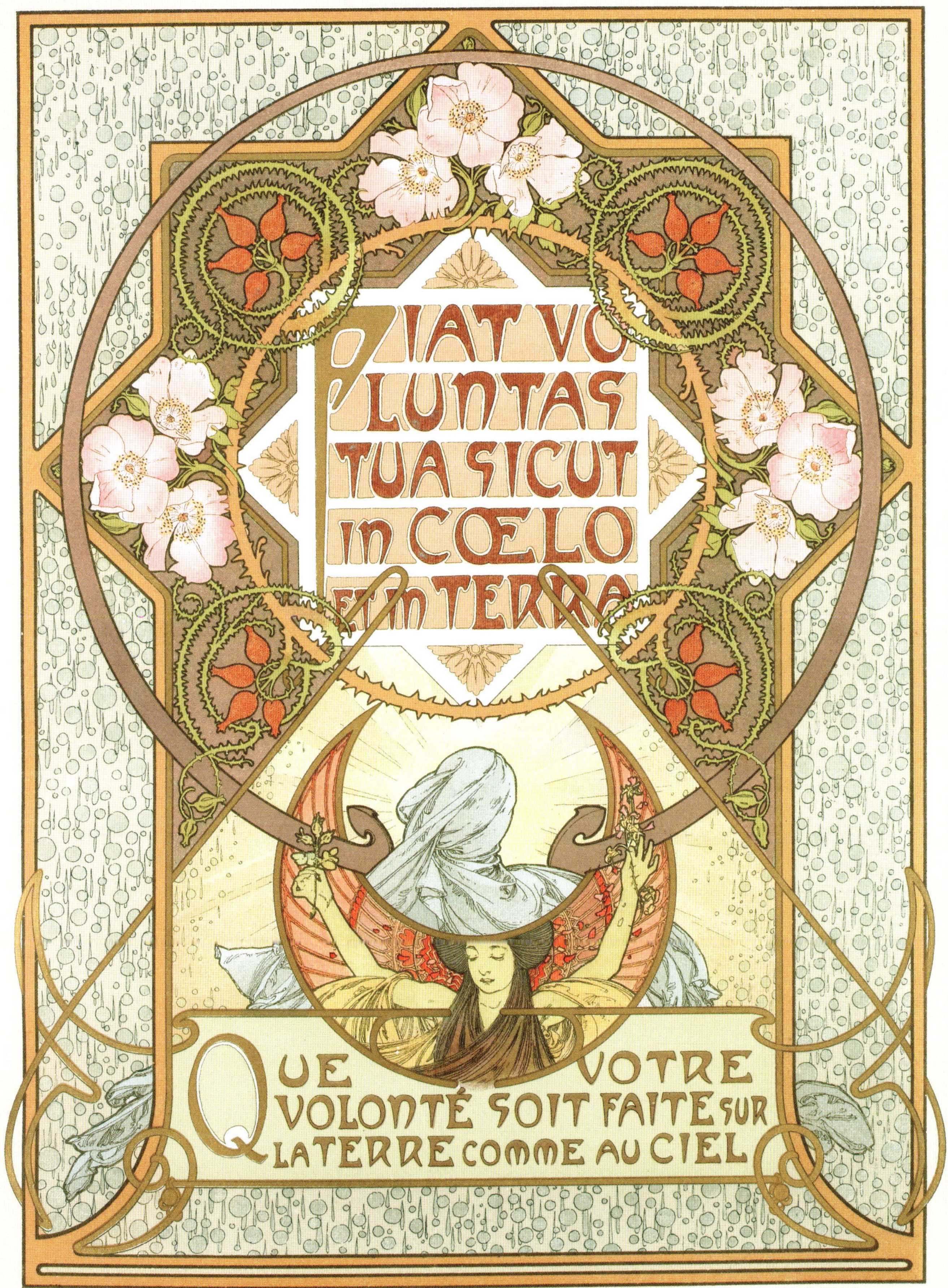
FIAT VOLUNTAS TUA SICUT IN CŒLO ET IN TERRA
QUE VOTRE VOLONTÉ SOIT FAITE SUR LA TERRE COMME AU CIEL

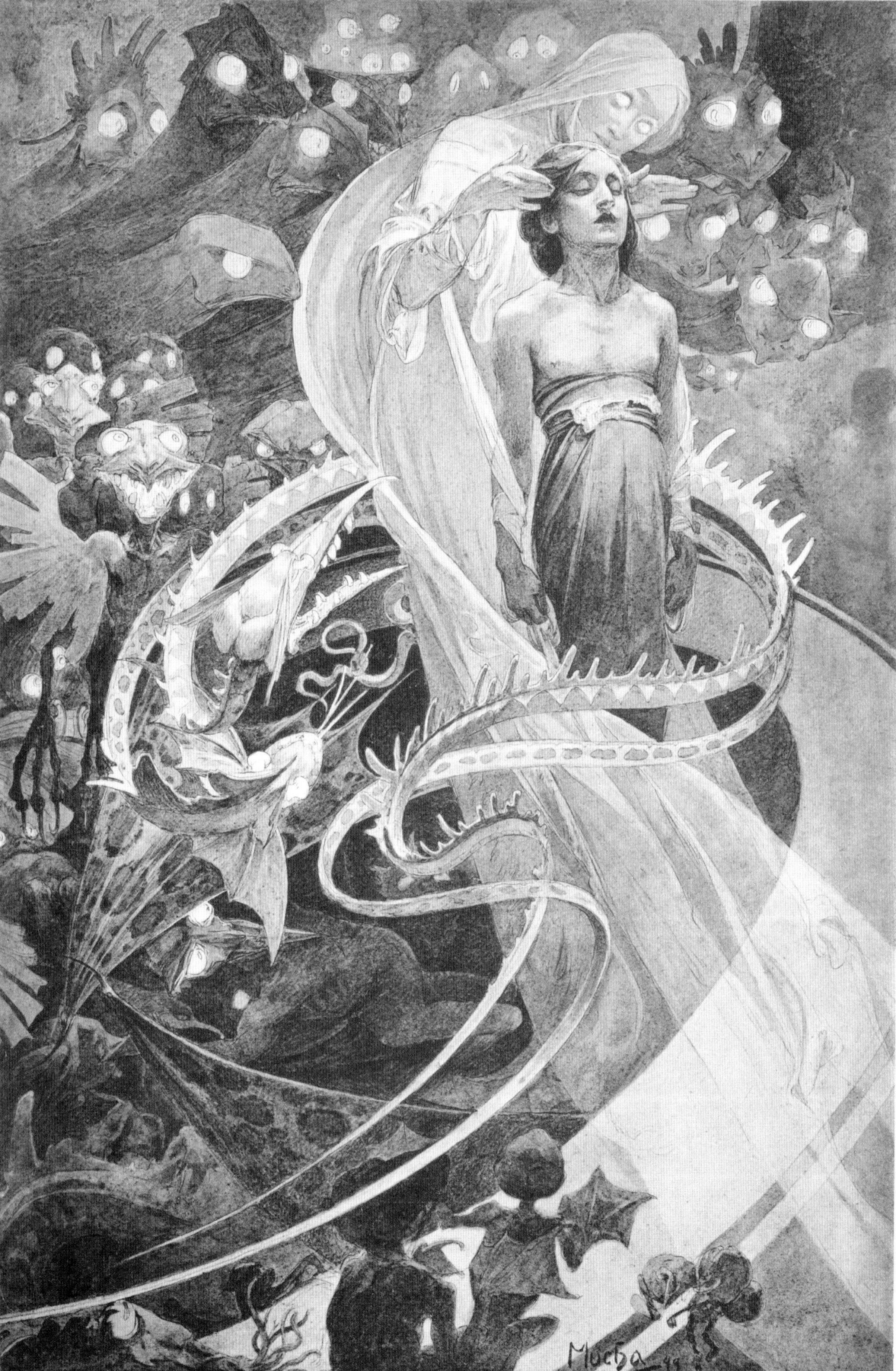
Mucha

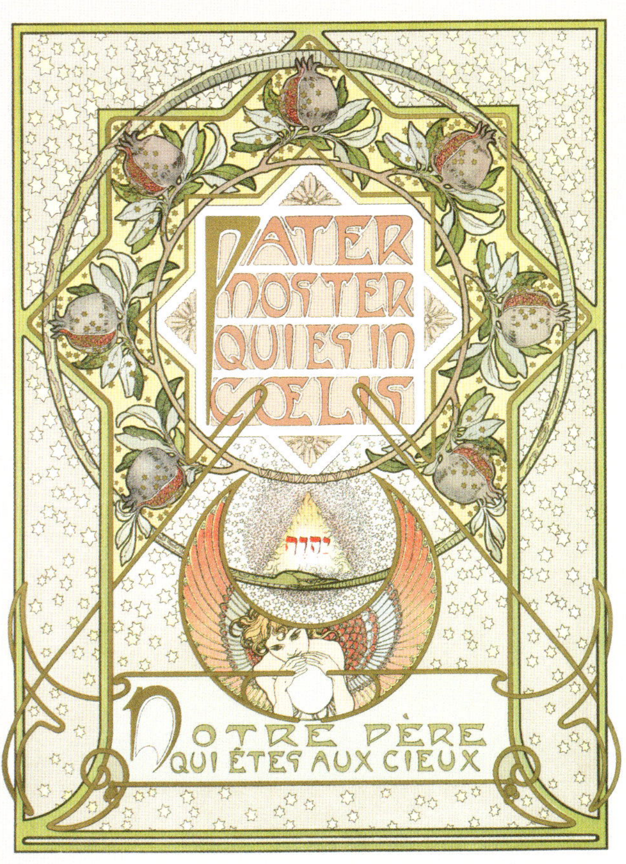

PATER NOSTER QUI ES IN COELIS
NOTRE PÈRE
QUI ÊTES AUX CIEUX

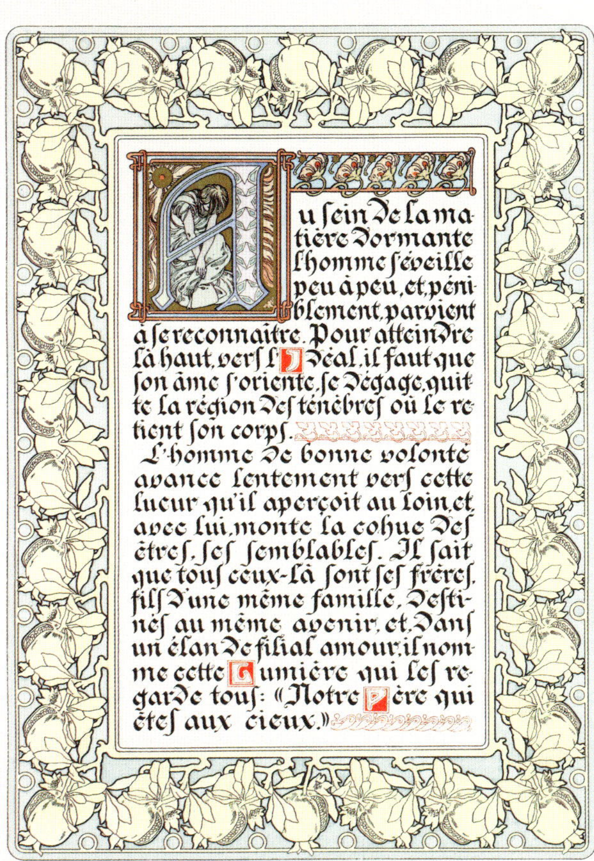

Au sein de la matière dormante l'homme s'éveille peu à peu, et, péniblement, parvient à se reconnaître. Pour atteindre là haut, vers l'Idéal, il faut que son âme s'oriente, se dégage, quitte la région des ténèbres où le retient son corps.

L'homme de bonne volonté avance lentement vers cette lueur qu'il aperçoit au loin, et avec lui, monte la cohue des êtres, ses semblables. Il sait que tous ceux-là sont ses frères, fils d'une même famille, destinés au même avenir, et, dans un élan de filial amour, il nomme cette Lumière qui les regarde tous: «Notre Père qui êtes aux cieux.»

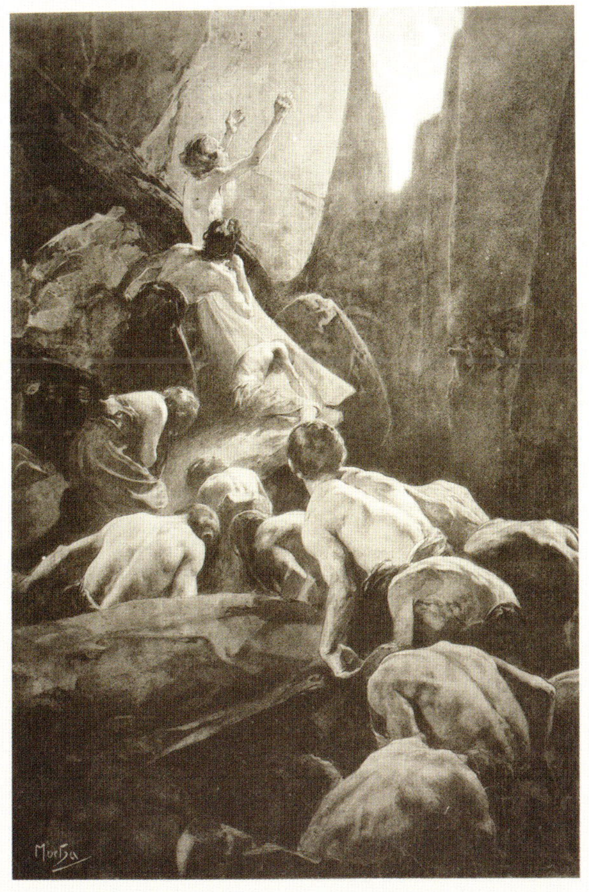

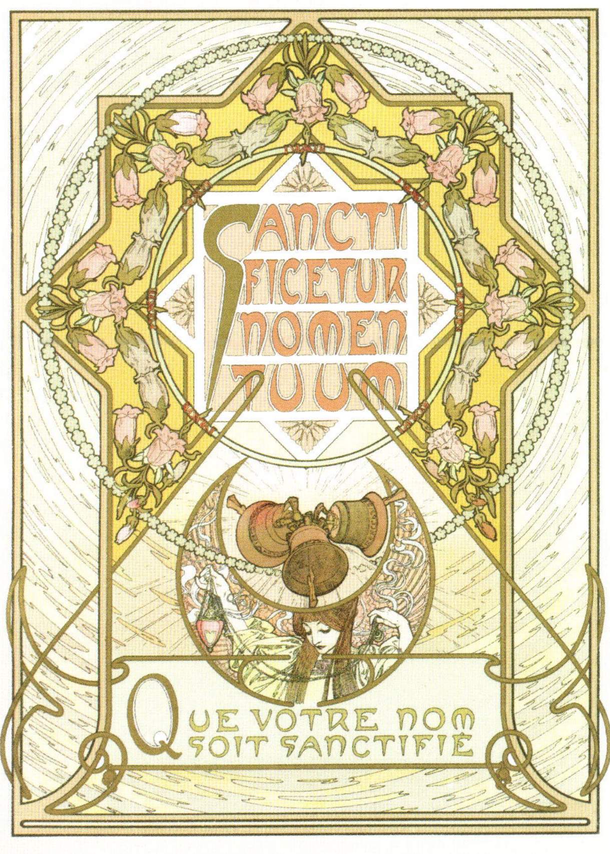

SANCTI FICETUR NOMEN TUUM

SOIT SANCTIFIE

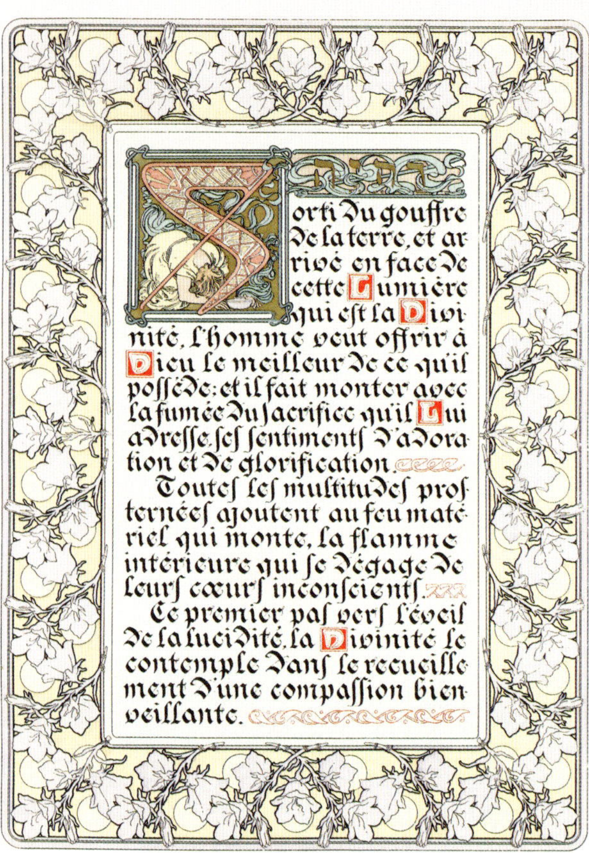

Sorti du gouffre de la terre, et arrivé en face de cette Lumière qui est la Divinité, l'homme veut offrir à Dieu le meilleur de ce qu'il possède: et il fait monter avec la fumée du sacrifice qu'il Lui adresse ses sentiments d'adoration et de glorification.

Toutes les multitudes prosternées ajoutent au feu matériel qui monte, la flamme intérieure qui se dégage de leurs cœurs inconscients.

Ce premier pas vers l'éveil de la lucidité, la Divinité le contemple dans le recueillement d'une compassion bienveillante.

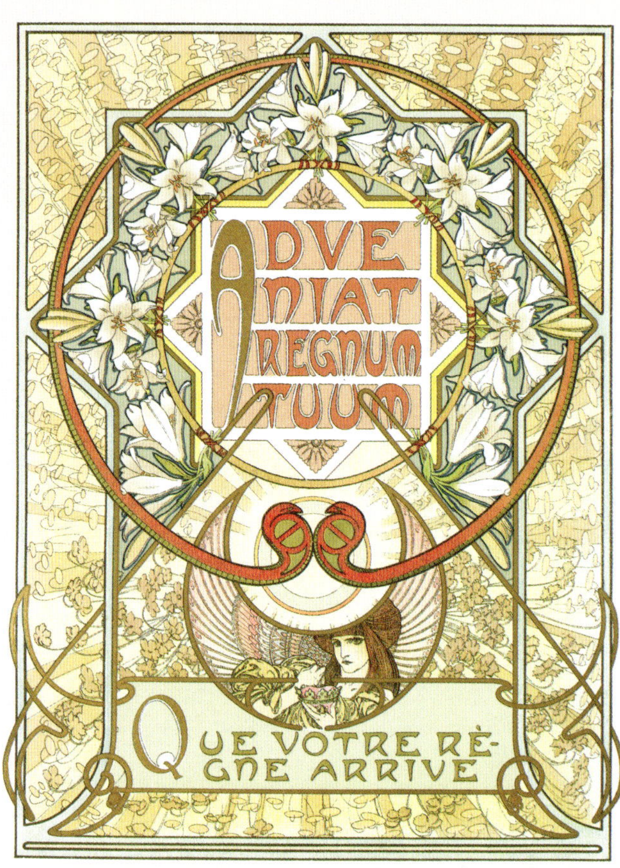
ADVENIAT REGNUM TUUM
QUE VOTRE RÈGNE ARRIVE

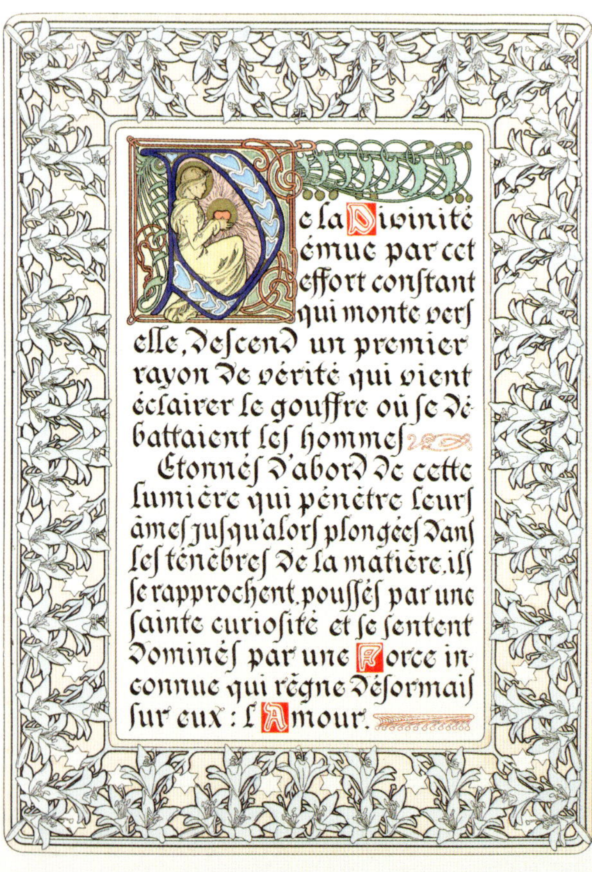

De la Divinité émue par cet effort constant qui monte vers elle, descend un premier rayon de vérité qui vient éclairer le gouffre où se débattaient les hommes.

Étonnés d'abord de cette lumière qui pénètre leurs âmes jusqu'alors plongées dans les ténèbres de la matière, ils se rapprochent, poussés par une sainte curiosité et se sentent dominés par une Force inconnue qui règne désormais sur eux : l'Amour.

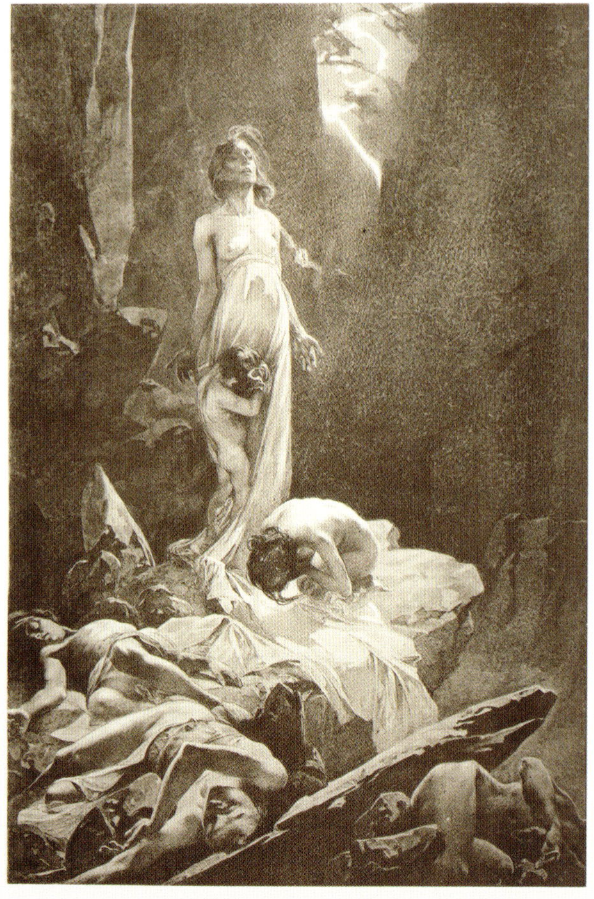

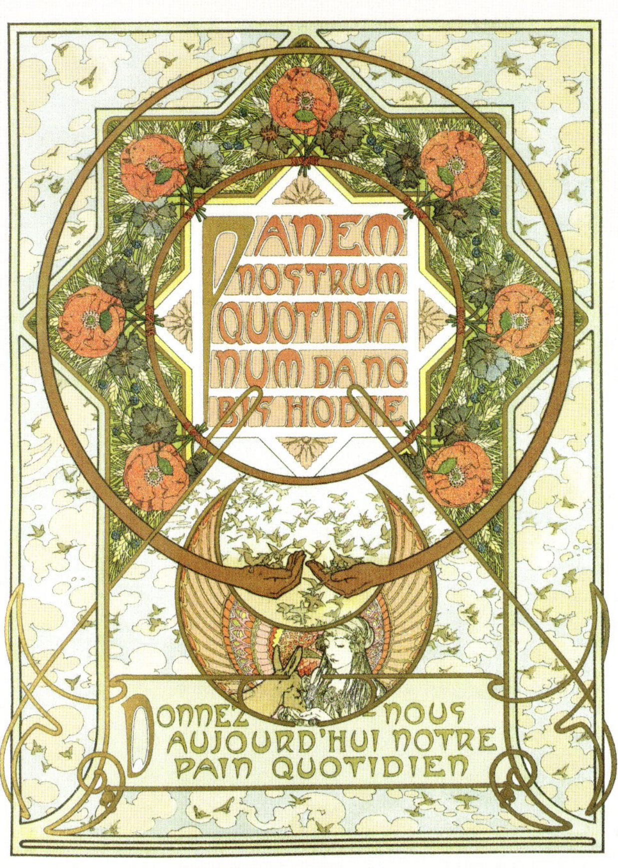

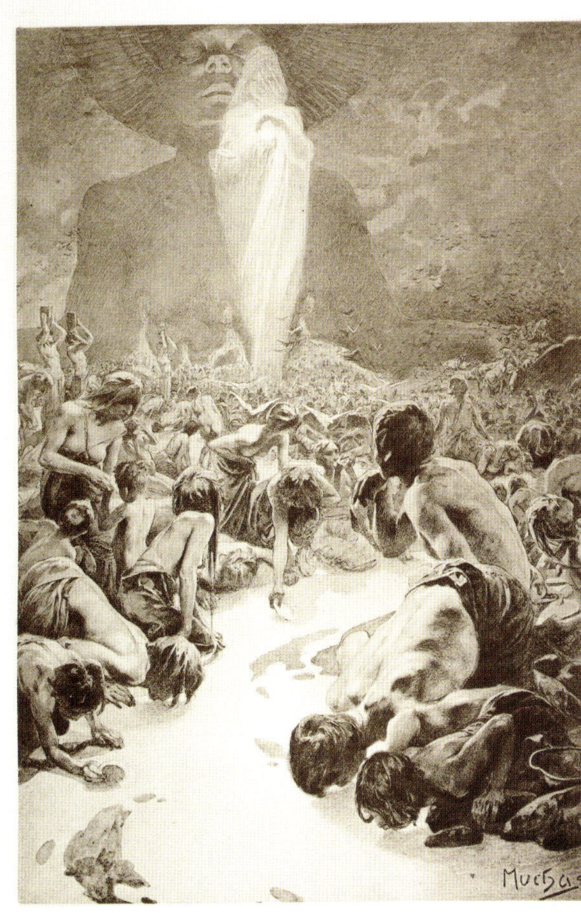

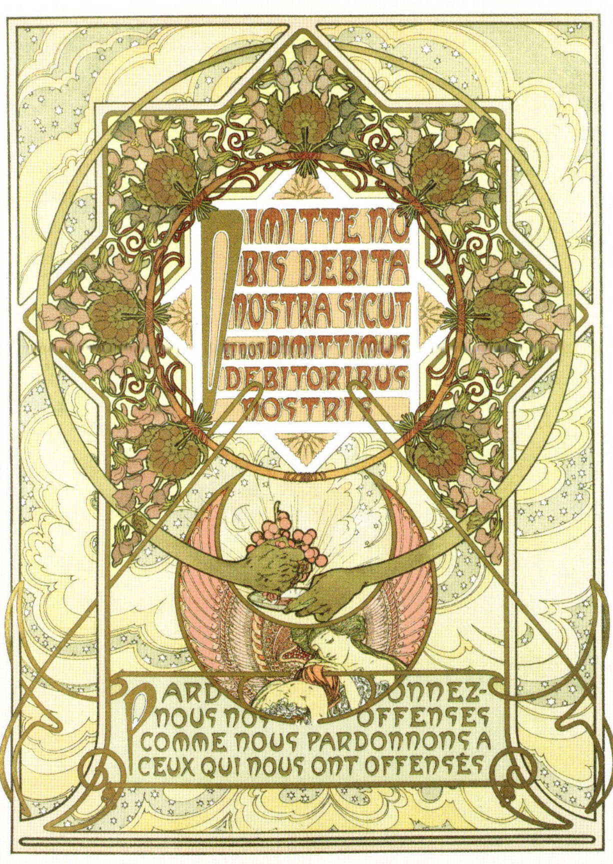

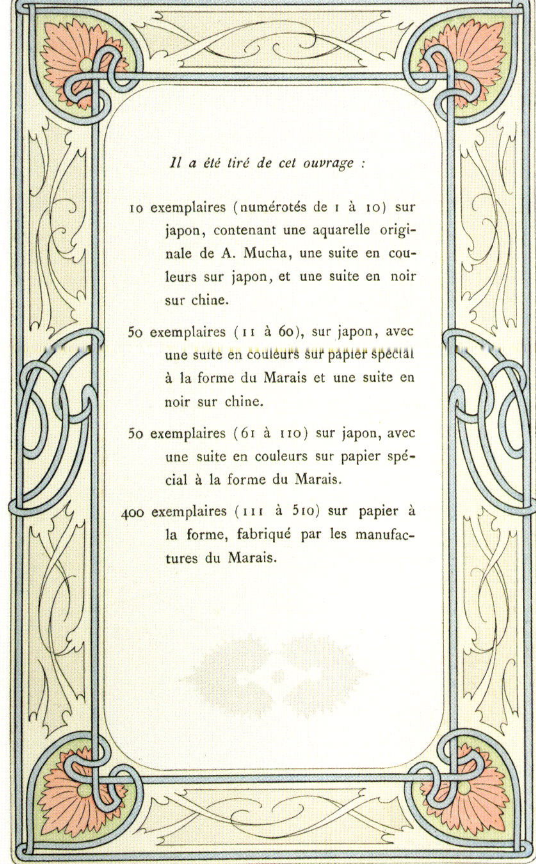

Il a été tiré de cet ouvrage :

10 exemplaires (numérotés de 1 à 10) sur japon, contenant une aquarelle originale de A. Mucha, une suite en couleurs sur japon, et une suite en noir sur chine.

50 exemplaires (11 à 60), sur japon, avec une suite en couleurs sur papier spécial à la forme du Marais et une suite en noir sur chine.

50 exemplaires (61 à 110) sur japon, avec une suite en couleurs sur papier spécial à la forme du Marais.

400 exemplaires (111 à 510) sur papier à la forme, fabriqué par les manufactures du Marais.

書籍『クリスマスと復活祭の鐘』

★★★★★★★★★★★★★★★★★★★★

BOOK COVER AND INSIDE PAGES OF "CLOCHES DE NÖEL ET DE PÂQUES (THE CHRISTMAS AND EASTER BELLS)"

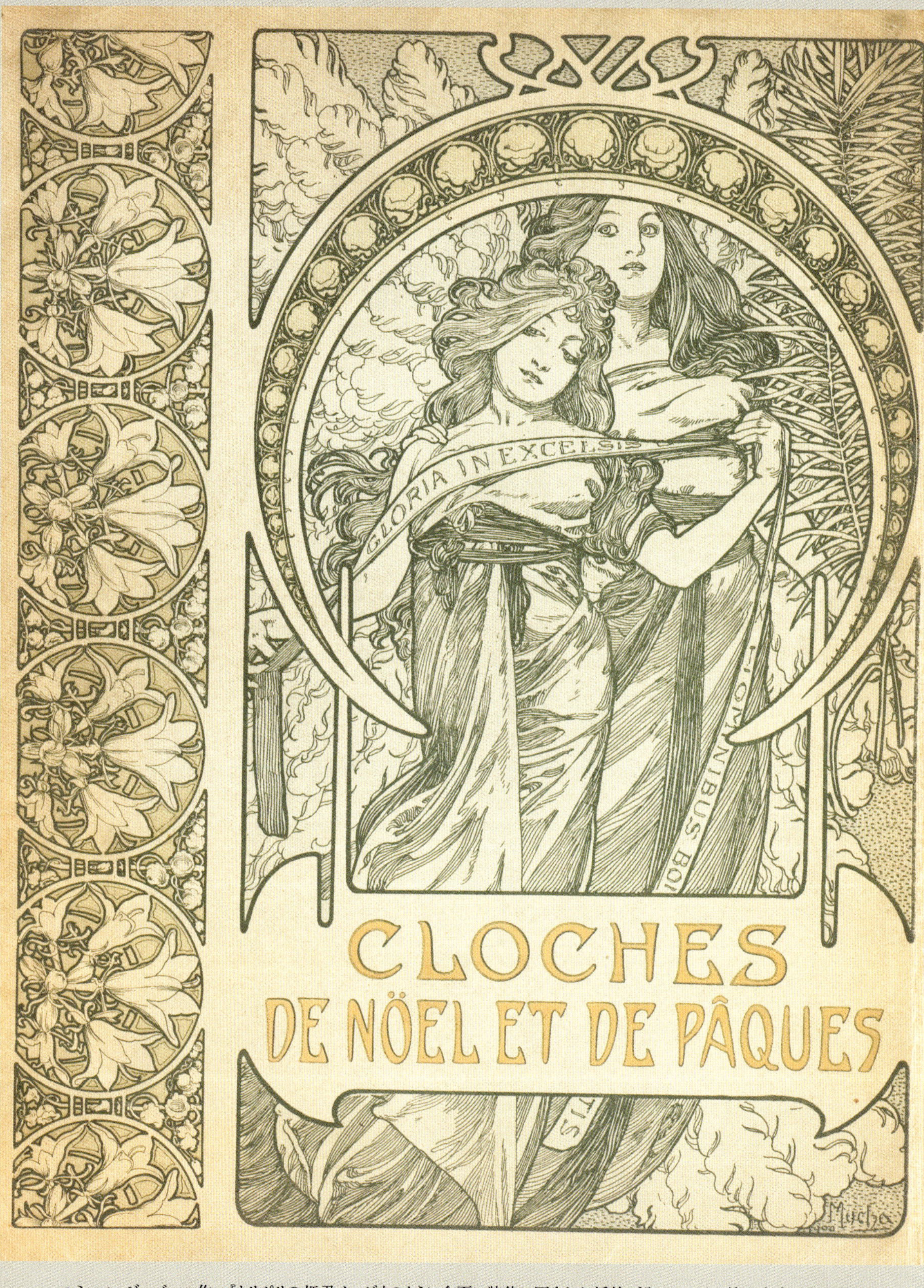

GLORIA IN EXCELSIS

HOMINIBUS BO

CLOCHES
DE NÖEL ET DE PÂQUES

Mucha

エミール・ジェバール作。『トリポリの姫君イルゼ』のように全頁に装飾に囲まれた挿絵が入っている。絵は本文の上の半円の中に収められている。まわりの細密な装飾は、ミュシャ・スタイルの装飾カタログのようだ。

P156-159すべて：エミール・ジェバール著 / 1900年刊 / カラー・リトグラフ、紙 / 31×23.5cm / アートハーベスト蔵

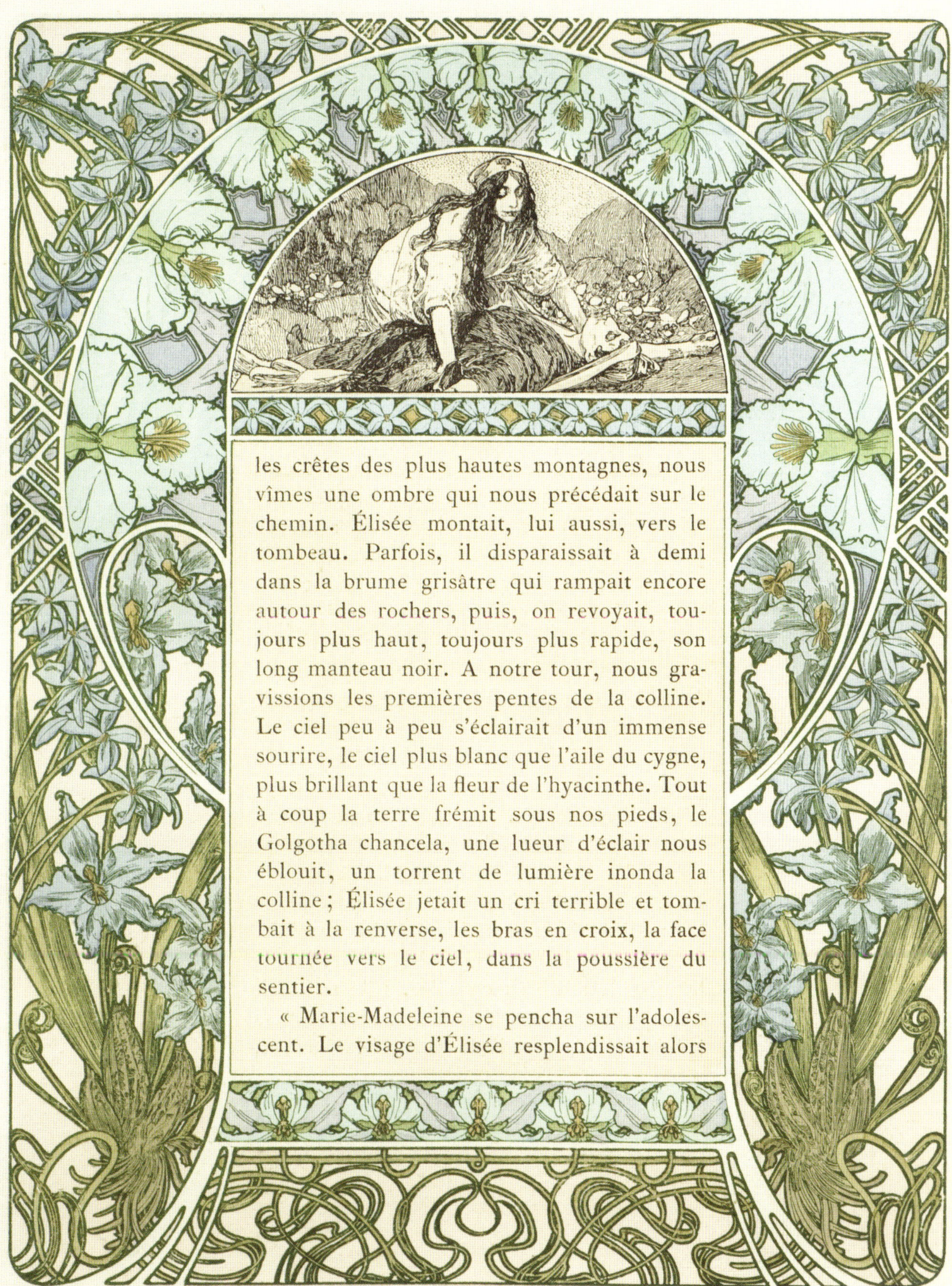

les crêtes des plus hautes montagnes, nous vîmes une ombre qui nous précédait sur le chemin. Élisée montait, lui aussi, vers le tombeau. Parfois, il disparaissait à demi dans la brume grisâtre qui rampait encore autour des rochers, puis, on revoyait, toujours plus haut, toujours plus rapide, son long manteau noir. A notre tour, nous gravissions les premières pentes de la colline. Le ciel peu à peu s'éclairait d'un immense sourire, le ciel plus blanc que l'aile du cygne, plus brillant que la fleur de l'hyacinthe. Tout à coup la terre frémit sous nos pieds, le Golgotha chancela, une lueur d'éclair nous éblouit, un torrent de lumière inonda la colline ; Élisée jetait un cri terrible et tombait à la renverse, les bras en croix, la face tournée vers le ciel, dans la poussière du sentier.

« Marie-Madeleine se pencha sur l'adolescent. Le visage d'Élisée resplendissait alors

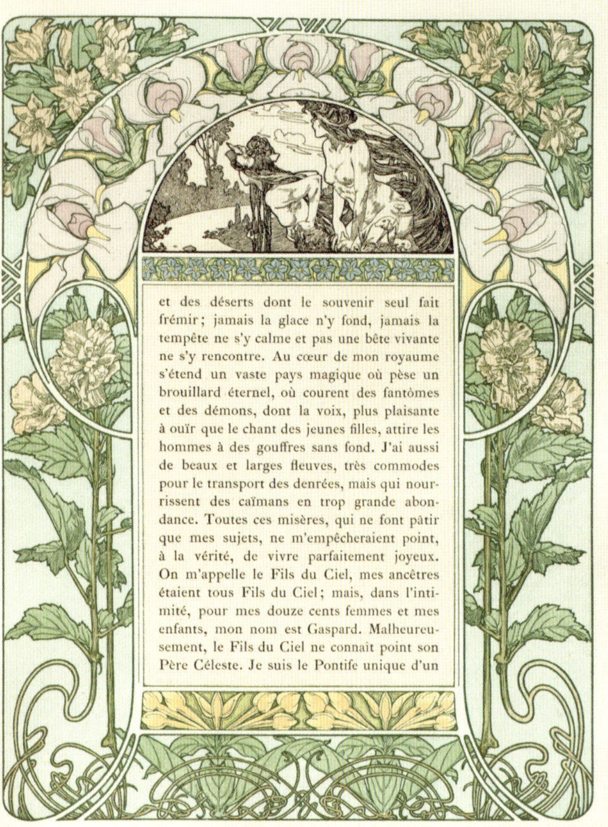

et des déserts dont le souvenir seul fait frémir ; jamais la glace n'y fond, jamais la tempête ne s'y calme et pas une bête vivante ne s'y rencontre. Au cœur de mon royaume s'étend un vaste pays magique où pèse un brouillard éternel, où courent des fantômes et des démons, dont la voix, plus plaisante à ouïr que le chant des jeunes filles, attire les hommes à des gouffres sans fond. J'ai aussi de beaux et larges fleuves, très commodes pour le transport des denrées, mais qui nourrissent des caïmans en trop grande abondance. Toutes ces misères, qui ne font pâtir que mes sujets, ne m'empêcheraient point, à la vérité, de vivre parfaitement joyeux. On m'appelle le Fils du Ciel, mes ancêtres étaient tous Fils du Ciel ; mais, dans l'intimité, pour mes douze cents femmes et mes enfants, mon nom est Gaspard. Malheureusement, le Fils du Ciel ne connaît point son Père Céleste. Je suis le Pontife unique d'un

7

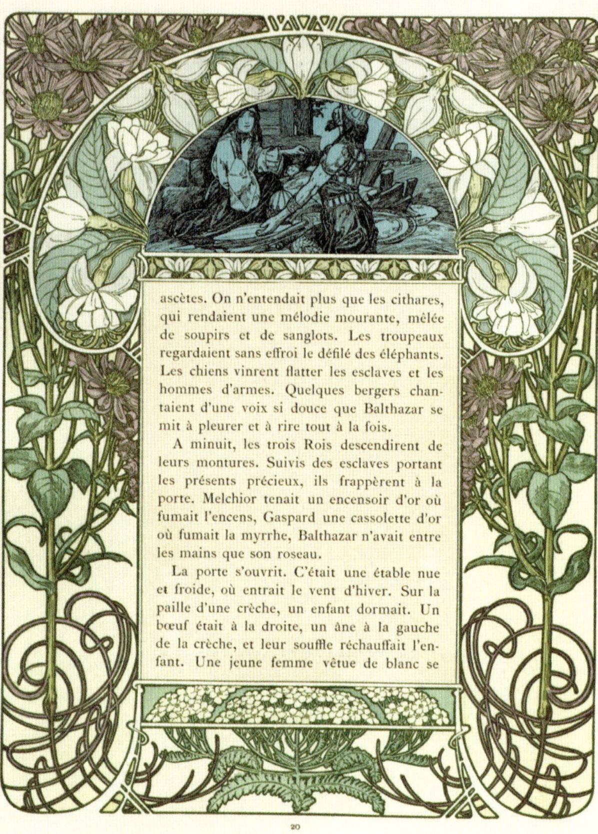

ascètes. On n'entendait plus que les cithares, qui rendaient une mélodie mourante, mêlée de soupirs et de sanglots. Les troupeaux regardaient sans effroi le défilé des éléphants. Les chiens vinrent flatter les esclaves et les hommes d'armes. Quelques bergers chantaient d'une voix si douce que Balthazar se mit à pleurer et à rire tout à la fois.

A minuit, les trois Rois descendirent de leurs montures. Suivis des esclaves portant les présents précieux, ils frappèrent à la porte. Melchior tenait un encensoir d'or où fumait l'encens, Gaspard une cassolette d'or où fumait la myrrhe, Balthazar n'avait entre les mains que son roseau.

La porte s'ouvrit. C'était une étable nue et froide, où entrait le vent d'hiver. Sur la paille d'une crèche, un enfant dormait. Un bœuf était à la droite, un âne à la gauche de la crèche, et leur souffle réchauffait l'enfant. Une jeune femme vêtue de blanc se

20

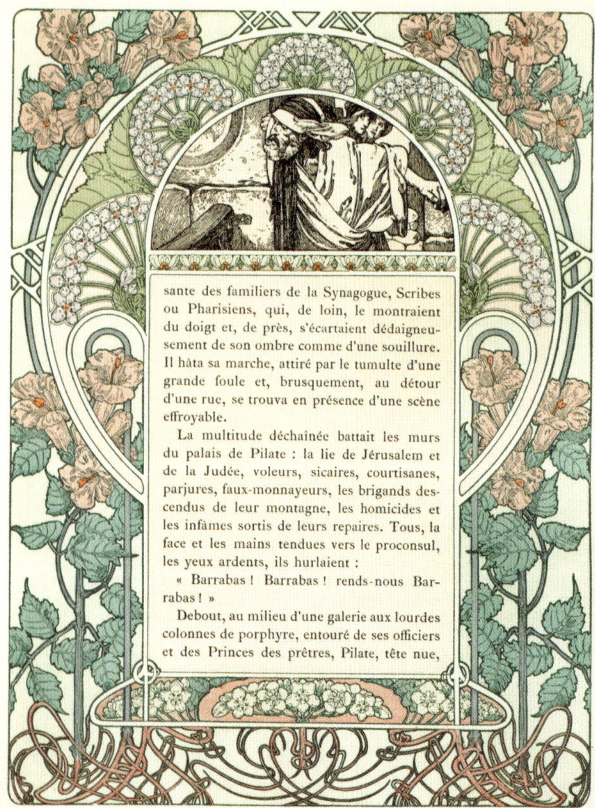

sante des familiers de la Synagogue, Scribes ou Pharisiens, qui, de loin, le montraient du doigt et, de près, s'écartaient dédaigneusement de son ombre comme d'une souillure. Il hâta sa marche, attiré par le tumulte d'une grande foule et, brusquement, au détour d'une rue, se trouva en présence d'une scène effroyable.

La multitude déchaînée battait les murs du palais de Pilate : la lie de Jérusalem et de la Judée, voleurs, sicaires, courtisanes, parjures, faux-monnayeurs, les brigands descendus de leur montagne, les homicides et les infâmes sortis de leurs repaires. Tous, la face et les mains tendues vers le proconsul, les yeux ardents, ils hurlaient :

« Barrabas ! Barrabas ! rends-nous Barrabas ! »

Debout, au milieu d'une galerie aux lourdes colonnes de porphyre, entouré de ses officiers et des Princes des prêtres, Pilate, tête nue,

33

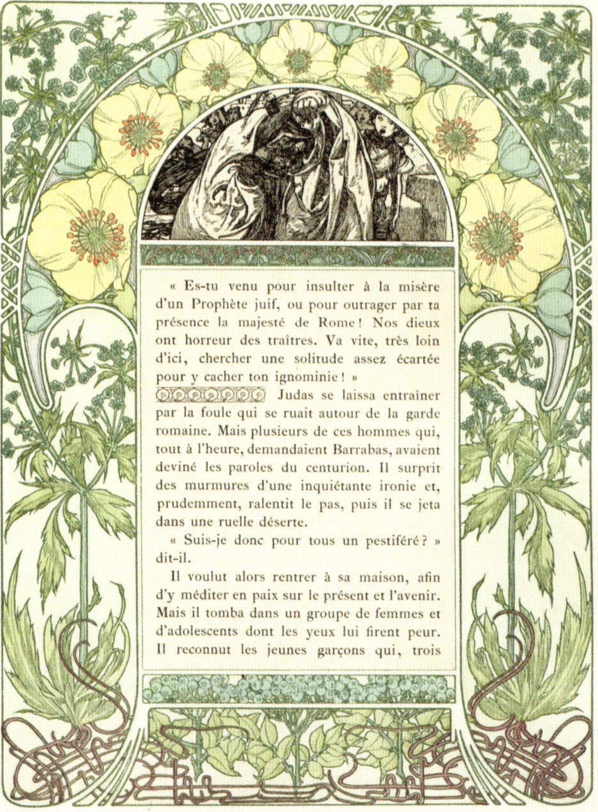

« Es-tu venu pour insulter à la misère d'un Prophète juif, ou pour outrager par ta présence la majesté de Rome ! Nos dieux ont horreur des traîtres. Va vite, très loin d'ici, chercher une solitude assez écartée pour y cacher ton ignominie ! »

Judas se laissa entraîner par la foule qui se ruait autour de la garde romaine. Mais plusieurs de ces hommes qui, tout à l'heure, demandaient Barrabas, avaient deviné les paroles du centurion. Il surprit des murmures d'une inquiétante ironie et, prudemment, ralentit le pas, puis il se jeta dans une ruelle déserte.

« Suis-je donc pour tous un pestiféré ? » dit-il.

Il voulut alors rentrer à sa maison, afin d'y méditer en paix sur le présent et l'avenir. Mais il tomba dans un groupe de femmes et d'adolescents dont les yeux lui firent peur. Il reconnut les jeunes garçons qui, trois

37

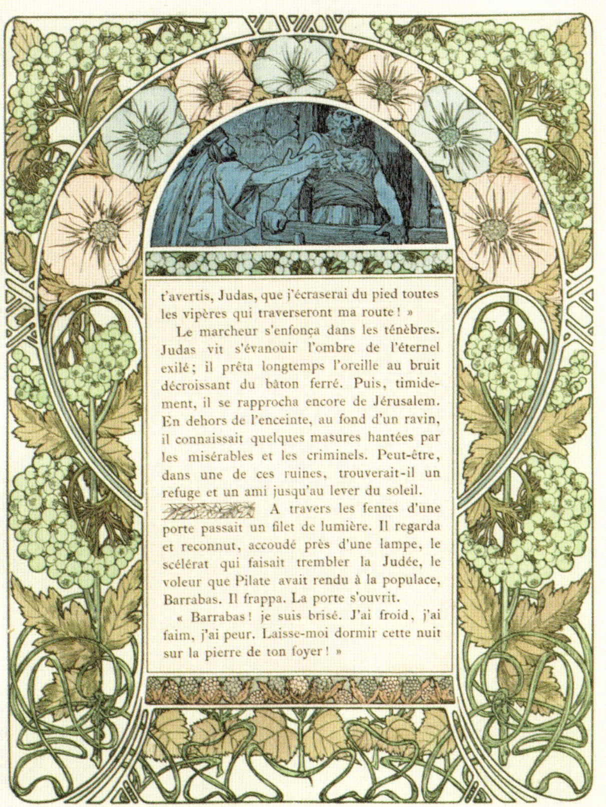

t'avertis, Judas, que j'écraserai du pied toutes les vipères qui traverseront ma route ! »

Le marcheur s'enfonça dans les ténèbres. Judas vit s'évanouir l'ombre de l'éternel exilé ; il prêta longtemps l'oreille au bruit décroissant du bâton ferré. Puis, timidement, il se rapprocha encore de Jérusalem. En dehors de l'enceinte, au fond d'un ravin, il connaissait quelques masures hantées par les misérables et les criminels. Peut-être, dans une de ces ruines, trouverait-il un refuge et un ami jusqu'au lever du soleil.

A travers les fentes d'une porte passait un filet de lumière. Il regarda et reconnut, accoudé près d'une lampe, le scélérat qui faisait trembler la Judée, le voleur que Pilate avait rendu à la populace, Barrabas. Il frappa. La porte s'ouvrit.

« Barrabas ! je suis brisé. J'ai froid, j'ai faim, j'ai peur. Laisse-moi dormir cette nuit sur la pierre de ton foyer ! »

44

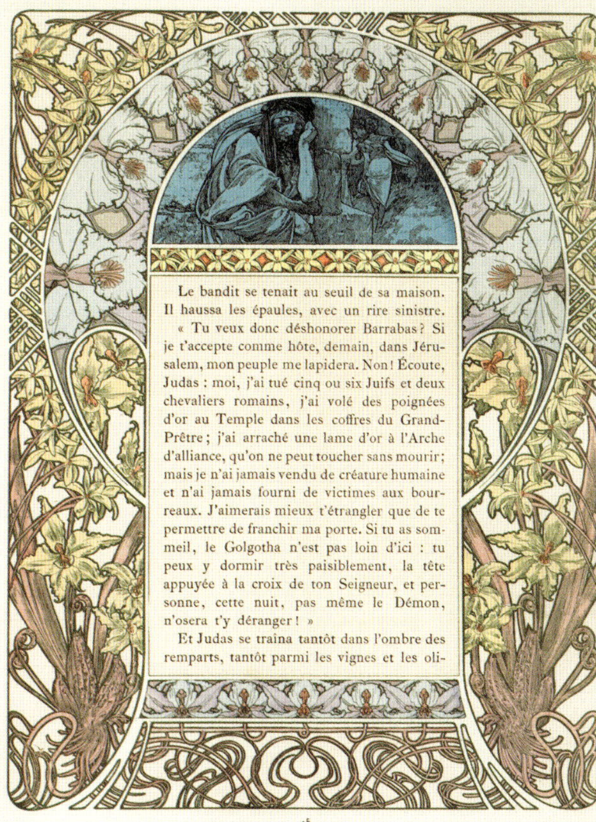

Le bandit se tenait au seuil de sa maison. Il haussa les épaules, avec un rire sinistre.

« Tu veux donc déshonorer Barrabas ? Si je t'accepte comme hôte, demain, dans Jérusalem, mon peuple me lapidera. Non ! Écoute, Judas : moi, j'ai tué cinq ou six Juifs et deux chevaliers romains, j'ai volé des poignées d'or au Temple dans les coffres du Grand-Prêtre ; j'ai arraché une lame d'or à l'Arche d'alliance, qu'on ne peut toucher sans mourir ; mais je n'ai jamais vendu de créature humaine et n'ai jamais fourni de victimes aux bourreaux. J'aimerais mieux t'étrangler que de te permettre de franchir ma porte. Si tu as sommeil, le Golgotha n'est pas loin d'ici : tu peux y dormir très paisiblement, la tête appuyée à la croix de ton Seigneur, et personne, cette nuit, pas même le Démon, n'osera t'y déranger ! »

Et Judas se traîna tantôt dans l'ombre des remparts, tantôt parmi les vignes et les oli-

45

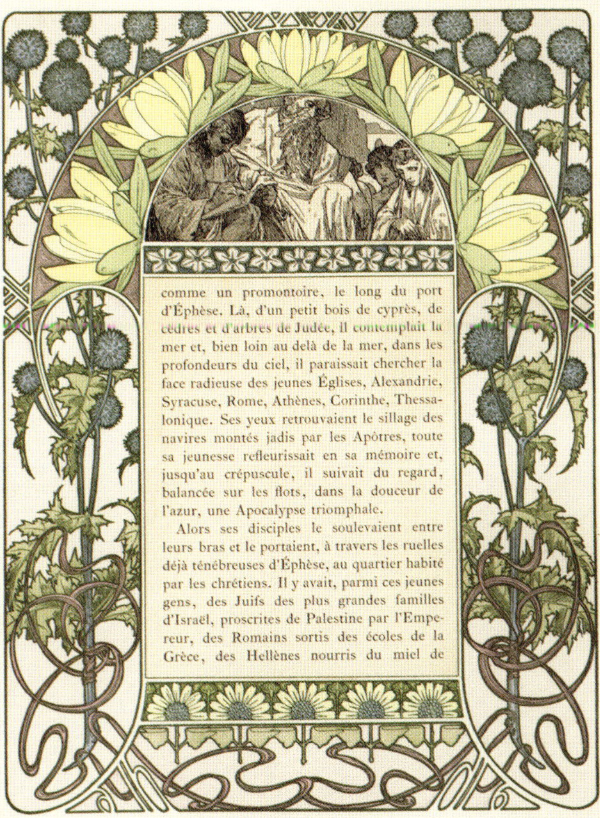

comme un promontoire, le long du port d'Éphèse. Là, d'un petit bois de cyprès, de cèdres et d'arbres de Judée, il contemplait la mer et, bien loin au delà de la mer, dans les profondeurs du ciel, il paraissait chercher la face radieuse des jeunes Églises, Alexandrie, Syracuse, Rome, Athènes, Corinthe, Thessalonique. Ses yeux retrouvaient le sillage des navires montés jadis par les Apôtres, toute sa jeunesse refleurissait en sa mémoire et, jusqu'au crépuscule, il suivait du regard, balancée sur les flots, dans la douceur de l'azur, une Apocalypse triomphale.

Alors ses disciples le soulevaient entre leurs bras et le portaient, à travers les ruelles déjà ténébreuses d'Éphèse, au quartier habité par les chrétiens. Il y avait, parmi ces jeunes gens, des Juifs des plus grandes familles d'Israël, proscrites de Palestine par l'Empereur, des Romains sortis des écoles de la Grèce, des Hellènes nourris du miel de

55

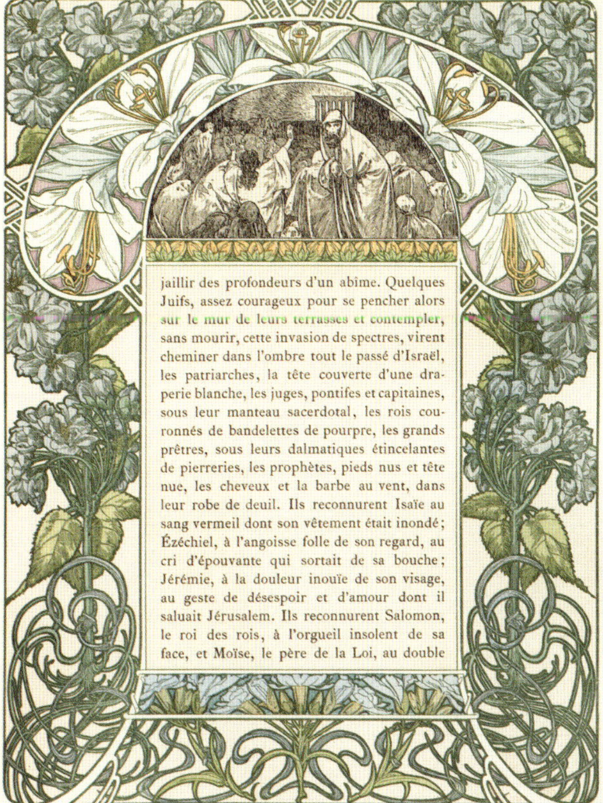

jaillir des profondeurs d'un abîme. Quelques Juifs, assez courageux pour se pencher alors sur le mur de leurs terrasses et contempler, sans mourir, cette invasion de spectres, virent cheminer dans l'ombre tout le passé d'Israël, les patriarches, la tête couverte d'une draperie blanche, les juges, pontifes et capitaines, sous leur manteau sacerdotal, les rois couronnés de bandelettes de pourpre, les grands prêtres, sous leurs dalmatiques étincelantes de pierreries, les prophètes, pieds nus et tête nue, les cheveux et la barbe au vent, dans leur robe de deuil. Ils reconnurent Isaïe au sang vermeil dont son vêtement était inondé ; Ézéchiel, à l'angoisse folle de son regard, au cri d'épouvante qui sortait de sa bouche ; Jérémie, à la douleur inouïe de son visage, au geste de désespoir et d'amour dont il saluait Jérusalem. Ils reconnurent Salomon, le roi des rois, à l'orgueil insolent de sa face, et Moïse, le père de la Loi, au double

63

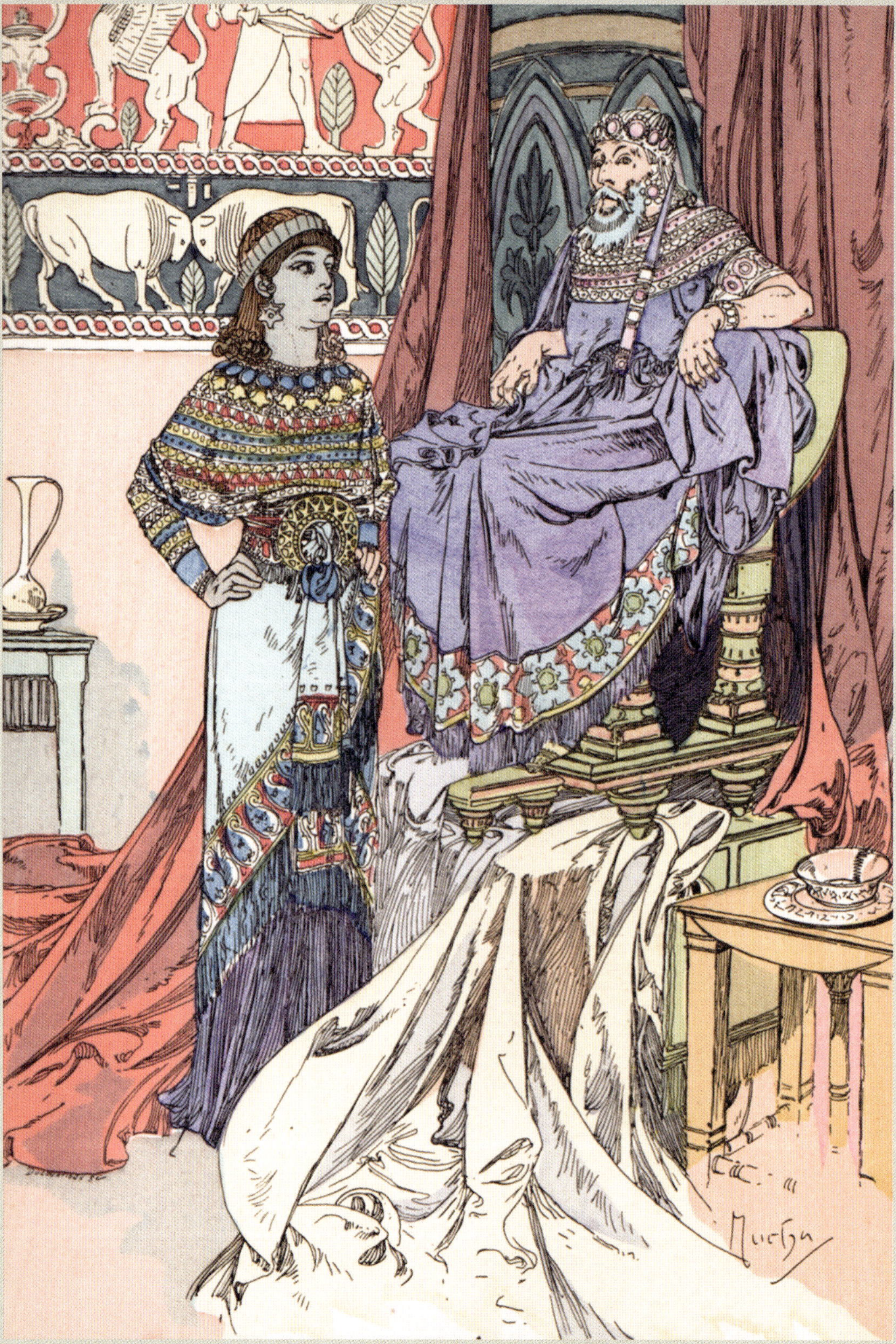

書籍『ラマ』挿絵

★★★★★★★★★★★★★★★★★★★★★★★

INSIDE PAGES OF "RAMA"

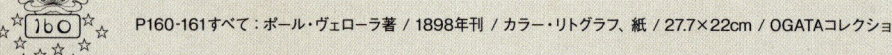

インドの古代叙事詩『ラーマーヤナ』をポール・ヴェローラが物語にした。ラマ王は妃シーターを魔王にさらわれ、援軍を率いて戦う。ミュシャは水彩で挿絵を描いた。装飾的フレームはつけられていない。

P160-161すべて：ポール・ヴェローラ著 / 1898年刊 / カラー・リトグラフ、紙 / 27.7×22cm / OGATAコレクション蔵

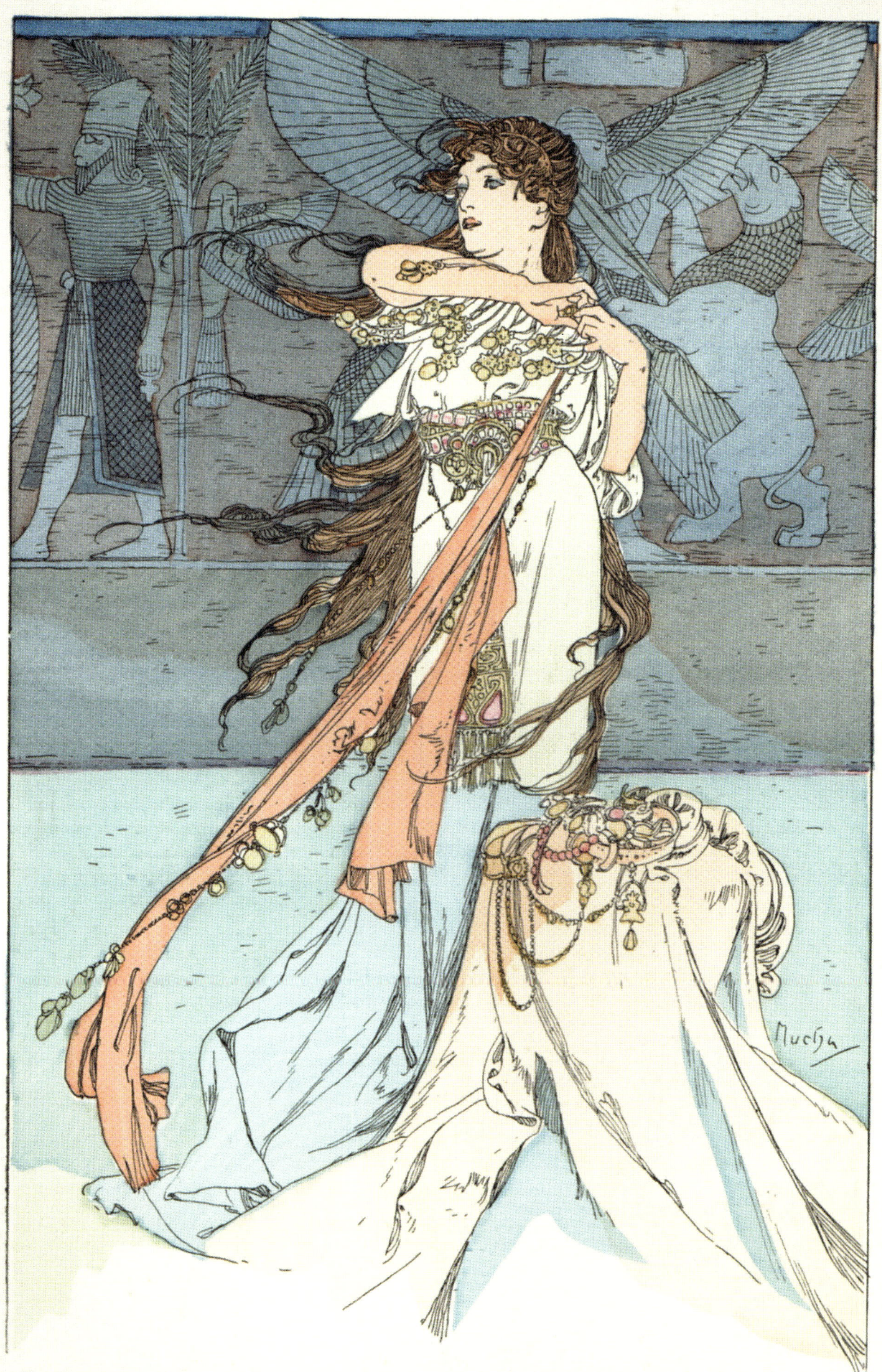
Mucha

書籍『クリオ』

★★★★★★★★★★★★★★★★★★★★★★★

BOOK COVER AND INSIDE PAGES OF "CLIO"

ANATOLE FRANCE

DE L'ACADÉMIE FRANÇAISE

CLIO

ILLUSTRATIONS DE MUCHA

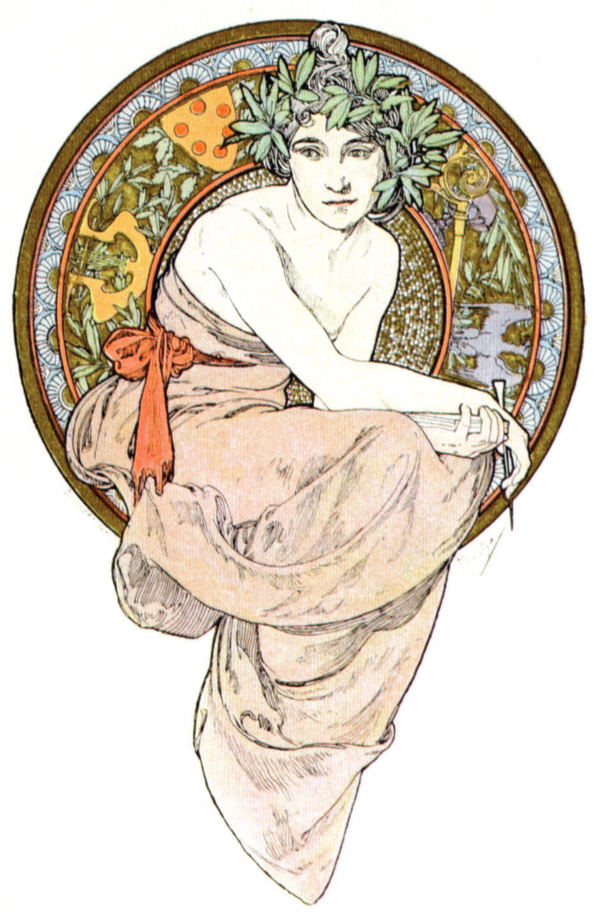

CALMANN LÉVY, ÉDITEUR

3, RUE AUBER, 3

アナトール・フランス作の歴史小説。ミュシャはここでは装飾フレームなしの挿絵を描いている。ナポレオン・ボナパルトも登場する。くっきりした見事な線と淡い色彩が心地よい。

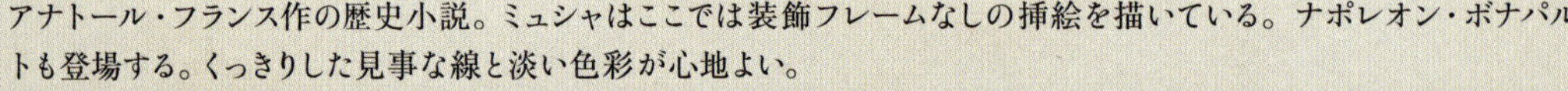

P162-165すべて：アナトール・フランス著 / 1900年刊 / カラー・リトグラフ、紙 / 22×16.5cm / アートハーベスト蔵

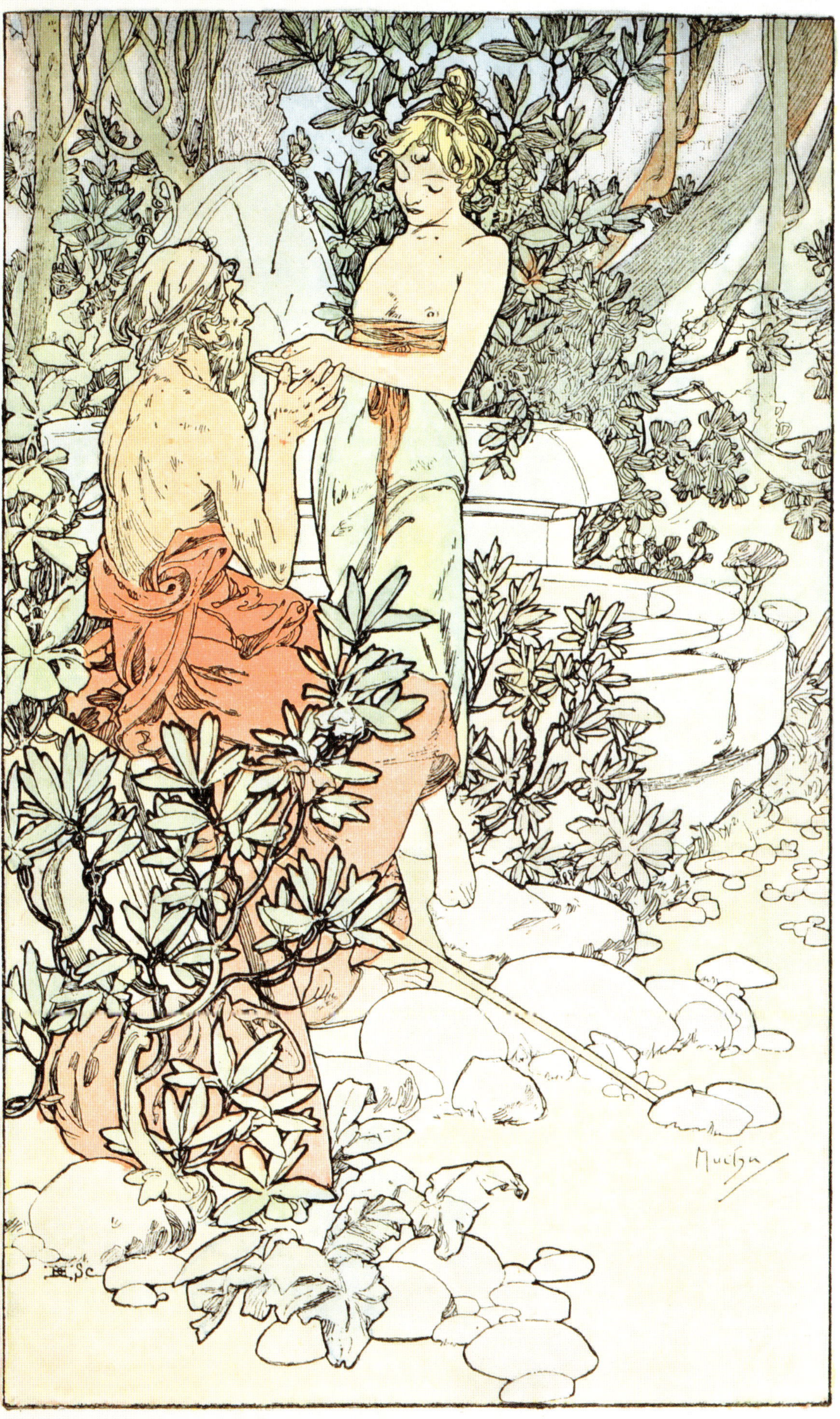

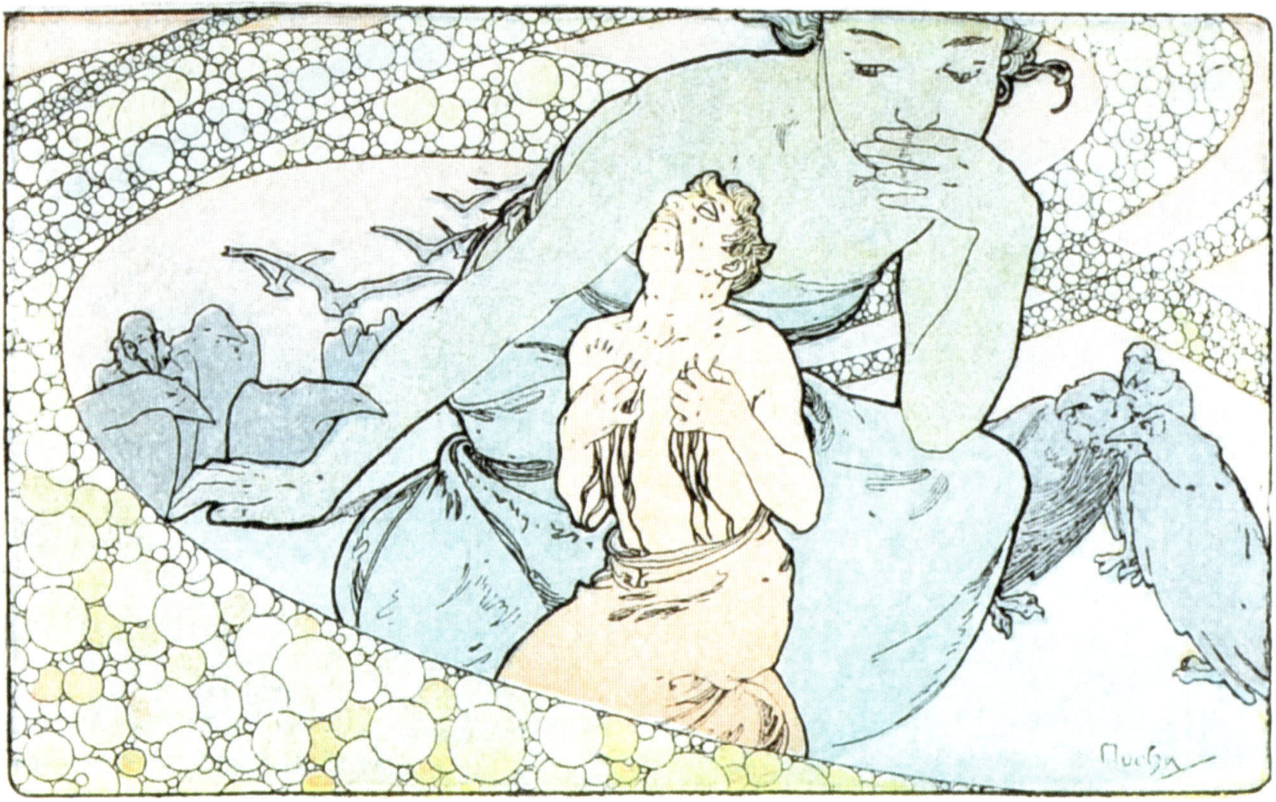

Mucha

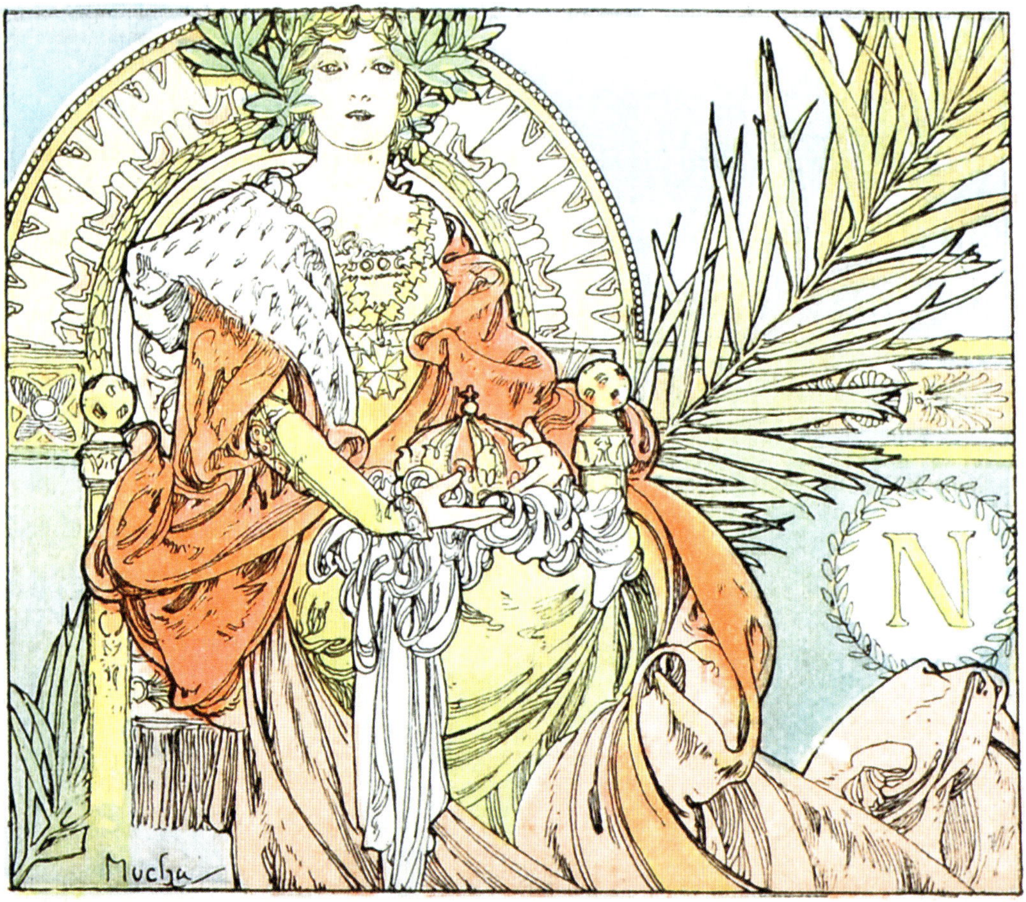

N
Mucha

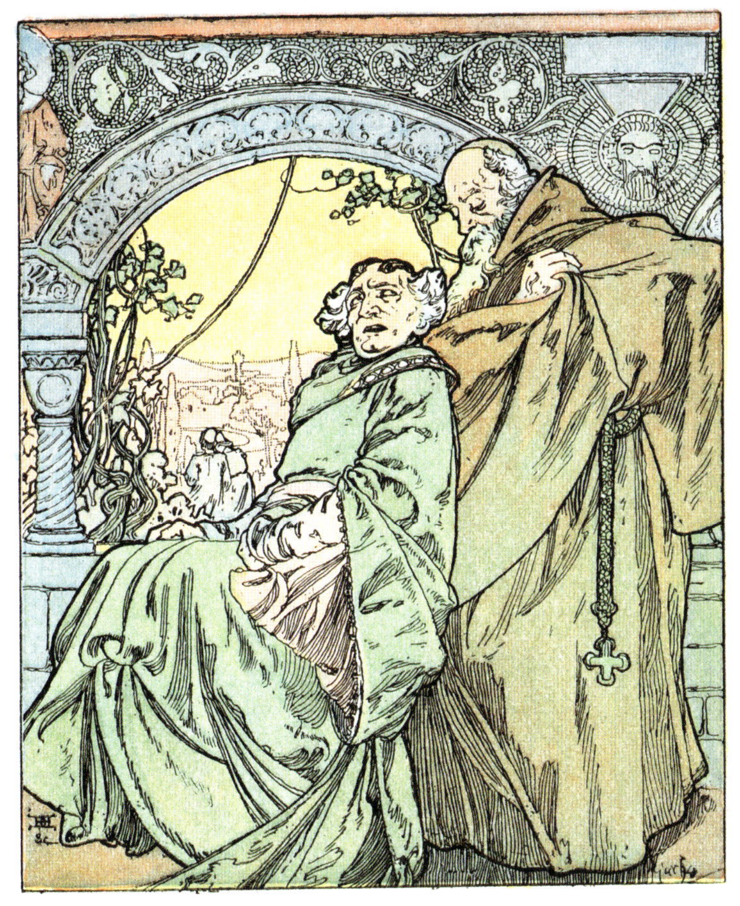

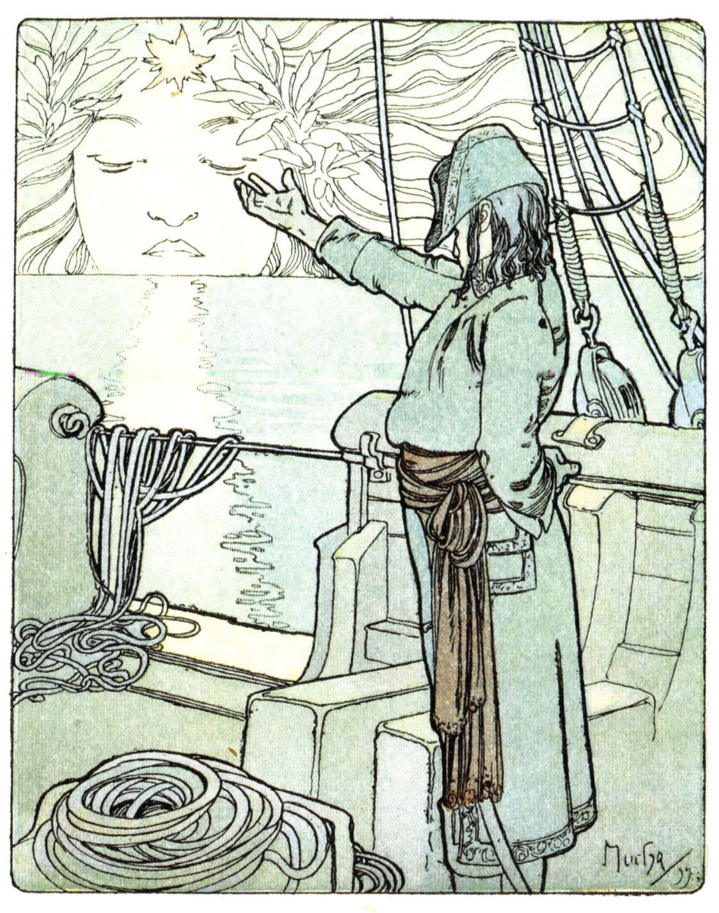
Mucha 97.

書籍『おばあさんのお話』

BOOK COVER AND INSIDE PAGES OF "LES CONTES DES GRAND MÈRES (THE FAIRY TALES OF GRANDMOTHERS)"

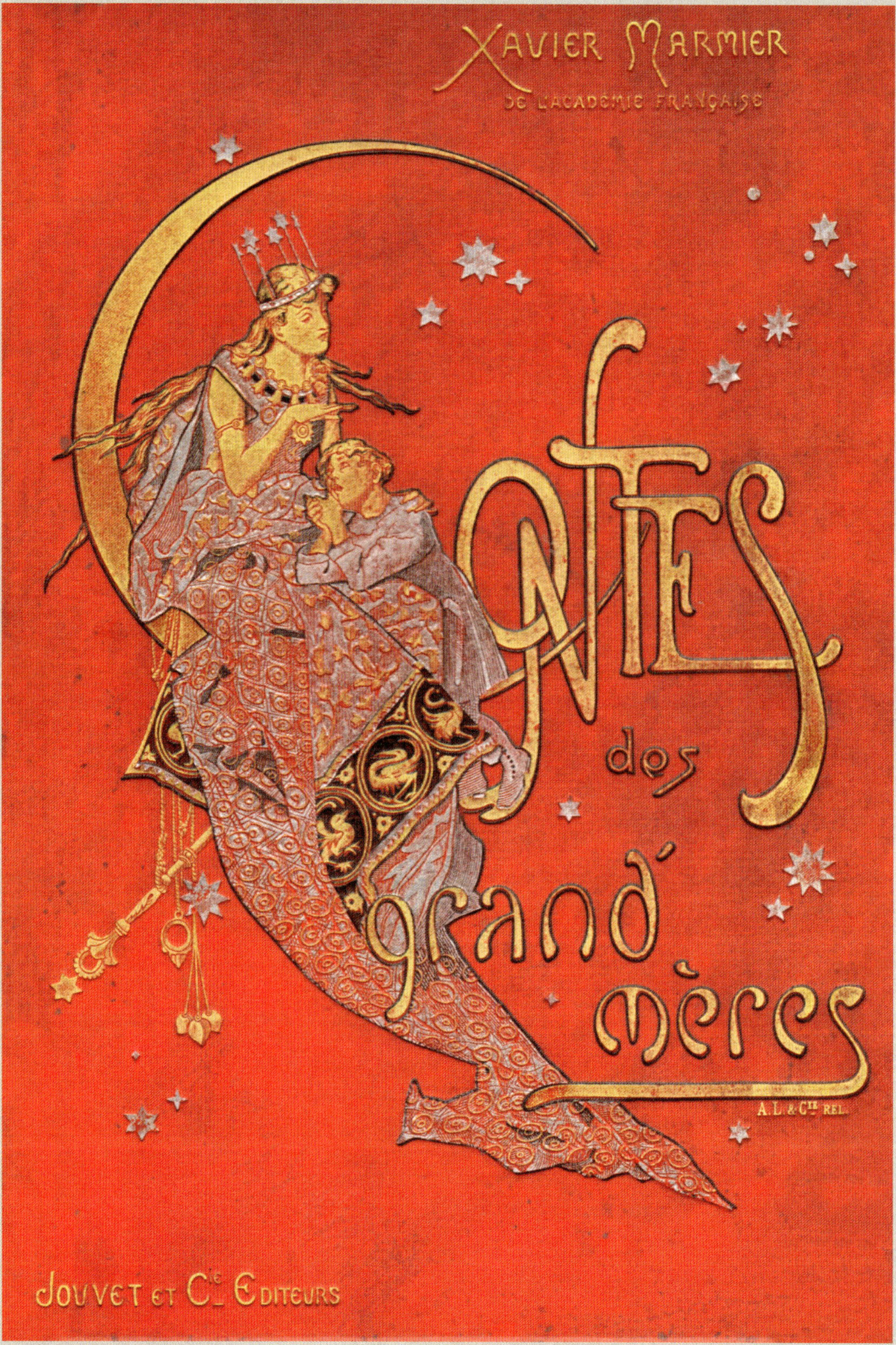

グザヴィエ・マルミエ作の昔話集。まだミュシャ・スタイルは確率されていないが、それでも衣服の文様などの装飾はなかなかユニークである。

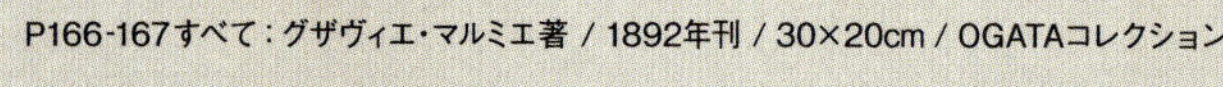
P166-167すべて：グザヴィエ・マルミエ著 / 1892年刊 / 30×20cm / OGATAコレクション蔵

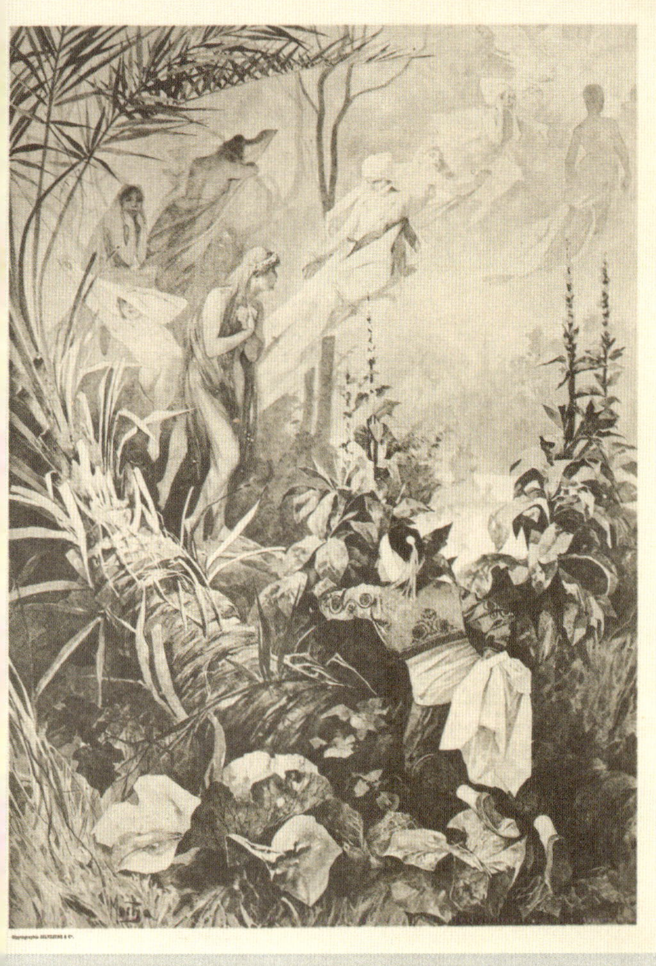

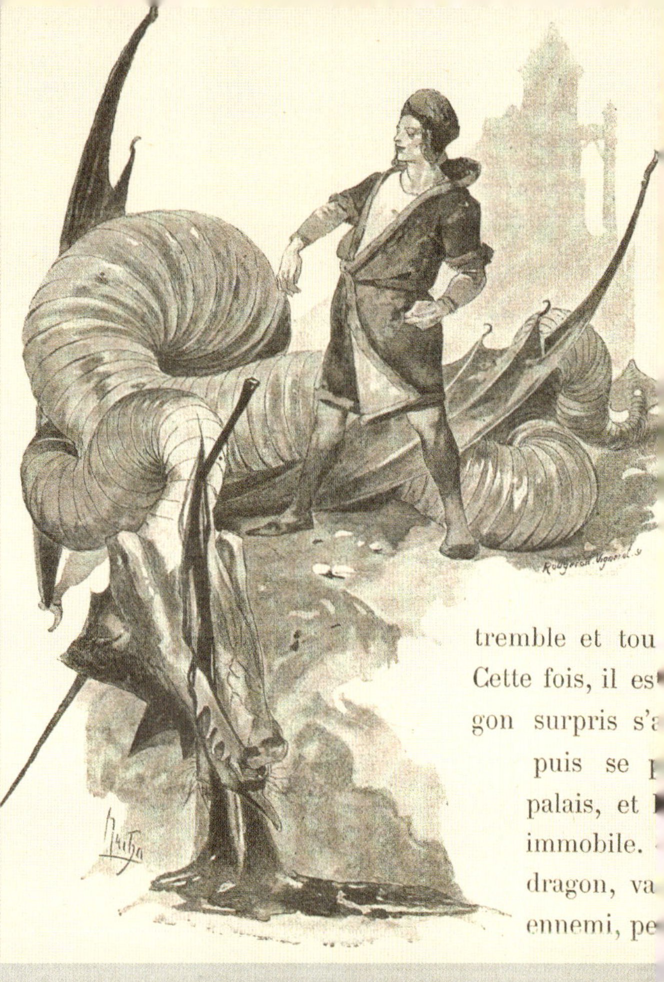
tremble et tou
Cette fois, il es
gon surpris s'a
puis se p
palais, et l
immobile.
dragon, va
ennemi, pe

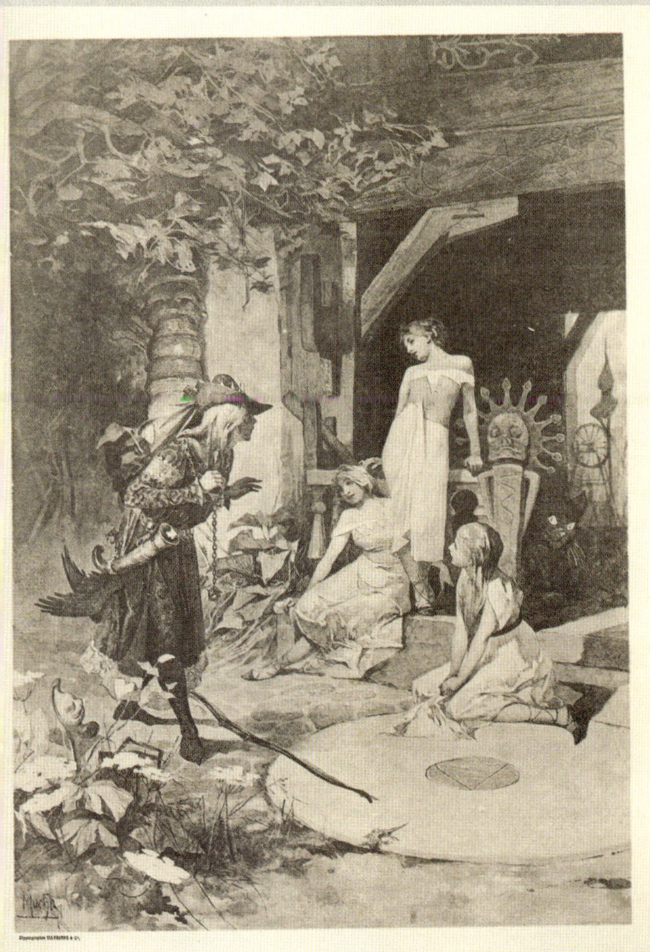

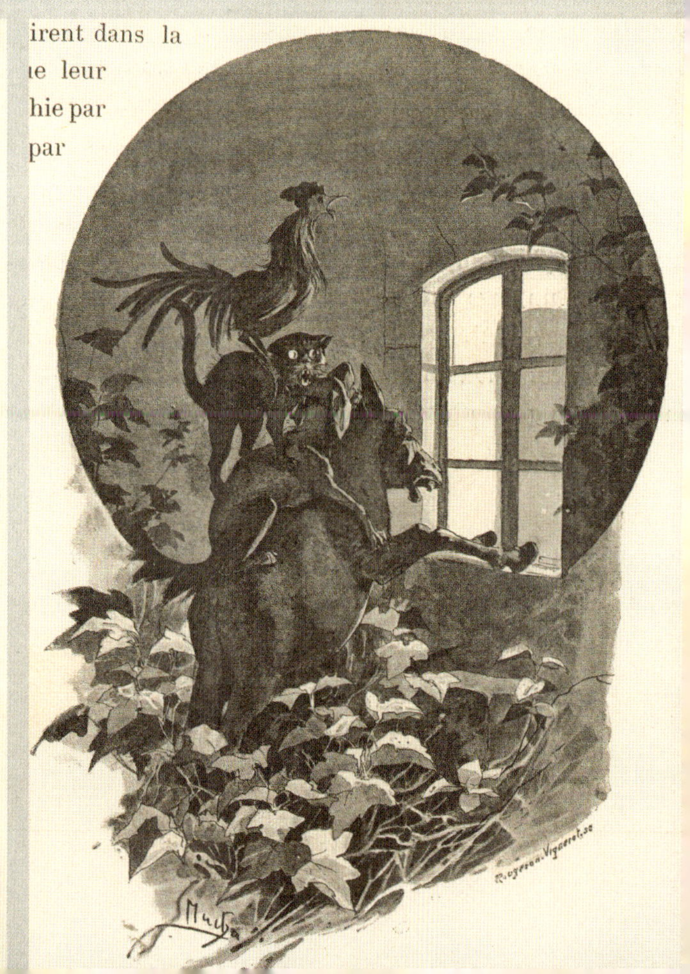
irent dans la
e leur
hie par
par

書籍『白い象の伝説』

★★★★★★★★★★★★★★★★★★★★★★

BOOK COVER AND INSIDE PAGES OF "MÉMOIRES D'UN ÉLÉPHANT BLANC (THE MEMORIES OF A WHITE ELEPHANT)"

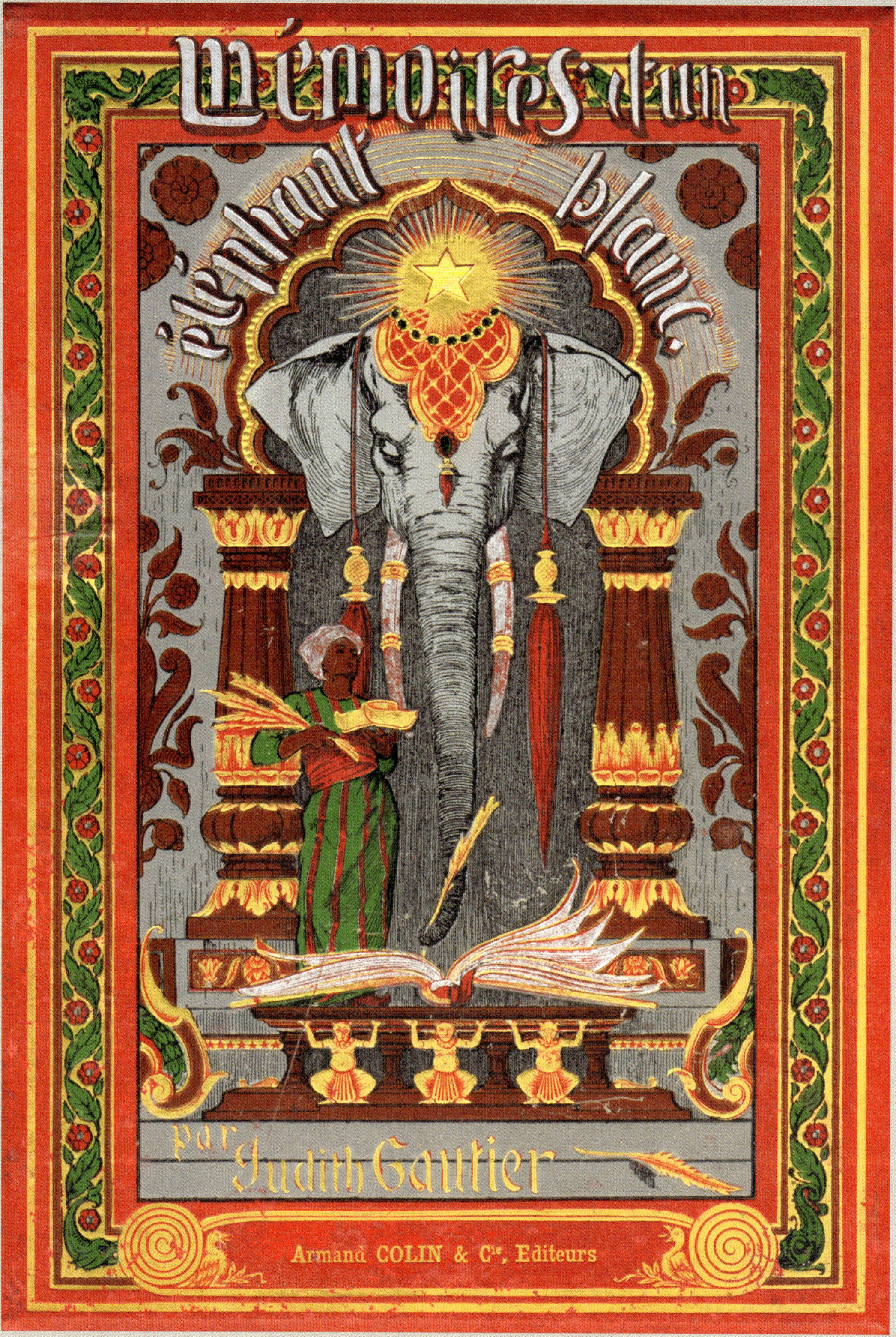

ユディット・ゴーティエ作。この時代にはインドやエジプトなどのエキゾティックな物語が好まれた。神秘的な白象をめぐる話が写真的なリアリズムで描かれている。表紙では、象の頭を囲む丸いアーチなど装飾的なパターンがあらわれ、ミュシャのスタイルのはじまりをちらりと見せている。

P168-169すべて：ユディット・ゴーティエ著 / 1894年刊 / 32×23cm / OGATAコレクション蔵

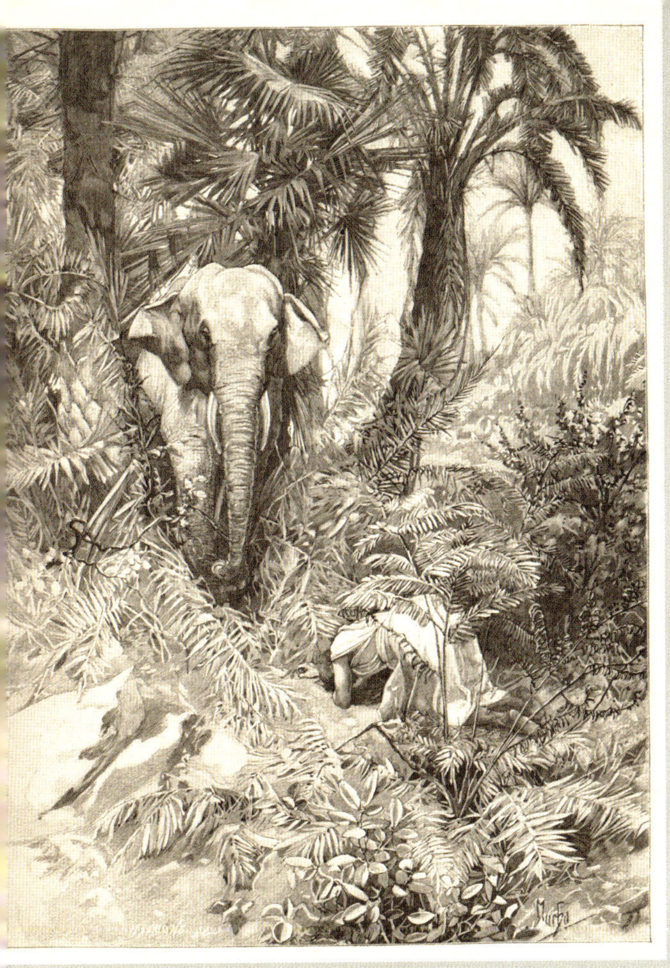

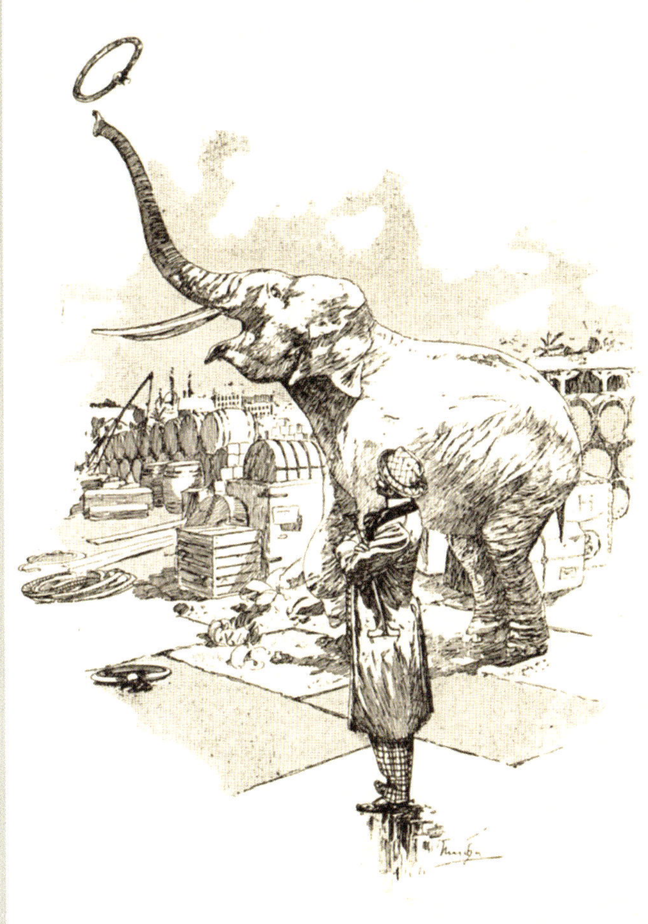

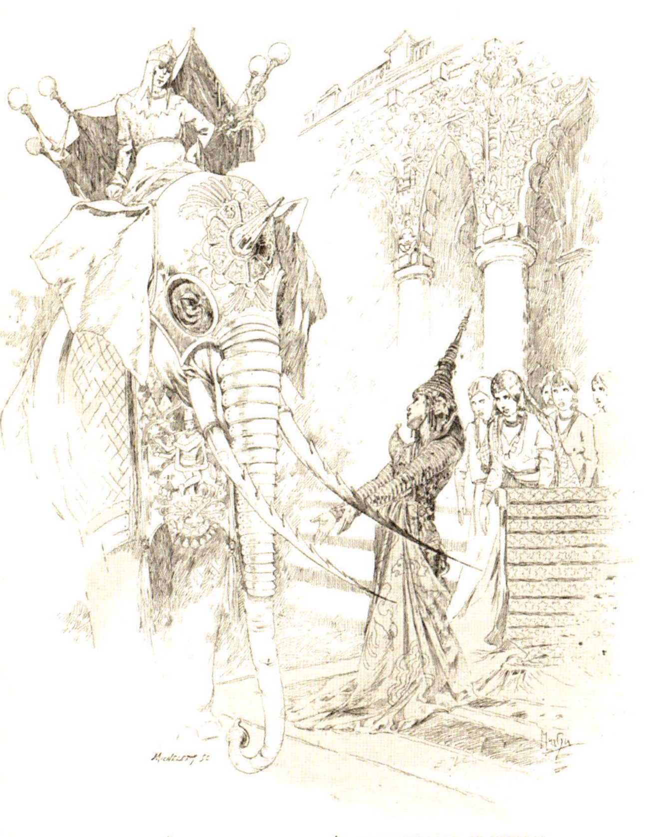

— RAMÈNE-LE-MOI VIVANT, CAR S'IL NE REVIENT PAS, JE MOURRAI.

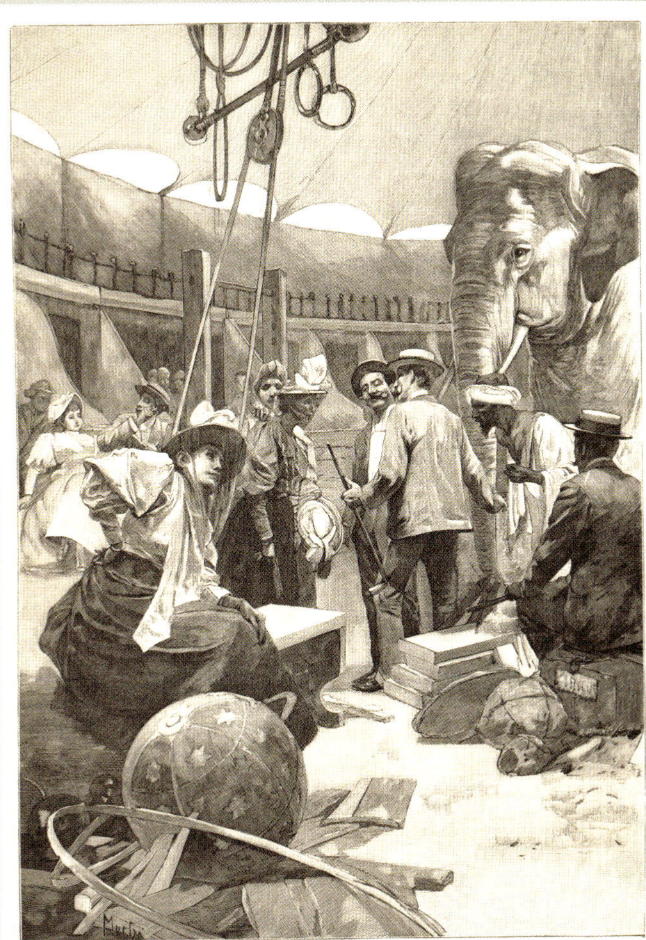

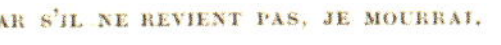

書籍『ドイツ史の諸場面とエピソード』

★★★★★★★★★★★★★★★★★★★★★★★

BOOK COVER AND INSIDE PAGES OF "SCÈNES ET ÉPISODES DE L'HISTOIRE D'ALLEMAGNE (SCENES AND EPISODES FROM GERMANY HISTORY)"

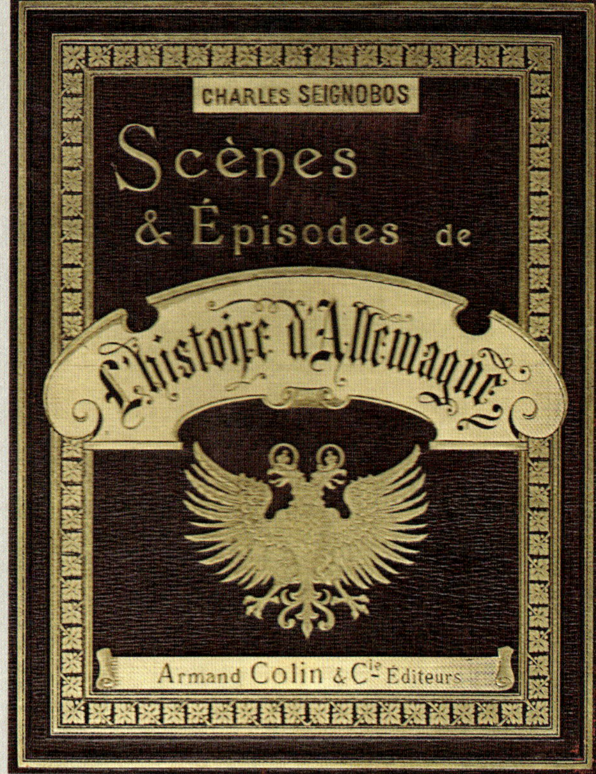

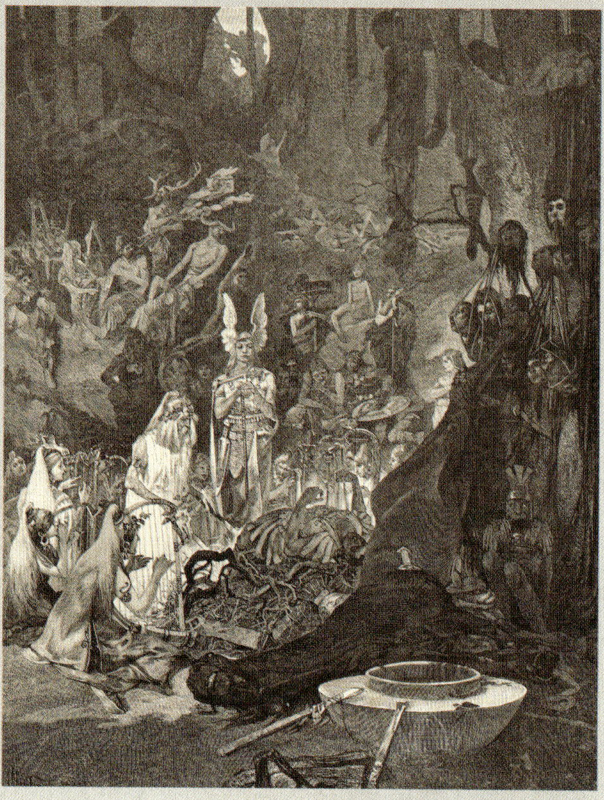

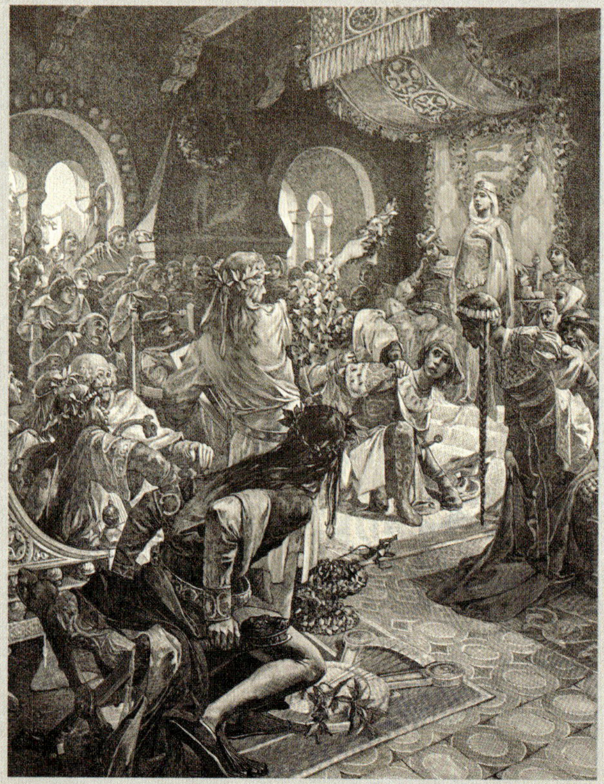

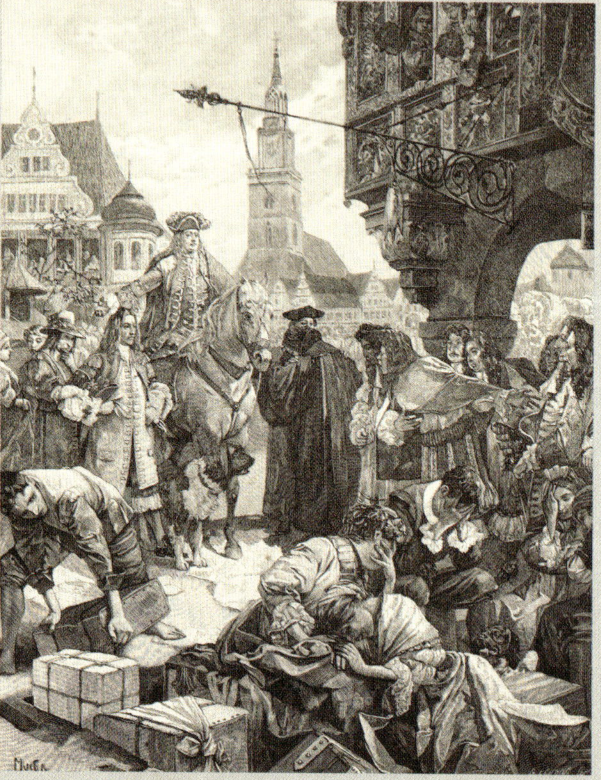

シャルル・セニョボス著。1892年に描かれているので、まだオーソドックスな表現である。しかし斜め方向へのパースペクティヴを使い、ダイナミックな空間に群像を配置し、劇的なシーンを試みており、「スラヴ叙事詩」への道を示している。

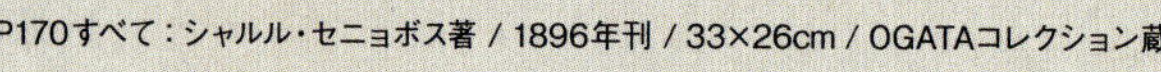
P170すべて：シャルル・セニョボス著 / 1896年刊 / 33×26cm / OGATAコレクション蔵

書籍『ローランドの冒険』

BOOK COVER AND INSIDE PAGES OF "L'AVENTURE DE ROLAND (THE ADVENTURES OF ROLAND)"

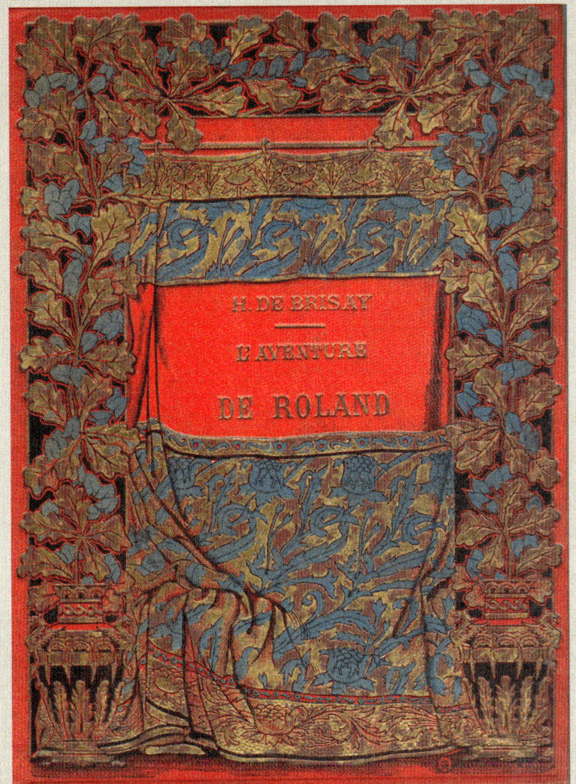

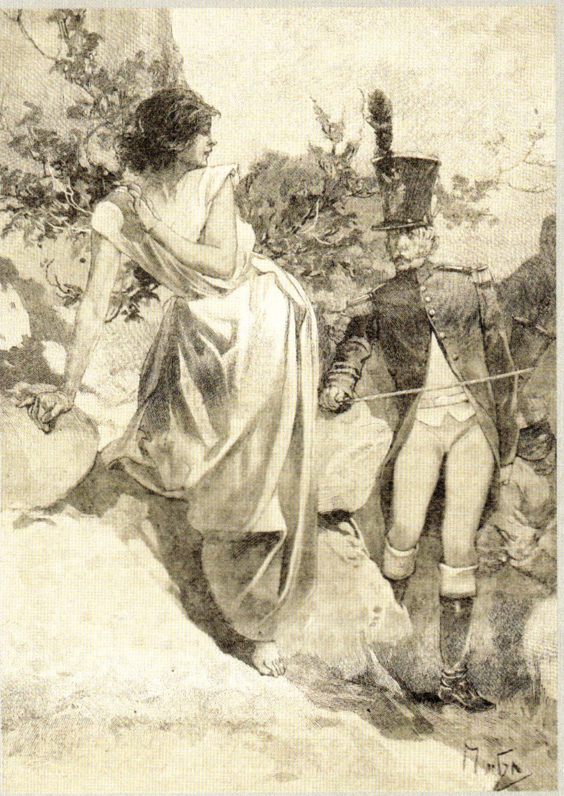

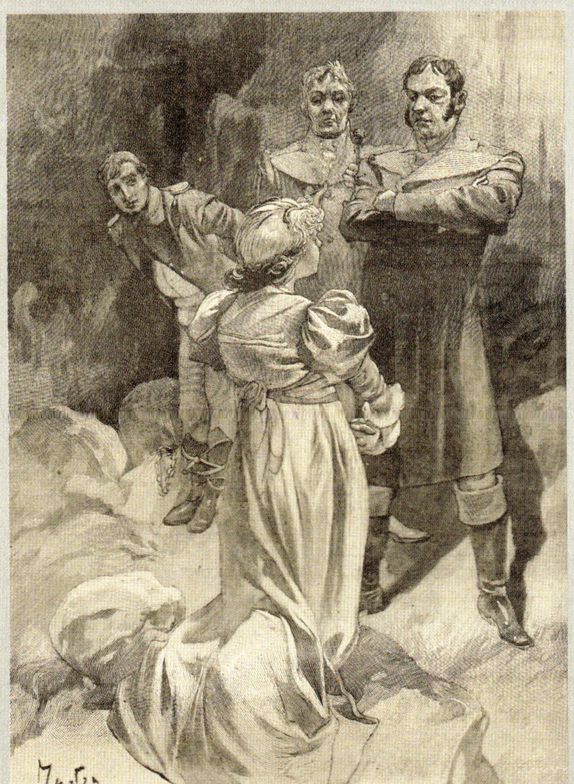

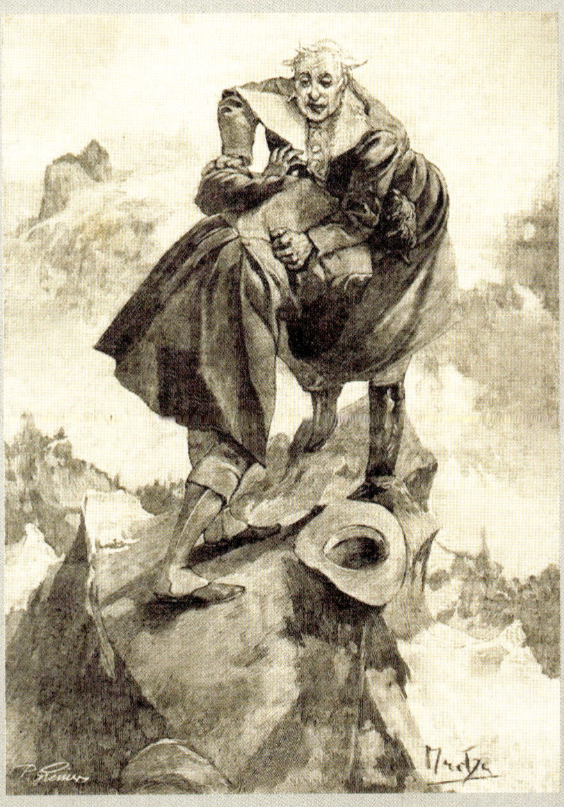

アンリ・ド・ブリゼイの冒険小説の挿絵である。アール・ヌーヴォー以前のクラシックな描写である。出版は1896年で、ミュシャはすでに新しいスタイルで活躍していた。表紙の植物文にはちらりとその傾向が見える。

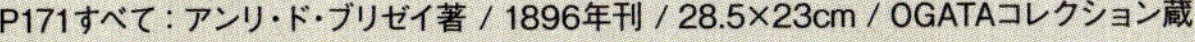

P171すべて：アンリ・ド・ブリゼイ著 / 1896年刊 / 28.5×23cm / OGATAコレクション蔵

書籍『永遠の歌』表紙

★★★★★★★★★★★★★★★★★★★★★★

BOOK COVER OF "LES CHANSONS ÉTERNELLES (THE ETERNAL SONGS)"

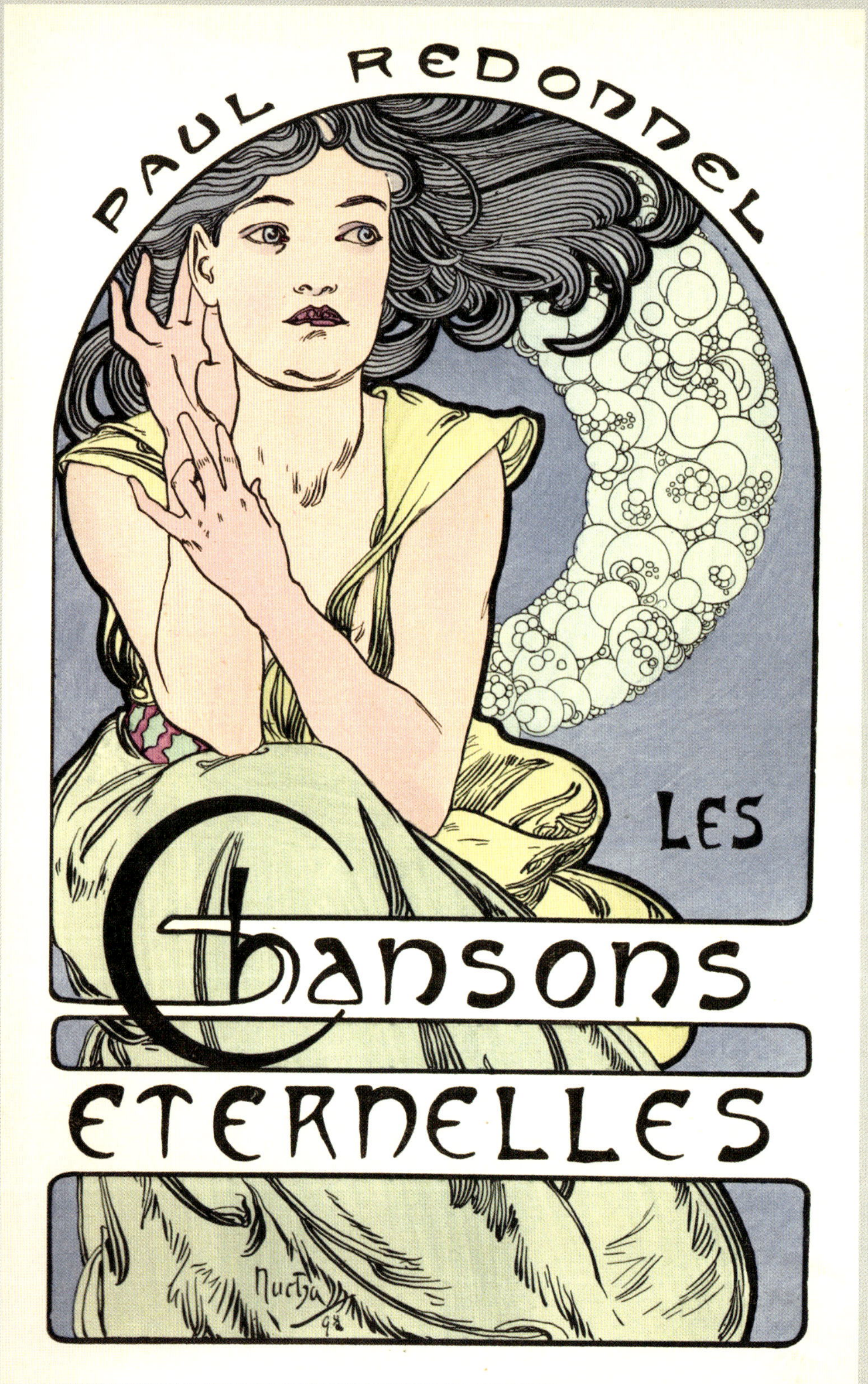

ポール・ルドネルのシャンソン歌集。ミュシャ・スタイルの女性が耳を傾けている。右手の泡でできた角笛のような形は音楽のひびきをあらわしているのだろう。

ポール・ルドネル著 / 1898年刊 / カラー・リトグラフ、紙 / 29×21cm / OGATAコレクション蔵

書籍『アイユールの歌』表紙

★★★★★★★★★★★★★★★★★★★★★★

BOOK COVER OF "CHANSONS D'AÏEULES (SONGS OF AÏEULES)"

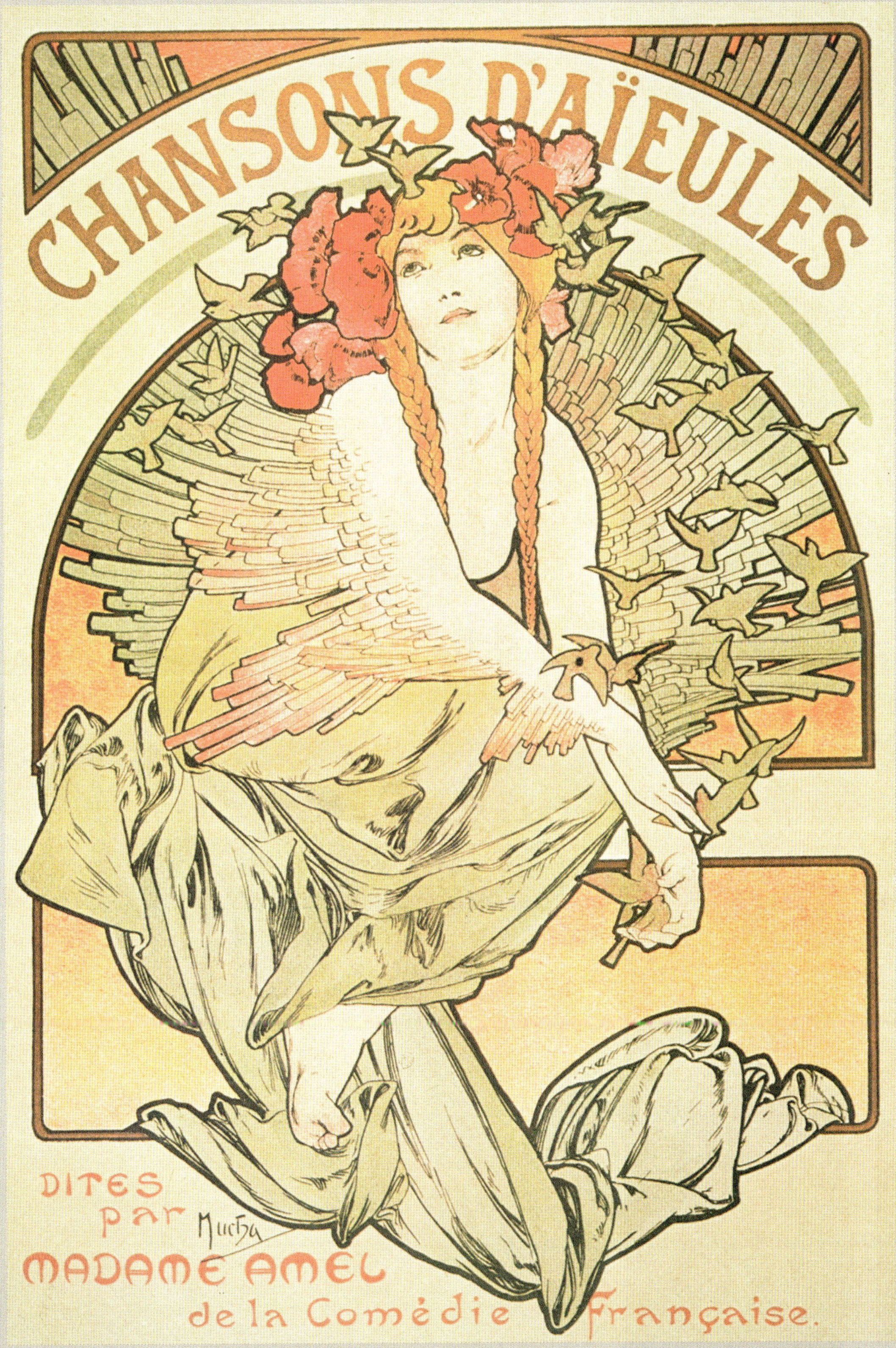

CHANSONS D'AÏEULES

DITES par

Mucha

MADAME AMEL

de la Comédie Française.

これもシャンソン集。祖母が歌っていた古い歌ということだろうか。コメディ・フランセーズのマダム・アメルが歌っている。ヘア・スタイル、手のポーズ、衣服のひだなどミュシャ風である。

1898年頃刊 / カラー・リトグラフ、紙 / 28×19cm / フランス国立図書館蔵

書籍『挿絵入りのメニューとプログラム』表紙

★★★★★★★★★★★★★★★★★★★★★★

BOOK COVER OF "LES MENUS & PROGRAMMES ILLUSTRÉS (ILLUSTRATED MENUS AND PROGRAMS)"

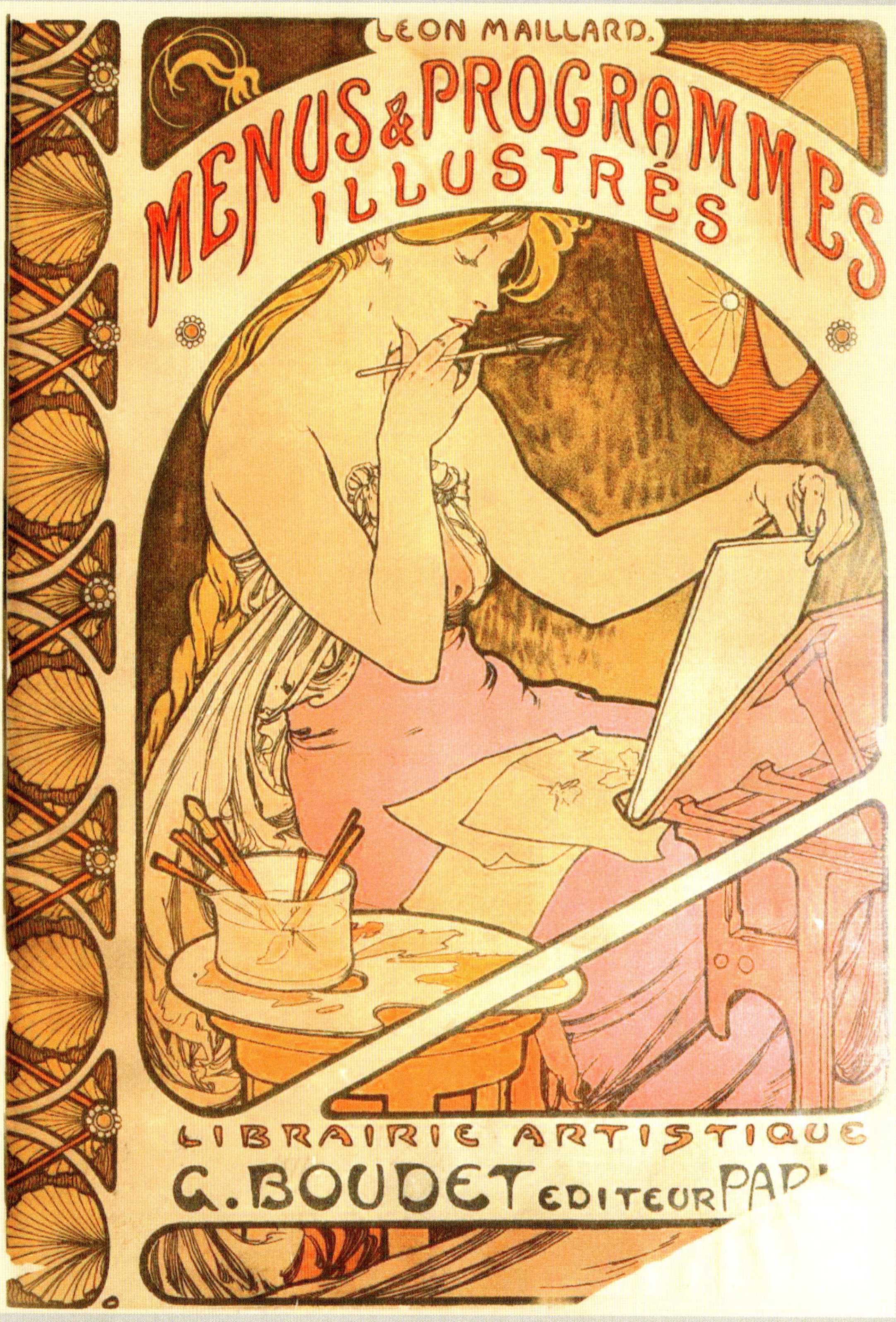

世紀末には絵入りのメニューがはやったので、G・ブーデ編で、絵入りメニューとプログラムを集めた本がつくられた。ミュシャはその表紙に、それらを描いている女性画家を示した。

レオン・マイヤール著 / 1898年刊 / カラー・リトグラフ、紙 / 32×23cm / フランス国立図書館蔵

書籍『装飾美術事典』表紙

BOOK COVER OF "DICTIONNAIRE DES ARTS DÉCORATIFS (DICTIONARY OF DECORATIVE ARTS)"

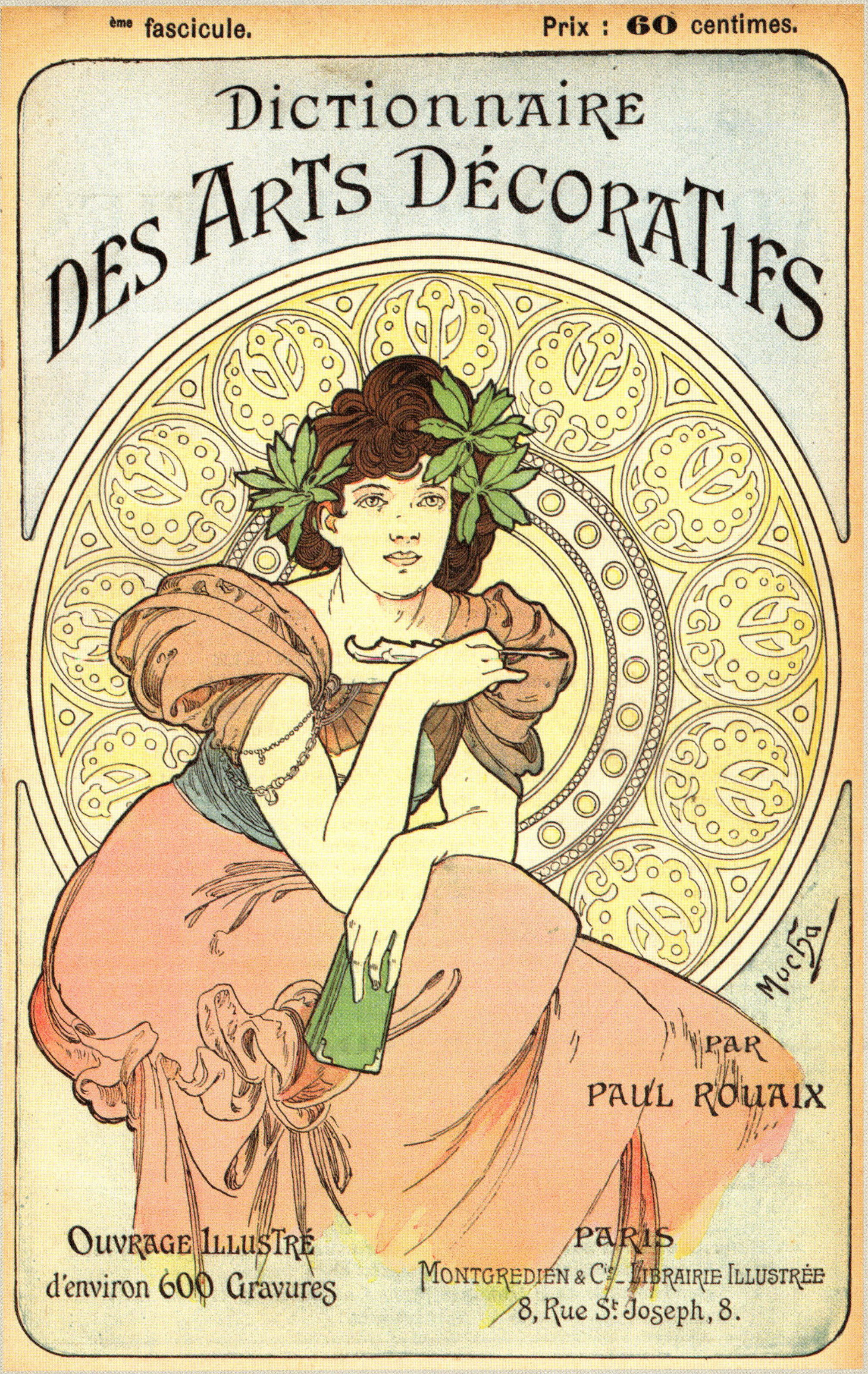

1900年前後、アール・ヌーヴォーが装飾ブームを起こし、装飾がだれにでも使えるよう事典化された。ミュシャはここでもグラフィック・デザイナーを女性として描いている。女性もアートに参加してきたのである。

ポール・ルーエ著 / 1902年刊 / 26×16cm / OGATAコレクション蔵

書籍『皇帝の旅の美術館』下絵、書籍『プラハからパリへ』表紙

★★★★★★★★★★★★★★★★★★★★★★

ROUGH ILLUSTRATIONS OF "MUSÉE PITTORESQUE DU VOYAGE DU TSAR (THE MUSEUM OF THE TSAR'S TRIP)" / BOOK COVER OF "PRAGUE-PARIS"

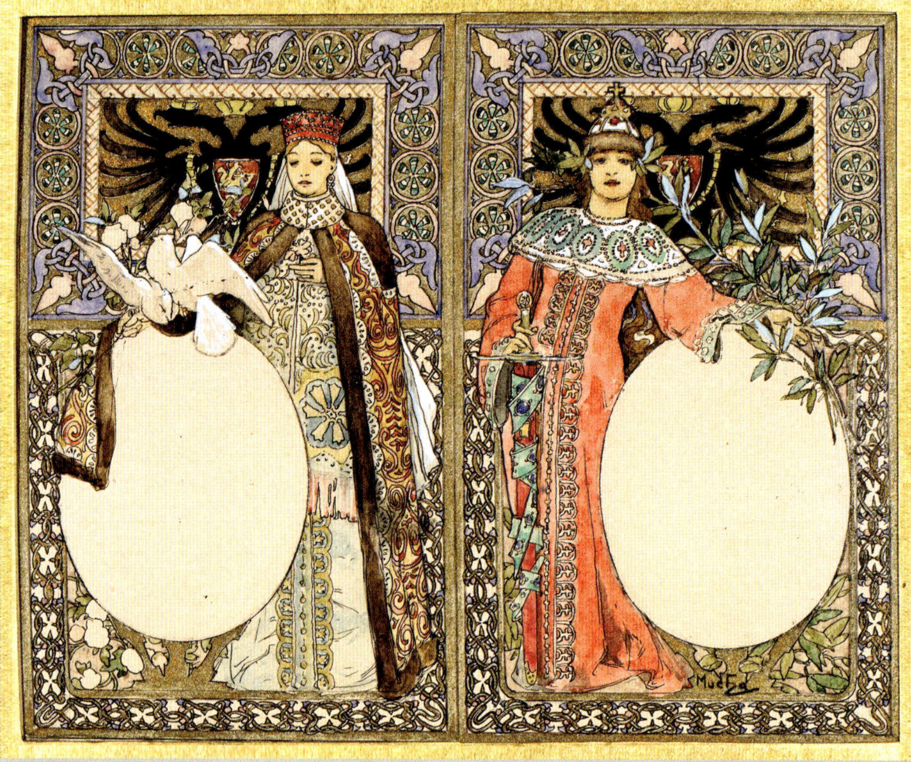

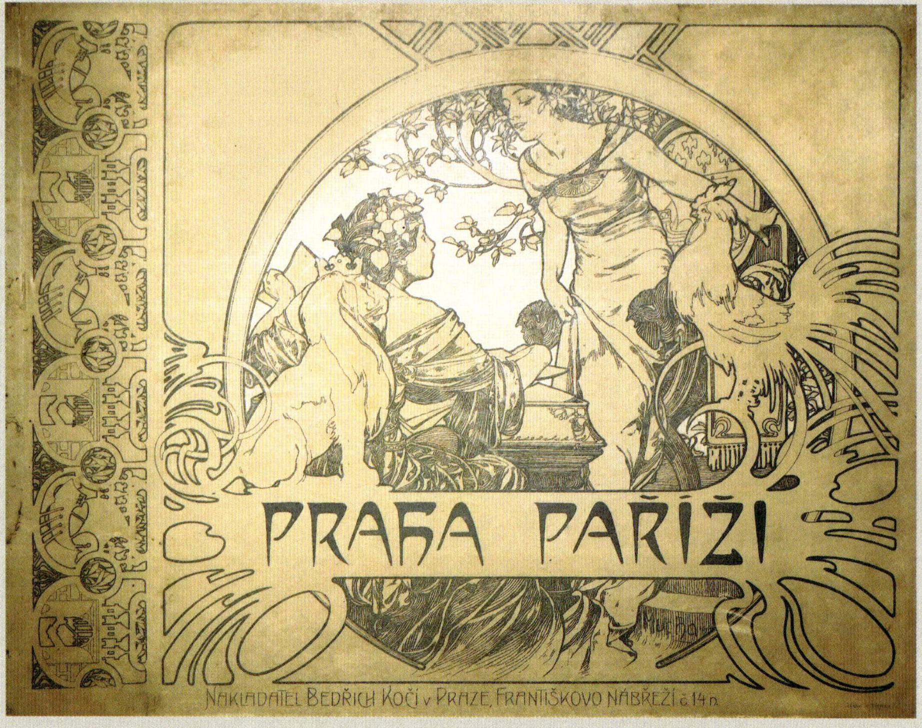

上段はロシア風のおとぎ話の挿絵（下絵）で、ロシアの画家イワン・ビリービンなどの影響が感じられる。楕円の中には本文が入るのだろうか。この絵が実際に出されたかどうかはわからない。下段はプラハとパリで同時に出された本の表紙。1900年のパリ博に合わせたものと思われる。頭にスラヴの菩提樹を飾りライオン（チェコの国章）を連れた若々しいプラハの娘が、ブルボン朝のユリの飾りを背に雄鶏（フランスのシンボル）をともなったパリの女神に迎えられているところだろうか。

上段：ジャン・グラン=カルトレ著 / 1890年代 / Heritag/PPS通信社　　下段：1900年刊 / 30×40cm / OGATAコレクション蔵

書籍『感情――音楽とパフォーマンス』表紙

★★★★★★★★★★★★★★★★★★★★★

BOOK COVER OF "LES SENTIMENTS, LA MUSIQUE ET LE GESTE (FEELINGS, MUSIC AND GESTURE)"

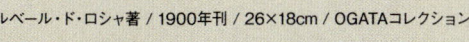

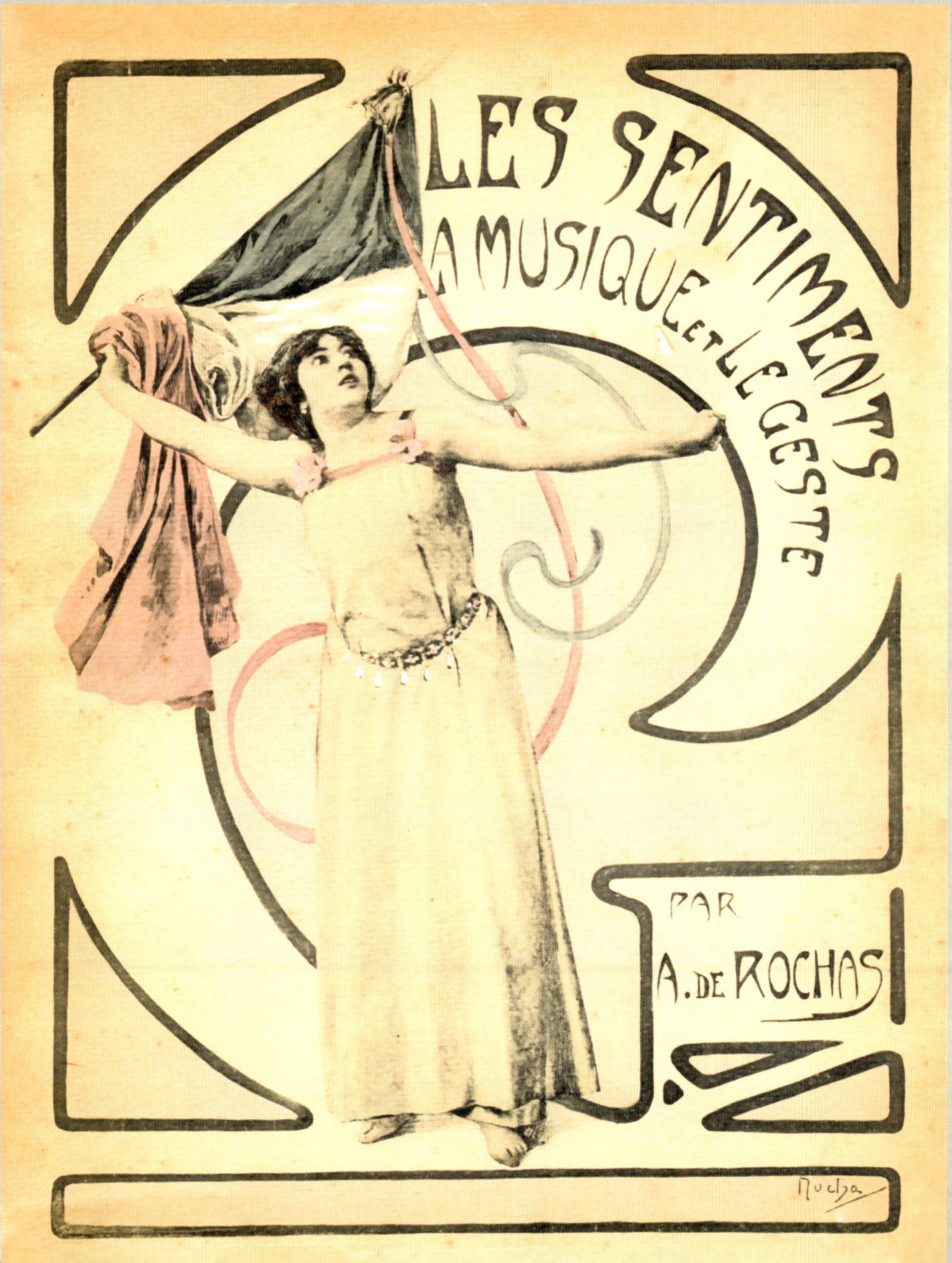

アルベール・ド・ロシャが催した交霊会の本の表紙。ロシャは図書館員であるが交霊術にとりつかれていて、ミュシャのアトリエに霊媒の女性をつれてきて、霊を呼び出していた。ミュシャはそのための魔術的なデザインをした。

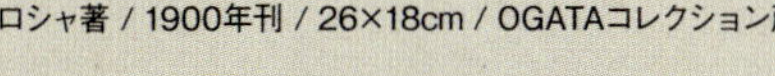
アルベール・ド・ロシャ著 / 1900年刊 / 26×18cm / OGATAコレクション蔵

書籍『装飾の組み合わせ』

★★★★★★★★★★★★★★★★★★★★★★

BOOK COVER AND INSIDE PAGES OF "COMBINAISONS ORNEMENTALES (ORNAMENTAL COMBINATIONS)"

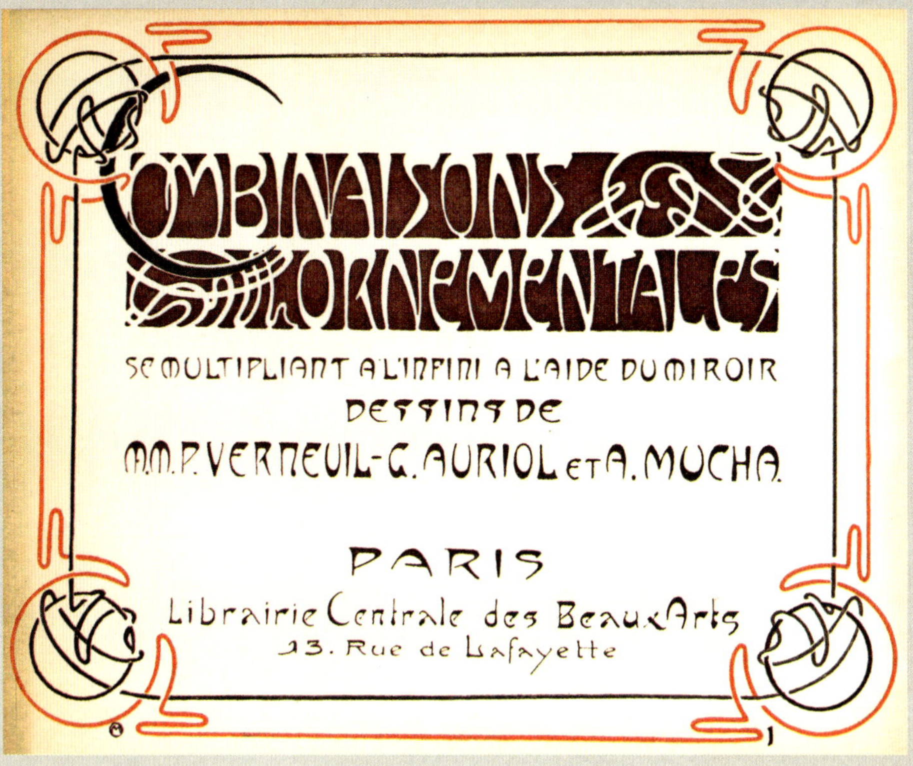

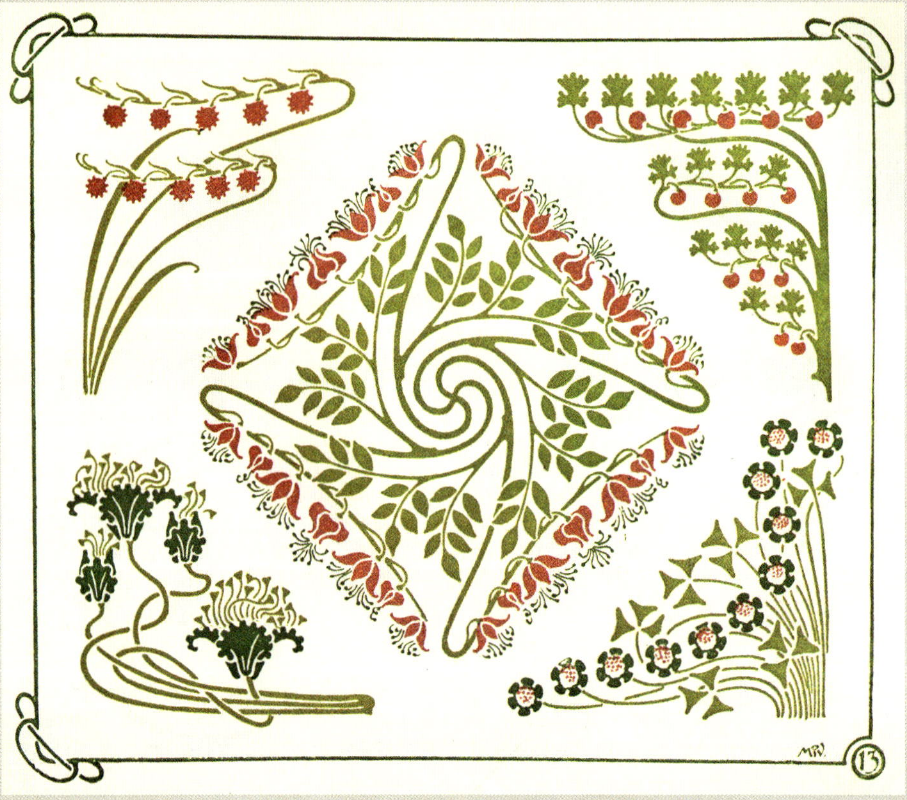

ミュシャはデザイン教育にも熱心であったようで、アトリエや学校でしばしば教えている。自分の装飾のやり方を惜しげもなく体系化して教科書をつくり、伝えようとしている。この本はその最初の試みである。

P178-179すべて：ジョルジュ・オリオール、モーリス・ピヤル・ヴェルヌーイ、アルフォンス・ミュシャ著 / 1901年刊 / 紙にポショワール印刷 / 23×29cm / パリ装飾芸術美術館蔵

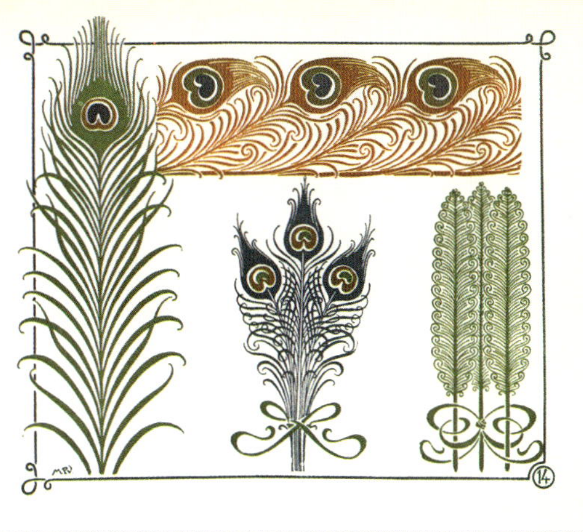
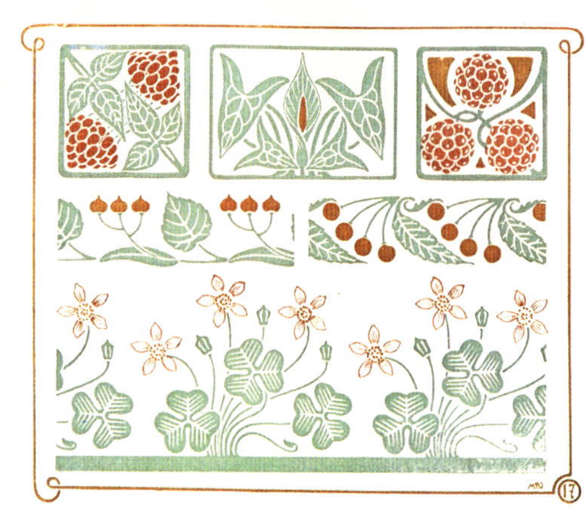
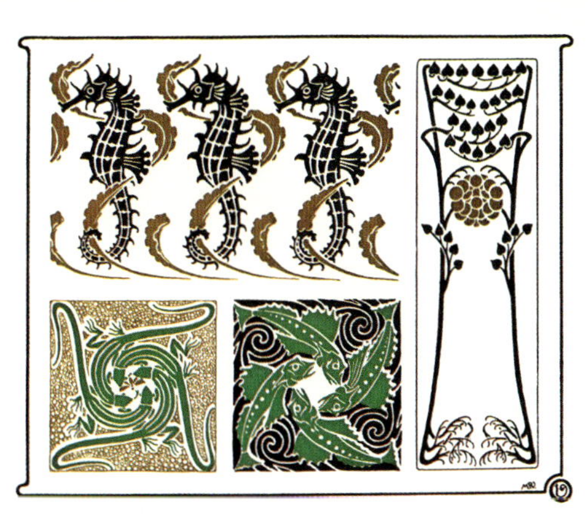
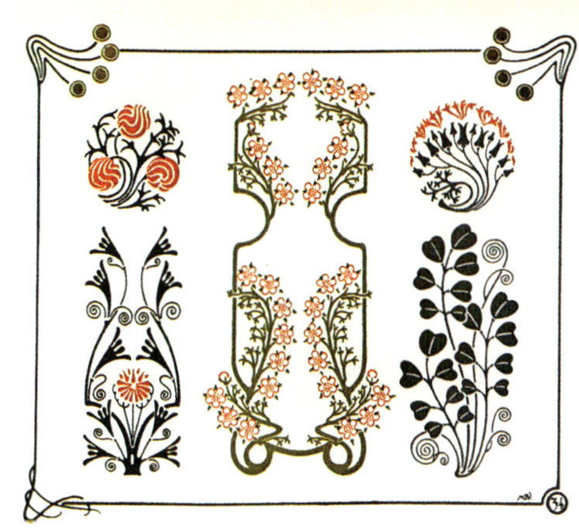
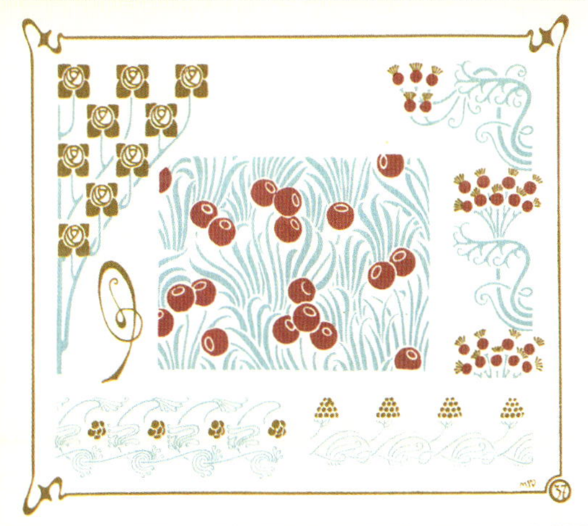
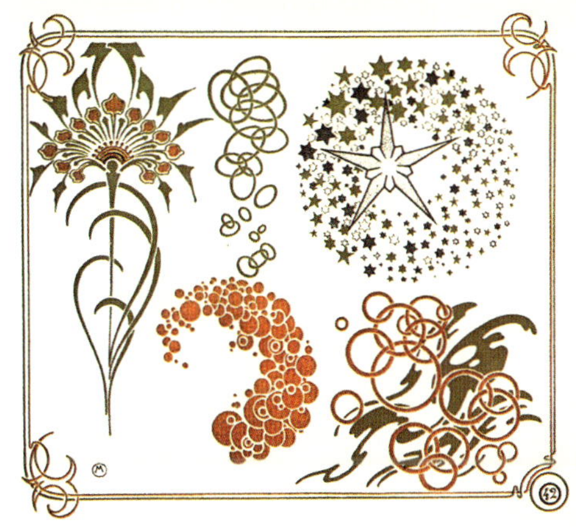
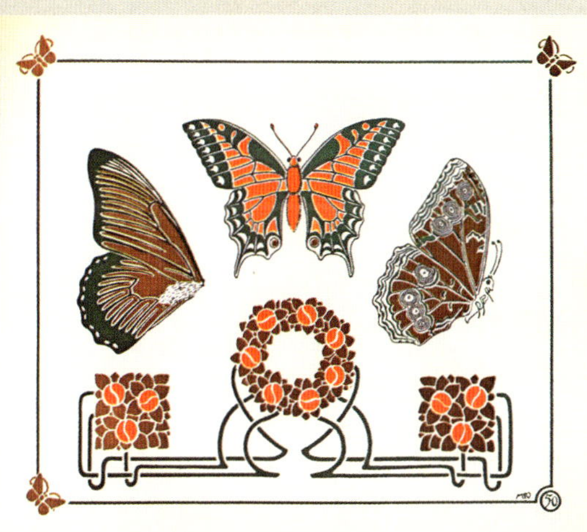
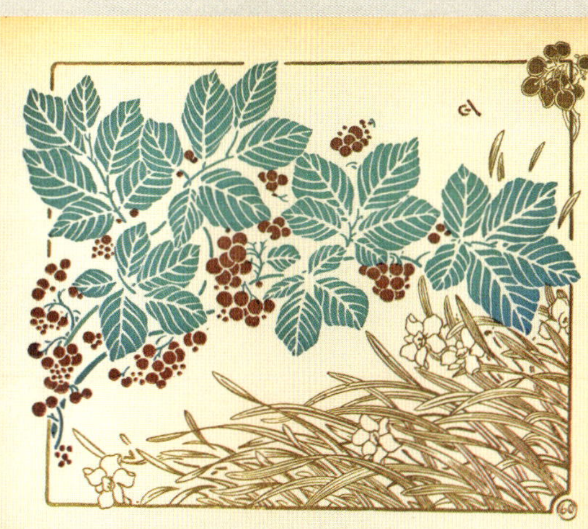

書籍『装飾資料集』

BOOK COVER AND INSIDE PAGES OF "DOCUMENTS DÉCORATIFS (COLLECTION OF DECORATIVE MATERIALS)"

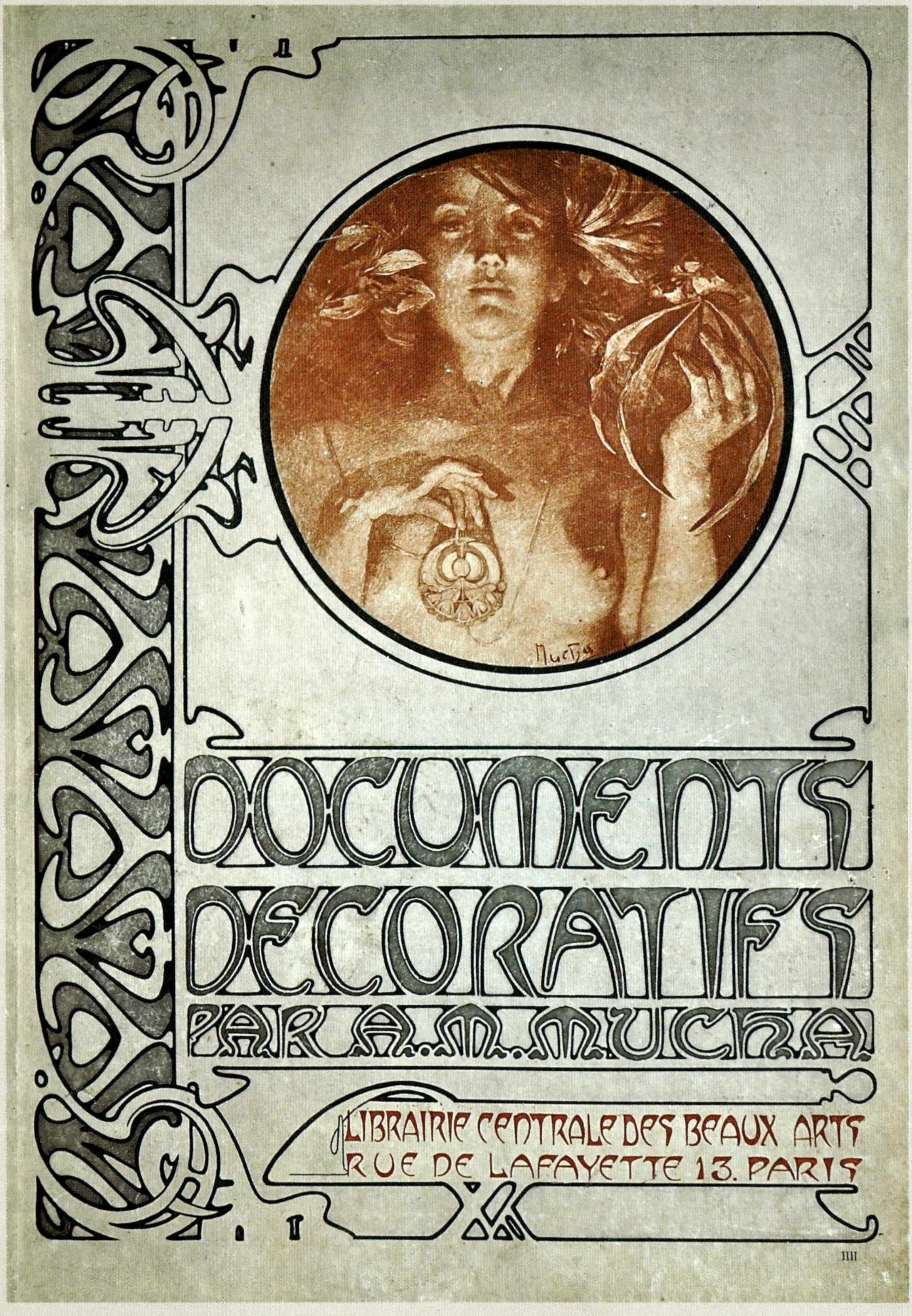

DOCUMENTS
DECORATIFS
PAR A. M. MUCHA
LIBRAIRIE CENTRALE DES BEAUX ARTS
RUE DE LAFAYETTE 13. PARIS
IIII

アール・ヌーヴォーのパターンの教科書である。世紀末にはオーウェン・ジョーンズの『装飾の文法』につづくデザイン・ブックが次々と出された。ミュシャのこの本は、モダン・デザインのバウハウス運動などの先駆けとなっている。

P180：ケース / 1902年刊 / カラー・リトグラフ、紙 / 46×33cm / OGATAコレクション蔵
P181-189すべて：中ページ / 1902年刊 / カラー・リトグラフ、紙 / 46cm×33cm / アートハーベスト蔵（P182、183、186、188下段右）、パリ装飾芸術美術館蔵（その他）

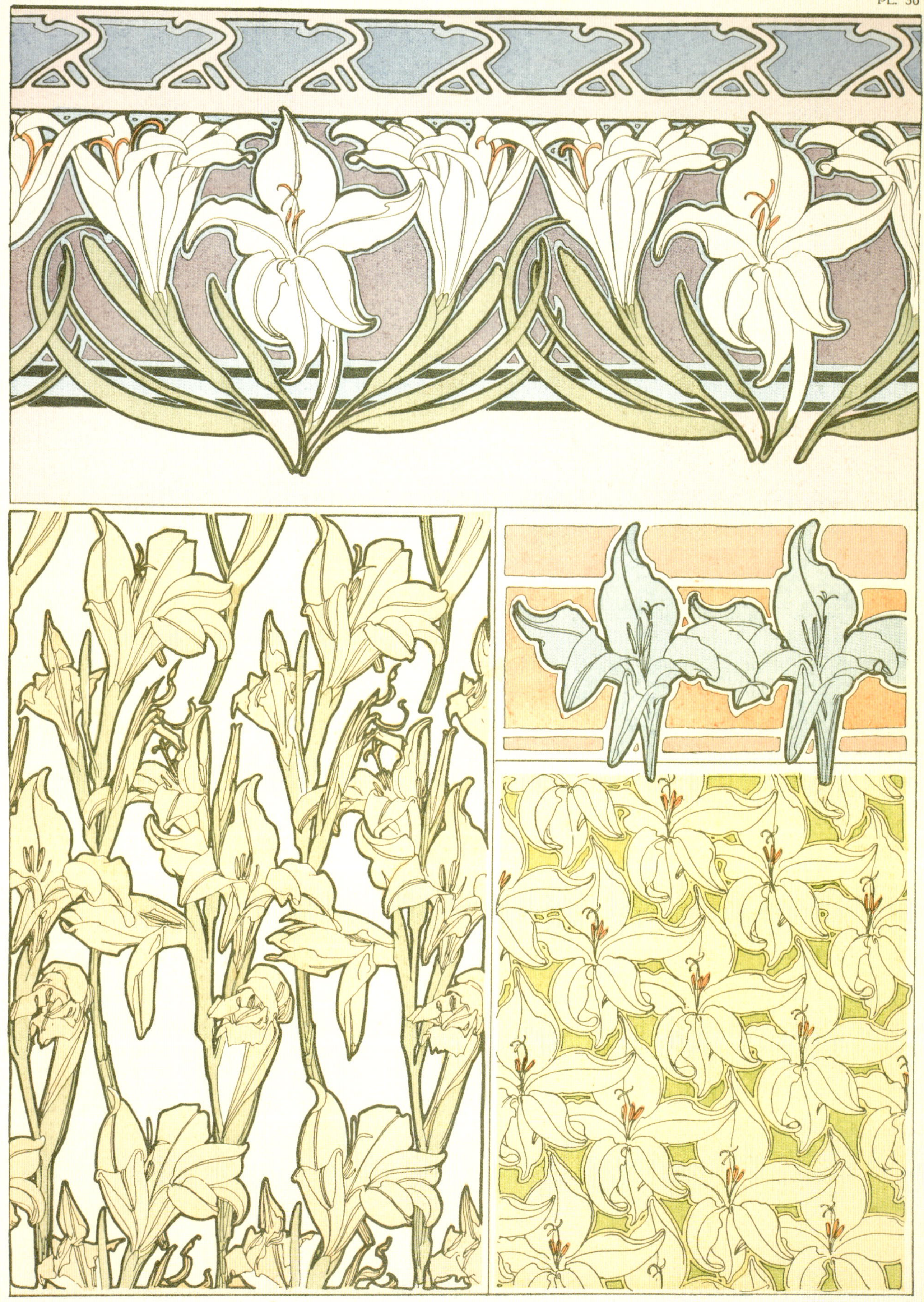

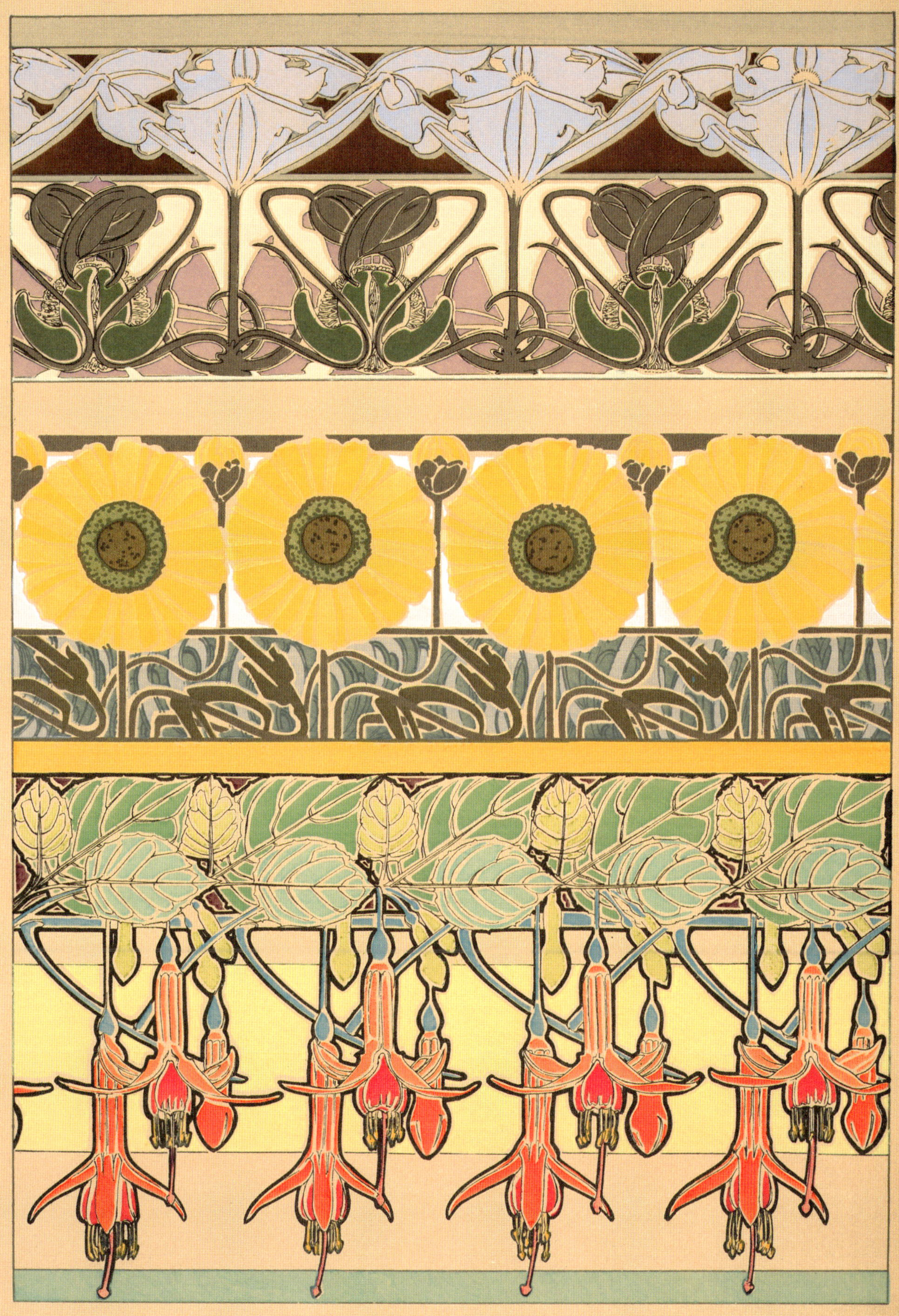

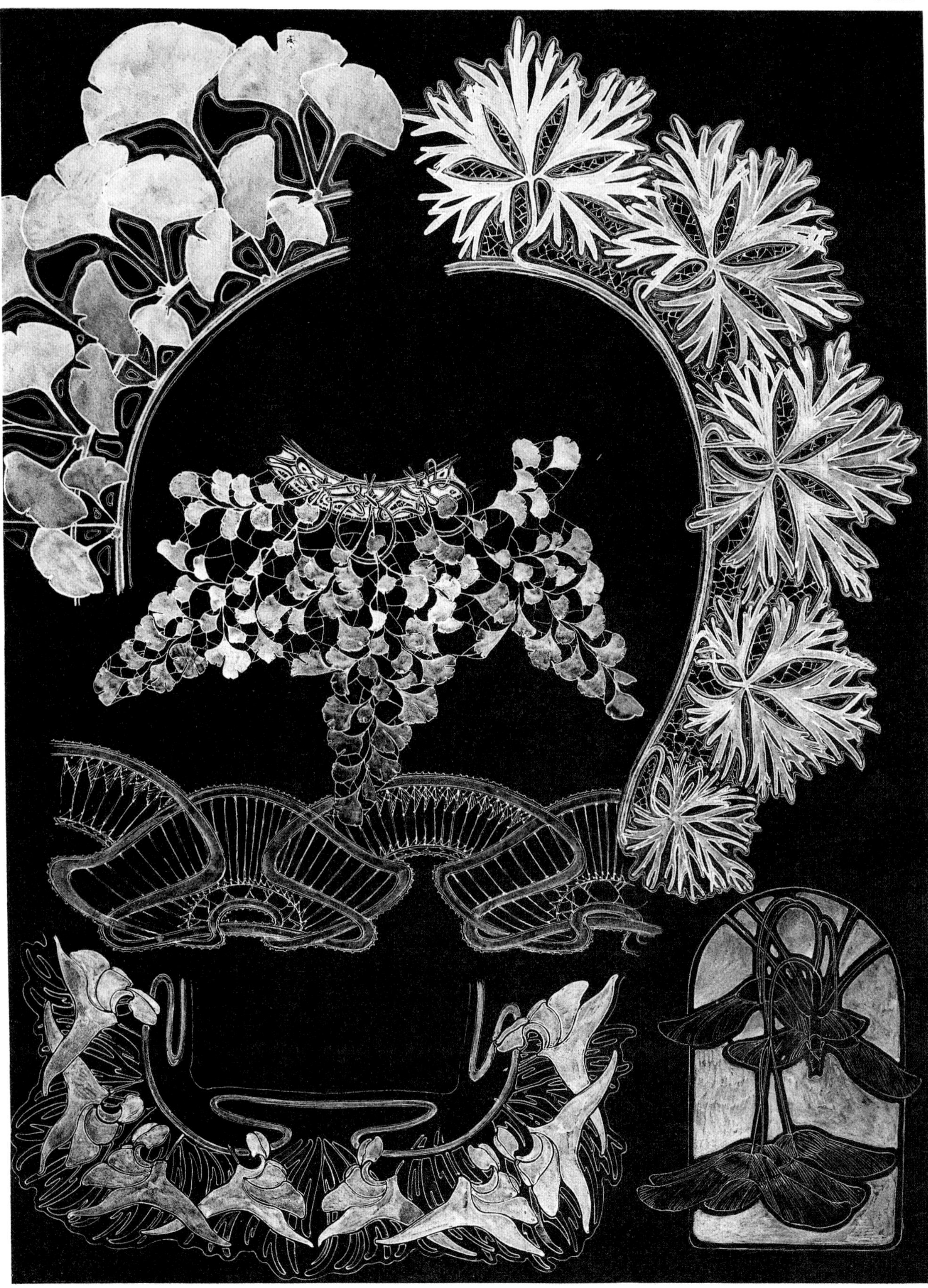

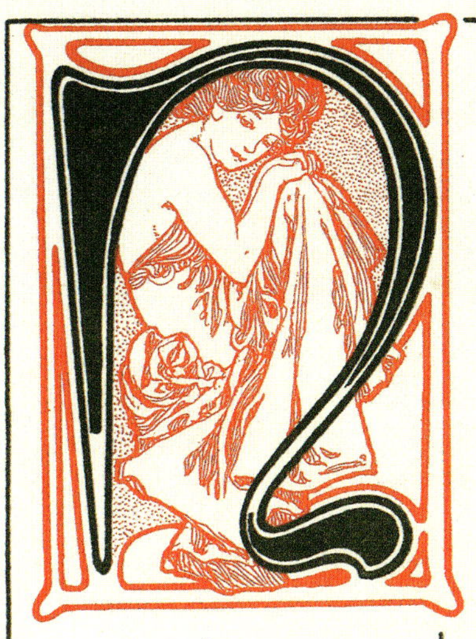

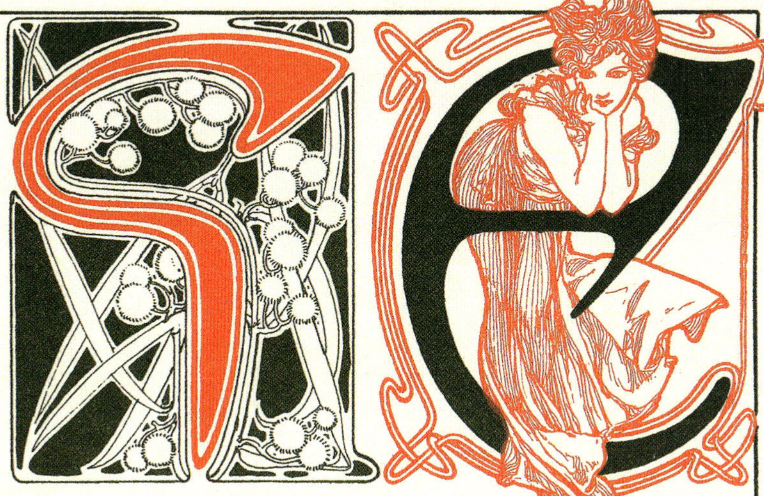

abcdefghijklmno

!' pqrstuvwxyz ?

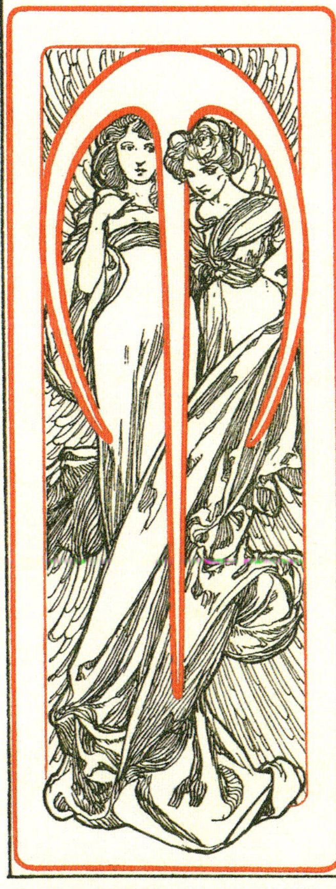

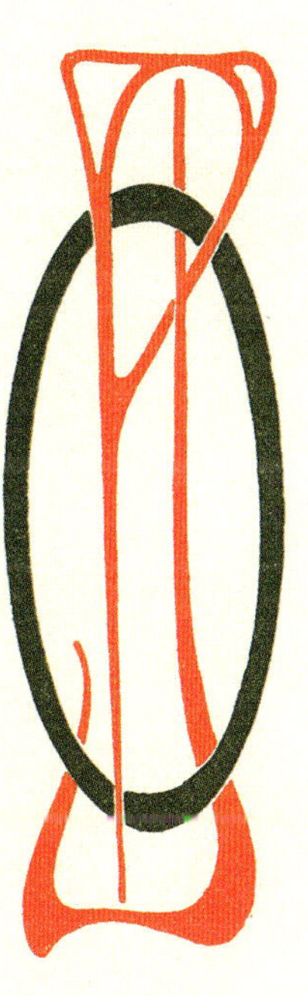

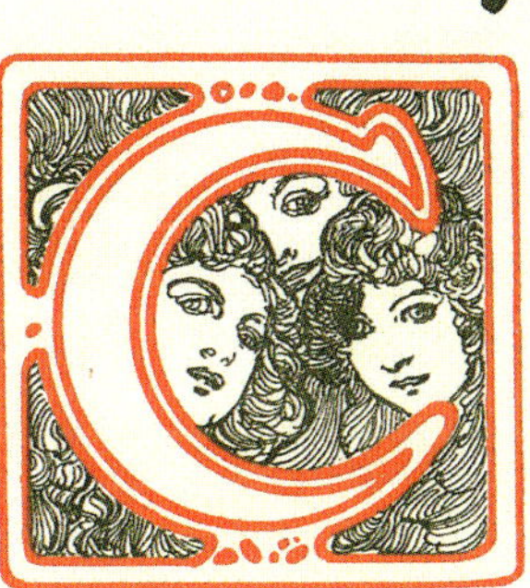

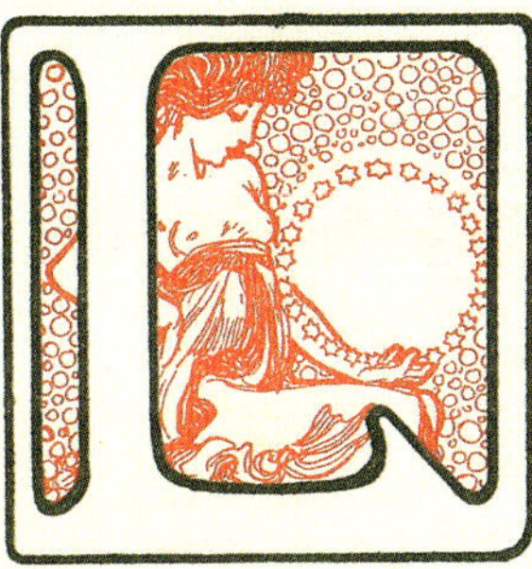

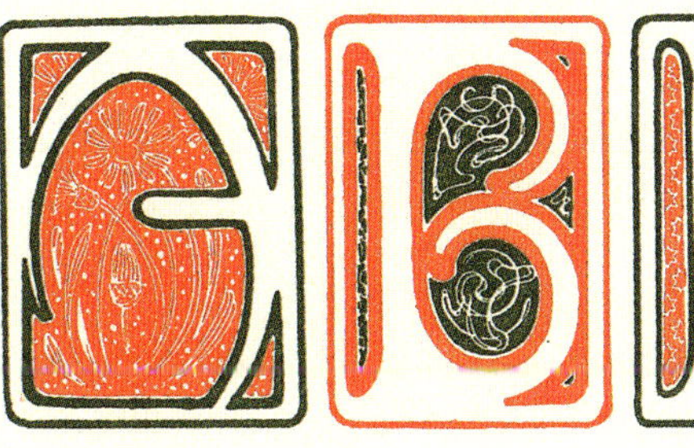

1 2 3 4 5

6 7 8 9 0

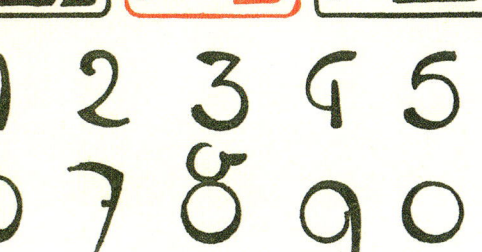

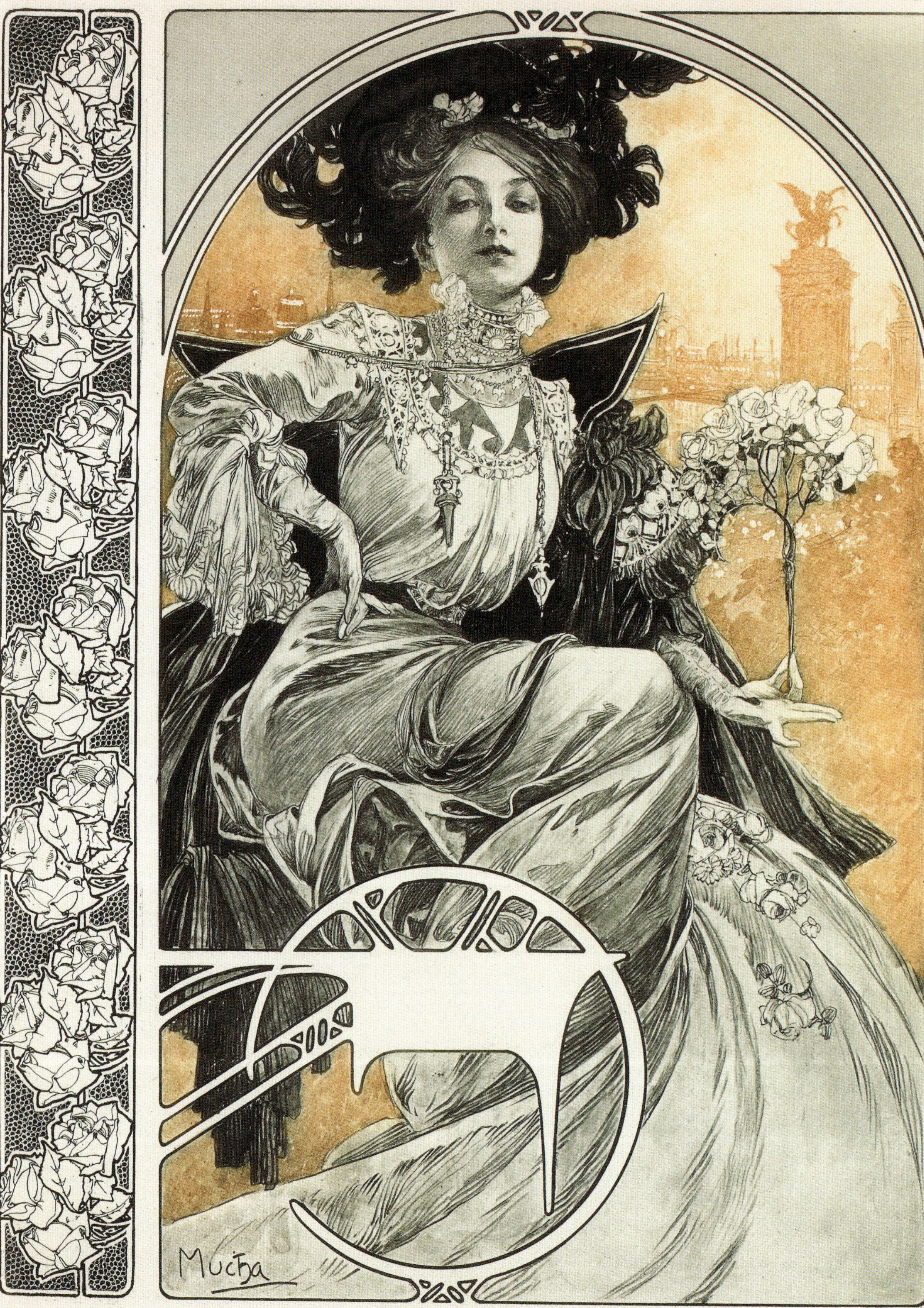
Mucha

PL.5

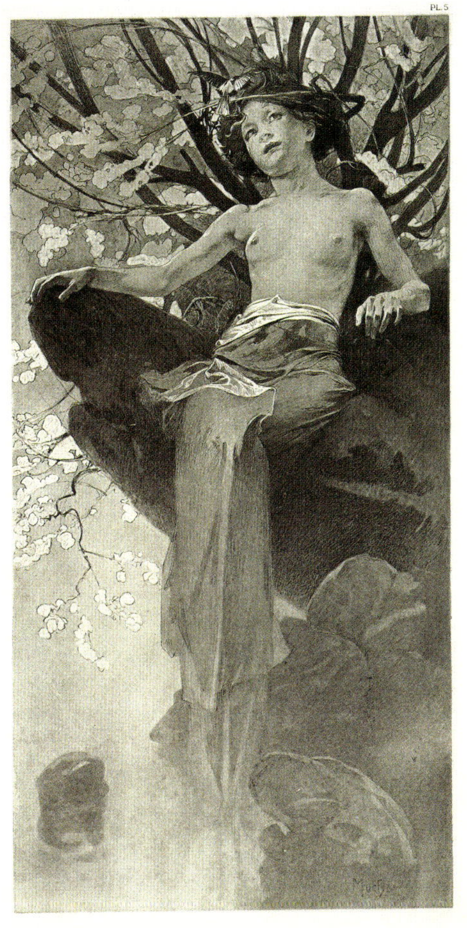

PL.6

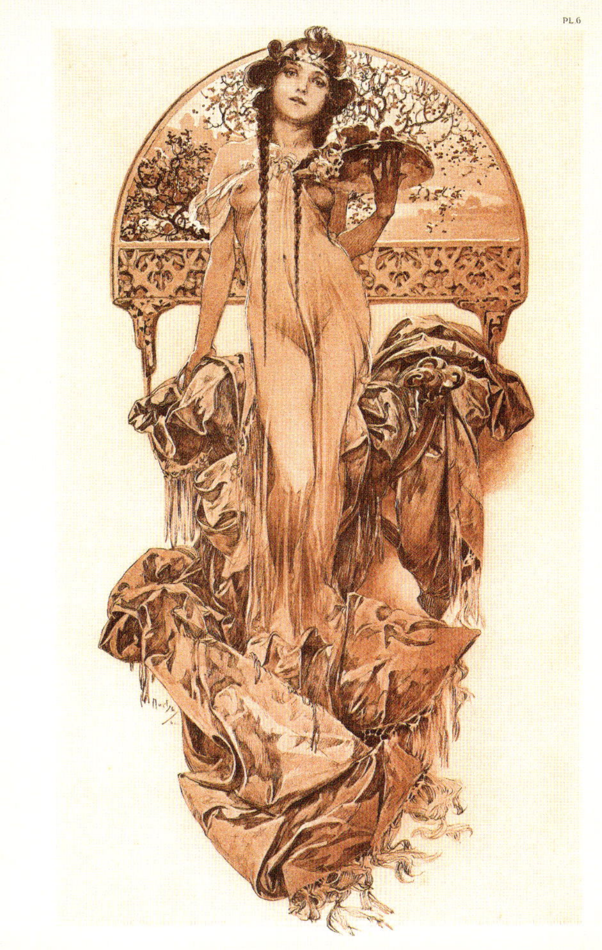

PL.9

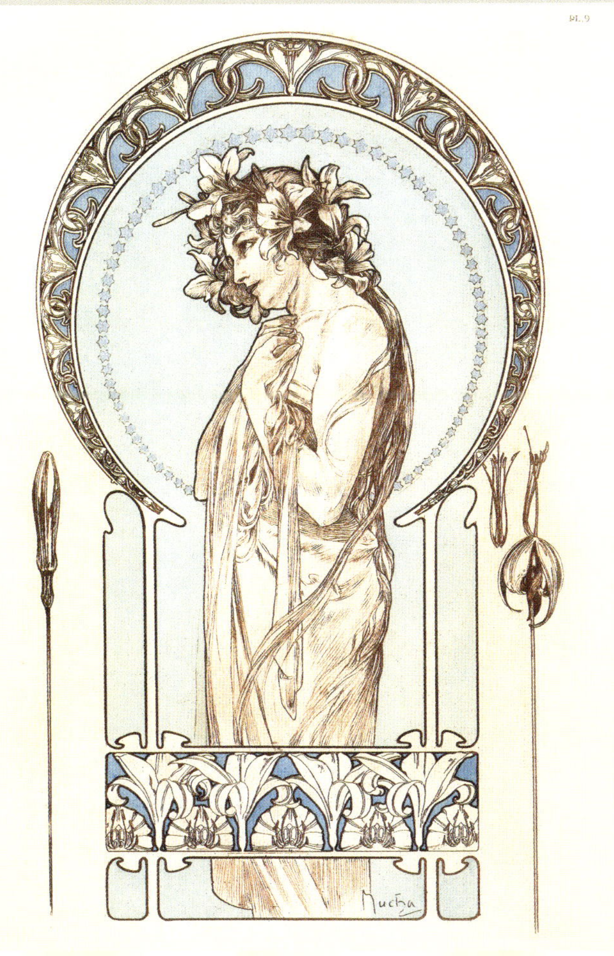

PL.13

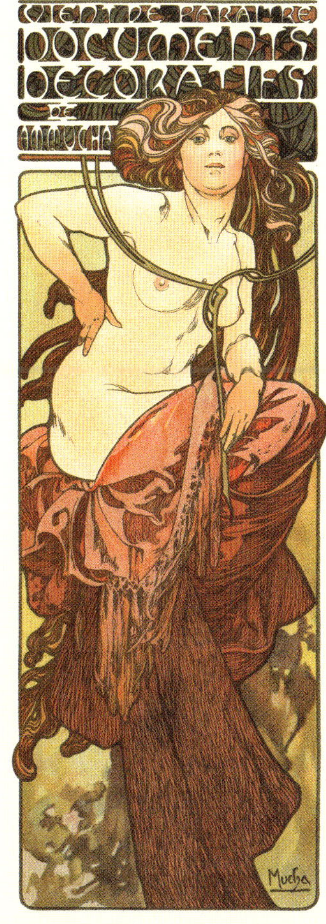

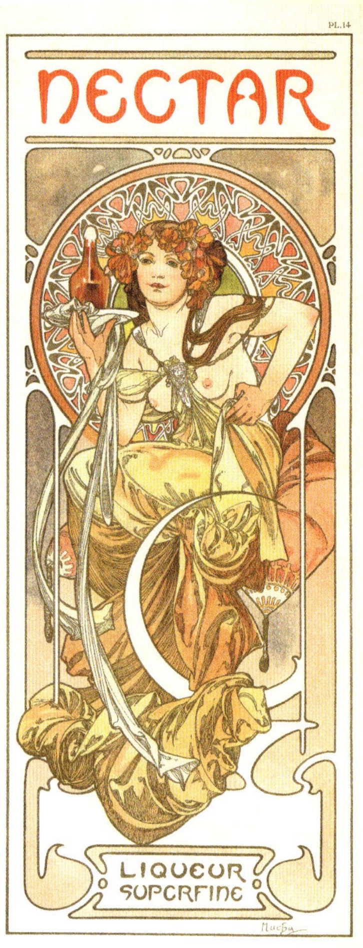
PL.14
NECTAR
LIQUEUR
SUPERFINE

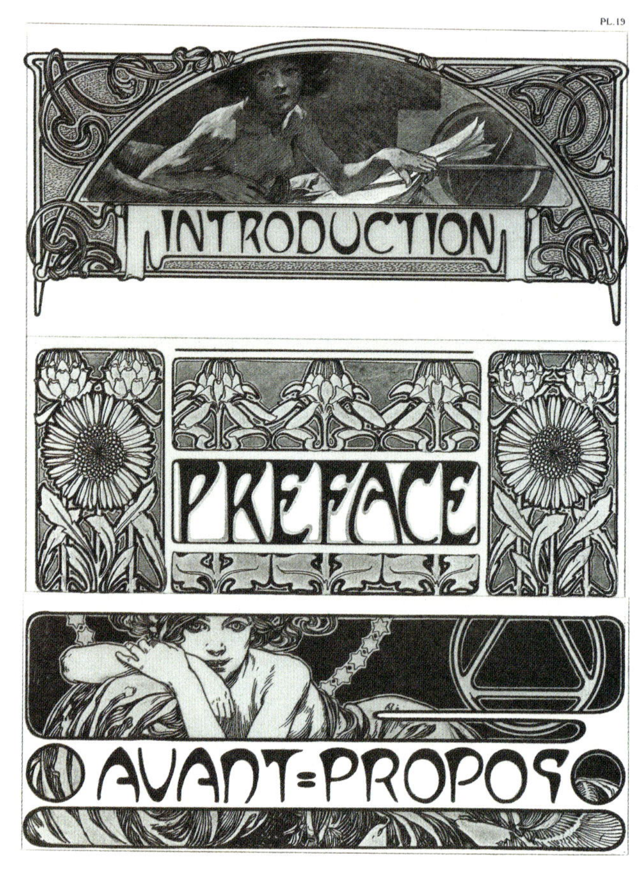
PL.19
INTRODUCTION
PREFACE
AVANT=PROPOS

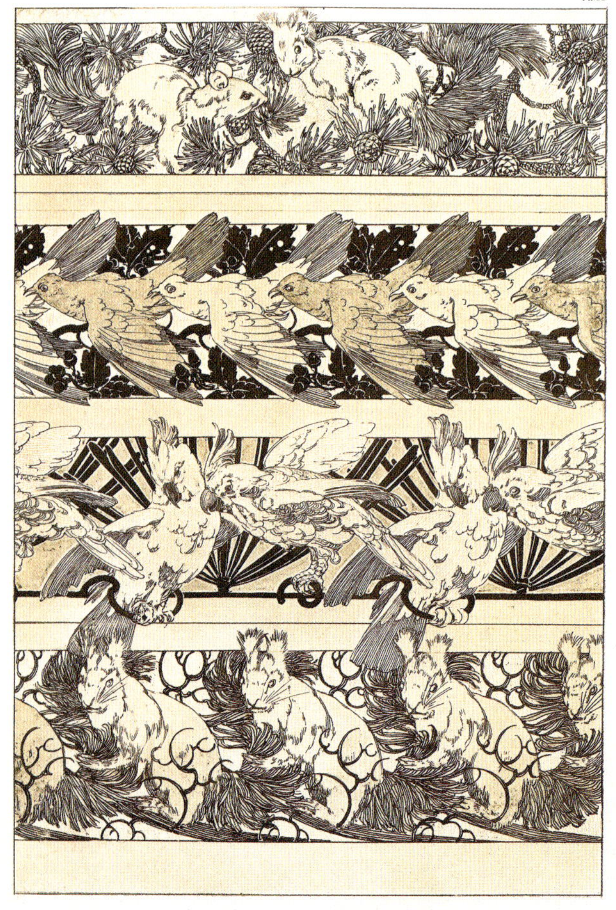
PL.35

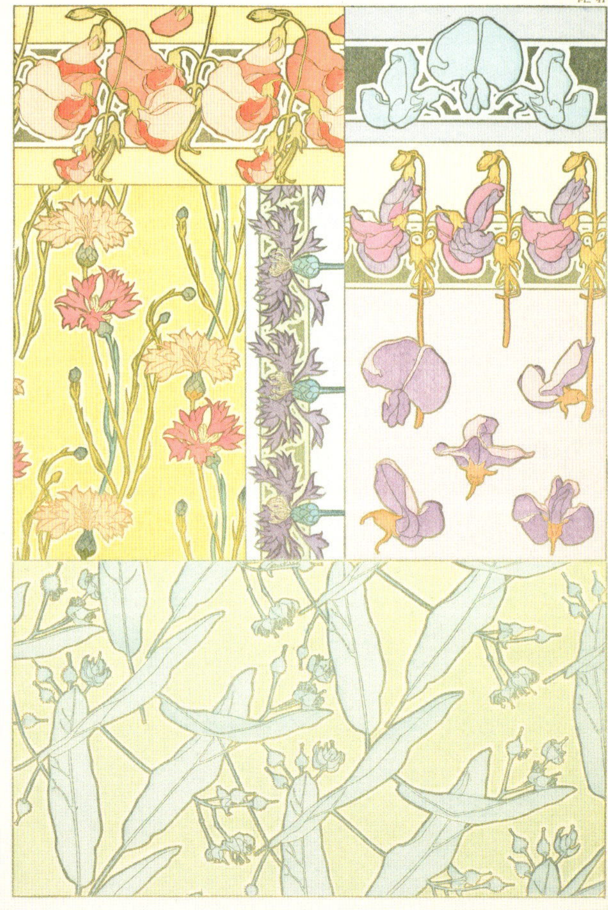
PL.41

PL. 47.

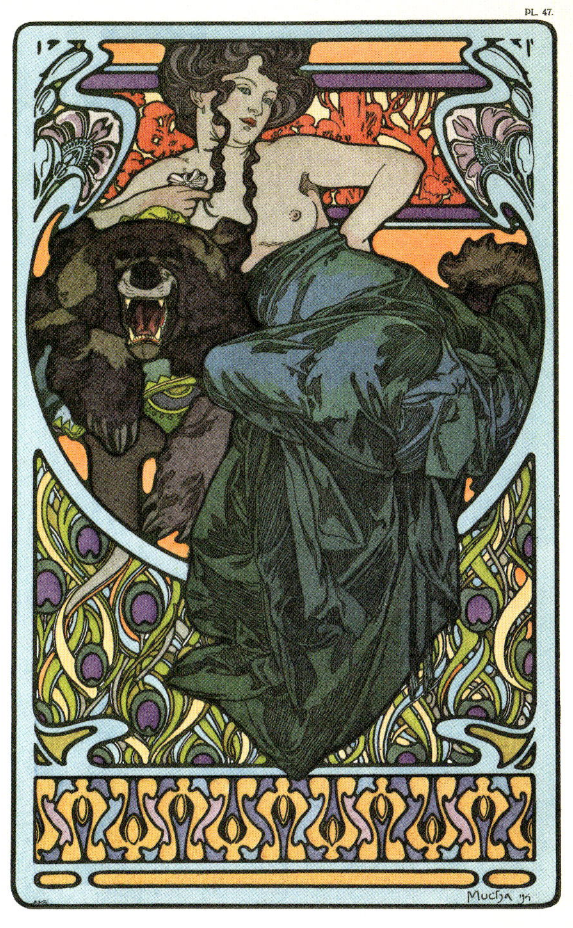

PL. 50

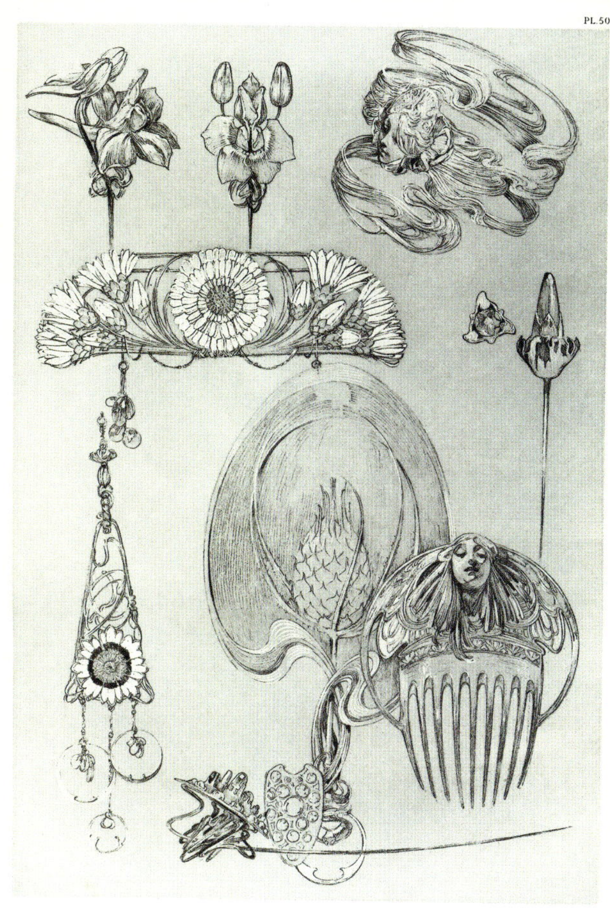

PL. 57

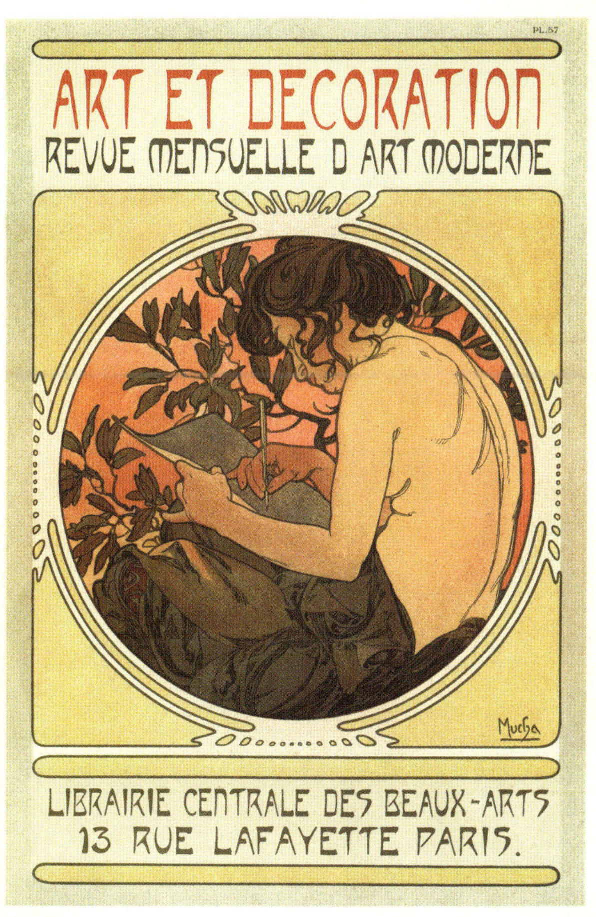

PL. 64

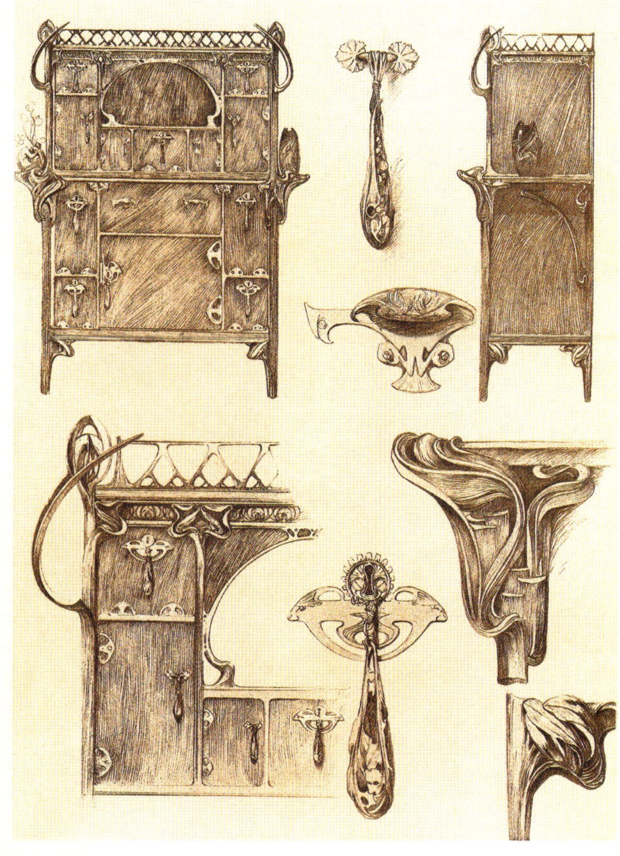

書籍『装飾人物集』

★★★★★★★★★★★★★★★★★★★★★★

BOOK COVER AND INSIDE PAGES OF "FIGURES DÉCORATIVES (COLLECTION OF DECORATIVE HUMAN FIGURES)"

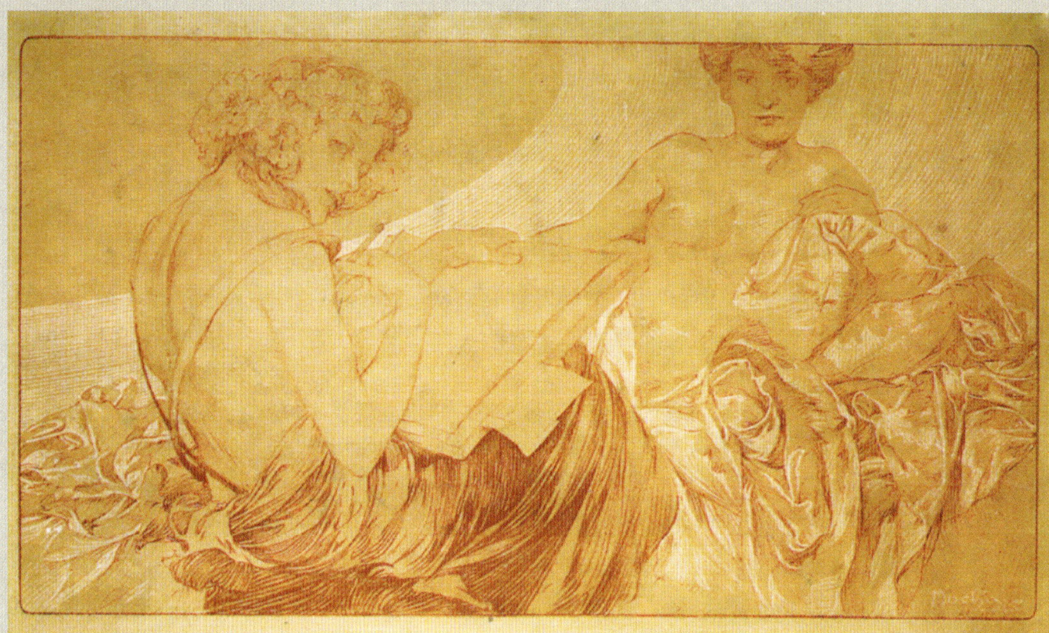

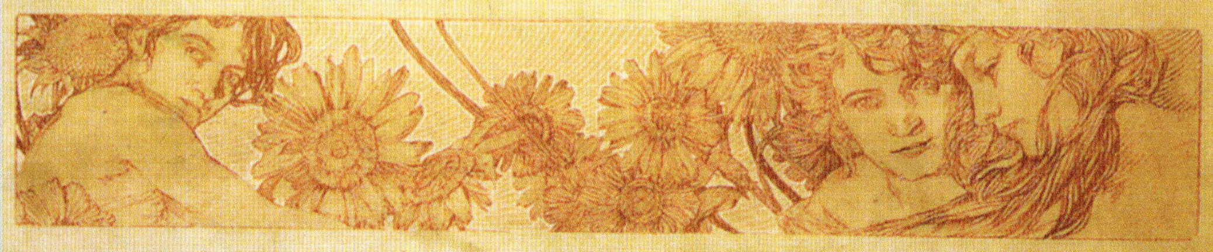

ミュシャの特徴はリアルな人物像とそれを囲む植物的、さらには抽象的な装飾との組み合わせである。この本ではあるフレームによって限定された形の中に人物をいかにはめ込むかを示している。

P190-194すべて：1905年刊 / カラー・リトグラフ、紙 / 46×33cm / フォルネイ図書館蔵

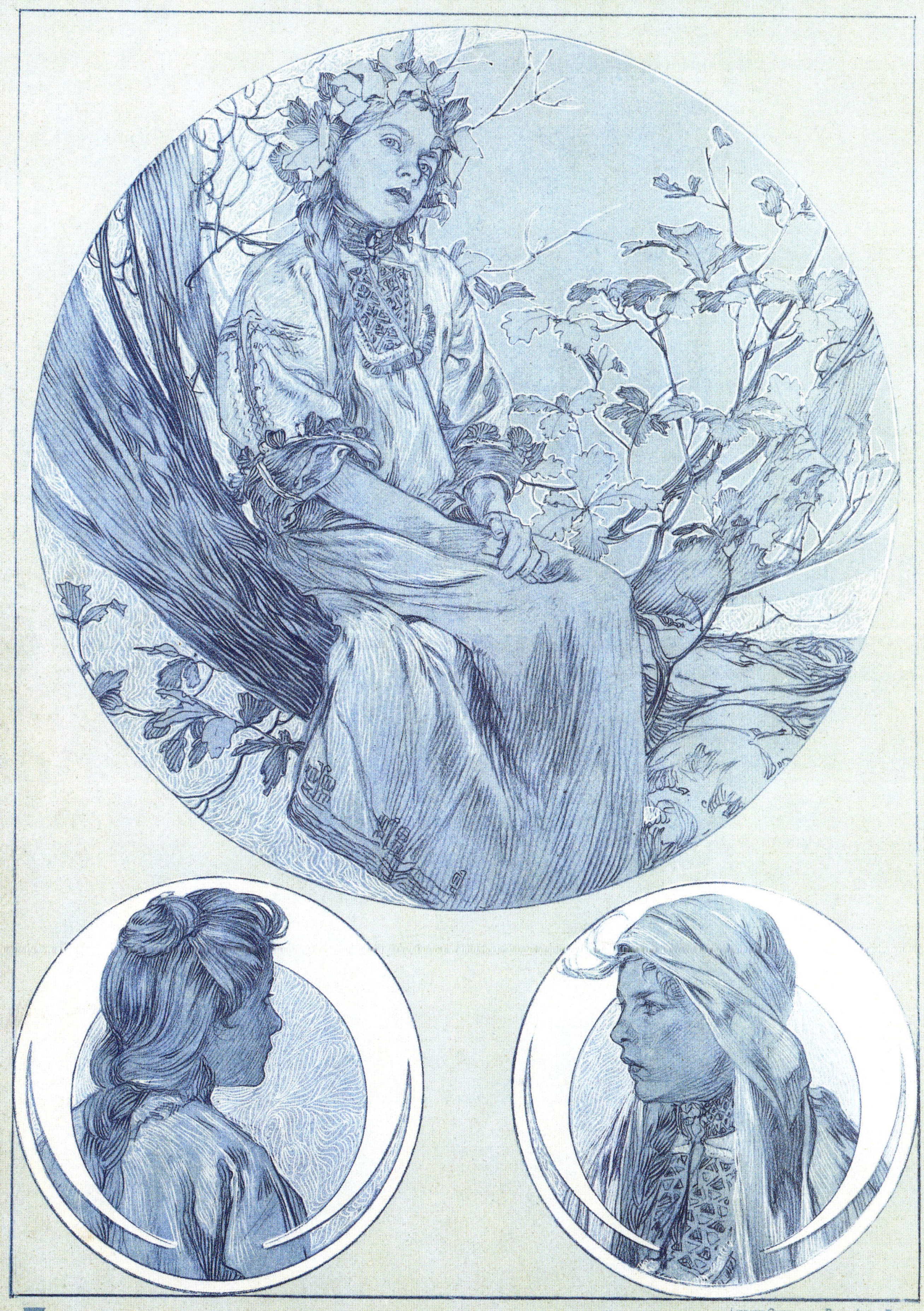

FIGURES DECORATIVES — par A.M. MUCHA
3
LIBRAIRIE CENTRALE DES BEAUX ARTS — PARIS

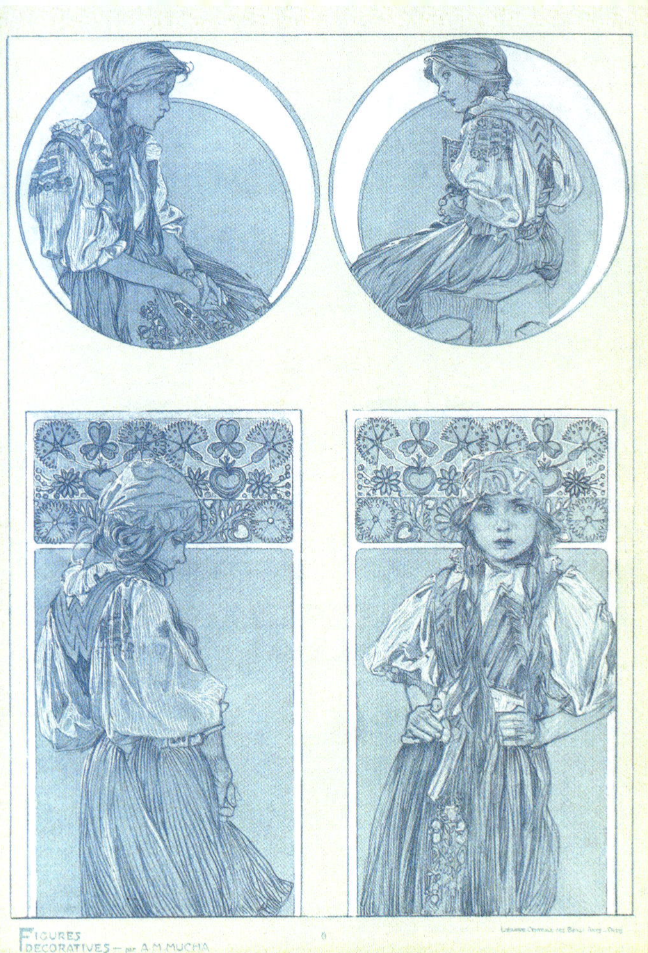
FIGURES
DECORATIVES — par A.M. MUCHA
6

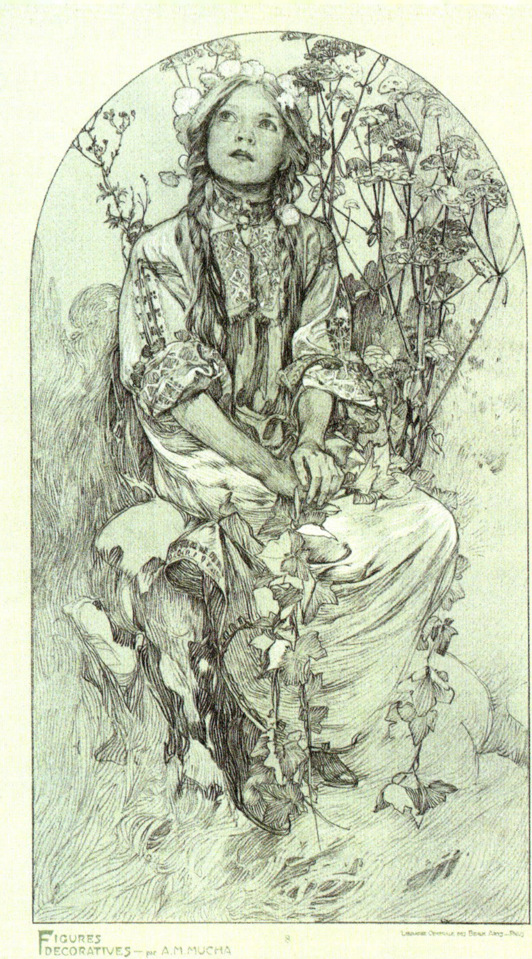
FIGURES
DECORATIVES — par A.M. MUCHA
8

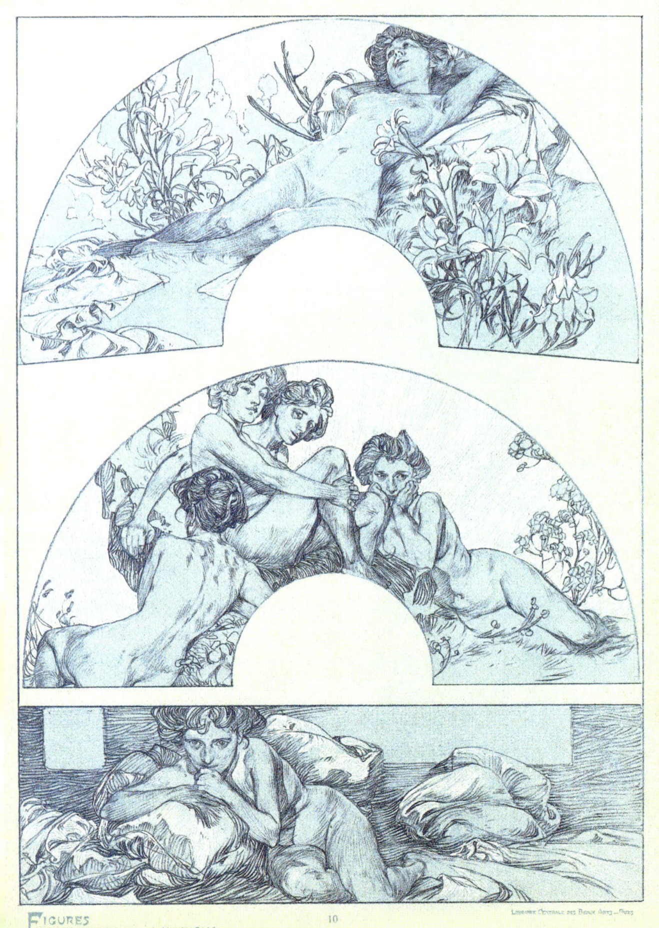
FIGURES
DECORATIVES — par A.M. MUCHA
10

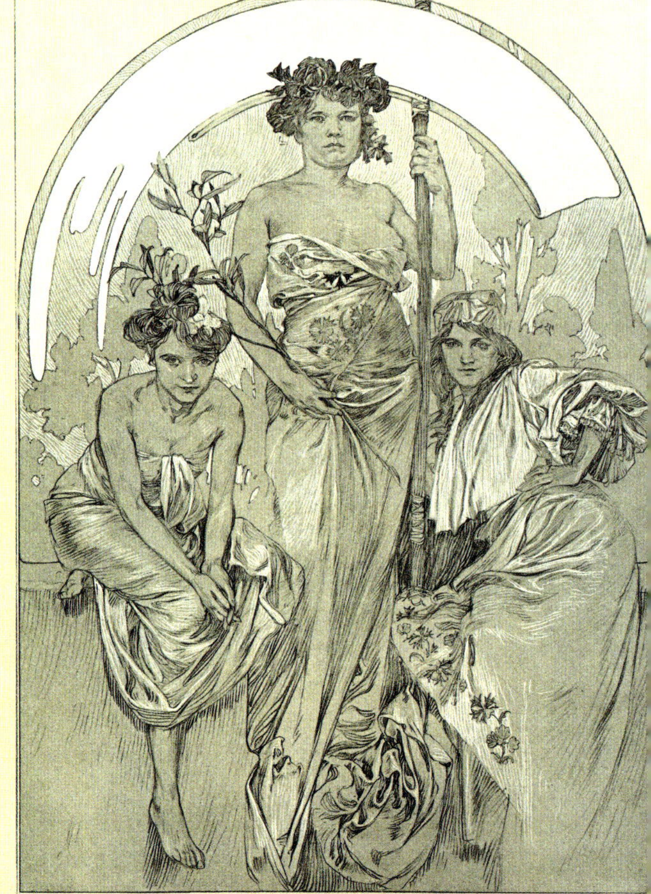

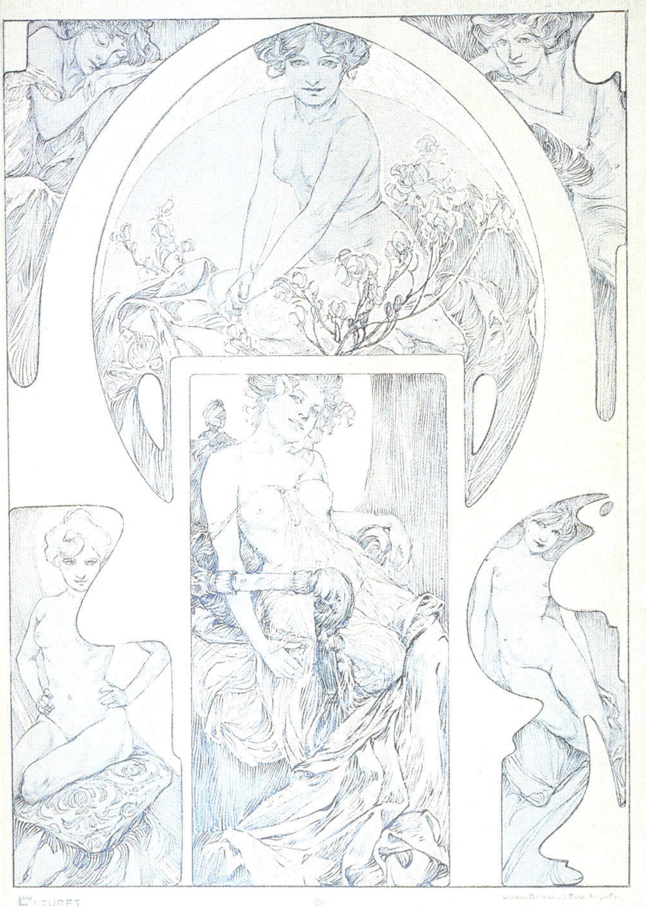
FIGURES
DECORATIVES — par A.M. MUCHA
26

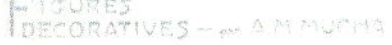

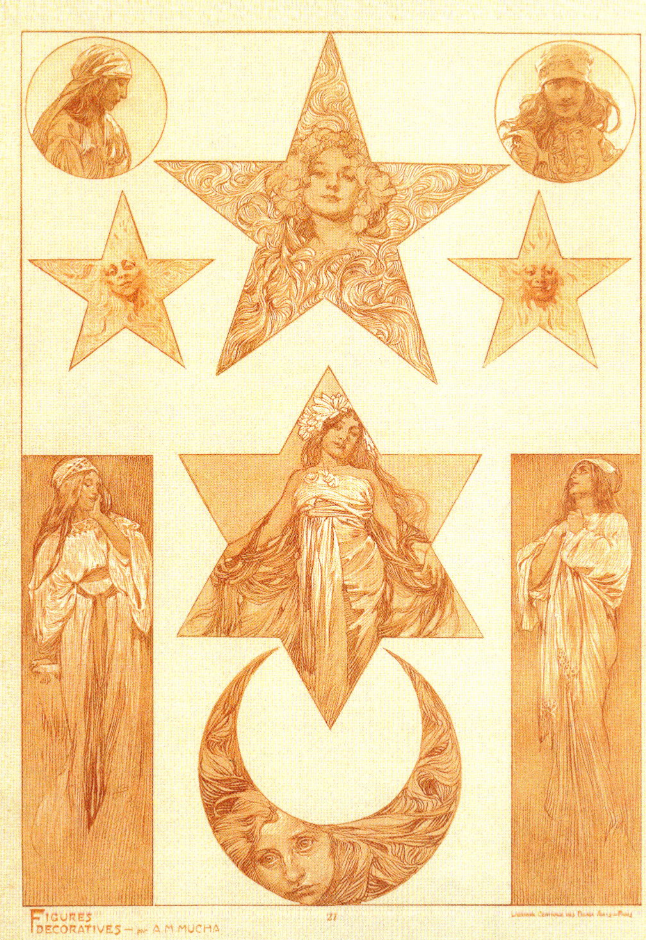
FIGURES
DECORATIVES — par A.M. MUCHA
27

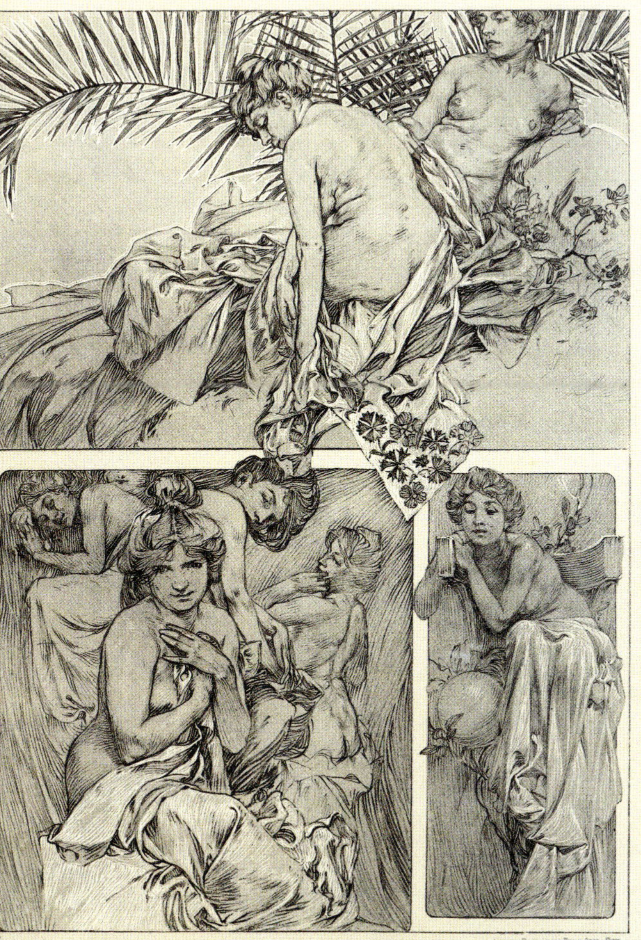

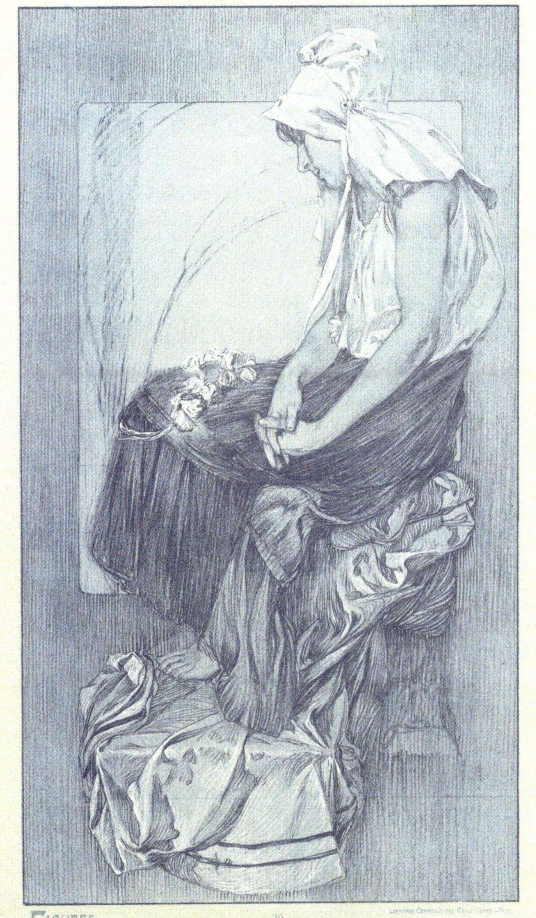
FIGURES
30

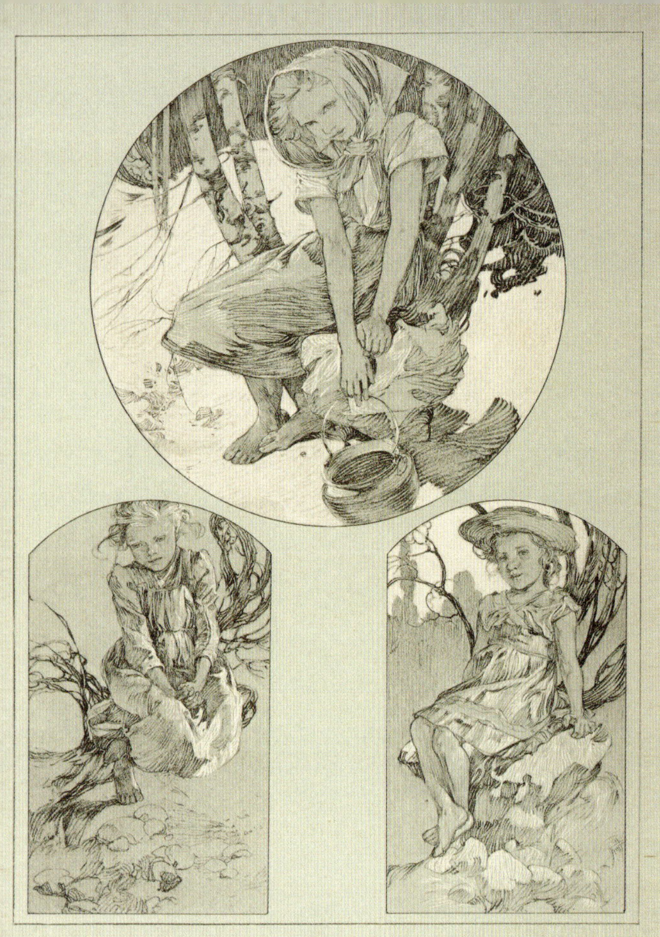

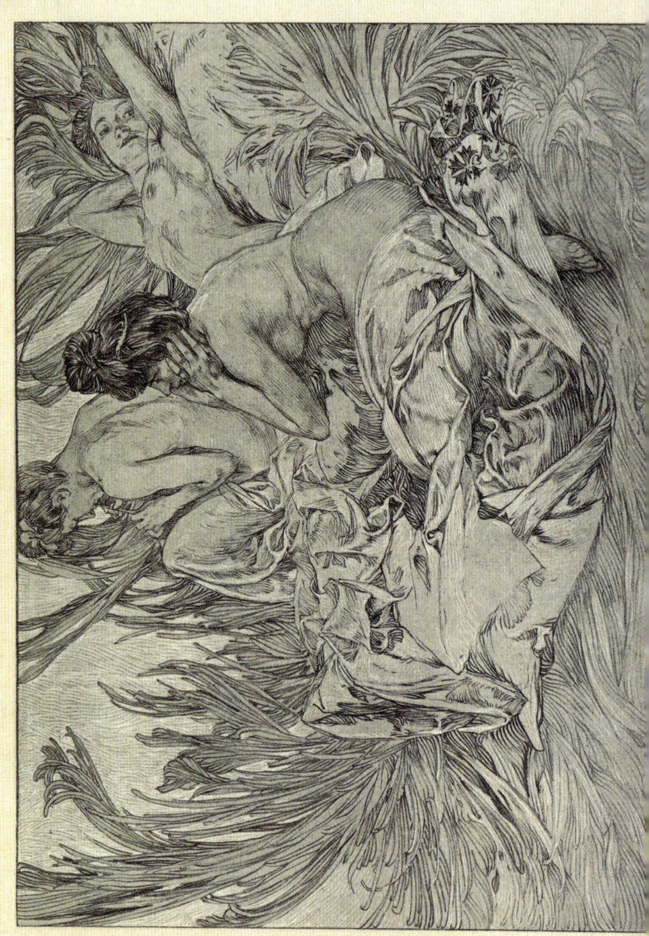

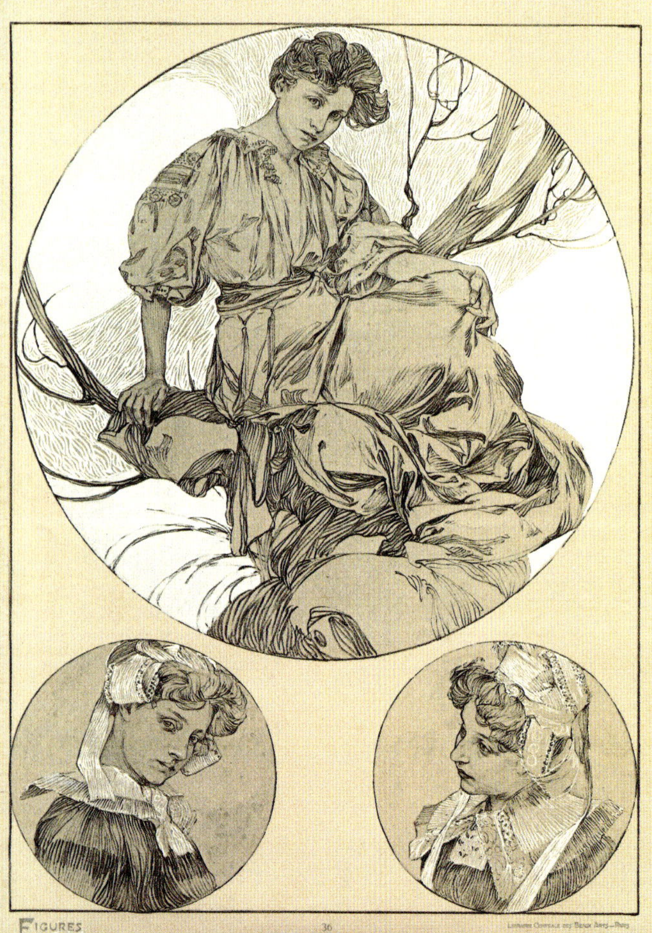
FIGURES
36
Librairie Centrale des Beaux-Arts—Paris

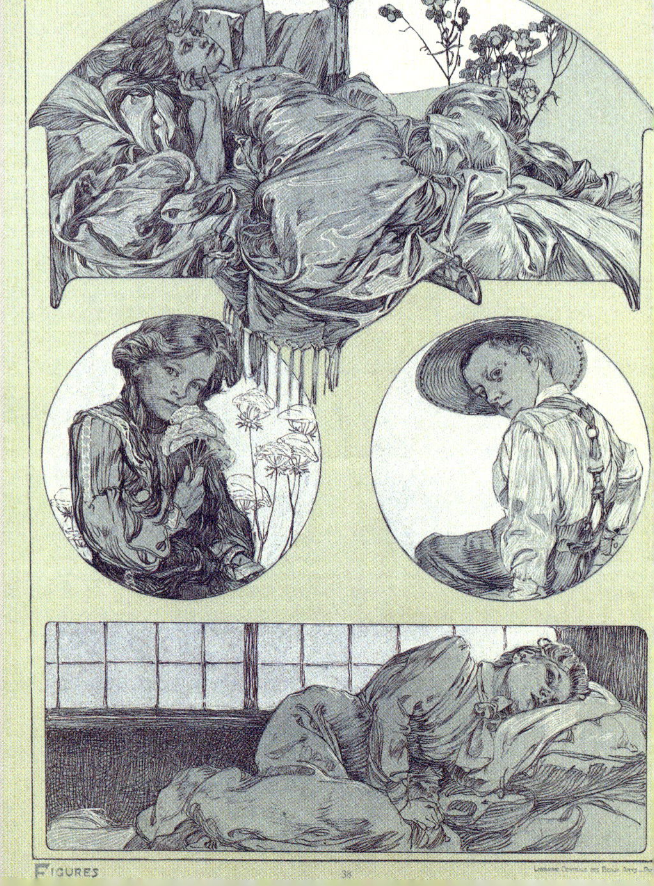
FIGURES
38

TOPICS

ミュシャと写真

MUCHA AND PHOTOGRAPHY

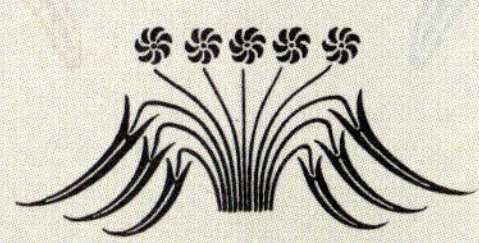

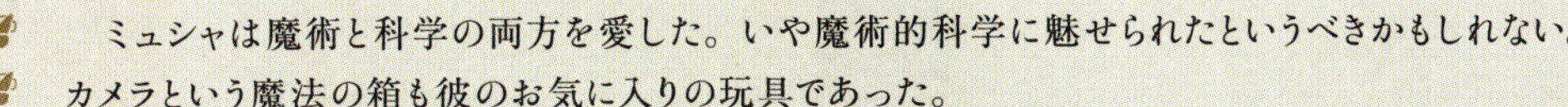

ミュシャは魔術と科学の両方を愛した。いや魔術的科学に魅せられたというべきかもしれない。カメラという魔法の箱も彼のお気に入りの玩具であった。

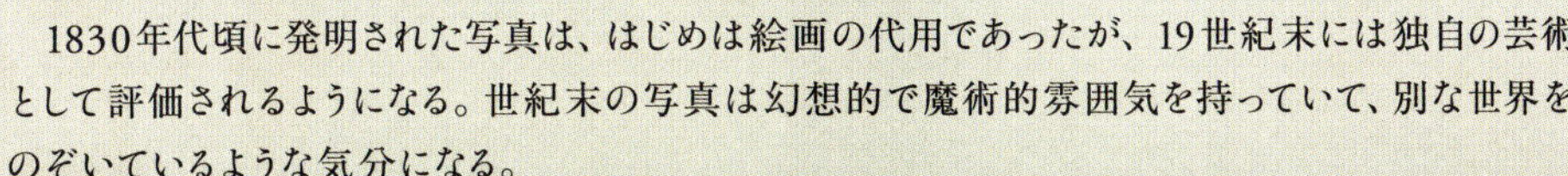

1830年代頃に発明された写真は、はじめは絵画の代用であったが、19世紀末には独自の芸術として評価されるようになる。世紀末の写真は幻想的で魔術的雰囲気を持っていて、別な世界をのぞいているような気分になる。

ミュシャは1880年代から1920年代にかけて多くの写真を撮った。それはまず、絵画のための材料、下絵として使うためであった。ミュシャは人物を描くのにモデルを必要としたが、その写真を使えば、モデルをずっと立たせなくてもよかった。また写真によって事物は2次元化するから、平面的なアール・ヌーヴォー・スタイルに適していた。

ミュシャは、絵のための写真だけでなく、家族や身のまわりの情景などのスナップショットを撮った。つまりポーズした写真となにげない、家族や友人の親しい写真を写したのである。1895年頃の、下はパンツ1枚でオルガンを弾いているゴーギャンの写真など思わず笑ってしまう。

1913年頃からミュシャはロシアに旅して、モスクワやペテルブルクの写真を撮る。それまではアトリエや居間など室内での写真が多かったが、ロシア旅行では見事な都市風景がとらえられ、ロシア革命前の貴重な記録写真となっている。これらの写真は「スラヴ叙事詩」のためのものである。

スタジオでの、装飾的インテリアの中に浮かぶ幻影のようなミステリアスな写真から、後期の、スラヴの民衆の生活と魂が刻まれているような写真にいたるミュシャのカメラ・アイは今なお、私たちをとらえる。

☆☆☆

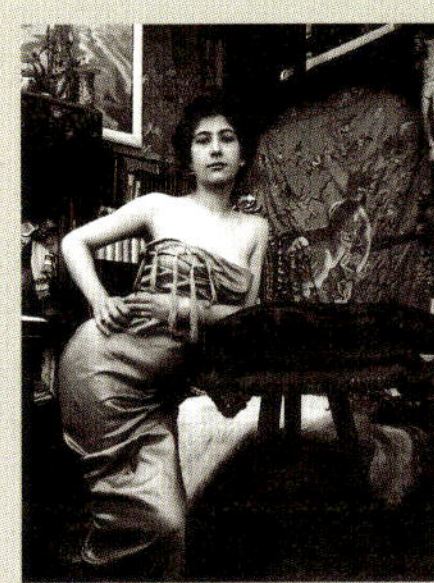

ミュシャのアトリエでポーズをとるモデル
撮影：アルフォンス・ミュシャ
1900年頃

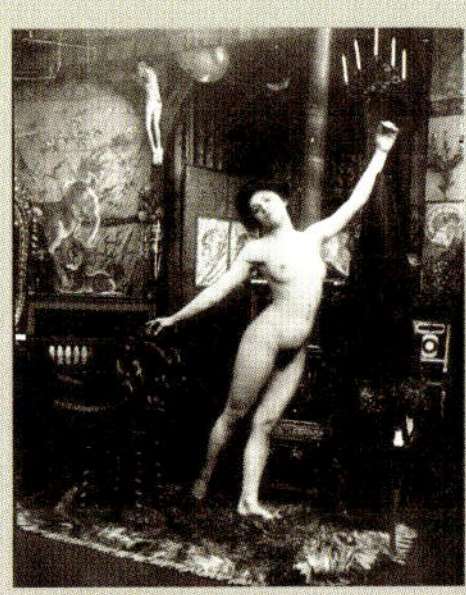

バレエの修作
ミュシャのアトリエで踊る裸婦
撮影：アルフォンス・ミュシャ
1901年頃

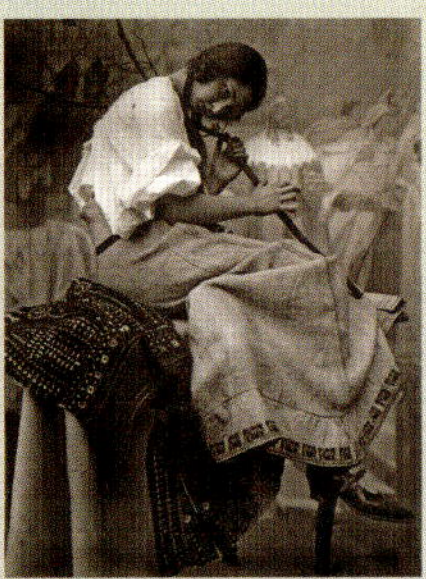

「スラヴ叙事詩」のためにポーズをとるミュシャの娘ヤロスラヴァ
撮影：アルフォンス・ミュシャ
1924年

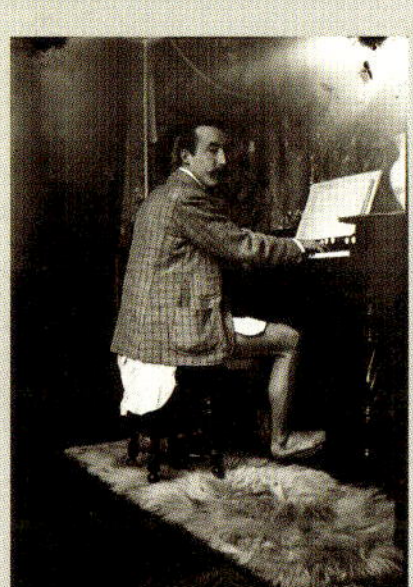

ミュシャのアトリエでオルガンを弾くポール・ゴーギャン
撮影：アルフォンス・ミュシャ
1895年頃

ALFONS MARIA MUCHA

雑誌──ミュシャの近代都市スタイル

MAGAZINES — MUCHA AND MODERN URBAN STYLE

19世紀末から〈雑誌〉というメディアの黄金時代に入る。グラフィック・アートにおいて、1点ずつのポスター、まとまった内容の本のための挿絵に対して、雑誌は文字通り、さまざまな雑多な記事が交じっている。まさに近代都市の縮図であり、異文化が出合っている。

ミュシャは1889年にクーエン伯爵の後援を打ち切られ、1890年からパリの雑誌に挿絵を描きはじめる。それ以来、多くの雑誌で仕事をしている。雑誌の仕事は雑多であり、与えられるもので、ミュシャが一貫して意図したテーマではない。しかし彼はいかなるテーマにもおどろくべき順応性を持って、彼らしさを失わないユニークな仕事をしている。

おそらく雑誌の仕事を通して、彼は現代社会の多様性へのセンスを学んでいるのだ。それは、ウィリアム・モリスのアーツ・アンド・クラフツ運動などの、生活とアートを一体化しようとする考えを受け継いでいるのだろう。ミュシャは雑誌の仕事を通して、現代の風俗、そのスタイルや表現を吸収しているのだ。特に雑誌『ラ・プリュム』(P208-209)は重要である。サロン・デ・サン展を主催し、世紀末の作家や画家の出会いの場となっていた。『ラ・プリュム』は、新しい芸術の流れの中にミュシャを招き、アール・ヌーヴォー・スタイルのパブリシティ(評判)を高めるとともにモダン・デザインを予告し、ミュシャに刺激を与えた。

1904年からしばしば訪れるようになったアメリカでは、さらに多様で大衆的な雑誌とミュシャはつき合うようになった。それによってアメリカのポピュラー・カルチャーに触れた。アメリカ文化の波は彼をのみこもうとしたが、そこであらためて、スラヴ民族へのノスタルジーが、チェコへの帰還を強くうながすのだ。

• • •

The end of the nineteenth century was the golden age of the magazine. Magazines published articles about all sorts of things. They represented, in miniature, the diversity of the modern city. After losing the patronage of Count Karl Khuenin, Mucha began around 1890 to produce illustrations for magazines published in Paris. He displayed an extraordinary ability to adapt smoothly to diverse themes while retaining his own distinctive style. He continued, however, continued to think of life and art as an integral whole, as exemplified in William Morris' Arts and Crafts movement. The magazine *La Plume* was especially important for him. It organized the Salon de Cent exhibitions where many fin de siècle artists and writers assembled, an important stimulus for Mucha. While publicizing Art Nouveau, it also anticipated modern design. Starting in 1904, Mucha frequently visited America, where he established relationships with mass-market magazines and came into contact with American popular culture. In the end, however, his nostalgia for Slavic culture took him back to Czech.

雑誌『リリュストラシオン』(1896年クリスマス号)表紙 (次ページ)

MAGAZINE COVER OF "L'ILLUSTRATION (THE ILLUSTRATION) 1896 NOËL"

1896年から1897年へ。左側には、表紙をめくって新しい年を開こうとしている3対の手が見える。中央には闇に沈もうとする古い年と目覚めようとする新しい年が女性像であらわされている。

P197：1896年刊 / カラー・リトグラフ、紙 / 38×28.5cm / アートハーベスト蔵

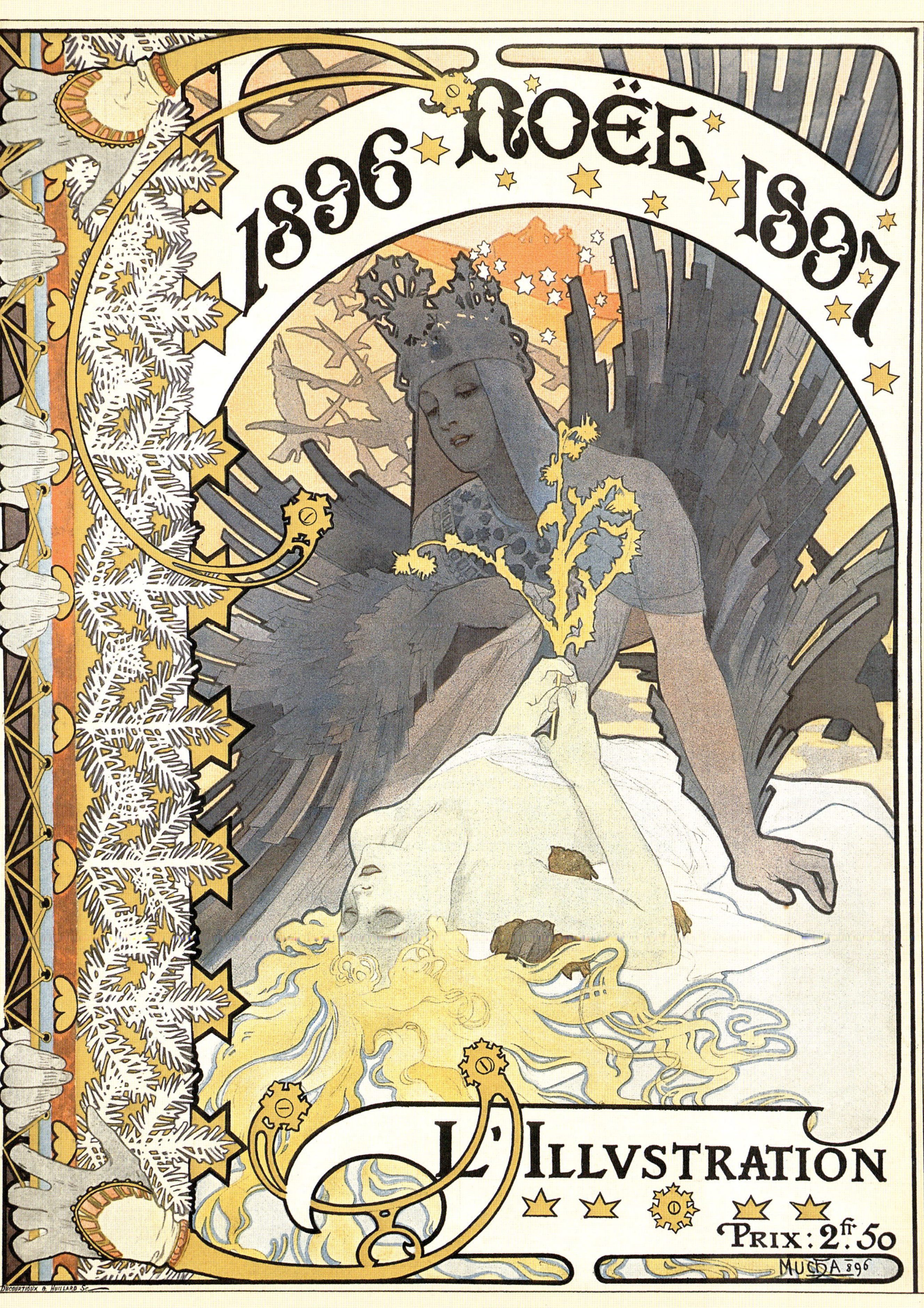
1896 NOËL 1897
L'ILLVSTRATION
PRIX: 2fr. 50
MUCHA 896
DUCOURTIOUX & HUILLARD Sc.

雑誌『リリュストラシオン』(1896年クリスマス号) 挿絵

★★★★★★★★★★★★★★★★★★★★★

INSIDE PAGES OF MAGAZINE "L'ILLUSTRATION (THE ILLUSTRATION) 1896 NOËL"

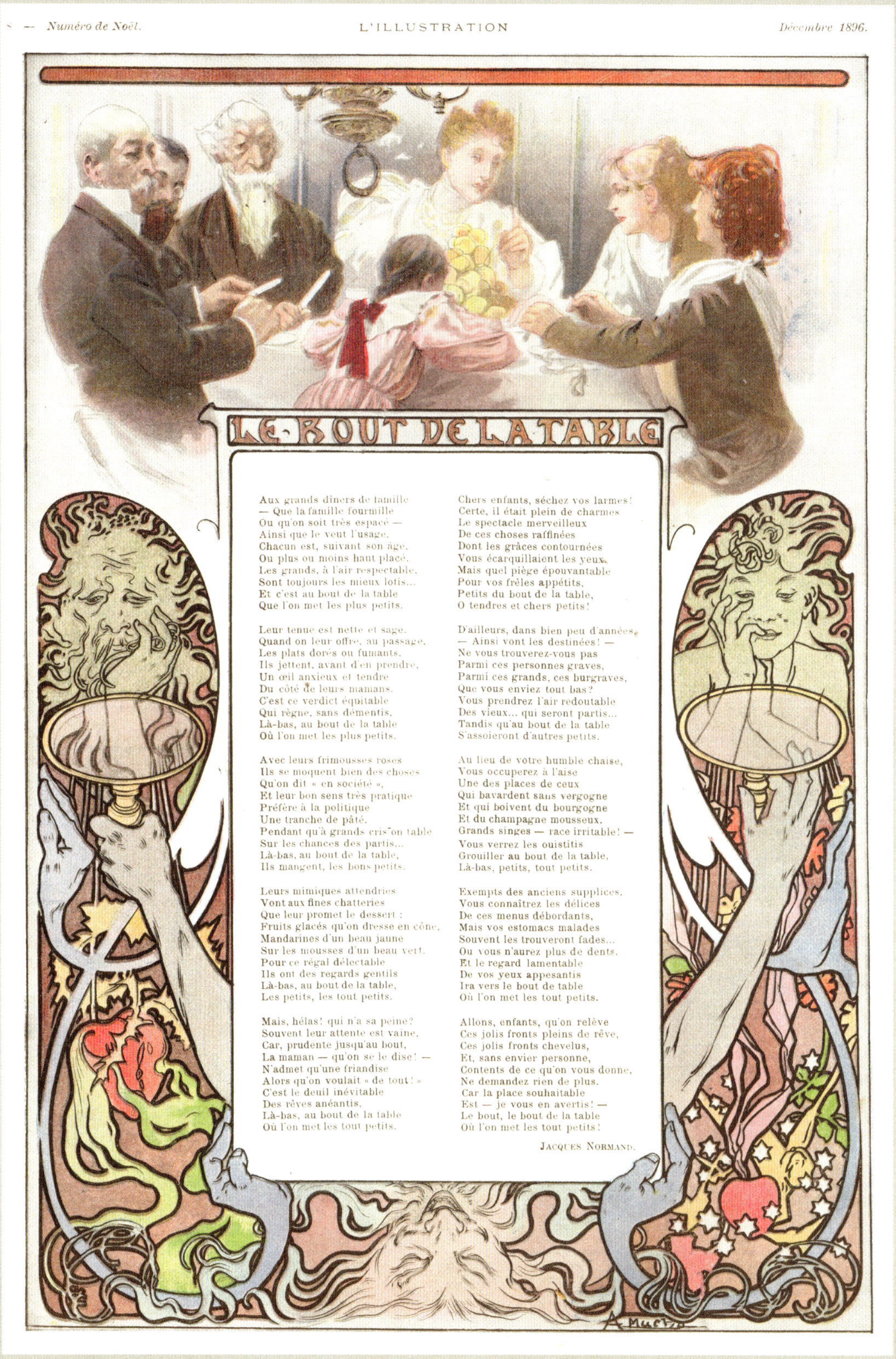

Numéro de Noël. L'ILLUSTRATION *Décembre 1896.*

LE BOUT DE LA TABLE

Aux grands dîners de famille
— Que la famille fourmille
Ou qu'on soit très espacé —
Ainsi que le veut l'usage,
Chacun est, suivant son âge,
Ou plus ou moins haut placé.
Les grands, à l'air respectable,
Sont toujours les mieux lotis...
Et c'est au bout de la table
Que l'on met les plus petits.

Leur tenue est nette et sage.
Quand on leur offre, au passage,
Les plats dorés ou fumants,
Ils jettent, avant d'en prendre,
Un œil anxieux et tendre
Du côté de leurs mamans.
C'est ce verdict équitable
Qui règne, sans démentis,
Là-bas, au bout de la table
Où l'on met les plus petits.

Avec leurs frimousses roses
Ils se moquent bien des choses
Qu'on dit « en société »,
Et leur bon sens très pratique
Préfère à la politique
Une tranche de pâté.
Pendant qu'à grands cris on table
Sur les chances des partis...
Là-bas, au bout de la table,
Ils mangent, les bons petits.

Leurs mimiques attendries
Vont aux fines chatteries
Que leur promet le dessert :
Fruits glacés qu'on dresse en cône,
Mandarines d'un beau jaune
Sur les mousses d'un beau vert.
Pour ce régal délectable
Ils ont des regards gentils
Là-bas, au bout de la table,
Les petits, les tout petits.

Mais, hélas! qui n'a sa peine?
Souvent leur attente est vaine,
Car, prudente jusqu'au bout,
La maman — qu'on se le dise! —
N'admet qu'une friandise
Alors qu'on voulait « de tout! »
C'est le deuil inévitable
Des rêves anéantis,
Là-bas, au bout de la table
Où l'on met les tout petits.

Chers enfants, séchez vos larmes!
Certe, il était plein de charmes
Le spectacle merveilleux
De ces choses raffinées
Dont les grâces contournées
Vous écarquillaient les yeux.
Mais quel piège épouvantable
Pour vos frêles appétits,
Petits du bout de la table,
O tendres et chers petits!

D'ailleurs, dans bien peu d'années,
— Ainsi vont les destinées! —
Ne vous trouverez-vous pas
Parmi ces personnes graves,
Parmi ces grands, ces burgraves,
Que vous enviez tout bas?
Vous prendrez l'air redoutable
Des vieux... qui seront partis...
Tandis qu'au bout de la table
S'assoieront d'autres petits.

Au lieu de votre humble chaise,
Vous occuperez à l'aise
Une des places de ceux
Qui bavardent sans vergogne
Et qui boivent du bourgogne
Et du champagne mousseux.
Grands singes — race irritable! —
Vous verrez les ouistitis
Grouiller au bout de la table,
Là-bas, petits, tout petits.

Exempts des anciens supplices,
Vous connaîtrez les délices
De ces menus débordants,
Mais vos estomacs malades
Souvent les trouveront fades...
Ou vous n'aurez plus de dents.
Et le regard lamentable
De vos yeux appesantis
Ira vers le bout de table
Où l'on met les tout petits.

Allons, enfants, qu'on relève
Ces jolis fronts pleins de rêve,
Ces jolis fronts chevelus,
Et, sans envier personne,
Contents de ce qu'on vous donne,
Ne demandez rien de plus.
Car la place souhaitable
Est — je vous en avertis! —
Le bout, le bout de la table
Où l'on met les tout petits!

JACQUES NORMAND.

A. Mucha

ミュシャは雑誌の表紙だけでなく、内部のレイアウトも手がけている。これはその例である。中世の彩色写本のような華やかな縁飾りをほどこし、グロテスク文様をちりばめている。

P198-199すべて：1896年刊 / カラー・リトグラフ、紙 / 38×28.5cm / OGATAコレクション蔵

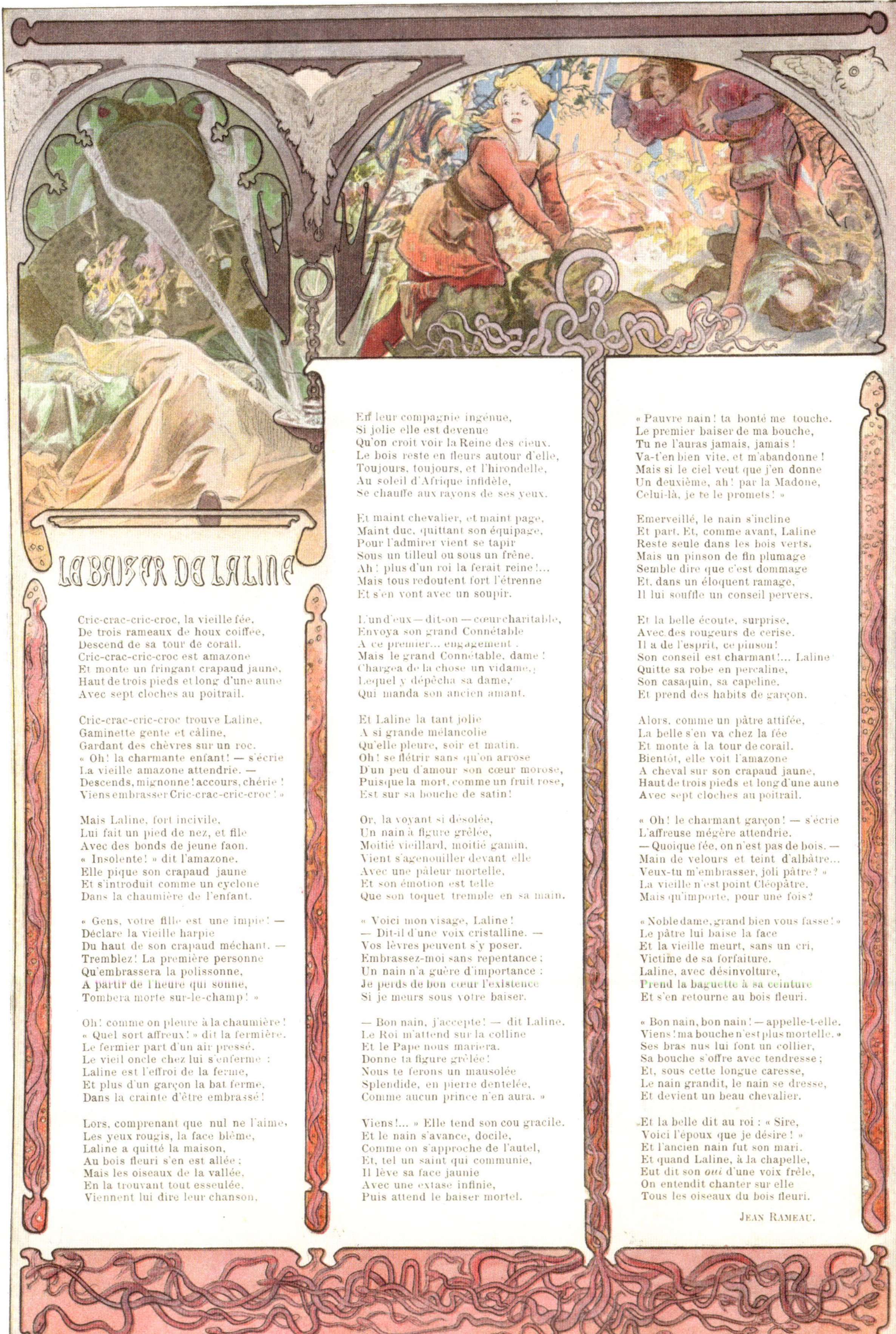

LE BAISER DE LALINE

Cric-crac-cric-croc, la vieille fée,
De trois rameaux de houx coiffée,
Descend de sa tour de corail.
Cric-crac-cric-croc est amazone
Et monte un fringant crapaud jaune,
Haut de trois pieds et long d'une aune
Avec sept cloches au poitrail.

Cric-crac-cric-croc trouve Laline,
Gaminette gente et câline,
Gardant des chèvres sur un roc.
« Oh! la charmante enfant! — s'écrie
La vieille amazone attendrie. —
Descends, mignonne! accours, chérie!
Viens embrasser Cric-crac-cric-croc! »

Mais Laline, fort incivile,
Lui fait un pied de nez, et file
Avec des bonds de jeune faon.
« Insolente! » dit l'amazone.
Elle pique son crapaud jaune
Et s'introduit comme un cyclone
Dans la chaumière de l'enfant.

« Gens, votre fille est une impie! —
Déclare la vieille harpie
Du haut de son crapaud méchant. —
Tremblez! La première personne
Qu'embrassera la polissonne,
A partir de l'heure qui sonne,
Tombera morte sur-le-champ! »

Oh! comme on pleure à la chaumière!
« Quel sort affreux! » dit la fermière.
Le fermier part d'un air pressé.
Le vieil oncle chez lui s'enferme :
Laline est l'effroi de la ferme,
Et plus d'un garçon la bat ferme,
Dans la crainte d'être embrassé!

Lors, comprenant que nul ne l'aime,
Les yeux rougis, la face blême,
Laline a quitté la maison,
Au bois fleuri s'en est allée :
Mais les oiseaux de la vallée,
En la trouvant tout esseulée,
Viennent lui dire leur chanson.

En leur compagnie ingénue,
Si jolie elle est devenue
Qu'on croit voir la Reine des cieux.
Le bois reste en fleurs autour d'elle,
Toujours, toujours, et l'hirondelle,
Au soleil d'Afrique infidèle,
Se chauffe aux rayons de ses yeux.

Et maint chevalier, et maint page,
Maint duc, quittant son équipage,
Pour l'admirer vient se tapir
Sous un tilleul ou sous un frêne.
Ah! plus d'un roi la ferait reine!...
Mais tous redoutent fort l'étrenne
Et s'en vont avec un soupir.

L'un d'eux — dit-on — cœur charitable,
Envoya son grand Connétable
A ce premier... engagement.
Mais le grand Connétable, dame!
Chargea de la chose un vidame,
Lequel y dépêcha sa dame,
Qui manda son ancien amant.

Et Laline la tant jolie
A si grande mélancolie
Qu'elle pleure, soir et matin.
Oh! se flétrir sans qu'on arrose
D'un peu d'amour son cœur morose,
Puisque la mort, comme un fruit rose,
Est sur sa bouche de satin!

Or, la voyant si désolée,
Un nain à figure grêlée,
Moitié vieillard, moitié gamin,
Vient s'agenouiller devant elle
Avec une pâleur mortelle,
Et son émotion est telle
Que son toquet tremble en sa main.

« Voici mon visage, Laline!
— Dit-il d'une voix cristalline. —
Vos lèvres peuvent s'y poser.
Embrassez-moi sans repentance;
Un nain n'a guère d'importance :
Je perds de bon cœur l'existence
Si je meurs sous votre baiser.

— Bon nain, j'accepte! — dit Laline.
Le Roi m'attend sur la colline
Et le Pape nous mariera.
Donne ta figure grêlée!
Nous te ferons un mausolée
Splendide, en pierre dentelée,
Comme aucun prince n'en aura. »

Viens!... » Elle tend son cou gracile.
Et le nain s'avance, docile,
Comme on s'approche de l'autel,
Et, tel un saint qui communie,
Il lève sa face jaunie
Avec une extase infinie,
Puis attend le baiser mortel.

« Pauvre nain! ta bonté me touche.
Le premier baiser de ma bouche,
Tu ne l'auras jamais, jamais!
Va-t'en bien vite, et m'abandonne!
Mais si le ciel veut que j'en donne
Un deuxième, ah! par la Madone,
Celui-là, je te le promets! »

Emerveillé, le nain s'incline
Et part. Et, comme avant, Laline
Reste seule dans les bois verts.
Mais un pinson de fin plumage
Semble dire que c'est dommage
Et, dans un éloquent ramage,
Il lui souffle un conseil pervers.

Et la belle écoute, surprise,
Avec des rougeurs de cerise.
Il a de l'esprit, ce pinson!
Son conseil est charmant!... Laline
Quitte sa robe en percaline,
Son casaquin, sa capeline,
Et prend des habits de garçon.

Alors, comme un pâtre attifée,
La belle s'en va chez la fée
Et monte à la tour de corail.
Bientôt, elle voit l'amazone
A cheval sur son crapaud jaune,
Haut de trois pieds et long d'une aune
Avec sept cloches au poitrail.

« Oh! le charmant garçon! — s'écrie
L'affreuse mégère attendrie.
— Quoique fée, on n'est pas de bois. —
Main de velours et teint d'albâtre...
Veux-tu m'embrasser, joli pâtre? »
La vieille n'est point Cléopâtre,
Mais qu'importe, pour une fois?

« Noble dame, grand bien vous fasse! »
Le pâtre lui baise la face
Et la vieille meurt, sans un cri,
Victime de sa forfaiture.
Laline, avec désinvolture,
Prend la baguette à sa ceinture
Et s'en retourne au bois fleuri.

« Bon nain, bon nain! — appelle-t-elle.
Viens! ma bouche n'est plus mortelle. »
Ses bras nus lui font un collier,
Sa bouche s'offre avec tendresse;
Et, sous cette longue caresse,
Le nain grandit, le nain se dresse,
Et devient un beau chevalier.

Et la belle dit au roi : « Sire,
Voici l'époux que je désire! »
Et l'ancien nain fut son mari.
Et quand Laline, à la chapelle,
Eut dit son *oui* d'une voix frêle,
On entendit chanter sur elle
Tous les oiseaux du bois fleuri.

JEAN RAMEAU.

A. Mucha

雑誌『日曜日の太陽』（第23号）表紙

★★★★★★★★★★★★★★★★★★★★★★

MAGAZINE COVER OF "L'ILLUSTRÉ—SOLEIL DU DIMANCHE (THE SUN ON SUNDAY)" (NO. 23)

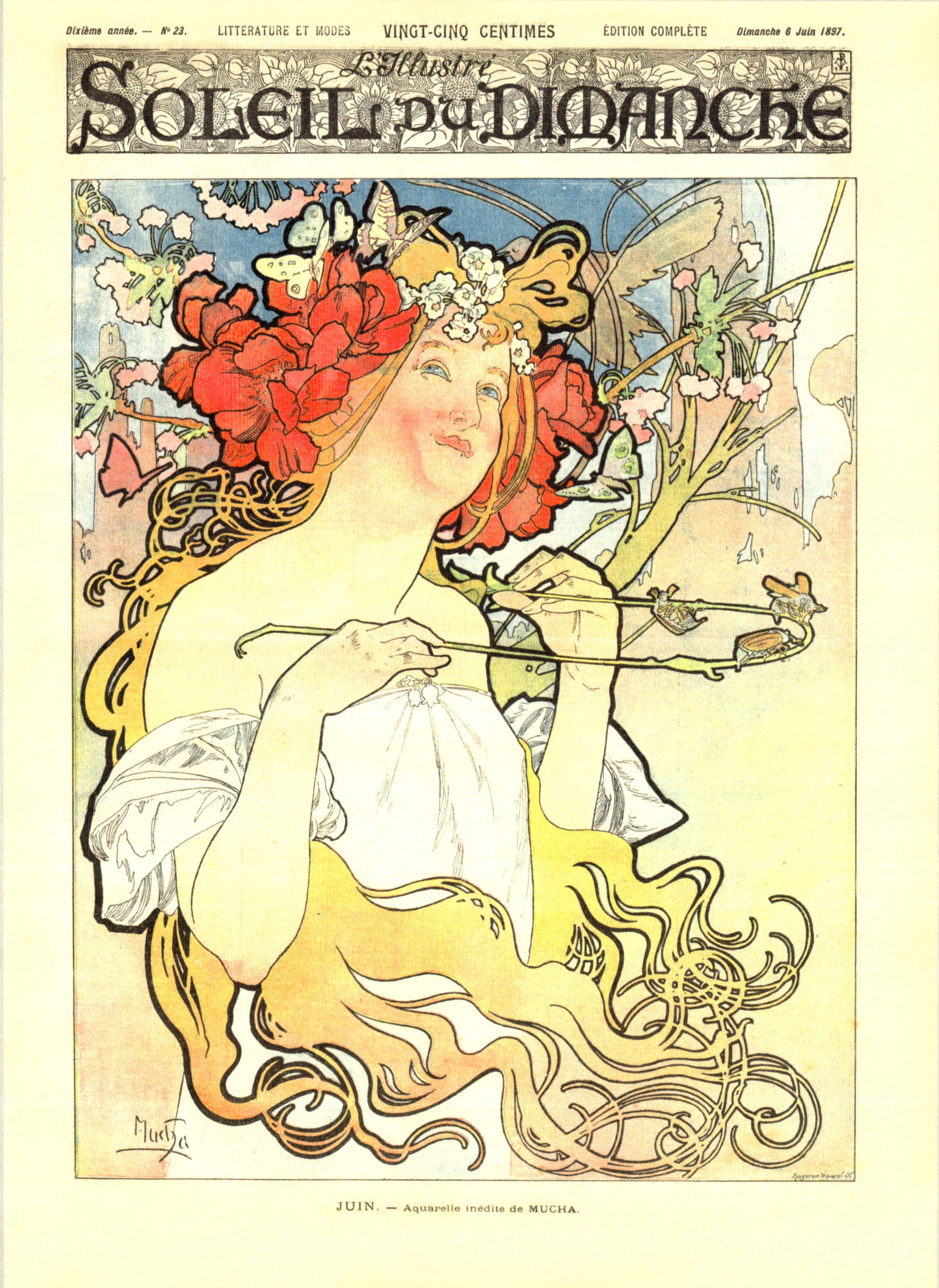

Dixième année. — N° 23. LITTERATURE ET MODES VINGT-CINQ CENTIMES ÉDITION COMPLÈTE *Dimanche 6 Juin 1897.*

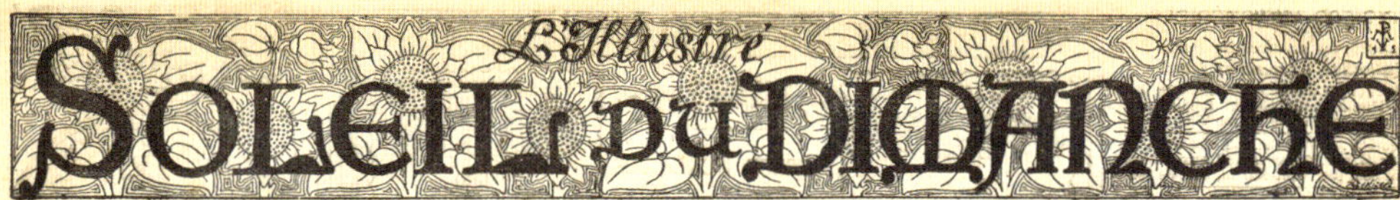

JUIN. — Aquarelle inédite de MUCHA.

『日曜日の太陽』という雑誌の表紙にミュシャはあでやかな花の女神を描いた。花冠、流れる髪などミュシャ・スタイルである。ボッティチェリの「ヴィーナスの誕生」をイメージしているといわれる。

1897年刊 / カラー・リトグラフ、紙 / 39×29cm / OGATAコレクション蔵

雑誌『ル・ゴロワ』(1896年クリスマス号)表紙

★★★★★★★★★★★★★★★★★★★★★★★

MAGAZINE COVER OF "LE GAULOIS 1896 NOËL"

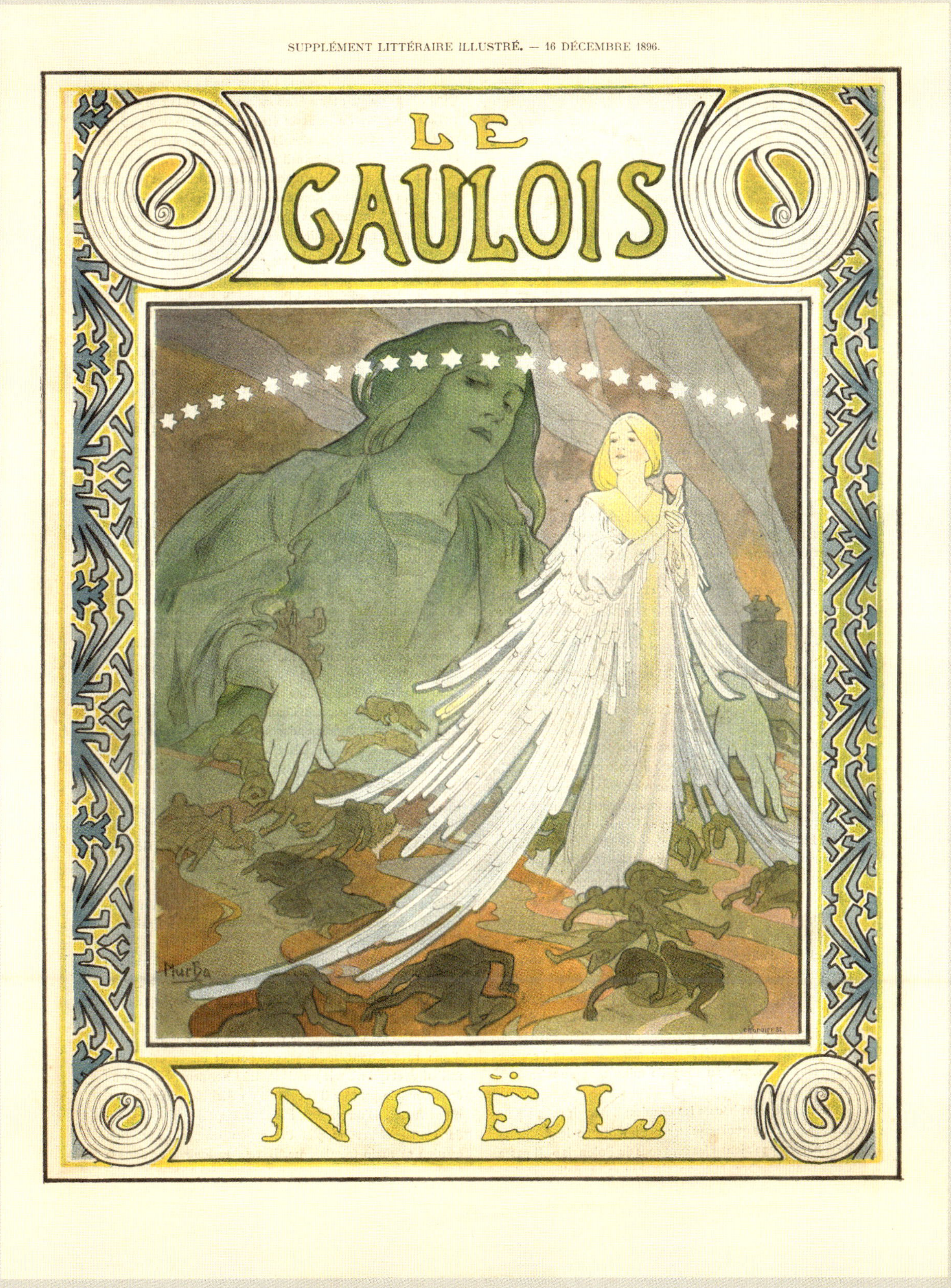

SUPPLÉMENT LITTÉRAIRE ILLUSTRÉ. — 16 DÉCEMBRE 1896.

LE

GAULOIS

Mucha

NOËL

ここでもミュシャは古い年から新しい年への替わり目を2人の女性で示している。四隅の、蛇がトグロを巻いたような形は、時のめぐりをあらわしている。

1896年刊 / 28.5×19.5cm / OGATAコレクション蔵

雑誌『ル・モンド・イリュストレ（描かれた世界）』表紙

★★★★★★★★★★★★★★★★★★★★★★★★

MAGAZINE COVER OF "LE MONDE ILLUSTRÉ (THE ILLUSTRATED WORLD)"

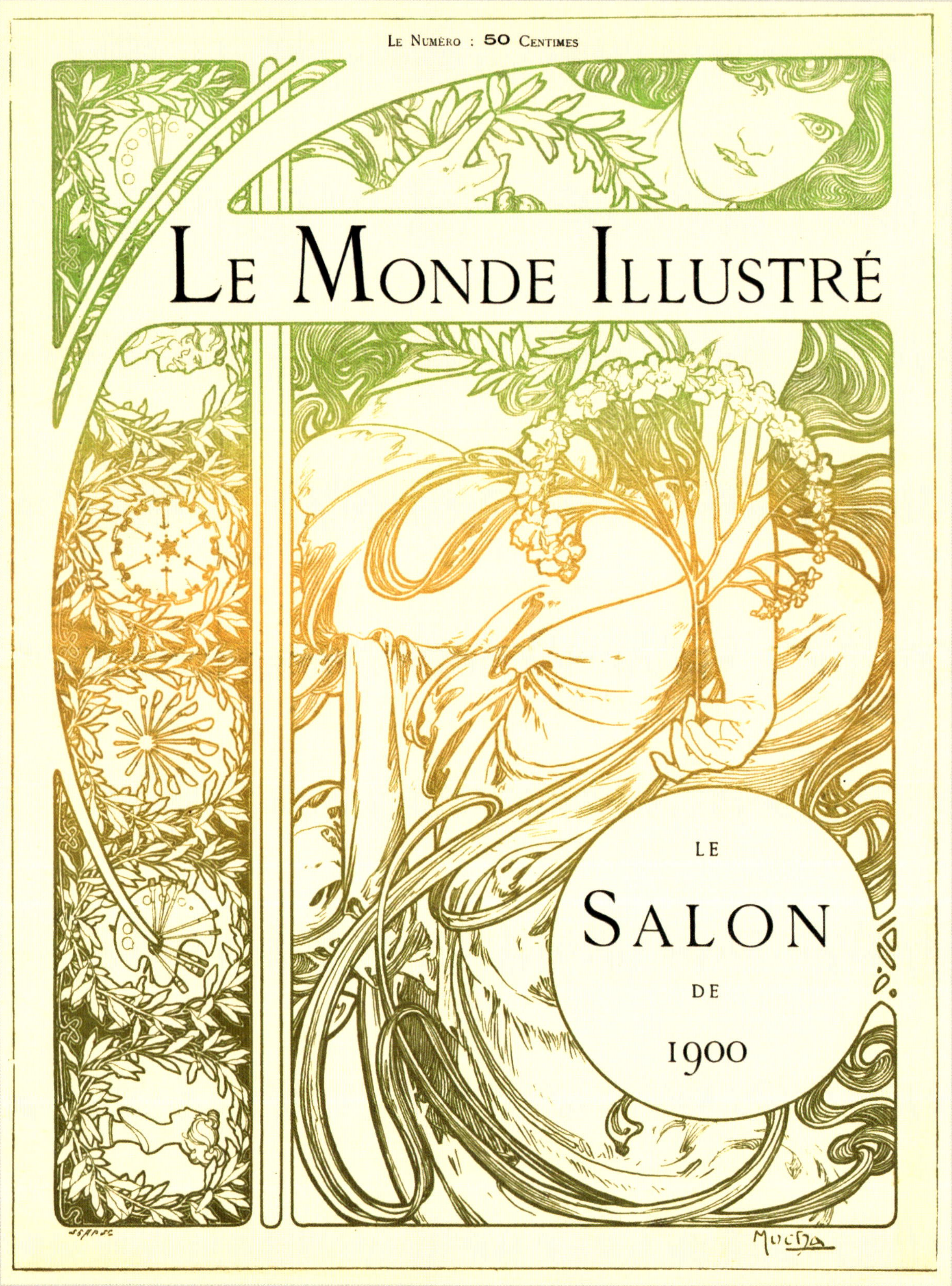

LE NUMÉRO : 50 CENTIMES

LE MONDE ILLUSTRÉ

LE

SALON

DE

1900

MUCHA

1900年のサロン展の特集号。円と直線で画面が分割され、その枠に身をかがめた女性がいっぱいに収められている。左下にパレットとトルソーが描かれ、美術展を示している。

1900年刊 / 39×29cm / OGATAコレクション蔵

雑誌『レスタンプ・モデルヌ（現代の版画）』（第8号）表紙

★★★★★★★★★★★★★★★★★★★★★★

MAGAZINE COVER OF "L'ESTAMPE MODERNE (THE MODERN PRINT)" (NO. 8)

Numéro 8 Décembre 1897

L'ESTAMPE Moderne

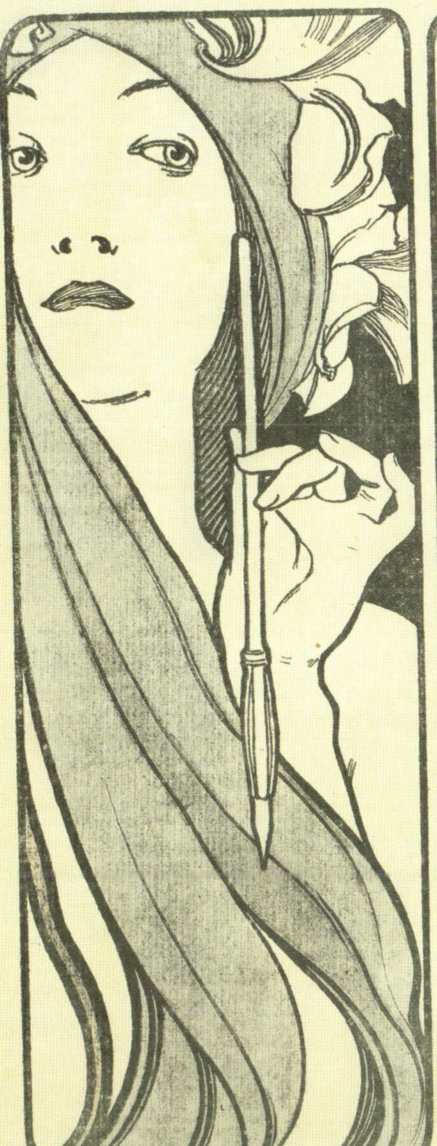

Directeurs :

CH. MASSON & H. PIAZZA

Publication Mensuelle

Contenant

Quatre estampes originales inédites

en Couleurs et en Noir

des

principaux Artistes Modernes

Français et Etrangers

éditée par

L'IMPRIMERIE CHAMPENOIS

ABONNEMENTS D'UN AN :	LE NUMÉRO :
Paris 40 frs.	Paris 3 frs. 50
Dépar[ts] et Etranger 43 frs.	Dépar[ts] et Etranger 4 frs.

SOMMAIRE

Dans les Coulisses. HENRI BOUTET.	La Phalène des Iles de la Mer. F.-M. MELCHERS.
Belle d'Antan. L. LÉVY-DHURMER.	Les Marguilliers. L. SIMON.

Direction et Administration : 66, Boulevard Saint-Michel, Paris.

1897-99年、ミュシャはこの雑誌の表紙をデザインした。大胆な画面の分割線、絵筆を持つ女が描かれた。この雑誌には彼の2点のリトグラフ「サロメ」（次ページ）と「サランボー」（P205）が発表された。オリエンタル趣味があふれている。

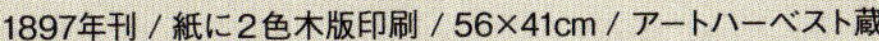
1897年刊 / 紙に2色木版印刷 / 56×41cm / アートハーベスト蔵

雑誌『レスタンプ・モデルヌ（現代の版画）』挿絵「サロメ」、「サランボー」

INSIDE PAGES OF MAGAZINE "L'ESTAMPE MODERNE (THE MODERN PRINT)"

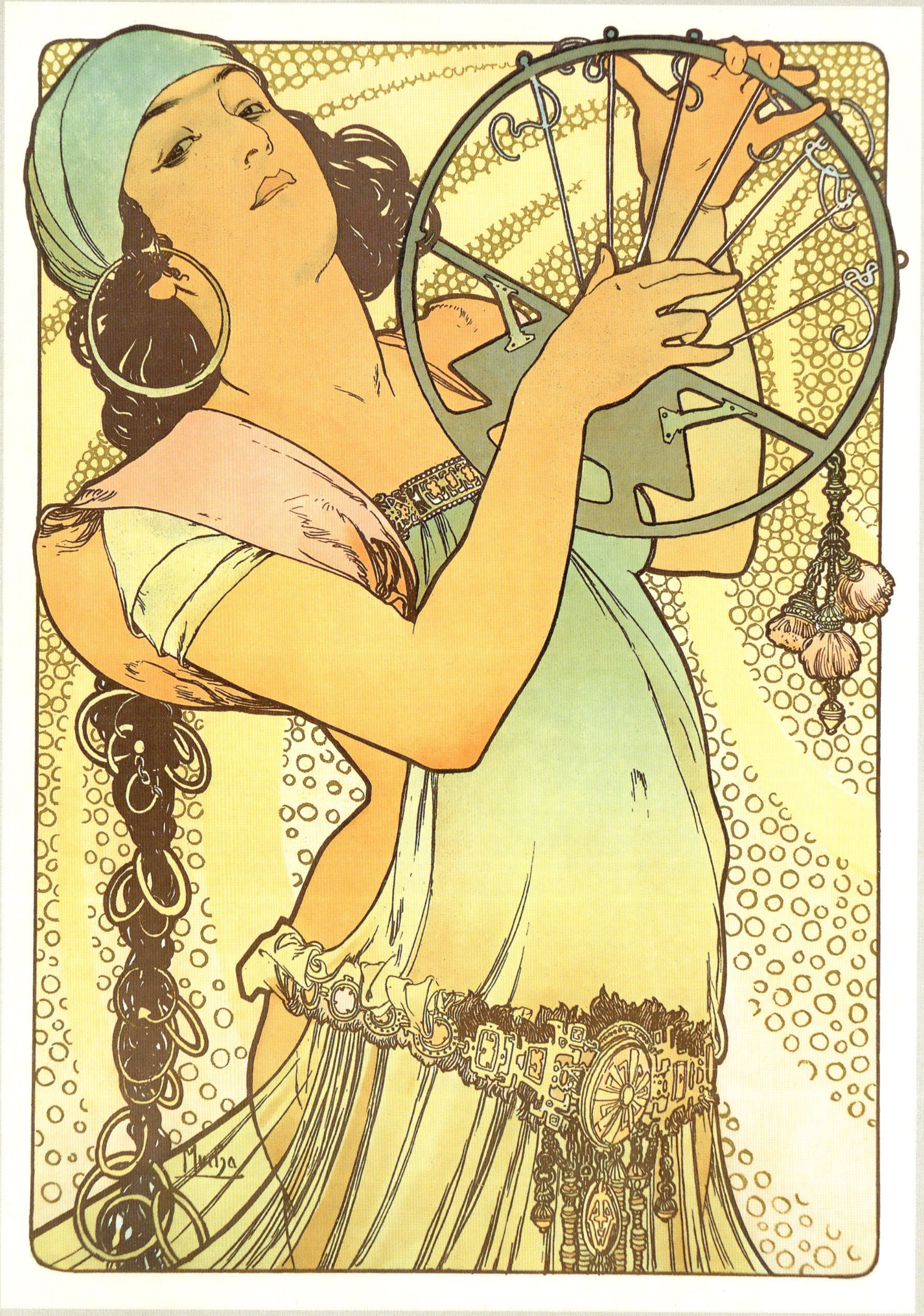

P204：挿絵「サロメ」/ 1897年刊 / カラー・リトグラフ、紙 / 41×31cm / アートハーベスト蔵
P205：挿絵「サランボー」/ 1897年刊 / カラー・リトグラフ、紙 / 38×21.5cm / Superstock/PPS通信社

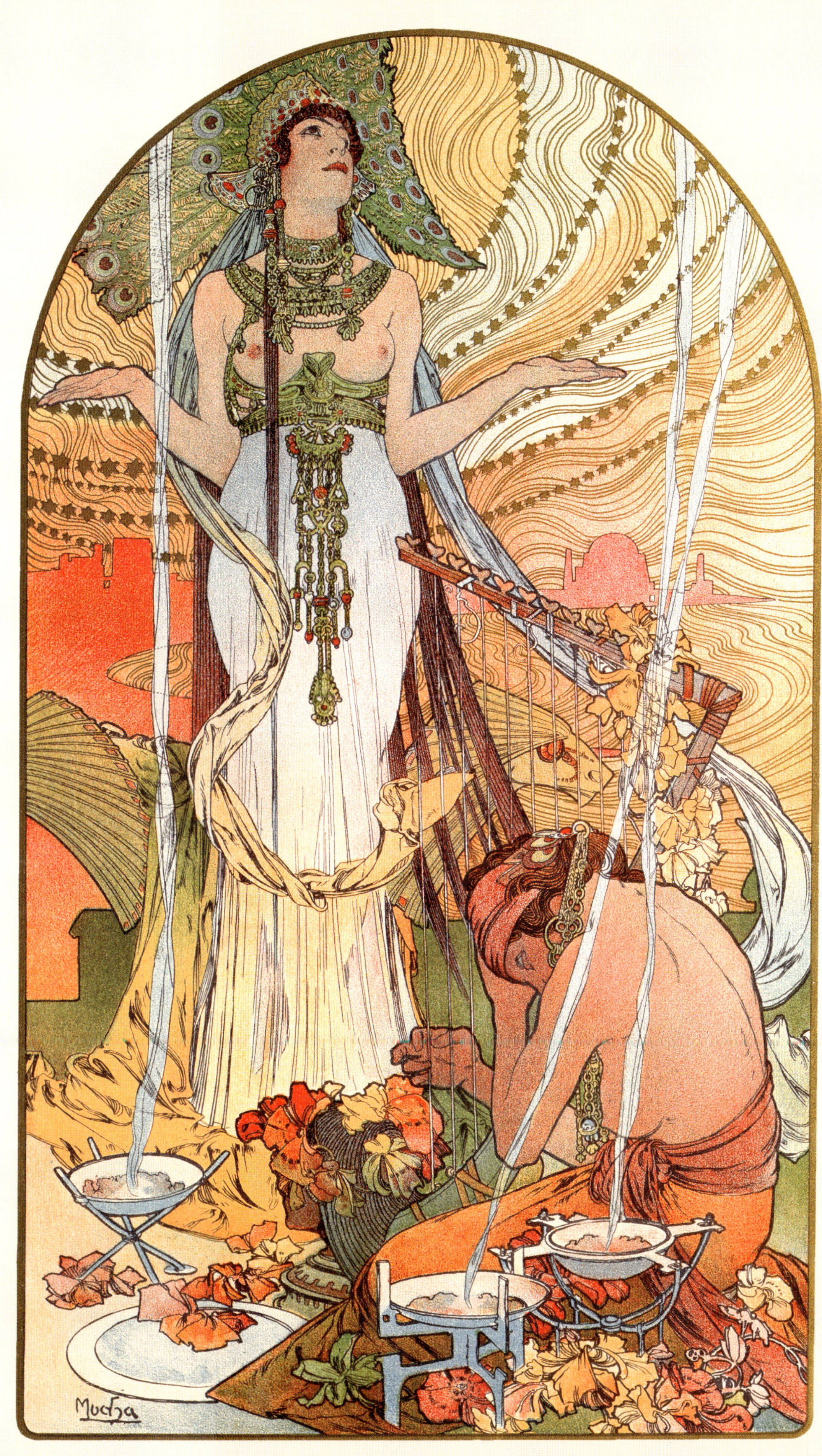
Mucha

雑誌『オ・カルティエ・ラタン』表紙

★★★★★★★★★★★★★★★★★★★★★

MAGAZINE COVER OF "AU QUARTIER LATIN (IN THE LATIN QUARTER)"

5e ANNÉE NUMÉRO EXCEPTIONNEL 1897

AU QUARTIER LATIN

SONGE A L'AFFAMÉ, SYBARITE!
POUR LES PAUVRES ET LES SOUFFRANTS
QUE LE QUARTIER LATIN ABRITE,
ACHÈTE CET ALBUM

2 FRANCS.

Mucha

1897年の特別号（上）では半裸の女性が寝そべり、彼女のまわりにこの年の美術、文学、演劇のシーンが小さく描きこまれている。1898年の特別号（次ページ）ではイバラと城の冠をした女性（茨姫、眠れる森の美女）が描かれている。

P206：1897年刊 / カラー・リトグラフ、紙 / 44×31cm / Alamy/PPS通信社
P207：1898年刊 / カラー・リトグラフ、紙 / 44×31cm / Christie's Images/Bridgeman Images/amanaimages

6e Année   Numéro Exceptionnel – Prix 2f   1898.

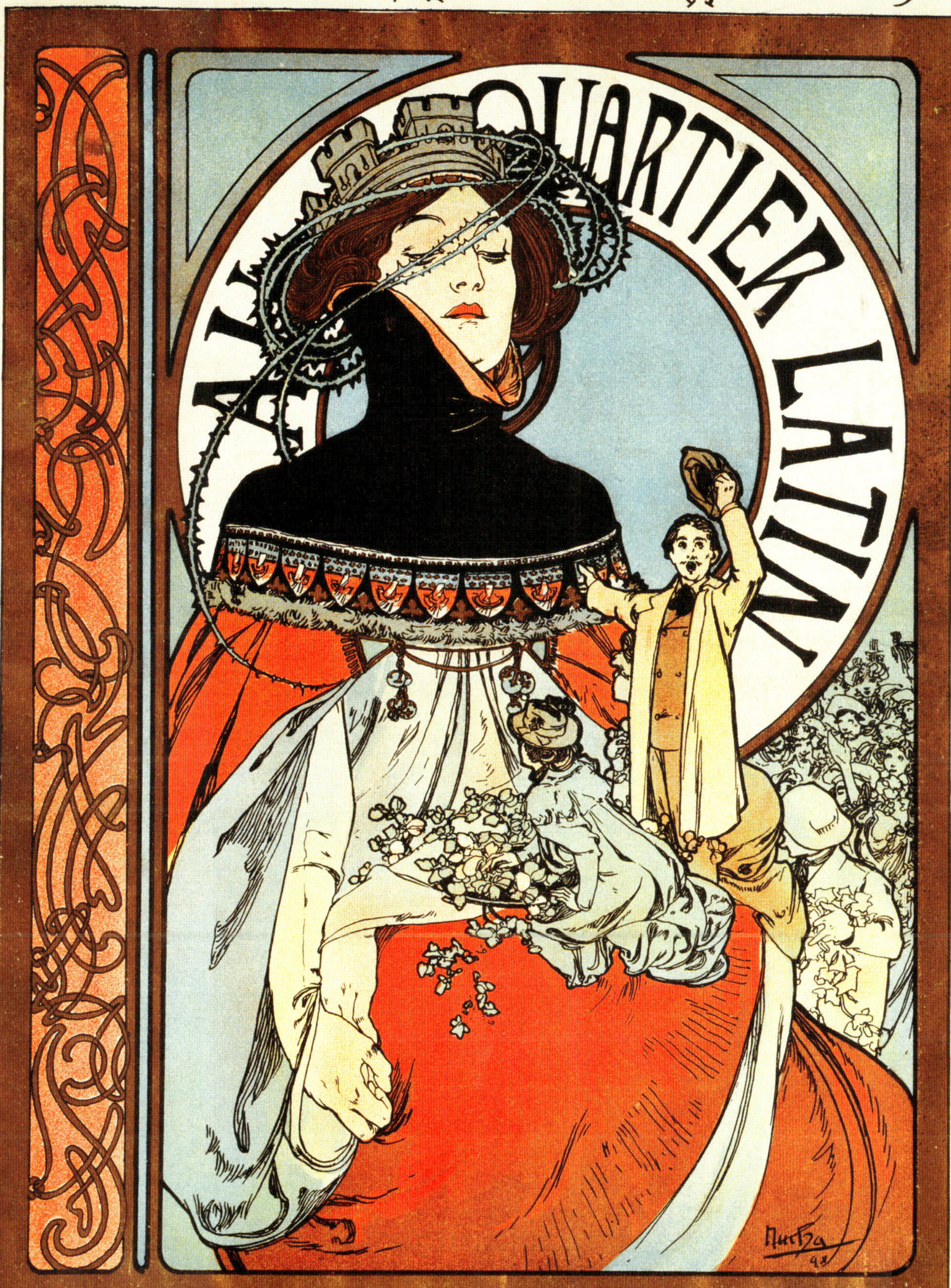

雑誌『ラ・プリュム（羽根）』表紙

★★★★★★★★★★★★★★★★★★★★★★

MAGAZINE COVER OF "LA PLUME (THE FEATHER)"

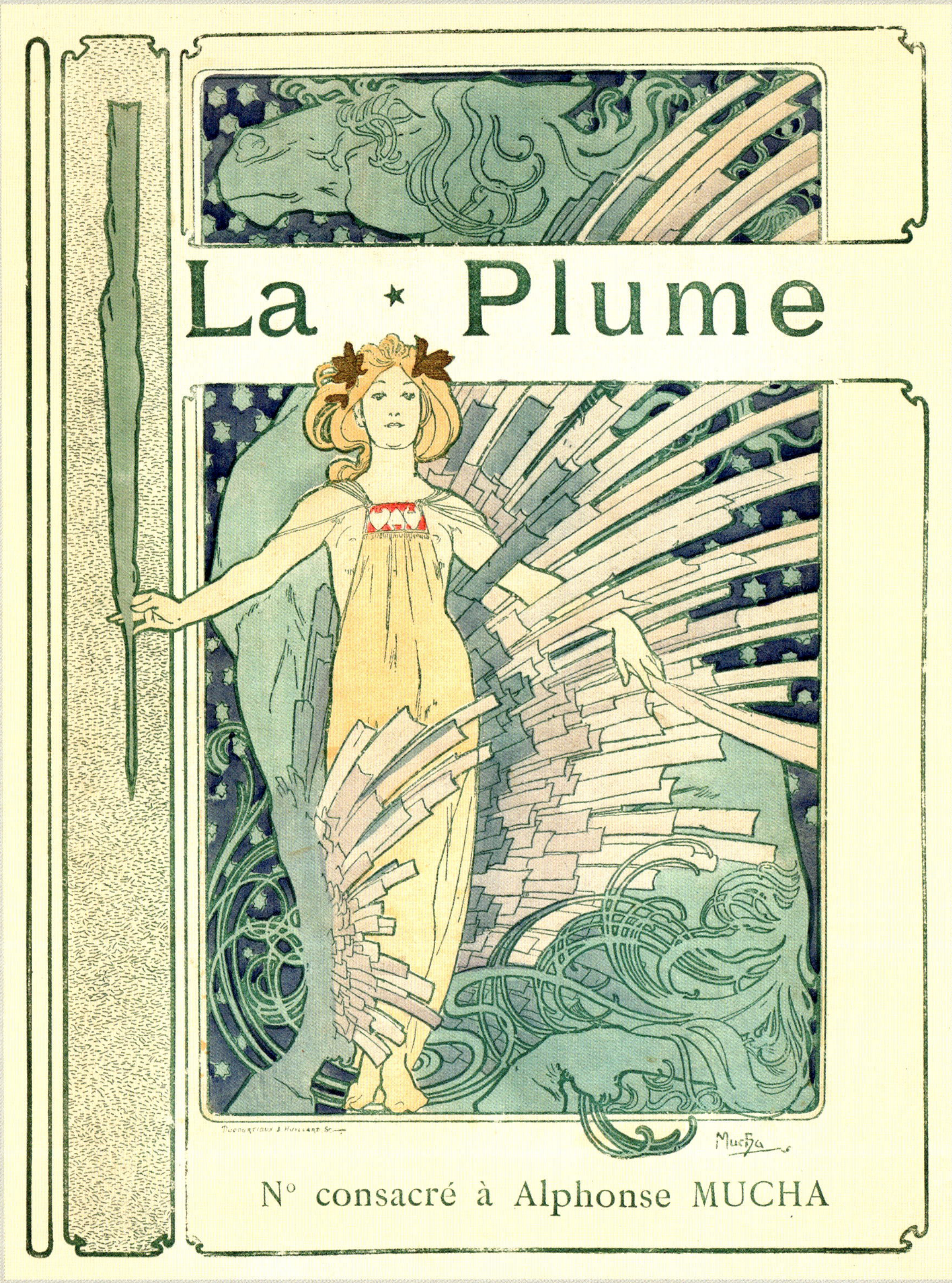

La ★ Plume

Mucha

N° consacré à Alphonse MUCHA

この雑誌はミュシャにとって最も重要なものである。編集者レオン・デシャンはサロン・デ・サン展を主催し、ミュシャ展を開き、『ラ・プリュム』で6号にわたってミュシャを特集した。そこでミュシャの作品と伝記を紹介し、ミュシャ・ブームをつくったのである。表紙の女性が包まれている帯状の形はペガサスの翼である。彼女は羽根の1本（画ペン）を手にし、それで描きながらペガサスに乗って飛ぶのである。

P208：ミュシャ特集号 / 1897年刊 / カラー・リトグラフ、紙 / 25×18cm / Alamy/PPS通信社
P209：1898年刊 / カラー・リトグラフ、紙 / 25×18cm / アートハーベスト蔵

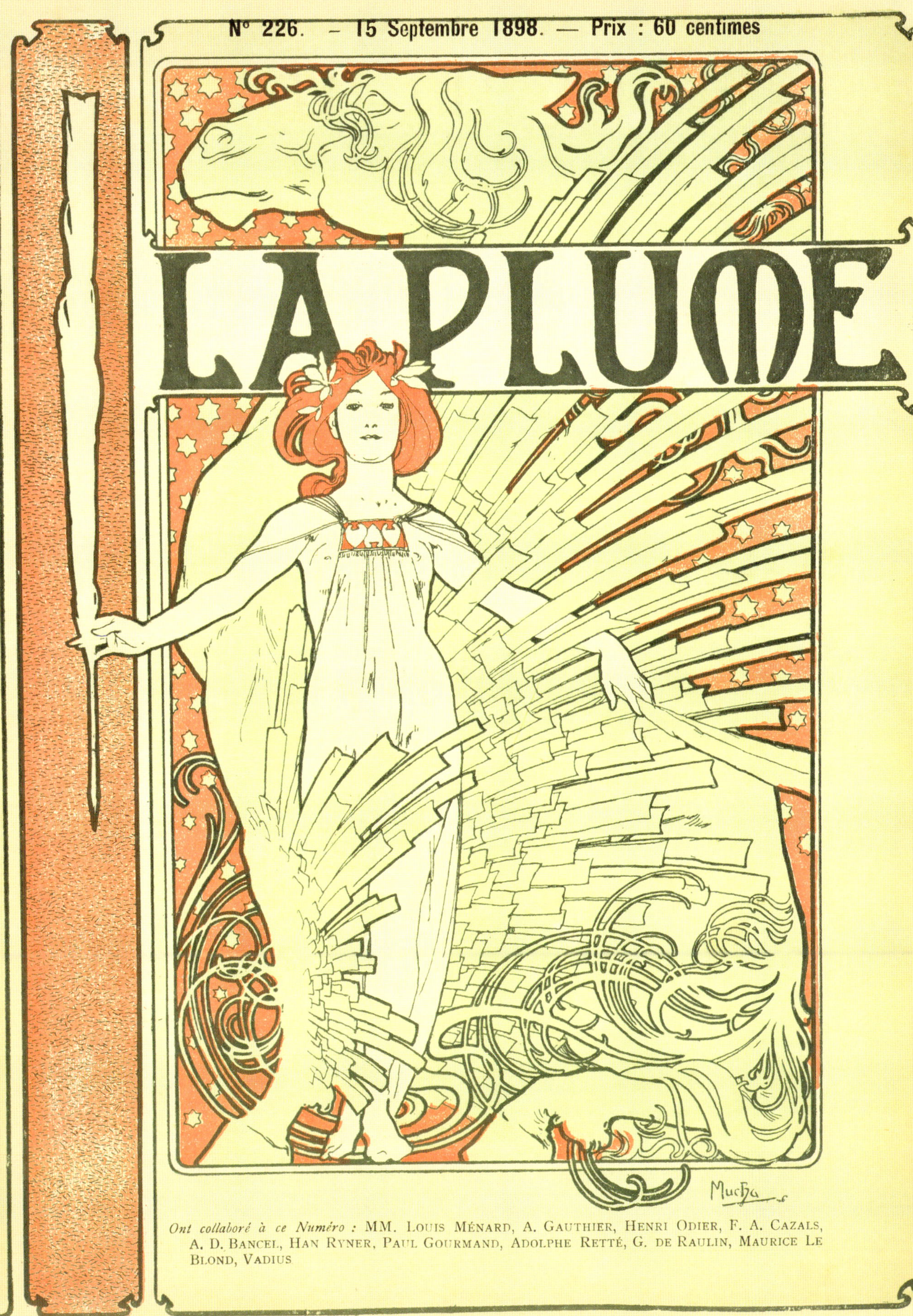

N° 226. – 15 Septembre 1898. — Prix : 60 centimes
LA PLUME
Mucha
Ont collaboré à ce Numéro : MM. Louis Ménard, A. Gauthier, Henri Odier, F. A. Cazals, A. D. Bancel, Han Ryner, Paul Gourmand, Adolphe Retté, G. de Raulin, Maurice Le Blond, Vadius
Ducourtioux & Huillard, Sc.
Imp. de Vaugirard G. de M. & Cie Paris.

雑誌『ル・モワ（月）』表紙

★★★★★★★★★★★★★★★★★★★★★★★

MAGAZINE COVER OF "LE MOIS (THE MONTH)"

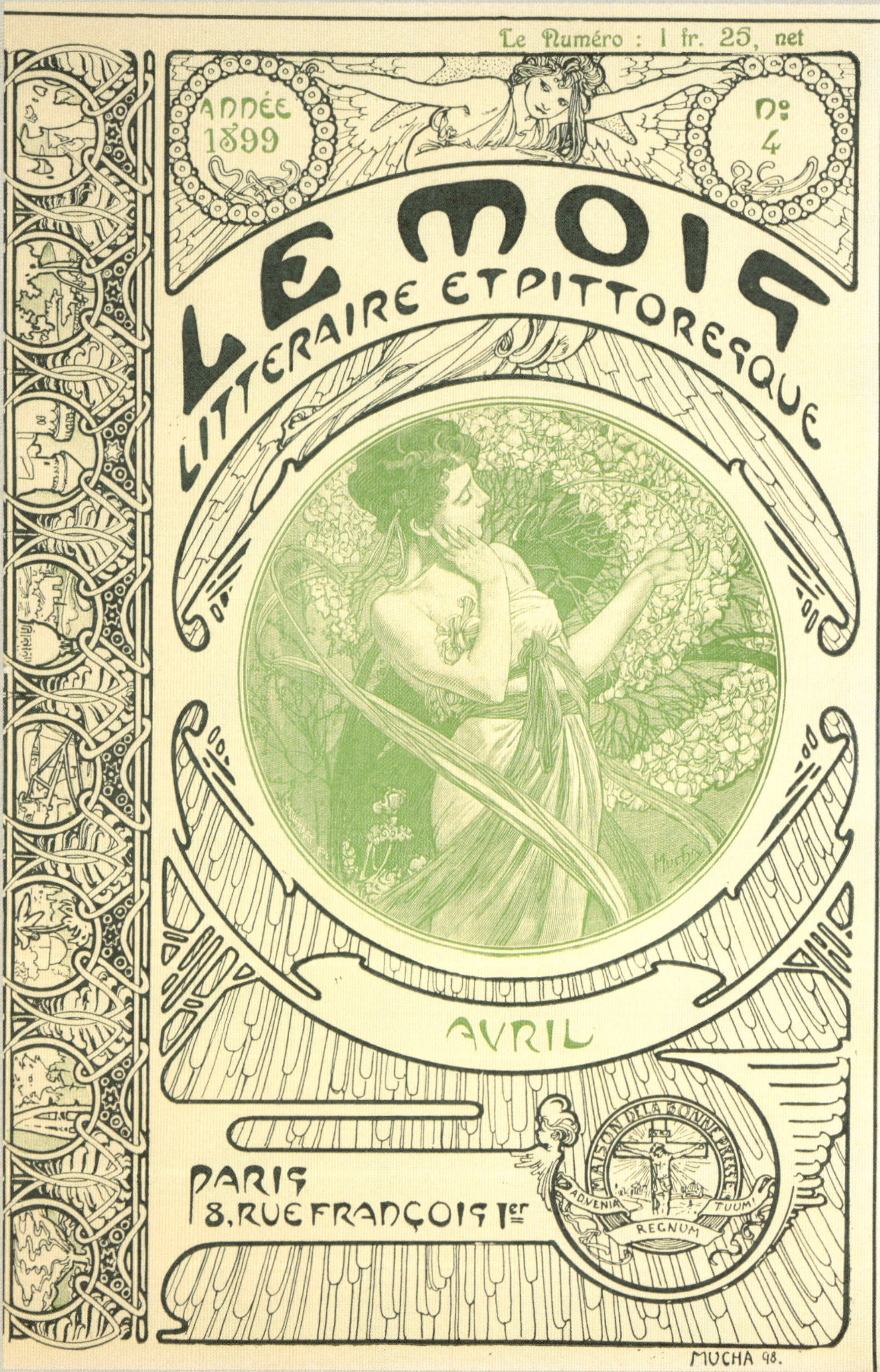

文学と美術の雑誌。ミュシャはまわりの飾り枠をデザインしている。中央の円にそれぞれの月の女性像を入れるが、フレームは同じであった。1899年には『ル・モワ』は表紙絵による絵はがき（P238-239）もつくっている。

P210-211すべて：1899-1912年刊 / カラー・リトグラフ、紙 / 25×17cm / アートハーベスト蔵

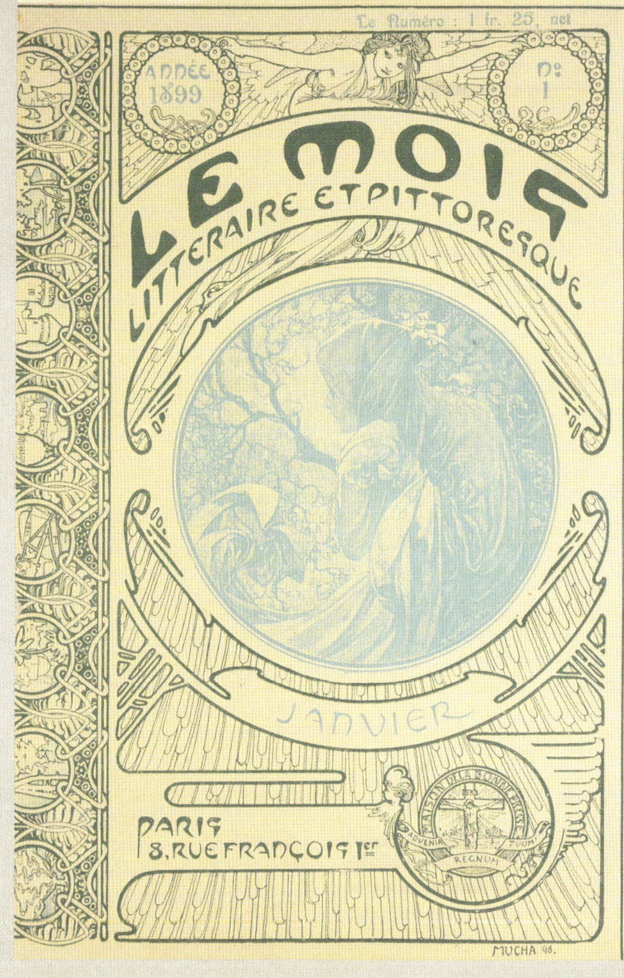
Le Numéro : 1 fr. 25, net
ANNÉE 1899
No 1
LE MOIS
LITTERAIRE ET PITTORESQUE
JANVIER
PARIS
8, RUE FRANÇOIS 1er
MUCHA 98.

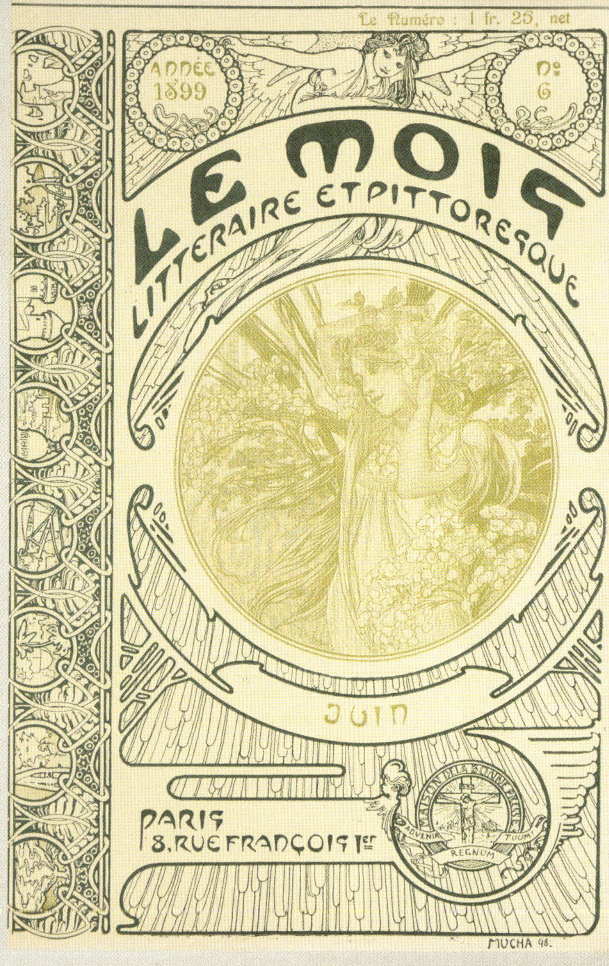
Le Numéro : 1 fr. 25, net
ANNÉE 1899
No 6
LE MOIS
LITTERAIRE ET PITTORESQUE
JUIN
PARIS
8, RUE FRANÇOIS 1er
MUCHA 98.

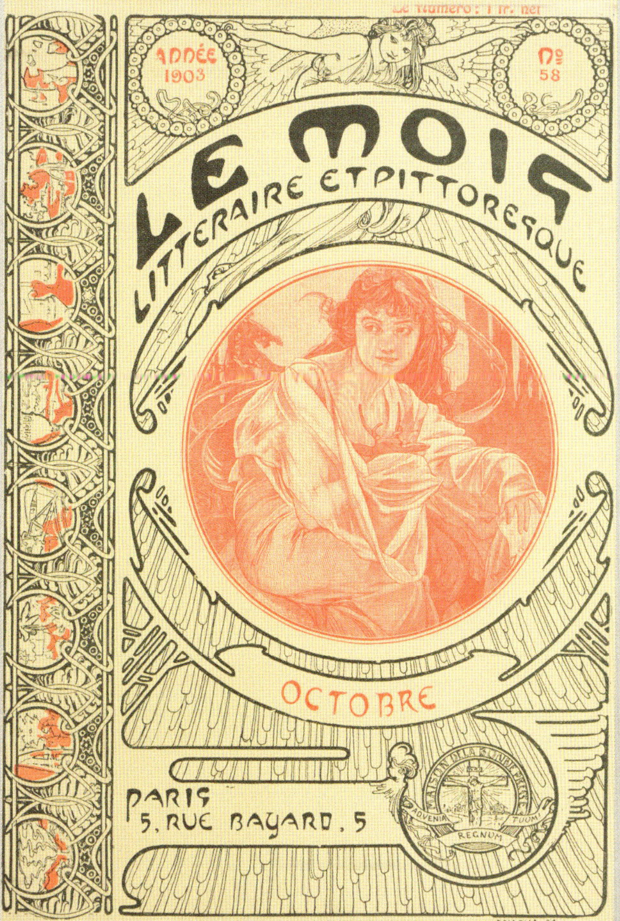
Le numéro : 1 fr. net
ANNÉE 1903
No 58
LE MOIS
LITTERAIRE ET PITTORESQUE
OCTOBRE
PARIS
5, RUE BAYARD, 5
MUCHA 98.

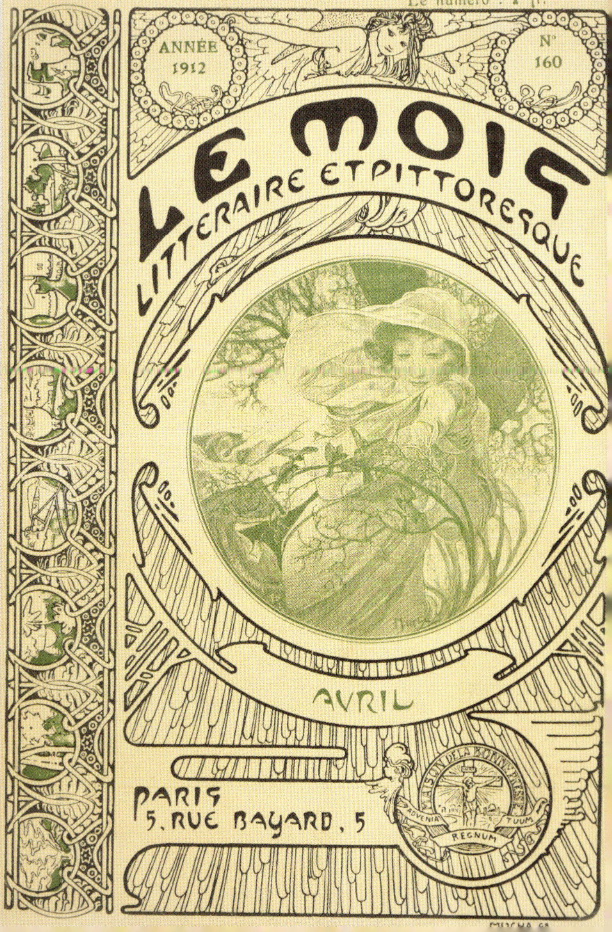
Le numéro : 1 fr.
ANNÉE 1912
N° 160
LE MOIS
LITTERAIRE ET PITTORESQUE
AVRIL
PARIS
5, RUE BAYARD, 5

雑誌『リマージュ』(第1号) 表紙

★★★★★★★★★★★★★★★★★★★★

MAGAZINE COVER OF "L'IMAGE (THE IMAGE)" (NO.1)

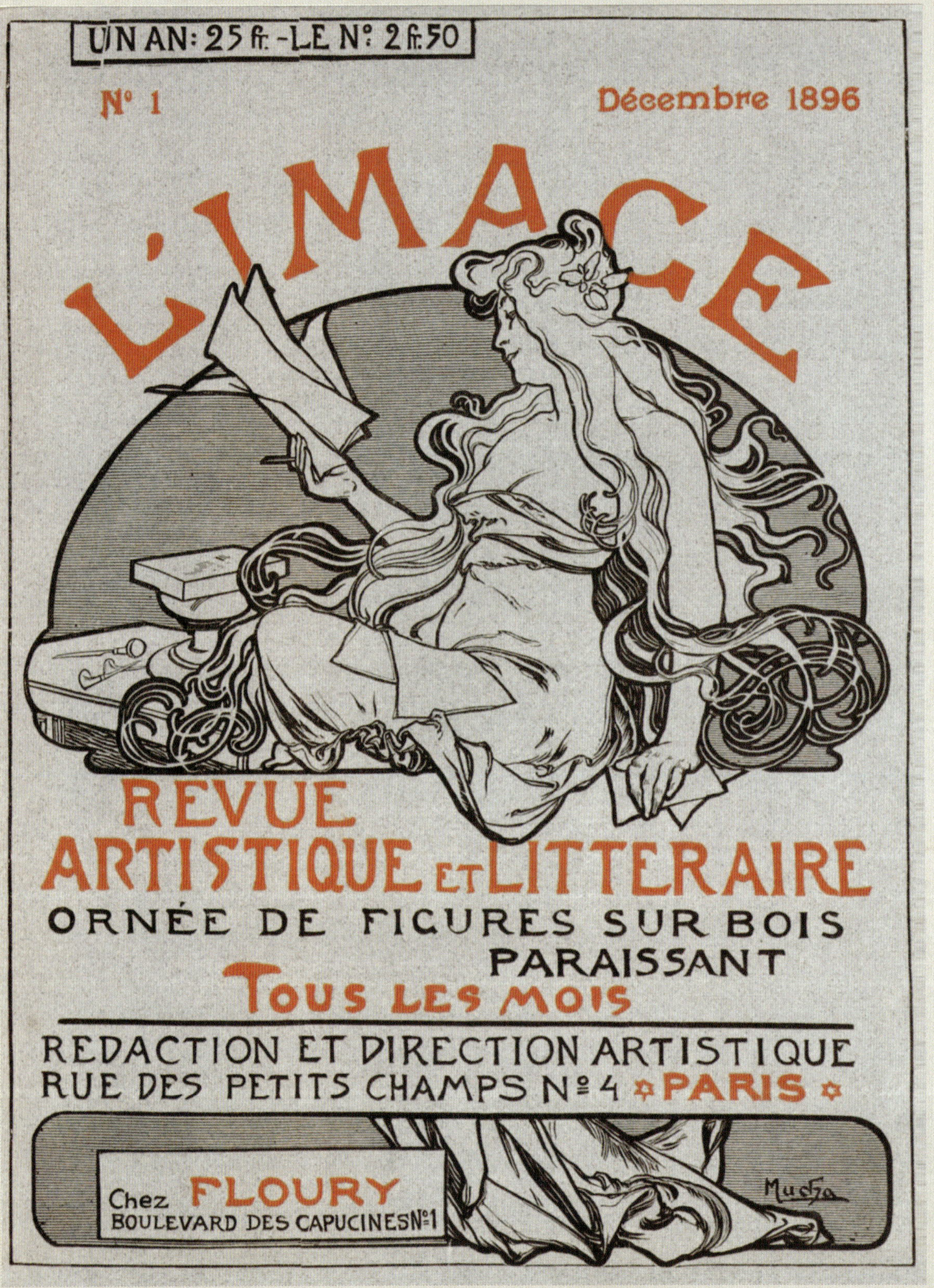

UN AN: 25 fr. -LE N°: 2 fr. 50

N° 1 Décembre 1896

L'IMAGE

REVUE ARTISTIQUE ET LITTERAIRE

ORNÉE DE FIGURES SUR BOIS

PARAISSANT

TOUS LES MOIS

REDACTION ET DIRECTION ARTISTIQUE

RUE DES PETITS CHAMPS N° 4 PARIS

Chez FLOURY

BOULEVARD DES CAPUCINES N° 1

Mucha

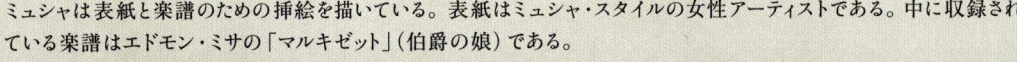

ミュシャは表紙と楽譜のための挿絵を描いている。表紙はミュシャ・スタイルの女性アーティストである。中に収録されている楽譜はエドモン・ミサの「マルキゼット」(伯爵の娘)である。

1896年刊 / 紙に印刷 / 29.5×21.5cm / OGATAコレクション蔵

雑誌『フィガロ・イリュストレ』(特別号)表紙

★★★★★★★★★★★★★★★★★★★★★★★★★

MAGAZINE COVER OF "FIGARO ILLUSTRÉ (ILLUSTRATED FIGARO)" (SPECIAL ISSUE)

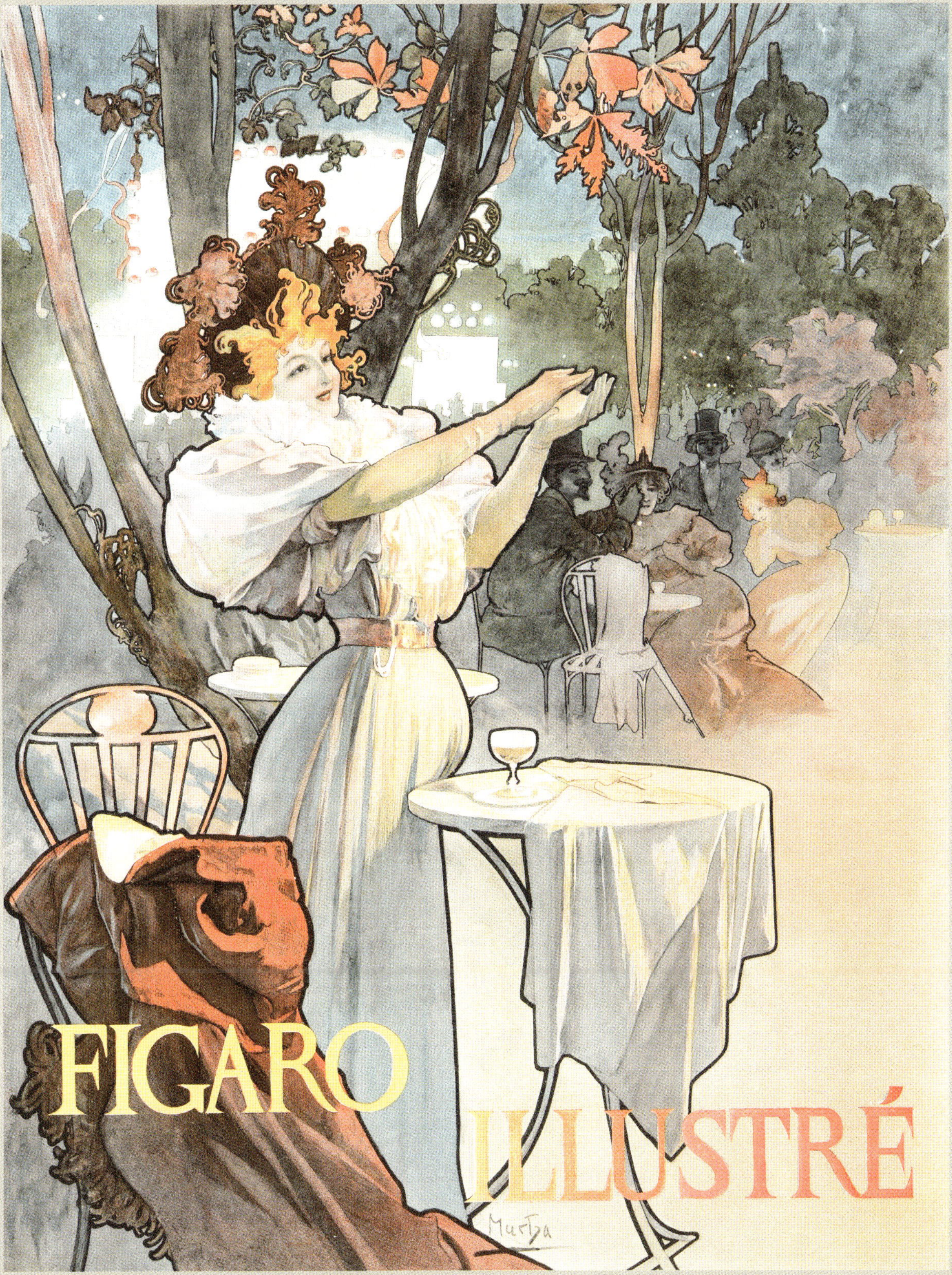

ミュシャはこの雑誌の表紙と挿絵を描きはじめる。物語の1シーンのような図柄であるが1896年ではまだジュール・シェレのスタイルに似ている。

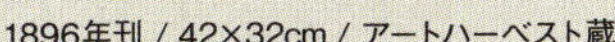
1896年刊 / 42×32cm / アートハーベスト蔵

雑誌『フィガロ・イリュストレ』(第85号)挿絵

★★★★★★★★★★★★★★★★★★★★★★★

INSIDE PAGES OF MAGAZINE "FIGARO ILLUSTRÉ (ILLUSTRATED FIGARO)" (NO. 85)

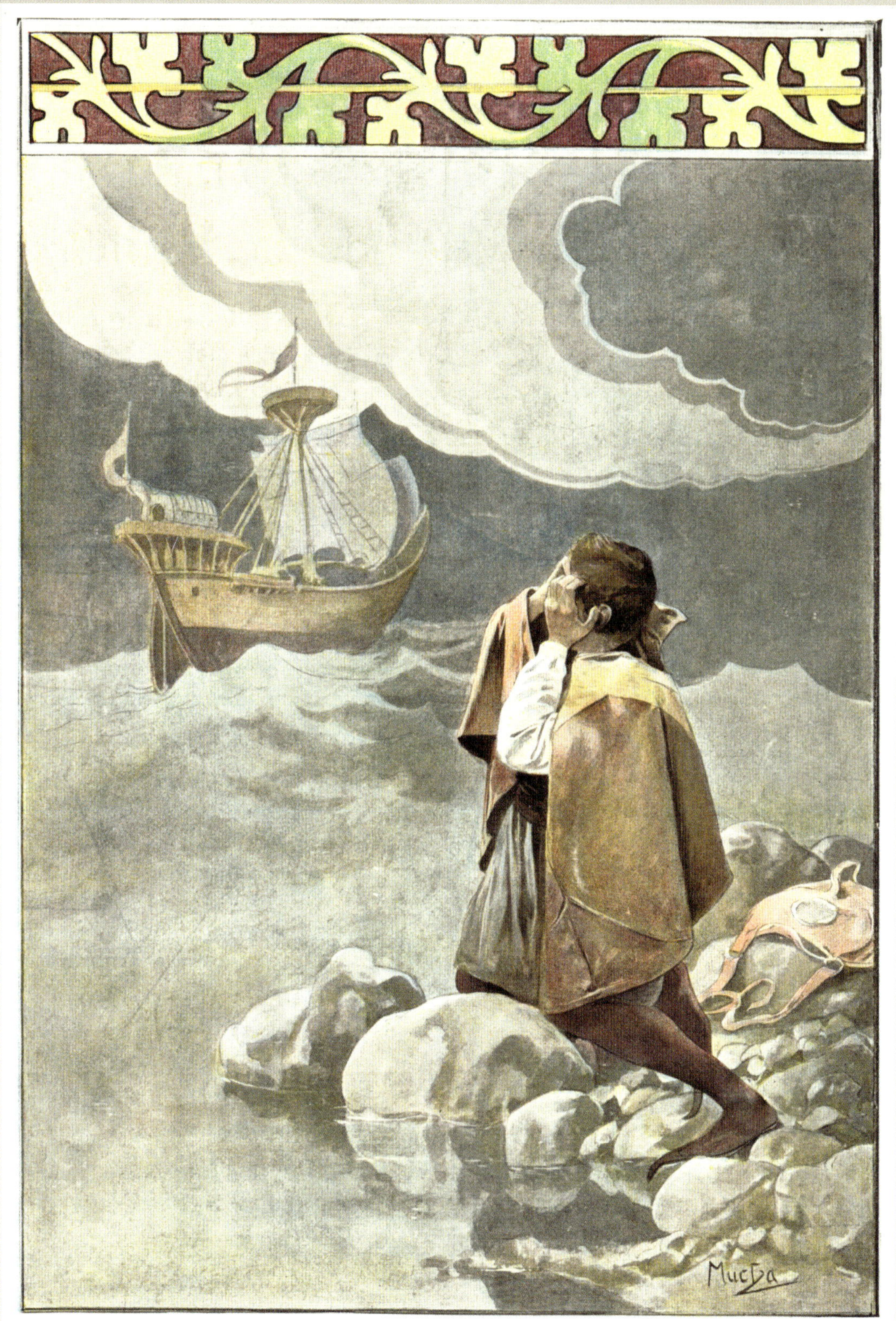

この雑誌の挿絵は1897年になると、中心の絵はリアリズムだが、上部(装飾部)ははっきりとミュシャ・スタイルになっている(P214-217)。

P214-217すべて:1897年刊 / カラー・リトグラフ、紙 / 42×32cm / OGATAコレクション蔵

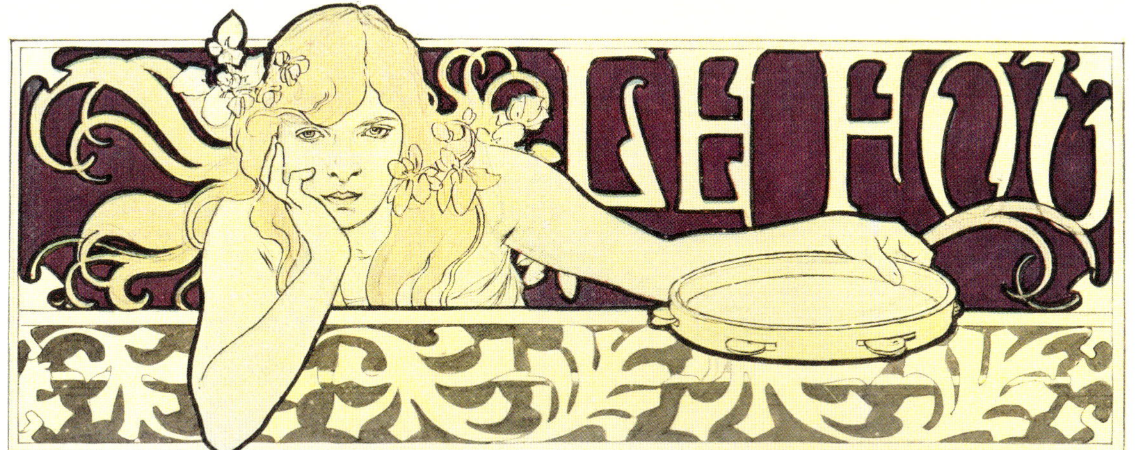
LE FOU

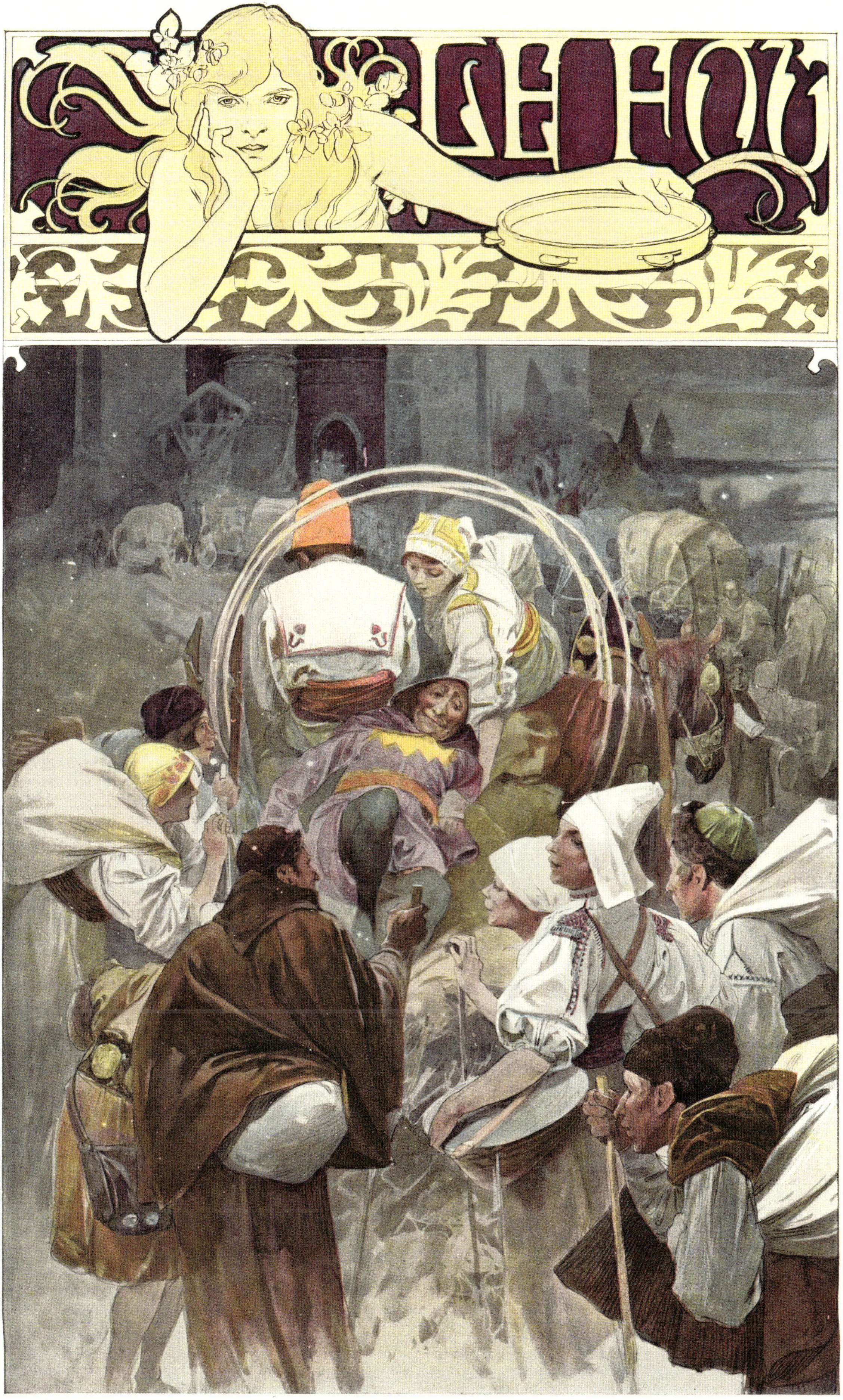

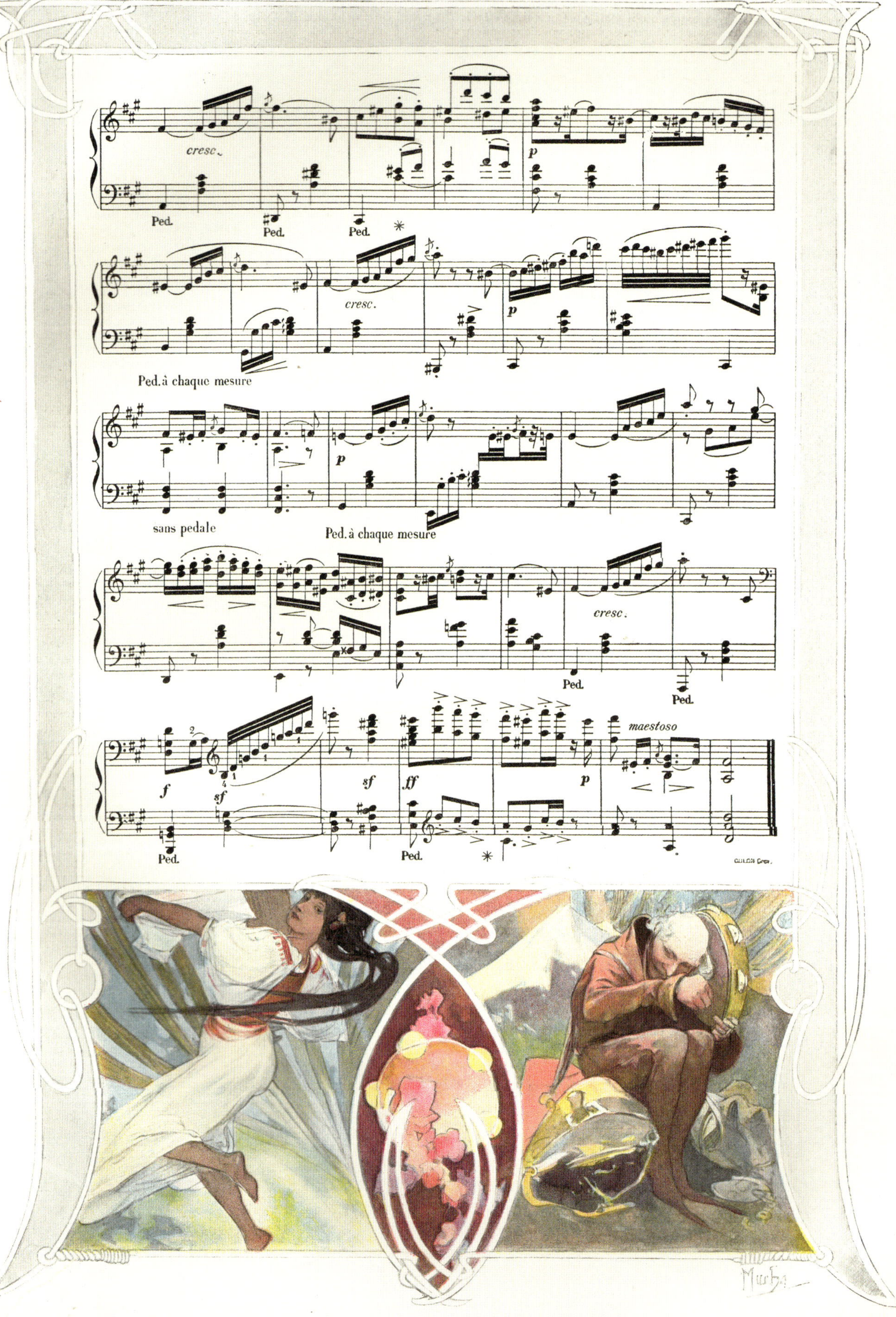
cresc.
Ped.
Ped.
Ped.
Ped. à chaque mesure
cresc.
p
sans pedale
p
Ped. à chaque mesure
cresc.
Ped.
Ped.
f
sf
sf
ff
p
maestoso
Ped.
Ped.
Mucha

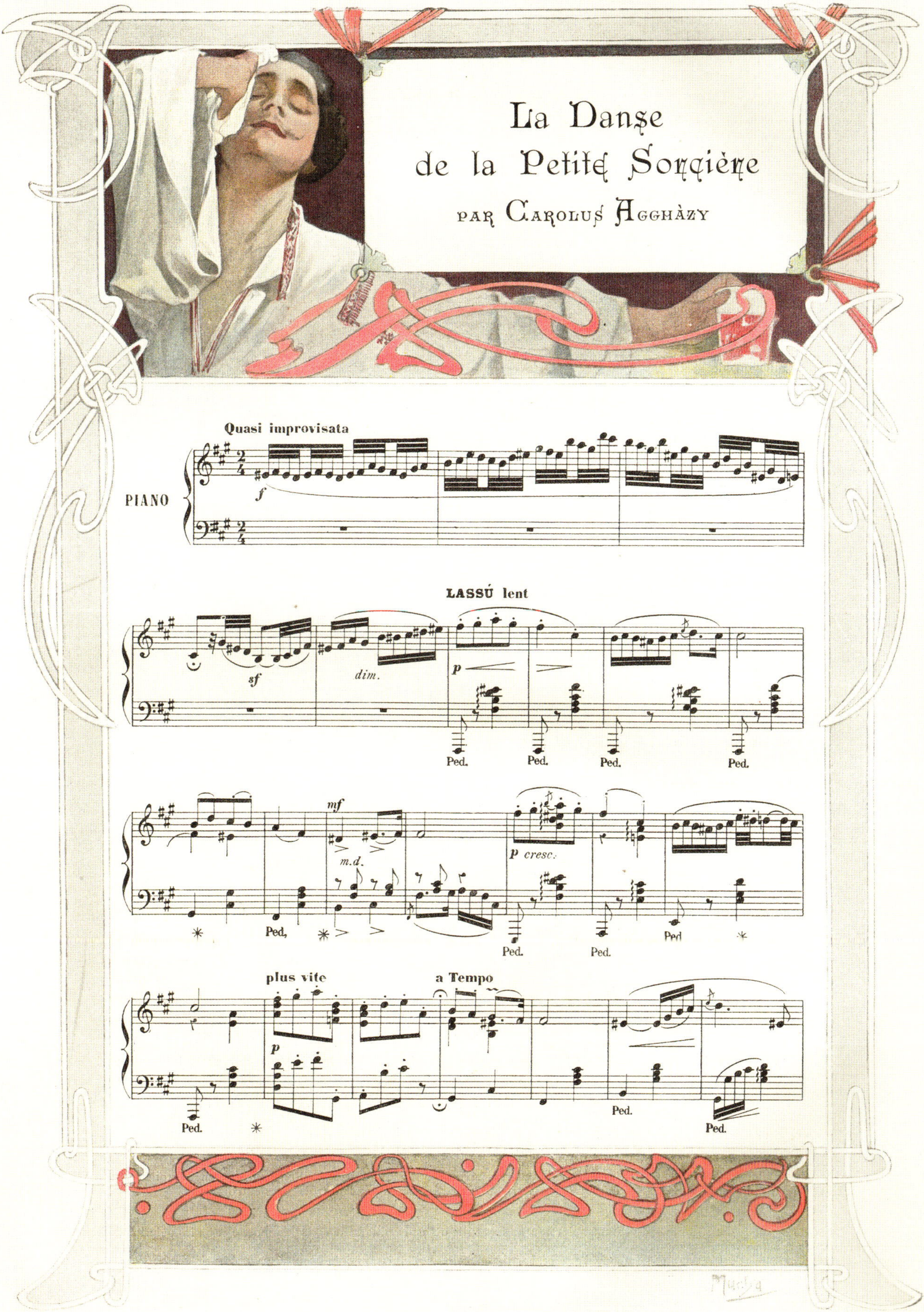

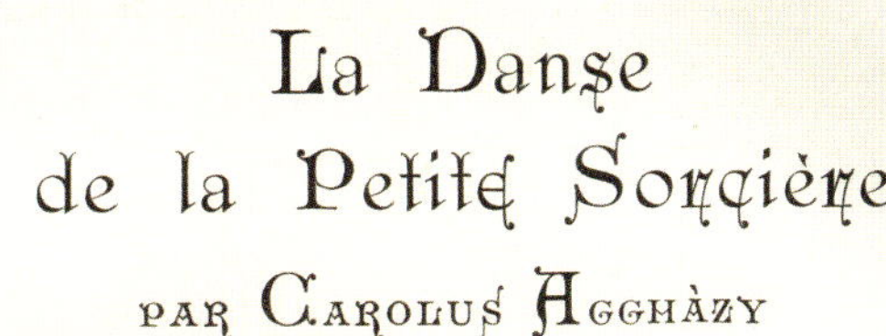

Quasi improvisata

PIANO

LASSÚ lent

plus vite

a Tempo

雑誌『ル・モンド・モデルヌ(現代世界)』(1897年5月号)表紙

★★★★★★★★★★★★★★★★★★★★★★

MAGAZINE COVER OF "LE MONDE MODERNE (THE MODERN WORLD)" (MAY 1897 ISSUE)

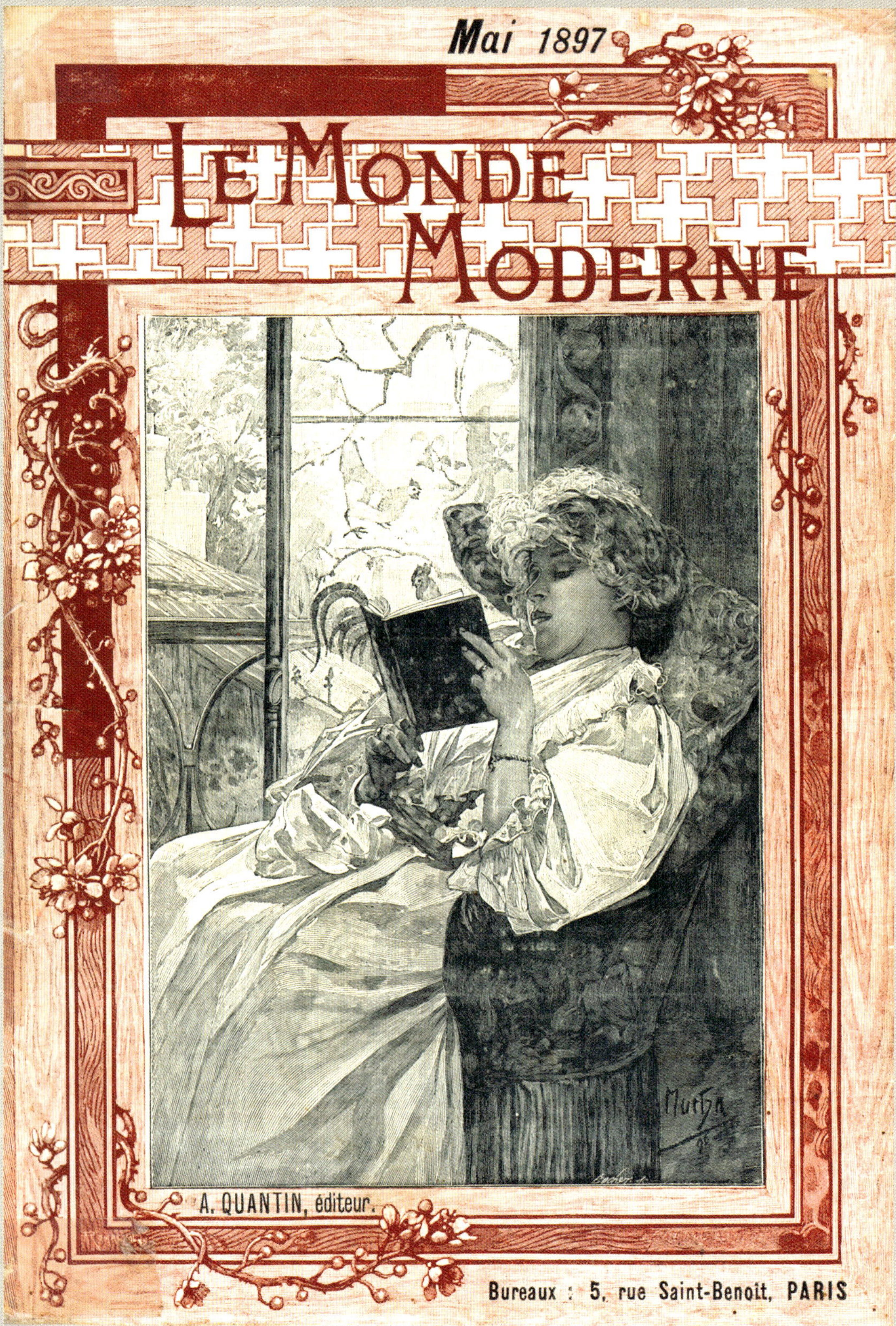

Mai 1897

LE MONDE MODERNE

Mucha 98

A. QUANTIN, éditeur.

Bureaux : 5, rue Saint-Benoit, PARIS

ミュシャは 1895 年からこの雑誌に挿絵を描いているが、1897年には表紙を描いた。読書する女の窓の外に見える風景の装飾的な眺めが面白い。そしてその絵を装飾的額縁がとり巻き、私たちはこちら側の窓から彼女をのぞいていることになる。

1897年刊 / カラー・リトグラフ、紙 / 25×17cm / OGATAコレクション蔵

雑誌『写真芸術』（第1号）表紙

★★★★★★★★★★★★★★★★★★★★★★

MAGAZINE COVER OF "L'ART PHOTOGRAPHIQUE (THE PHOTOGRAPHIC ART)" (NO.1)

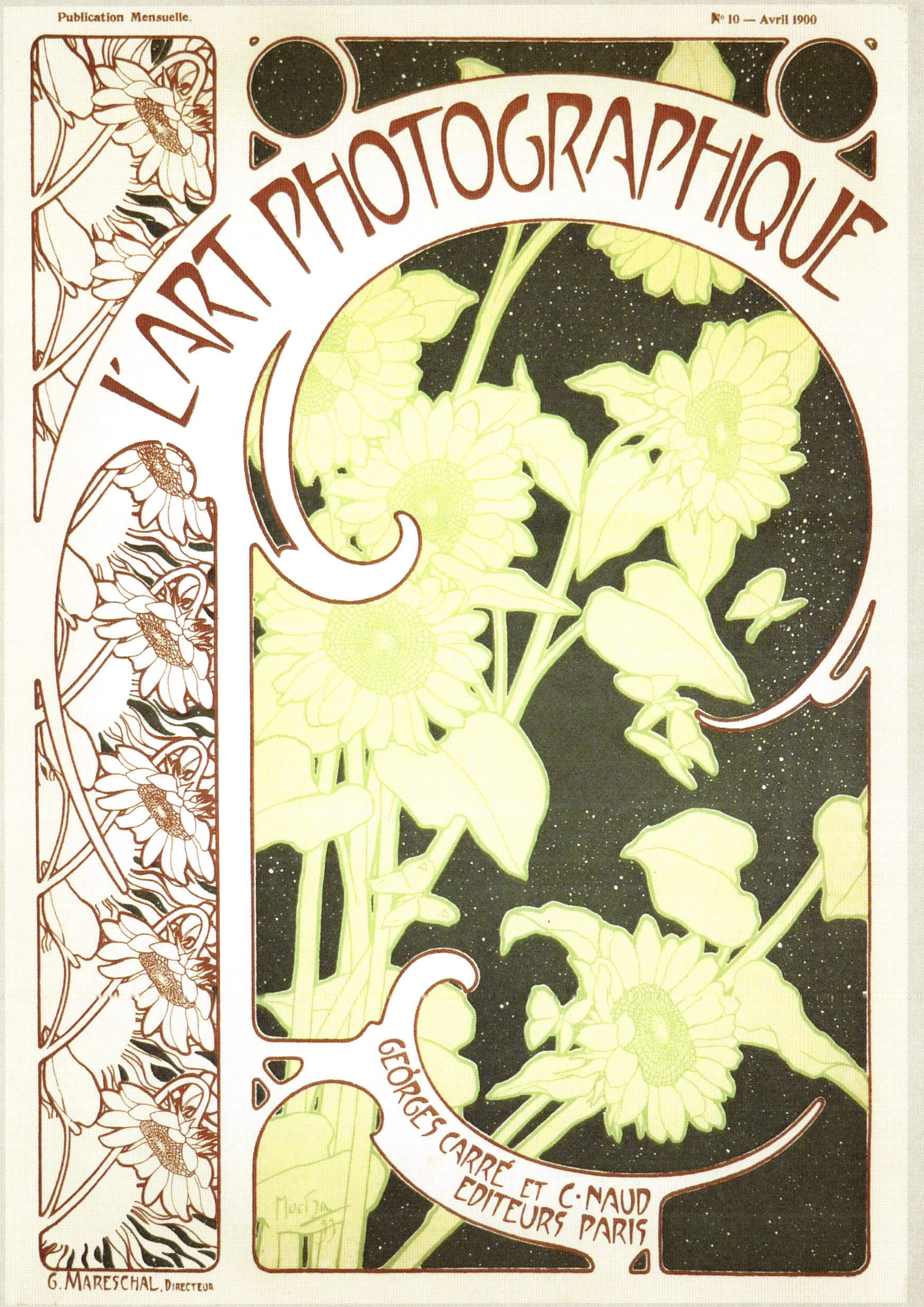

『写真芸術』という名が示すように、19世紀末には写真はアートとして評価されるようになった。ミュシャもその傾向の熱心な支持者であった。この表紙では花の植物的、有機的な形とそれを切り取るカメラのメカニックなフレームが対比されている。

1899年刊 / カラー・リトグラフ、紙 / 47×33cm / OGATAコレクション蔵

雑誌『実用的なすまい』(1908年4月号) 表紙

★★★★★★★★★★★★★★★★★★★★★★

MAGAZINE COVER OF "L'HABITATION PRATIQUE (PRACTICAL HOME)" (APR. 1908 ISSUE)

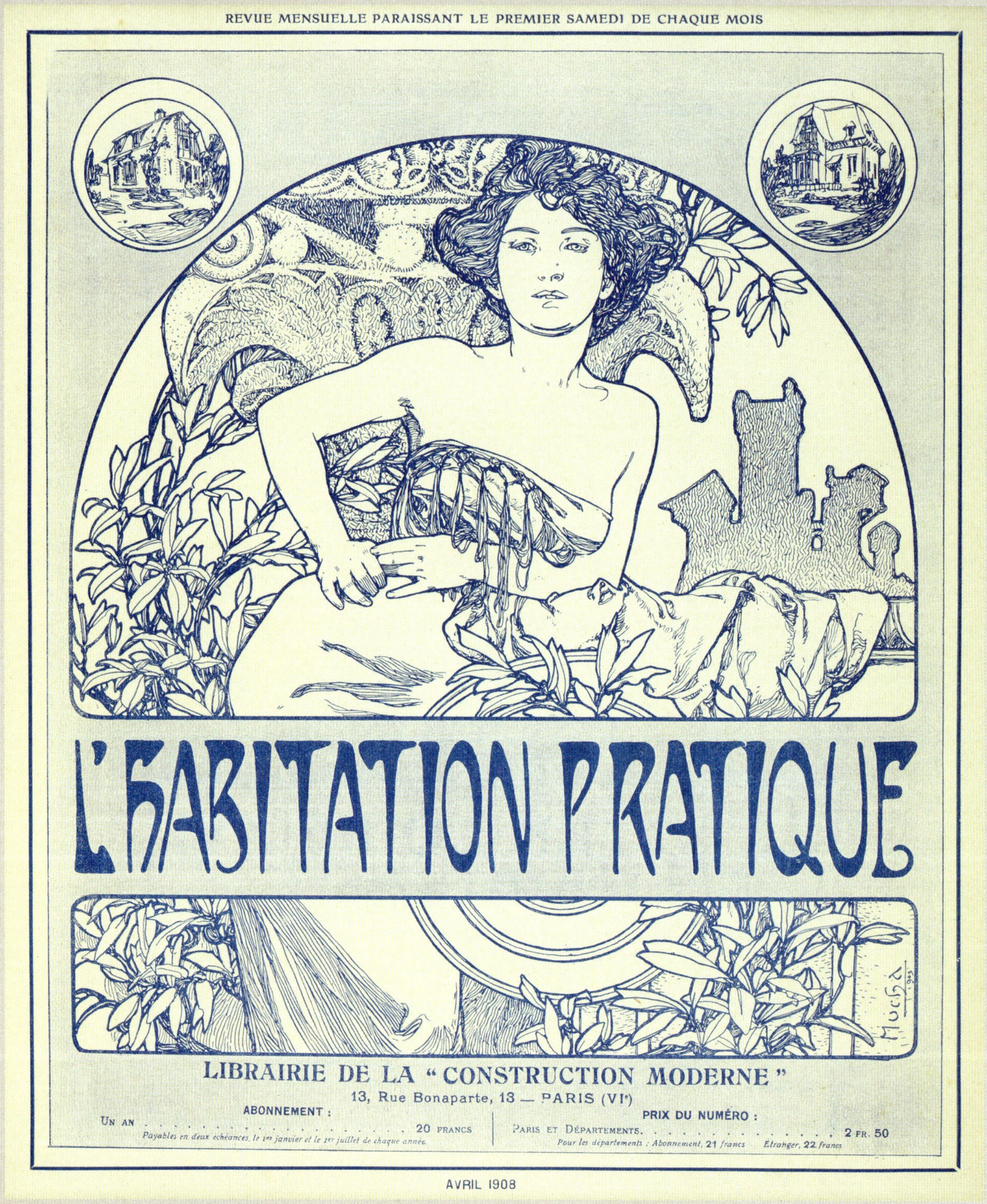

REVUE MENSUELLE PARAISSANT LE PREMIER SAMEDI DE CHAQUE MOIS

L'HABITATION PRATIQUE

Mucha

LIBRAIRIE DE LA "CONSTRUCTION MODERNE"

13, Rue Bonaparte, 13 — PARIS (VIe)

ABONNEMENT :

UN AN . . . . 20 FRANCS

Payables en deux échéances, le 1er janvier et le 1er juillet de chaque année.

PRIX DU NUMÉRO :

PARIS ET DÉPARTEMENTS. . . . . 2 FR. 50

Pour les départements : Abonnement, 21 francs Étranger, 22 francs

AVRIL 1908

インテリア・デザインの雑誌。ミュシャは1904年から1910年まで仕事をした。上の表紙は灰緑色の紙に刷られている。左右上部に建物の絵がはめこまれている。

1908年刊 / 単色リトグラフ、紙 / 38×32cm / アートハーベスト蔵

雑誌『パリ・イリュストレ』（第7号）表紙

★★★★★★★★★★★★★★★★★★★★★★

MAGAZINE COVER OF "PARIS ILLUSTRÉ (ILLUSTRATED PARIS)" (NO.7)

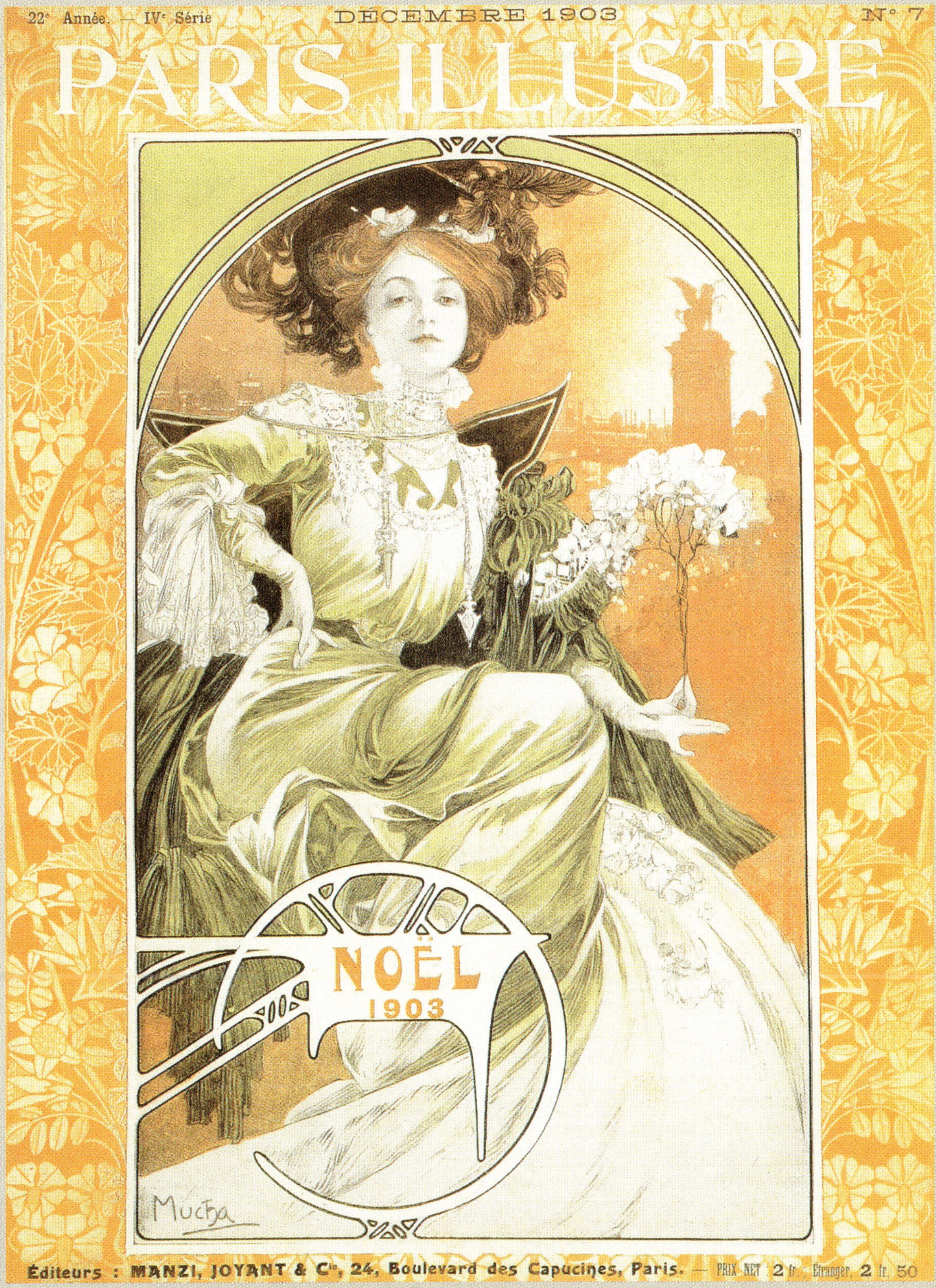

22e Année. — IVe Série DÉCEMBRE 1903 N° 7

PARIS ILLUSTRÉ

NOËL 1903

Mucha

Éditeurs : MANZI, JOYANT & Cie, 24, Boulevard des Capucines, Paris. — PRIX NET 2 fr. Étranger 2 fr. 50

イラストは『装飾資料集』に収められたものである（P186）。典型的なパリジェンヌが描かれている。その衣服、アクセサリーなどの繊細な雰囲気が、ミュシャ・スタイルの頂点に達している。「ノエル 1903」と書かれた円形のフレームも実にしゃれている。

1903年刊 / 36×29cm / コルマール市立図書館蔵

雑誌『ココリコ（コケコッコー）』表紙、挿絵

MAGAZINE COVER AND INSIDE PAGES OF "COCORICO"

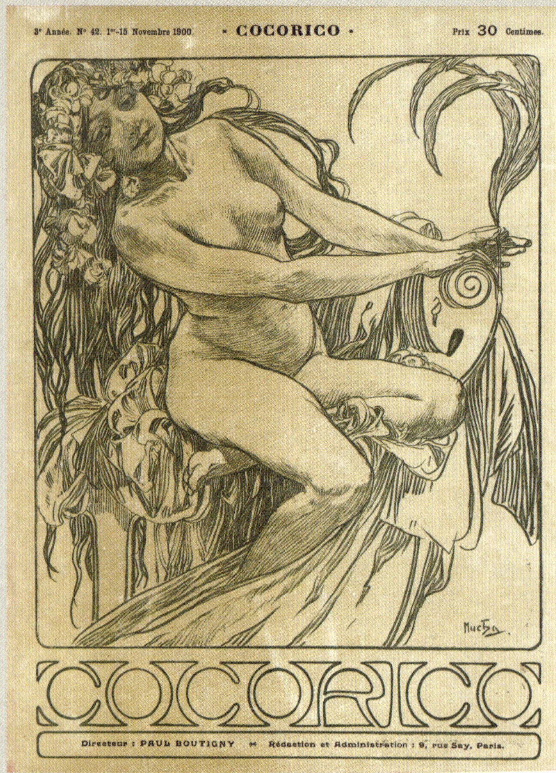

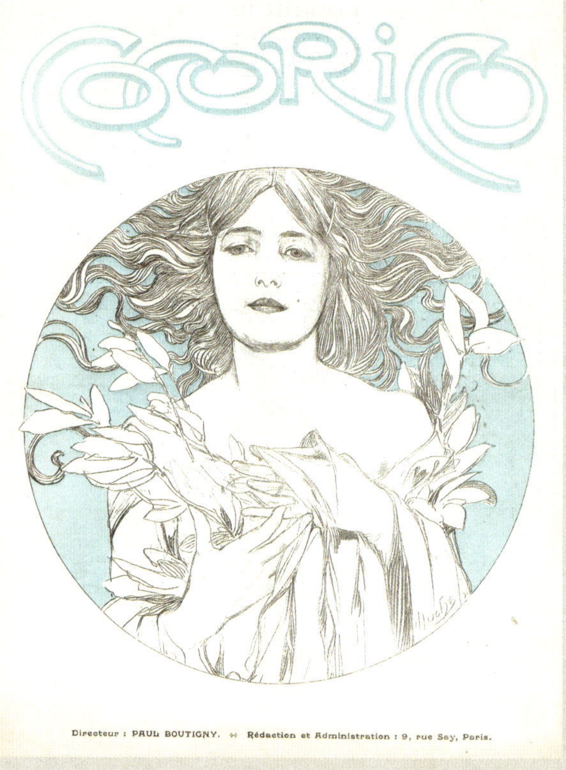

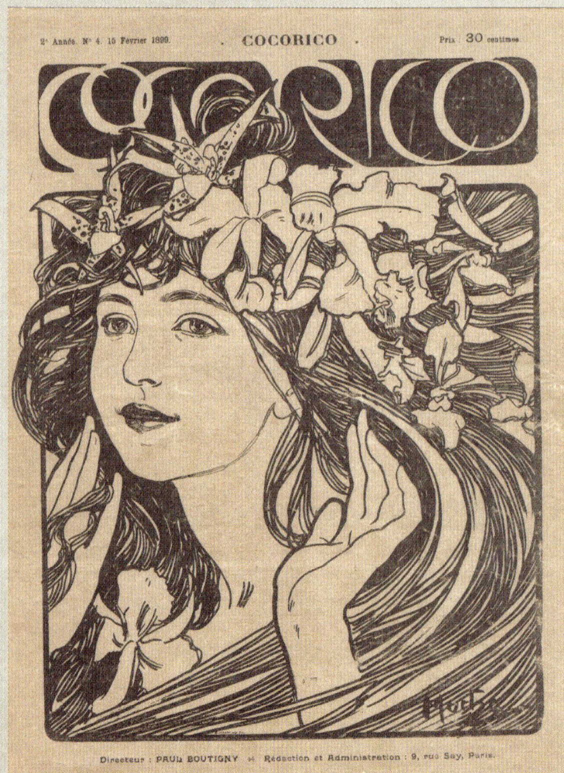

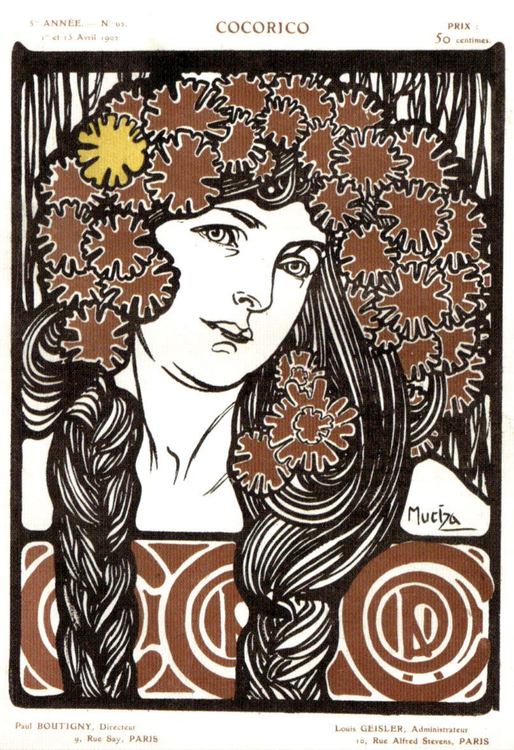

フランスの風刺雑誌である。1898 年からミュシャはその表紙を描いた。若い、ロマンティックな表情の女性がモチーフであるが、風刺の象徴、雄鶏を肩に乗せたもの（次ページ）もある。12 月をそれぞれ女性であらわしたシリーズ（P224）も描いている。

P222-223すべて：表紙 / 1898-1902年刊 / カラー・リトグラフ, 紙 / 30×23cm / OGATAコレクション蔵
P224すべて：挿絵「1年の12か月」/ 1899年刊 / 紙に単色印刷 / 30×23cm / ブザンソン市立図書館蔵

1re Année. N° 1. — 31 Décembre 1898. · COCORICO · Prix exceptionnel : 15 centimes.

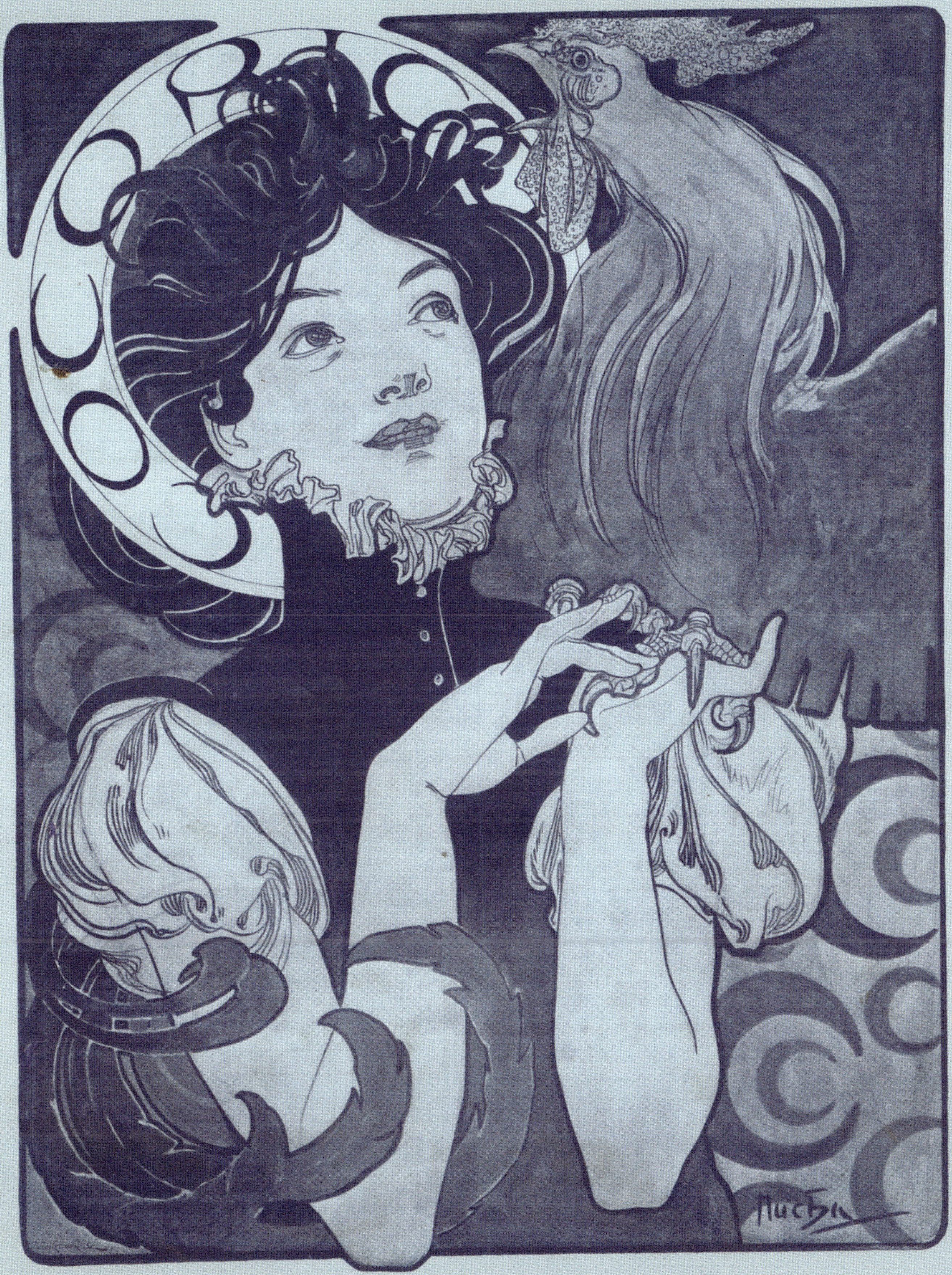

Directeur : PAUL BOUTIGNY ⁂ Rédaction et Administration : 9, rue Say, Paris.

A. MUCHA

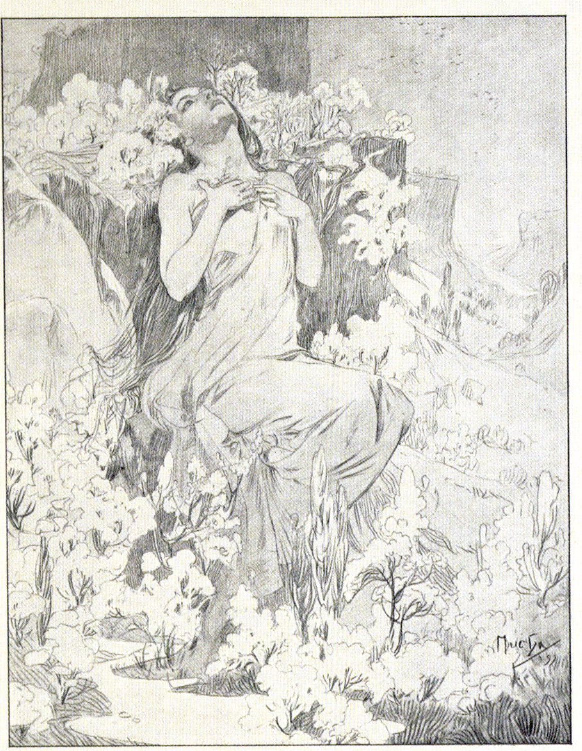

MAI

Effluves.

A. MUCHA

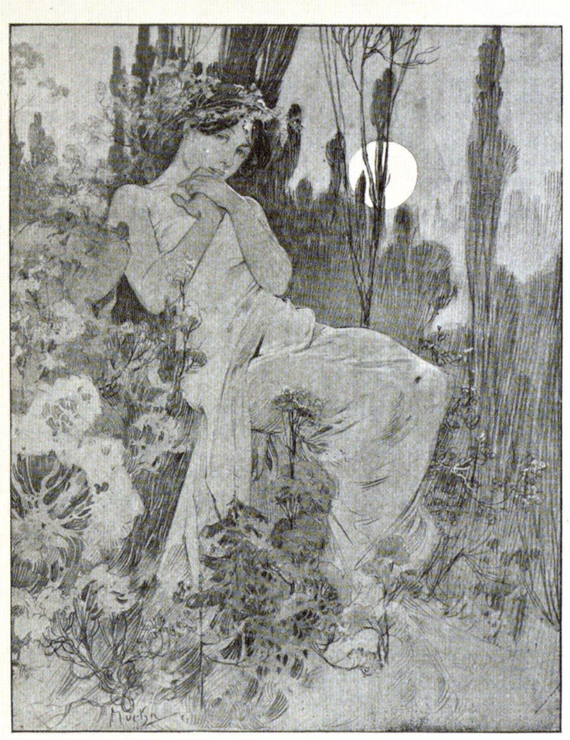

JUIN

Le Chant du Rossignol.

A. MUCHA

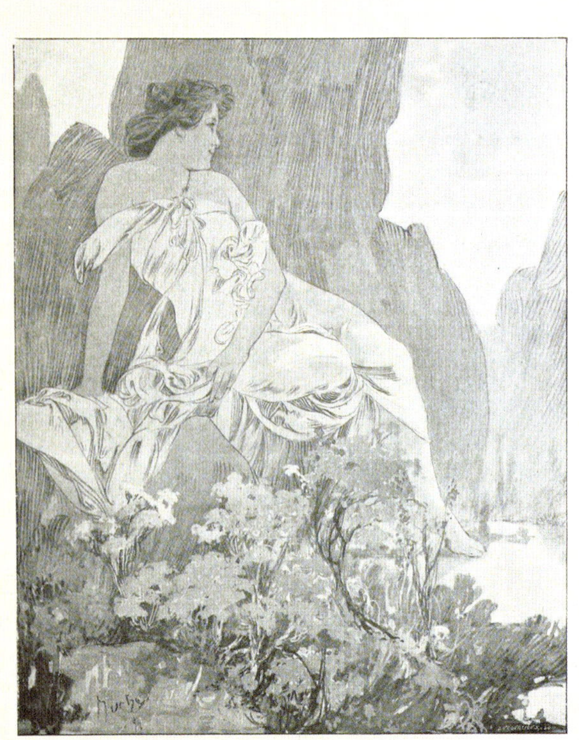

JUILLET

La Chaleur.

A. MUCHA

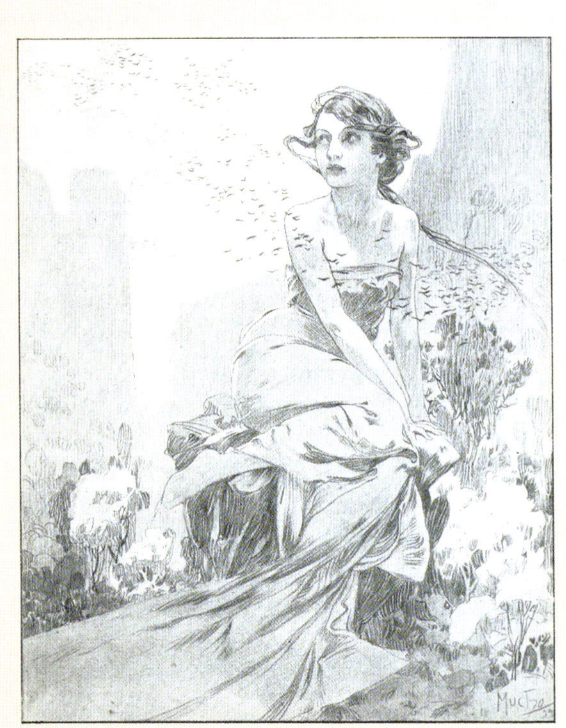

OCTOBRE

Le Départ des Hirondelles.

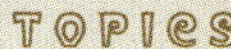

ミュシャのジュエリー、工芸品

MUCHA'S JEWELRY AND CRAFTWORK

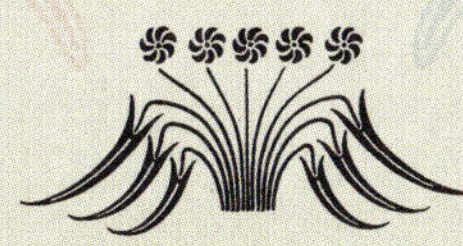

アール・ヌーヴォーの多くの作家がそうだったように、ミュシャは絵画、グラフィックだけでなく、さまざまなアートの分野を自由に往来して、作品をつくった。生活と芸術の境界をとり払うという、ウィリアム・モリスのアーツ・アンド・クラフツ運動を受け継ぐアール・ヌーヴォーの精神を実践したのである。

ミュシャがジュエリー・デザインと出合うきっかけは、やはりサラ・ベルナールであったらしい。サラを描いたポスターの1つ「メディア」(1898、P40)で、復讐に狂って、自分の2人の子を刺し殺してしまうメディアの左腕に、蛇のブレスレットが絡んでいる。このポスターが気に入ったサラは宝飾店フーケに実際につくらせた、といわれる。それによってミュシャとフーケの縁ができる。

フーケはパリの有名な宝飾店で、1895年にジョルジュ・フーケが店を継いだ。彼はミュシャのデザインに関心を持ち、1899年から共同で作品をつくり、1900年のパリ万国博覧会に出品して評判となった。

フーケはロワイヤル通りに新しい店を出すことにした。レストラン"マキシム"の向かいの最新流行の地区である。その店のデザインをミュシャに頼んだ。

ミュシャはフーケのブティックをアール・ヌーヴォーの館としてつくり上げた。ファサードには半月のアーチの下で薄いヴェールをひらめかしてミュシャ・スタイルの美女が踊っている。そしてインテリアではミュシャが好きな装飾モチーフが壁から天井までをおおっている。壁面や床、家具やステンドグラスにいたるまで、ミュシャのスタイルが貫かれている。

パリ万国博覧会とフーケのブティックにおいて、絵画だけでなく、世界の空間のすべてをつくりたいというミュシャの夢がくりひろげられている。彼にとって装飾は世界を見えるものとする空間格子の科学なのであった。

☆☆☆

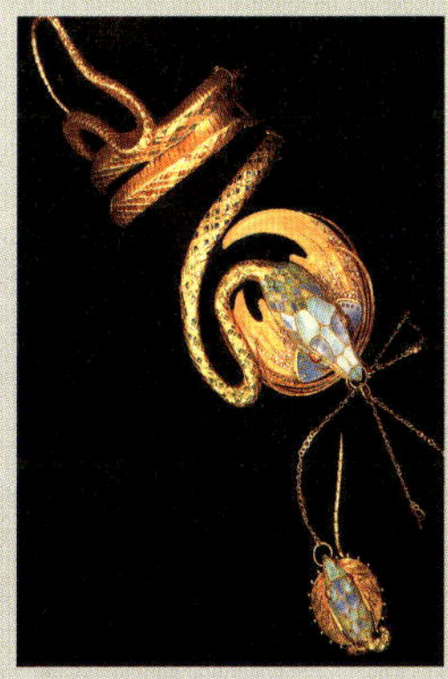

蛇のブレスレットと指輪
デザイン・制作:アルフォンス・ミュシャ
1899年

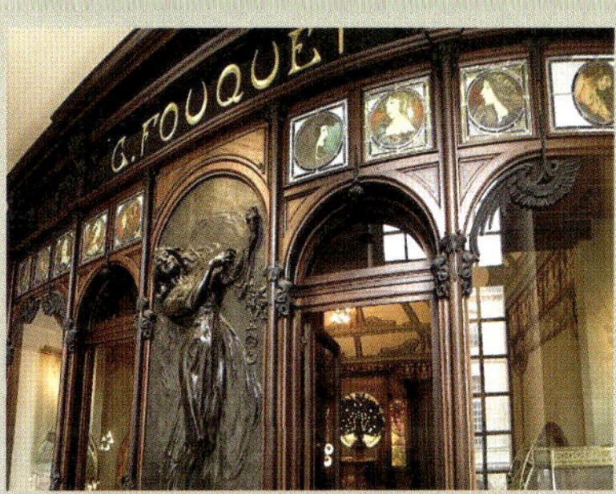
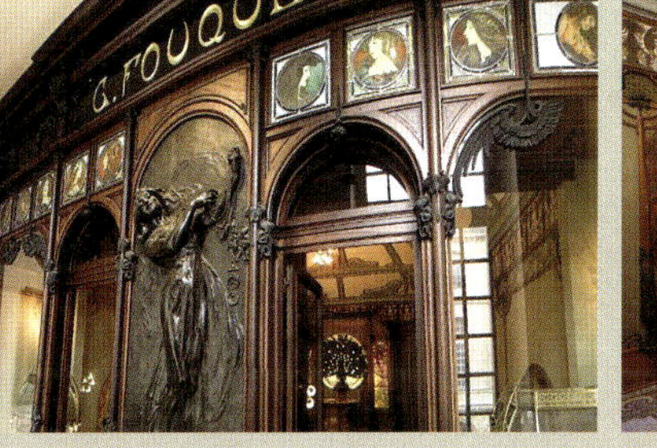

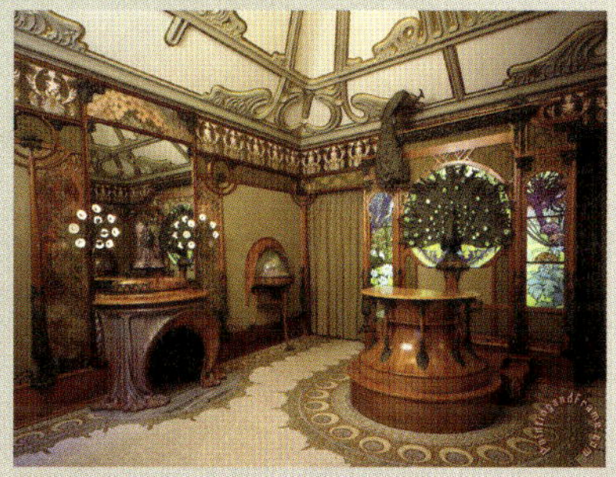

フーケのブティック
デザイン・制作:アルフォンス・ミュシャ
1900-01年

絵入りの日常生活 カレンダー、メニュー、絵はがき

ILLUSTRATION IN EVERYDAY LIFE CALENDARS, MENUS, POSTCARDS

19世紀後半は〈絵入り(イラストレーテッド)〉の時代である。視覚文化が発達し、新聞、雑誌が絵入りになる。それだけでなく、日常生活のさまざまな小道具も視覚化される。たとえばカレンダーも、絵入りになる。かつて中世の祈りのための暦であった時禱書は鮮やかに彩色されていたが、王侯貴族のものであった。

19世紀になるとだれでも絵入りのカレンダーを買えるようになる。さらにそこに広告を入れて、ただで配れるものとなる。

絵入りのメニューも世紀末に大流行する。その1つの理由はパリなどの大都市に外国人の観光客がやってきたことである。そして、レストランの看板やしゃれたインテリアなどとともに、メニューはフランス料理を視覚化したのである。料理は舌だけでなく、目で味わうものとなった。

世紀末から20世紀はじめにかけて、絵はがきの黄金時代でもあった。観光旅行のブームと重なっていた。世界中のさまざまな名所の絵はがきがつくられた。

ミュシャはそのような時代に登場した。アール・ヌーヴォーの平面性、くっきりした輪郭線などは、商品のイメージを明快にアピールすることができた。ミュシャの華やかな女性のイメージ、目を楽しませる装飾のアラベスクは、視覚的コミュニケーションの時代の幕開けを飾ったのである。

ミュシャのスタイルは、多様で変化に富んだ近代都市生活に自在に適応することができた。日々のなにげない情報や告示などがこんなにも楽しく飾られ、人々の目をひくものにされている。カレンダーやメニューがアートであった時代をミュシャは思い出させてくれる。

日々のうちに使い捨てられるコマーシャル・アートに埋もれることをミュシャは心配していたが、その楽しい魅力は、今も失われていない。

●●●

In the latter half of the nineteenth century, newspapers and magazines added illustrations. Illustrations decorated all sorts of everyday things, including calendars. During the Middle Ages, only royalty and nobility had access to illustrated calendars. Now they became available to everyone, often filled with advertisements and distributed for free.Illustrated menus became popular, targeting foreign visitors to Paris. Along with restaurant signs and stylish interiors, menus contributed to the growing renown of French cuisine. Cuisine became a feast for the eyes as well as the palate.The turn of the century was also the golden age of picture postcards. Travel was booming, stimulating production of picture postcards all over the world. Mucha's art was ideal for this world. The flatness and strongly drawn contours of Art Nouveau communicated clear product messages. Its gorgeous women and eye-pleasing arabesque decoration were perfect for this new era in visual communication. Mucha feared that his work would be lost in a flood of disposable commercial art. But even today it retains its appeal.

「ショコラ・マッソン」、「ショコラ・メキシカン」1898年カレンダー (次ページ)

THE 1898 CALENDAR FOR "CHOCOLAT MASSON" AND "CHOCOLAT MEXICAIN"

四季、12か月といった時の流れを示すカレンダーはミュシャの想像力を刺激したようだ。「ショコラ・マッソン」、「ショコラ・メキシカン」カレンダーでは、幼年、青年、壮年、老年という人生の4つの時期を楽しそうに描いている。

P227すべて:1896年 / カラー・リトグラフ、紙 / 58×42.5cm / OGATAコレクション蔵

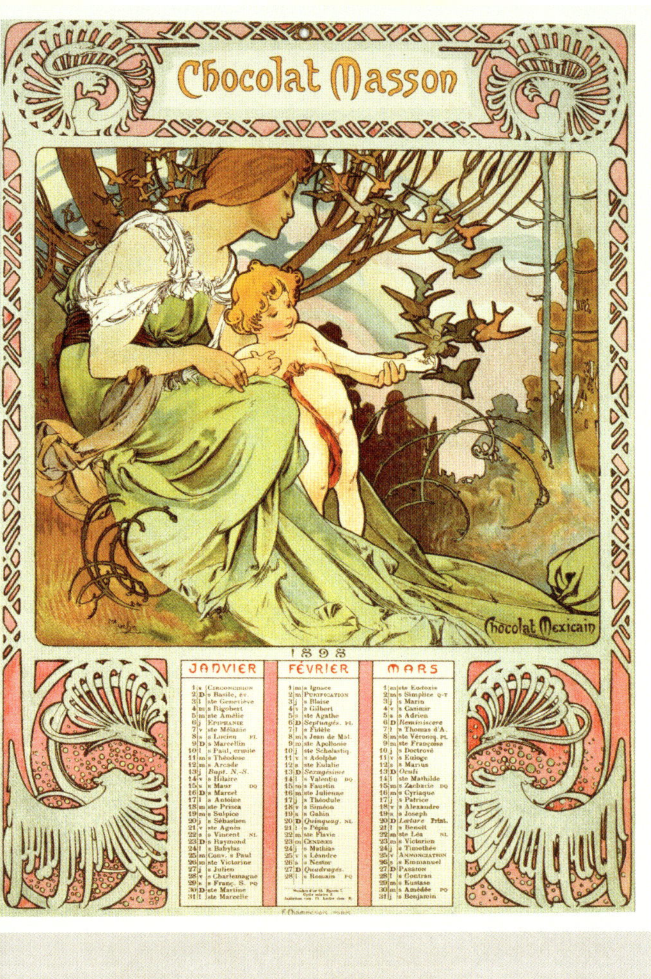
Chocolat Masson
Chocolat Mexicain
1898
JANVIER
FÉVRIER
MARS

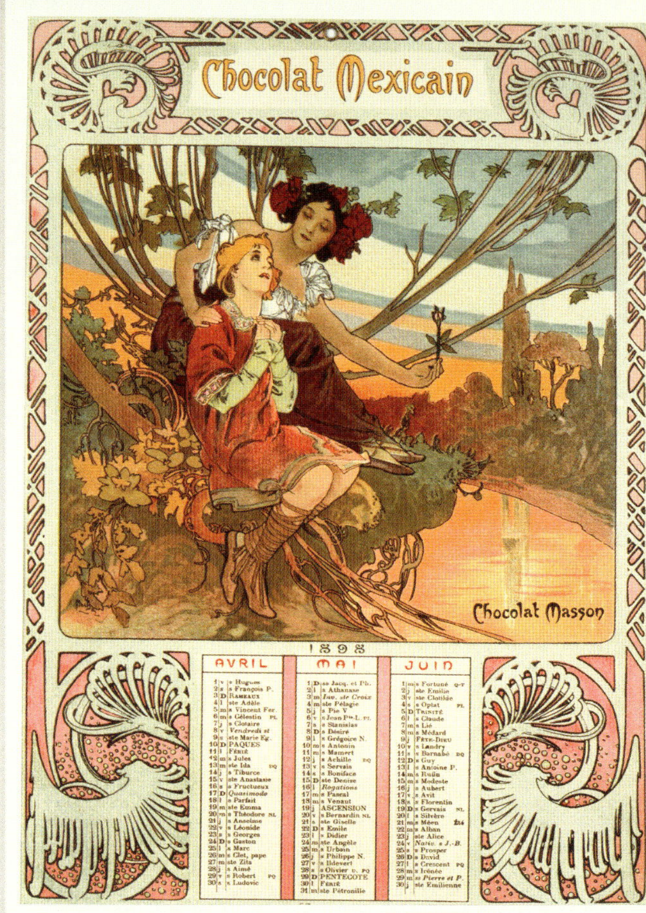
Chocolat Mexicain
Chocolat Masson
1898
AVRIL
MAI
JUIN

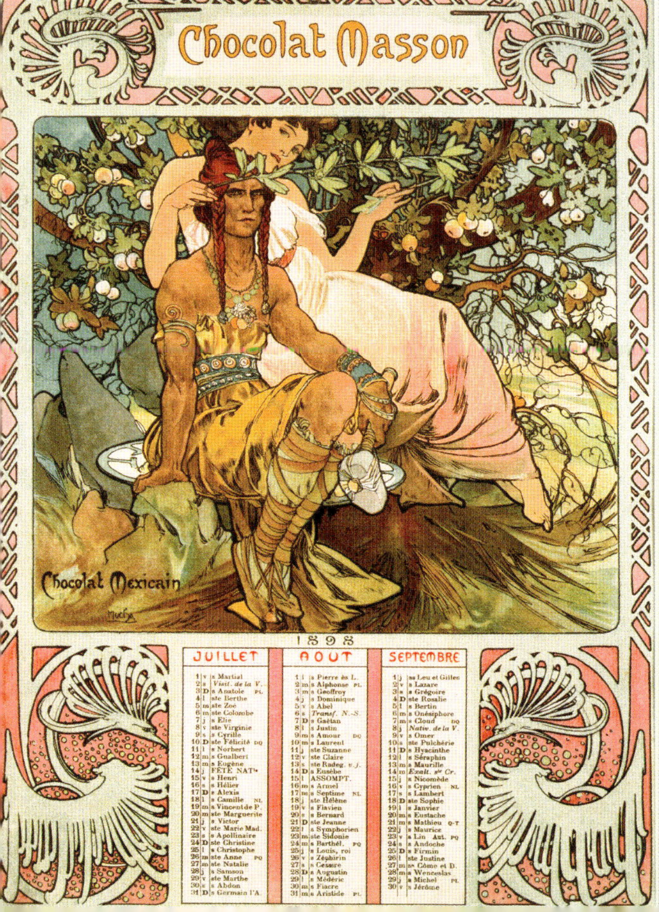
Chocolat Masson
Chocolat Mexicain
1898
JUILLET
AOUT
SEPTEMBRE

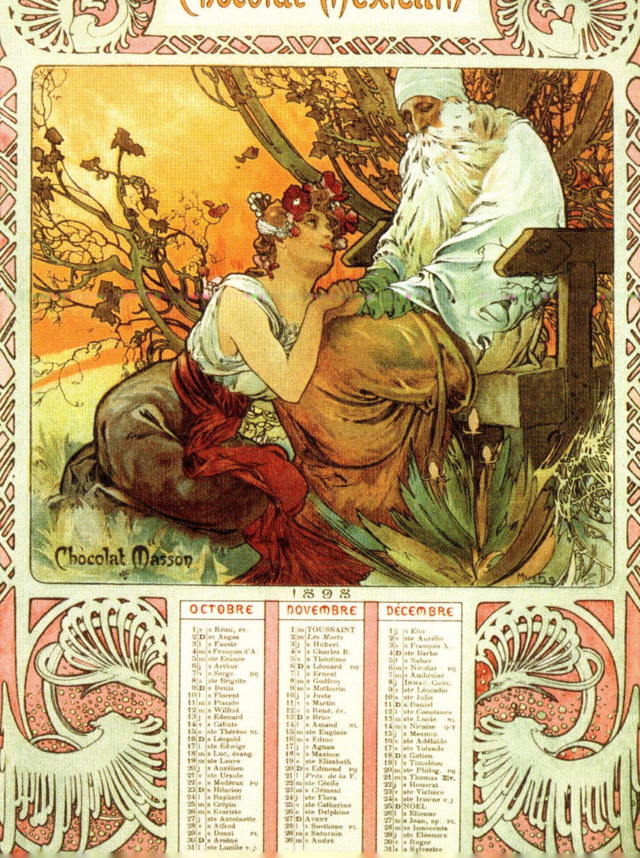
Chocolat Mexicain
Chocolat Masson
1898
OCTOBRE
NOVEMBRE
DÉCEMBRE

ロリュー商会1894年カレンダー、ヴィエイユマール印刷会社の万年カレンダー「パリスの審判」

★★★★★★★★★★★★★★★★★★★★★★

THE 1894 CALENDAR FOR CHARLES LORILLEUX / PERPETUAL CALENDAR FOR VIEILLEMARD "JUDGEMENT OF PARIS"

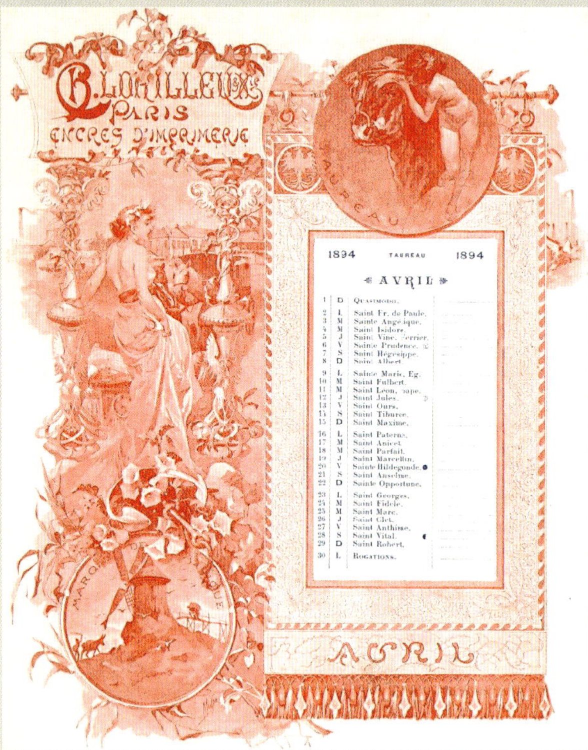

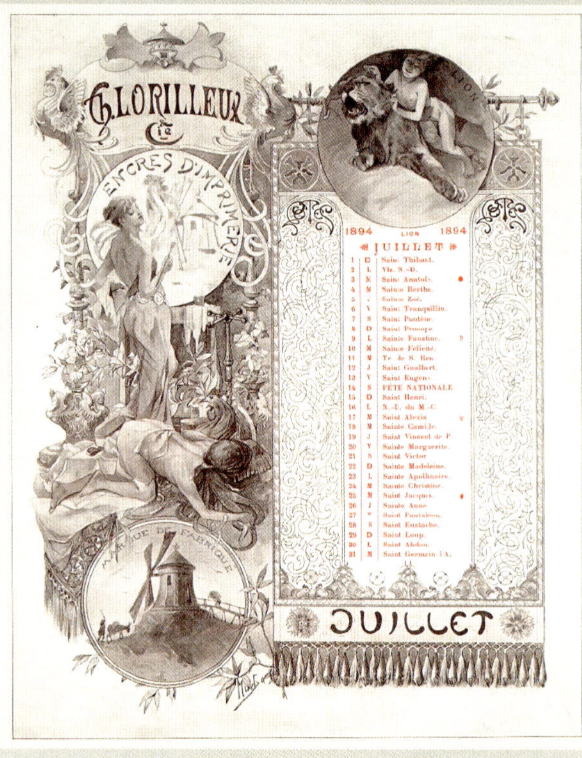

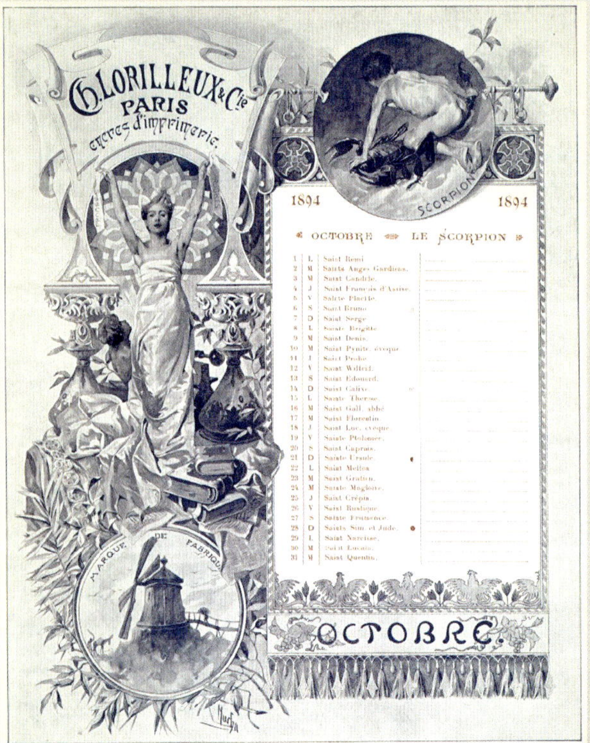

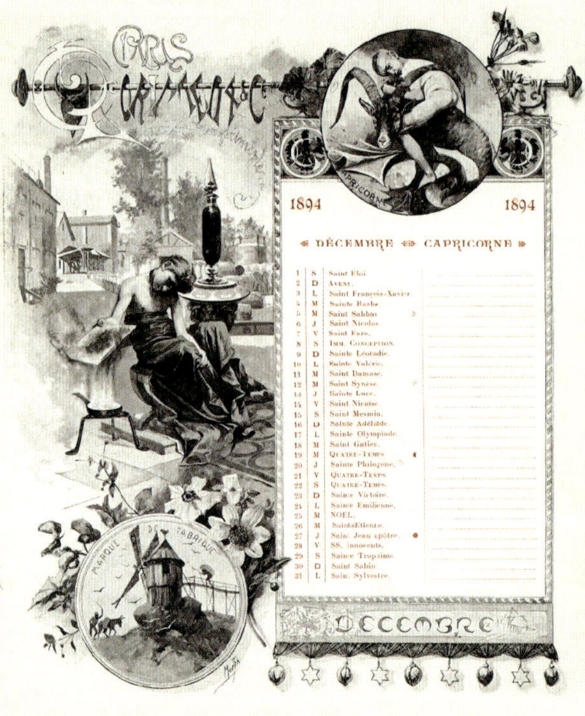

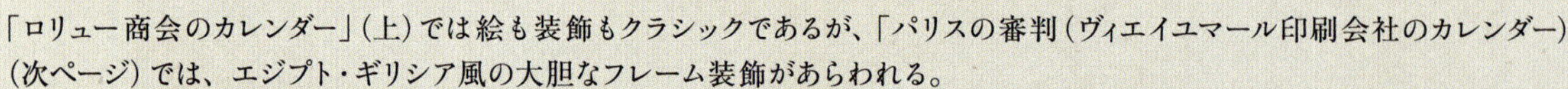

「ロリュー商会のカレンダー」(上)では絵も装飾もクラシックであるが、「パリスの審判(ヴィエイユマール印刷会社のカレンダー)」(次ページ)では、エジプト・ギリシア風の大胆なフレーム装飾があらわれる。

P228すべて：1893年 / 単色リトグラフ、紙 / 32.3×25.4cm / 個人蔵　　P229：1894年 / カラー・リトグラフ、紙 / 62×46cm / OGATAコレクション蔵

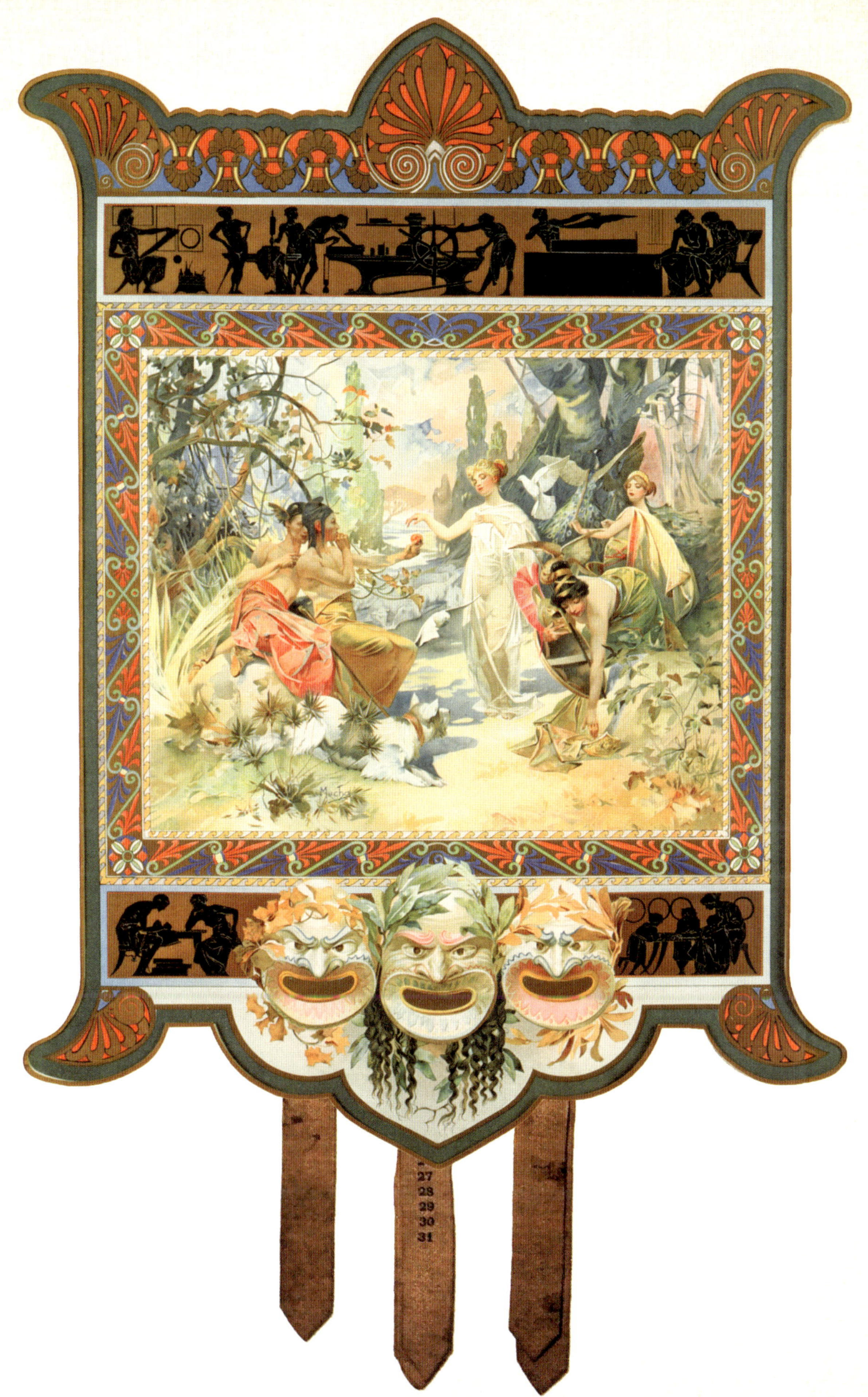
Mucha
27
28
29
30
31

カレンダー「来る年」、F・ギヨ=ペルティエ社1898年カレンダー

CALENDAR "THE COMING YEAR" / THE 1898 CALENDAR FOR F. GUILLOT-PELLETIER ORLÉANS

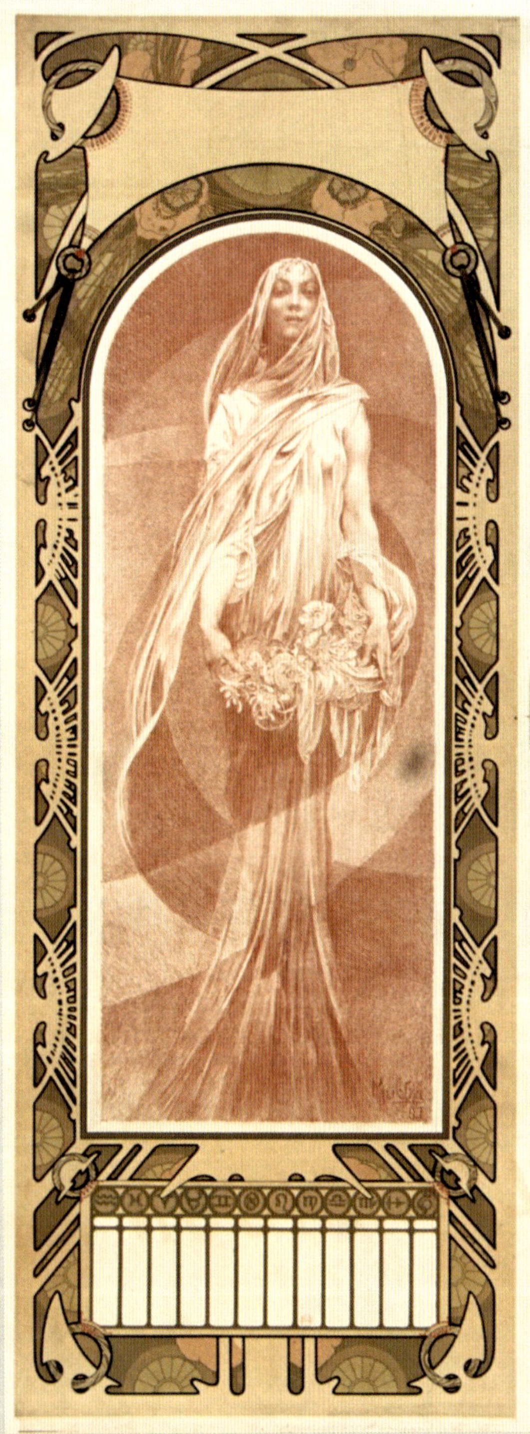

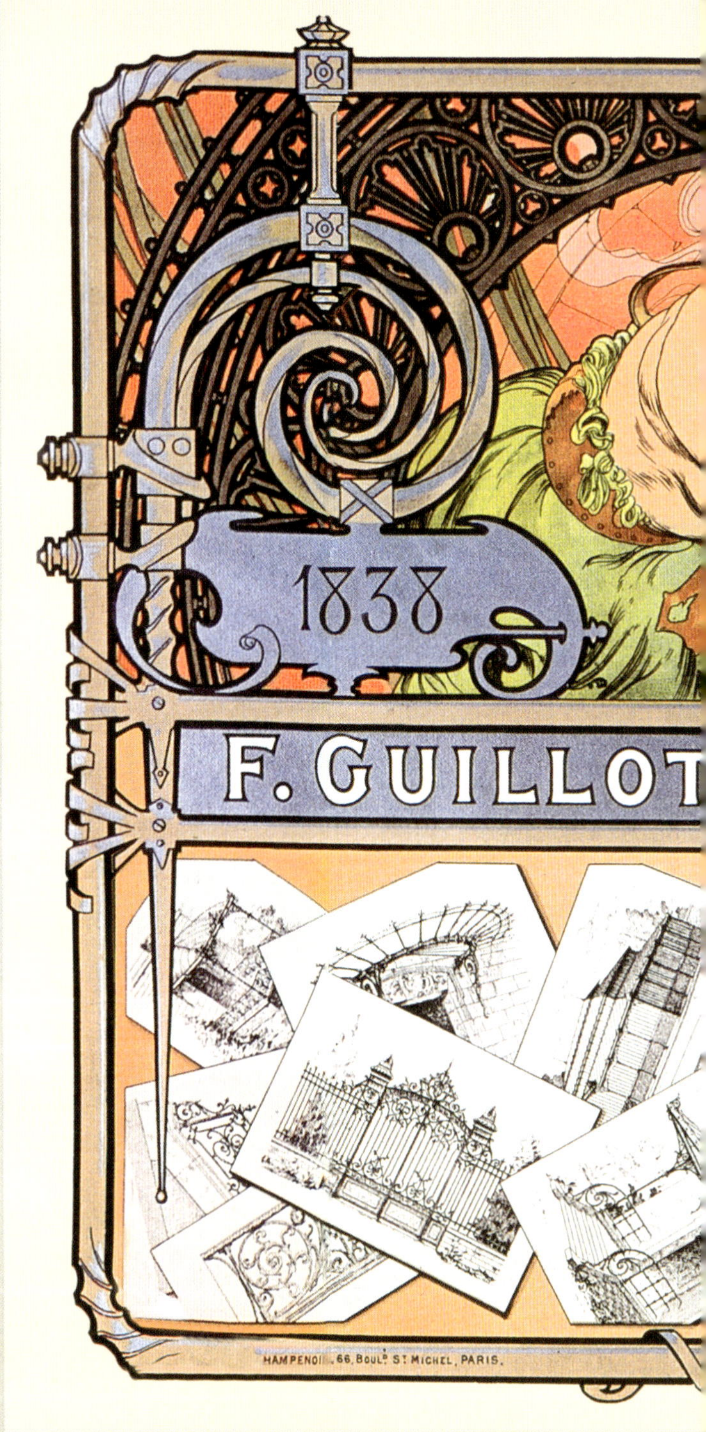

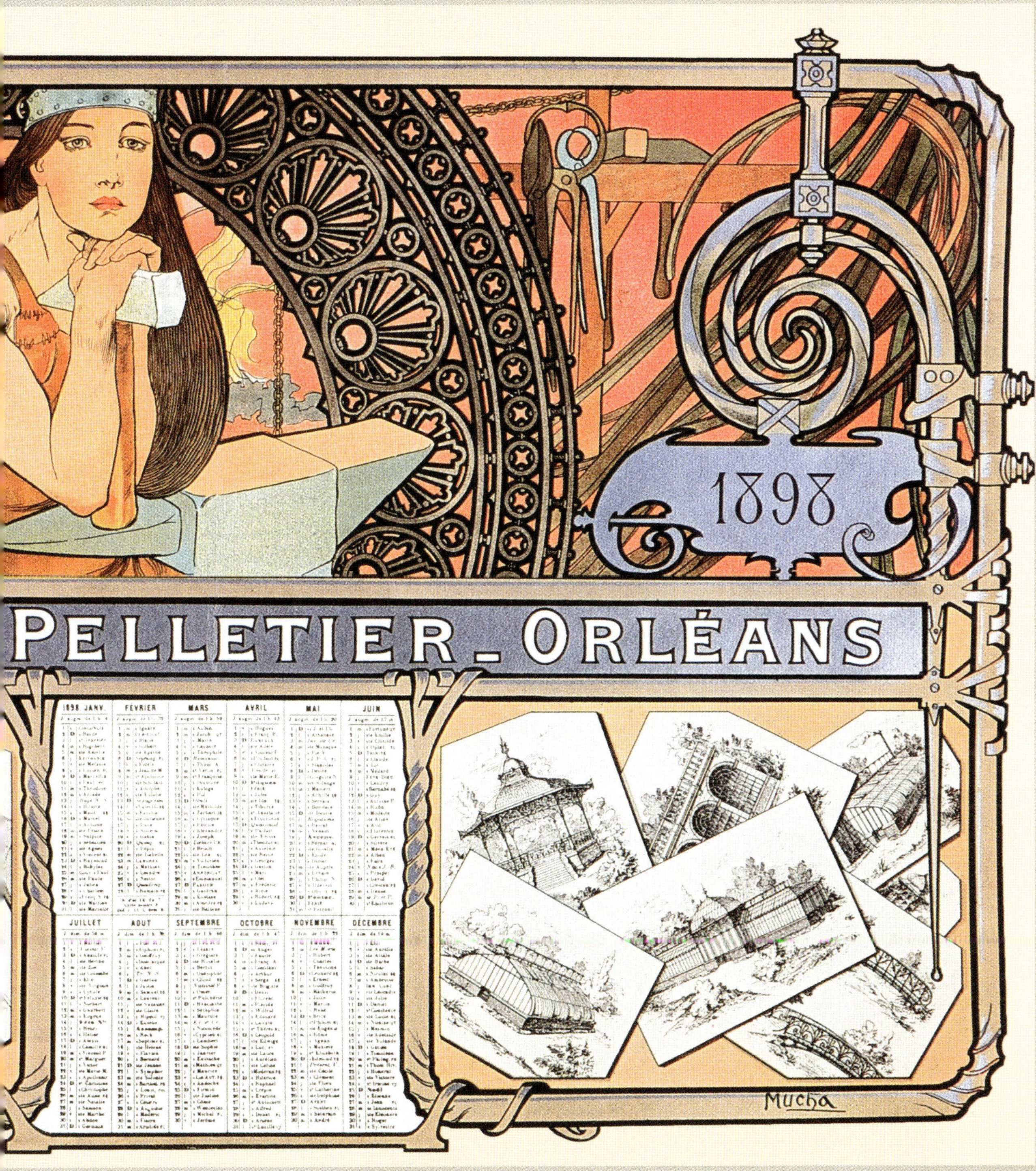

1898

PELLETIER_ORLÉANS

Mucha

「F・ギヨ=ペルティエ社（オルレアン）」のカレンダー（右）は、同社は鉄細工の建築装飾をつくるところらしいが、女性が金槌を持っている。「来る年」のカレンダー（左）は、サラ・ベルナールのポスターのような、細長いサイズで、日本の掛軸を思わせる。女性像の写真的なリアリズムと、平面的、幾何学的な装飾が対照的である。

P230左：1897年 / 単色リトグラフ、紙 / 38×14cm / フランス国立図書館蔵　　右：1897年 / カラー・リトグラフ、紙 / 34×52cm / 個人蔵

モエ・エ・シャンドン社のメニュー

★★★★★★★★★★★★★★★★★★★★★★★

MENU FOR MOËT & CHANDON

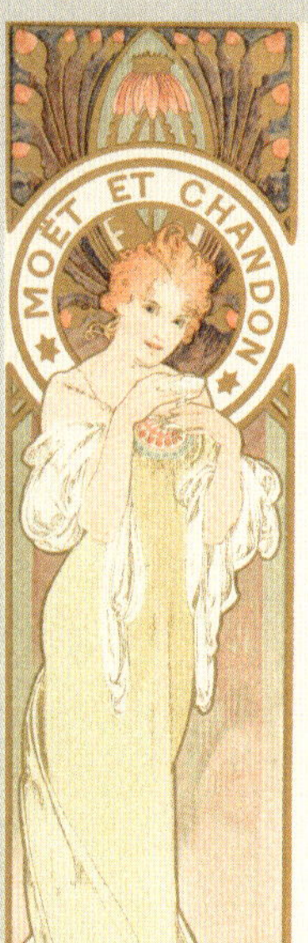

Menu

Champagne Moët & Chandon.

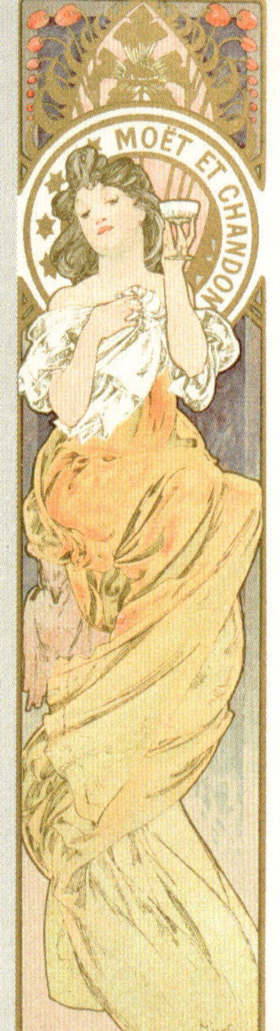

Menu

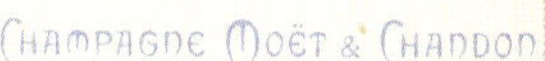

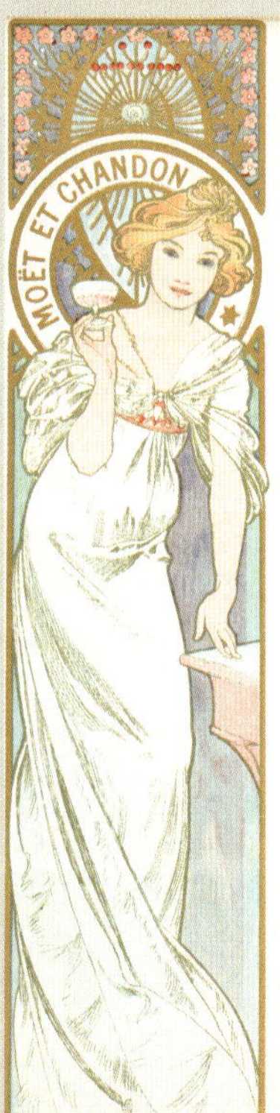

Menu

Champagne Moët & Chandon.

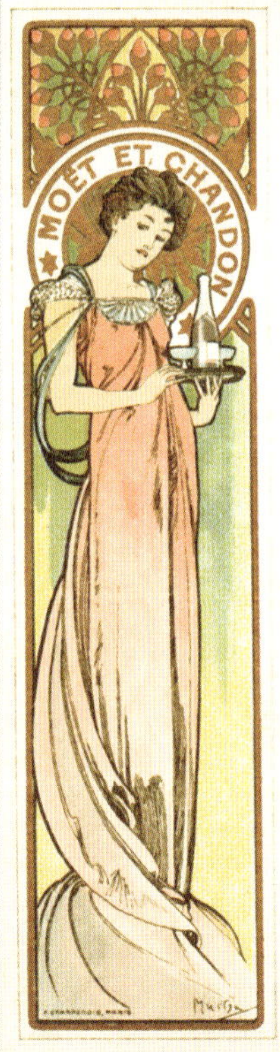

Menu

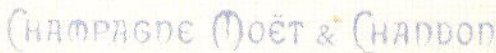

ミュシャは1743年に創立されたこのシャンパンの会社のために2枚のポスターを描いたが（P122）、その他、メニュー、カタログ、パンフレットなど、この会社のトータルなパブリシティを手がけている。片側にメニューを書きこむスペースをあけるといった限定されたデザインをミュシャは巧みに利用している。

P232-233すべて：1899年 / カラー・リトグラフ、紙 / 22×15cm / UIG/PPS通信社（P232下段右）、アートハーベスト蔵（その他）

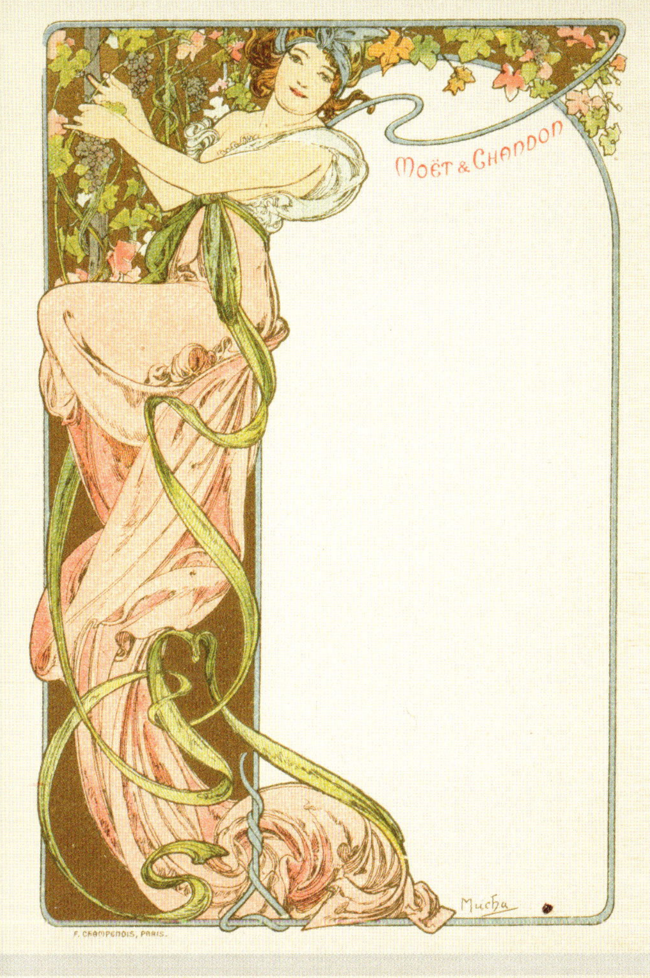
MOËT & CHANDON
Mucha
F. CHAMPENOIS, PARIS.

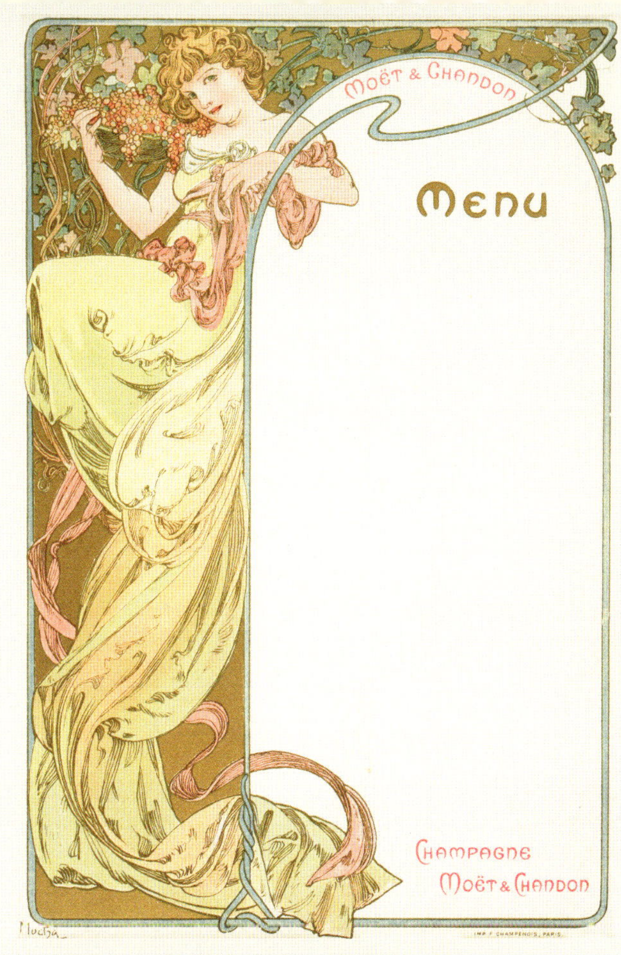
MOËT & CHANDON
Menu
CHAMPAGNE
MOËT & CHANDON
Mucha
IMP F. CHAMPENOIS, PARIS.

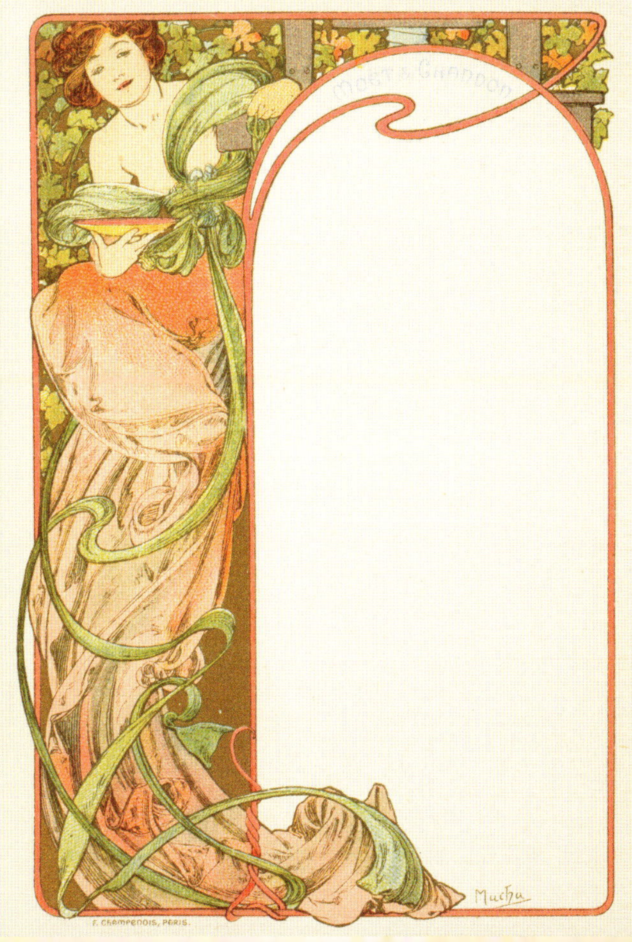
MOËT & CHANDON
Mucha
F. CHAMPENOIS, PARIS.

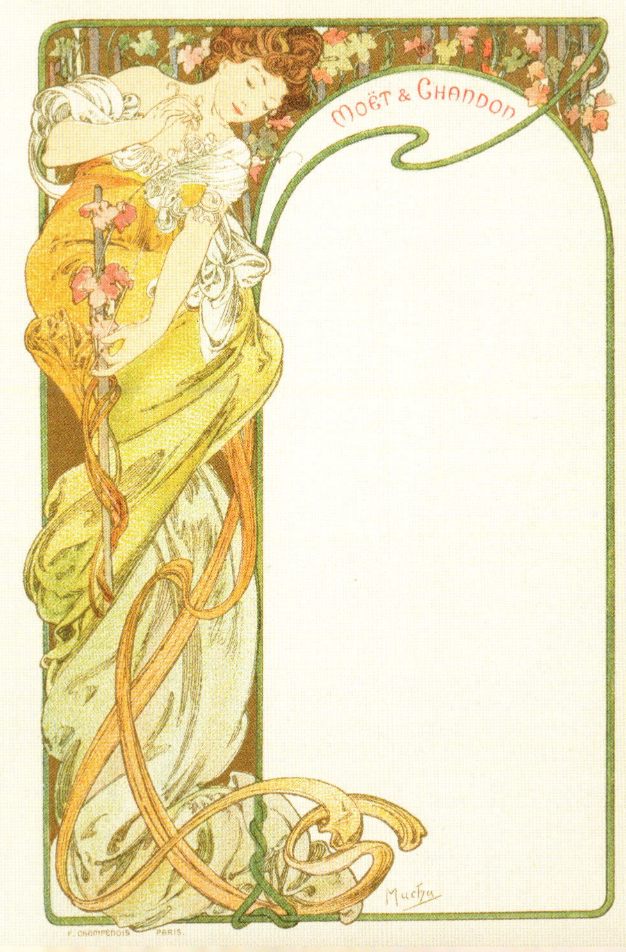
MOËT & CHANDON
Mucha
F. CHAMPENOIS PARIS.

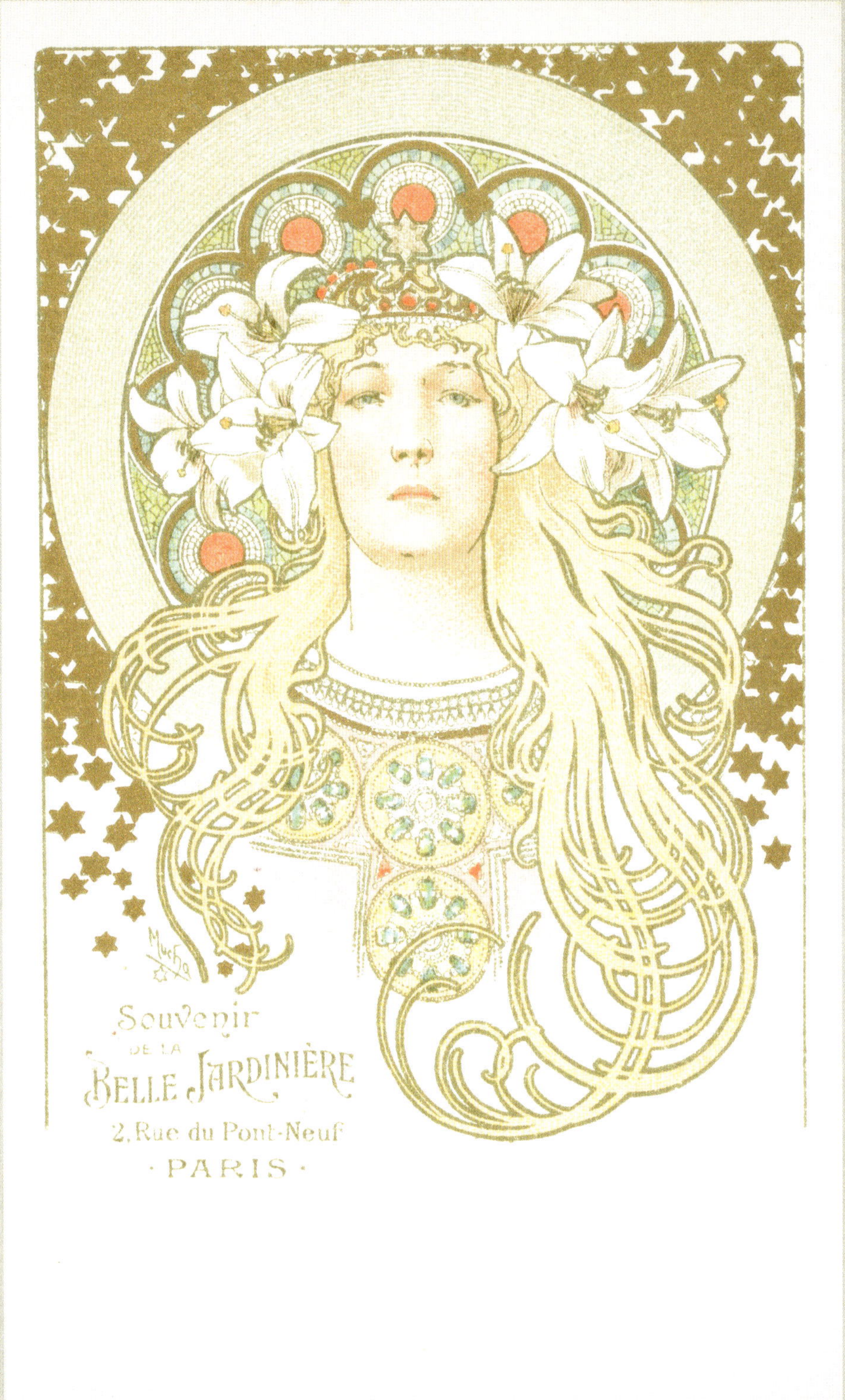

絵はがきでは、装飾パネル、ポスターなどで親しまれたイメージが転用されていることが多い。それによって、ミュシャ・スタイルの代表的作品のミニチュア・ギャラリーともなっている。世紀末に絵はがきは大流行し、1900年のパリ博を訪れた人々は、その思い出やおみやげとして絵はがきを買い、それぞれの国へ持ち帰った。アール・ヌーヴォーが世界的に広まるのに大きな役割を果たした。

P234-235すべて：1899-1900年 / カラー・リトグラフ、紙 / 14×9cm / アートハーベスト蔵

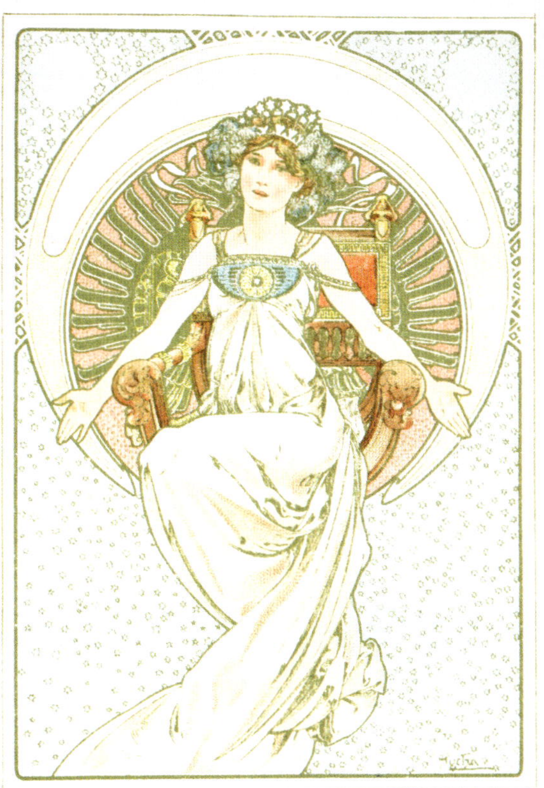
SOUVENIR de la BELLE JARDINIÈRE
2, Rue du Pont-Neuf, PARIS.

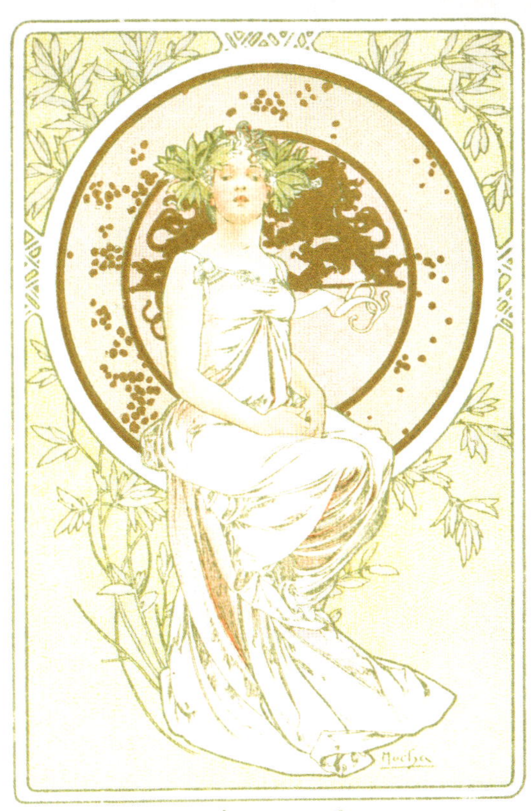
SOUVENIR de la BELLE JARDINIÈRE
2, Rue du Pont-Neuf, PARIS.

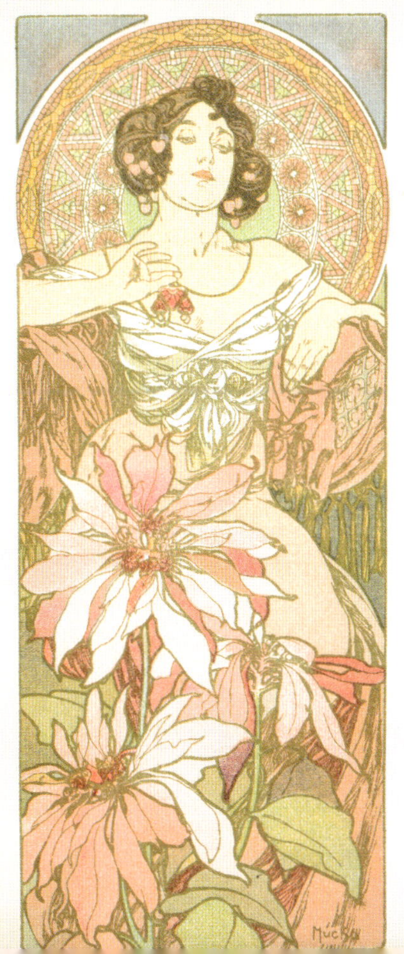

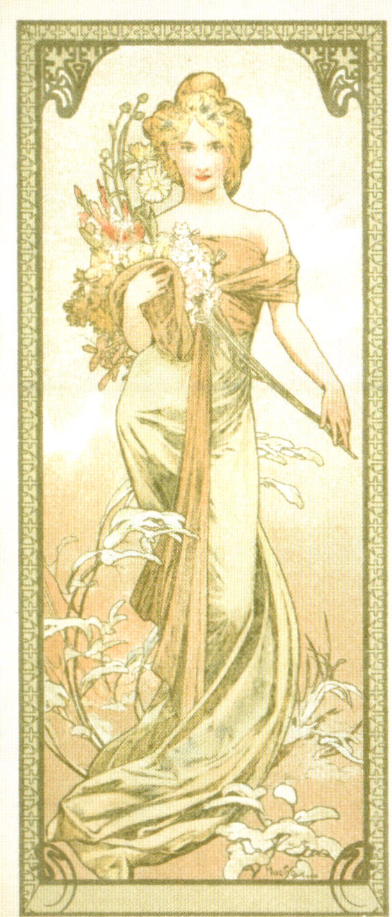
Souvenir
DE LA
BELLE JARDINIÈR
2, Rue du Pont-Neuf
· PARIS ·

シャンプノワ社製絵はがきシリーズ

★★★★★★★★★★★★★★★★★★★★★★★

CHAMPENOIS POSTCARD SERIES

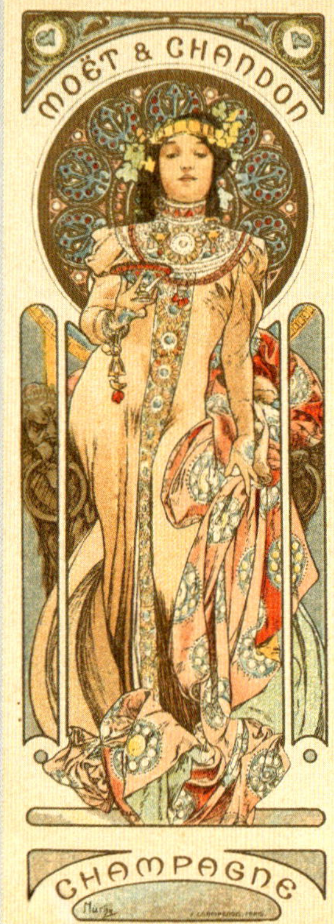

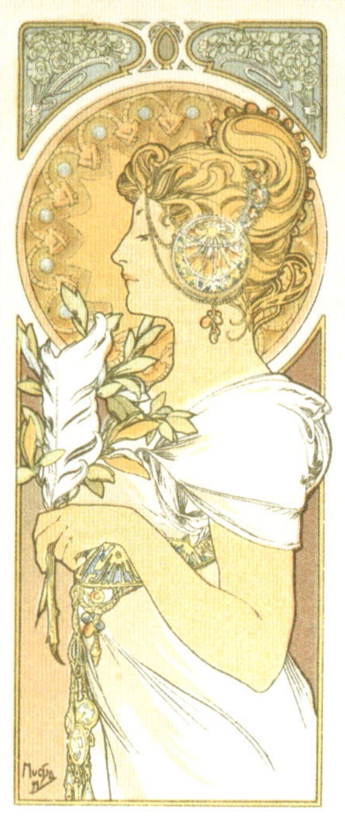

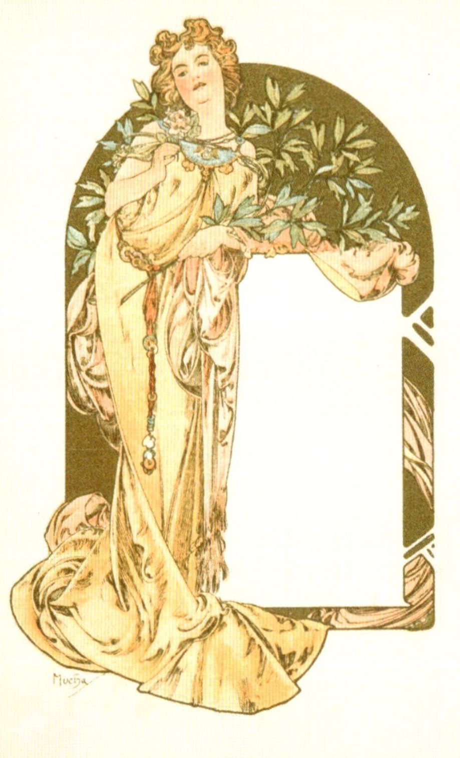

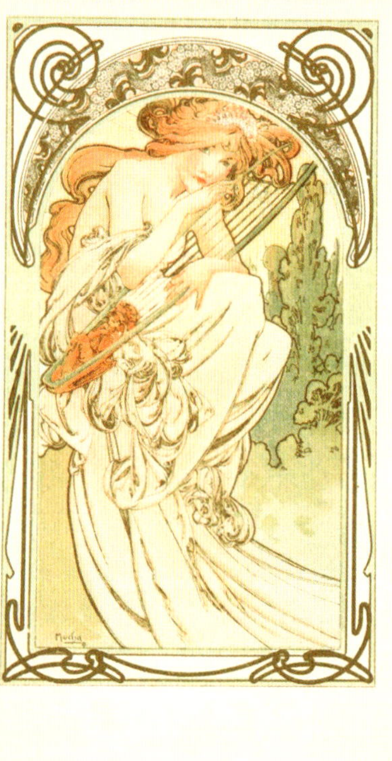

モエ・エ・シャンドンのシャンパンのポスターなども絵はがき化された(P236上段左)。また装飾パネルのように、12か月がセットになった絵はがきシリーズもつくられた(P238-239)。

P236-237すべて:1899-1900年 / 14×9cmまたは9×14cm / カラー・リトグラフ、紙 / アートハーベスト蔵(P236上段2点、P237中段2点)、ボストン美術館蔵(その他)

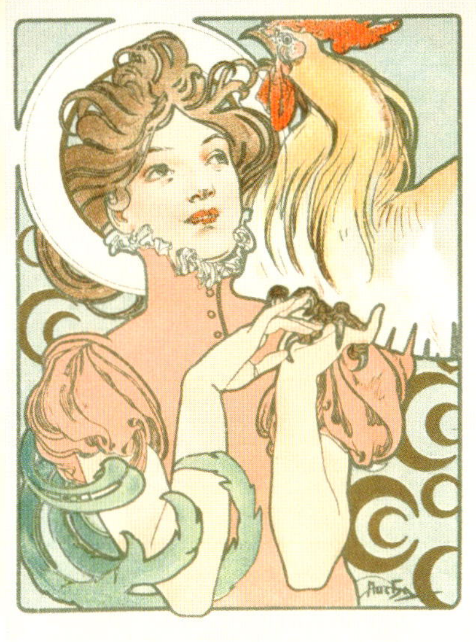
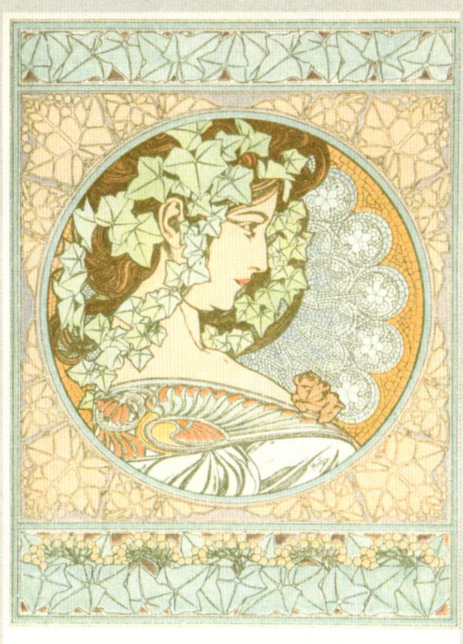
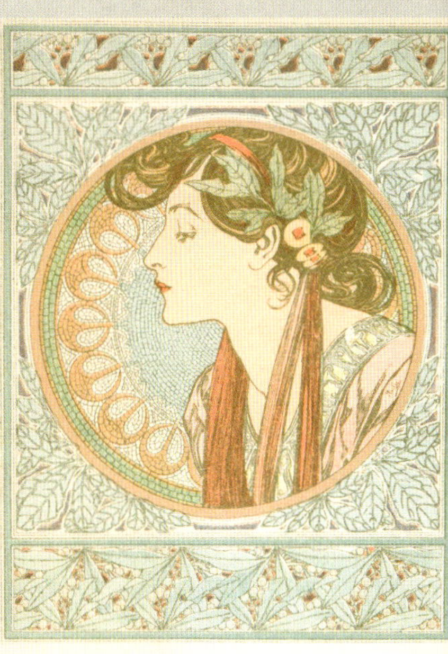
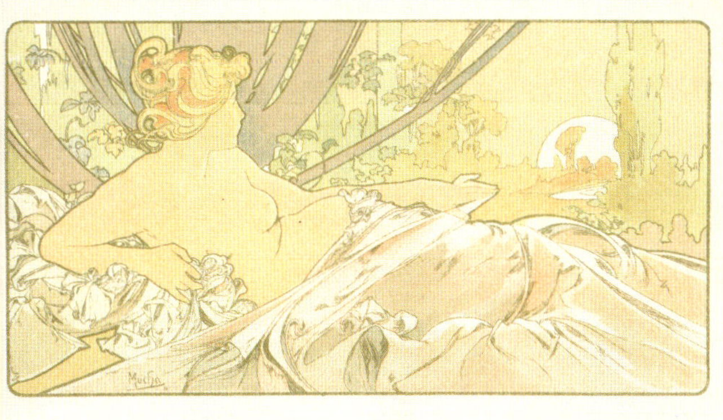
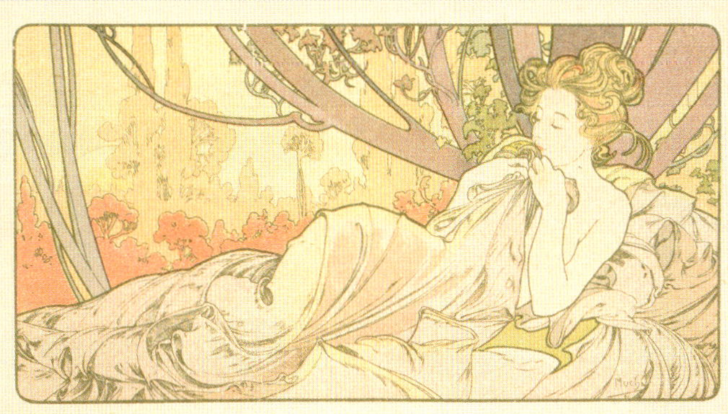
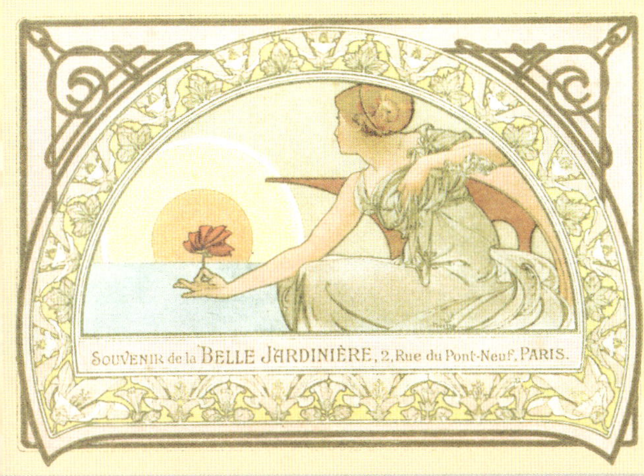
SOUVENIR de la BELLE JARDINIÈRE, 2, Rue du Pont-Neuf, PARIS.
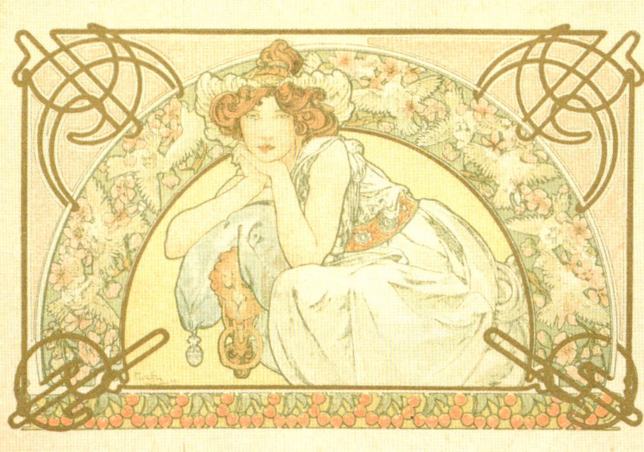

シャンプノワ社製絵はがき「12か月」シリーズ

★★★★★★★★★★★★★★★★★★★★★

CHAMPENOIS "12 MONTHS" POSTCARD SERIES

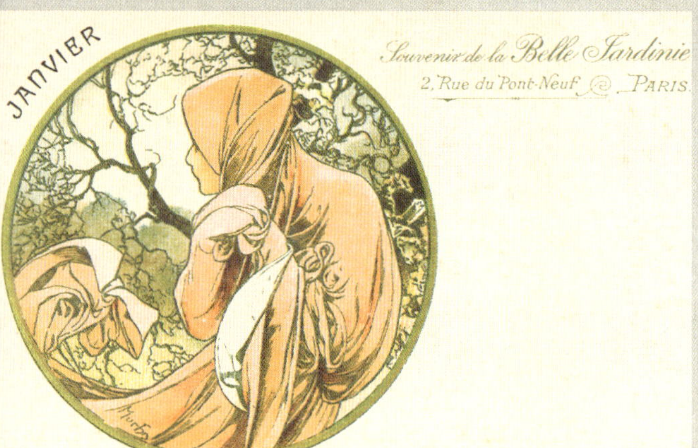

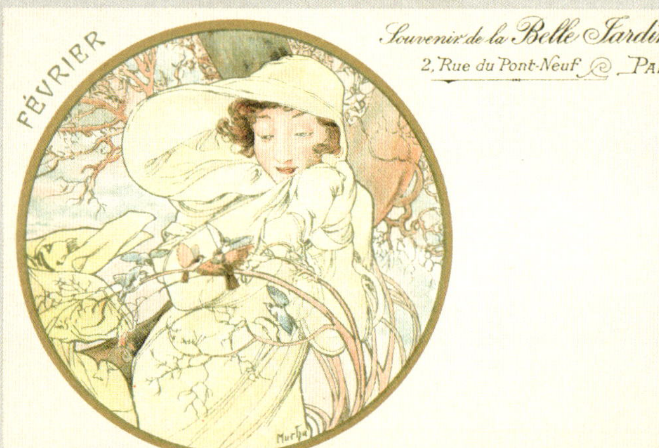

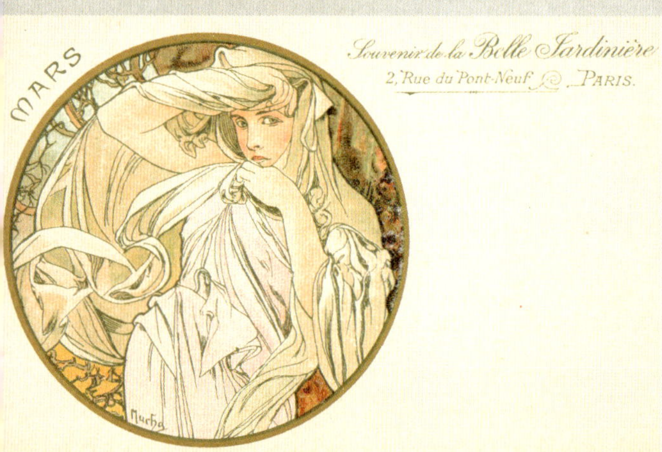

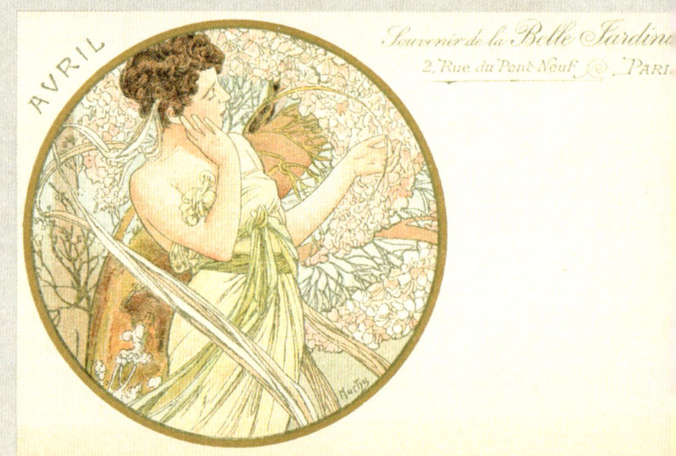

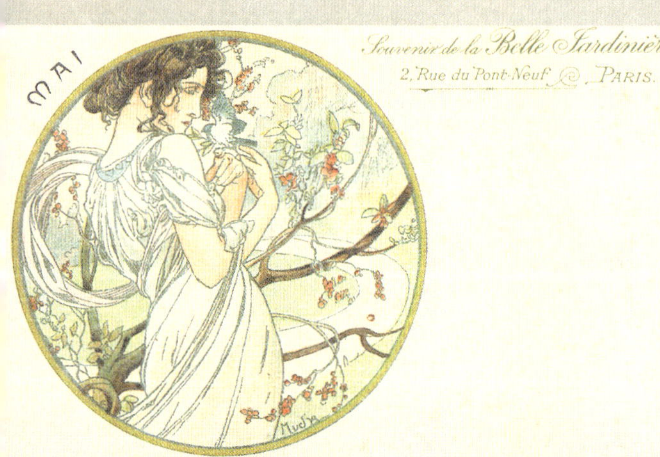

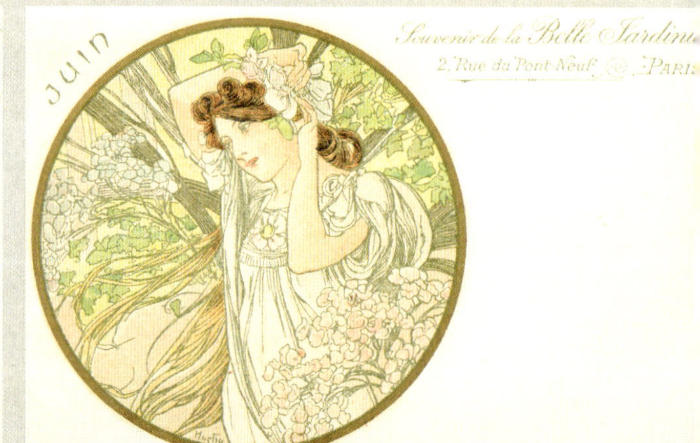

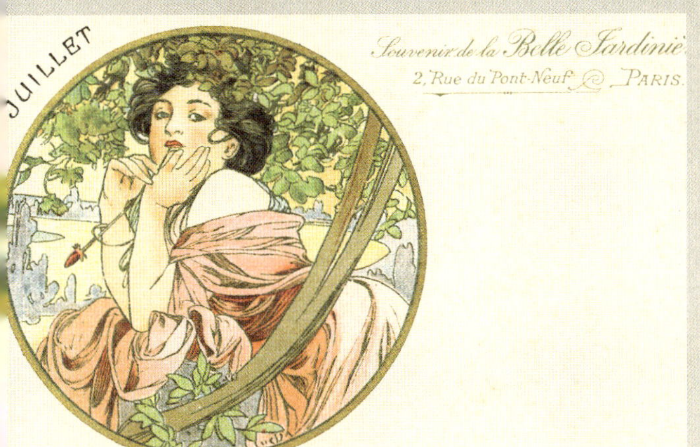

JUILLET
Souvenir de la Belle Jardiniè
2, Rue du Pont-Neuf PARIS

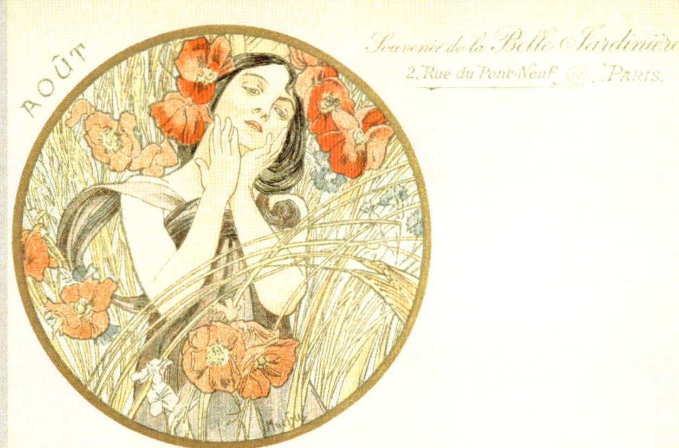

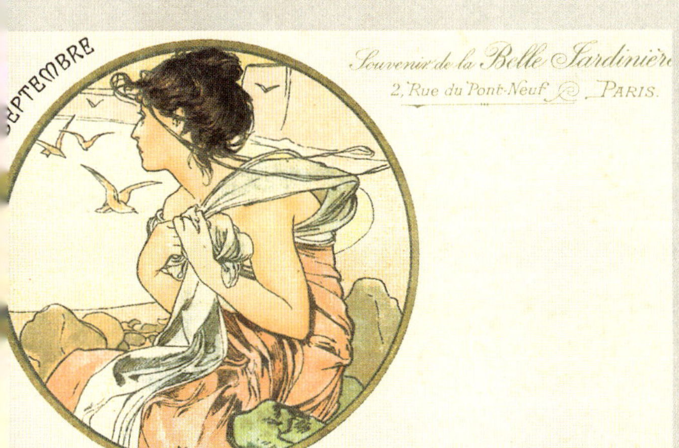

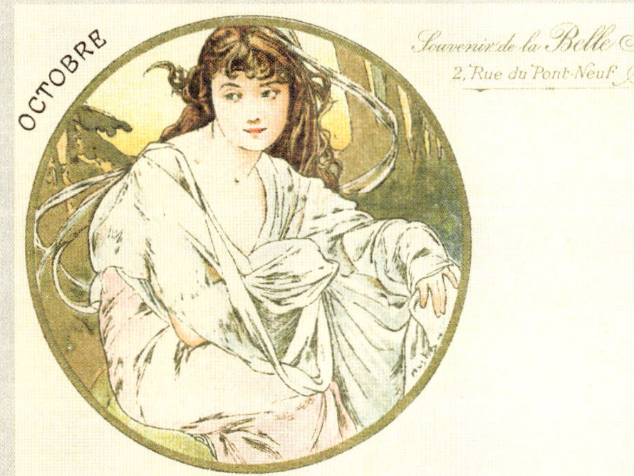

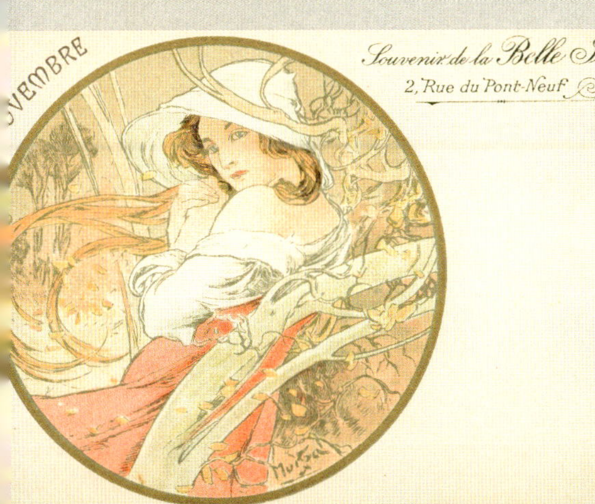

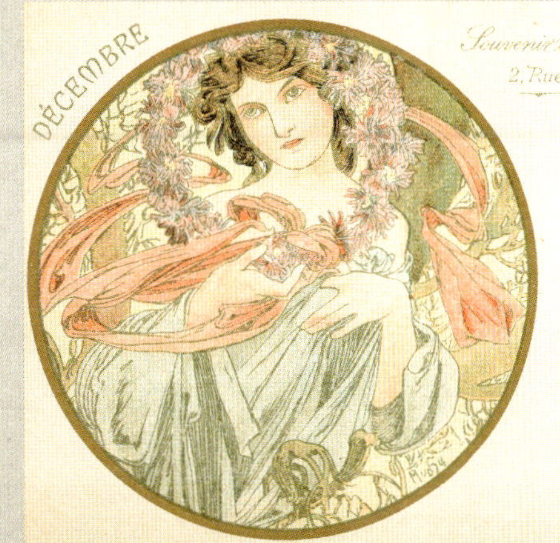

P238-239すべて：1900年 / 9×14cm / アートハーベスト蔵（P238上段右・中段2点・下段右、P239上段右・下段2点）、ボストン美術館蔵（その他）

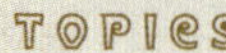

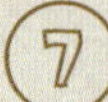

ミュシャと建築

MUCHA AND ARCHITECTURE

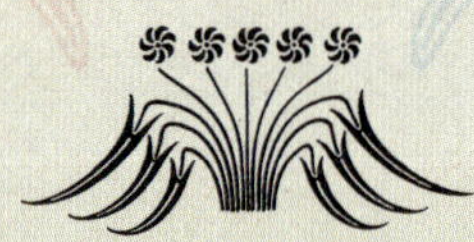

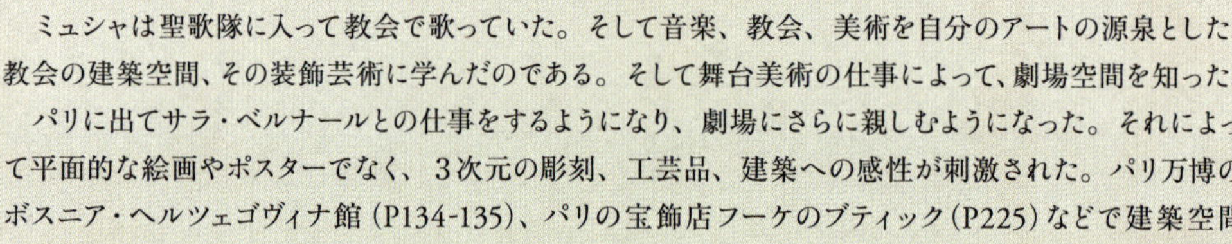

ミュシャは聖歌隊に入って教会で歌っていた。そして音楽、教会、美術を自分のアートの源泉とした。教会の建築空間、その装飾芸術に学んだのである。そして舞台美術の仕事によって、劇場空間を知った。

パリに出てサラ・ベルナールとの仕事をするようになり、劇場にさらに親しむようになった。それによって平面的な絵画やポスターでなく、３次元の彫刻、工芸品、建築への感性が刺激された。パリ万博のボスニア・ヘルツェゴヴィナ館（P134-135）、パリの宝飾店フーケのブティック（P225）などで建築空間の装飾を手がける。

1908年にはニューヨークのドイツ劇場の装飾（P268-269）、1911年にはプラハの市民会館の壁画、天井画を描いた。フレームによって仕切られた形の中に収められた絵を描くのは、ミュシャは得意であった。たとえば市民会館の天井画は円形とアーチの間の三角形を埋める絵になっている。それはバロック教会のドームの装飾画などで試みられたもので、ミュシャはバロックの表現を自在に復活させることができたのである。円形ドームの天井画はどの方向から見てもパースペクティヴ（奥行）が感じられる表現を示している。

おそらくミュシャはウィリアム・モリスのように、世界のトータル（全体的）なデザインを目指していた。パリ博のための人類のパヴィリオンの計画はその1つであったが、流れてしまった。

「スラヴ叙事詩」も、スラヴ民族の原始以来の壮大な歴史スペクタクルを示すもので、その長い歴史の時を一挙に展示することのできるパヴィリオンを必要とするものであった。しかしそれを公開できる建築をチェコはなかなかつくれなかった。彼のおとぎの国を見せる美術館を、彼は夢の中にしか建てることができなかったのである。

☆☆☆

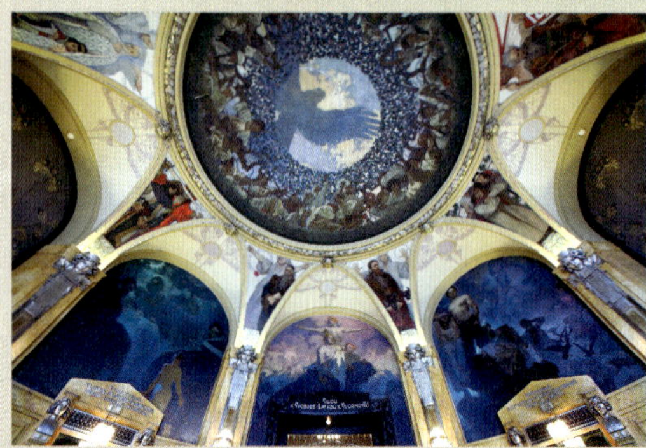

プラハ市民会館の壁画と天井画
デザイン・制作：アルフォンス・ミュシャ
1911年

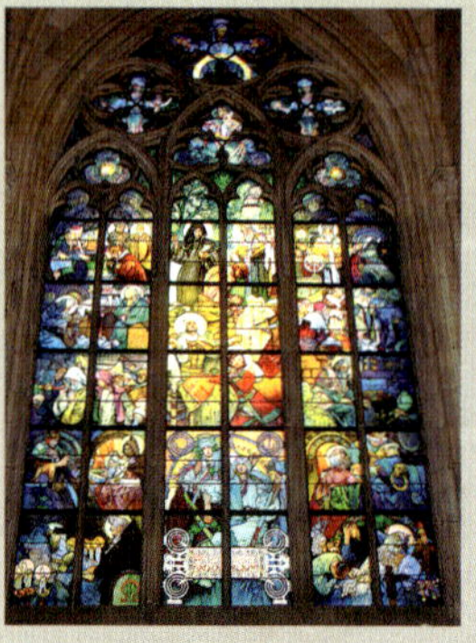

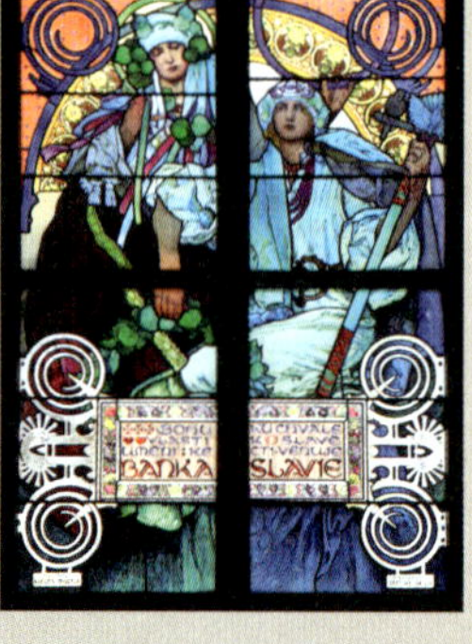

聖ヴィート大聖堂のステンドグラス
デザイン・制作：アルフォンス・ミュシャ
1931年

第2章

ミュシャとアメリカ

CHAPTER 2

MUCHA AND THE UNITED STATES

第2章

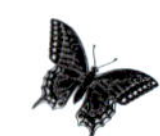

ミュシャと新世界アメリカ

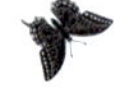

新しいスタイルへ

1900年のパリ万国博覧会で、ミュシャのアール・ヌーヴォー作家としての名声は絶頂に達した。彼はパリ万博の功績に対してレジオン・ドヌール勲章を受けた。

しかしその時、1つの時代が終わろうとしているのを予感し、彼は新しい国へ、新しいスタイルへと旅立つことにしたのである。その新しい国はアメリカであった。さらにその旅立ちは、もう1つの出発と結びついていた。結婚である。彼は花嫁を連れてアメリカに旅立つことにした。アートと生活とをいっぺん変えようとしたのである。

1903年、彼はチェコからやってきた画学生マリ・ヒティロヴァー〈fig.1〉と出会う。故郷へのなつかしさが甦り、彼女との結婚を決意する。しかしその結婚はパリで反対をされる。

ミュシャにアメリカ行きをすすめたのは、サラ・ベルナールとその友人のロスチャイルド(ロチルド)夫人(P251)であった。大財閥ロスチャイルド家の一員である。ロスチャイルド夫人は芸術愛好家でミュシャの後援者となった。彼女は、ポスターなどのコマーシャル・アートに埋もれるミュシャに、アメリカに行って肖像画家になることをすすめた。そしてアメリカの大金持ちの友人たちに彼を紹介したり、その肖像画を描かせることにした。

しかし、ミュシャが若い娘と結婚するという話には猛反対し、後援を打ち切ってしまった。画家を独占したかったのであろうか。

それでもミュシャは1905年にアメリカに出発する。ミュシャはアメリカでもよく知られていたので、ロスチャイルド夫人の後援なしでもやっていけるという自信があったのだろう。

アメリカのアール・ヌーヴォーとミュシャ

アメリカでもアール・ヌーヴォーはかなりのひろがりを見せ、

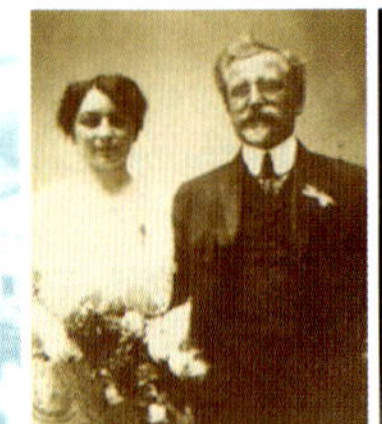

fig.1

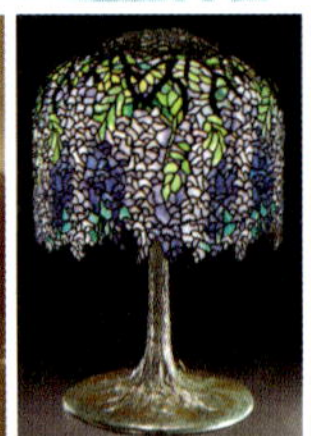

fig.2

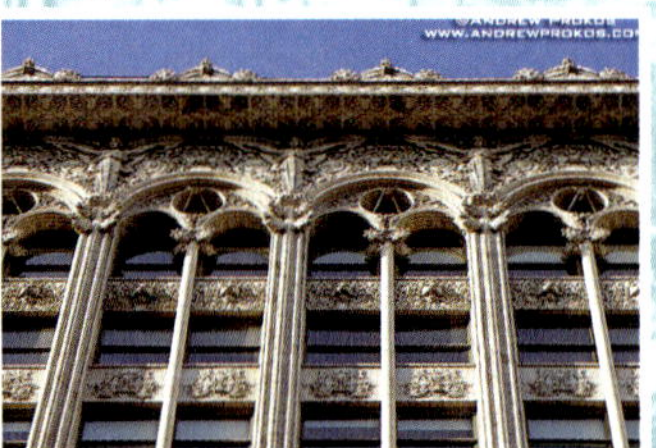

fig.3

fig.1 ミュシャとマリ・ヒティロヴァー

fig.2 **テーブル・ランプ**
ルイス・カムフォート・ティファニー作/20世紀初頭

fig.3 **ベイヤード・ビル**
ルイス・サリヴァン作/1898年

ミュシャのポスターもよく知られていた。アメリカのアール・ヌーヴォーをざっとたどっておくと、まず、ガラスのルイス・カムフォート・ティファニー〈fig.2〉が知られている。1900年のパリ博にもティファニーは参加し、ミュシャと同じくレジオン・ドヌールを受けている。建築ではシカゴのルイス・サリヴァン〈fig.3〉が知られる。その曲線的な建築装飾はどこかミュシャ・スタイルに通じている。

シカゴはアーツ・アンド・クラフツ運動が盛んになった都市であり、ガラスや陶器などの工芸デザインが発達した。ミュシャのポスターはシカゴのステンド・グラスのデザインに影響を与えたという。そのせいもあって、ミュシャはシカゴで歓迎を受け、ここで「スラヴ叙事詩」のパトロンとなるアメリカの富豪チャールズ・クレイン(P266)に出会っている。

1906年にマリと結婚し、花嫁を連れて2度目のアメリカ旅行をし、しばらく滞在し、さまざまな仕事をした。ニューヨークのドイツ劇場の装飾からポスターや商品広告などである〈fig.4〉。しかし、肖像画家としての仕事はあまりうまくいかなかった。アメリカにおいてグラフィック・アーティストから肖像画家へ変わろうとする夢はつまずいたのであった。

アメリカはミュシャにとっておとぎの国ではなかった。アメリカは〈アール・ヌーヴォー〉のミュシャを求めたのである。あらためてミュシャは、もう1つのおとぎの国〈スラヴ〉に帰還しようと夢見るようになる。1909年、その計画がはじまる。アメリカとチェコを往復しながら、ポーランドやロシアに「スラヴ叙事詩」の取材旅行をする。

アメリカという新しい国において、〈スラヴ〉という古い歴史の世界に目覚めていくのは興味深い。アメリカはヨーロッパからの移民によってつくられた国であり、ニューヨークやシカゴにもチェコからきた人々がいた。それだけに、故郷の地への思いがより深く甦ってくるのだろうか。

アメリカで肖像画家としてうまくいかなかったのは、油絵による表現に彼が向いていなかったからであった。その代わりに、パステル画やテンペラ画を描くようになる。軽やかで幻想的な雰囲気があらわれる。アメリカでのつまずきは、「スラヴ叙事詩」の表現方法への1つのきっかけになったのである。

アメリカというさまざまな人種、民族の雑多な集まりの中で、ミュシャはあらためて自分の民族の起源について、その苦難の歴史について夢想し、そのはるかな時へともどっていく。アメリカはおとぎの国ではなかった。しかしその彼方に、もう1つの〈おとぎの国〉を幻視したのである。

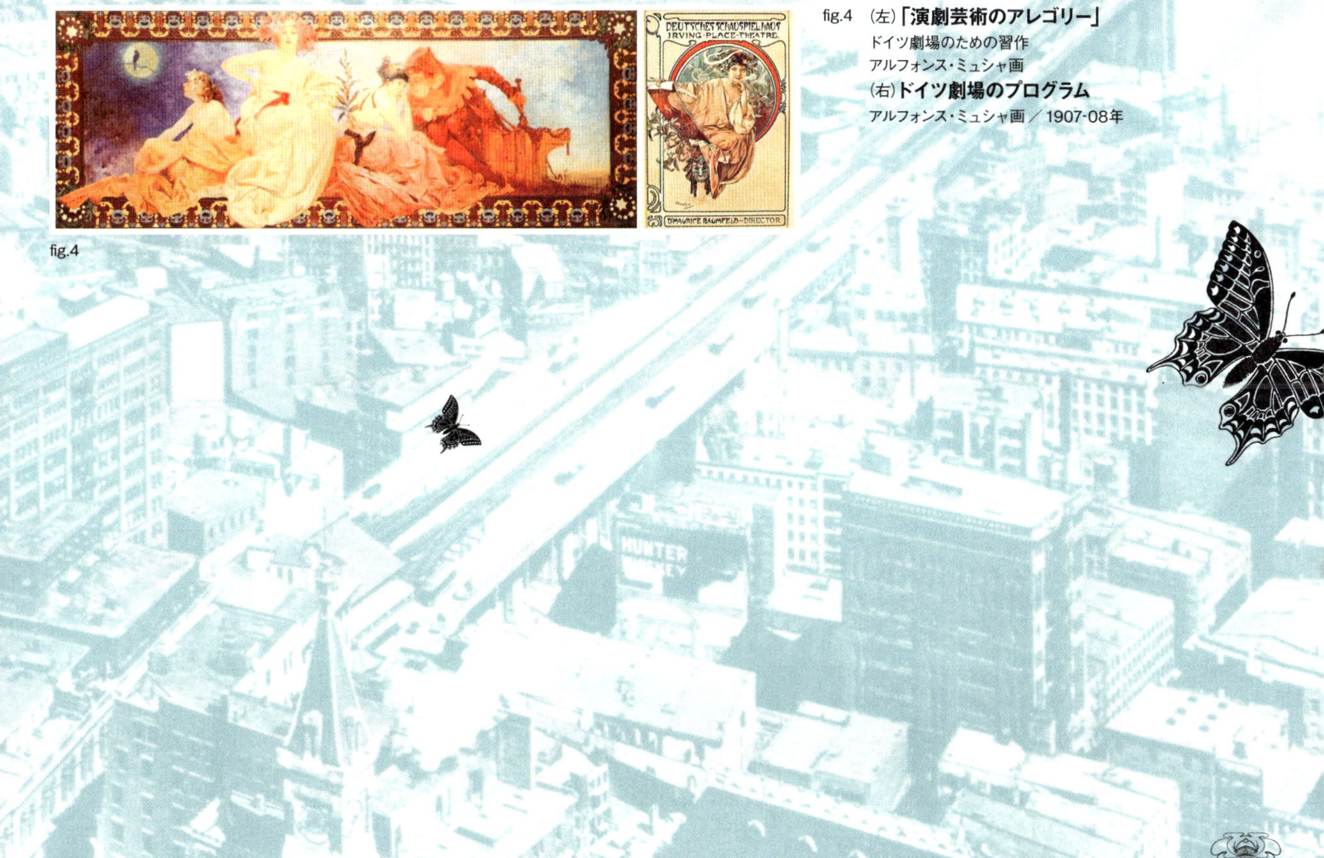

fig.4

fig.4 (左)**「演劇芸術のアレゴリー」**
ドイツ劇場のための習作
アルフォンス・ミュシャ画
(右)**ドイツ劇場のプログラム**
アルフォンス・ミュシャ画／1907-08年

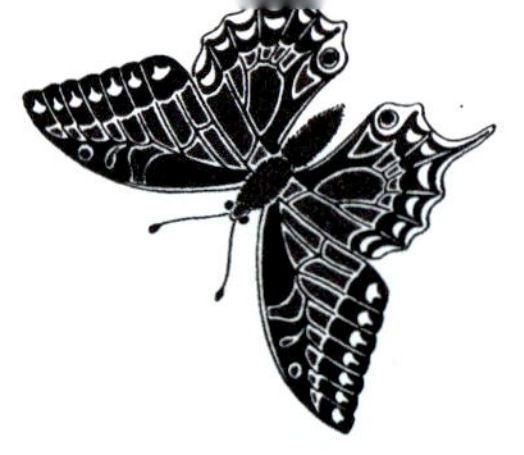

CHAPTER 2

MUCHA AND THE NEW WORLD

Toward a New Style

Mucha's fame as the artist of the Art Nouveau reached its pinnacle at the Paris World's Fair in 1900. For his achievements at the World's Fair, he was awarded the Legion of Honour.

However, sensing the approaching end of an era, he decided to embark on a journey to a new country to find a new style. The new country was the United States of America. The journey was also linked to another departure for him, marriage. He decided to travel to the United States in the company of his new wife. Mucha was on the verge of making radical changes in both his art and his personal life.

In 1903, Mucha met Marie Chytilová, a young Czech art student who had come to Paris to study. She revived his longing to return to his native country and he was determined to marry her. However, the marriage met with opposition in Paris.

It was Sarah Bernhardt and her friend Mrs. Rothschild, a member of the wealthy Rothschild family, who suggested to Mucha that he should travel to the United States. Mrs. Rothschild was an art lover who had also become his patron. Since Mucha was inundated with posters and other commercial work, she recommended he go to the United States to take up society painting. She even introduced him to her wealthy friends in the United States who commissioned portraits.

However, she withdrew her patronage out of strong opposition to Mucha's marriage to the young Marie Chytilová. Perhaps she wanted the artist to herself.

Even so, Mucha set sail for the United States in 1905. Since his name was already well-known in the United States, he was confident that he could make his own way without the patronage of Mrs. Rothschild.

Mucha and Art Nouveau in the United States

Art Nouveau was also quite widespread in the United States and Mucha's posters were well-known. To briefly outline Art

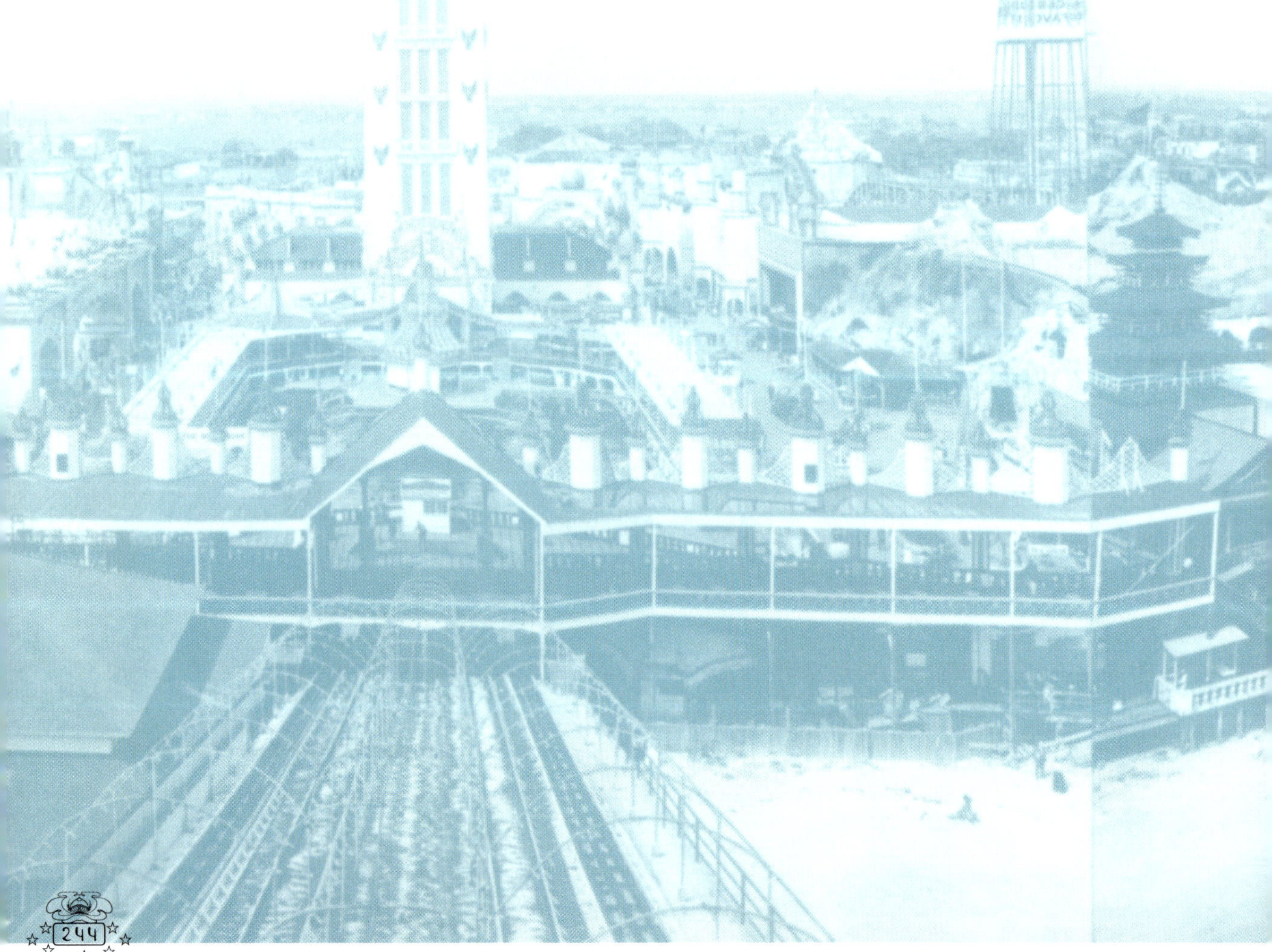

Nouveau in the United States, there is, to start with, Louis Comfort Tiffany who was famous for glass. Tiffany had also participated in the Paris World's Fair in 1900 and like Mucha, he had been awarded the Legion of Honour. In architecture, there was the famous Louis Sullivan in Chicago. The curved lines of his architectural ornaments were in some respects similar to the Mucha style.

The Arts and Crafts Movement was popular in Chicago where design for glass, ceramics, and other industrial arts had developed. Mucha's posters supposedly influenced the design of stained glass in Chicago. This is one of the reasons for the warm welcome extended to Mucha in the city where he also met the American millionaire Charles Crane who would become the patron for the *Slav Epic.*

Mucha married Marie in 1906 and she went with him on the second trip to the United States. This time, he lived there for a while, working on various projects ranging from decorations for the German Theater in New York to posters and product advertising. However, he was not very successful as a portrait artist. The dream of transforming himself from a graphic artist to a portrait painter in the United States failed.

For Mucha, the United States was no fairyland. They wanted the Mucha of the Art Nouveau. Once again, Mucha started to dream about returning to the other fairyland of the Slavs. He started to work on the planning in 1909 and made several round trips between the United States and Czech. He also traveled to Russia and Poland to do research for the *Slav Epic.*

The idea of rousing the ancient history of the Slavs was of great interest in a country as young as the United States. Immigrants from Europe had created the country and there were Czech communities in both New York and Chicago. For this reason alone, the idea of the old country may have become more deep-rooted here than elsewhere.

Mucha did not do well as a portrait painter in the United States because he was not cut out for oil painting. Instead, he turned to painting pastels and tempera to express an air of light and fantasy. As it turned out, the failure in the United States inspired the methods of expression used for the *Slav Epic.*

Among the motley group of people and ethnicities in the United States, Mucha once again envisioned the difficult history of the origins of his own people, returning to those far away times. For Mucha, the United States was no fairyland. However, beyond it, he envisioned another "Fairyland."

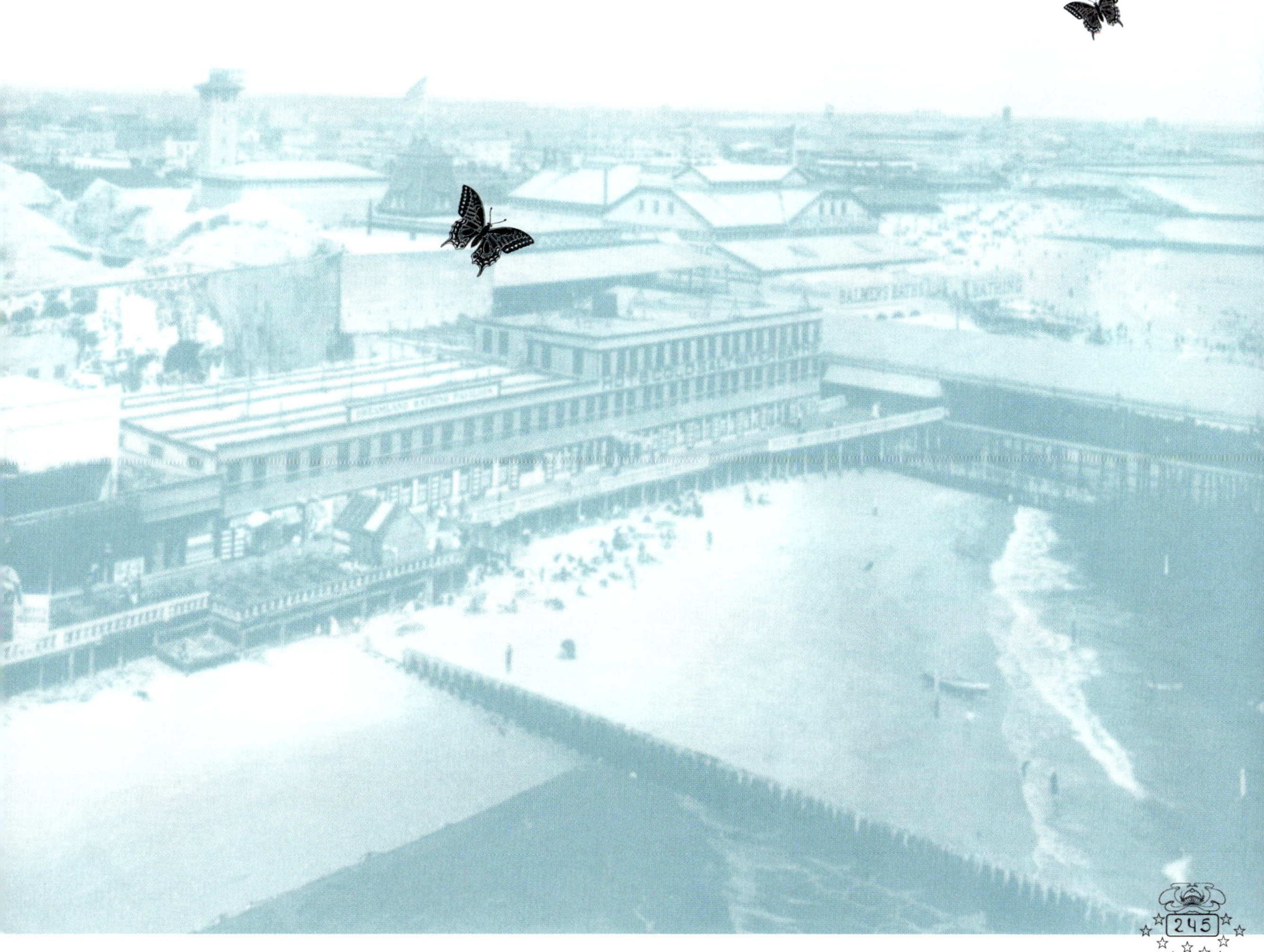

ALFONS MARIA MUCHA

ミュシャ・アメリカン
祖国への回り道

MUCHA AMERICAN
A DETOUR

19世紀末から20世紀はじめまで、アメリカとヨーロッパは特別な関係にあった。新しい国アメリカは、ヨーロッパの古い文化にあこがれ、なんでも金で買おうとした。サラ・ベルナールはパリの劇場で赤字を出すとアメリカ公演で稼ぐことにしていた。ミュシャもまたアメリカに新しい活動の場を求めたのである。

広大な国であるアメリカは新しいコマーシャリズムのシステムをつくり上げた。宣伝広告は広大なスケールに発達し、ヨーロッパの手づくりの工房での制作に慣れたミュシャをとまどわせた。

それでも彼はアメリカの多面的な、変化に富んだ注文に、なんとか対応した。しかし印刷の質などにはかなり不満があった。また、すでに知られているミュシャ・スタイルと同じものを求められ、新しい実験は理解されなかった。さらにミュシャの大胆な装飾的レタリングよりも、一般大衆が読みやすい、シンプルな書体を使わなければならなかった。

そのようないろいろな問題があって、ミュシャのアメリカン・スタイルは、これまで折衷的な過渡期としてあまり評価されてこなかった。しかし忘れられていたアメリカ時代の作品がかなり発掘されてきたこともあって、アール・ヌーヴォーのパリ時代とスラヴ回帰の時代をつなぐ、なかなか面白い過渡期であったことがわかってきた。アメリカのアートが生まれようとする時の、アメリカの〈世紀末〉とミュシャの関わりはもっと注目すべきではないだろうか。

アメリカという若々しい、未熟ではあるが冒険的である国とのつき合いにおいて、そのあらゆる人種のるつぼを表現するマス・メディアの大洋を漂いながら、彼は自らの始原、スラヴのふるさとに帰っていこうとする。多民族のアメリカン・ジャーナリズムの混沌がチェコへの郷愁を呼びさますのだ。

• • •

The United States, enthralled by Europe's historic culture, was trying to buy it all. Sarah Bernhardt found that if her theater in Paris was in the red, she could make money performing in America. What Mucha sought in America was a new place to work. Advertising surged there, and in ways that perplexed Mucha, who was used to production by hand in his studio. He did manage to cope with the many orders that he received in America but was dissatisfied with the print quality. Moreover, his customers wanted work in "the Mucha style," not innovations. But instead of the boldly decorative lettering so characteristic of his work, his customers wanted a simple, easy to read style. Mucha's time in America is being reevaluated as, rather a compromise-filled transition period, a productive one that connects his Art Nouveau, Parisian, style with his return to his roots and the *Slav Epic*. The relationship between fin de siècle America , and Mucha thus deserves more attention. In his interaction with that immature melting pot of humanity, with its mass media, he returned to his own origins, his Slavic home.

1904年セントルイス万国博覧会ポスター (次ページ)

POSTER FOR THE SAINT LOUIS EXPOSITION 1904

1904年にミュシャはアメリカに招かれる。このポスターは、アメリカに行く前にパリでつくられた。空想のアメリカである。インディアンの酋長と白人の娘が手をつないでいる。

P247：1903年 / カラー・リトグラフ、紙 / 105×76.5cm / フランス国立図書館蔵

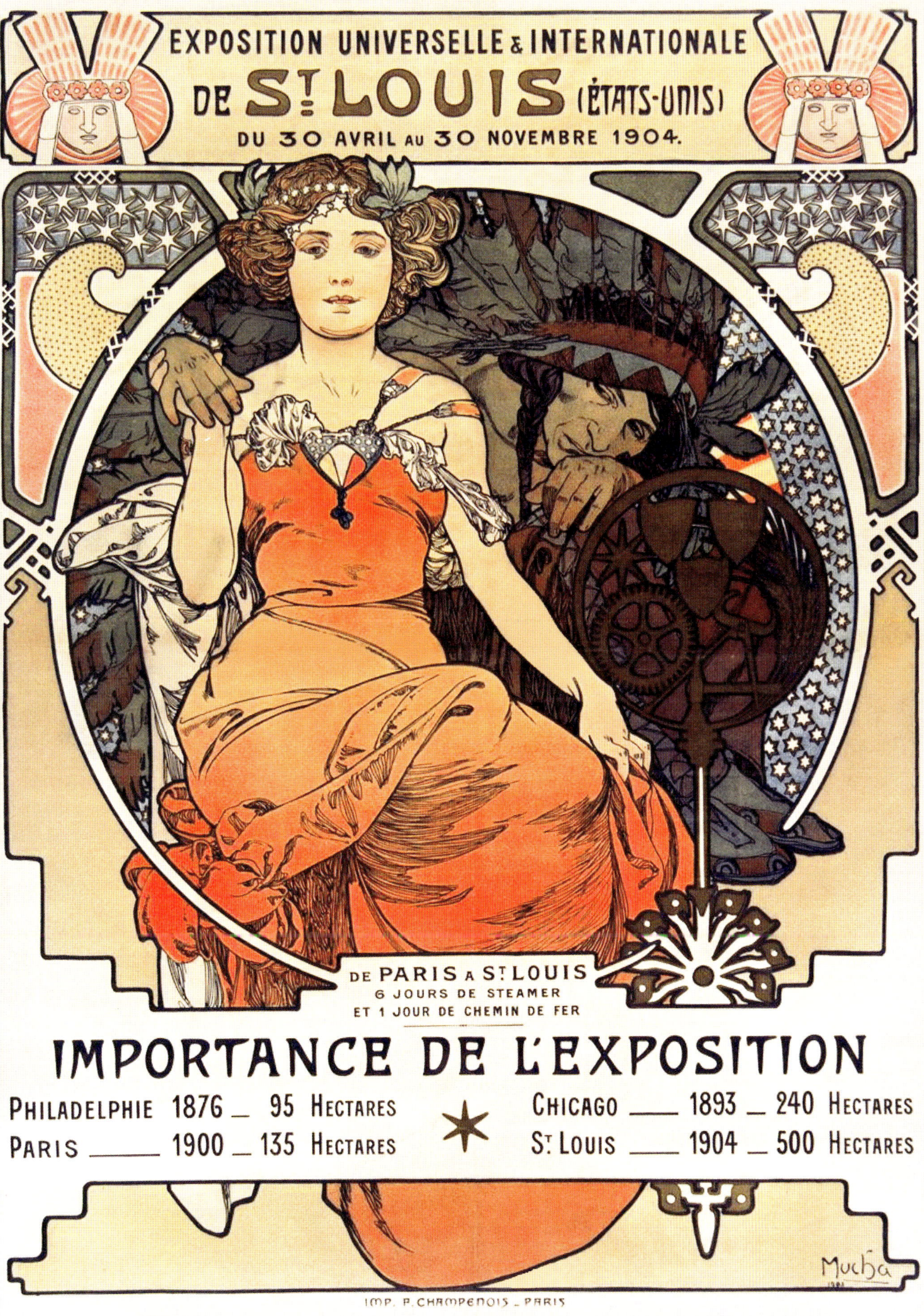

EXPOSITION UNIVERSELLE & INTERNATIONALE

DE ST LOUIS (ÉTATS-UNIS)

DU 30 AVRIL AU 30 NOVEMBRE 1904.

DE PARIS A ST LOUIS
6 JOURS DE STEAMER
ET 1 JOUR DE CHEMIN DE FER

IMPORTANCE DE L'EXPOSITION

PHILADELPHIE 1876 _ 95 HECTARES
PARIS _____ 1900 _ 135 HECTARES

CHICAGO ____ 1893 _ 240 HECTARES
ST LOUIS ____ 1904 _ 500 HECTARES

Mucha

IMP. F. CHAMPENOIS _ PARIS

ポスター「レスリー・カーター」

★★★★★★★★★★★★★★★★★★★★★

POSTER "LESLIE CARTER"

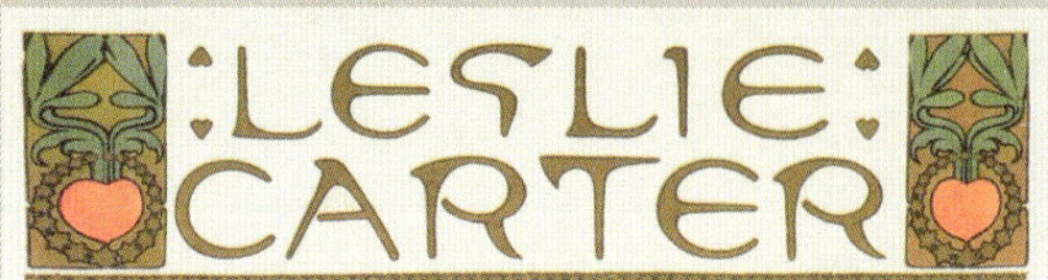

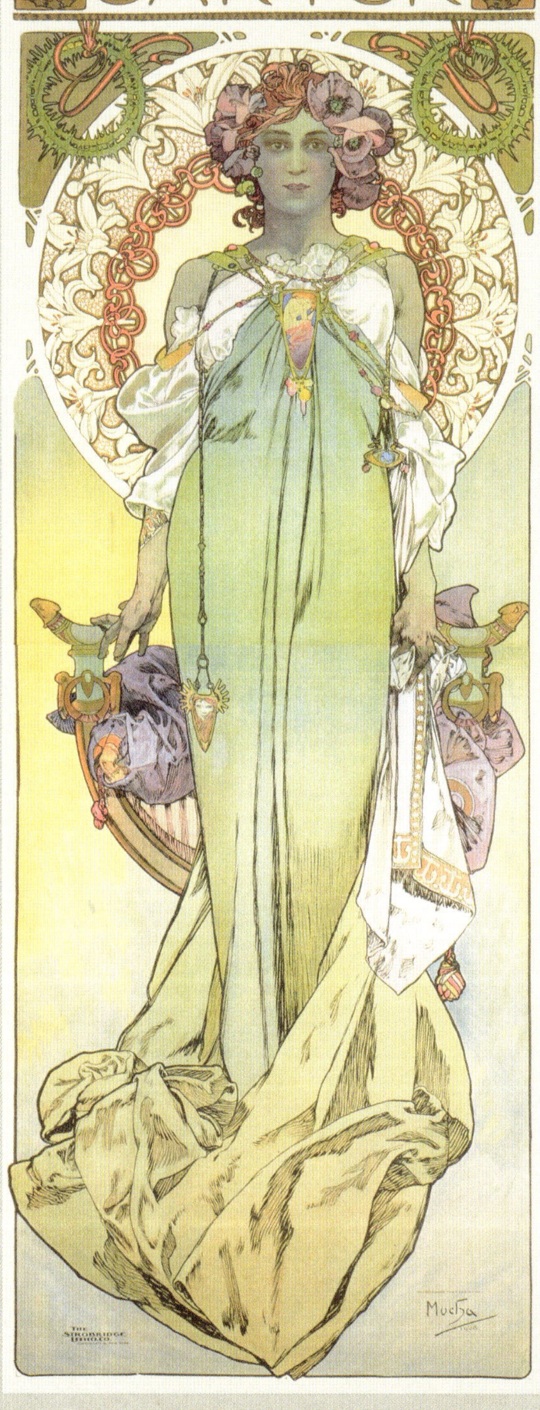

レスリー・カーターはサラ・ベルナールにあこがれたエキセントリックな女優だった。彼女は《カサ》というハンガリーの物語をもとにした芝居を企画し、ミュシャに舞台美術をまかせた。ミュシャはとめどない費用を注ぎこんで豪華な舞台をつくり、そのために250枚のスケッチを描いた。しかし芝居は大失敗し、ミュシャは大損をした。このポスターはその失敗の記念である。サラ・ベルナールになりたいというカーターの頼みに沿っている。

1908年 / カラー・リトグラフ、紙 / 209.5×78.2cm / Granger/PPS通信社

「モード・アダムス」(ジャンヌ・ダルク役に扮するモード・アダムス)

★★★★★★★★★★★★★★★★★★★★★

POSTER FOR MAUDE ADAMS AS JOAN OF ARC

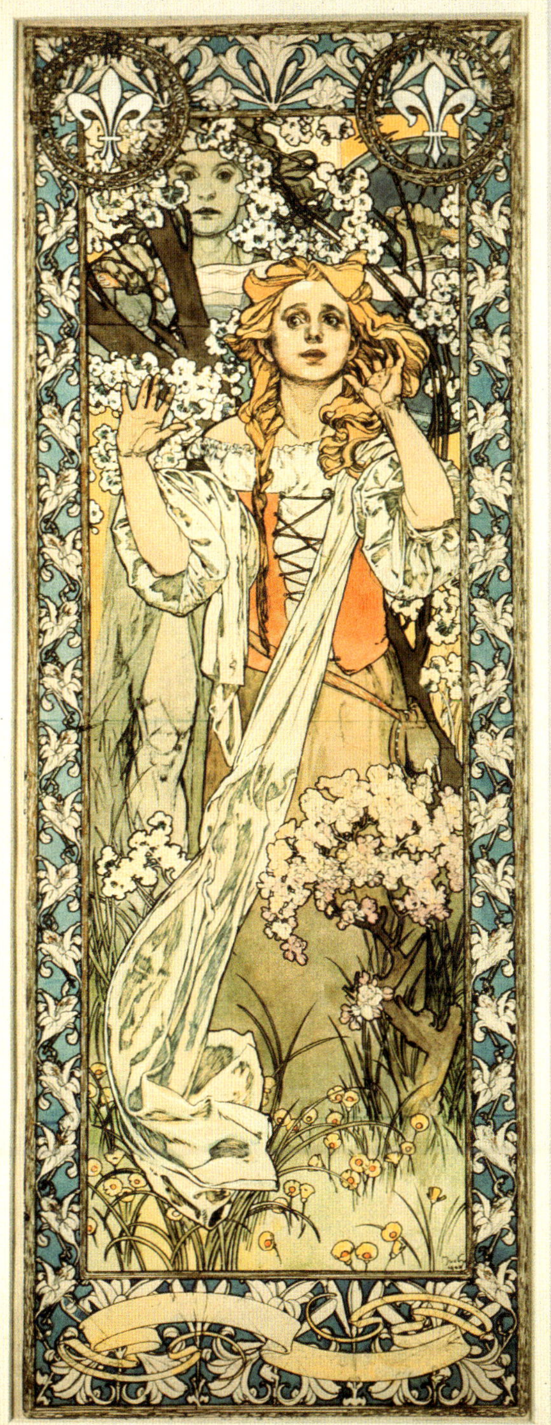

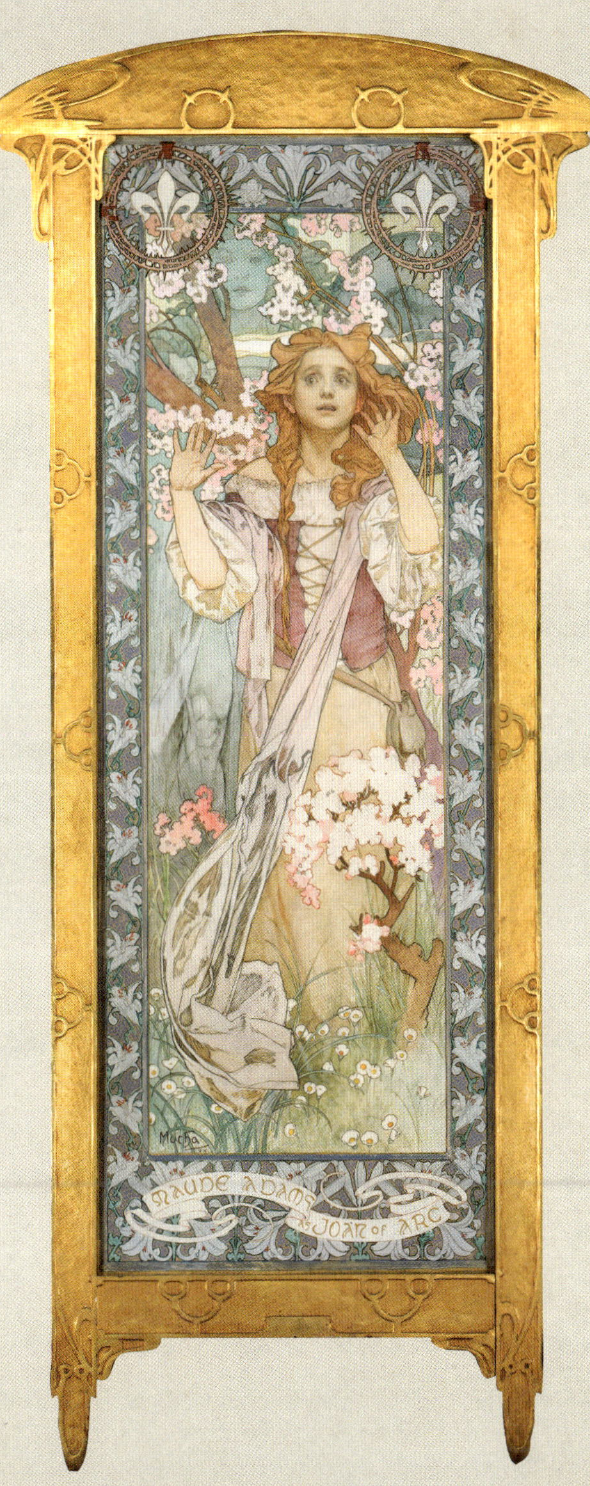

モード・アダムスはアメリカの人気女優であった。J・M・バリー作の舞台のピーター・パン役で有名になった。1909年、シラーの《オルレアンの娘》でジャンヌ・ダルクを演じた。ハーヴァード大学スタジアムでのたった1回の公演であったが、そのためにミュシャが舞台美術を担当した。それらはすべて失われ、このポスターしか残っていない。

左：1909年 / 61×46cm / Artothek/アフロ　右：1909年 / 油彩、カンヴァス / 208.9×76.2cm / メトロポリタン美術館蔵

ブルックリン美術館でのミュシャ個展ポスター

★★★★★★★★★★★★★★★★★★★★★★

POSTER FOR THE EXHIBITION OF MUCHA'S WORKS IN BROOKLYN MUSEUM

MUCHA
EXHIBITION
BROOKLYN
MUSEUM
JAN. FEB. 1921

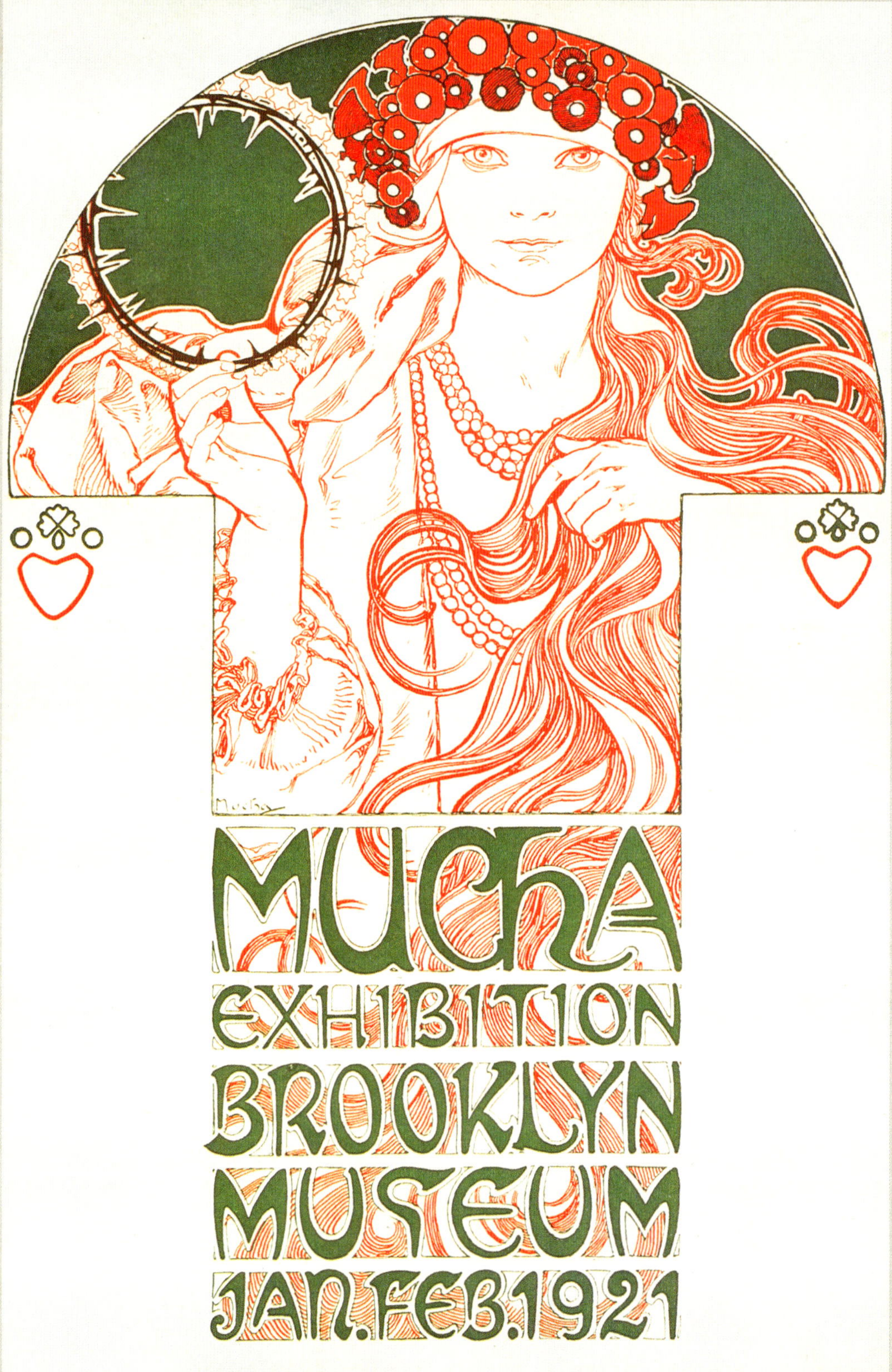

「スラヴ叙事詩」のシリーズの５枚がシカゴとブルックリンで展覧され、評判となった。スラヴの少女が、イバラの冠を持っている。イバラはスラヴの苦難の過去を、その外側の星は未来を示すという。

1920年 / カラー・リトグラフ、紙 / 48.5×31.5cm / Alamy/アフロ

TOPICS

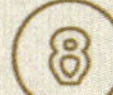

ミュシャのパトロンⅠ ロスチャイルド夫人

MUCHA'S PATRON I, ADÈLE VON ROTHSCHILD

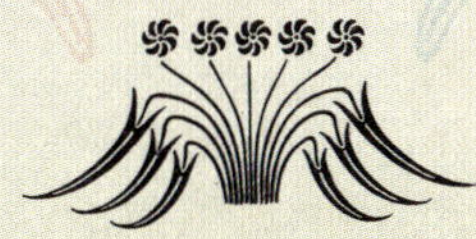

ロスチャイルド（フランスではロチルド）夫人はかなりユニークな人であった。ロスチャイルド家はイギリス、ドイツ（ドイツ、オーストリアではロートシルト）、フランス、アメリカ、オーストリア（1938年に閉鎖）、イタリア（ロートシルド、1901年に閉鎖）に広がる大家族であるが、彼女はフランス・ロスチャイルドのサロモン・ジェームスの妻で、アデル・アナ・シャルロットといった。

サロモン（1835-64）は一族の異端で、破目をはずして遊びまわるので、アメリカに送られ、そこで銀行の修業をさせられた。しかしアメリカでも遊びが収まらないので、一族のカール・マイカーの娘でまじめなアデルと結婚させられた。それはうまくいき、サロモンも働く気になったところ、29歳で急死してしまった。

アデルは若き未亡人となった。まだ21歳であった。しかし彼女はそれから60年近くの人生を再婚することなく、夫の思い出を守って生きた。シャンゼリゼの北にあるベリエ街の邸を夫が住んでいたままにして、そこでずっと暮らした。彼女の趣味は音楽と美術であった。才能ある若い芸術家を後援するのが趣味であった。

ミュシャがロスチャイルド夫人と親しくなったのはパリ万国博覧会の頃だったらしい。サラ・ベルナールの紹介だったかもしれない。ミュシャはしばしばベリエ街の邸に通った。彼はシャンプノワ印刷所に縛られてポスターをつくりつづけることに不満を持っていた。ロスチャイルド夫人はアメリカに行くことをすすめた。アメリカではヴァンダービルトとやモルガンなどの財閥の夫人たちの社交界に紹介するというのである。

しかし、ミュシャが若い娘と結婚すると聞いて彼女は傷つき、もう2度と彼に会いたくない、といった。ミュシャを自分の息子、または若い恋人のように思っていたのだろうか。ミュシャは花嫁を得たが、彼の芸術の保護者を失ってしまった。喜びのかげには哀しみがひそんでいる。

☆☆☆

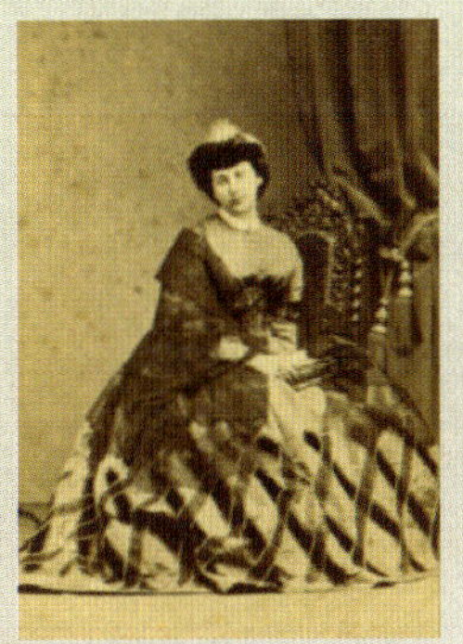

アデル・アナ・シャルロット・ロスチャイルド夫人

新聞『ニューヨーク・デイリー・ニュース』挿絵

★★★★★★★★★★★★★★★★★★★★★

ILLUSTRATION FOR "THE NEW YORK DAILY NEWS"

COLORED SECTION

The New York Daily News

TEN ART PAGES

NEW YORK, SUNDAY, APRIL 3, 1904.

FRIENDSHIP

Mucha 1904

DRAWN FOR THE New York Daily News BY ALPHONSE MUCHA

COPYRIGHTED 1904 BY FRANK A. MUNSEY

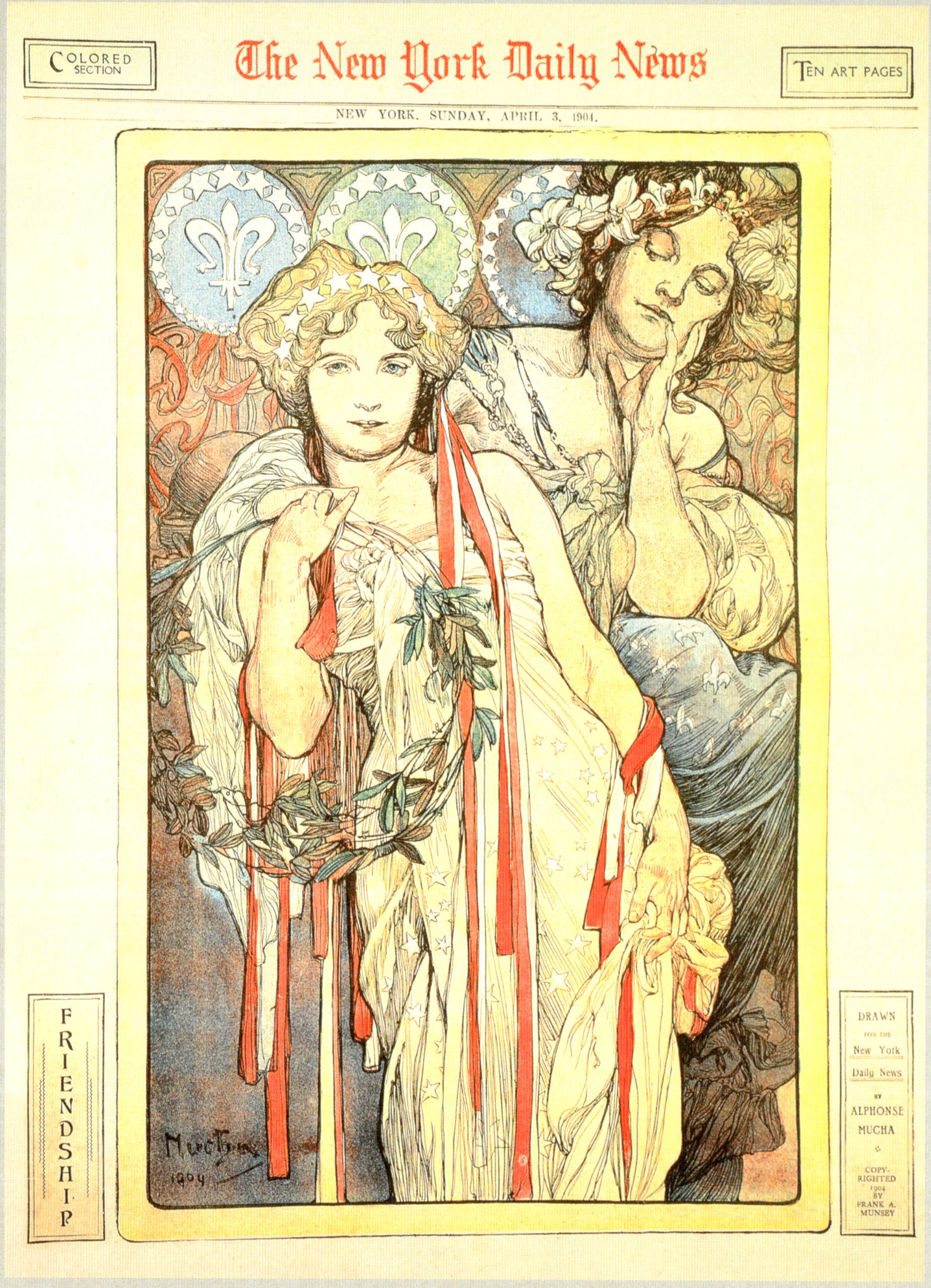

1904年、ミュシャは「世界最高の装飾画家」としてアメリカに招かれた。この絵は「友情」と題され、この新聞にカラーで掲載された。百合の花冠の大人の女（フランス）と月桂樹を持った若い女（アメリカ）との交友を象徴している。

1904年刊 / 紙に印刷 / 56.5×42cm（作品サイズ）/ ニューヨーク公共図書館蔵

雑誌『センチュリー・マガジン』クリスマス号挿絵

★★★★★★★★★★★★★★★★★★★★★

INSIDE PAGES OF "THE CENTURY MAGAZINE"

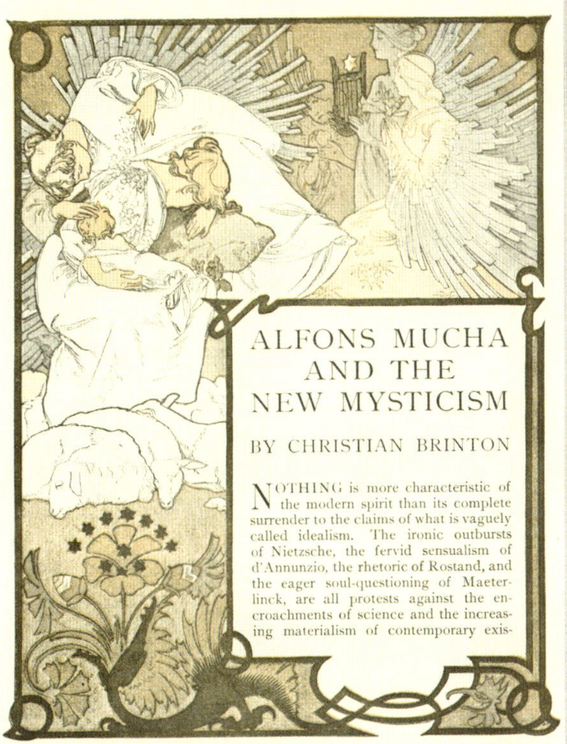

ALFONS MUCHA AND THE NEW MYSTICISM

BY CHRISTIAN BRINTON

NOTHING is more characteristic of the modern spirit than its complete surrender to the claims of what is vaguely called idealism. The ironic outbursts of Nietzsche, the fervid sensualism of d'Annunzio, the rhetoric of Rostand, and the eager soul-questioning of Maeterlinck, are all protests against the encroachments of science and the increasing materialism of contemporary exis-

Lithograph by Mucha from "Ilsée, Princesse de Tripoli" (H. Piazza & Cie., Paris). Half-tone plate engraved by H. Davidson

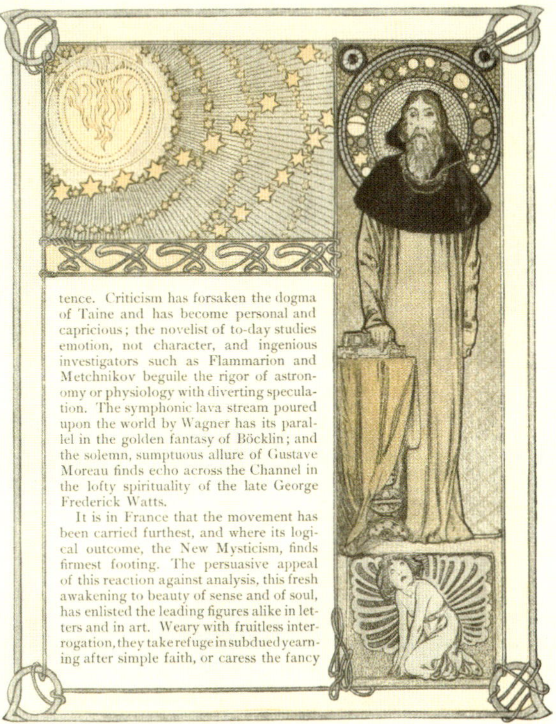

tence. Criticism has forsaken the dogma of Taine and has become personal and capricious; the novelist of to-day studies emotion, not character, and ingenious investigators such as Flammarion and Metchnikov beguile the rigor of astronomy or physiology with diverting speculation. The symphonic lava stream poured upon the world by Wagner has its parallel in the golden fantasy of Böcklin; and the solemn, sumptuous allure of Gustave Moreau finds echo across the Channel in the lofty spirituality of the late George Frederick Watts.

It is in France that the movement has been carried furthest, and where its logical outcome, the New Mysticism, finds firmest footing. The persuasive appeal of this reaction against analysis, this fresh awakening to beauty of sense and of soul, has enlisted the leading figures alike in letters and in art. Weary with fruitless interrogation, they take refuge in subdued yearning after simple faith, or caress the fancy

Lithograph by Mucha from "Ilsée, Princesse de Tripoli" (H. Piazza & Cie., Paris). Half-tone plate engraved by H. Davidson

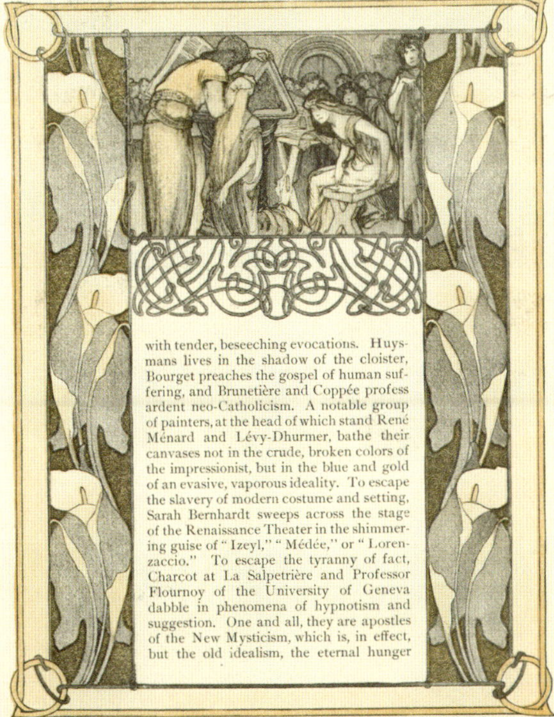

with tender, beseeching evocations. Huysmans lives in the shadow of the cloister, Bourget preaches the gospel of human suffering, and Brunetière and Coppée profess ardent neo-Catholicism. A notable group of painters, at the head of which stand René Ménard and Lévy-Dhurmer, bathe their canvases not in the crude, broken colors of the impressionist, but in the blue and gold of an evasive, vaporous ideality. To escape the slavery of modern costume and setting, Sarah Bernhardt sweeps across the stage of the Renaissance Theater in the shimmering guise of "Izeyl," "Médée," or "Lorenzaccio." To escape the tyranny of fact, Charcot at La Salpetrière and Professor Flournoy of the University of Geneva dabble in phenomena of hypnotism and suggestion. One and all, they are apostles of the New Mysticism, which is, in effect, but the old idealism, the eternal hunger

Lithograph by Mucha from "Ilsée, Princesse de Tripoli" (H. Piazza & Cie., Paris). Half-tone plate engraved by H. Davidson

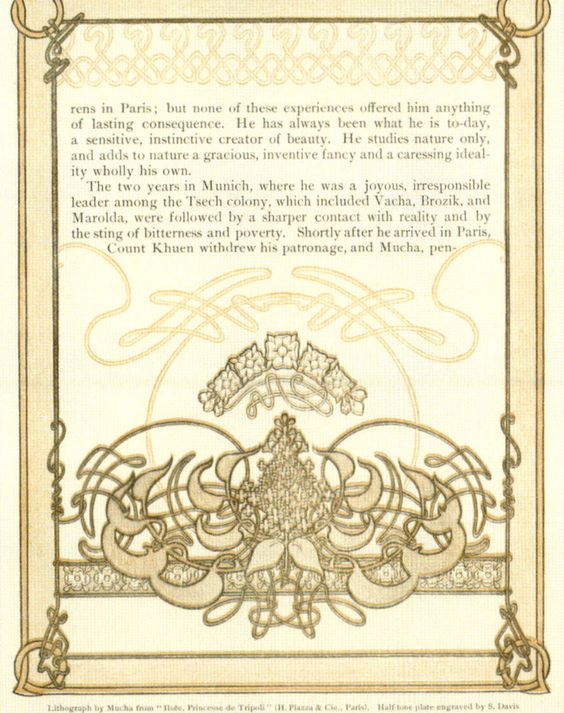

rens in Paris; but none of these experiences offered him anything of lasting consequence. He has always been what he is to-day, a sensitive, instinctive creator of beauty. He studies nature only, and adds to nature a gracious, inventive fancy and a caressing ideality wholly his own.

The two years in Munich, where he was a joyous, irresponsible leader among the Tsech colony, which included Vacha, Brozik, and Marolda, were followed by a sharper contact with reality and by the sting of bitterness and poverty. Shortly after he arrived in Paris, Count Khuen withdrew his patronage, and Mucha, pen-

Lithograph by Mucha from "Ilsée, Princesse de Tripoli" (H. Piazza & Cie., Paris). Half-tone plate engraved by S. Davis

ミュシャを紹介するクリスチャン・ブリントンの「アルフォンス・ミュシャと新しい神秘主義」が掲載された。世紀末の神秘主義、オカルティズムの流れの中で、アルノルト・ベックリンやギュスタヴ・モローなどとともに、ミュシャを神秘主義者として紹介し、それにミュシャの絵が添えられている。

1904年 / 紙に印刷 / 25×18cm / 個人蔵

雑誌『ウィーナー・シック』（第152号）表紙

★★★★★★★★★★★★★★★★★★★★★★★★

MAGAZINE COVER OF "WIENER CHIC" (NO.152)

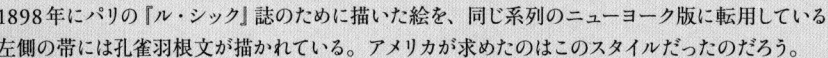

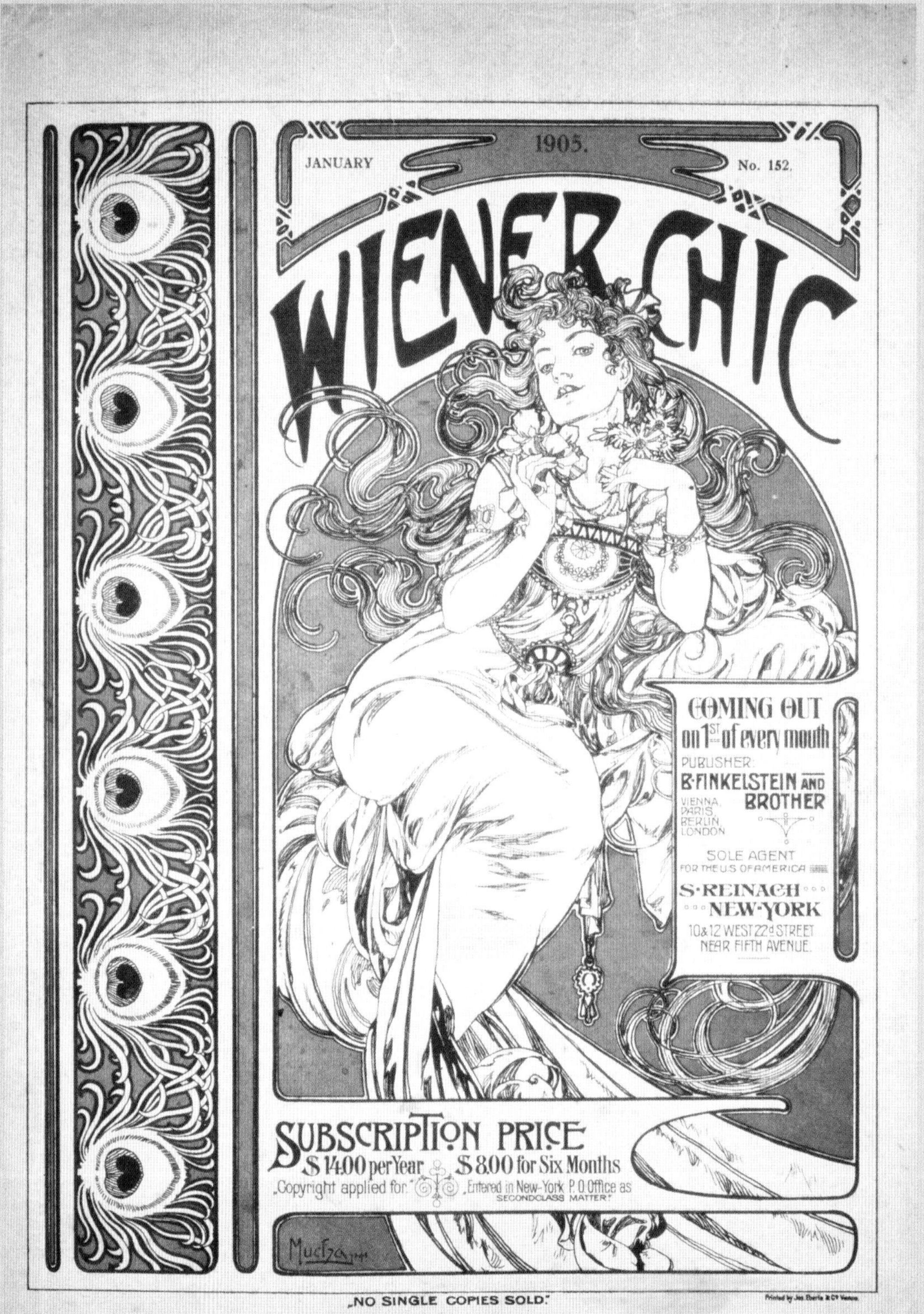

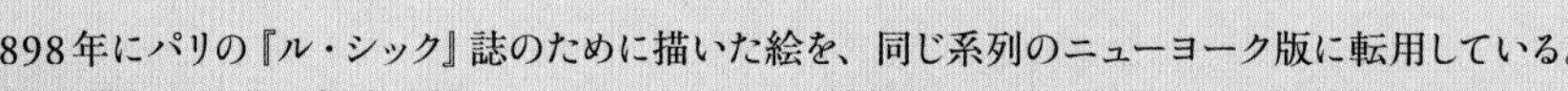
1898年にパリの『ル・シック』誌のために描いた絵を、同じ系列のニューヨーク版に転用している。
左側の帯には孔雀羽根文が描かれている。アメリカが求めたのはこのスタイルだったのだろう。

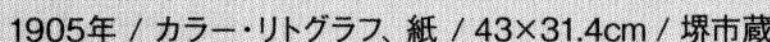
1905年 / カラー・リトグラフ、紙 / 43×31.4cm / 堺市蔵

雑誌『バー・マッキントッシュ・マンスリー』（1907年クリスマス号）表紙

★★★★★★★★★★★★★★★★★★★★★★

MAGAZINE COVER OF "THE BURR McINTOSH MONTHLY" (1907 CHRISTMAS ISSUE)

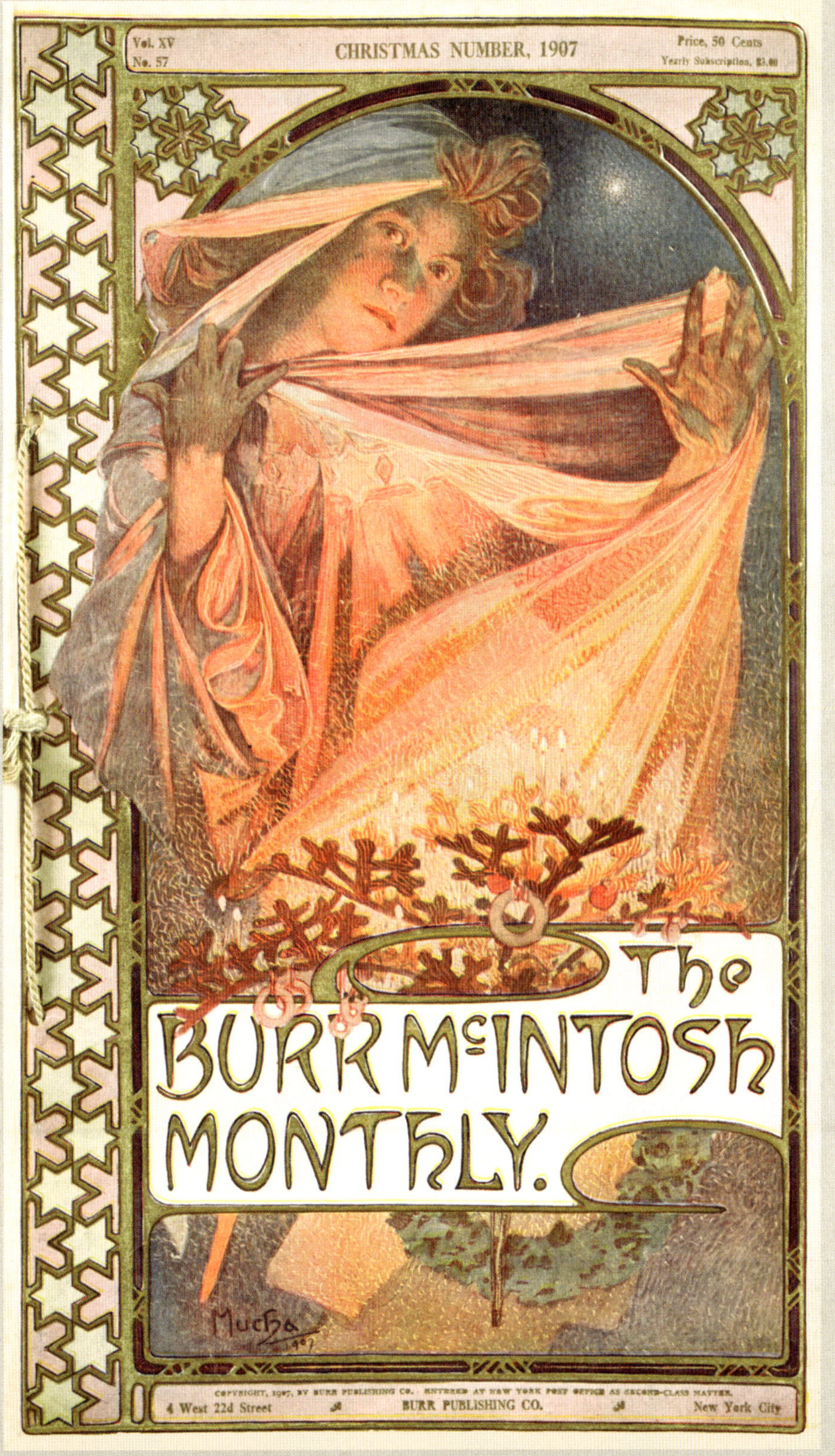

Vol. XV No. 57 CHRISTMAS NUMBER, 1907 Price, 50 Cents Yearly Subscription, $5.00

The BURR McINTOSH MONTHLY.

Mucha 1907

COPYRIGHT, 1907, BY BURR PUBLISHING CO. ENTERED AT NEW YORK POST OFFICE AS SECOND-CLASS MATTER.

4 West 22d Street BURR PUBLISHING CO. New York City

この雑誌のクリスマス号の表紙となった「クリスマス幻想」と題する絵。ミュシャは、今日のグラフィック・アーティストというイメージではなく、宗教的、神秘主義的画家としてアメリカに紹介されていたのである。金色の細かいタッチがローソクの光の反映を描いている。

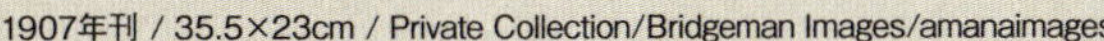

1907年刊 / 35.5×23cm / Private Collection/Bridgeman Images/amanaimages

雑誌『アメリカン・ジャーナル・エグザミナー』挿絵

★★★★★★★★★★★★★★★★★★★★★★

INSIDE PAGES OF MAGAZINE "AMERICAN JOURNAL EXAMINER"

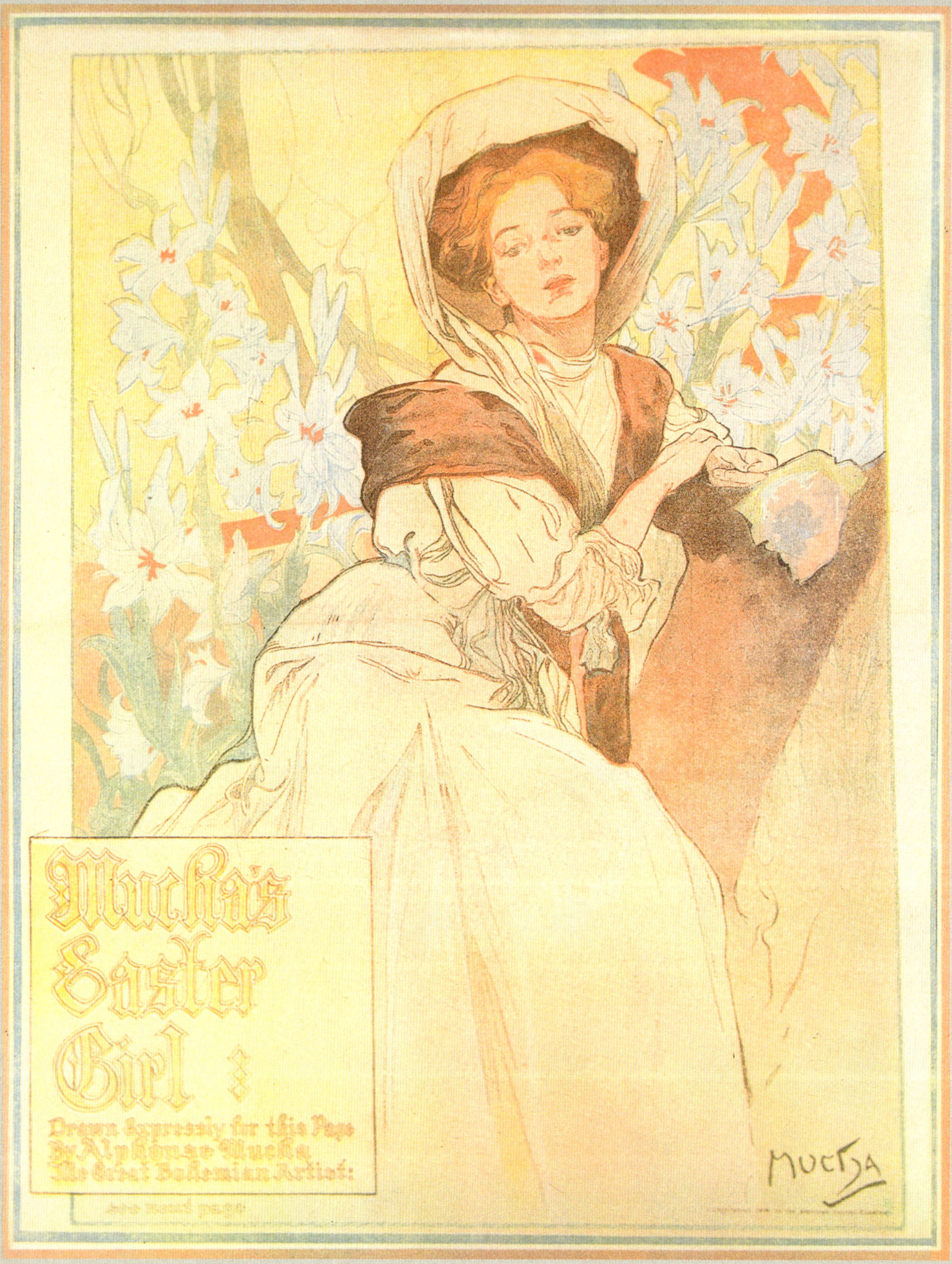

Mucha's
Easter
Girl

Drawn Expressly for this Page
by Alphonse Mucha
the Great Bohemian Artist:

see next page

MUCHA

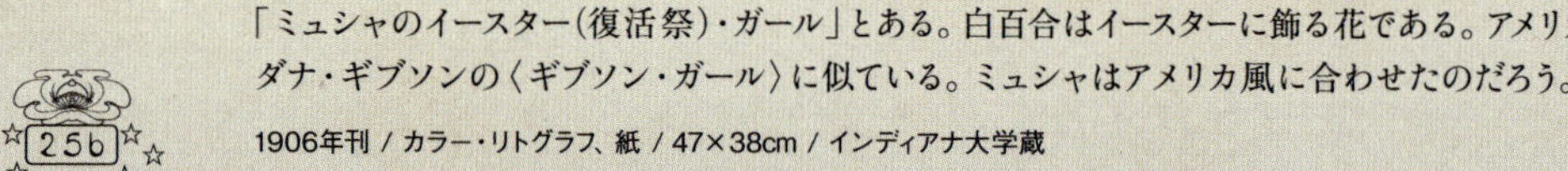

「ミュシャのイースター(復活祭)・ガール」とある。白百合はイースターに飾る花である。アメリカのイラストレーター、ダナ・ギブソンの〈ギブソン・ガール〉に似ている。ミュシャはアメリカ風に合わせたのだろう。

1906年刊 / カラー・リトグラフ、紙 / 47×38cm / インディアナ大学蔵

文学雑誌『リテラリー・ダイジェスト』(第39号) 表紙

★★★★★★★★★★★★★★★★★★★★★★

MAGAZINE COVER OF "THE LITERARY DIGEST" (NO. 39)

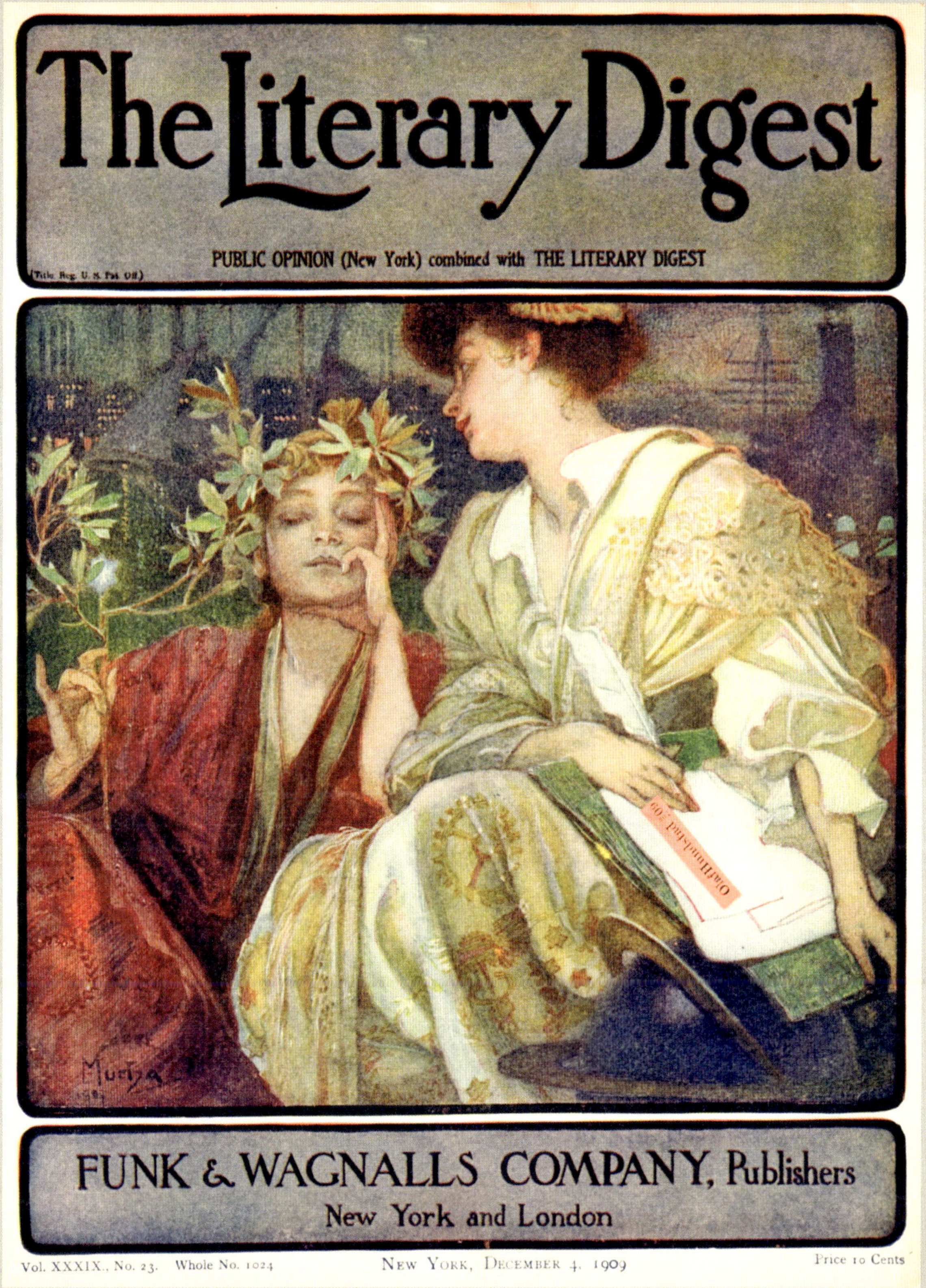

The Literary Digest

(Title Reg. U. S. Pat. Off.)

PUBLIC OPINION (New York) combined with THE LITERARY DIGEST

OneHundred '09

Mucha

FUNK & WAGNALLS COMPANY, Publishers

New York and London

Vol. XXXIX., No. 23. Whole No. 1024 NEW YORK, DECEMBER 4, 1909 Price 10 Cents

この絵は「ジャーナリズムと文学」と題されている。右のファッショナブルな服を着ている若い女が〈ジャーナリズム〉で、街の方を見ている。左の月桂冠をかぶった、日本の着物のような衣服の女が〈文学〉で、夢想している。

1909年刊 / カラー・リトグラフ、紙 / 29.5×21.5cm / OGATAコレクション蔵

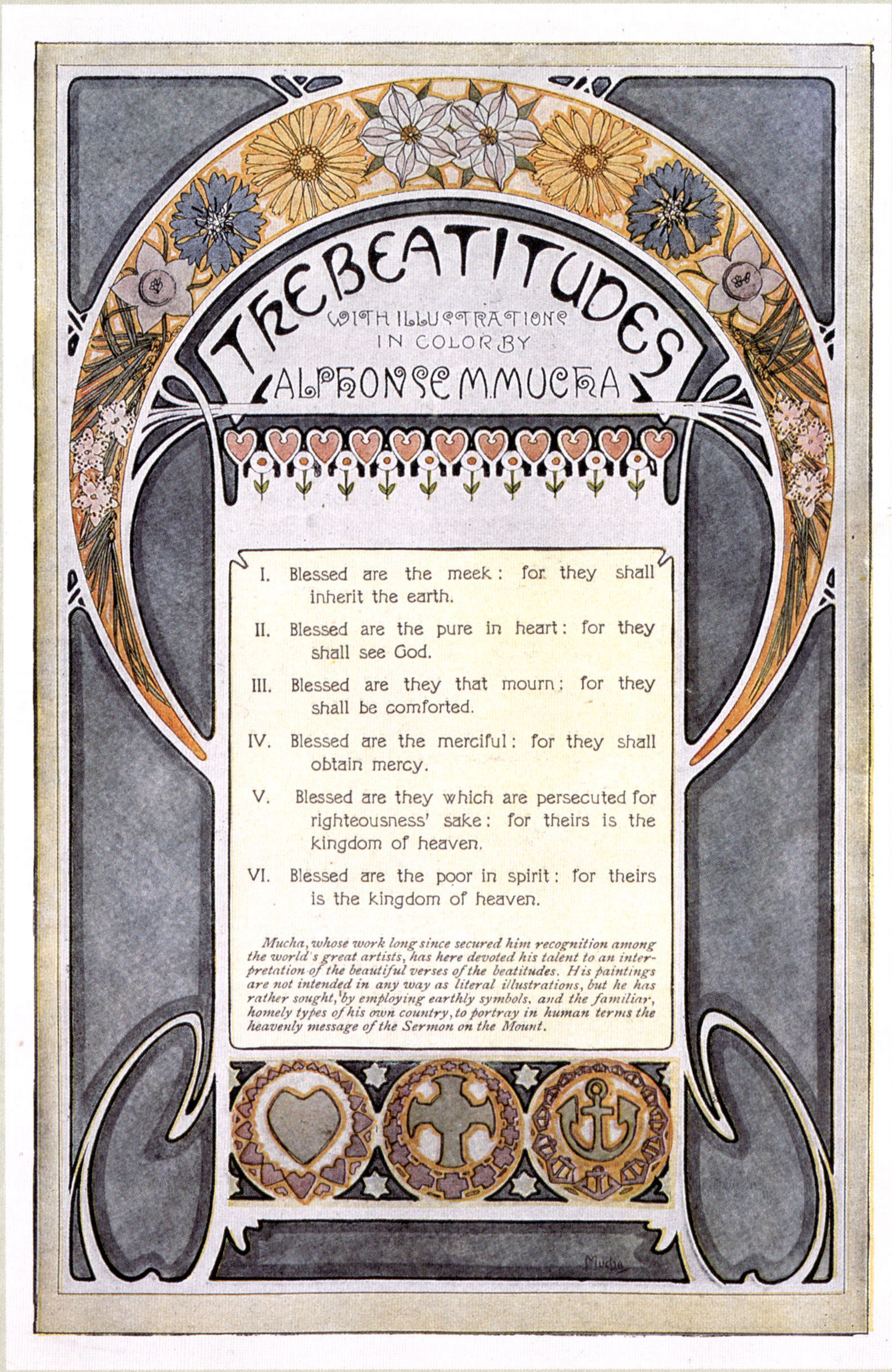

雑誌『エヴリバディーズ・マガジン』(クリスマス号) 挿絵「真福八端」

★★★★★★★★★★★★★★★★★★★★★★

7 FULL-PAGE COLOUR ILLUSTRATIONS FOR "EVERYBODY'S MAGAZINE"

THE BEATITUDES

WITH ILLUSTRATIONS IN COLOR BY

ALPHONSE M. MUCHA

I. Blessed are the meek: for they shall inherit the earth.

II. Blessed are the pure in heart: for they shall see God.

III. Blessed are they that mourn; for they shall be comforted.

IV. Blessed are the merciful: for they shall obtain mercy.

V. Blessed are they which are persecuted for righteousness' sake: for theirs is the kingdom of heaven.

VI. Blessed are the poor in spirit: for theirs is the kingdom of heaven.

Mucha, whose work long since secured him recognition among the world's great artists, has here devoted his talent to an interpretation of the beautiful verses of the beatitudes. His paintings are not intended in any way as literal illustrations, but he has rather sought, by employing earthly symbols, and the familiar, homely types of his own country, to portray in human terms the heavenly message of the Sermon on the Mount.

Mucha

この雑誌はキリストの「山上の垂訓」の主題による6点の絵を依頼した。ミュシャはマリ・ヒティロヴァーとプラハで結婚し、ボヘミアを新婚旅行している間に6点とタイトル・ページ(上)を描き上げ、妻と2人でアメリカに向かったという。おどろくべき話である。それぞれの絵に「幸いなるかな、貧しき者」などのことば(「真福八端」)がつけられている。

P258-261すべて:1906年 / 紙に印刷 / 20.5×13.5cm / 堺市蔵

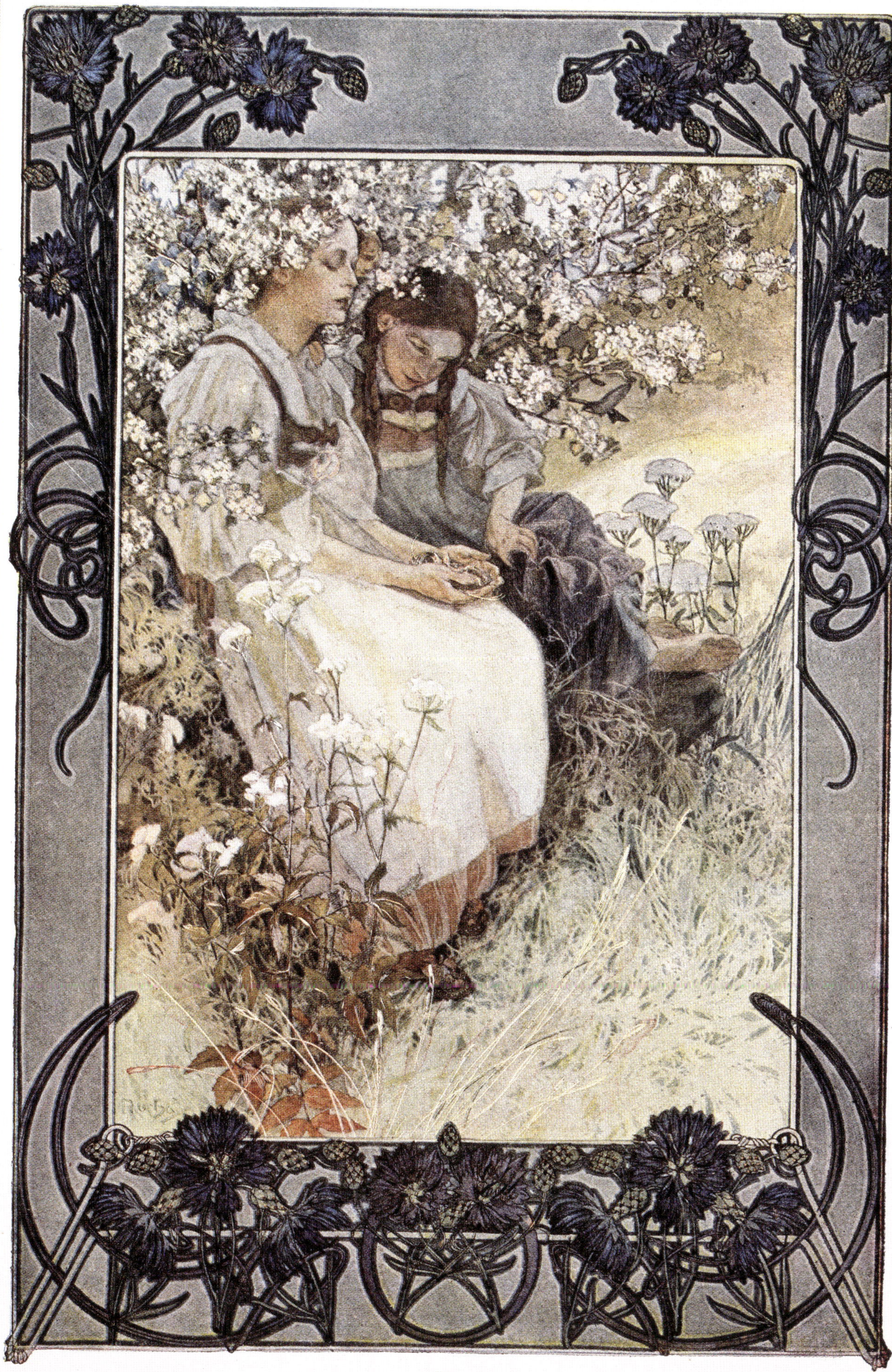

II.

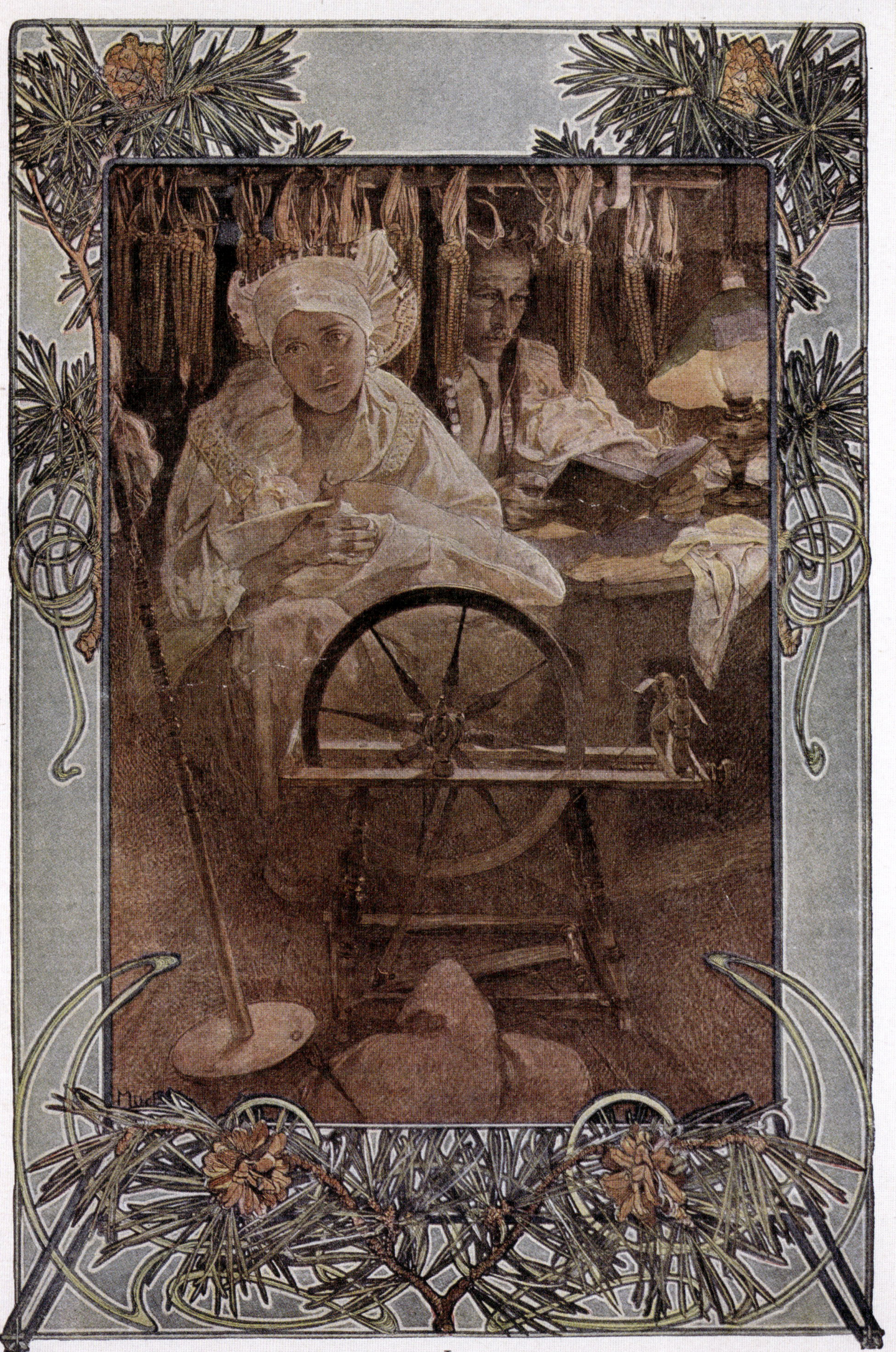

I.

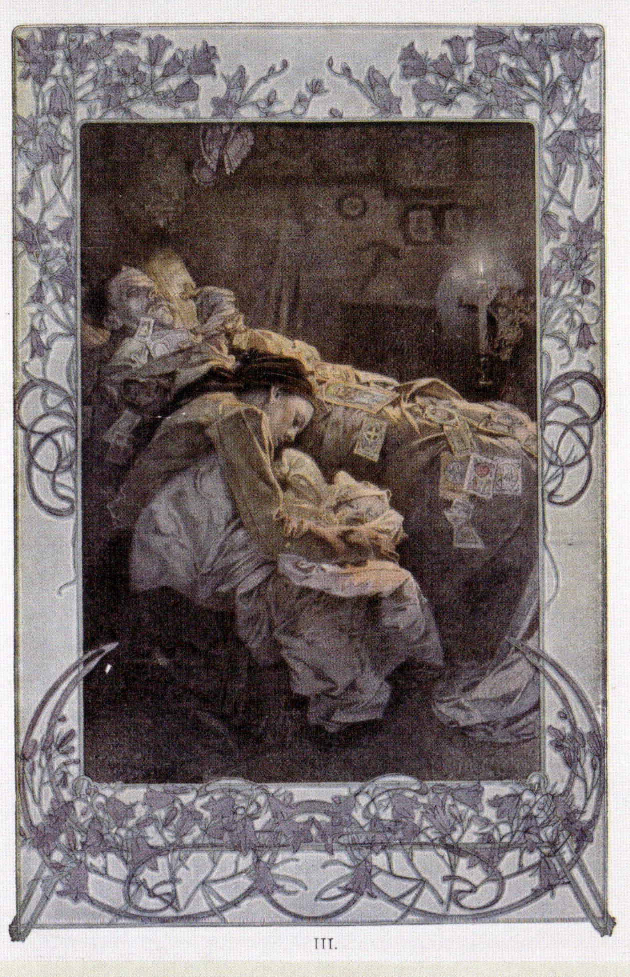

III.

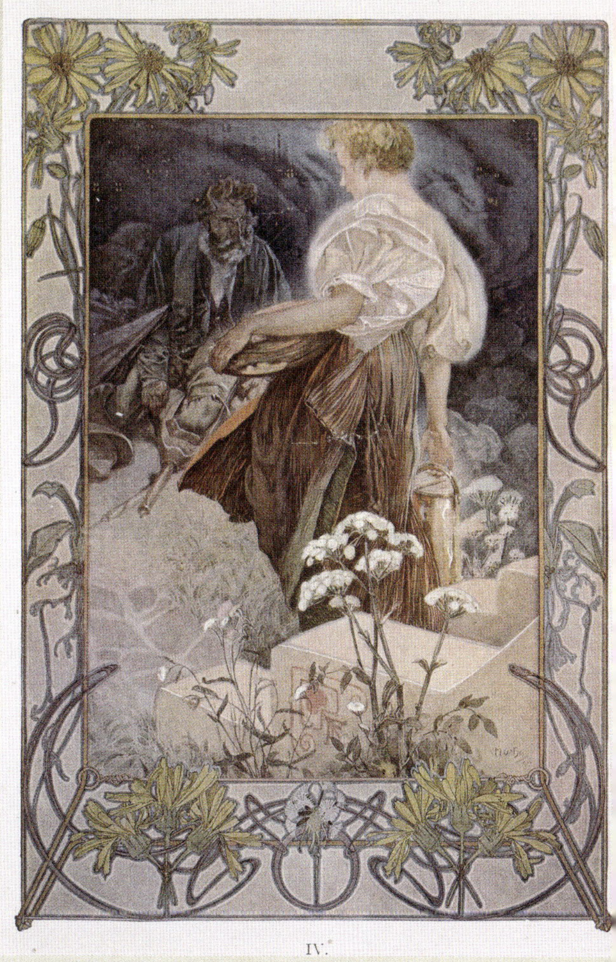

IV.

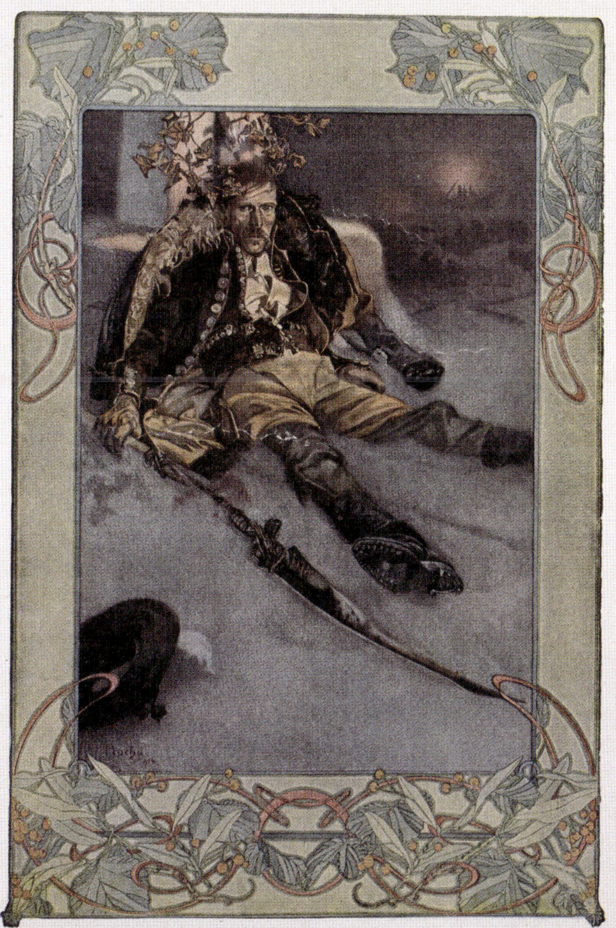

V.

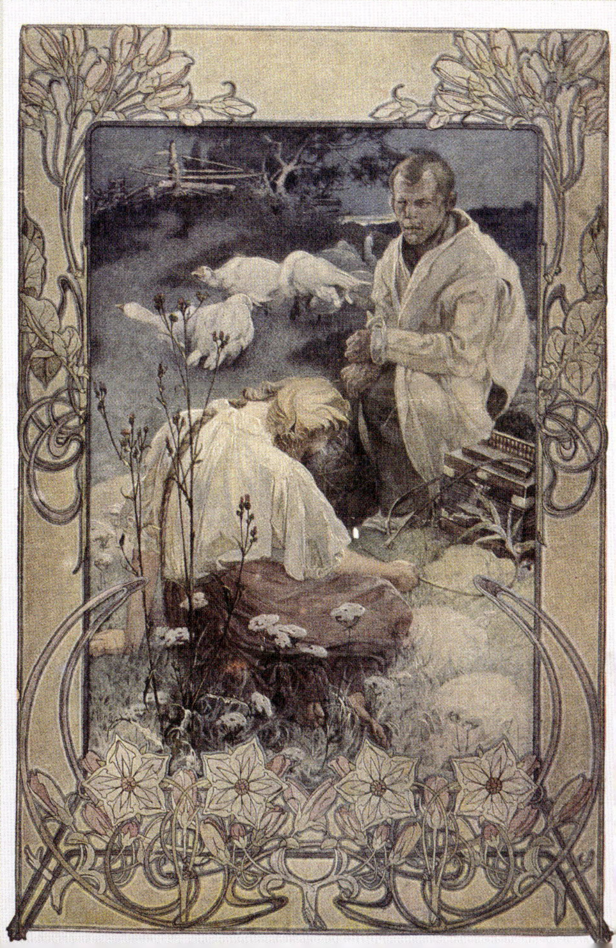

雑誌『ハースト・インターナショナル』表紙

★★★★★★★★★★★★★★★★★★★★★★

MAGAZINE COVER OF "HEARST'S INTERNATIONAL"

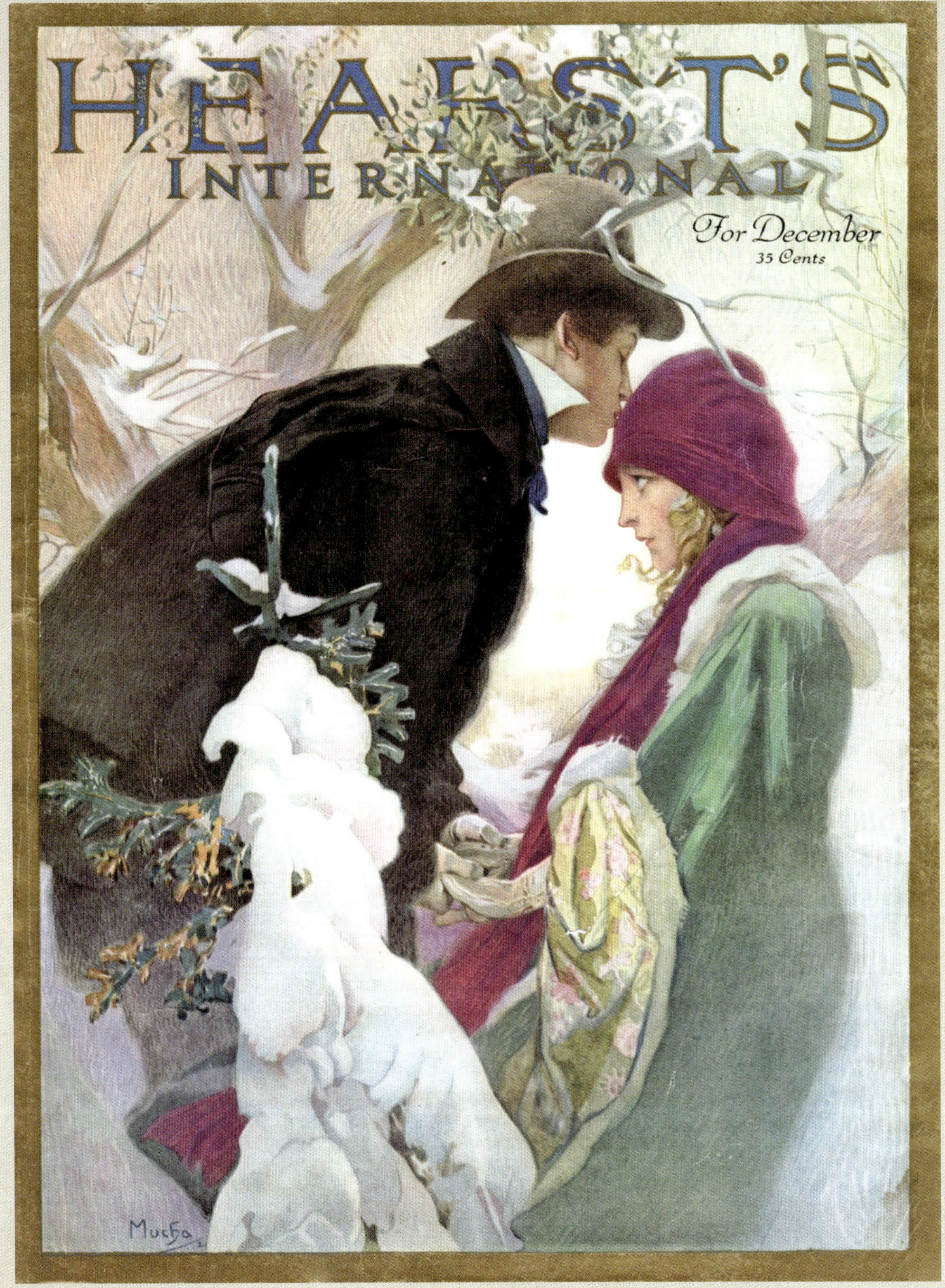

1920年、アメリカの大雑誌社ハーストはミュシャに表紙を依頼する。1921年12月号に最初の表紙絵（上）を発表する。アール・ヌーヴォーの装飾フレームではなく、アメリカのイラストレーター、マックスフィールドなどのスタイルに合わせている。年配の男（去年）と若い娘（新年）というモチーフが多い。若い娘だけのものもある。

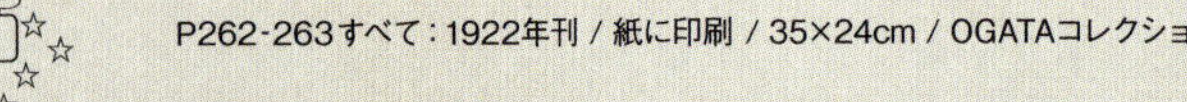
P262-263すべて：1922年刊 / 紙に印刷 / 35×24cm / OGATAコレクション蔵

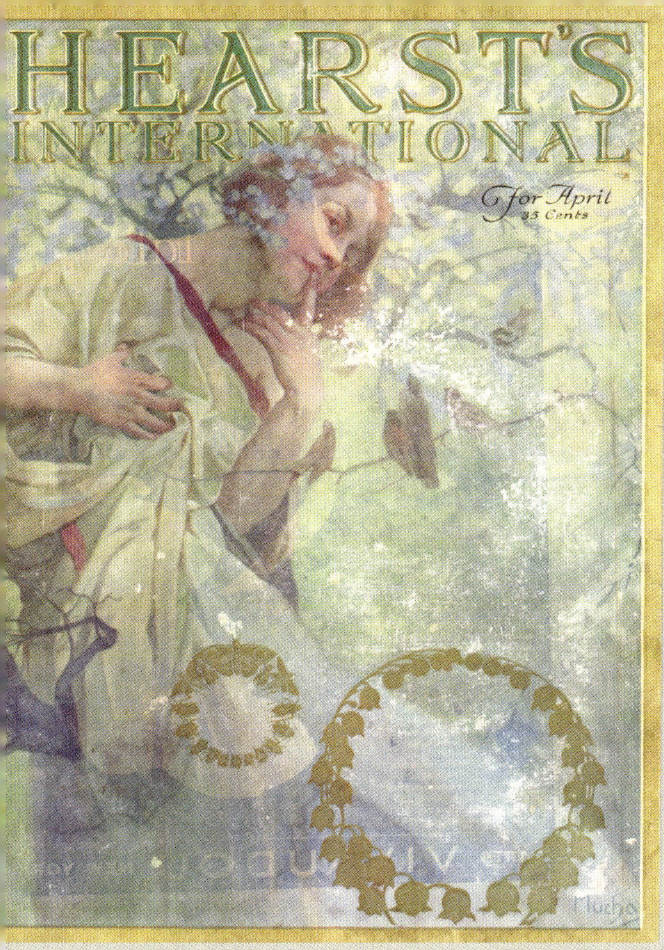
HEARST'S
INTERNATIONAL
For April
35 Cents
Mucha

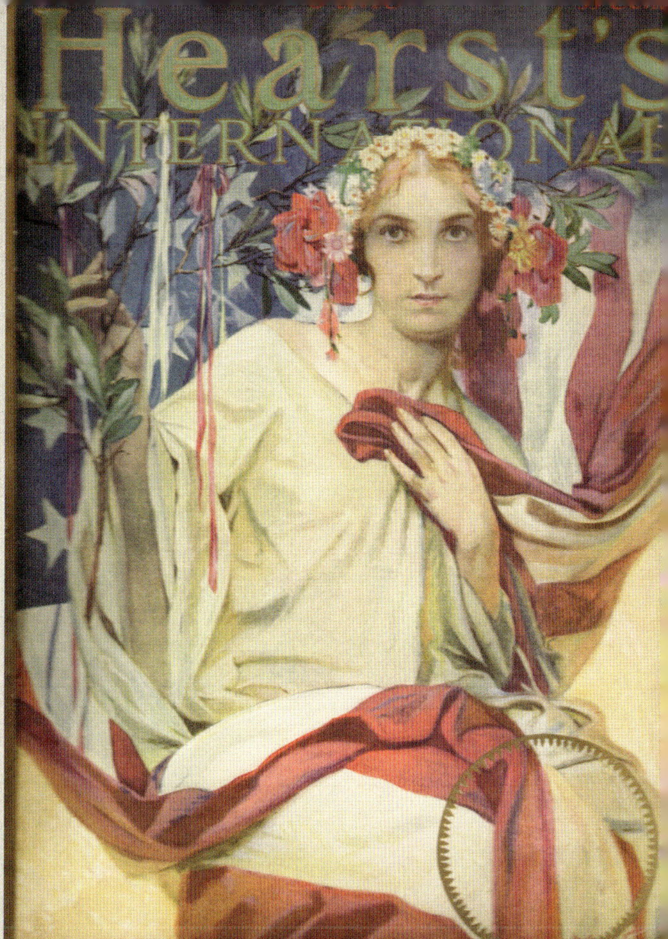
Hearst's
INTERNATIONAL

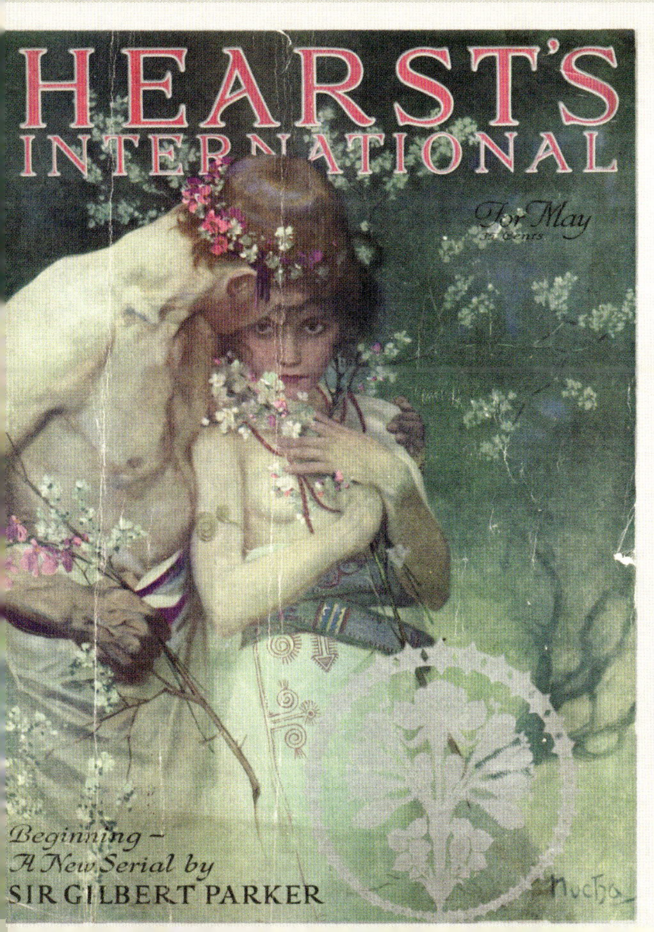
HEARST'S
INTERNATIONAL
For May
Beginning ~
A New Serial by
SIR GILBERT PARKER
Mucha

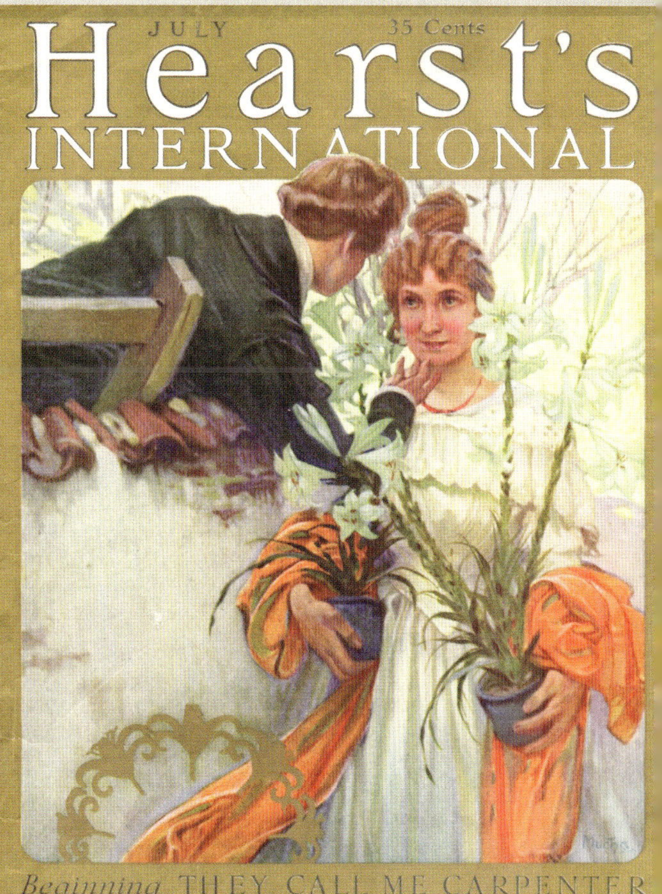
JULY
35 Cents
Hearst's
INTERNATIONAL
Beginning THEY CALL ME CARPENTER
By UPTON SINCLAIR

雑誌『ハースト・インターナショナル』表紙

★★★★★★★★★★★★★★★★★★★★★★

MAGAZINE COVER OF "HEARST'S INTERNATIONAL"

HEARST'S
INTERNATIONAL
For
January
35 Cents

Mucha

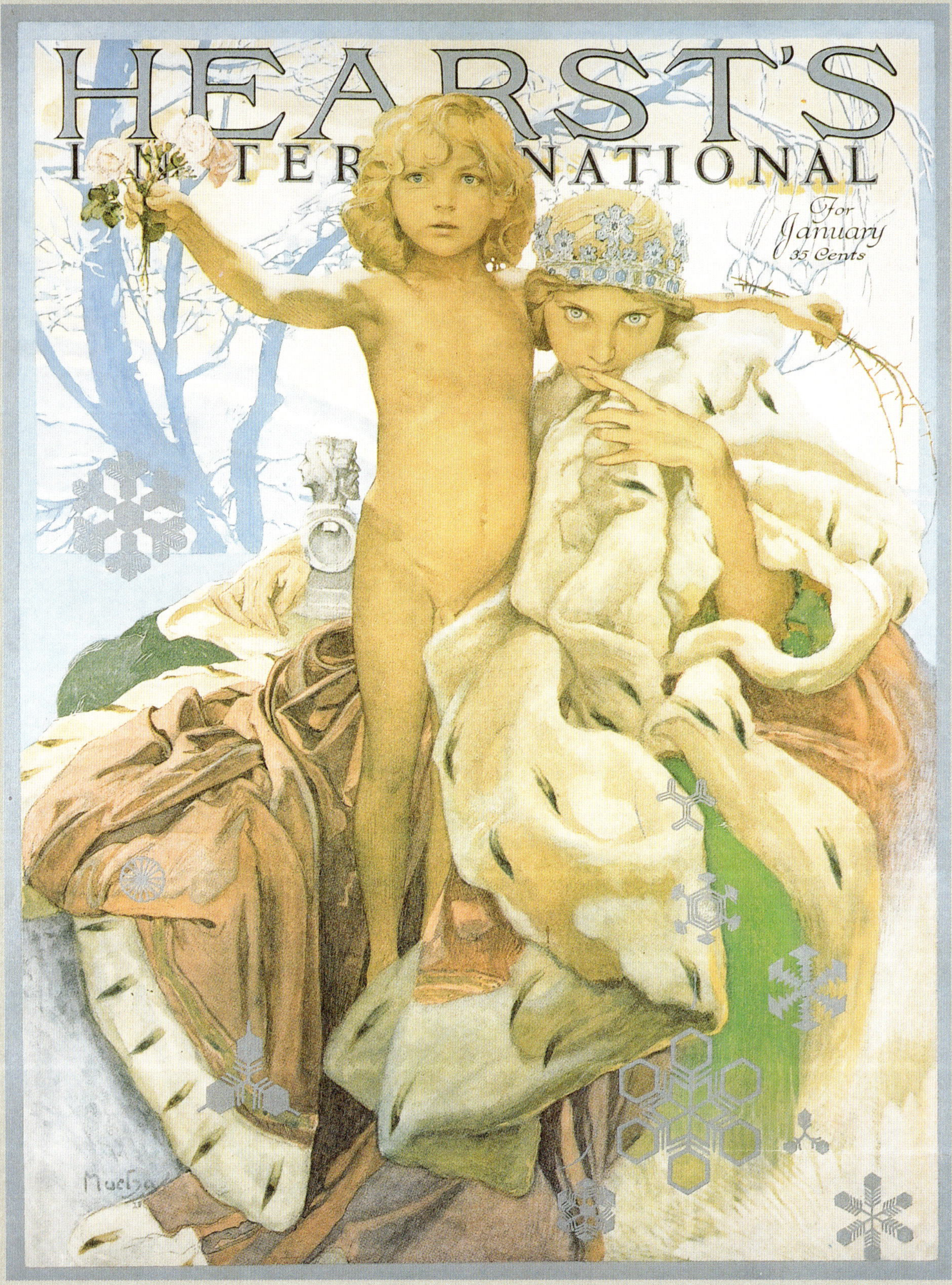

1922年刊 / 紙に印刷 / 35×24cm / OGATAコレクション蔵

「ツリナーズ・ビター・ワイン」1930年カレンダー

★★★★★★★★★★★★★★★★★★★★★

THE 1930 CALENDAR FOR "TRINER'S BITTER WINE"

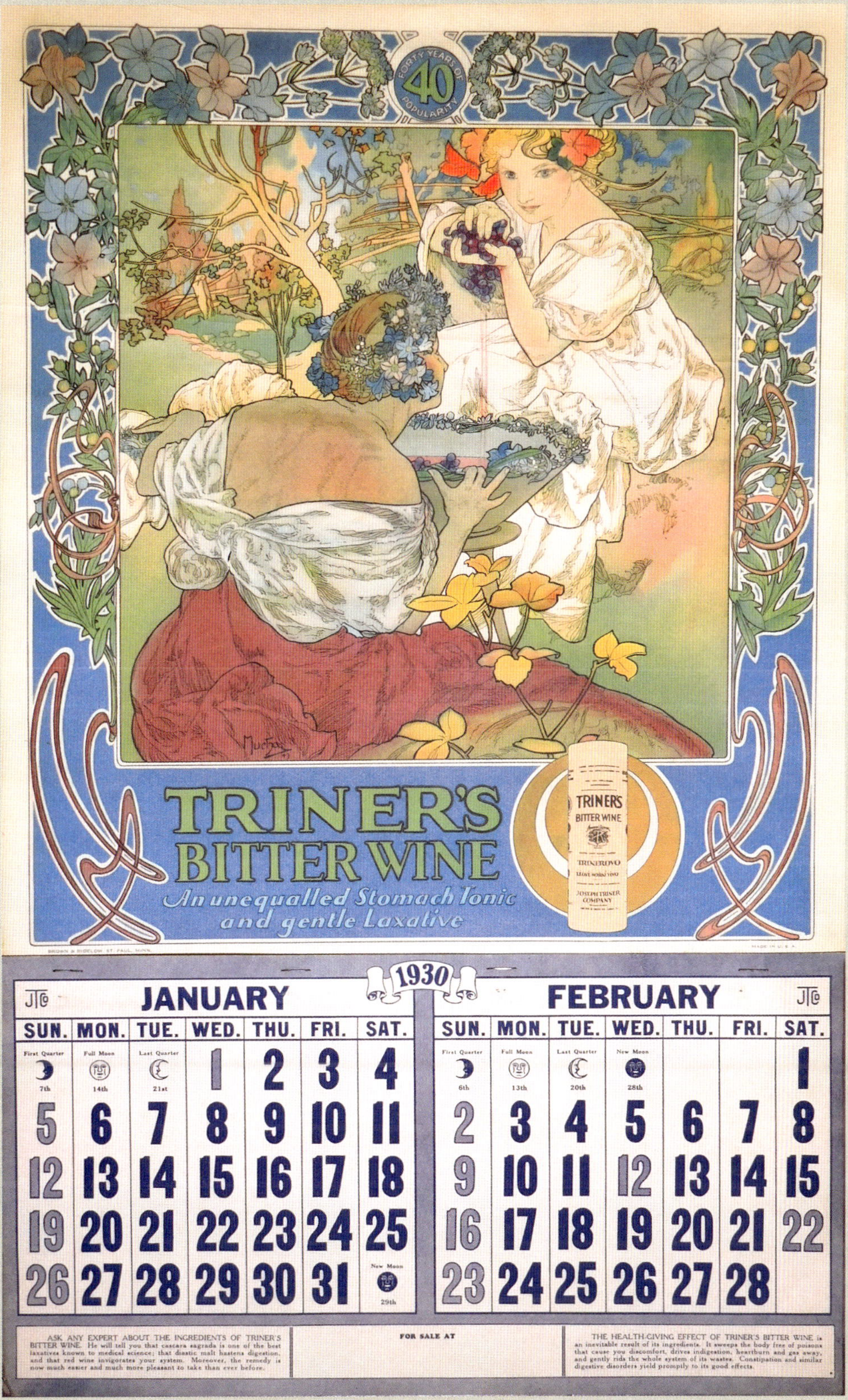

FORTY YEARS OF 40 POPULARITY

TRINER'S
BITTER WINE
An unequalled Stomach Tonic
and gentle Laxative

TRINER'S
BITTER WINE

JOSEPH TRINER COMPANY

1930

JT Co

JANUARY						
SUN.	MON.	TUE.	WED.	THU.	FRI.	SAT.
First Quarter 7th	Full Moon 14th	Last Quarter 21st	1	2	3	4
5	6	7	8	9	10	11
12	13	14	15	16	17	18
19	20	21	22	23	24	25
26	27	28	29	30	31	New Moon 29th

FEBRUARY						
SUN.	MON.	TUE.	WED.	THU.	FRI.	SAT.
First Quarter 6th	Full Moon 13th	Last Quarter 20th	New Moon 28th			1
2	3	4	5	6	7	8
9	10	11	12	13	14	15
16	17	18	19	20	21	22
23	24	25	26	27	28	

ASK ANY EXPERT ABOUT THE INGREDIENTS OF TRINER'S BITTER WINE. He will tell you that cascara sagrada is one of the best laxatives known to medical science; that diastic malt hastens digestion, and that red wine invigorates your system. Moreover, the remedy is now much easier and much more pleasant to take than ever before.

FOR SALE AT

THE HEALTH-GIVING EFFECT OF TRINER'S BITTER WINE is an inevitable result of its ingredients. It sweeps the body free of poisons that cause you discomfort, drives indigestion, heartburn and gas away, and gently rids the whole system of its wastes. Constipation and similar digestive disorders yield promptly to its good effects.

胃腸の働きをよくする薬用酒の広告カレンダーである。ミュシャの息抜きの仕事だろうか。田園で2人の娘がブドウをしぼっている。のどかな牧歌的なシーンである。青いフレームもさわやかだ。

1907年 / カラー・リトグラフ、紙 / 61×37.5cm / OGATAコレクション蔵

TOPICS

ミュシャのパトロンⅡ　チャールズ・クレイン

MUCHA'S PATRON II, CHARLES R. CRANE

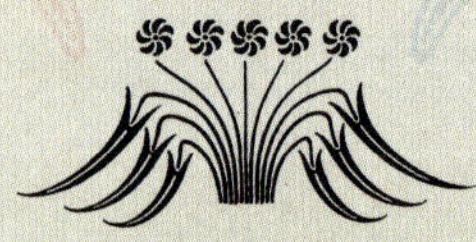

捨てる神あれば拾う神あり。ミュシャはアメリカで奇跡的ともいえる出会いをした。チャールズ・クレインという新しいパトロンを見つけたのである。それによって彼のライフワークである「スラヴ叙事詩」にとりかかることができた。

チャールズ・クレインはいつか1冊の伝記を書いてみたいと思うほど興味深い人である。ほとんど歴史の表舞台には出てこないが、20世紀はじめの、中国、中近東、ロシア、東欧の民族運動と関わりを持った。アメリカのロシア研究の先駆であり、ある意味で"アラビアのロレンス"よりも重要な役割を果たしたかもしれない。しかしここでは、ミュシャとのことだけにとどめておこう。

チャールズ・リチャード・クレインはシカゴの実業家で、鉛管工事やエレヴェーター製造などでかなりの富を築いていた。彼はその利益を学問や芸術のために使うことにした。1879年から南太平洋やロシアに旅した。特に中央アジアのブハラ（現ウズベキスタン）に魅せられた。1894年には再びロシアやブハラを訪ねた。ロシアではトルストイやコロレンコなどの作家、そしてやがて〈バレエ・リュス〉（ロシア・バレエ団、P358）を結成するディアギレフと知り合った。そしてスラヴ民族の文化に関心を持った。帰国の途中プラハに寄り、カレル大学（プラハ大学）の教授T・G・マサリクと親しくなった。後のチェコスロヴァキア共和国の初代大統領である。クレインはやがてロシア、中国、中央アジア問題の顧問としてアメリカ政府に信頼されるようになる。

ミュシャは1904年にニューヨークでクレインに会い、「スラヴ叙事詩」を描きたいという夢を語った。やがてクレインはミュシャの後援をするようになった。

クレインの娘ジョセフィンがハロルド・C・ブラッドリーと結婚した。クレインは2人のために家を建ててやった。設計はルイス・サリヴァンである。そしてミュシャはジョセフィンの肖像画を頼まれ、〈スラヴ〉を象徴する「スラヴィア」（P330）として描いた。それはサリヴァンの設計した家に飾られた。ミュシャとサリヴァンのコラボによる作品がクレインの仲介で出現したのである。

☆☆☆

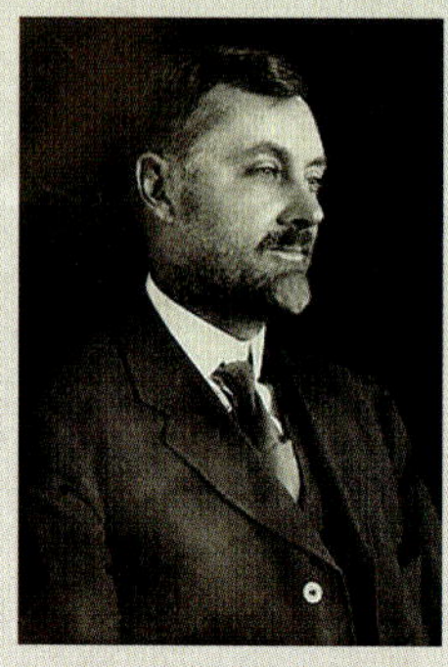

チャールズ・リチャード・クレイン

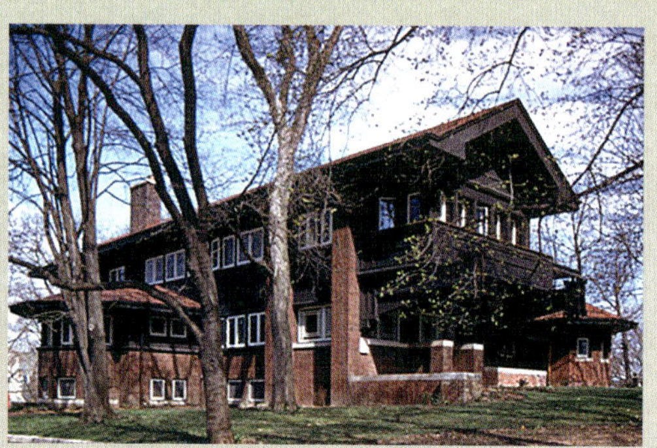

チャールズ・クレインの娘ジョセフィンと夫ハロルド・ブラッドリーの家
設計：ルイス・サリヴァン

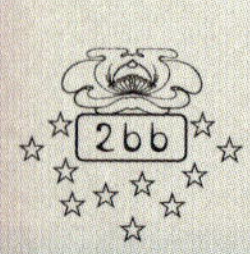

「クオ・ヴァディス」

★★★★★★★★★★★★★★★★★★★★★

"QUO VADIS ?"

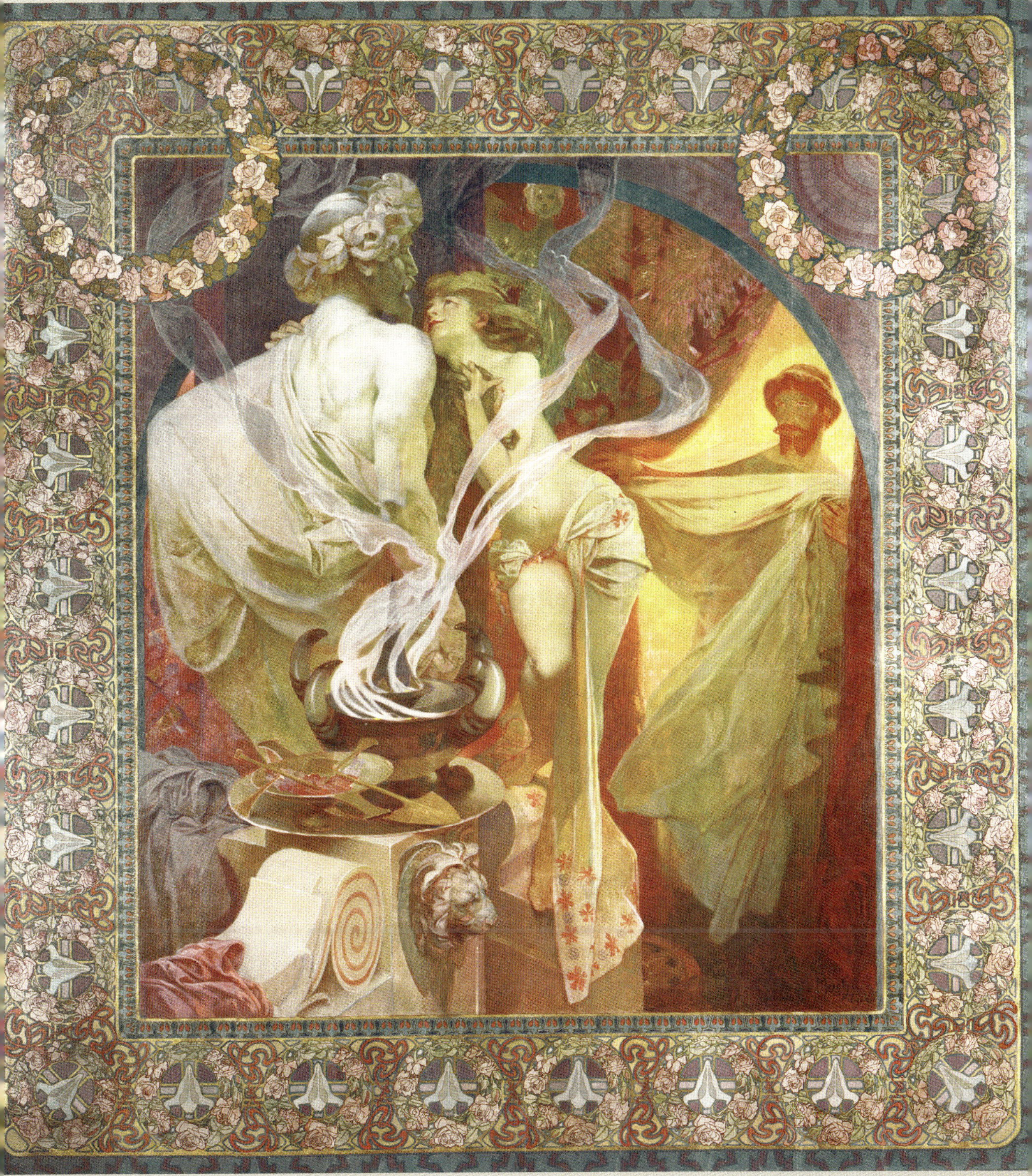

ポーランドの作家ヘンリク・シェンキェヴィチによる『クオ・ヴァディス』の絵である。ローマの女奴隷が主人ペトロニウスに恋し、ペトロニウス像に思いを打ち明けている。それを本物のペトロニウスが見ている。この絵にはミュシャと女弟子マリ・ヒティロヴァーとの恋が重ねられている。この絵は1904年に描き上げられるが、1920年まで装飾の部分に手を入れていた。その後行方不明であったが、1979年にやっと再発見された。

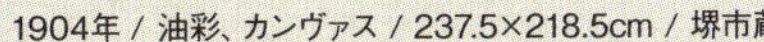

1904年 / 油彩、カンヴァス / 237.5×218.5cm / 堺市蔵

「ハーモニー」

★★★★★★★★★★★★★★★★★★★★★★★

"HARMONY"

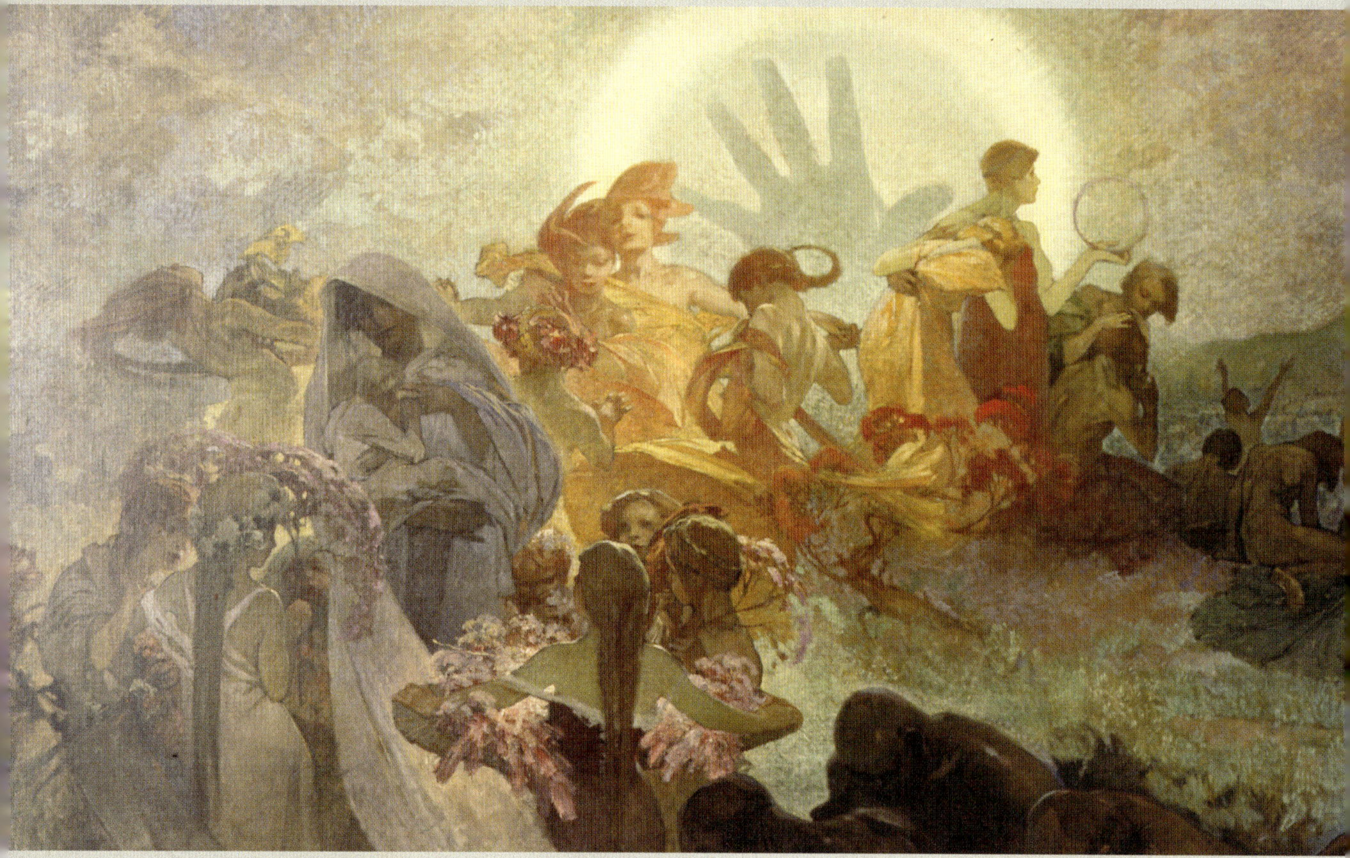

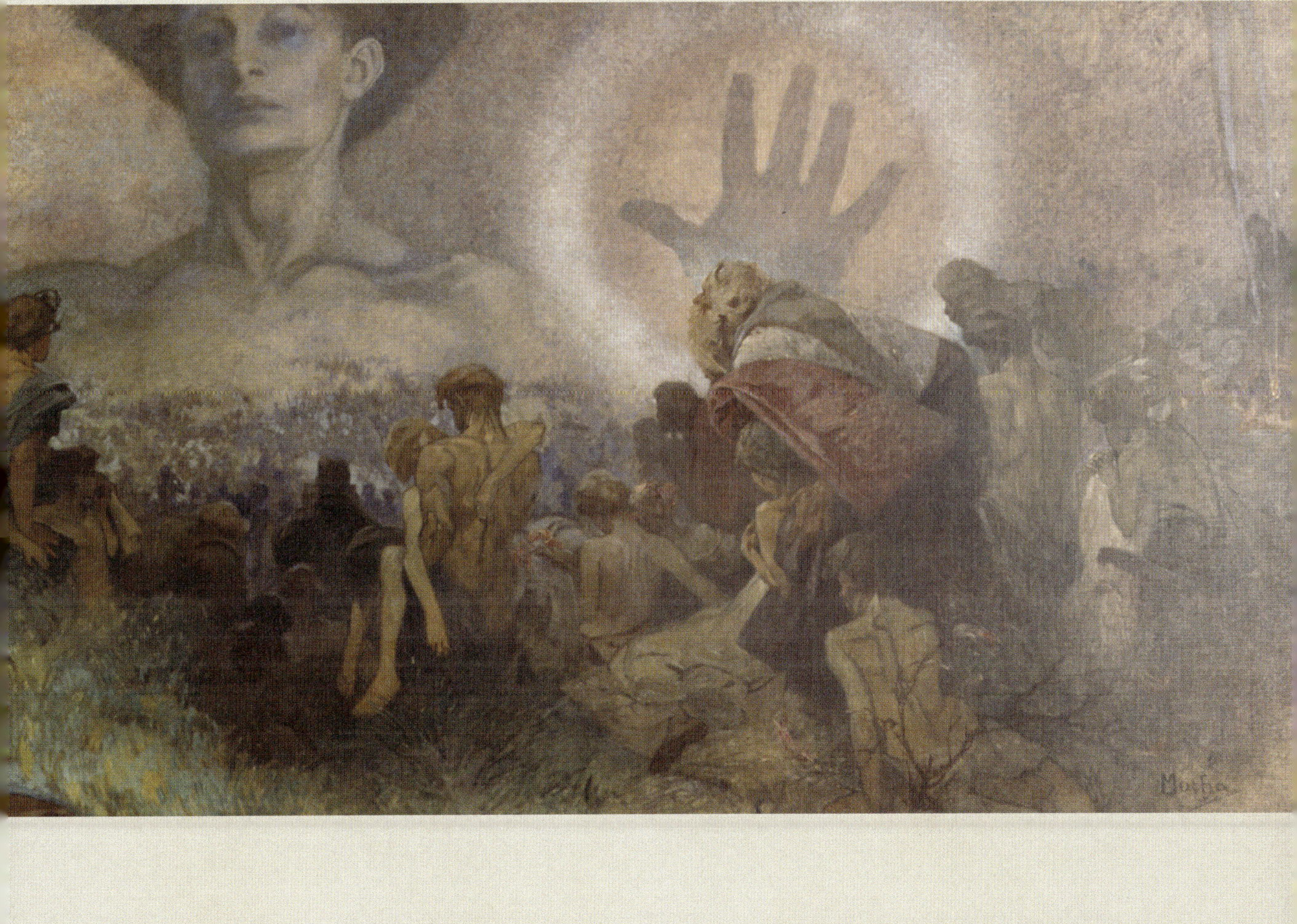

1908年のドイツ劇場の壁画装飾のためにつくられたおびただしい作品の1つであったろう。両手をかざすポーズは、ドイツ劇場の装飾パネル「喜劇」にもあらわれる。〈黙示録的な人間のドラマ〉という壮大なテーマはドイツ劇場がつぶれて中断されたが、「スラヴ叙事詩」へと受け継がれてゆく。

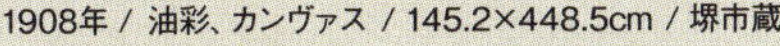
1908年 / 油彩、カンヴァス / 145.2×448.5cm / 堺市蔵

TOPICS

アメリカン・コネクション　ミュシャとクレインとマサリク

AMERICAN CONNECTION: MUCHA, CRANE AND MASARYK

アメリカ人のチャールズ・クレインによってT・G・マサリクとミュシャが結ばれ、「スラヴ叙事詩」が生まれ、プラハにもたらされる。その不思議なめぐり合わせにおどろかされる。

トマーシュ・ガリッグ・マサリクはチェコの思想家であり、チェコの解放者、祖国の父といわれ、チェコスロヴァキア共和国の初代大統領となった。カレル・チャペックは、マサリクの伝記となる『マサリクとの対話』を書いている。

チャールズ・クレインはマサリクと親しく、アメリカのウィルソン大統領と会わせ、チェコの独立を後援している。注目すべきなのはマサリクの妻がアメリカ人であったことだ。彼は1877年にライプツィヒでシャーロット・ガリッグに会う。ガリッグ家はコペンハーゲン出身でアメリカに移住していた。シャーロットはライプツィヒにきて、ピアノを学んでいた。やがて彼女はアメリカにもどるが、マサリクはアメリカまで行って彼女と結婚する。その後マサリクはチェコ独立運動に関わり、亡命生活を送る。第1次世界大戦後、祖国にもどる。チェコで夫の帰りを待っていたシャーロットは、あまりに厳しい状況の中で精神を病んでいた。

マサリクが大統領になった時、クレインの息子リチャードがアメリカ大使となり、プラハに赴任する。またクレインの次女フランシスがマサリクの息子ヤンと結婚する。ミュシャはクレインの長女ジョセフィンを「スラヴィア」として象徴的に描いたが（P330）、フランシスの方はオーソドックスな肖像画として描いている。

このようにクレインはマサリクと密接な関係にあったから、そこにミュシャを結びつけ、「スラヴ叙事詩」の制作をうながすとともに、その作品をチェコに贈るようにすすめたのである。

1918年、最初のチェコスロヴァキア共和国の紙幣はアメリカで印刷された。時間がなかったので、ミュシャの「スラヴィア」の絵が使われた。アメリカの娘がスラヴの女のイメージとして、チェコスロヴァキアの紙幣を飾ったのであった。

☆☆☆

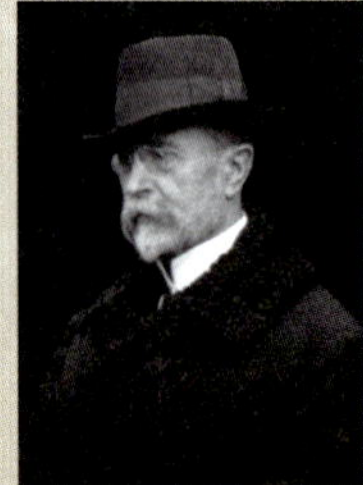

トマーシュ・ガリッグ・マサリク

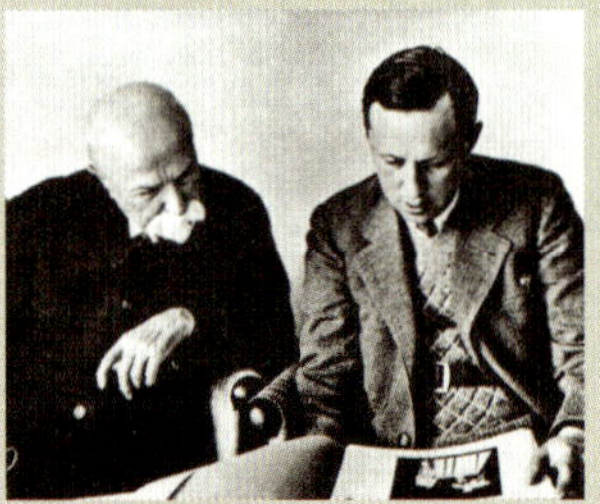

トマーシュ・マサリクとカレル・チャペック
1931年

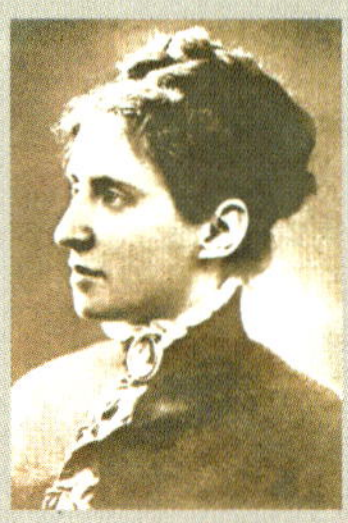

シャーロット・ガリック

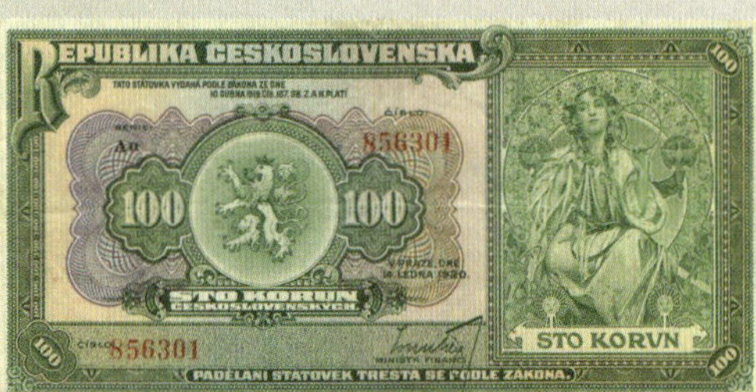

「スラヴィア」が使われた
チェコスロヴァキアの100コルナ紙幣
デザイン：アルフォンス・ミュシャ

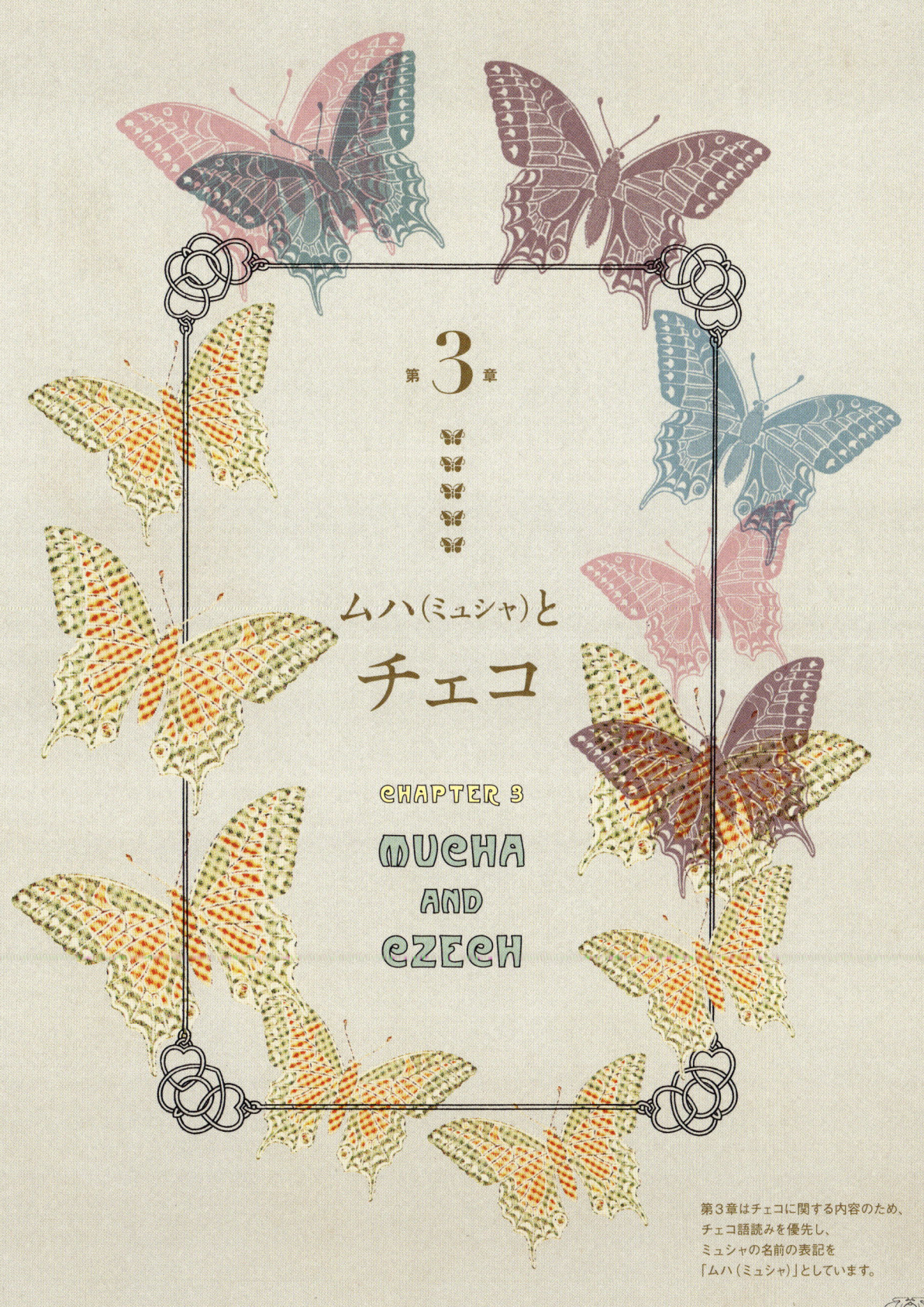

第3章

ムハ(ミュシャ)とチェコ

CHAPTER 3

MUCHA AND CZECH

第3章はチェコに関する内容のため、
チェコ語読みを優先し、
ミュシャの名前の表記を
「ムハ(ミュシャ)」としています。

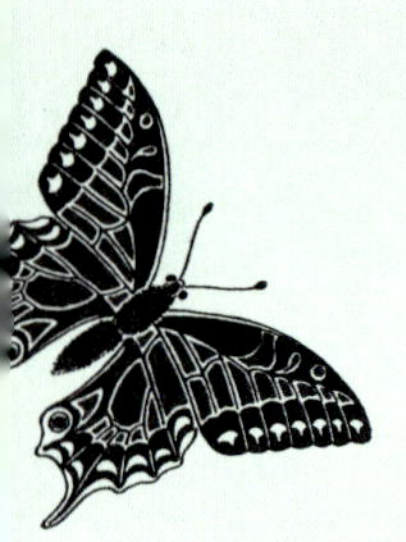

スラヴよ、わがおとぎの国よ

汎スラヴ主義の夢

20世紀に入った時、ムハ（ミュシャ）はふるさとチェコへの激しい郷愁にとらわれる。彼は〈世紀末パリ〉という華やかな祝宴に参加した。それはボヘミアンでコスモポリタンな祭りであり、アール・ヌーヴォーはそれにふさわしいスタイルであった。

しかしパリ万国博覧会でさまざまな民族文化に触れ、ムハ（ミュシャ）は自らの祖国チェコの民族について強く意識するようになる。そしてこれまでの自分をいさぎよく捨てて、これからの生涯をチェコ民族の始原を求める旅に捧げることを決意する。それこそが彼が描くべきテーマなのだ。

ムハ（ミュシャ）はチェコ民族の神話時代からの壮大な歴史を「スラヴ叙事詩」として構想する。それを描くためにはパリのコマーシャル・アートを捨てなければならない。その夢のような大作品を実現するために、新しいパトロンをさがして、彼はアメリカに旅立った。

「スラヴ叙事詩」の構想のきっかけについては、いろいろいわれている。1905年のアメリカへの船旅の時に、チェコの歴史家で小説家のアロイス・イラーセクの『全てに抗して』を読んだこと、1908年にボストン交響楽団の演奏でスメタナの《わが祖国》を聴いたことなどが、それぞれきっかけになっているが、すでに19世紀末のパリ時代に、汎（パン）スラヴ主義の影響を受けていたと思われる。

汎スラヴ主義は、ロシアと東欧の国々がかつて〈スラヴ民族〉という大きなまとまりから分かれたもので〈スラヴ精神〉を共有しているという考えである。ポーランド、チェコスロヴァキアは西スラヴ、ロシアは東スラヴ、旧ユーゴスラヴィアやブルガリアは南スラヴといわれている。汎スラヴ主義は3つのスラヴを統一し、ハプスブルク帝国などの西ヨーロッパに対抗しようとした。しかし20世紀になると、ロシア中心の汎スラヴ主義とチェコや

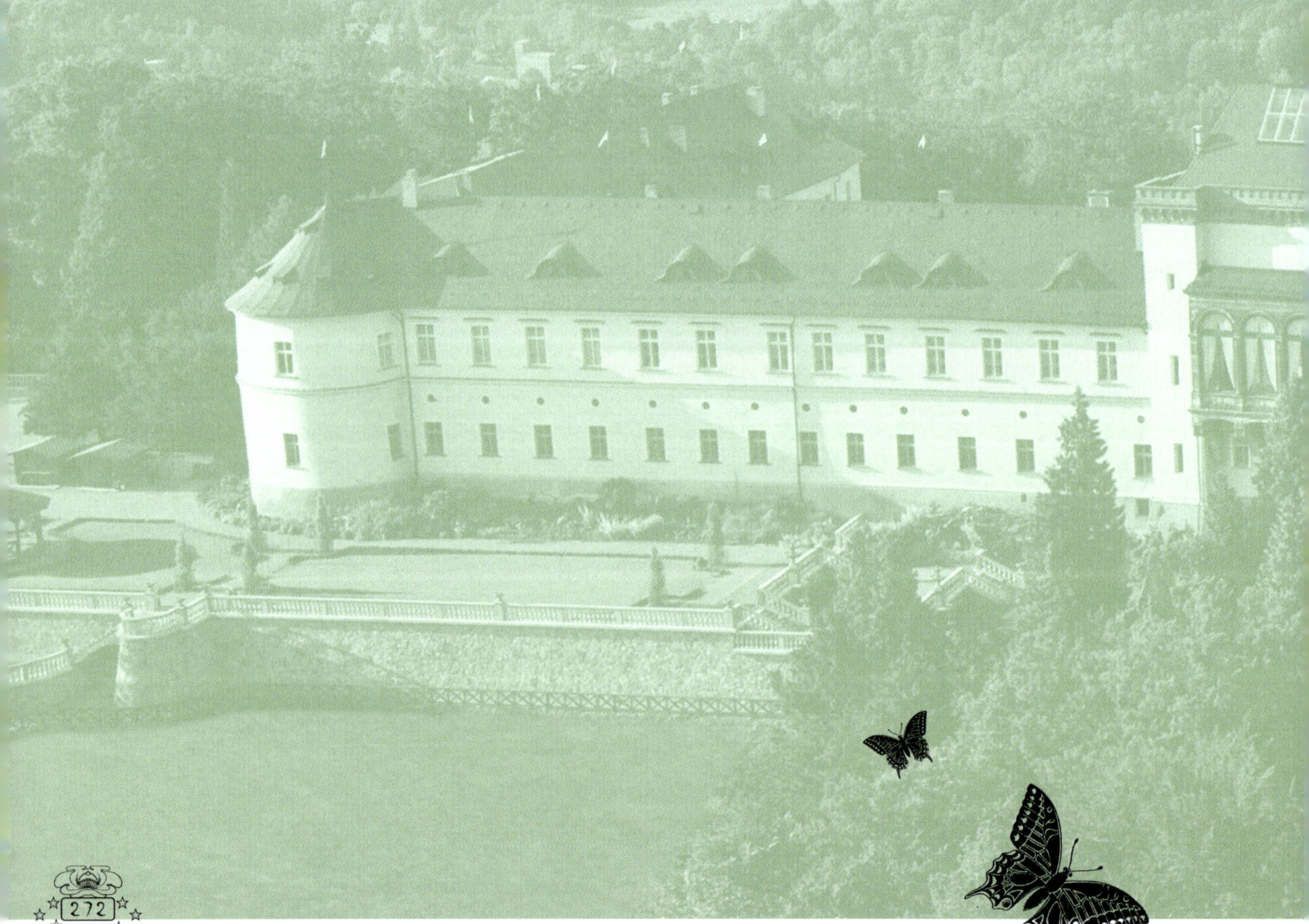

ポーランドの民族的な方向が対立し、汎スラヴ主義は時代おくれとなった。

しかしムハ（ミュシャ）は、あえて、スラヴ民族全体の歴史的運命を描く「スラヴ叙事詩」をとりあげたのである。そしてムハ（ミュシャ）が心血を捧げたこの大作は、テーマもスタイルも時代おくれだとして、時代から無視され、歴史から忘れ去られてしまったのである。それが自由に見られるようになり、その魅力をのびのびと語れるようになるまで、100年の時をまどろんでいた。

スラヴ・スタイルを求めて

「スラヴ叙事詩」（全20点）は1928年、チェコ民族とプラハ市に寄贈された。しかしあまり歓迎されなかった。なぜだろうか。まず20点のうち、10点はチェコの歴史であったが、他の10点はロシアやブルガリアの歴史であった。〈スラヴ〉という大きなくくりをチェコは喜ばなかったのである。次に表現が、神話的、幻想的、象徴的であり、すでにチェコ・アヴァンギャルド〈fig〉などのモダニスムの時代に入っていた共和国においては過去のスタイルと見られた。絵画と物語は分離され、叙事詩という形は古いとされた。

抽象化というモダン・アートの方向に反して、ムハ（ミュシャ）はアール・ヌーヴォー以前の象徴的表現にもどっている。そして神話や物語を復活しようとするのである。そのようなムハ（ミュシャ）の〈スラヴ・スタイル〉を、新しいものを求めつづけた〈モダニスム〉の後である今、私たちはようやく理解することができる。

ムハ（ミュシャ）の〈アール・ヌーヴォー・スタイル〉と〈スラヴ・スタイル〉のちがいは輪郭線である。アール・ヌーヴォーでは明確な輪郭線によって平面が分割される。スラヴ・スタイルでは輪郭線がなくなり、あいまいになり、事物は幻影のように漂う。しかしムハ（ミュシャ）において事物は遠近法の空間に固定されず、いくつものシーンが自由にモンタージュされ、現実というより神話的な空間が出現する。

アール・ヌーヴォーは世俗的、日常的な近代都市風景の表現であった。ミュシャ・スタイルはそこに神話性、象徴性を投入していて、魔術的な魅力を放っていたが、「スラヴ叙事詩」では、より象徴的な精神性、雰囲気を漂わせ、おとぎの国の夢物語をつくり出したのである。

現実の厳しい戦いを過ごさなければならなかったチェコが、そのような夢物語を楽しむことができるまでには、長い時が過ぎなければならなかった。

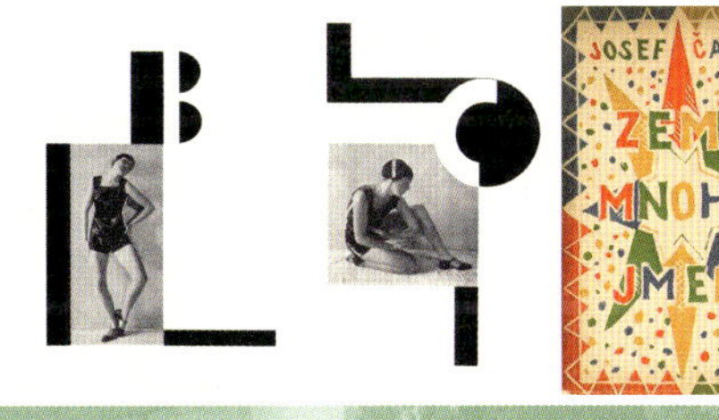

fig　（左）チェコ・アヴァンギャルドのブック・デザイン
書籍『アベセダ（アルファベット）』中ページ
詩：ヴィテスラフ・ネズヴァル／デザイン：カレル・タイゲ／1926年
（右）チェコ・アヴァンギャルドのブック・デザイン
書籍『多くの名を持つ国』表紙
文・デザイン：ヨゼフ・チャペック／1923年

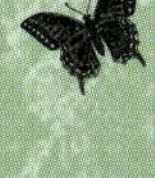

CHAPTER 3

OUR SLAVIC FAIRYLAND

The Pan-Slavist Dream

By the early twentieth century, Mucha was gripped by an intense nostalgia for his Czech homeland. He had been a part of the glamorous banquet that was fin-de-siècle Paris, a bohemian and cosmopolitan festival, perfectly suited to the Art Nouveau style.

However, Mucha had been made vividly aware of the ethnicity of his own Czech homeland by his encounter with other ethnic cultures at the Paris World's Fair. As a result, he took the brave decision to jettison his past and to dedicate the rest of his life to an exploration of the roots of the Czech nation. This was to be his theme.

Mucha planned the *Slav Epic* as the grand history of the Czech nation going back into a mythical past. To depict this theme, he would have to abandon the commercial art of Paris. He traveled to America in search of a new patron to help him realize the dream of this grand work.

There are several versions of what inspired the *Slav Epic*. Sources of inspiration include reading *Proti Všem* (Against All the World) by the Czech writer Alois Jirásek on the crossing to America in 1905 and hearing the Boston Symphony Orchestra perform Smetana's *Má Vlast* (My Country) in 1908, but it is likely that Mucha was influenced by pan-Slavism in Paris as early as the end of the nineteenth century.

According to Pan-Slavism, Russia and the Eastern European countries were once part of a great settlement of Slav people and shared the same Slavic spirit. The Poles, Czechs, and Slovaks were Western Slavs, the Russians were Eastern Slavs, and the Bulgarians were Southern Slavs. The Pan-Slav movement was an attempt to unite the three Slav people and to resist Western Europe and the Habsburg rule. However, by the twentieth century, the Russia-centered Pan-Slavism clashed with the ethnic movements among the Poles and the Czechs, bringing the age of Pan-Slavism to an end.

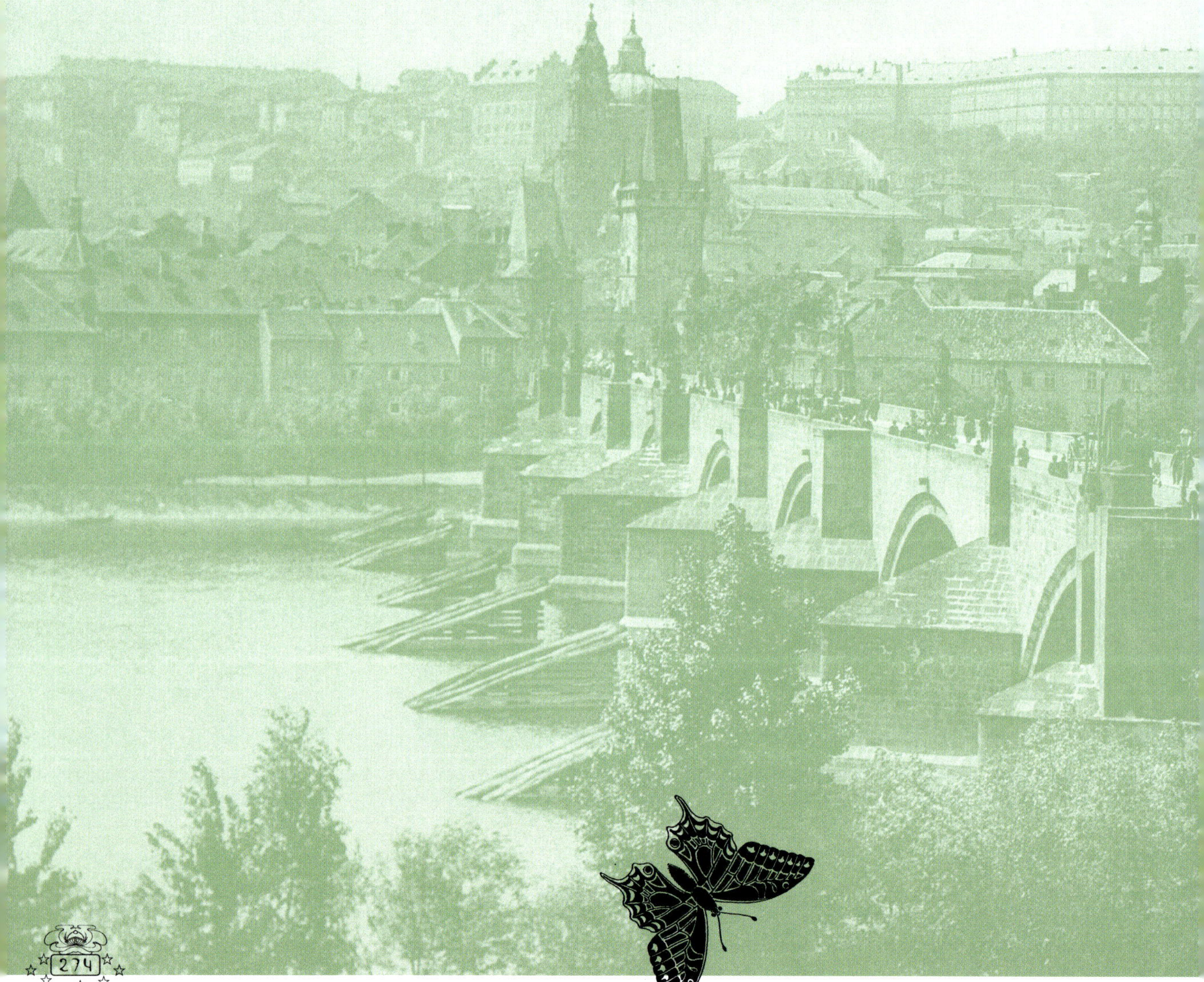

Nevertheless, Mucha decided to depict the historical destiny of the entire Slav people in the *Slav Epic*, but he put his heart and soul into a theme and style that had gone out of fashion. His masterpiece was ignored in his own time and then forgotten by history. The work would slumber for one hundred years before people felt free to talk about its appeal.

Exploring the Slavic Style

The *Slav Epic* (twenty paintings in total) was donated to the Czech nation and the city of Prague in 1928. The work was not, however, very well received. Why would that be? To start with, ten of the twenty paintings dealt with Czech history, but the other ten depicted the history of Russia and Bulgaria. The Czechs were not enthused by the idea of an expanded Slav nation. Secondly, Mucha's style of expression was mythical, fantastical, symbolic and, therefore, perceived as the style of the past in the eyes of Modernists and the Czech avant-garde. For them, paintings and narratives had become separated, and the epic poem was regarded as an old-fashioned form.

Mucha was opposed to the abstraction prevalent in modern art and returned to the symbolic expression that had preceded the Art Nouveau. He was also trying to blow new life into myths and fairytales. Modernism was continually trying for something new and it is only now—after modernism—that we finally understand Mucha's Slavic style.

The differences between Mucha's Art Nouveau style and his Slavic Style are indicated in the contours. In Art Nouveau, the contours dissolve, become vague, and everything is a floating illusion. In the works by Mucha, the perspective space is not fixed, but he makes liberal use of the montage technique to create a mythical rather than a realistic space.

The Art Nouveau was an expression of the secular, everyday modern cityscape. Mucha developed a style that infused it with mythical and symbolic qualities, creating a magical attraction, but for the *Slav Epic*, he created a fantastic tale of a fairyland by imbuing the work with a more symbolic, spiritual air.

However, the Czech people were engrossed in a difficult battle with reality and it would be a long time before they were able to appreciate such a fantastic tale.

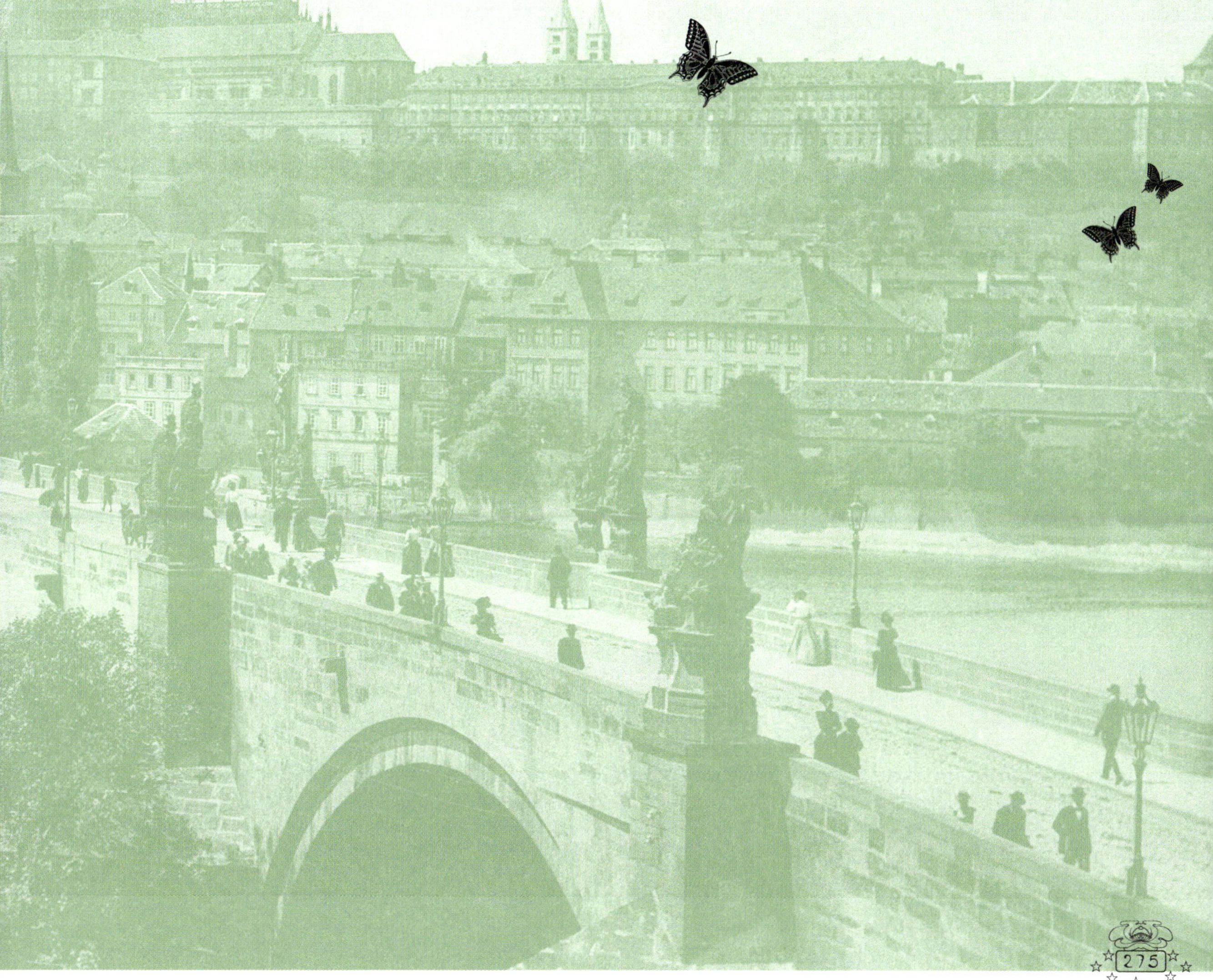

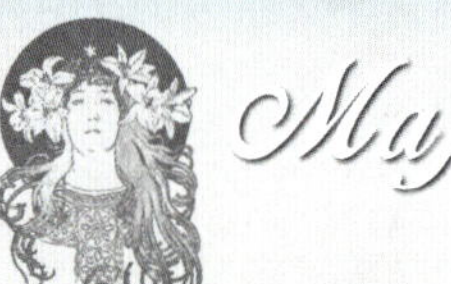

Map　ムハ（ミュシャ）のふるさとチェコ

［1919年のチェコスロヴァキア共和国の地図より］

★1　イヴァンチツェ
Ivančice
…1860年、ムハ（ミュシャ）はオーストリア領モラヴィア（現チェコ）のイヴァンチツェに生まれる。

★2　ブルノ
Brno
…1871年、ブルノの中学校に入学、聖ペトロフ教会の聖歌隊に入る。

★3　プラハ
Prague
…1878年、美術アカデミーを受験するが不合格。後にプラハでさまざまな作品を制作する。

★4　ウィーン
Vienna
…1879年、舞台美術の工房で働くが、1881年にウィーンのリング劇場焼失により工房を解雇されてしまう。

★5　ミクロフ
Mikulov
…1882年よりミクロフの名士たちの肖像画を描いて生計を立てる。ミクロフの領主クーエン伯爵とその弟から援助を受ける。

★6　ズビロフ
Zbiroh
…1910年、チェコにもどったムハ（ミュシャ）は、ズビロフ城の一翼をアトリエと住まいとして借りる。「スラヴ叙事詩」を本格的に制作開始。

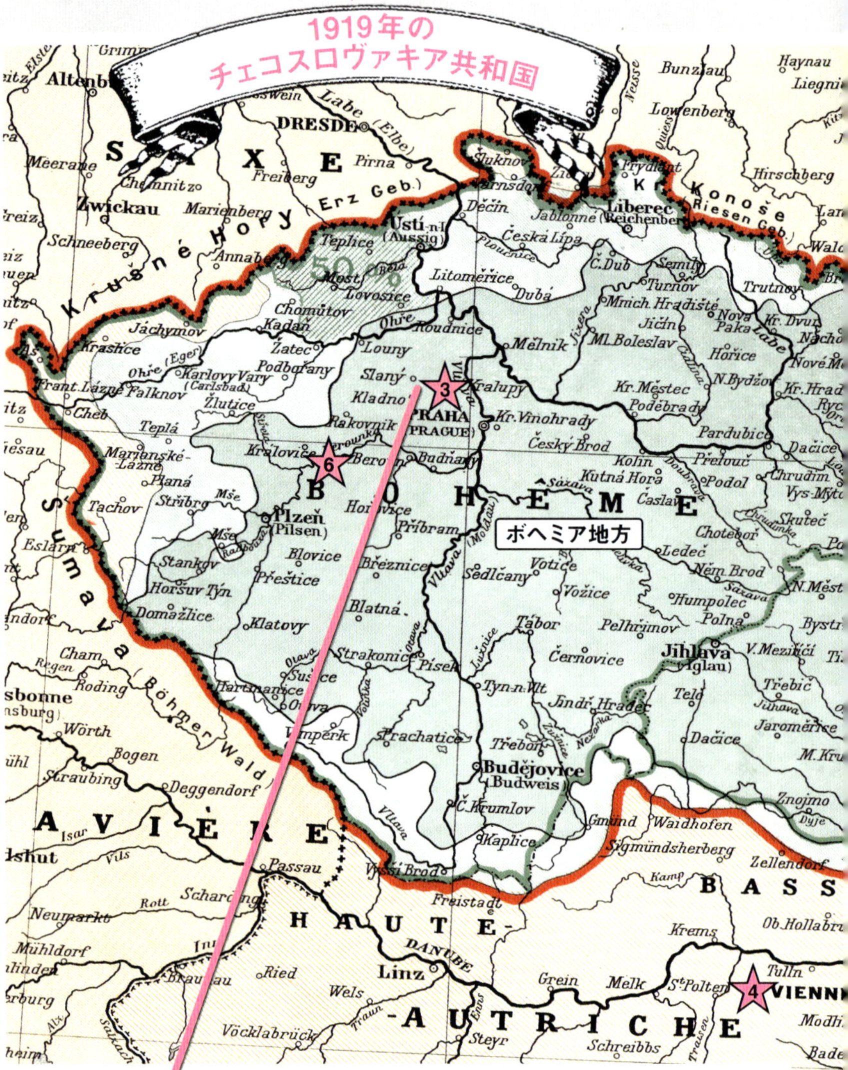

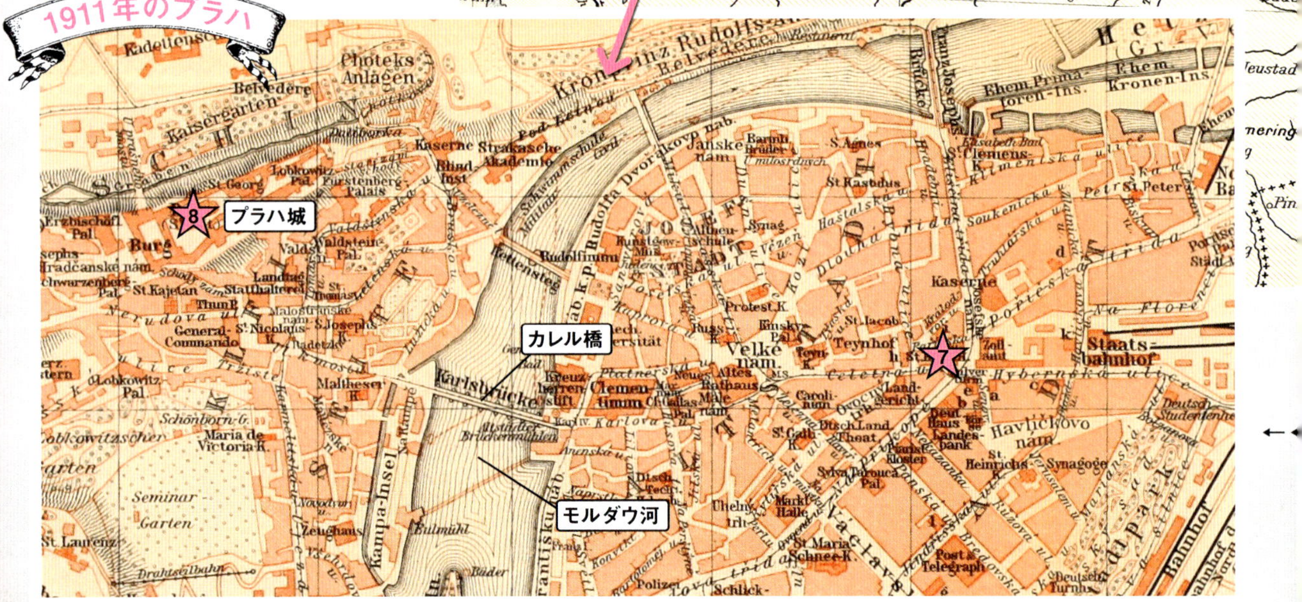

1919年のチェコスロヴァキア共和国

ボヘミア地方

1911年のプラハ

プラハ城

カレル橋

モルダウ河

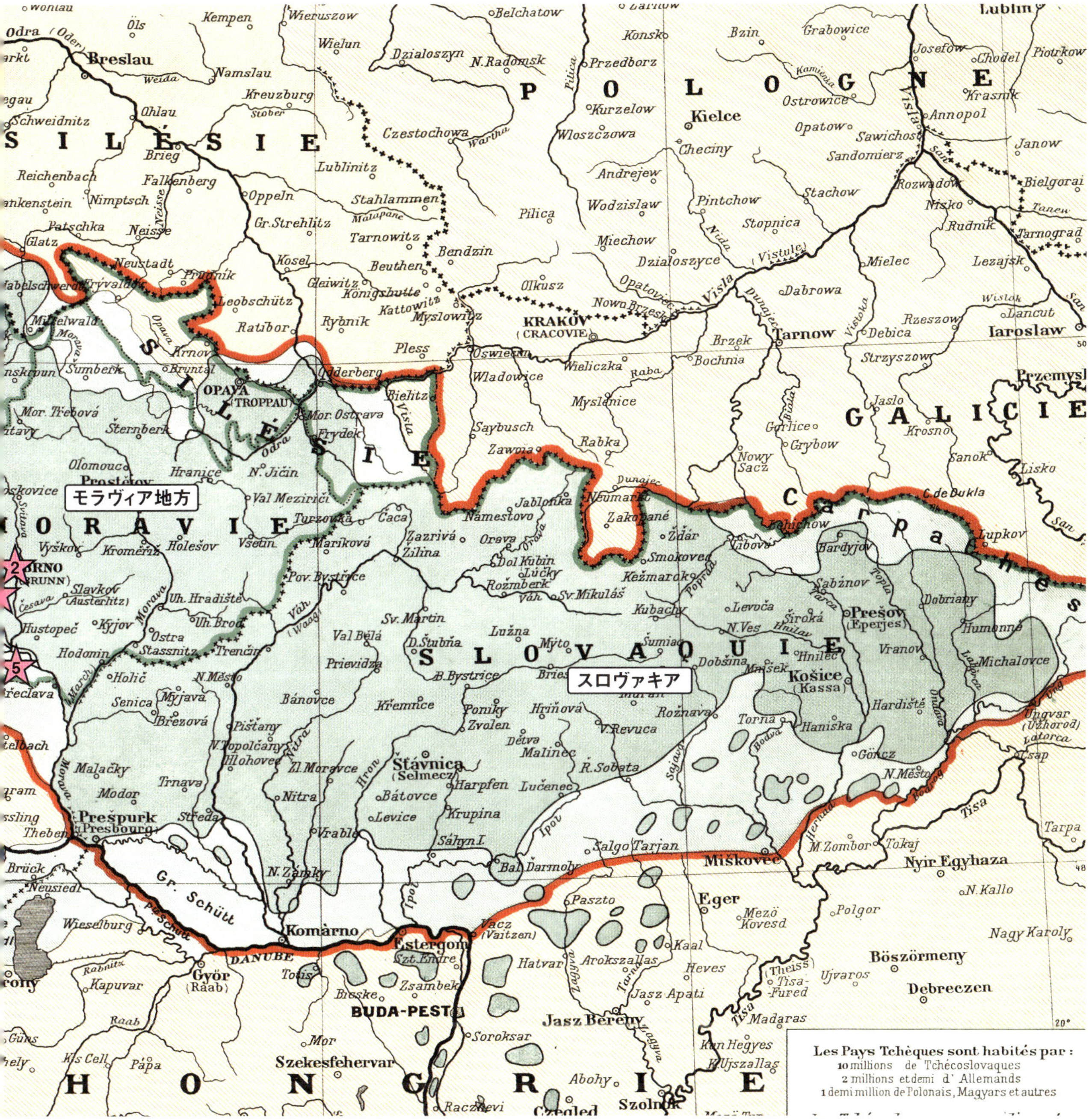

モラヴィア地方

スロヴァキア

Les Pays Tchèques sont habités par :
10 millions de Tchécoslovaques
2 millions et demi d' Allemands
1 demi million de Polonais, Magyars et autres

←←← [1911年のプラハの地図より]

★7 プラハ市民会館 **Prague's Municipal House** …1911年、プラハ市民会館の壁画制作をはじめる。

★8 聖ヴィート大聖堂（プラハ城内） **St. Vitus Cathedral** …1931年、ステンドグラスをデザイン。

ALFONS MARIA MUCHA

「スラヴ叙事詩」への招待

TO THE SLAV EPIC

「スラヴ叙事詩」はスラヴ民族の神話と歴史の中の20の場面を描いている。それぞれの絵はおびただしい細部が網の目のように絡み合った複雑な構成を持ち、神話的、歴史的意味もぎっしりつめこまれている。

その魅力をどうやって伝えたらいいだろうか。それぞれの絵の注釈や解説を積み重ねるだけではそれは伝わらない。20枚の絵を1つの世界として、また1つの物語として読んでいけないだろうか。だれがそれを語ってくれるだろうか。

私はふと、これを描いたアルフォンス・ムハ（ミュシャ）に語ってほしいと思った。もちろんそれは不可能であるが、それならば、ムハ（ミュシャ）になったつもりで、「スラヴ叙事詩」を1つの物語として読んでみたいと思うようになった。これは「スラヴ叙事詩」を見ている時に、ムハ（ミュシャ）が語ってくれたように思えた物語である。

それは、私の夢の中の〈ムハ（ミュシャ）〉の物語であり、夢想にすぎないかもしれないが、その世界はあまりに鮮やかであったから、私がおぼえている限り、その魅力的な世界を伝えておこう。そしてその物語を、〈あなたの物語〉として、語りなおすために、ふたたび絵にもどっていってほしいのだ。

参考書籍：ヴラスタ・チハーコヴァー著・編『〈スラヴ叙事詩〉通鑑』

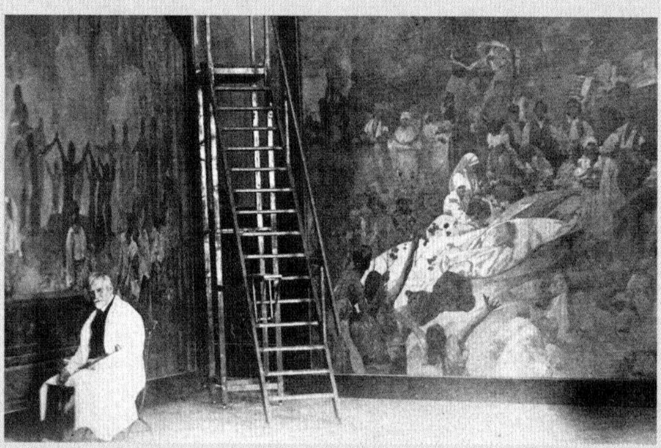

ズビロフ城のアトリエで「スラヴ叙事詩」を描くミュシャ／Heritage/PPS通信社

The *Slav Epic* contains illustrations of twenty scenes from Slav myth and history. Each of the eye-catching images is finely detailed and filled with historic and mythic significance. It is impossible for us to know precisely what Mucha intended. This much, however, is certain. Together they form a complete world and a single, powerful story, and this, we can be sure, is the way in which Mucha wanted us to read them. Thus, when examining The *Slav Epic*, we must be aware of the epic that Mucha is attempting to communicate and try to grasp it as a whole. What we see may be only our own dream; but the world before us is fresh and vivid. Its power is undeniable. Look once again at the images and imagine them as part of your own story.

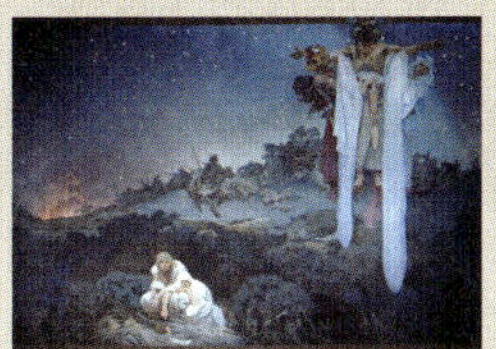
1
スラヴ民族のふるさと
トゥーラーン人の鞭と
ゴート族の剣の間で
[P280-282]

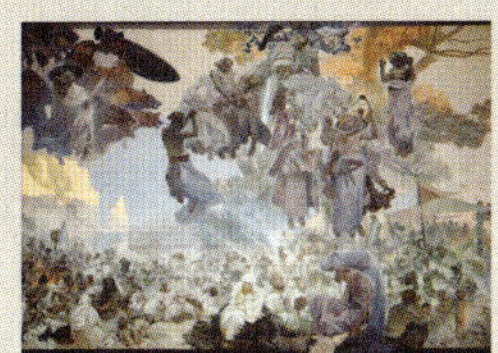
2
ルヤナ島のスヴァントヴィート祭
神々が戦う時、救いは諸芸術にある
[P283-285]

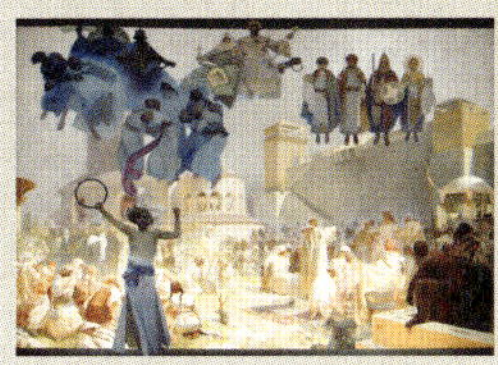
3
スラヴのキリスト教
汝の母国語で主を讃える
[P286-287]

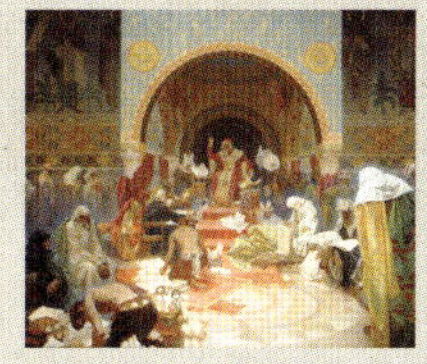
4
ブルガリア皇帝シメオンとスラヴ文化
スラヴ文学の幕開け
[P288-289]

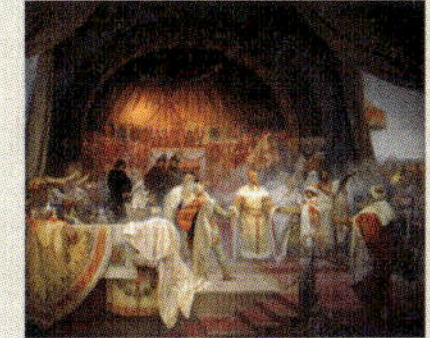
5
オタカル2世のボヘミア王国
〈スラヴ連合〉の夢
[P290-291]

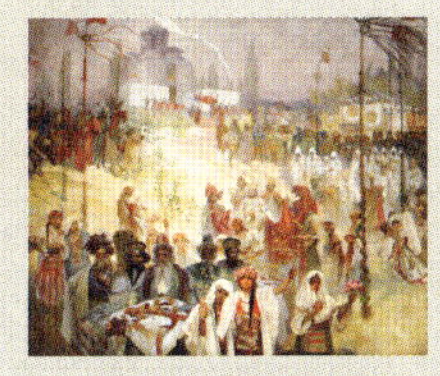
6
ドゥシャン皇帝のセルビア
スラヴ語による法典
[P292-293]

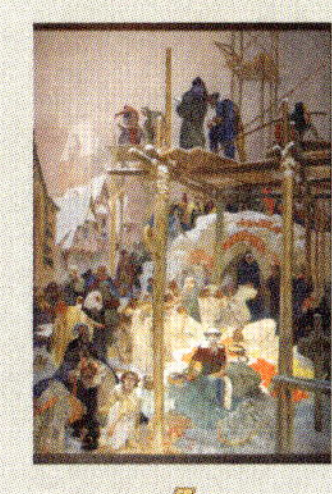
7
ヤン・ミリーチの娼婦の教会
売春宿を修道院に改装
[P294-295]

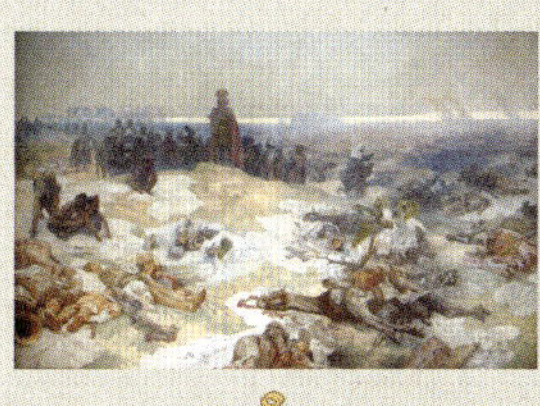
8
グルンヴァルトの戦いの後で
北スラヴ民族同盟
[P296-297]

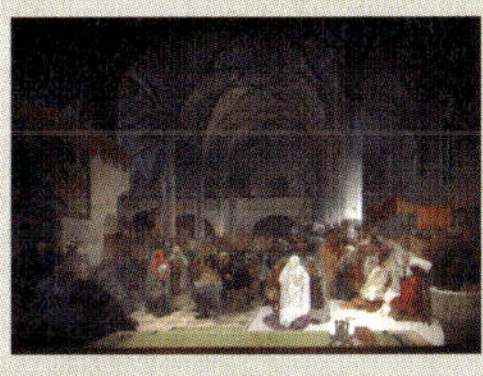
9
ヤン・フスの最後の説教
真実の勝利
[P298-299]

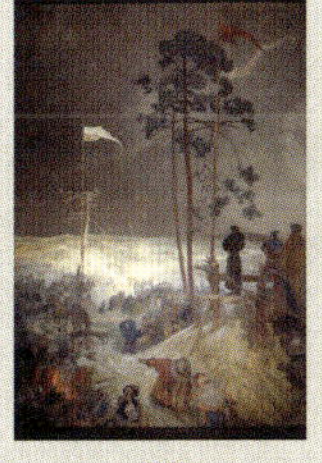
10
クジーシュキの集会
フス戦争のはじまり
[P300-301]

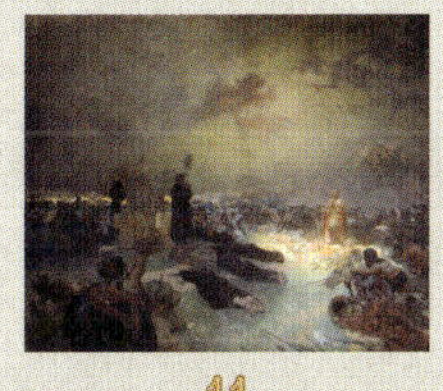
11
ヴィートコフ丘の戦いの後で
神は力ではなく、真実をあらわす
[P302-303]

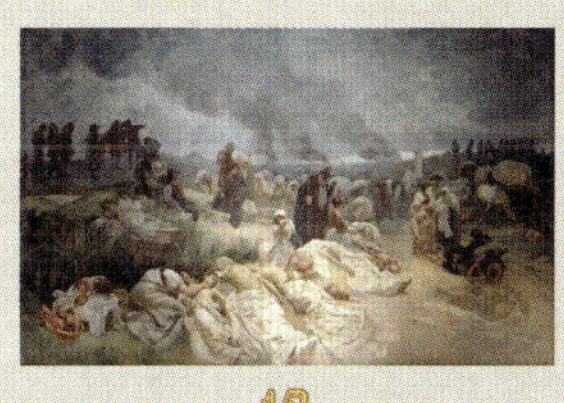
12
ペトル・ヘルチツキー
悪をもって悪に報いるな
[P304-305]

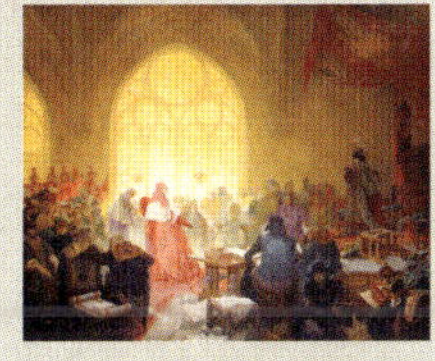
13
フス派の王イジー
盟約は守られなくてはならない!
[P306-307]

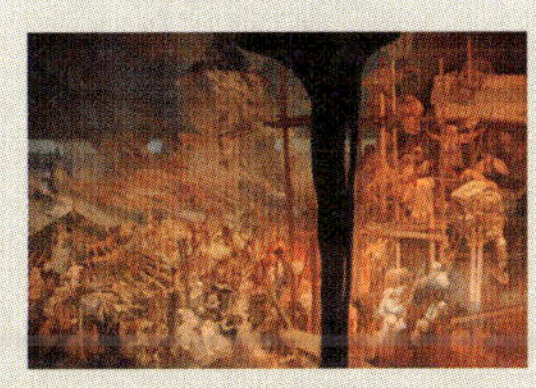
14
ズリンスキーの対トルコ防衛戦
キリスト教世界の盾
[P308-309]

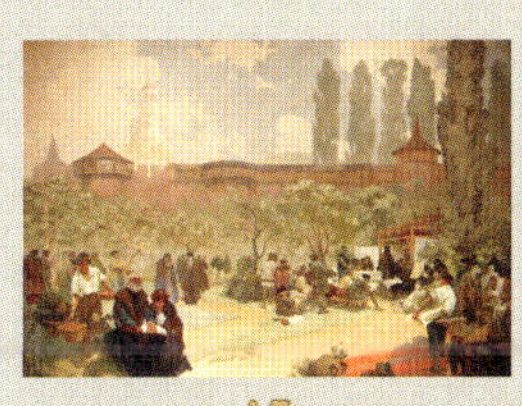
15
イヴァンチツェの兄弟団学校、
聖書の印刷
神が授けた言語という贈りもの
[P310-311]

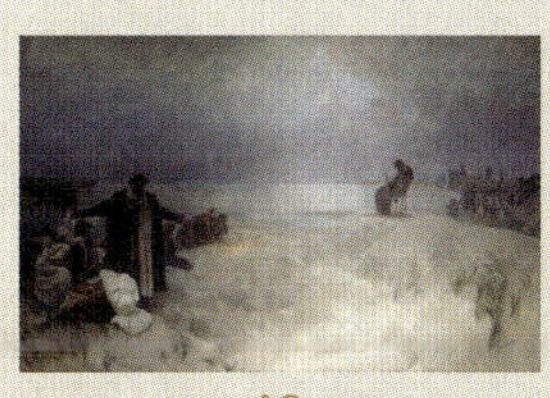
16
コメンスキーの最後の日々
明滅する希望
[P312-313]

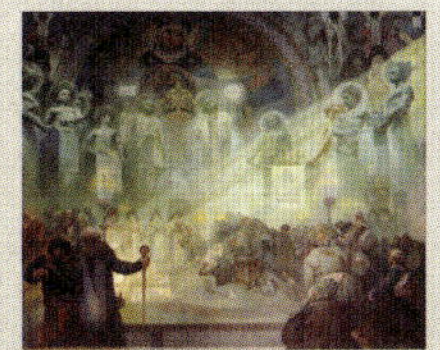
17
聖なるアトス山
聖地に集うスラヴ巡礼者たち
[P314-315]

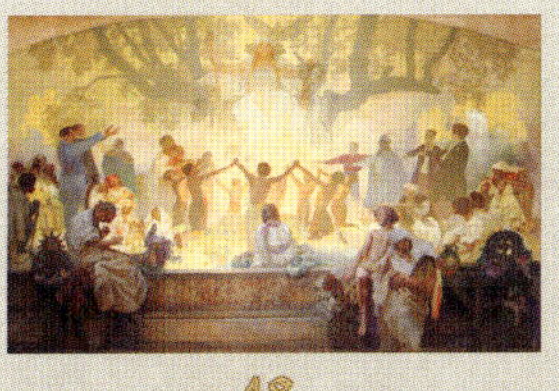
18
オムラディナ会の誓い
スラヴ民族の復興
[P316-318]

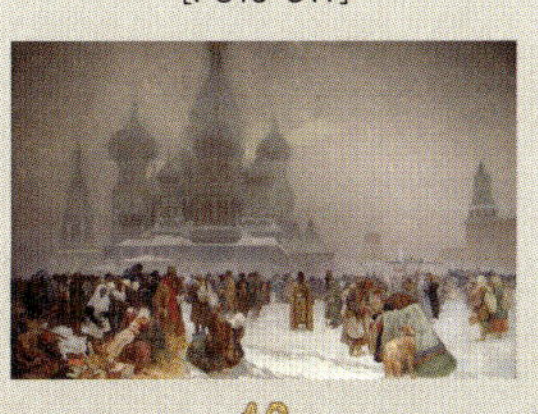
19
ロシアの農奴解放の日
自由な労働こそ国家の基礎である
[P319-321]

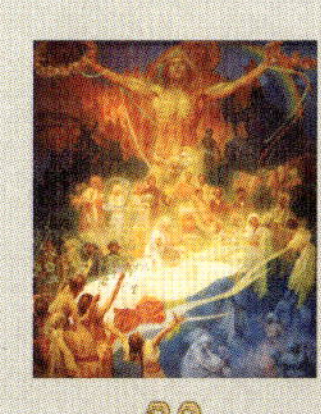
20
スラヴ民族の神話化
スラヴ民族は人類のために!
[P322-323]

☆☆☆

1

☆☆☆

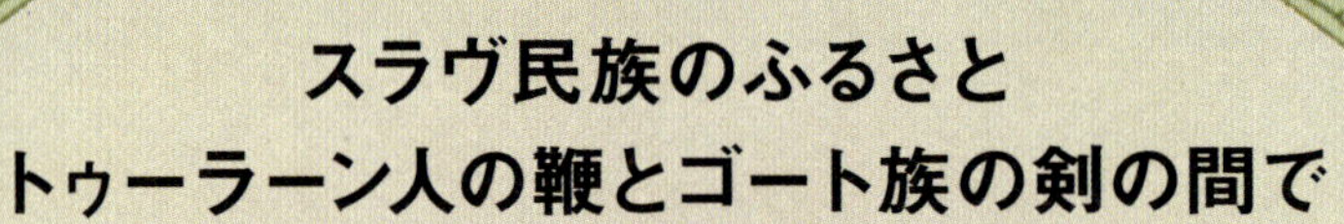

スラヴ民族のふるさと
トゥーラーン人の鞭とゴート族の剣の間で

SLAVS IN THEIR ORIGINAL HOMELAND
BETWEEN THE TURANIAN WHIP
AND THE SWORD OF GOTHS

☆ 物語 ☆

さあ、ここにきて、永遠の光を放つ天空の星の下で起こった古い昔話を聞きなさい。これはスラヴの人々のはるかな、忘れられた物語だ。私たちはどこからきたのか。私たちは何者なのか。私たちはどこへ行くのか。スラヴ民族の歴史は闇に沈んでいる。

私たちは東方からやってきて、ヨーロッパに広がった。しかしヨーロッパの他の民族に囲まれ、その攻撃を受けなければならなかった。西方のケルト人、そしてゲルマン人、東方のトゥーラーン人(中央アジア系)に包囲された。左手に火が上がっている。ゲルマンの騎馬兵が家に火をつけたのだ。彼らは家畜を襲っている。凶暴な彼らのシルエットがうごめいている。

この地を耕し、新しい国をつくろうとやってきたスラヴの若者たちは闇の中でおそれ、おののいている。彼らに生きる希望はないのだろうか。しかし見よ、彼らに光が当たり、闇の中から浮かび上がる。その光はどこからくるのか。見よ、それは右上方から射してくる。そこには力強く天空を翔(かけ)てゆく雷神ペルーンが両手を大きく広げて、スラヴ民族を守るために姿をあらわしている。その両脇には美しきスラヴの娘と若き勇士が寄り添っている。彼らこそスラヴのアダムとイヴであり、スラヴ民族の始原なのだ。

2人が持った青白いヴェールは滝のように流れ落ち、スラヴ民族の生命の泉としてあふれ出し、やがてスラヴの人々を増やし、豊かにするだろう。

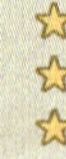

原始の神は、おそれおののくスラヴ人たちに、「おそれるな、散り散りばらばらになったスラヴの民よ、私のもとに集まれ、私に抱かれている、花のような、この若い2人こそ、おまえたちの未来なのだ」と語りかける。

ばらばらになり、互いに孤立しているスラヴ民族は、古い物語を思い出し、 1つになるのだ。

☆ 解説 ☆

おびえる2人のスラヴ人(左下)と天空に浮かぶ神(右上)にスポットライトが当てられている。

ムハ(ミュシャ)は光や色彩によって画面をいくつかの層に分けている。つまり、いくつかの次元のシーンを1つの画面にモンタージュしている。この絵は、闇のシーンと2つの光のシーンで構成されている。背景の闇のシーンでは、スラヴ民族を襲撃する異民族がシルエットのように描かれている。

2つの光のシーンのうち、おびえる2人のスラヴ人はリアルな色彩で、神のシーンには超現実的な世界を象徴する薄青の色がかけられている。青は神話や幻想を示している。大きな絵なので、写真ではわからないが、背景の星空などを描く細部はまるで宝石細工のようだ。

☆

1912年 /
油彩、テンペラ、カンヴァス /
610×810cm /
プラハ市立美術館蔵 (Prague City Gallery)

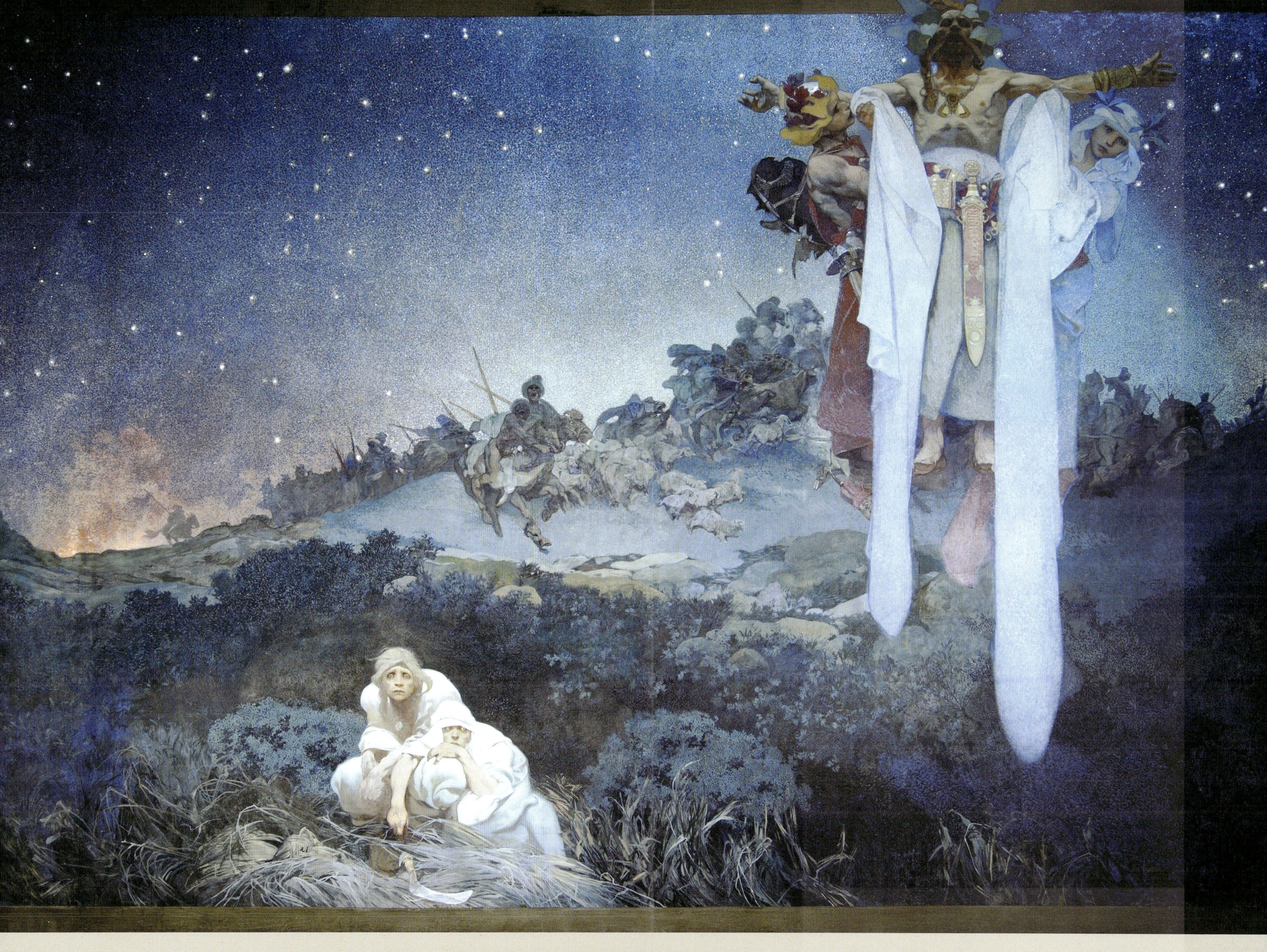

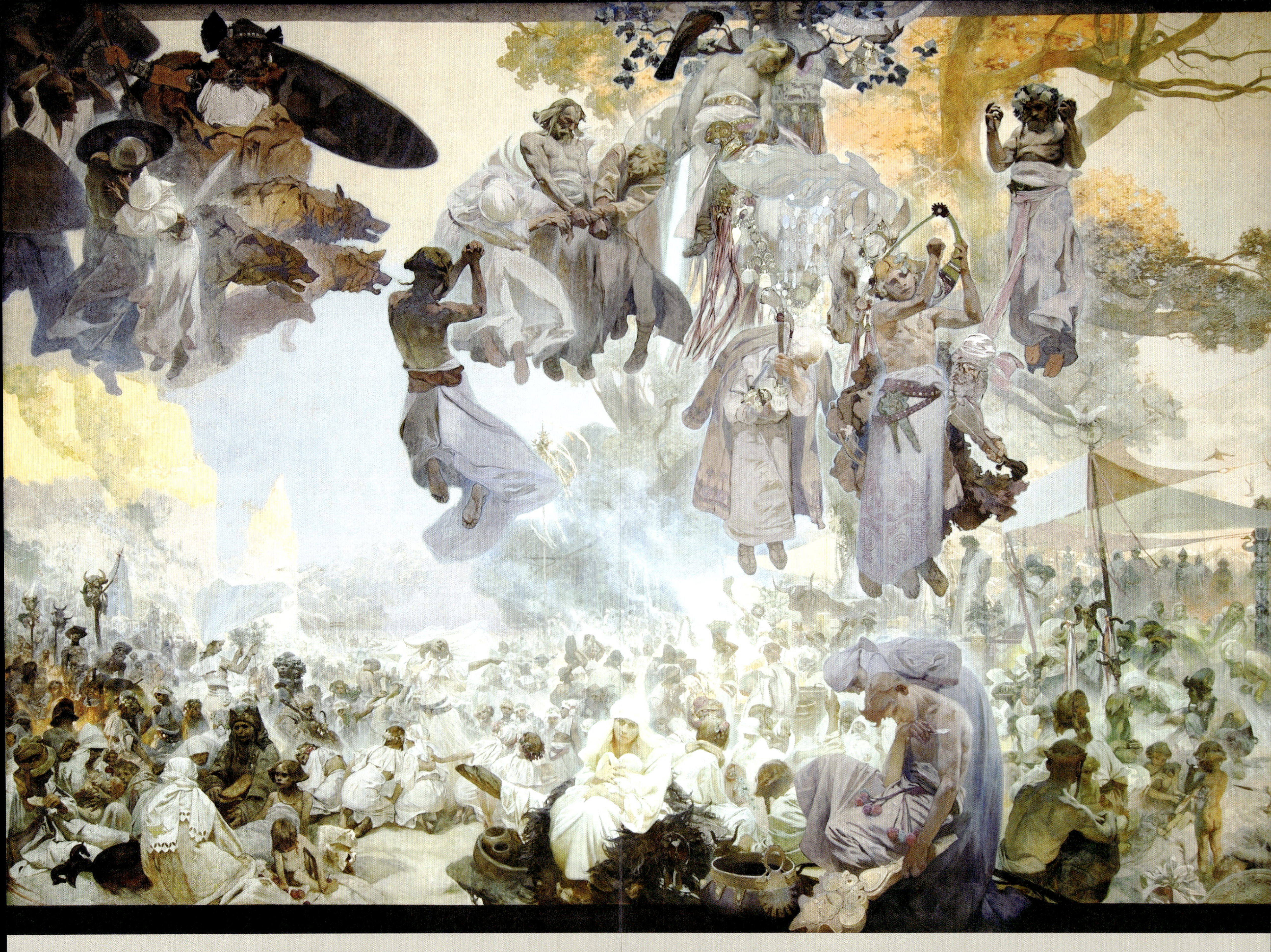

☆☆☆

2

☆☆☆

ルヤナ島のスヴァントヴィート祭 神々が戦う時、救いは諸芸術にある

THE CELEBRATION OF SVANTOVÍT IN RUJANA WHEN GODS ARE AT WAR, SALVATION IS IN THE ARTS

☆ 物語 ☆

見よ、天空で神々の戦いがはじまろうとしている。スラヴの大神スヴァントヴィートの祭りに人々が集まっている。収穫を祝い、人々は楽しげに祭りを過ごしている。

しかし西からはおそろしきゲルマンの神トールが飢えた狼群を連れて襲いかかろうとしている。巨大な樫の木の神であるスヴァントヴィートは青白い光を放つ剣を抜いて立っている。彼の胸では戦いに敗れたスラヴの若き戦士がまさに死のうとしている。神の足もとでは３人の楽師が音楽を奏しているが、どこか悲しげに響いている。

スラヴの神はゲルマンの神に敗れ、スラヴ民族は滅んでいくのだろうか。群衆たちはそれに気づかずに、祭りに浮かれている。楽師の下には豊穣の象徴である牡牛が見える。

群衆の中では、子どもを抱いた母親だけがスラヴの神の終わりに気づいているかのように、こちらを見ている。スラヴ民族を待ちうける辛い運命を予感しているのだろうか。スラヴはゲルマンのくびきにつながれてしまうのだろうか。彼女の抱いている赤ん坊はスラヴの未来への希望をあらわしている。

人々は祭りの熱狂にとり憑かれ、歌ったり踊ったりしている。偶像に祈りを捧げている女もいる。それぞれに別々な世界にとらわれていて、スラヴの古い世界が沈もうとしているのに気づかない、あの母親以外は。

スラヴの神々の死の後になにが残るのか。楽師たちの下で、思いに沈む若者が座っている。彼は自らが彫った木像を手にしている。彼は木彫りの職人であり、スラヴの芸術の未来をあらわしているのだ。このような素朴な木彫りになにか意味があるのだろうか。彼をなぐさめているのは、スラヴの芸術の女神である。戦いは敗れても芸術は生きつづける、つくりつづけなさい、いつか花咲くから、と彼女はいっているのだろうか。

☆ 解説 ☆

スヴァントヴィート（中央上）は西スラヴ人の神で、バルト海のルヤナ（今のリューゲン）島のアルコナに神殿があった。ペルーン（P283）は東スラヴ人の神である。この絵では、神々の世界は青い色面のうちにあらわされている。下界は現実世界である。青い色面は下へ向かい、若い木彫師（右下）のところにのびている。〈芸術〉は現実と超現実の境界として示されている。

スヴァントヴィートの剣は青い光のようにあらわされ、その先は若い母親（中央下）を指している。無数のモチーフが絡んでいる複雑な構図を織物のように組み上げてゆくムハ（ミュシャ）の表現におどろかされる。

バルト海まで進出したスラヴ人は1168年、デンマーク王ヴァルデマーに敗れ、アルコナを失い、スヴァントヴィート祭も終わる。この絵はその史実を神話的に描いている。

☆

1912年 /
油彩、テンペラ、カンヴァス /
610×810cm /
プラハ市立美術館蔵（Prague City Gallery）

☆☆☆

3

☆☆☆

スラヴのキリスト教 汝の母国語で主を讃える

THE INTRODUCTION OF THE SLAVONIC LITURGY PRAISE THE LORD IN YOUR NATIVE TONGUE

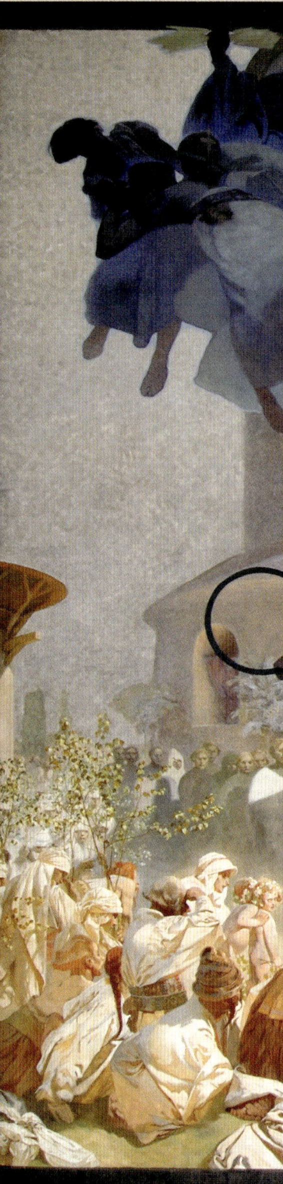

☆ 物語 ☆

古い神が去り、新しい神があらわれる。スラヴの人々は西方のフランク王国との接触のうちに、キリスト教をしだいに受け入れていった。9世紀にスラヴ人たちはモイミール王の下にモラヴィア王国を立てる。王はキリスト教を信じたが、キリスト教によってモラヴィアを支配しようとするフランク王国と対立を深めた。

モイミールを継いだのは甥のロスチスラフであったが、彼もフランク王国と争い、その影響を脱するために、フランク王国に支配されたキリスト教ではなく、モラヴィア独自のキリスト教を持ちたい、と思った。そのためにはローマ教会から直接教えを受けて、フランクから自由な、スラヴのキリスト教の教会をつくろうとした。

しかしローマ教皇は、フランク王国との仲がこじれるのをおそれて、教会使節を送ろうとはしなかった。そこでロスチスラフはキリスト教のもう1つの中心である東方教会のビザンツ皇帝に司教を送ってほしいと頼んだ。皇帝はギリシア人の兄弟コンスタンティノス（キュリロス）とメトディオスを使節として派遣した。彼らは司教ではなかったが、学者であり、すぐれたキリスト教徒であった。

ロスチスラフは、2人にスラヴ語によるキリスト教を求めた。コンスタンティノスはスラヴ文字をつくることからはじめなければならなかった。その後、コンスタンティノスは病死し、メトディオスはフランク王国に捕らえられるなど苦難がつづくが、ついにスラヴ語によるキリスト教の儀式を認めるローマ教皇の許可が出る。

この絵の下方は、教皇使節が新しいモラヴィア王にスラヴ語を許可するという教皇の知らせを告げているシーンである。下中央に立つ白髪の老人がメトディオス。上空の中央に今は亡きロスチスラフ王、その左下にフードをかぶったコンスタンティノス。下の輪を持った若者はスラヴ語のキリスト教によって再び統一されたスラヴ民族の輪を祝福している。キリスト教のスラヴ化は、スラヴ民族に文字を与え、スラヴの兄弟を結びつけたのだ。

☆ 解説 ☆

現実のシーンに、青い超現実的シーンが重ねられている。中央上部にロスチスラフがいる。その右の4人は、スラヴ語の典礼を喜ぶロシアとブルガリアの君主と妻であるという。左上の青い雲には、スラヴ語の認可に喜ぶ弟子たちの中央にコンスタンティノス（後にキュリロス）がいる。その背後の濃い青の中にいるのは、兄弟を最初に送り出したビザンツの皇帝であろうか。

この時、ローマ教皇からの許可の知らせを聞いているのはロスチスラフを継いだスヴァトプルク王であるが、彼は後にメトディオスの弟子たちを追い出してしまう。追われた弟子たちはブルガリア、ロシアに行って、スラヴ語による伝道をつづけたという。

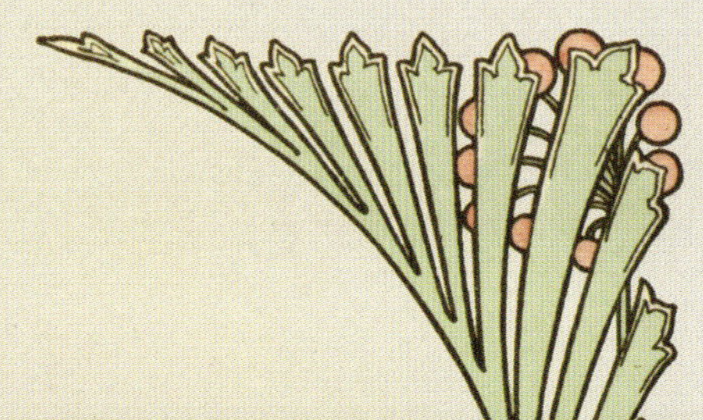

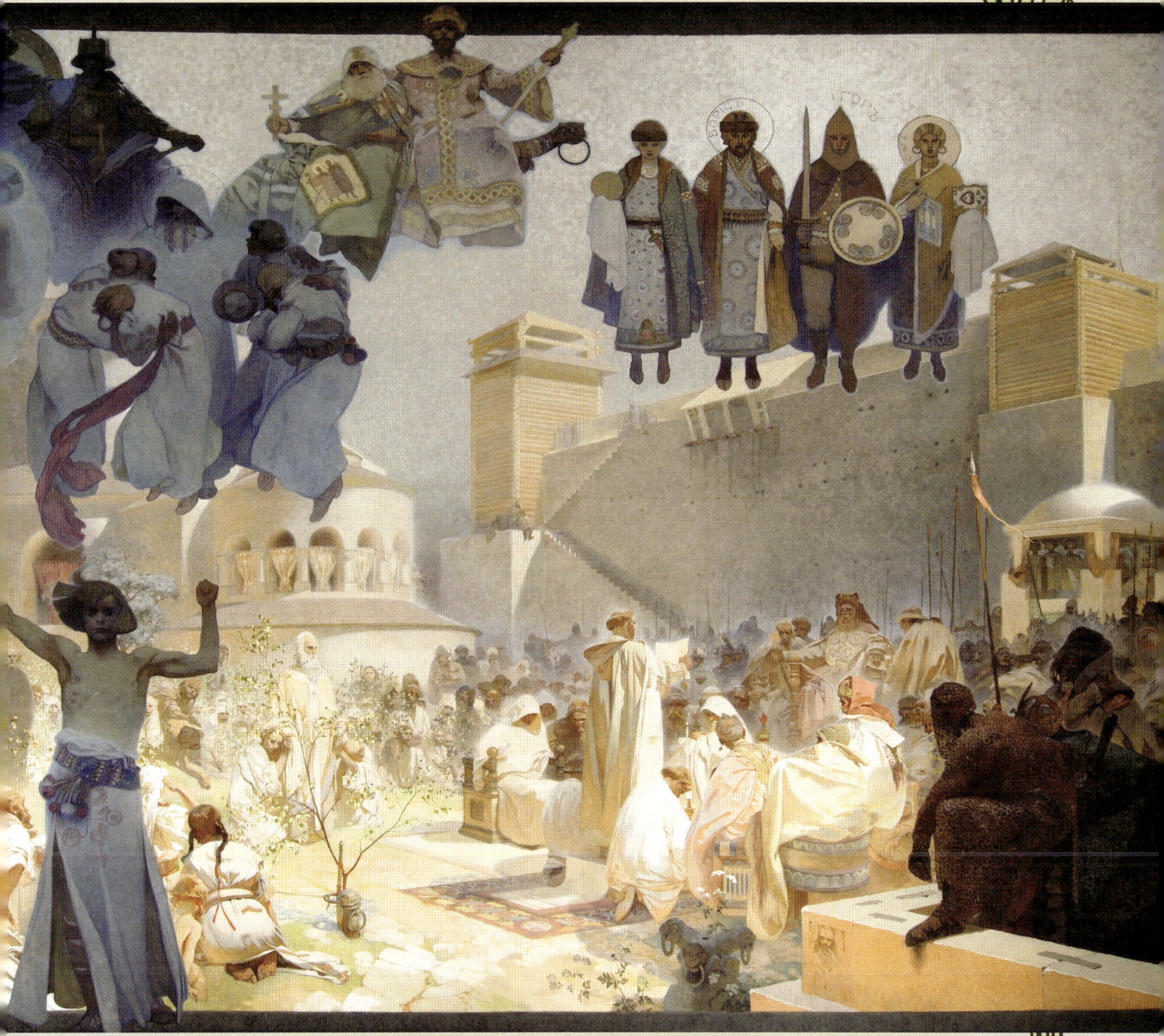

☆

1912年 / 油彩、テンペラ、カンヴァス / 610×810cm / プラハ市立美術館蔵 (Prague City Gallery)

☆☆☆

4

☆☆☆

ブルガリア皇帝シメオンとスラヴ文化 スラヴ文学の幕開け

THE BULGARIAN TSAR SIMEON THE MORNING STAR OF SLAVIC LITERATURE

☆ 物語 ☆

メトディオスとコンスタンティノス兄弟のスラヴ語によるキリスト教は、残念なことにモラヴィア王国から追放された。メトディオスの弟子たちはブルガリアに逃れた。

ブルガリアが国家としてキリスト教化したのはボリス・ハン王の時であった。彼はメトディオスの弟子たちをブルガリアに招いた。モラヴィアで生まれたスラヴ・キリスト教はブルガリアで花開いたのである。

皇帝ボリスの時に勢力を増したブルガリアは彼の第3子シメオンの時にバルカン半島の大半を占め、帝国といわれるようになる。シメオンはコンスタンティノープルで修道士の修行をした。ボリスは長子ウラジミールに位を譲って引退し修道院に入った。するとウラジミールはキリスト教をやめて異教を復活しようとした。怒ったボリスは復位してウラジミールの目をつぶした。そしてシメオンをあらためて王にしたのである。

シメオンはスラヴ語によるキリスト教を奨励し、ビザンツと決別し、コンスタンティノープルを攻めた。その一方、学者や芸術家を集め、スラヴ文化の繁栄につとめた。モラヴィアはスラヴ文化を捨てて、ラテン文化に近づいた。モラヴィアの文化人たちの多くはブルガリアに移った。

シメオンの宮廷は知的文化のサロンとなった。王は書物を集め、スラヴの学問、スラヴ文学が花を咲かせた。東方的な壮麗な宮殿の中で多くの貴重な本が読まれたり書かれたりしている。学問と文学のユートピアのようだ。ビザンツの原典が次々にスラヴ語に訳されて出されていった。シメオンは学問の王であった。

しかし彼にはもう1つの顔があった。彼は軍人であり、30年もの間、コンスタンティノープルと戦いつづけた。それによって国を疲弊させ、人民を苦しめ、ブルガリアを衰退させたのである。

☆ 解説 ☆

ムハ(ミュシャ)は「スラヴ叙事詩」を描くためにバルカン半島を旅した。そしてセルビアやブルガリアなどの、ビザンツ、ギリシア、そして東方的なエキゾティック・ファッションに魅せられた。この絵では彼のオリエンタリズムへの関心があふれている。

また神話的シーンを描く時の、幻想シーンをはめこむ構図とはちがって、ルネサンス風の、古典的、遠近法的な空間構成を使っている。細部の精密な装飾はおどろくべきもので、絵の全体を見ている時には見えないほど細かく描きこまれている。開かれている本の頁も近づいて見れば読めるのではないかと思えるほどだ。

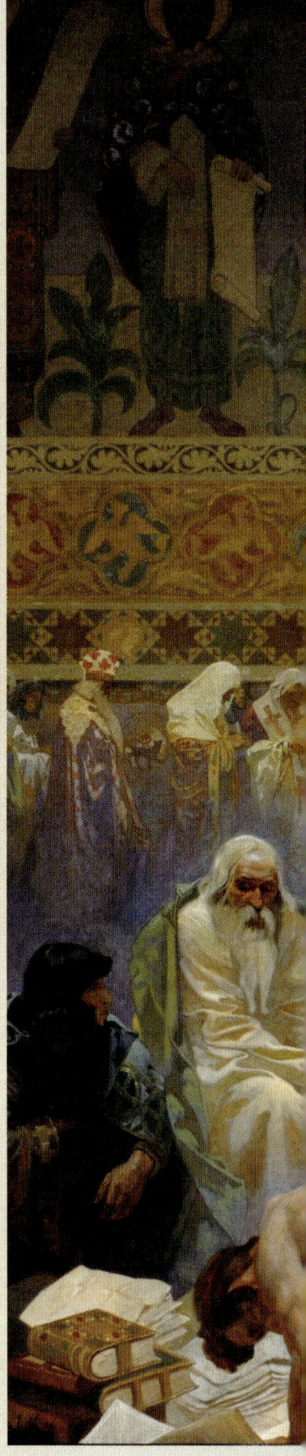

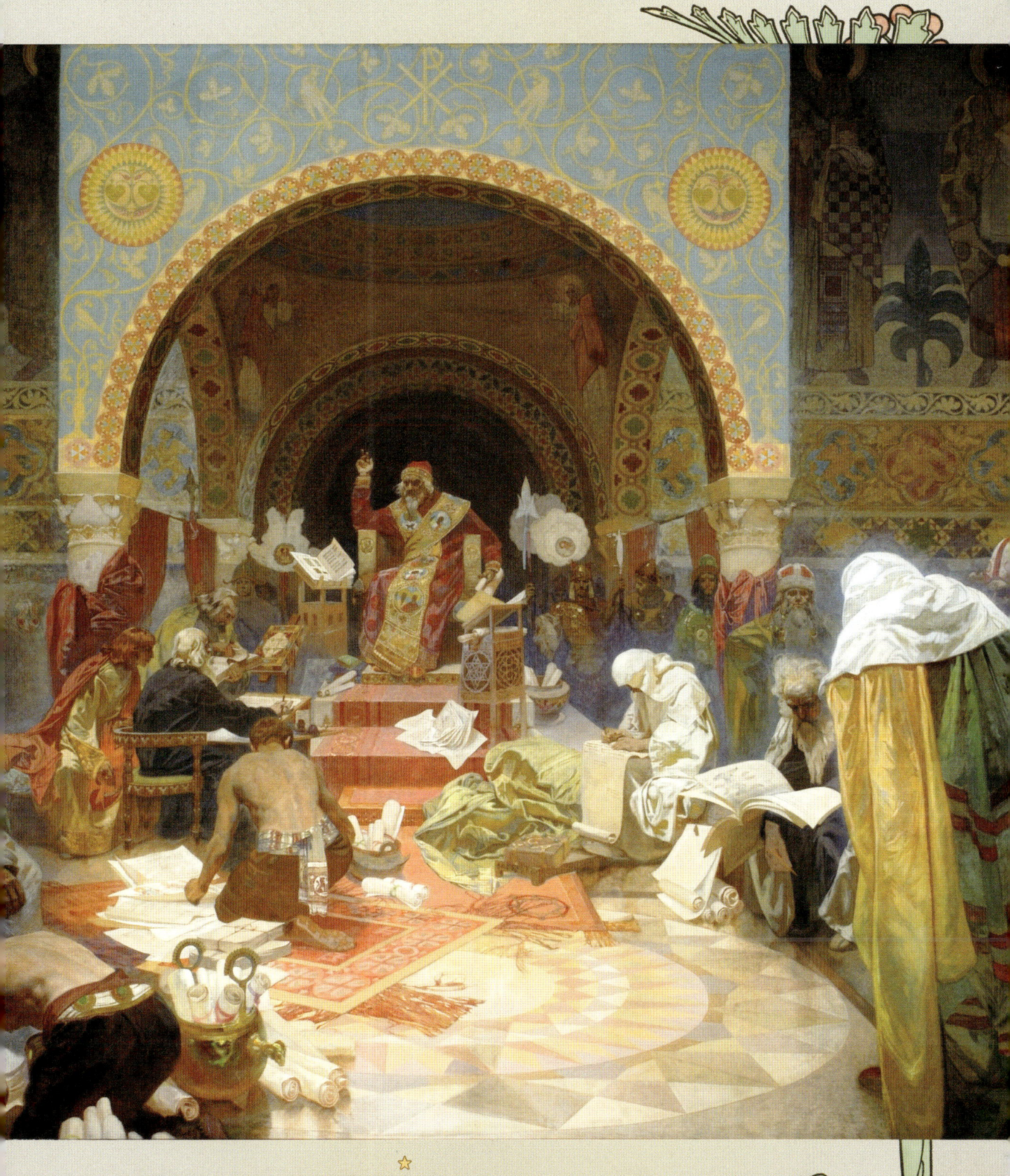

☆

1923年 / 油彩、テンペラ、カンヴァス / 405×480cm / プラハ市立美術館蔵(Prague City Gallery)

☆☆☆

5

☆☆☆

オタカル2世のボヘミア王国〈スラヴ連合〉の夢

THE BOHEMIAN KING PŘEMYSL OTAKAR II THE UNION OF SLAVIC DYNASTIES

☆物語☆

スラヴ系のさまざまな王国が興っては滅んでいった。モラヴィア王国、ブルガリア王国。そして12世紀にはプシェミスル家によるボヘミア王国がしだいに強力になってきた。

1253年、プシェミスル・オタカル2世がボヘミア（現チェコ）王となる。彼はドイツ王の選挙に関わるほど有力者となった。そしてドイツ人を積極的にチェコに入植させ、開発に当たらせた。彼の領地の銀坑から豊かな銀が出たので、ヨーロッパで最も裕福な君主の1人となり〈黄金王〉といわれた。

1260年には強力だったハンガリーと戦った。そして1261年、彼は、ロシア大公ロスチスラフ・ミハイロヴィチの娘でハンガリー王ベーラの孫娘であるクンフタと結婚式を挙げた。彼はこの結婚によってスラヴ民族連合を夢見ていたのである。そのためにスラヴ民族の代表者を招待した。

オタカル2世がスラヴの王たちを迎えている。ロシアのダニーロ・ロマノヴィチ王、ポーランドからラジスラフ・オポルスキー、セルビアからラシュキー・ウロシュ、ブルガリアからミルチンがやってきた。

鷲のエンブレムが入ったドームの下でスラヴ諸国の王たちが手を握り、スラヴ連合が一瞬、成立したかに見える。スラヴは1つだ。ドイツを圧倒するような大スラヴ帝国をつくろう。人々はその夢に酔った。

しかしオタカル2世の権力があまりに大きくなり、ドイツでもスラヴでも警戒されるようになる。彼を追放するための陰謀が企てられる。1273年、選挙侯たちはオタカル2世に知らせずに、ハプスブルク家のルドルフ1世をドイツ王に選んだ。

それを認めなかったオタカル2世はルドルフ1世と戦いになった。1278年、モラヴィアのマルヒフェルトの激戦でオタカルは戦死した。ボヘミア王国が衰退しただけでなく、〈スラヴ連合〉の夢も泡と消えた。

☆解説☆

なぜムハ（ミュシャ）はこのシーンをとり上げたのだろうか。婚礼そのもののシーンではなく、招待客を出迎えるところだ。おそらく華麗な儀式よりも、スラヴ諸民族が一堂に会して、〈スラヴ連合〉を語りあっていることこそ、最も重要だ、とムハ（ミュシャ）が思っていたからではないだろうか。

しかしよく見ると、出迎えをまわりで見ている人たちは、いずれも腹に一物ありそうな、油断ならない表情をしている。〈スラヴ連合〉はうまくいかないだろう、というそれぞれの思い、裏切り、陰謀などをムハ（ミュシャ）は暗示しようとしたのだろうか。とすれば彼はこのシーンをまるでシェイクスピア劇の舞台のようにドラマティックに演出していたことになる。

全体にちりばめられているさまざまな小道具や文様も謎めいていて、不思議な絵である。

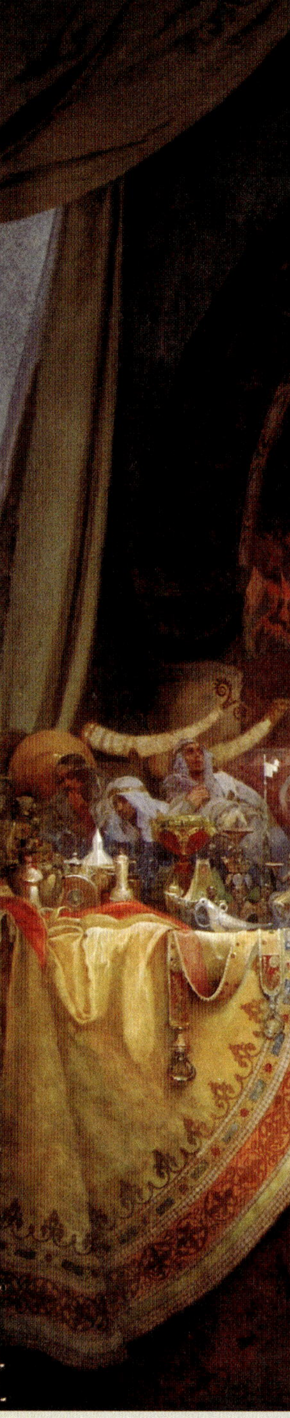

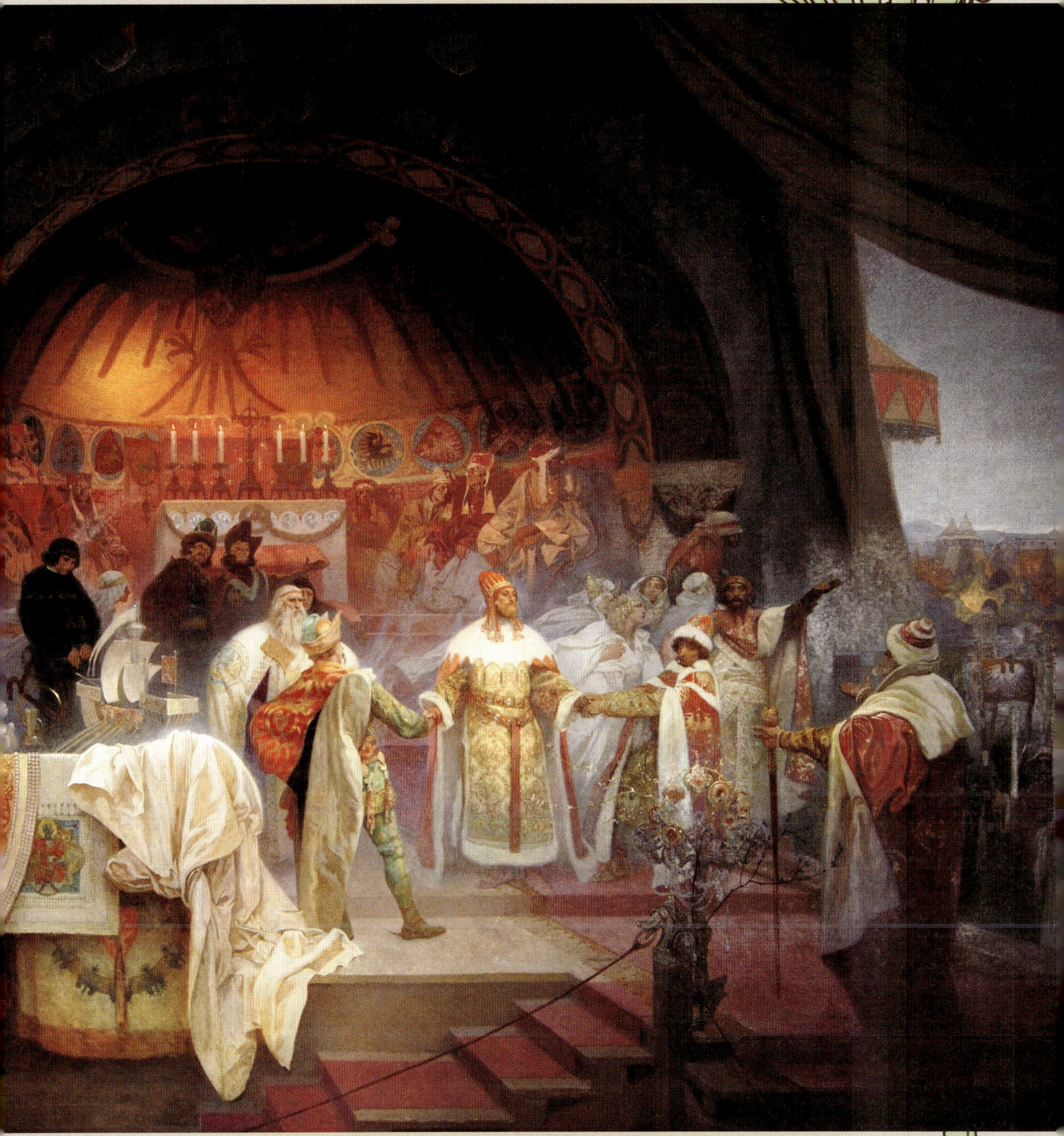

1924年 / 油彩、テンペラ、カンヴァス / 405×480cm / プラハ市立美術館蔵（Prague City Gallery）

☆☆☆

☆☆☆

ドゥシャン皇帝のセルビア スラヴ語による法典

THE CORONATION OF THE SERBIAN TSAR STEFAN DUŠAN AS EAST ROMAN EMPEROR
THE SLAVIC CODE OF LAW

☆ 物語 ☆

13世紀には南スラヴ人によるセルビア王国がバルカン半島を支配しはじめ、14世紀、ステファン・ウロシュ4世ドゥシャンは大セルビア王国を築き、バルカン半島を制圧し、1346年、スコプリエの近くの聖マルコ教会で「セルビア人とローマ人の皇帝」と宣言し、1348年に皇帝として戴冠式を行った。

式が終わり、祝賀行列が教会から出てきて練り歩いている。先頭の長老が皇帝の盾に剣をのせて捧げ持っている。中央にドゥシャン皇帝が見える。うしろに妻と息子がいる。それに儀式を主宰した司教、そして白衣のギリシア正教の司教がつづいている。

まわりには花を持った娘たちが歌ったり踊ったり、はやし立てたりしている。花冠をかぶった1人の少女は、こちらに向かってなにか話しかけるようにまっすぐ見つめている。

この戴冠式にはヨーロッパの君主が招かれた。ボヘミア（現チェコ）王であり、神聖ローマ皇帝であるカレル（カール）4世から祝いのメッセージが届いた。東西ローマ皇帝のどちらもスラヴ人であることを喜んでいた。スラヴ人皇帝によるローマ帝国が史上はじめて実現したのであった。スラヴ連合がローマ帝国において実現したかに見えた。

ドゥシャンはスラヴ法典（ドゥシャン法典）を制定した。東ローマ帝国でスラヴの法律が使われたのである。彼によって東ローマ帝国は中央集権的な法治国となった。

しかし1355年、ドゥシャンが急死すると帝国はあっという間に解体し、分裂してしまい、ドゥシャンのスラヴ帝国の夢は消えてしまった。

花のような娘たちによってにぎやかに祝われたドゥシャン皇帝の戴冠式の行列があらためて浮かんでくる。こちらを向いていた少女はなにを語っているのだろうか。彼女の花冠がすぐに散ってしまうように、王冠もまたはかないといっているのだろうか。

☆ 解説 ☆

ムハ（ミュシャ）は、オタカル2世の婚礼そのものを描かなかったように、ここでも戴冠式そのものではなく、その後の行列を中心に描いている。広場をS字状に行列する構図で、広場の中央が明るく浮かび上がる。行列の人々は、赤、白、青（または緑）といったふうに、色によって分割され、色糸をより合わせ、編んだような、装飾的な効果を出している。

そして、これも、ムハ（ミュシャ）がしばしば挿入する、画面から孤立して、こちらを見ている人がここでも登場する。絵の下方の中央にいる少女が絵を見る人々を見返している。

彼女は永遠の若々しさを持つムハ（ミュシャ）のマドンナであり、世紀末のミュシャ・スタイルの残映ともいえるだろう。この絵ではムハ（ミュシャ）の青春が甦ってきて、軽快で鮮やかな群衆シーンになっている。「スラヴ叙事詩」の中でも、さわやかな風が吹いているような絵である。

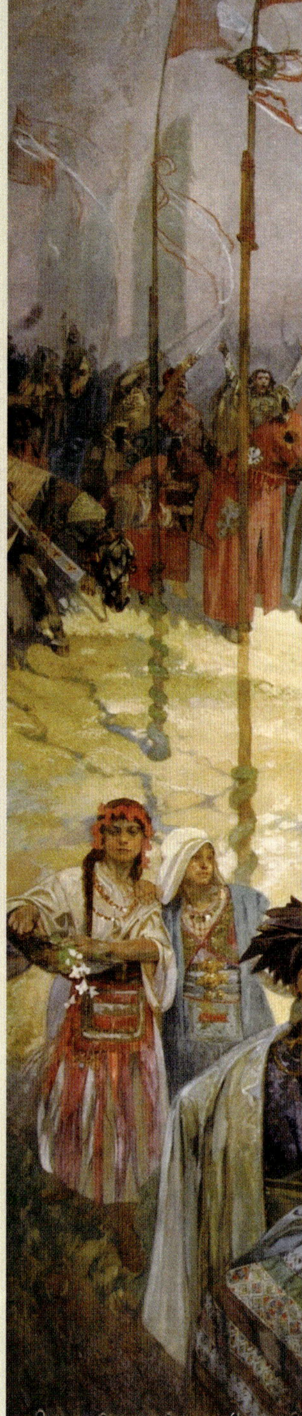

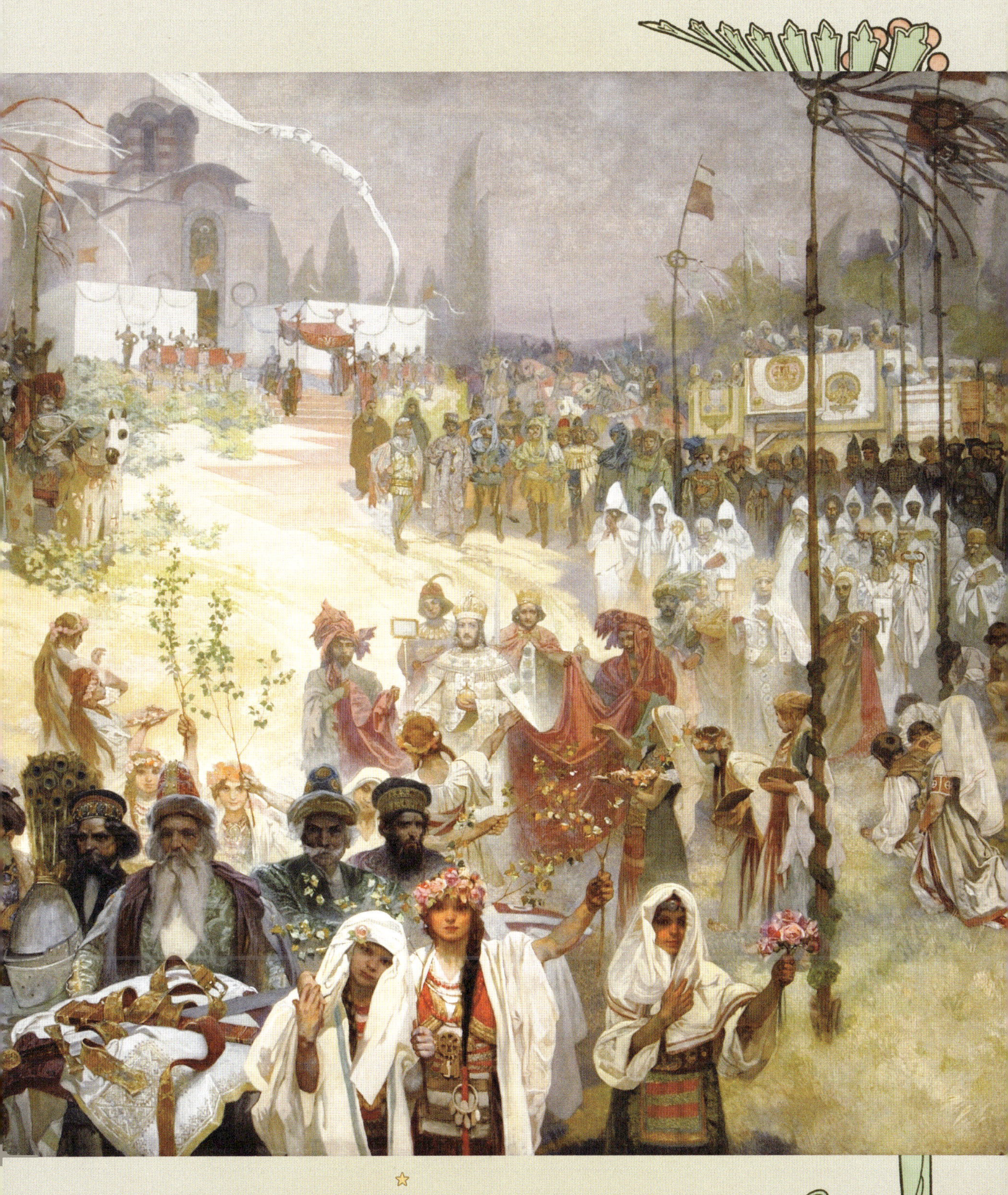

☆

1923年 / 油彩、テンペラ、カンヴァス / 405×480cm / プラハ市立美術館蔵 (Prague City Gallery)

☆☆☆

7

☆☆☆

ヤン・ミリーチの娼婦の教会
売春宿を修道院に改装

JAN MILÍČ OF KROMĚŘÍŽ
A BROTHEL CONVERTED TO A CONVENT

☆ 物語 ☆

1人の女が神父の前に進み出るが、泣きくずれてしまう。「私は罪深い女です」と彼女はつぶやく。「神はあなたをお許しになるだろう。入りなさい、ここはあなたのための教会なのだから」と神父がいう。彼の名はクロミェジージュのヤン・ミリーチである。すべての人ための、新しい教会をつくろうとする運動がはじまろうとしている。彼はその先駆けなのだ。

建築工事のための足場が組まれている。新しい教会の建設である。真冬で雪が積もっている。まだ教会はできていないから、その雪をアーチ状にくりぬき、その雪の教会でミリーチ神父は人々を迎えている。

ミリーチは街頭に立って説教した。そしてプラハに住む300人の娼婦たちに、罪を悔い改めよ、といった。プラハの旧市街の娼家を壊して、彼女たちが駆け込める修道院をつくり、「新エルサレム」と名づけた。

ミリーチの雪の教会に、娼婦たちがやってくる。ぜいたくなドレスや宝石を脱ぎ捨て、白衣をまとっている。1人の女（左下）は問いかけるようにこちらを見ている。白い雪に赤い火が反射している。

足場の上では新しい教会の建設を指揮している。ミリーチのこの小さな教会はやがて1つの風を巻き起こすだろう。教会はあまりにも王候貴族や僧侶たちの特権的な機関になってしまった。神の前ですべては平等である。すべての人が入れる新しい教会がつくられなければならない。〈宗教改革〉がはじまるのだ。やがてチェコは宗教戦争の最も激しい国となるだろう。ミリーチの雪穴の、仮の教会はそれを予告していたのだ。

そのように考えると、積もっている雪もなにか神秘的な光景として見えてくる。工事中の足場、その下に集まる娼婦たち。足場の上の人々は未来を見ている。

☆ 解説 ☆

この絵を見て、はじめ、足場の中央に立つ男がミリーチ神父だと思った。しかし雪のアーチの前に立つ、ほとんど顔もよく見えない黒衣の男が彼であるらしい。ムハ（ミュシャ）は主役をさりげなく、小さく描いているのだ。彼は主役だけを念入りに描くのでなく、このシーンに登場する1人1人をすべて主役であるとして、細部にこだわって描いているようだ。

また、降り積もった雪のマッス（かたまり）が、単なる背景ではなく、装飾であり、象徴として大きな役割を果たしていることにも注目したい。

足場のフレームもこの絵の不思議な構図として使われ、不定形の雪との対照的なとり合わせをつくり出している。

下方中央の、白マスクの女はまるでこの絵の主役のように目立っているが、ゴシップや悪口などをいわないよう、つまり、娼婦たちの解放を守るための口封じを象徴しているという。

☆

1916年 /
油彩、テンペラ、カンヴァス /
620×405cm /
プラハ市立美術館蔵（Prague City Gallery）

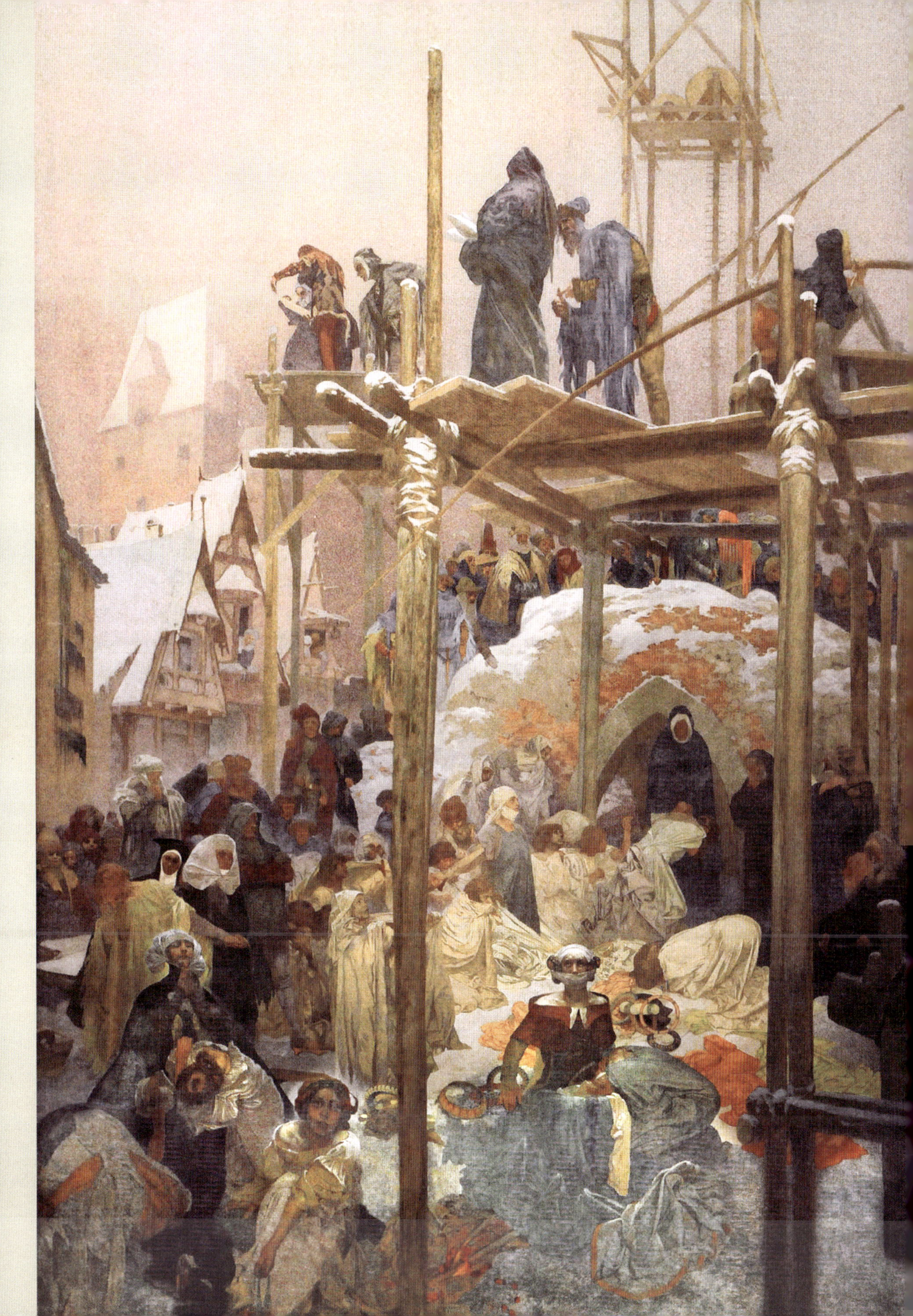

☆☆☆

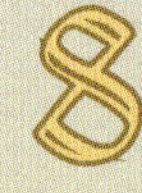

☆☆☆

グルンヴァルトの戦いの後で 北スラヴ民族同盟

AFTER THE BATTLE OF GRÜNEWALD THE SOLIDARITY OF THE NORTHERN SLAVS

☆ 物語 ☆

戦いの後のむなしさ。たとえその戦いが勝利したとしても、戦場に横たわるおびただしい死者たちを見れば、そのむなしさはつのるばかりだ。ポーランド王ヴワディスワフ2世ヤギェウォは茫然と立ちつくしていた。

15世紀のはじめ、ドイツ騎士団はしばしばポーランド、リトアニアなどに侵攻した。それに対抗して、ポーランドのヴワディスワフ・ヤギェウォ王とチェコのヴァーツラフ4世王が同盟した。1410年、ヤギェウォはグルンヴァルトで戦ってドイツ軍を破った（「タンネンベルクの戦い」ともいう）。この勝利でポーランドは北スラヴの中心となった。

この戦いでドイツ騎士団総長のウルリッヒも戦死した。中央の十字のついた白衣の上に彼は横たわっている。

ヤギェウォ王の背後にはヴィトルド王子、その左にチェコの義勇軍の戦士たち、ジシュカ、チェイカ、ソコルなどがいる。やがてフス戦争の英雄となるジシュカがこの戦いに参加しているのである。

王の右手で、ひざをついて後ろ姿を見せているのはロシア正教会の司教で、スモレンスク連隊の戦死者の追悼式を行っているのだという。さまざまな国の人々がこの戦いに参加しているのだ。

ジシュカはチェコ南部の出身で、1409年にプラハにやってきてヴァーツラフ4世に仕えた。そしてポーランドに行ってドイツ騎士団との戦いに参加したのである。彼はここで勇敢に戦い、片眼を失ったといわれる。

この戦いは、スラヴのギリシア正教とドイツのカトリックとの宗教戦争でもあった。スラヴ連合軍4万5000とドイツ騎士団3万9000が激突したこの戦いは中世最大の会戦であった。ヤギェウォはもともとリトアニア王であったがポーランド女王ヤドヴィガと結婚し、ポーランド王となったのである。この戦いの勝利によってポーランドは強大になってゆく。

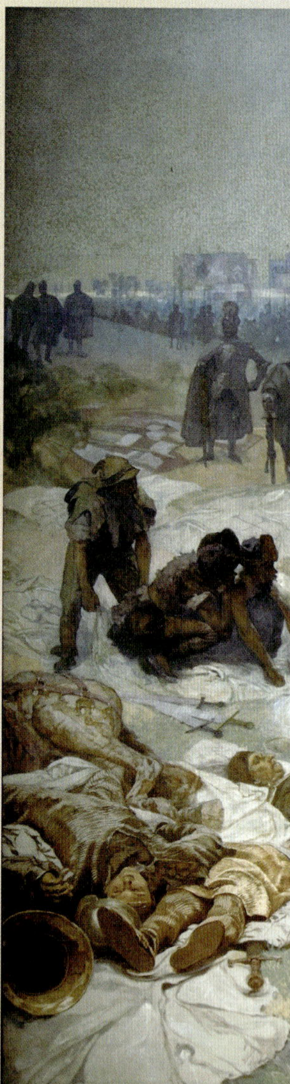

☆ 解説 ☆

ムハ（ミュシャ）は戦闘そのもではなく、戦闘の後をしばしば描いている。静けさが戦場に漂っている。中央が空白のスペースになっていて、人々はそれを囲むように配置されている。このような空白を彼はしばしば使っている。見る人も、その空間のこちら側にいて、画中の人と一緒にその空間をのぞきこんでいるような感じがする。

画中の王たちは向こうから、見る人はこちらから空間を囲んでともに倒れている死者たちを見ている。このように見る人を参加させることが、ムハ（ミュシャ）の絵の1つの特徴である。それによって、戦いの後に立つ王の気持ちを見る人も想像し、共感するのだ。

この戦いはポーランド王の大勝利であったが、それに乗じてさらにドイツを攻めることはしなかった。もっと勝利を利用すべきだったといわれるが、戦いの悲惨さに、さらにそれをつづける気をなくしたのかもしれない。

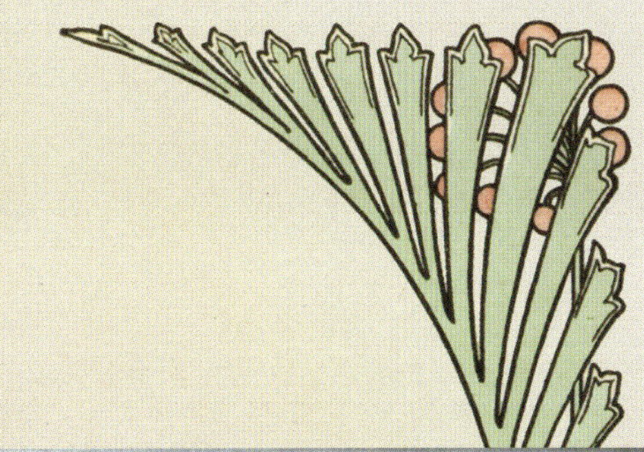

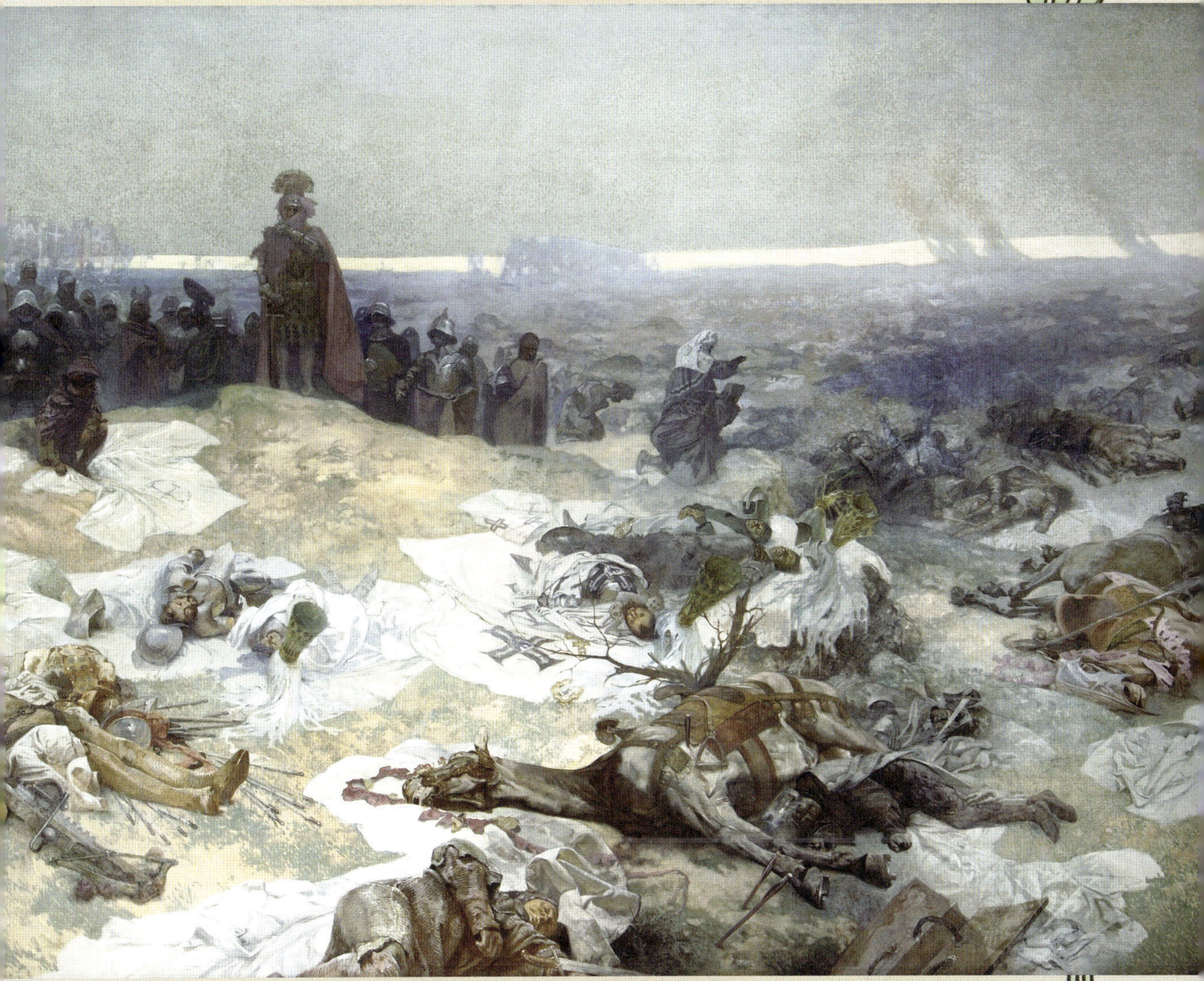

☆

1924年 / 油彩、テンペラ、カンヴァス / 405×610cm / プラハ市立美術館蔵（Prague City Gallery）

☆☆☆

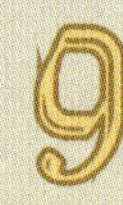

☆☆☆

ヤン・フスの最後の説教
真実の勝利

MASTER JAN HUS PREACHING AT THE BETHLEHEM CHAPEL
TRUTH PREVAILS

☆ 物語 ☆

広々として3000人入るといわれるプラハのベツレヘム礼拝堂である。1412年、ここでヤン・フスの最後の説教が行われた。フスはこの礼拝堂で、チェコ語による説教をしてきた。しかしそれも今日で終わりで、彼はプラハを去らなければならなくなった。

フスは説教台から身を乗り出すようにして話をしている。人々はそれに聴き入っている。左端の壁ぎわに片眼の男が座っている。チェコの勇士ジシュカである。彼はポーランドのグルンヴァルトの戦いからプラハにもどってきた。フスの熱心な信者であった。やがてフスの思想を受け継ぐフス派の将軍となるだろう。

フスは1369年、チェコ南部の貧しい家に生まれた。彼はプラハ大学に学び、ついにその大学総長となった。プラハ大学はそれまでドイツ人に支配されてきた。フスはそれに対し、チェコ独自の学問を主張し、ドイツ人と対立した。信仰においてもラテン語ではなく、チェコ語によって説教をした。それは、カトリック教会から自由な思想であった。ベツレヘム礼拝堂での彼の説教は大きな反響を呼んだ。彼は教会の堕落を強く批判した。やがてそれはローマ教会から異端と見なされるようになった。

国王のヴァーツラフ4世もはじめはフスを応援していたが、しだいにローマ教会などの圧力に押され、フスと対立するようになった。しかし王妃のゾフィーは熱心なフス派で、彼の説教にはいつもやってきた。右手に冠をかぶって座っているのが彼女である。その隣の赤い衣の女は、警戒するように右隅を見ている。そこにカトリックのスパイがいるらしい。この説教を最後にフスはプラハを追われ、農村で改革運動をつづけた。

1414年、教会分裂を解決するため、教皇ヨハネス23世はコンスタンツの公会議を開いた。フスはそこに呼び出され、宗教裁判にかけられ、1415年、火刑に処せられた。

☆ 解説 ☆

ムハ（ミュシャ）は曲線的な梁が交叉するゴシック建築風の教会を描いた。世紀末ゴシック・リヴァイヴァルの残映である。薄闇の中に、中央の白衣、左右の赤衣の人が浮かび上がる。ムハ（ミュシャ）らしく、この場面の主役たちはあまり目立たない。ジシュカは端の闇に沈んでいる。そしてだれともわからない白衣の人が亡霊のように立っていて、最も目立っている。

ミリーチの教会（P294-295）の絵の、口をふさがれた女のように、不協和音のような異質なモチーフが挿入される。この絵では右手の、スパイを監視する赤衣の女である。彼女の顔はムハ（ミュシャ）夫人がモデルだといわれる。ムハ（ミュシャ）はまじめなシーンにそのような道化役を入れるのが好きなのだ。場面があまりに重苦しい時、ジョークをはさんで、その緊張をちょっとゆるめたりする。画家のサーヴィスに見る人は思わずにやりとするのである。

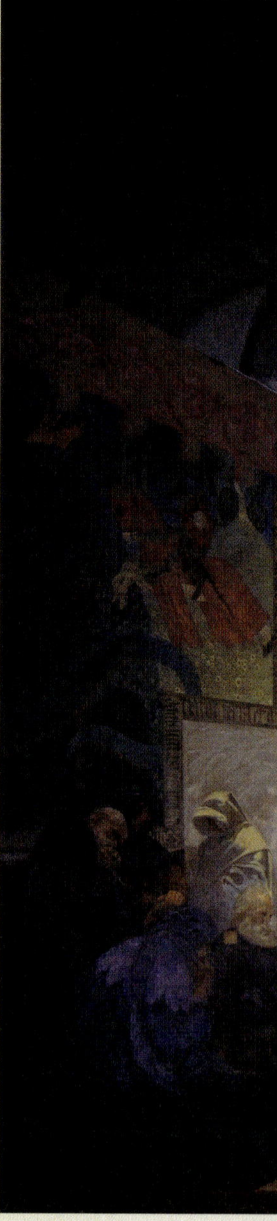

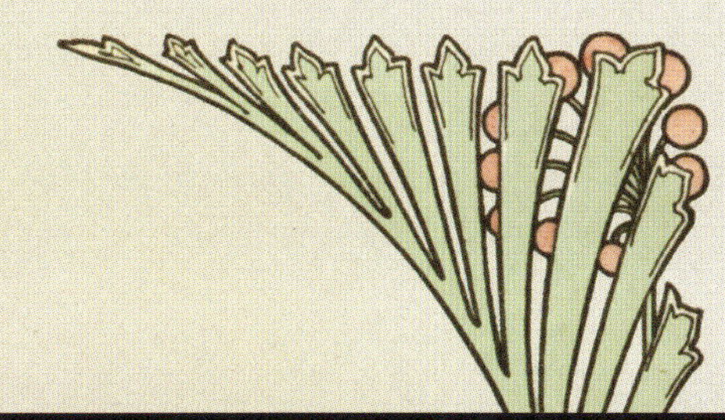

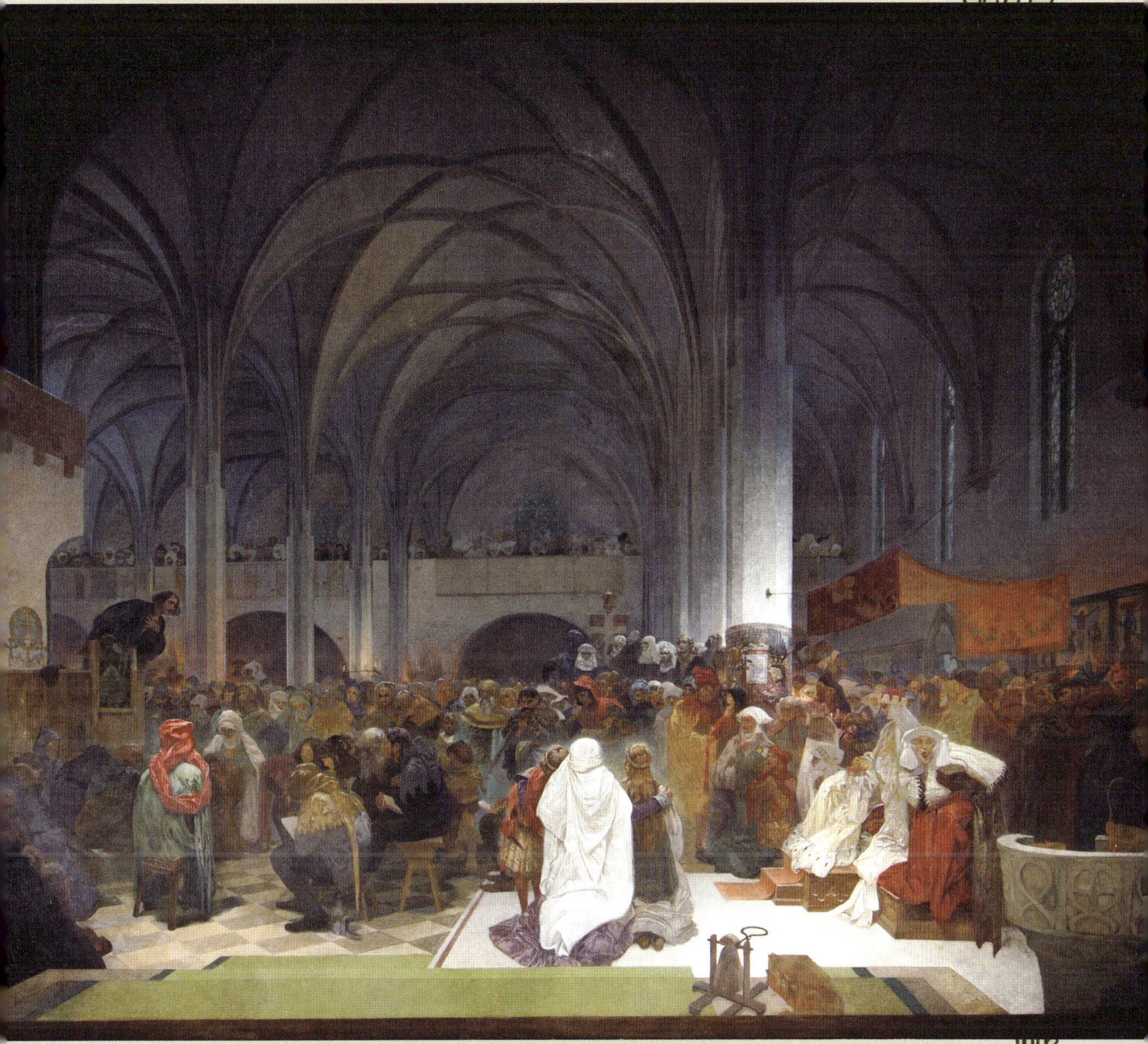

☆

1916年 / 油彩、テンペラ、カンヴァス / 610×810cm / プラハ市立美術館蔵（Prague City Gallery）

☆☆☆

10

☆☆☆

クジーシュキの集会 フス戦争のはじまり

THE MEETING AT KŘÍŽKY SUB UTRAQUE

☆ 物語 ☆

フスの処刑はカトリックとフス派の対立を深めた。それはドイツ人とチェコ人、そして特権階級と民衆との対立に重なっていた。

小高い丘の上に紅白の旗が掲げられ、山上の演台に説教者が立っている。そして〈兄弟団〉といわれるフス派が続々と集まっている。

「私たちの戦いは新しい次元にさしかかっている。敵の攻撃は激しくなり、もう祈りだけでは戦えなくなっている。次に集まる時は、武器を持って集まろう。いよいよ立ち上がる時がきたのだ。」

ヤン・フス派の抵抗はついに武力闘争となり〈フス戦争〉へと発展したのである。1419年、ピルゼンの司祭コランダは、プラハの南、ベネショフの近くのクジーシュキ(十字架の丘)に集まった人たちに武器をとれと呼びかけた。それをきっかけにプラハで武装蜂起がはじまった。そのショックでヴァーツラフ王は急死し、無政府状態になった。

コランダは〈2種の聖餐〉をすべての人に認めるよう求めていた。カトリックでは、パンとブドウ酒という2種の聖餐を与えることになっているが、上流の人だけにして、一般人にはパンのみの聖餐にするという略式のやり方にしていたのである。コランダはすべての人に平等な、パンとブドウ酒による儀式を与えるべきだといった。ブドウ酒は聖杯に注がれるので、コランダたちは〈聖杯(カリックス)派〉ともいわれた。

聖杯派は、プラハなどの都市の人々が中心であった。これに対して、プラハの南、ターボルに集まった〈ターボル派〉がいた。こちらは農民が中心であった。ターボル派はより急進的で、戦闘的であった。そしてターボル派は軍隊を組織し、その将軍として選ばれたのはヤン・ジシュカであった。

この絵の下方には、こちらに向かって蜂起を呼びかけている人がいる。

☆ 解説 ☆

「丘に集まれ!」というのがフス戦争のはじまりだった。クジーシュキもターボルもそのような聖なる丘であった。あたりは雪におおわれているようだ。この出来事は9月というが、ムハ(ミュシャ)は冬景色として描いている。演台の下には氷細工のような草が茂っている。そこには子どもをおぶった女になにか指示して、うしろを指している男がいる。その左では画面の外に向かってなにか叫んでいる男がいる。

左下では女たちが火をおこし、炊き出しのようなことをしていて、その向こうにたくさんの馬車がある。馬車は続々と集まってくるようだ。白い雪野原と暗い空が広がっていて、なにか不穏な雰囲気があたりにたちこめている。夜が迫っていきている。人々はここで野営するのだろうか。

見る人も、丘の上からふもとに集まってくる人たちの動きをのぞきこんでいる。

☆

1916年 /
油彩、テンペラ、カンヴァス /
620×405cm /
プラハ市立美術館蔵(Prague City Gallery)

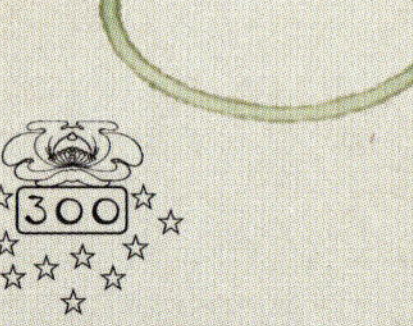

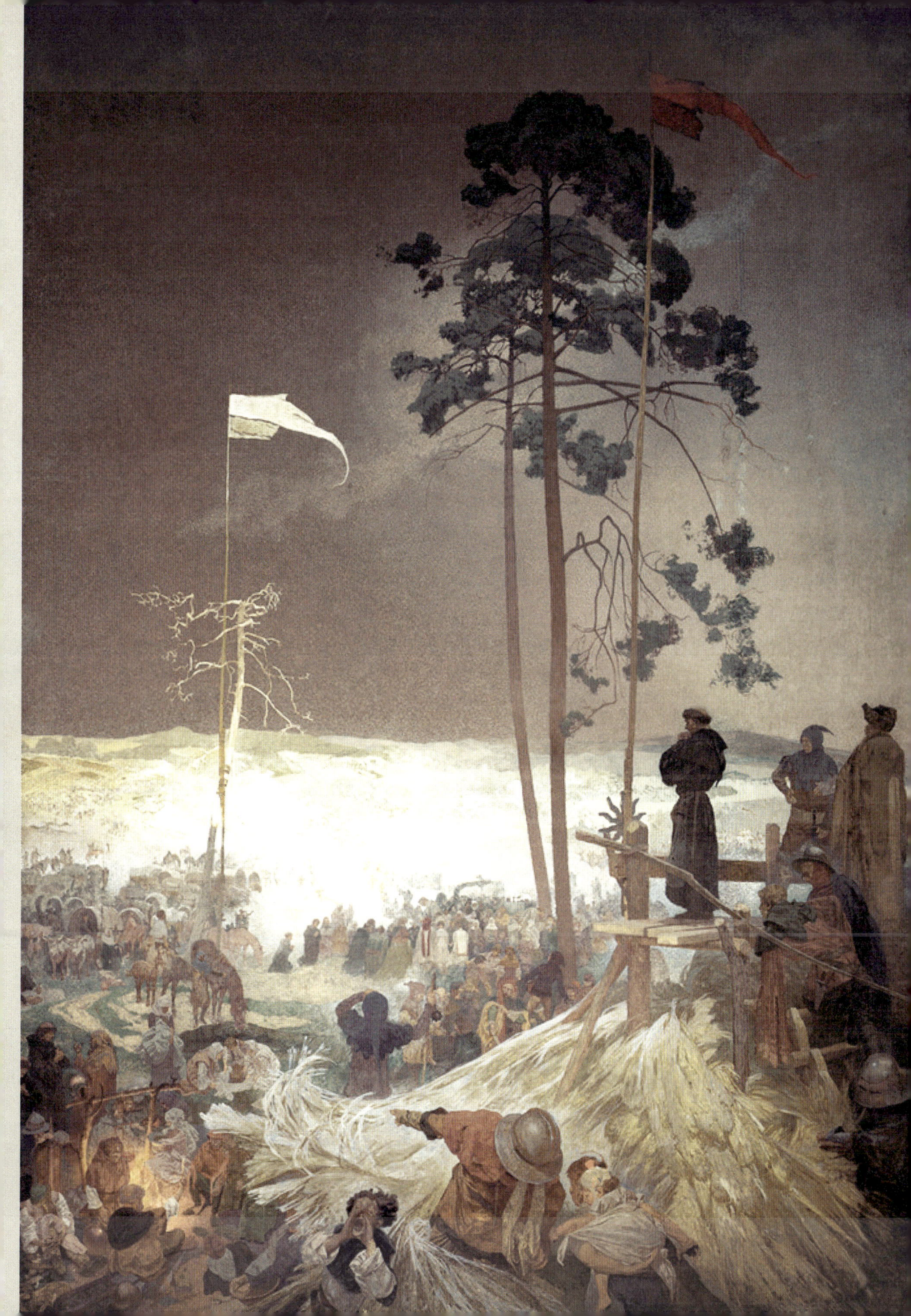

☆☆☆

11

☆☆☆

ヴィートコフ丘の戦いの後で 神は力ではなく、真実をあらわす

AFTER THE BATTLE OF VÍTKOV HILL GOD REPRESENTS TRUTH, NOT POWER

☆ 物語 ☆

プラハ郊外のヴィートコフの丘である。背後にプラハの街が見える。この丘で激しい戦闘があった。フス派と十字軍の戦いである。圧倒的な戦力を持っていたはずの十字軍は大敗してしまった。勝利の後、フス派の人々が神への感謝の祈りを捧げている。

1419年、ヴァーツラフ4世が急死した。その弟であり、神聖ローマ皇帝であるジクムンドがボヘミア王位を継ぐことになった。フスをコンスタンツ公会議に送り、火刑にさせてしまったジクムンドをフス派は受け入れなかった。ジクムンドがフス派討伐の十字軍を組織し、ボヘミア(現チェコ)に侵入してプラハを占領した。1420年、フス派はヴィートコフの丘に集結した。フス戦争がはじまったのである。1434年までつづいた。

ジシュカに率いられたターボル軍が到着する。それまで十字軍に圧倒されていたプラハ市民軍は一気に反撃に出て、十字軍を破った。プラハはジクムンド王を受け入れず、追い払った。

その戦いの後の、勝利を祝い、戦死者を追悼している場面である。夕暮れが迫っている。雲間からもれる光がスポットライトのように落ちてきて、1人の武将を浮かび上がらせる。ヤン・ジシュカである。彼がこの戦いを勝利に導いた。足もとに剣などの戦利品が置かれている。

彼に向き合っているのは、フス派の指導者である司祭で、太陽をかたどったような聖体を捧げている。他の司祭は地面にひれ伏している。おそらくプラハから持ってきたのだろう、手押し車にのせた祭壇が司祭のうしろにある。その左には小さなオルガンが置かれ、僧衣の男の演奏に、女や子どもたちが聴き入っている。そしてこれまたムハ(ミュシャ)の絵でおなじみの、画面から独立して、見る人をきっと見つめている若い女がいる。彼女は見る人に問いかけるような、厳しい表情をしている。「あなたは戦いの悲惨さについて、なにを知っているというの?」と語っているのだろうか。

☆ 解説 ☆

夕暮れの雲が不思議な色むらを見せている。ターナーの絵を見るかのようだ。地上はほとんど暗くなり、ジシュカとその足もとに光が集中している。あとは左手にプラハの街のあかりが帯状に見えるだけだ。

「グルンヴァルトの戦いの後で」(P296-297)と、まん中に広い空間をとる構図は同じだが、こちらは戦いの後のほっとしたような、家族も集まった、なごやかな気分が漂っている。「グルンヴァルト」では、うしろに並ぶ群像の1人であったジシュカはここでは主役として光をあびている。勝利は静かに祝われている。戦いの厳しさを語るのは、左前方の女性だけで、彼女はこのシーンから半分身をのり出して、客観的に情景の意味を知らせようとしている。

ムハ(ミュシャ)の、ターナーや印象派への関心をのぞかせてくれる、光と影の微妙な変化が魅力的な絵である。

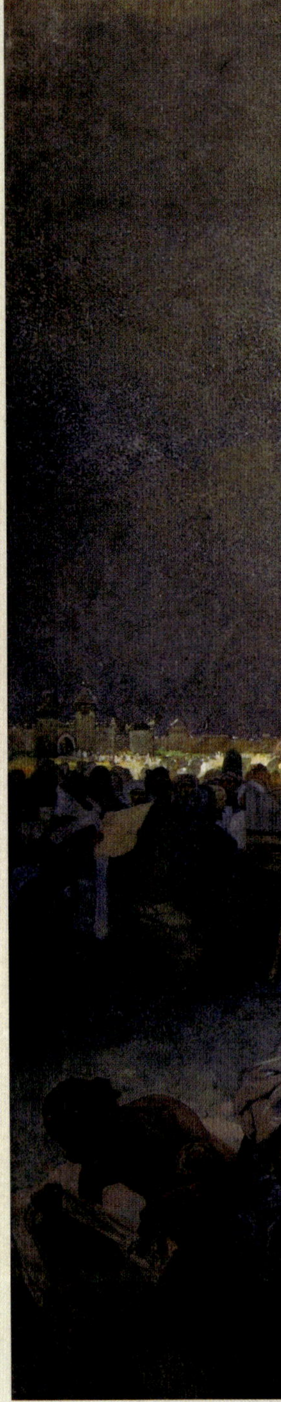

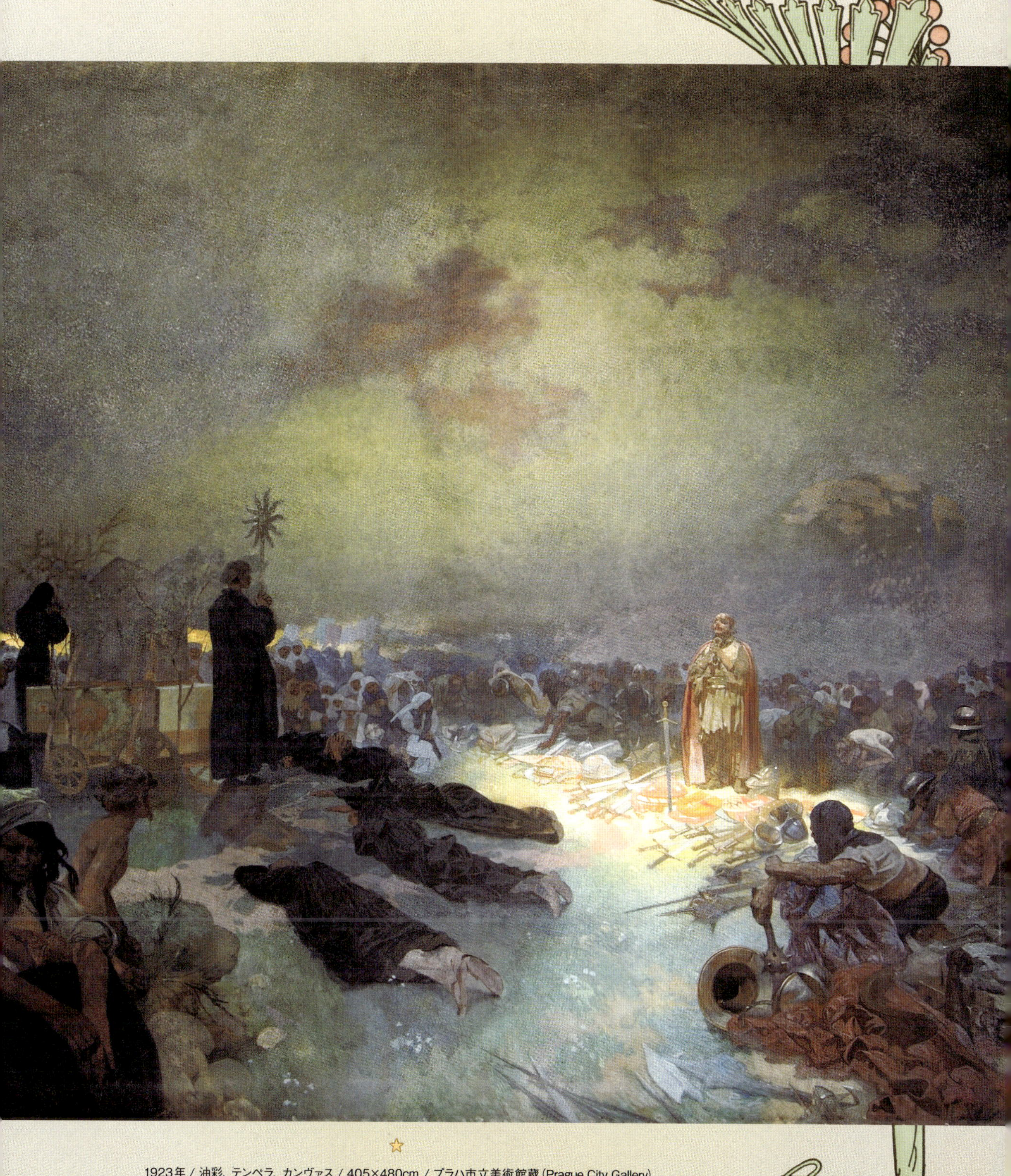

1923年 / 油彩、テンペラ、カンヴァス / 405×480cm / プラハ市立美術館蔵 (Prague City Gallery)

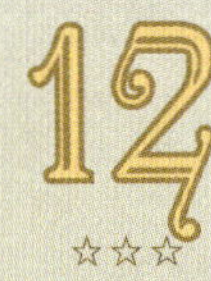

ペトル・ヘルチツキー
悪をもって悪に報いるな

PETR OF CHELĚICE AT VODŇANY
DO NOT REPAY EVIL WITH EVIL

☆ 物語 ☆

フス派と戦うための第1十字軍はヴィートコフの丘の戦いで敗退した。1421年に第2十字軍、1422年には第3十字軍がつくられたが、いずれもうまくいかなかった。それどころか1426年頃からフス派は反撃に出て、シレジア、ハンガリー、オーストリアなどに遠征した。1429、30年にはさらに大規模な遠征を行った。フス戦争は泥沼化していった。そして戦争によって戦場になった村の人々が最も被害を受けた。

ヴォドニャヌイはチェコ南部で、プラハの南、ターボルのさらに南の小都市である。1433年、この近くでフス派とカトリック派の戦いがあった。フス派の攻撃で、住居は焼き打ちされ、多くの住民が焼け出され、死傷者も出た。

人々は地元の司祭であったペトル・ヘルチツキーに苦しみや悲しみを訴えた。手前には死者たちが横たわっている。息子にとりすがって泣いている母親がいる。逃げてきた人々は呆然としている。遠くでは焼き打ちされた家が燃える黒い煙が上がっている。人々はなすすべなくそれを見ている。

右の方に、死んだ仲間を抱いて、片腕をふりあげ、復讐を誓う若者がいる。そのうしろに、若者をなだめるように手を握っている男がいる。彼は本をかかえている。この人がヘルチツキーである。

彼はヴォドニャヌイの近くのヘルチツェの小貴族であった。彼は宗教思想家で学者であった。聖書の教えを守り、正しく生きようという教えを説いた。フス派の思想と重なるところもあったが、悪意に対して力で抵抗しないこと、人を殺してはいけないことを厳密に守り、ストイックに生き、助け合うことを信条とした。そして同胞同盟をつくった。フス戦争の時代の中で、同胞同盟はしずかにメンバーを増やしていった。

ヴォドニャヌイの戦いの後、怒りと悲しみに沈む人々を慰め、しかし「復讐してはいけない」と彼は説いた。カトリックでもフス派でもない、この無力な同胞同盟が奇蹟ともいえる信仰を持ちつづけたのである。

☆ 解説 ☆

この絵は「ヴィートコフ丘の戦いの後で」(P302-303)の構図に似ているといわれる。しかし、一方は、フス戦争のはじまりのシーンで、勝利を祝っているが、こちらはフス戦争の終末近くであり、フス戦争の矛盾、その無残な結果が強く感じられる絵となっている。さすがに、あまりに長い戦争に疲れ果てた人々は和平をさぐりはじめている。フス派も最初の目的はどこかに行ってしまっている。

フス派とはちがう新しい信仰の道、人のつながりとして、ヘルチツキーの同胞同盟が発想される。

この絵の中でヘルチツキーは、えり巻きをして帽子をかぶり、コート姿に本を小脇にするという、ちょっとユーモラスなおじさんというイメージで描かれている。ジシュカのような勇ましい戦士に対して、ヘルチツキーおじさんになにができるというのだろう。しかし彼は1436年の和平を予感していたのかもしれない。

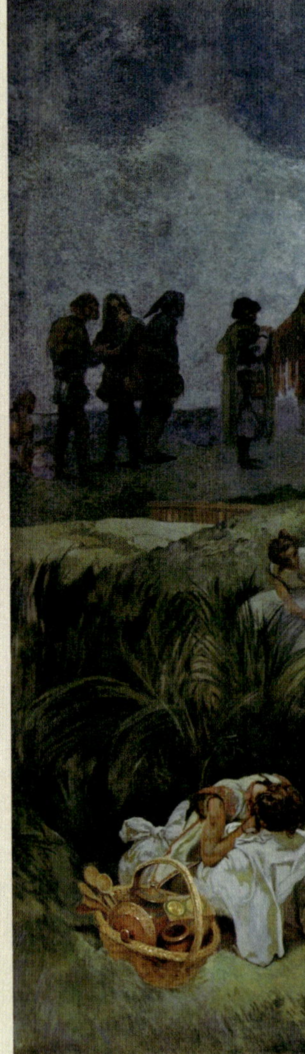

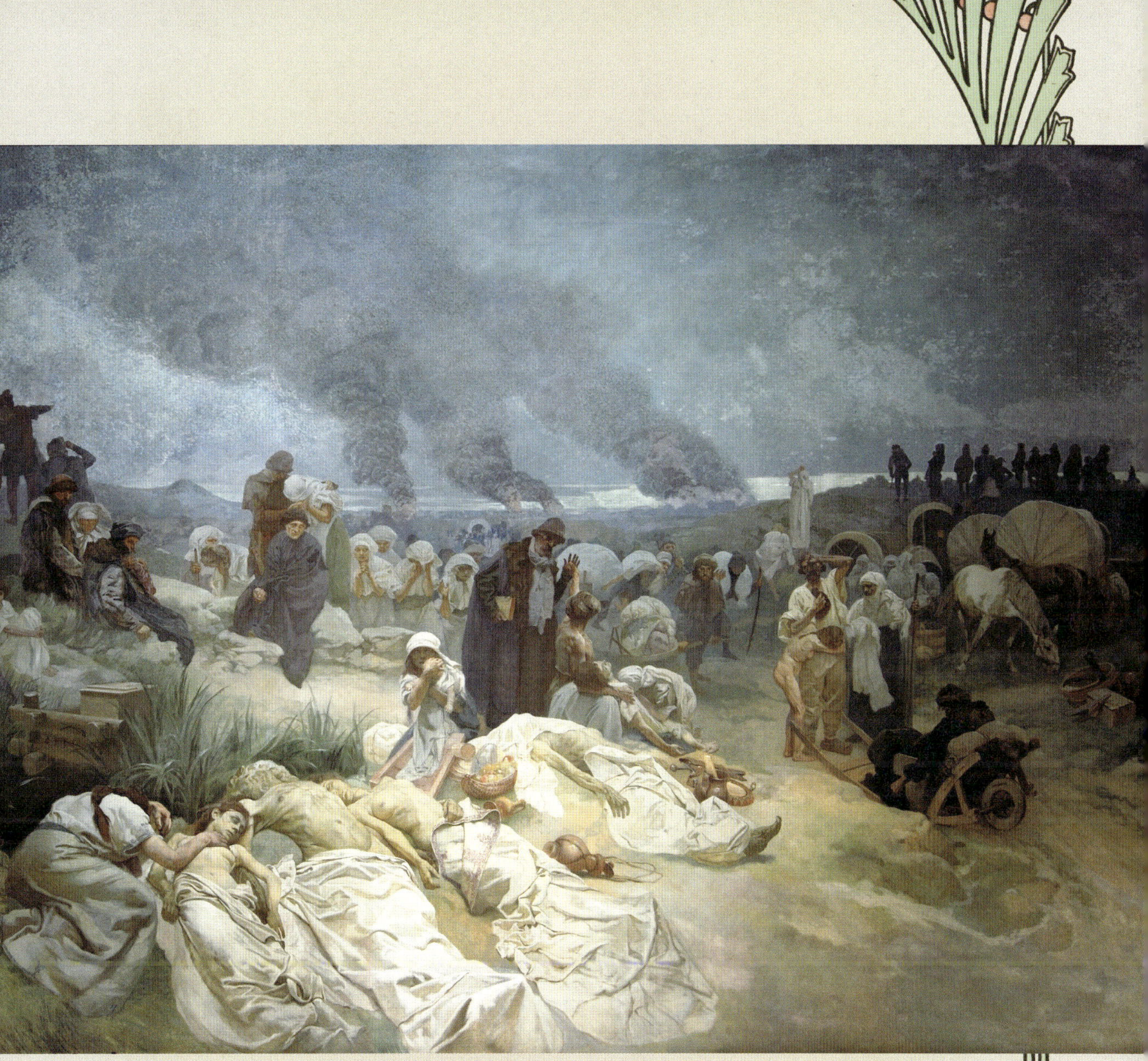

☆

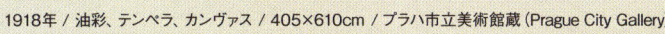

1918年 / 油彩、テンペラ、カンヴァス / 405×610cm / プラハ市立美術館蔵（Prague City Gallery）

☆☆☆

13

☆☆☆

フス派の王イジー 盟約は守られなくてはならない！

THE HUSSITE KING JIŘÍ OF PODĚBRADY
TREATIES ARE TO BE OBSERVED!

☆物語☆

1436年、フス戦争が終わり、ジクムンドがボヘミア王となったが、この年に亡くなり、男子がいなかったので、その後10年ぐらいボヘミア王は空位であった。その間にポジェブラディ家のイジーがしだいに勢力を増してきた。1458年、彼はついにボヘミア王に選ばれた。ドイツ人の王に150年間支配されたボヘミアはついにチェコ人の王を迎えたのである。

イジーはフス派であったが、カトリックともなんとか融和し、チェコの信教の自由を守ろうとした。彼は巧みな外交術で各国とつき合い、ボヘミアへの支持を得ようとした。しかしそのようなイジーの友好政策も報われなかった。ローマ教会はフス派への妥協を拒否し、チェコのカトリック化を要求した。

1462年、枢機卿ファンティムス・デ・ヴァレが教皇特使としてやってきた。ヴァチカンは、すべてローマ・カトリックの典礼にもどすように命じていた。

この絵はそのシーンである。荘厳なゴシック寺院のような広間で会見が行われている。左手の教皇特使のことばにイジーが椅子を蹴って立ち上がり、「この国で私の良心を裁ける者はいない」と叫んだ。人々は王の勇気におどろき、賞讃した。

この絵にも、絵からとび出して、見る人に訴えかける案内役が挿入されている。右下の少年で、彼が閉じかけている本には「ローマの終末」と書かれている。

イジーは決然とローマの要求をはねつけた。しかし無事ではすまなかった。1466年、教皇パウルス２世はイジー討伐の十字軍を起こし、ハンガリー王マーチャーシュ（マティアヌス・コルヴィヌス）をボヘミア王とした。第２次フス戦争がはじまった。イジーは1471年に急死した。フス派王、チェコ王といわれ、チェコ文化を開花させた名君であった。

☆解説☆

ゴシック・スタイルの大きなバラ窓が明るい光を放っている。その光は敵役である教皇特使に当たっている。その赤い衣が鮮やかである。一方、主役であるイジー王は右方の薄明かりに沈んでいる。いかにもムハ（ミュシャ）らしい主客転倒である。

カギ鼻の教皇特使は赤い悪魔のようであり、イタリアのコメディ・デラルテ（即興喜劇）の道化のようでもある。イジー王の方は背中しか見えず、表情をうかがうことができない。

円形で構成されたバラ窓のステンドグラスの文様は、ふとアール・ヌーヴォー時代のミュシャ・スタイルを思い出させる。彼は青春のスタイルを「スラヴ叙事詩」ではつとめて抑制しようとしているが、思わずもれ出してしまうのかもしれない。

プラハの街が華やかに彩られたイジー王の時代へのオマージュとして、ムハ（ミュシャ）はこの絵を描いたのだろうか。

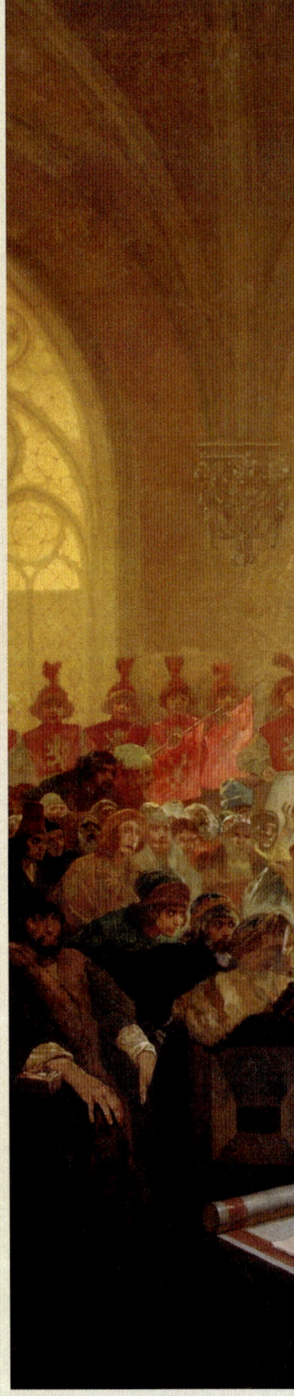

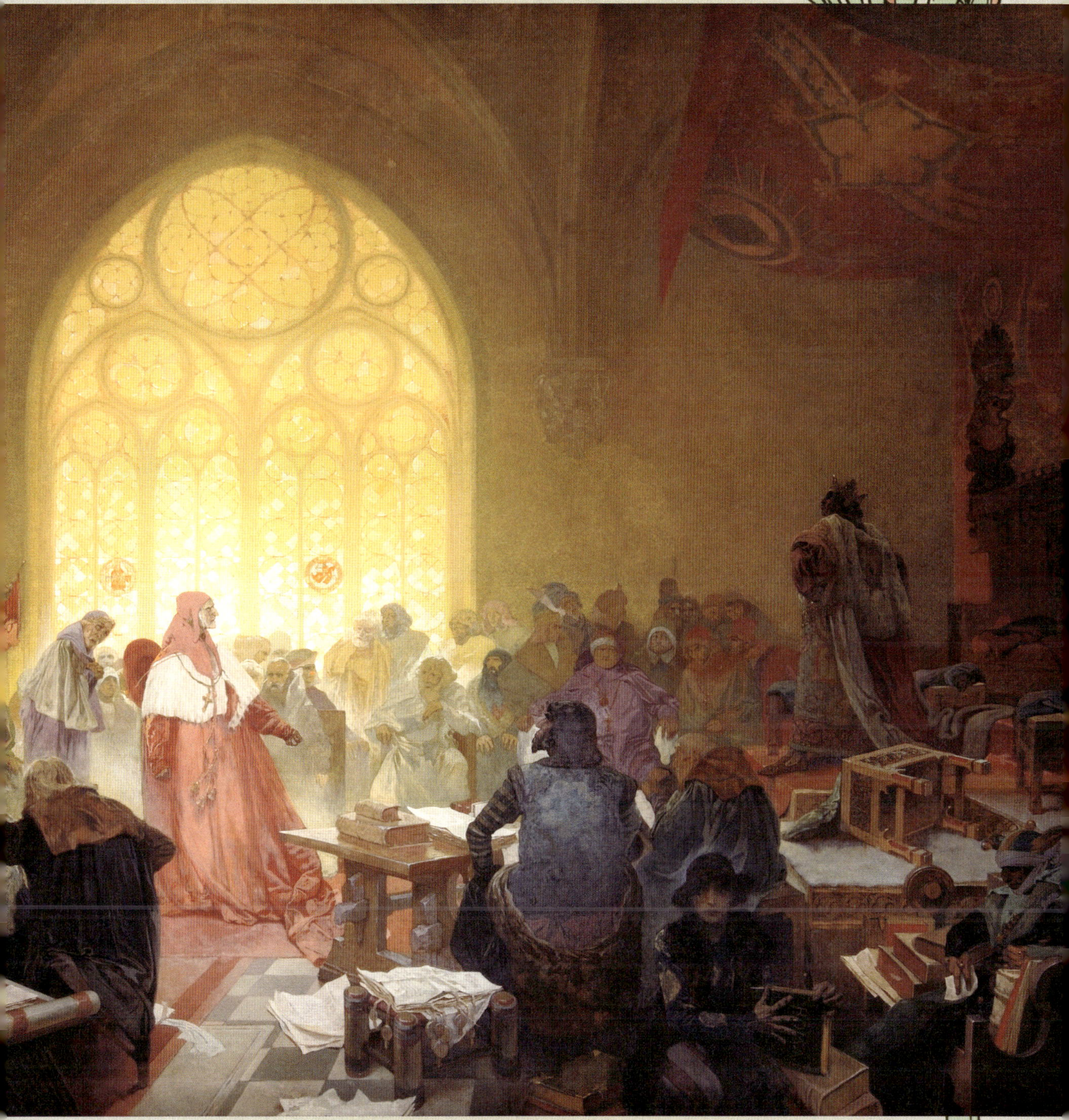

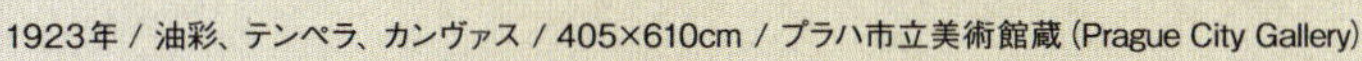

1923年 / 油彩、テンペラ、カンヴァス / 405×610cm / プラハ市立美術館蔵（Prague City Gallery）

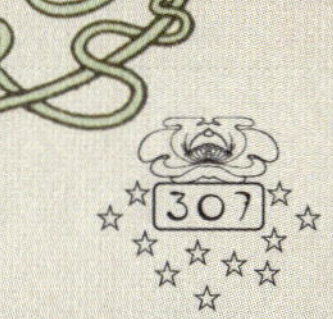

☆☆☆

14

☆☆☆

ズリンスキーの対トルコ防衛戦
キリスト教世界の盾

DEFENSE OF SZIGET AGAINST THE TURKS BY NICHOLA ZRINSKY
THE SHIELD OF CHRISTENDOM

☆ 物語 ☆

16世紀の南スラヴ諸国は、西方のカトリック勢力の圧力を受け、さらに東方からの強大なオスマン・トルコ帝国の侵入におびやかされていた。16世紀半ばにはトルコはハンガリーのブダペストを占領し、ウィーンにまで迫る勢いであった。宗教戦争とトルコの侵入がヨーロッパを悩ませていた。

1566年にはスレイマン1世（壮麗王）に率いられたトルコ軍がハンガリーに侵入した。神聖ローマ皇帝マクシミリアン2世が8万のドイツ軍で迎え撃つことになった。しかし発疹チフスにドイツ軍はやられ、戦えなくなった。

スレイマン1世はシゲトヴァールを包囲した。クロアチア貴族ニコラ・シュビッチ・ズリンスキーがここを守っていた。激しい戦いとなった。この絵はそのシーンである。右手の要塞に向かって、左からトルコ軍が押し寄せている。

右手の櫓（やぐら）の上で、両手を広げているのがズリンスキーだろう。その上の段に座ってなにかを書いている女性が妻エヴァであるらしい。彼女はチェコのロジュンベルク家の出身であった。いよいよトルコ軍が迫ってきた時、彼女は火薬庫に火をつけ、敵を吹きとばしたという。

櫓の下にはハシゴで物を運んでいる女性たちがいる。この防衛戦では女性たちも戦っていたようだ。日本の戦国時代の城や戦いが連想される。

トルコ軍はこのシゲトヴァールを落とすことができなかった。ズリンスキーの守備隊が勇敢に戦ったこともあるが、包囲している時にスレイマン1世が急死してしまい、トルコ軍は引き揚げていったのである。

スレイマン1世を継いだのは息子のセリム2世であった。彼は無能で、もうハンガリーを攻撃する気力もなく、マクシミリアン2世と停戦協定を結んだ。それ以後、オスマン・トルコは衰退していき、その脅威は去ったのである。

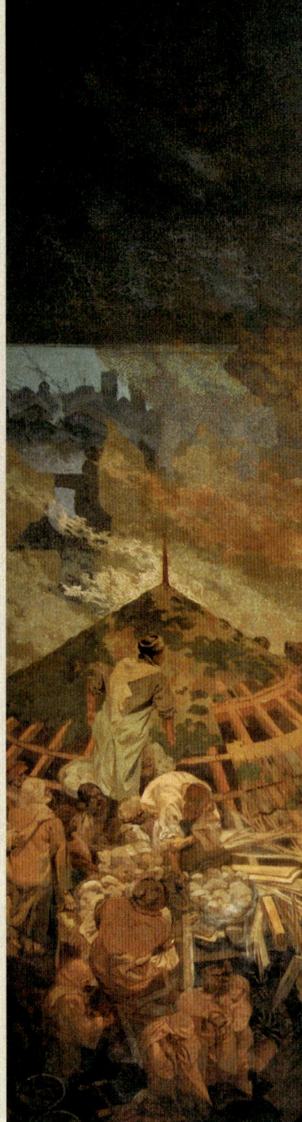

☆ 解説 ☆

この絵にはいろいろなわからないことがある。まずシゲトヴァールの場所である。シゲトヴァールはドナウ川近くとあるが地図を見ると、ドナウの西で、ドナウからかなり遠い。この絵では背後に青い川が見える。もしかしたら、やはりトルコとの戦いがあったドナウ沿いのモハーチと混同されているのかもしれない。

次に画面を左右に分割している黒い柱はなんなのだろう。これについてはなにも説明されていない。柱なのか、樹木なのだろうか。液体が流れ落ちているのだろうか。下絵を見ると液体のようだ。黒い血がしたたり落ちていると私には思える。ムハ（ミュシャ）は流れる血を象徴的に描き、それによって画面の分割をしている。

この黒い竜巻のような柱は、アール・ヌーヴォー・スタイルの植物的な装飾フレームと似ている。リアルなシーンは植物的な、または流水的な黒い流れによって幻想的なものとなる。

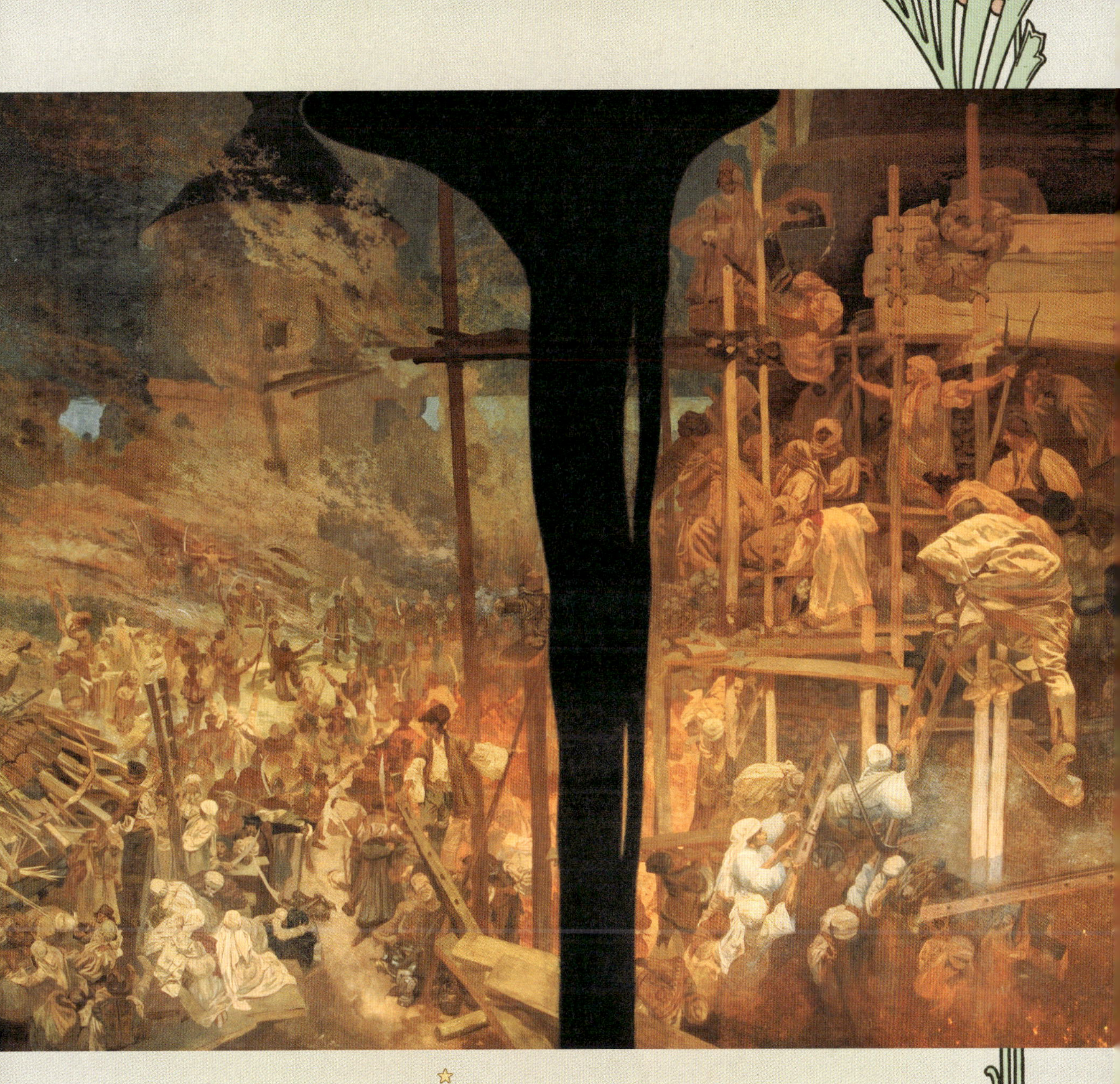

☆

1914年 / 油彩、テンペラ、カンヴァス / 610×810cm / プラハ市立美術館蔵 (Prague City Gallery)

☆☆☆

15

☆☆☆

イヴァンチツェの兄弟団学校、
聖書の印刷
神が授けた言語という贈りもの

THE BRETHREN SCHOOL IN IVANČICE
THE PRINTING OF THE BIBLE OF KRALICE
GOD GAVE US A GIFT OF LANGUAGE

☆ 物語 ☆

のどかな公園のような広場に人々が集まっている。ここはモラヴィア兄弟団の学校である。兄弟団はフス戦争の悲惨さから人々を救おうとした。ペトル・ヘルチツキーの同胞同盟から生まれたものであった。すべての人々が兄弟として助け合おうというヘルチツキーの思想はボヘミア兄弟団として発展した。しかしフス派の王イジーは、兄弟団を異端として追放したので、その一部はモラヴィアに逃れ、モラヴィア兄弟団を結成したのであった。

弱き者、貧しい者のために、農村で共同生活をして働く兄弟団はモラヴィアで活動するようになった。イヴァンチツェの領主ジェロチーン公はその思想に共鳴し、最初のモラヴィア兄弟団学校を設立した。ここではヤン・ブラホスラフの指導で、チェコ語に聖書を翻訳し、近くのクラリツェ聖堂で印刷した。〈クラリツェ聖書〉といわれるチェコ語による最初の聖書がここでつくられたのである。

今ちょうど聖書が刷り上がってきた。右手の柱の前で印刷された紙面を見ている。そのうしろに立っているのがジェロチーンである。その左側では、まちがいがないか、字の校正をしている。

左前では、盲目の老人に若者が聖書を読んでやっている。老人は若者の手を握っている。すべての人が兄弟として生きる共同生活が場面全体に展開されていて、あたたかい気分が伝わってくる。

本を朗読している若者は、見ている人に向かっても語っているようで、聖書のことばが聞こえてくるかのようだ。

ヘルチツキーが戦乱の中でつくった兄弟団(同胞同盟)は、今、このようにおだやかなイヴァンチツェに安住の地を得た。そのような幸せがこの絵から伝わってくる。

しかしあまりにのどかな光景であるから、その平安さがいつまでつづくだろうかと、淡い哀しみも感じさせるのである。

☆ 解説 ☆

イヴァンチツェはムハ(ミュシャ)のふるさとである。それだけにこの絵への思い入れは深かったろう。その楽しい光景は、ムハ(ミュシャ)の個人的な郷愁を秘めているのかもしれない。

チェコ語による最初の聖書といういい方には説明が必要かもしれない。1488年にはチェコ語による聖書が出ていたという。これはラテン語からの、つまりローマ教会公認の聖書のチェコ語訳である。1578年、イヴァンチツェでつくられているのは、より原典に近いと思われる、ギリシア語からチェコ語に訳された、はじめての聖書ということになるのである。

カトリックの聖書ではない、東方的でスラヴ的な聖書がここでつくられたことに感動して、この絵を描いたのであった。

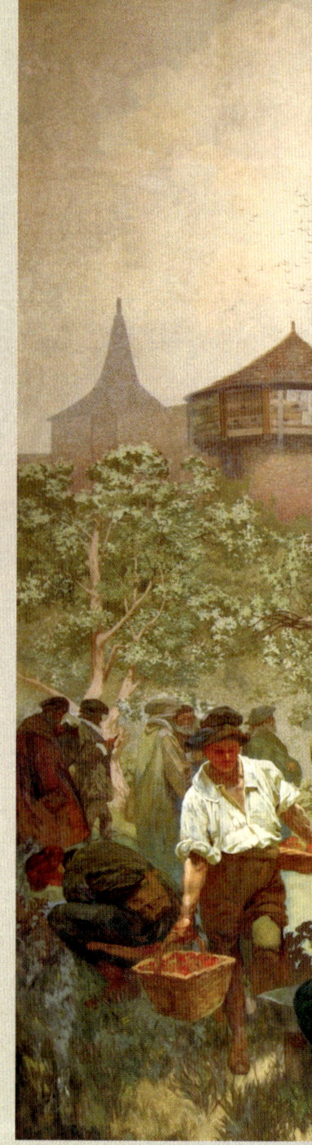

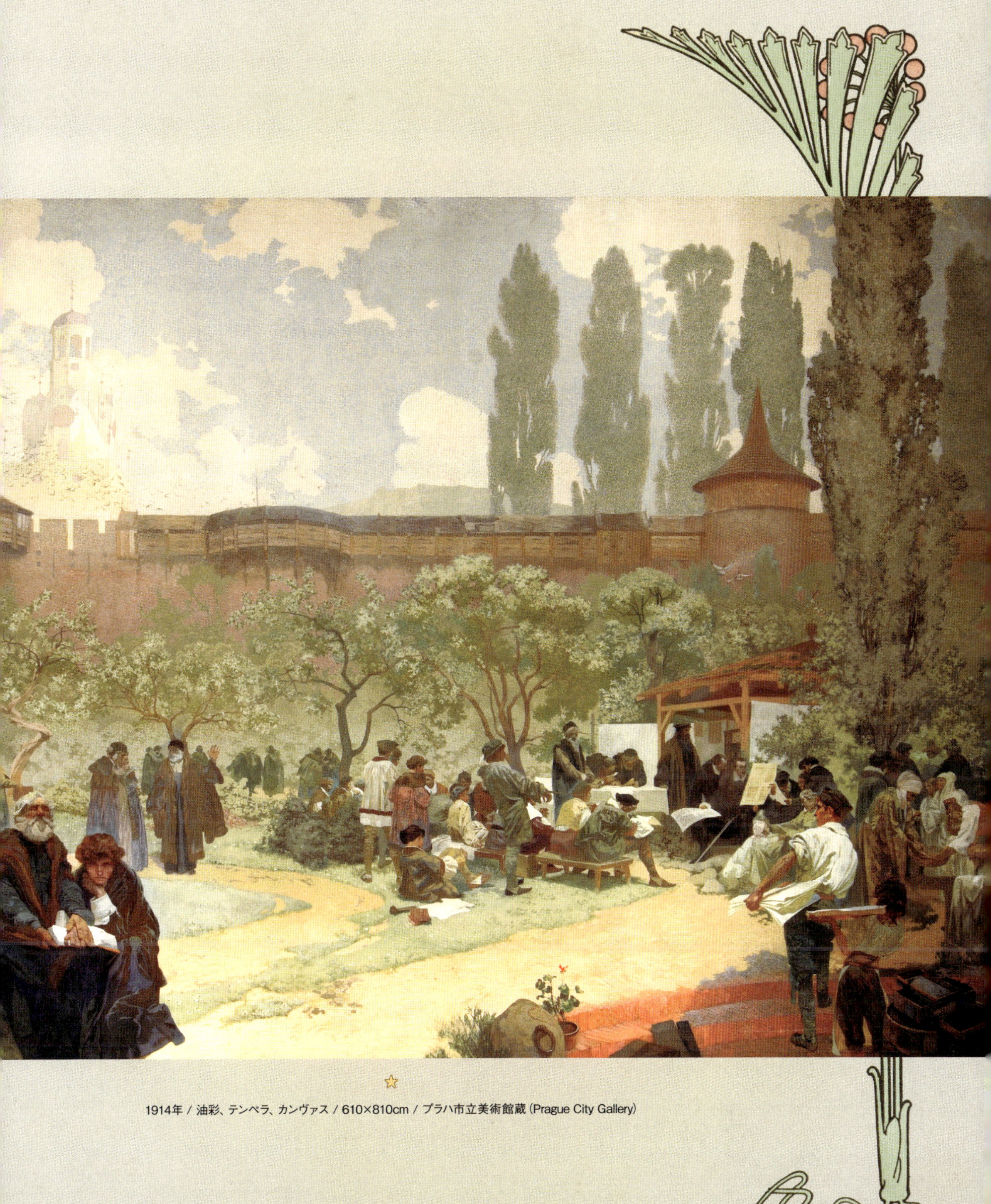

☆

1914年 / 油彩、テンペラ、カンヴァス / 610×810cm / プラハ市立美術館蔵 (Prague City Gallery)

☆☆☆

16

☆☆☆

コメンスキーの最後の日々
明滅する希望

THE LAST DAYS OF JAN ÁMOS KOMENSKÝ IN NAARDEN
A FLICKER OF HOPE

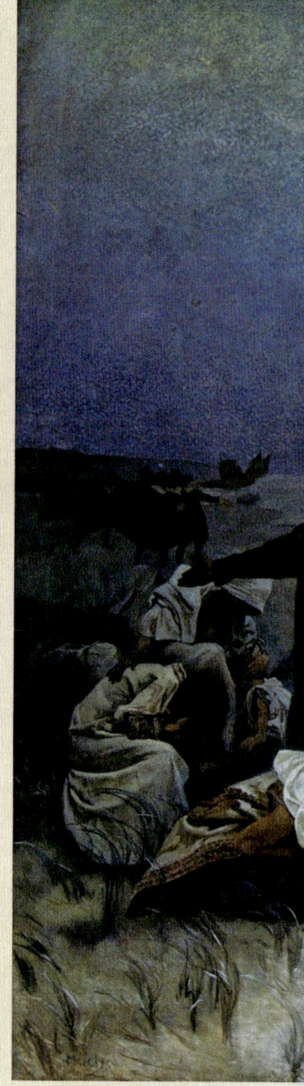

☆ 物語 ☆

「イヴァンチツェの兄弟団学校」(P310-311)の春のような日々は長くはつづかなかった。チェコとハンガリーはやがてハプスブルク家にのみこまれていった。ハプスブルクのルドルフ2世(在位1576-1612)はプラハに豪華な文化を開花させた。

ボヘミア議会はハプスブルク家の皇帝フェルディナント2世(神聖ローマ皇帝、1617年からボヘミア王)を追い出した。しかし1620年、プラハの郊外ビーラー・ホラ(白山)の戦いで皇帝軍が勝ち、ハプスブルク家はボヘミアとモラヴィアを完全支配することになった。カトリックが国教となった。そして兄弟団は弾圧され、追放された。その中には多くのすぐれた学者や思想家がいたという。その1人がヤン・アーモス・コメンスキーであった。

この絵はアムステルダムで亡命の日々を過ごしたコメンスキーが海辺で息を引きとるシーンである。1670年であった。死が近づくのを感じた彼は、弟子たちに自分を海辺に運ばせる。椅子に座り、はてしない海を見ながら生を終えた。夜の暗い海である。カンテラ(ランプ)の小さな光に、師の最後の生命を見ながら、弟子たちが嘆き悲しんでいる。

コメンスキーはモラヴィアに生まれた。両親を失い、辛い少年時代を過ごすが、兄弟団の世話で学校に行き、すぐれた学者になった。兄弟団のメンバーはプラハのカレル大学には入れなかったから外国で学んだ。そして兄弟団の牧師として活動し、またチェコの百科事典をつくろうとした。彼は今日の教育学の先駆者といわれる。

しかし1620年、「白山の戦い」の敗北でチェコはカトリック化され、兄弟団は弾圧された。1628年、コメンスキーはポーランドに逃れた。その後、イギリス、スウェーデンをまわりパン・ソフィア(百科的、全体的知識)を教える教育論を構想する。そして世界共通語を考える。

晩年はアムステルダムに移った。『世界図絵』という世界最初の絵入り百科事典をつくった。すべての人々が兄弟のように共通の知識を持つことをコメンスキーは夢見た。

☆ 解説 ☆

浜辺の白い雪、海と濃い空が流れるように混じりあっている。ターナーの海景色を思わせる絵である。右に小さく、コメンスキーの黒い影がくずれそうにはかなく見える。左手には悲しむ弟子たちがいる。

モラヴィア兄弟団から出て世界的な学者になったコメンスキーをこんなに淋しい海辺に置いて描いたムハ(ミュシャ)の気持ちを考えてみたくなる。彼は自分をコメンスキーに重ねていたのかもしれない。故郷のイヴァンチツェを出て、ヨーロッパやアメリカをさまよってきた。彼の大きな夢はだれかに理解されるだろうか。雪の上に置いたカンテラが雪に光をにじませている。

ムハ(ミュシャ)は「スラヴ叙事詩」の中に、アムステルダムの海辺のシーンを入れている。彼はスラヴの地から外国へ亡命していった文化もスラヴ文化として見てほしいといっているのではないだろうか。コメンスキーは暗い海の彼方に、ふるさとモラヴィアを見ているのかもしれない。

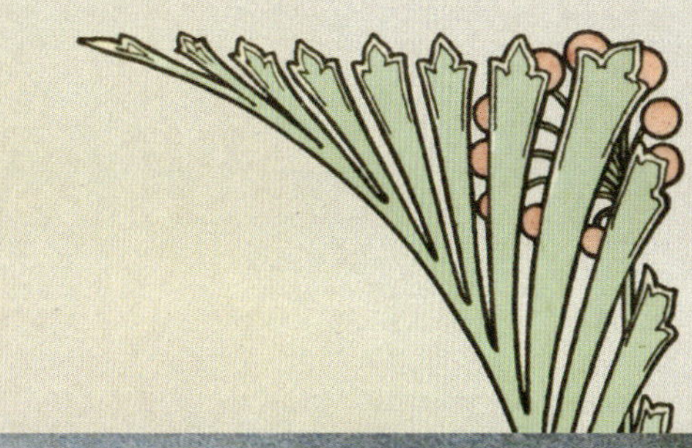

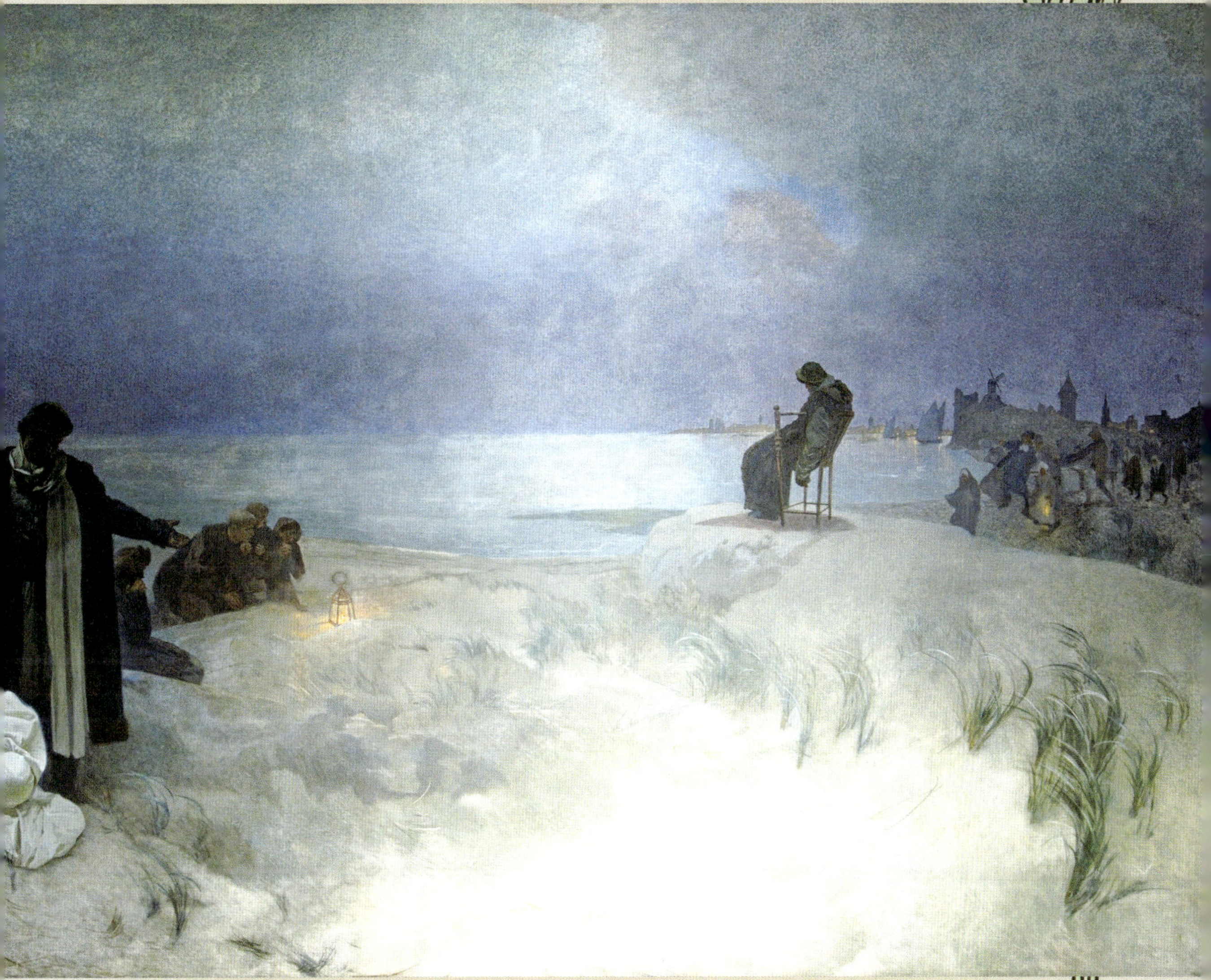

1918年 / 油彩、テンペラ、カンヴァス / 405×620cm / プラハ市立美術館蔵（Prague City Gallery）

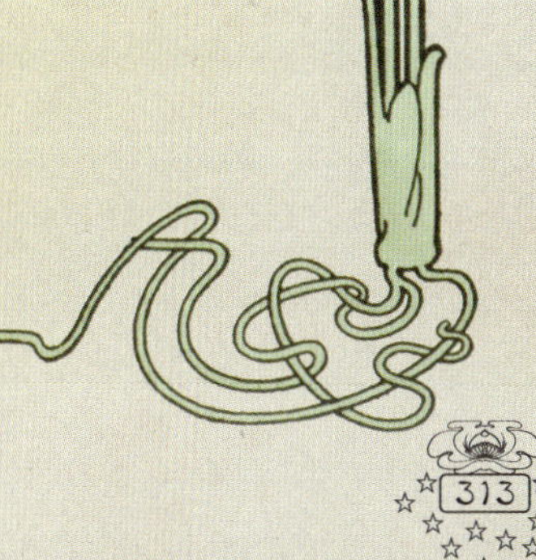

☆☆☆

17

☆☆☆

聖なるアトス山
聖地に集うスラヴ巡礼者たち

HOLY MOUNT ATHOS
SLAVIC PILGRIMS IN THE SANCTUARY OF SOUTHERN SLAVS, THE SHRINE OF THE ELDEST SLAVIC MONUMENTS

☆物語☆

歴史を下ってきた「スラヴ叙事詩」の旅はここで時を超え、スラヴの魂が目指す聖地へと飛んでゆく。聖なるアトス山である。そこはスラヴ人の国ではなく、ギリシアである。しかしそこからメトディオスとコンスタンティノスによってギリシア正教がもたらされたのだ。スラヴ人たちは、スラヴのキリスト教の始原を求めて、ギリシアの聖アトス山を訪ねてきた。

ムハ（ミュシャ）は「スラヴ叙事詩」を描くためにバルカン半島をめぐった。そしてどうしてもアトス山まで行こうと決めたようである。

1924年、ムハ（ミュシャ）はアトス山へ向かった。

「ムハ（ミュシャ）はギリシア正教修道院の不思議な古代的な魅惑をとらえたいと思った。そこにはスラヴ中から巡礼者がやってきたのだ。彼はイグメンズという人の世話で、修道院から修道院へとロバに乗って旅した（「まるで火星にいるみたいだ」と彼は書いている。「または別な星 ── 金星ではないか」）。そして彼は厳かな雰囲気に深くひたされた。それは彼を使徒キリル（キュリロス、コンスタンティノス）とメトディオスの時代へ連れていった。」（イジー・ムハ『アルフォンス・ミュシャ ── アール・ヌーヴォーの画家』1966）

ムハ（ミュシャ）は教会に入る。黄金のモザイクの壁画にイコン（聖像）が浮かんでいる。古代ギリシア語の祈りがひびく。そして「キリルとメトディオスの頃からまったく変わらない、古きスラヴの儀式の永遠なることばが響く」とムハ（ミュシャ）は日記に書いている。

この絵においても正面のドームに聖母像が掲げられている。ムハ（ミュシャ）は聖母を若いスラヴ娘として描いている。右下にはロシアからの巡礼者の群れがいる。左下には老人を支える若者がいる。兄弟団の精神が映されている。若者はこちらを見て、そのことを語りかける。

☆解説☆

アトス山はギリシアのカルキジキ半島の先端で、エーゲ海に突出している。独立国のようで入山許可がいる。けわしい山地に20ぐらいの修道院がひしめいている。ムハ（ミュシャ）の絵は神秘的な光の中に、幻想的な空間を演出している。ビザンツの修道院はよりスラヴ的なイメージへと変貌している。聖母がやさしくほほえみかけるドームの前に天使が宙に浮いている。彼らが持っているのは、ロシア、セルビア、ブルガリアなどの修道院の模型でありキリル文字の旗である。その下のロシアからの巡礼者といい、この礼拝堂はスラヴによって占領されたかのようだ。

天使のいる中段は青と金のヴェールをかけたようで、色彩による幻想空間の層を示している。下方のリアルな空間はしばしば金色の光で見えなくなっている。「スラヴ叙事詩」のはじめの3枚（P280-287）の神話的、超現実的シーンの表現に回帰していこうとしている。

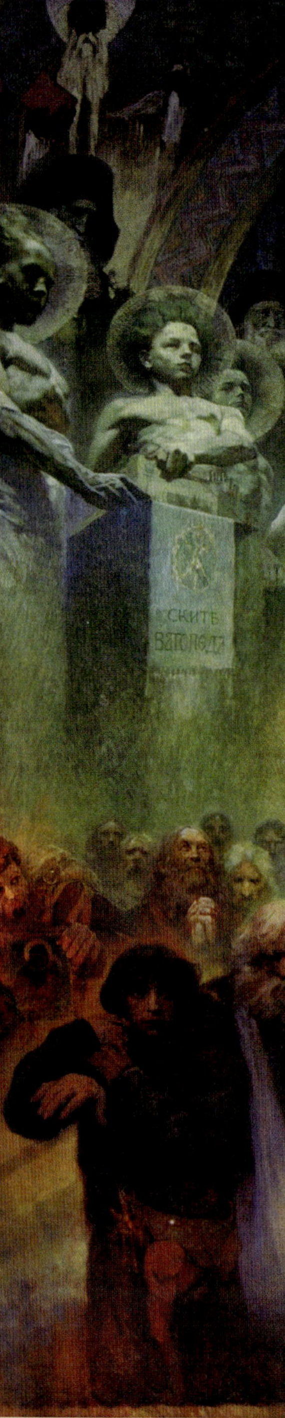

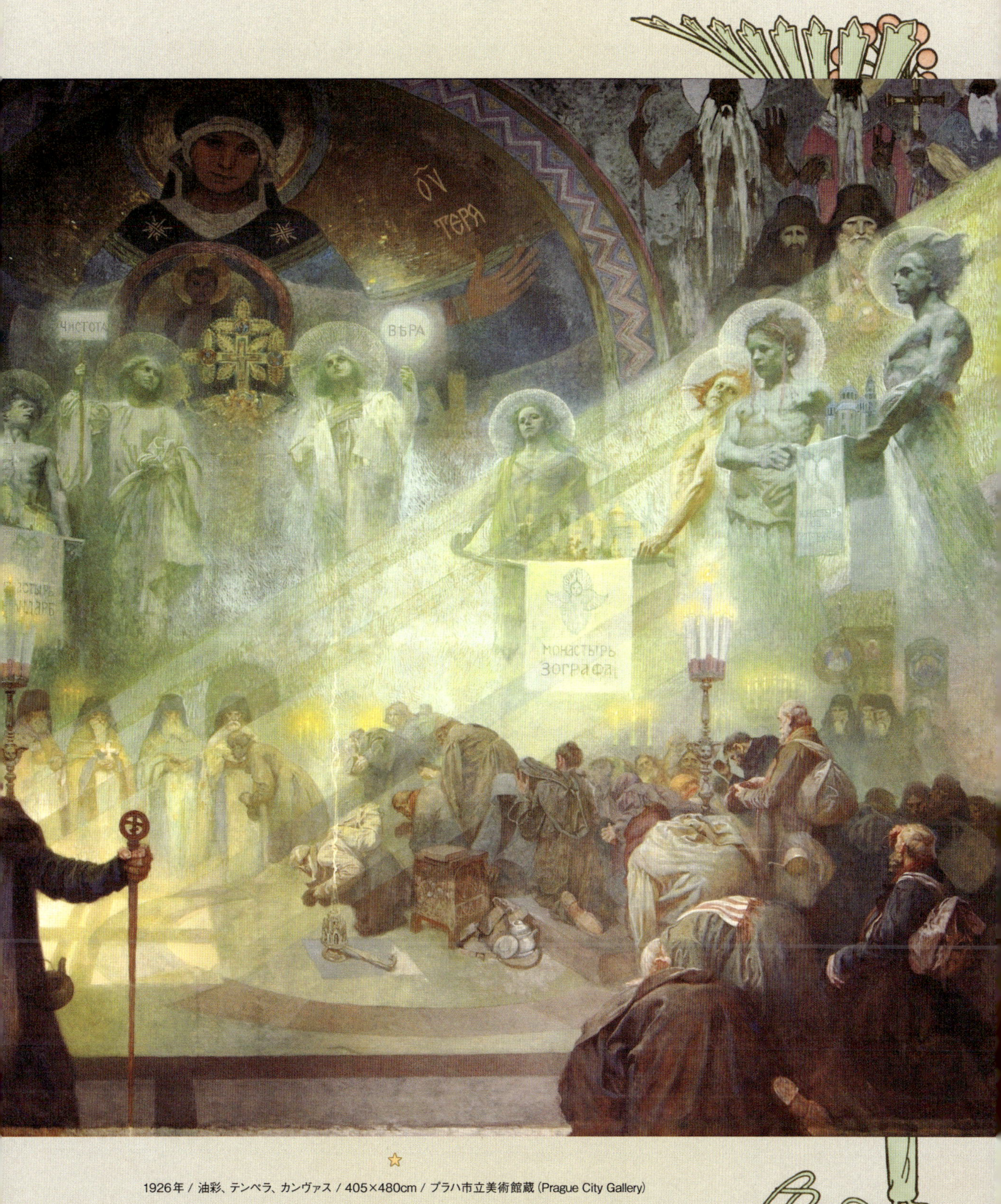

☆

1926年 / 油彩、テンペラ、カンヴァス / 405×480cm / プラハ市立美術館蔵 (Prague City Gallery)

☆☆☆

18

☆☆☆

オムラディナ会の誓い
スラヴ民族の復興

THE OATH OF OMLADINA UNDER THE SLAVIC LINDEN TREE
THE SLAVIC REVIVAL

☆ 物語 ☆

ボヘミア(チェコ)などのスラヴ諸国はハプスブルク帝国にのみこまれ、長い暗黒時代がつづく。フランス革命の波が及んできて、19世紀にはスラヴ諸民族の民族意識が目覚める。あらためて、〈スラヴ〉というまとまりが意識され、ばらばらになった諸民族を結ぶ〈汎(パン)スラヴ主義〉の運動が起きる。それはまず音楽や文学にはじまるが、社会的、政治的運動に発展してゆく。

そのような民族主義が高まったのは、自国のことばによる教育、国民学校の普及の影響であった。多くの人が教育を受けられるようになった。すべての人に教育を、というコメンスキーの夢が徐々に実現していったのである。

知的教育だけでなく、身体の育成、体育、スポーツも普及した。1862年、〈鷹(ソコル)〉というチェコの青年スポーツ団体が結成された。ドイツで盛んとなる、体を鍛える青年運動の波がチェコにもやってきたのである。そして青年スポーツ団体が、精神的、さらに政治的活動と結びついてゆく。

19世紀末の反政府的な政治結社はしばしば〈ムラド(青年)〉ということばがつけられた。青年チェコ党、青年ボスニア党などである。

この絵は1894年に結成された〈オムラディナ〉会の集まりを描いている。スラヴの聖なる木、菩提樹に、スラヴの守護神スラヴィアがあらわれている。その下で裸の少年たちが輪になって踊っている。まわりに大人たち、娘たちがいる。少年たちは、アトス山の礼拝堂(P314-315)にたちこめていた金色の光の散乱に包まれている。

ムハ(ミュシャ)はスラヴ民族の原始的な甦りの祝祭をオムラディナとして描いている。しかし〈オムラディナ〉は実はセルビアでつくられた秘密結社であり、やがてその一部は過激なテロリストになってゆく。

チェコでも〈オムラディナ〉は警戒されていた。しかしムハ(ミュシャ)はそれを無視して、若々しい、生命の甦りを願う、青年の祝祭として描き、スラヴの、そして自らの青春に讃歌を捧げるのだ。

☆ 解説 ☆

ムハ(ミュシャ)はそろそろ「スラヴ叙事詩」の輪を閉じようとしている。この絵はこのシリーズの最初の3枚(P280-287)の神話的、祝祭的な空間にもどろうとしている。両側に両手を広げたように張っている枝。その中央に、ソコルを肩にしたスラヴィア(スラヴの女神)が出現している。その光を浴びている少年たち、その両側の大人たち。そして影に沈む手前の横長の段には、ギリシア風ともいえる男女が配置され、中央の少年たちのダンスを見ている。

女神のいる上段、裸の少年の輪の中段、そしてギリシア風の観客たちの下段と3層になり、それぞれがちがった色のヴェールをかけられている。手前の列で左のたて琴を弾く少女はムハ(ミュシャ)の娘ヤロスラヴァ、右の裸の少年は息子のイジーがモデルという。ムハ(ミュシャ)の家族たちがオムラディナの催しを枠の外から見ているとすることもできる。そしてこの絵を見る人は、それをさらに外から見ているのだ。

☆

1926-28年 /
油彩、テンペラ、カンヴァス /
390×590cm /
プラハ市立美術館蔵 (Prague City Gallery)

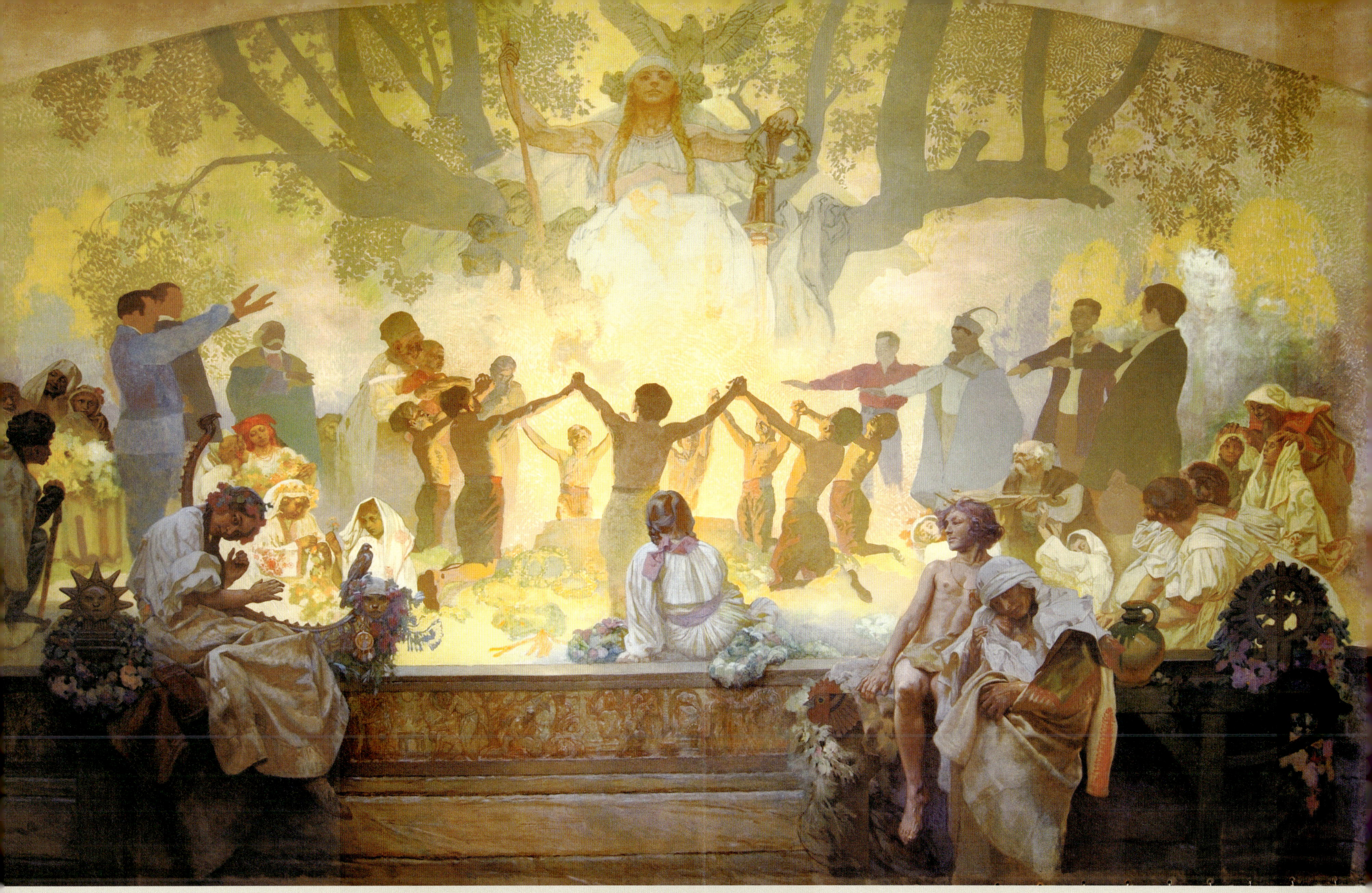

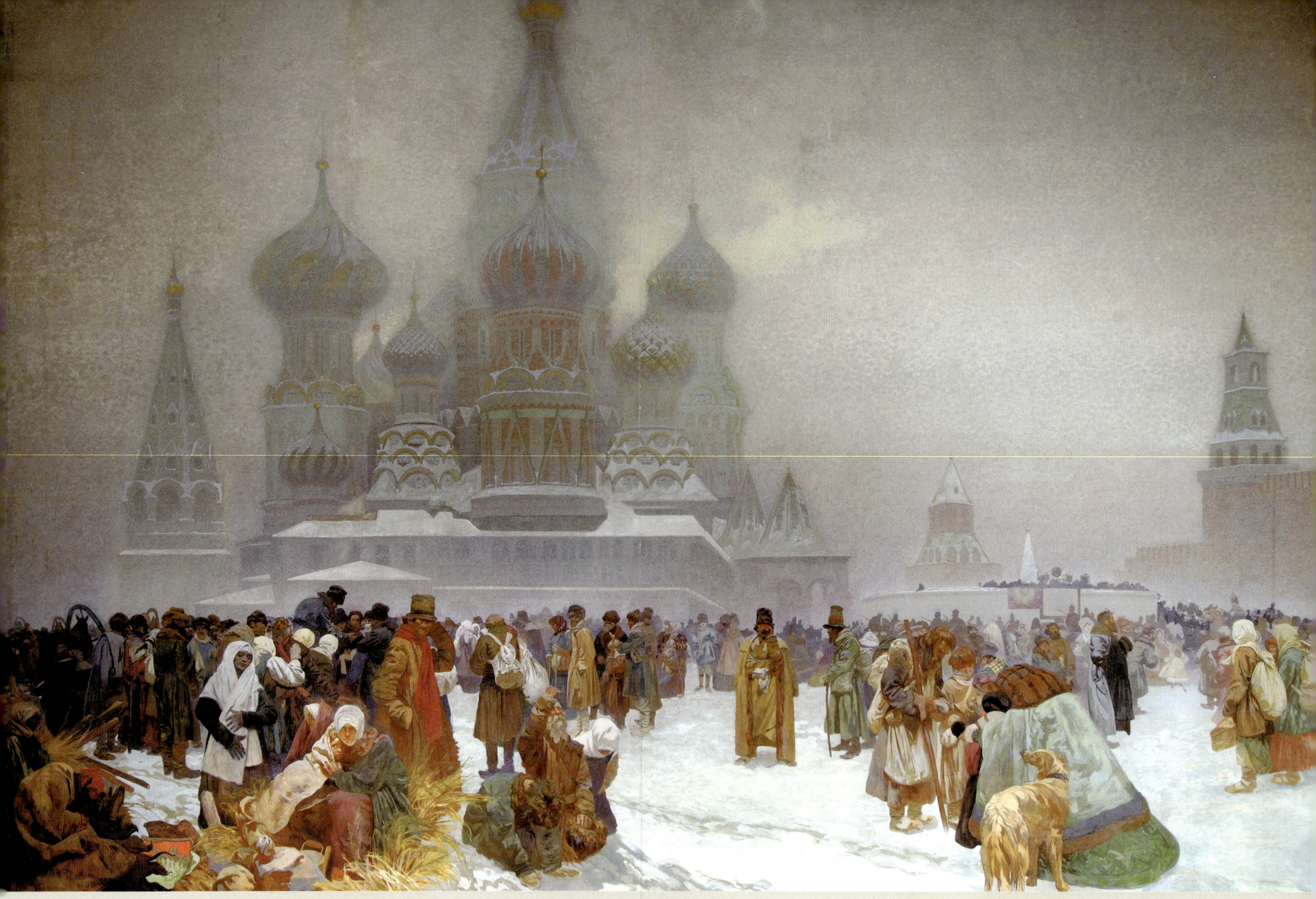

19

ロシアの農奴解放の日
自由な労働こそ国家の基礎である

THE ABOLITION OF SERFDOM IN RUSSIA
WORK IN FREEDOM IS THE FOUNDATION OF A STATE

☆ 物語 ☆

ムハ（ミュシャ）は1913年、アメリカからもどるとあわただしくロシアに旅した。この絵を描くためであった。彼は第1次世界大戦が起こることを予期していたという。大戦になったら、絵のための資料をさがす旅などできないだろう。すぐにモスクワを見てこなければ、と思ったのである。

1861年、ロシア皇帝アレクサンドル2世は農奴解放の勅令を出した。モスクワのクレムリン宮殿前の広場で読み上げられた。ヨーロッパで最もおくれた解放であった。これによってようやくロシアの近代化がはじまる。右端にちらりと見えるのがクレムリン宮殿である。正面にそびえるのが聖ワシリー寺院。雪曇りの中に煙ったようにかすんでいる。中央の雪の上にこちらを向いて立っているのが勅令を読み上げる役人らしい。

しかしそれを囲む群衆はなんとばらばらな方向を向いて、聞いているのかいないのかよくわからない。ムハ（ミュシャ）の群衆の描き方にちょっとおどろかされる。農奴解放令はあまりにも複雑であったので、みんなすぐには理解できなかったというから、この時、広場に集まった人たちもよくわからなかったという。

ばらばらでとまどっている群衆を描くところがムハ（ミュシャ）らしい。解放を聞いて、わっと喜ぶ人々といったシーンは描かないのである。

ムハ（ミュシャ）がモスクワで見たいと思ったのは、農奴解放後の新しいモスクワではなく、近代化によって失われつつあり、やがて大戦で壊滅してしまうだろう、古いロシアだったようだ。彼はモスクワのトロイツキー聖堂などを見て、想像力がかきたてられ、一気に「スラヴ叙事詩」のイメージが現実化した。それまでギリシア正教の古いスラヴ的な儀式などを見たことがなかったが、ロシアにはそれがまだ残っていたのだ。

ムハ（ミュシャ）はロシアで古き、母なるロシア、スラヴの源泉を見いだしたのである。

☆ 解説 ☆

この絵では上部に幻のように浮かぶ聖ワシリー寺院、下部に現実のロシアの民衆という2層構造が見える。聖ワシリー寺院こそがムハ（ミュシャ）の描きたいものだ。クレムリンは脇に置かれる。聖ワシリー寺院こそ大いなるスラヴであるからだ。歴史の新しいシーンとして農奴解放のテーマを選びながら、ロシアが秘めているスラヴの魂を描こうとするのだ。

この絵そのものは、「スラヴ叙事詩」の中でちょっと異質な感じがする。この絵は1914年に描き上げられた。第1次世界大戦がはじまった年である。大戦前に古きロシアを見てきてよかったと思ったろうか。

気になるのは、1917年に起こったロシア革命をムハ（ミュシャ）がどう思ったか、である。「オムラディナ会の誓い」（P316-318）は1926-28年に描かれた。もし、この頃にあらためてロシアのシーンを考えたら、ロシア革命を選んだろうか。それとも、もっと古いロシアを描いたろうか。

1914年 /
油彩、テンペラ、カンヴァス /
610×810cm /
プラハ市立美術館蔵（Prague City Gallery）

20

スラヴ民族の神話化
スラヴ民族は人類のために!

THE APOTHEOSIS OF THE SLAVS
SLAVS FOR HUMANITY!

☆ 物語 ☆

「スラヴ叙事詩」の輪をここに閉じる。それは神話ではじまったが、また神話にもどっていくのだ。時は流れ、歴史は次の時代に入り、古い時代は去る。しかしすべて失われるわけではなく、いつかすべてもどってくるのだ、失われたものも、亡くなった人も。

見よ、〈スラヴ〉の若者が両手に花の輪を持っている。この輪は人と人をつなぐ輪であり兄弟団の輪なのだ。大きな戦争があった。しかし私たちはいくつもの戦争を越えてきたのだ。なんと多くの人を失ったことだろうか。だが今、彼らは帰ってきて、私たちはまた出会うのだ。

左上を見よ。火が燃え上がって、黒い影を焼こうとしている。フス戦争の苦難の歴史が甦ってくる。若者の左右にうごめく闇の姿は、私たちの歴史を襲い、苦しめた者たちだ。

そして歴史の光の中に立っている人たちは、私たちの生活と文化を限りなく豊かにし、多くの恵みを与えてくれた恩人であり兄弟たちだ。そして女たちが白い衣におおわれたものに花を捧げている。世界大戦で失われた多くの人たちをしずかに弔っているのだ。

そして左下では若い人たちが、今年の春の若葉をつけた小枝を掲げて振っている。新しい年よ、若々しい枝よ、おまえたちは明日咲きなさい。

この絵は甦りの絵なのだ。すべてがもどってくる。なによりも喜ばしいのは、ここに世紀末のミュシャ・スタイルがもどってくることだ。若木のしなやかさ、スラヴの若い神のまわりに舞っている曲線、右下の神話的幻想の上を流れる植物的なリボン、そして虹のアーチ。

ムハ(ミュシャ)がつとめて抑制してきた世紀末の装飾的曲線がこのラスト・シーンであふれ出してくる。あの時がもどってくる。あの音楽のように流れるムハ(ミュシャ)の青春の線が。「スラヴ叙事詩」のフィナーレである。

☆ 解説 ☆

この絵では、ムハ(ミュシャ)が最初に試みた、色層による多次元的時間の重ね合わせがもどってくる。右下の青は神話の時を、左上の赤はフス戦争の時を、上部両側の黒は、スラヴ民族の敵を、黄色はスラヴ民族の自由と平和と団結をあらわす、とされている。

きちんと仕切りを入れるのではなく、あいまいな形の色雲を置いて、それをモンタージュし、さまざまな時代を1つの絵にするやり方は、もしかしたら日本の金屛風などの、雲を使った表現に学んでいるのではないだろうか。

そのような色の雲の複雑な組み合わせで、魔術的な空間を構成していくやり方は、「スラヴ叙事詩」のはじめで試みられ、その最後で見事に完成されている。神話からはじまって歴史に展開され、再び神話にもどってゆくムハ(ミュシャ)の歴史観は、近代史から認められなかったが、それを知らないと「スラヴ叙事詩」の面白さ、魅力は見えてこないだろう。

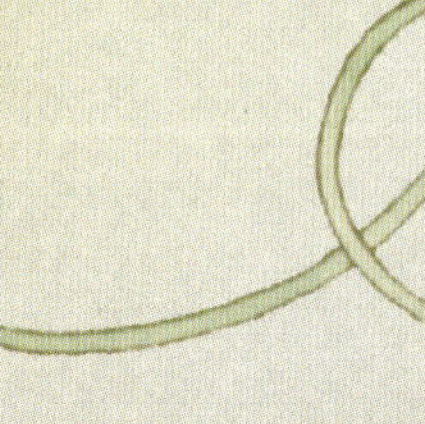

1926-28年 /
油彩、テンペラ、カンヴァス /
480×405cm /
プラハ市立美術館蔵 (Prague City Gallery)

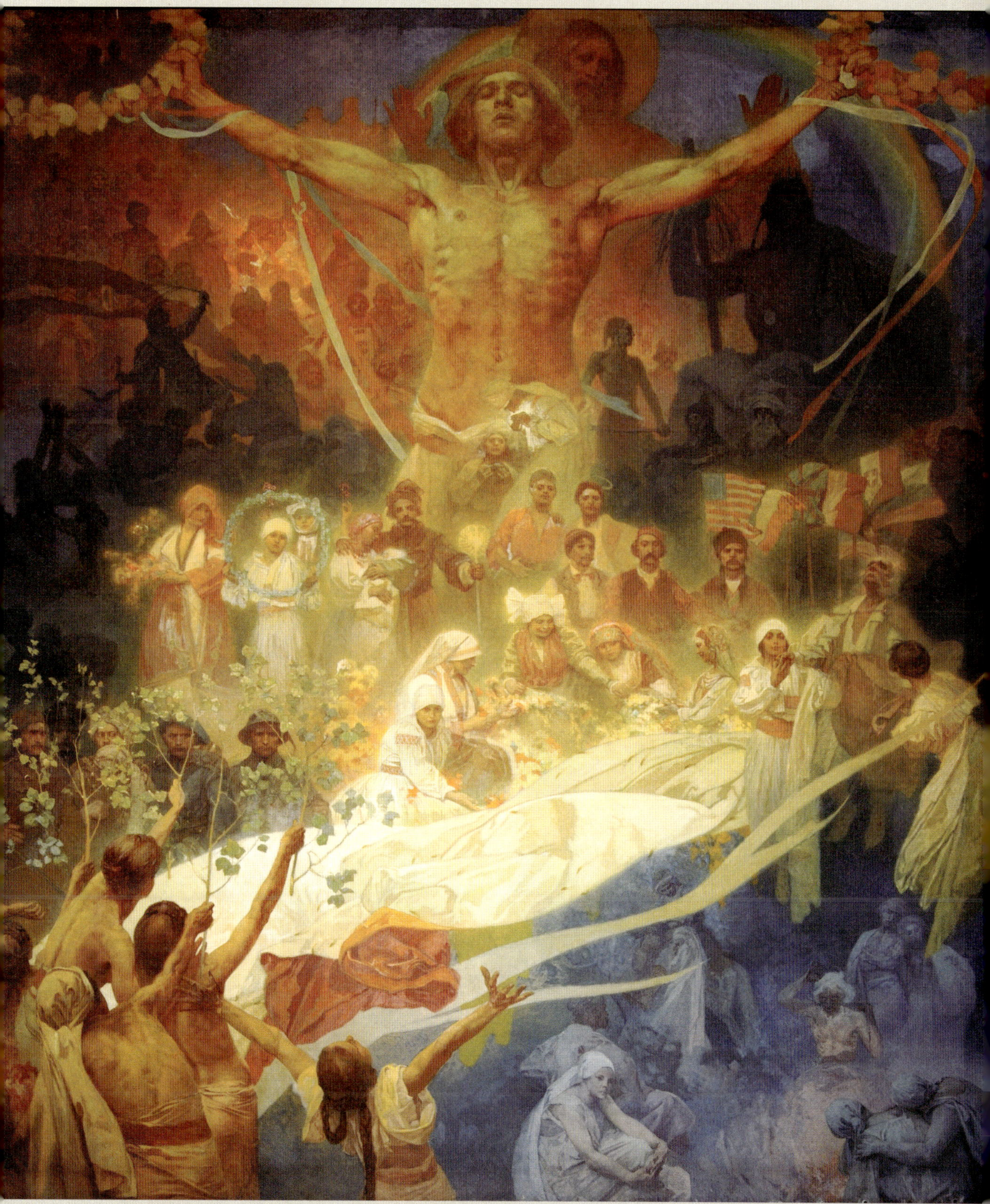

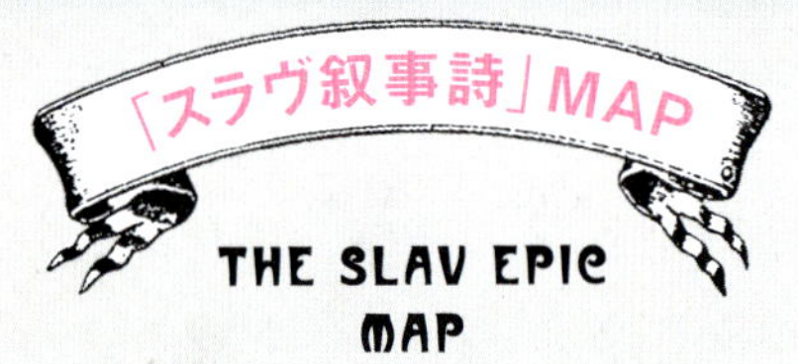

★スラヴ諸国全域（地図上の色付した地域）

スラヴ叙事詩1「スラヴ民族のふるさと トゥーラーン人の鞭とゴート族の剣の間で」→P280-282

スラヴ叙事詩18「オムラディナ会の誓い スラヴ民族の復興」→P316-318

スラヴ叙事詩20「スラヴ民族の神話化 スラヴ民族は人類のために！」→P322-323

★ナールデン（オランダ）

スラヴ叙事詩16
「コメンスキーの
最後の日々
明滅する希望」
→P312-313

★リューゲン島（旧ルヤナ島、ドイツ）

スラヴ叙事詩2
「ルヤナ島の
スヴァントヴィート祭
神々が戦う時、救いは諸
芸術にある」
→P283-285

★ベネショフ近郊（チェコ）

スラヴ叙事詩10
「クジューシュキの集会
フス戦争のはじまり」
→P300-301

★ヴェレフラド（チェコ）

スラヴ叙事詩3
「スラヴのキリスト教
汝の母国語で
主を讃えよ」
→P286-287

★グルンヴァルト（ポーランド）

スラヴ叙事詩8
「グルンヴァルトの
戦いの後で
北スラヴ民族同盟」
→P296-297

★モスクワ（ロシア）

スラヴ叙事詩19
「ロシアの農奴解放の日
自由な労働こそ
国家の基礎である」
→P319-321

★プラハ（チェコ）

スラヴ叙事詩7
「ヤン・ミリーチの
娼婦の教会
売春宿を
修道院に改装」
→P294-295

スラヴ叙事詩11
「ヴィートコフ丘の
戦いの後で
神は力ではなく、
真実を示す」
→P302-303

スラヴ叙事詩9
「ヤン・フスの
最後の説教
真実の勝利」
→P298-299

スラヴ叙事詩13
「フス派の王イジー
盟約は守られ
なくてはならない！」
→P306-307

★ピーセク（チェコ）

スラヴ叙事詩12
「ペトル・ヘルチツキー
悪をもって悪に
報いるな」
→P304-305

★イヴァンチツェ（チェコ）

スラヴ叙事詩15
「イヴァンチツェの兄弟団
学校、聖書の印刷
神が授けた
言語という贈りもの」
→P310-311

★ブラチスラヴァ（スロヴァキア）

スラヴ叙事詩5
「オタカル2世の
ボヘミア王国
〈スラヴ連合〉の夢」
→P290-291

★スコピエ（マケドニア）

スラヴ叙事詩6
「ドゥシャン皇帝の
セルビア
スラヴ語による法典」
→P292-293

★セゲド（ハンガリー）

スラヴ叙事詩14
「ズリンスキーの
対トルコ防衛戦
キリスト教世界の盾」
→P308-309

★シュメン南東部（旧プリスカ、ブルガリア）

スラヴ叙事詩4
「ブルガリア皇帝
シメオンとスラヴ文化
スラヴ文学の幕開け」
→P288-289

★アトス山（ギリシア）

スラヴ叙事詩17
「聖なるアトス山
聖地に集う
スラヴ巡礼者たち」
→P314-315

※2016年現在の世界地図を使用しています。　※ピンク色で塗られた国はスラヴ民族（スラブ言語を話す民族）が支配的な国です。

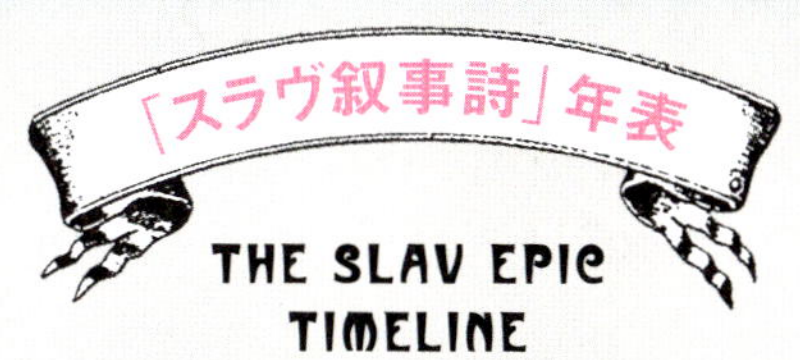

3-6世紀		スラヴ叙事詩1「スラヴ民族のふるさと　トゥーラーン人の鞭とゴート族の剣の間で」→P280-282
8-10世紀		スラヴ叙事詩2「ルヤナ島のスヴァントヴィート祭　神々が戦う時、救いは諸芸術にある」→P283-285
9世紀		モイミールがモラヴィア王国設立。
	846年	ロスチスラフがモラヴィア王国の王位継承。
		ビザンツ帝国がモラヴィア王国へコンスタンティノス（キュリロス）とメトディオスを派遣し、スラヴ地方にキリスト教を伝える。
		スラヴ叙事詩3「スラヴのキリスト教　汝の母国語で主を讃える」→P286-287
		プシェミスル家のもと、ボヘミア公国を形成（9世紀頃）。
	894年	シメオン1世（863頃-927）がブルガリア王に即位。
10世紀		スラヴ叙事詩4「ブルガリア皇帝シメオンとスラヴ文化　スラヴ文学の幕開け」→P288-289
13世紀	1253年	オタカル2世（1230頃-78）がボヘミア王（現チェコ）に即位。
	1260年	ボヘミア王オタカル2世がハンガリーに勝利。
	1261年	スラヴ叙事詩5「オタカル2世のボヘミア王国　〈スラヴ連合〉の夢」→P290-291
		ボヘミア王オタカル2世がハンガリー王女クンフタと再婚。
	1273年	ハプスブルク家のルドルフ1世がドイツ王に選ばれる（オタカル2世は選ばれず）。
	1278年	ボヘミア対ドイツ戦でオタカル2世が敗れ、ボヘミア王国は衰退。
14世紀	1346年	スラヴ叙事詩6「ドゥシャン皇帝のセルビア　スラヴ語による法典」→P292-293
		ステファン・ウロシュ4世ドゥシャン（1308-55）が東ローマ帝国を攻撃し、「セルビア人とローマ人の皇帝」と称し、セルビア王国の皇帝に即位。
	1372年	スラヴ叙事詩7「ヤン・ミリーチの娼婦の教会　売春宿を修道院に改装」→P294-295
	1386年	ヴワディスワフ2世ヤギェウォ（1362-1434）がポーランド国王に即位。
15世紀	1410年	グルンヴァルト（タンネンベルク）の戦いで、ポーランド・リトアニア連合軍がドイツ騎士団を敗る。
		スラヴ叙事詩8「グルンヴァルトの戦いの後で　北スラヴ民族同盟」→P296-297
	1412年	スラヴ叙事詩9「ヤン・フスの最後の説教　真実の勝利」→P298-299
	1414年	ヤン・フス（1369-1415）がコンスタンツ公会議によって有罪とされ、火刑に処される。
	1419年	スラヴ叙事詩10「クジューシュキの集会　フス戦争のはじまり」→P300-301
	1420年	フス戦争開戦（～1434年）。ヤン・ジシュカ率いるフス派vs.神聖ローマ皇帝十字軍。
		スラヴ叙事詩11「ヴィートコフの戦いの後で　神は力ではなく、真実を示す」→P302-303
	1433年	スラヴ叙事詩12「ペトル・ヘルチツキー　悪をもって悪に報いるな」→P304-305
	1458年	イジー（1420-71）がチェコ人初のボヘミア王として即位。
	1462年	スラヴ叙事詩13「フス派の王イジー　盟約は守られなくてはならない！」→P306-307
	1464年	ハンガリー王マーチャーシュ（1443-90）がボヘミア王に即位。
	1566年	スラヴ叙事詩14「ズリンスキーの対トルコ防衛戦　キリスト教世界の盾」→P308-309
		スレイマン1世（1494-1566）率いるトルコ軍がハンガリーに侵入。ズリンスキー（1508-66）が守り抜く。
	1578年	スラヴ叙事詩15「イヴァンチツェの兄弟団学校、聖書の印刷　神が授けた言語という贈りもの」→P310-311
	1670年	白山（ビーラー・ホラ）の戦いでハプスブルク家が勝利。
		ボヘミアとモラヴィアを完全支配し、カトリックが国教となる。
	1658年	ヤン・アーモス・コメンスキー（コメニウス）が『世界図絵』を出版。
	1670年	スラヴ叙事詩16「コメンスキーの最後の日々　明滅する希望」→P312-313
18世紀		スラヴ叙事詩17「聖なるアトス山　聖地に集うスラヴ巡礼者たち」→P314-315
		スラヴ叙事詩18「オムラディナ会の誓い　スラヴ民族の復興」→P316-318
	1861年	スラヴ叙事詩19「ロシアの農奴解放の日　自由な労働こそ国家の基礎である」→P319-321
		ロシア皇帝アレクサンドル2世により農奴解放令が発せられる。
20世紀		スラヴ叙事詩20「スラヴ民族の神話化　スラヴ民族は人類のために！」→P322-323

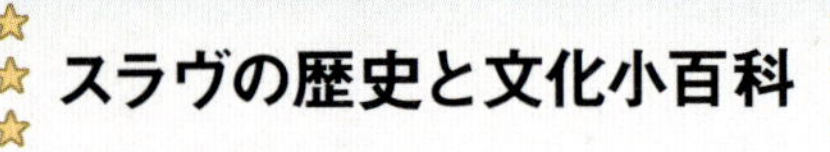

スラヴの歴史と文化小百科

THE ENCYCLOPEDIA OF SLAVIC

★★「スラヴ」という呼称

さまざまな説がある。「スラーヴァ」=「栄光、ほまれ」を意味することばからきたとされることもあるが、通常、1973年にドイツの学者H・シュレスニカーが「スロフ」という固有名詞(おそらくは族長の名前)から導き出している。
英語・ドイツ語・フランス語などで「スラヴ」は「奴隷」を意味することばになっているが、捕えられたスラヴ人が奴隷とされることが多かったことからきている蔑称で、「スラヴ」のもともとの意味とは関係ない。

★★スラヴ民族・スラヴ人

一般に、ヨーロッパの東部からロシア平原にかけて住み、スラヴ系の言語を母国語として話している人びとのこと。

★★スラヴ語

- ●**東スラヴ語**…ロシア語、ウクライナ語、ルシン語、ベラルーシ語など
- ●**西スラヴ語**…チェコ語、スロヴァキア語、ポーランド語、カシューブ語(ポーランドの少数民族)、ソルブ諸語(ドイツの少数民族)など
- ●**南スラヴ語**…ブルガリア語、マケドニア語、セルビア語、クロアチア語、スロヴェニア語など

★★スラヴを構成する諸民族MAP

東スラヴ人が多く住む地域

東スラヴ人
…ロシア人、ウクライナ人、ベラルーシ人など

西スラヴ人が多く住む地域

西スラヴ人
…ポーランド人、チェコ人、スロヴァキア人、ソルブ人(ドイツ東部(旧東ドイツ)のラウジッツに住む人びと)、カシューブ人(ポーランド北部のグダンスク西方に住むカシューブ語を話す人びと)など

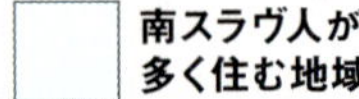

南スラヴ人
…セルビア人、クロアチア人、スロヴェニア人、マケドニア人、モンテネグロ人、ブルガリア人など

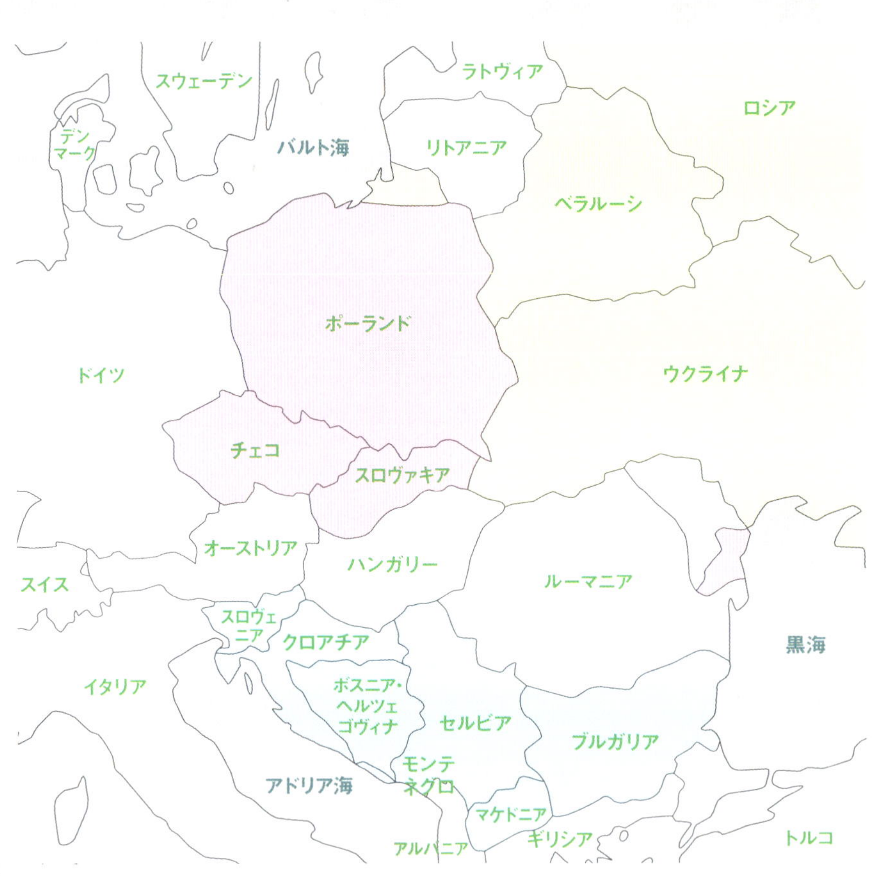

★★スラヴ人の登場

史料上にはじめてスラヴ人があらわるのは紀元前6世紀。原郷(ふるさと)にはさまざまな説があるが、大きく分けて土着説と移住説がある。6世紀中頃には、現ポーランドのヴィスワ川(ポーランドを蛇行して縦断)上流域からドナウ川(ドイツからルーマニア、ブルガリアにかけて横断)下流域、またドニエプル川(ロシア、ベラルーシ、ウクライナを縦断)中流域にかけて地域に広く居住し、6世紀末にはバルカン半島をふくむドナウ川中流域、エルベ川(チェコ北部、ドイツ東部を流れ北海へと注ぐ)や中部バルト海方面まで拡大していった。

★★スラヴ人の移住・拡大

スラブの拡大のきっかけは、おそらくゴート人の移動である。ポーランドのヴィスワ川流域にいたゴート人は、2-3世紀には南東へ移動しスラヴ民族密集地域をとおって、3-4世紀に黒海北部地帯に到達。ゴート人の移動中にスラヴ人も移動をはじめた。375年にフン族が東方からあらわれ、東ゴートを圧迫した民族大移動がはじまった。フン族が現ハンガリー方面に去ると、スラヴ人は黒海方面に南下し、ドナウ川下流域に達したと考えられる。→P280-282:スラヴ叙事詩1

★★スラヴ民族の国家

●モラヴィア王国(現チェコ東部、スロヴァキア周辺)

9世紀はじめ、現チェコ東部のモラヴィア地方を中心に、フランク人の支配に対抗してスラヴ人国家を建国。9世紀末には「スラヴの使徒」であるコンスタンティノス(キュリロス)とメトディオスの布教活動によりキリスト教国家となった。10世紀の初頭に東方から侵入してきたアジア系の遊牧民マジャール人(後にハンガリー王国を建国)の侵攻を受け滅ぼされる。→P286-287:スラヴ叙事詩3

●ボヘミア王国(現チェコ西部)

チェコ人とスロヴァキア人の祖先であるボヘミア。8-9世紀まではモラヴィア王国に支配されていた。9世紀頃、モラヴィアがマジャール人に滅ぼされたため、ボヘミア王国(チェコ王国)を建国。14世紀、神聖ローマ皇帝カール4世の時代にもっとも繁栄したが、1419年、修道士フスの教会改革によりフス戦争が勃発。15年以上にわたる戦いをつづけた。16世紀からはハプスブルク君主国の支配を受け、三十年戦争(1618-48)の白山の戦いで敗北した結果、チェコのスラヴ人貴族は根絶。1648年、ハプスブルクに返還され、19世紀にはオーストリア帝国の一部となった。1899年、ボヘミアとモラヴィアは反乱を起こし、1918年、約1世紀ぶりにドイツ人支配から逃れチェコスロヴァキアとして独立。1993年にチェコとスロヴァキアが分離し、現在にいたる。
→P290-291:スラヴ叙事詩5、P294-295:スラヴ叙事詩7、P298-307:スラヴ叙事詩9-13、P310-311:スラヴ叙事詩15

●ブルガリア

7世紀にトルコ系ブルガール人がスラヴ系と同化してブルガリア王国を建国。第1次ブルガリア帝国(681-1018)はギリシア正教会を受容(864年、ボリス1世の時)し、10世紀初頭のシメオン1世の時に全盛期となった。しかし1014年、ビザンツ帝国が大虐殺を行い、1018年、ブルガリア王国を併合。第2次ブルガリア王国(1185-1396)はビザンツ帝国が衰え、ブルガリア王国が復活したもの。1205年、ラテン帝国を破りバルカン半島最強国となるが、1371年にオスマン領となり1393年に滅亡。長いオスマン帝国の支配の末、1908年に独立。第2次大戦後、人民共和国となるが、東欧社会主義圏に加わりソ連の衛星国となる。1989年東欧革命の中、民主化を実現した。→P288-289:スラヴ叙事詩4

●ポーランド

10世紀にポーランド王国(ピャスト朝)を建国し、カトリックを受容。1241年にはモンゴル軍が来襲し大敗するも、14世紀にカジミェシュ3世(大王)の頃、全盛期となった。1386年にはリトアニアと連合王国となり、14-16世紀にヤギェウォ朝のもとで1410年にはドイツ騎士団を破り、1569年の正式に合体。17-18世紀に弱体化し、18世紀末には3度にわたってポーランド分割が行われた。1918年にポーランド共和国として独立、その後ナチス・ドイツやソ連の支配など苦境に立たされながらも、1991年にポーランド共和国となる。→P296-297:スラヴ叙事詩8

●セルビア

7世紀頃、セルビア人がバルカン半島西部にセルビア王国を建設。8世紀にはビザンツ帝国が支配し、ギリシア正教会の信仰が広がる。1331年にステファン・ウロシュ4世ドゥシャン王があらわれ最盛期となった。14世紀末、オスマン帝国に敗れ支配を受ける。19世紀から民族的自覚が高まり、1830年に自治国、1871年に独立。汎スラヴ主義が台頭し1912年にバルカン戦争勃発。第1次世界大戦後はユーゴスラヴィア王国の中心となる。第2次世界大戦後、社会主義国ユーゴスラヴィア連邦の一員となったが内戦がつづく。一時的にモンテネグロと新ユーゴスラヴィア連邦を構成し国家連合体をつくったが、コソヴォ問題の対立から2006年に分離、単独のセルビア共和国となった。→P292-293:スラヴ叙事詩6

●ハンガリー

1000年、マジャール人がハンガリー王国を建国。ローマ=カトリック教会に改宗し、15世紀にはマーチャーシュ1世のもと最盛期となる。その後、オスマン帝国と神聖ローマ帝国に挟撃され領土を縮小。17世紀末までオスマン帝国の支配を受け、その後オーストリアの支配下に。第1次世界大戦でのオーストリア=ハンガリー帝国敗北により、1918年にハンガリー共和国として分離独立。第2次大戦後、1949年からハンガリー人民共和国(社会主義国)とする。
→P308-309:スラヴ叙事詩14

●キエフ・ルーシ(現ロシア、ウクライナ、ベラルーシ)

ノルマン系のルーシ(ヴァイキング)がノヴゴロド国を建国し、キエフに進出して建国。その地のスラブ人と同化し10-13世紀に繁栄。13世紀、モンゴルの遠征軍により滅ぼされた。現在のロシア、ウクライナ、ベラルーシのもととなった。→P319-321:スラヴ叙事詩19

★★汎(パン)スラヴ主義

地理的・地政学的に複雑で困難な歴史を強いられてきたスラヴ民族は、隣国からの支配や民族紛争が絶えなかった。汎スラヴ主義とは、スラヴ人は民族的、言語的に同一の存在で、文化的または政治的に密接な協力関係を築くべきだ、という思想。19世紀に入り汎スラヴ主義思想が社会的意味を持つようになる。

★★スラヴの神話

スラヴの地域の豊かな自然と、アミニズム(精霊信仰)からキリスト教にいたるまでさまざまな信仰体系を反映した神話や伝承が魅力的に混ざりあう。初期のスラヴ神話は、人生は光と闇の戦いと理解され、死者は一族を見守る精霊と考えられた。また、一団の神々を認め、その多くは自然界の要素を司っていた。神々のほかにも超自然的なキャラクターがたくさん登場する。

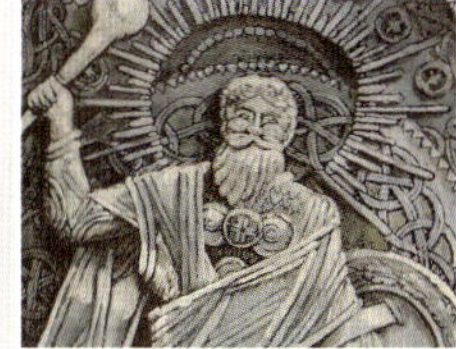
ペルーン
スラヴ全域の雷と稲妻の神。

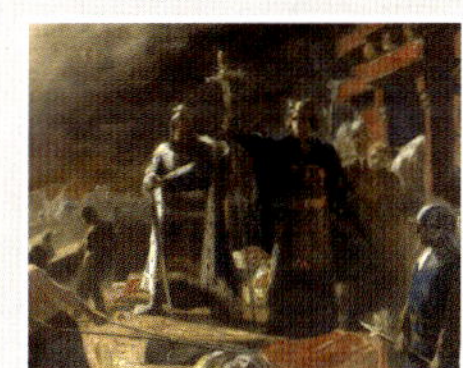
スヴァントヴィート
西スラヴの軍神。
リューゲン島で崇拝された。

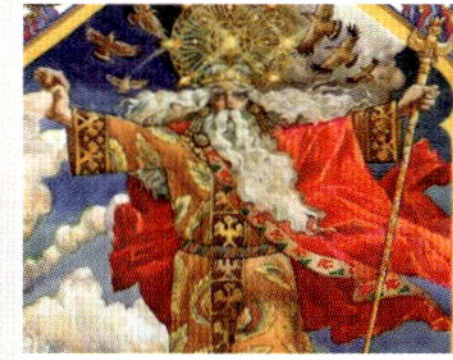
スヴァローグ
東スラヴのかまどの火の神。

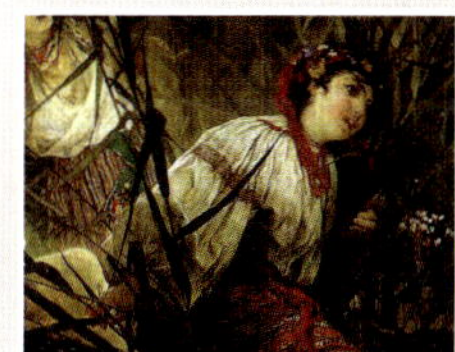
ルサールカ
水の妖精。魅惑的な歌声で
人々を水の中へ誘いこむ。

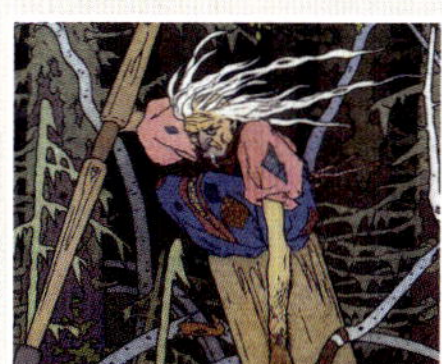
バーバ・ヤガー
森に住み、人びとを襲う老魔女。

スラヴ主義とデザイン
ポスト・アール・ヌーヴォー

THE SLAVISM AND DESIGN POST ART NOUVEAU

1900年のパリ博での華やかな成功の後、ムハ（ミュシャ）はアール・ヌーヴォーの後の新しいスタイルを模索しはじめる。すでにモダン・アート、モダン・デザインへの転換があらわれていたが、ムハ（ミュシャ）はアヴァンギャルドの方向ではなく、むしろクラシックであり、また民族主義的なフォーク・アートの方向へと向かった。ポスト・アール・ヌーヴォーのムハ（ミュシャ）のデザインは、アメリカのコマーシャリズムとの接触によってもたらされた大衆的でわかりやすい表現、そしてチェコのフォーク・アートを意識した民族的な表現を特徴としている。

《ヒヤシンス姫》(次ページ)をはじめとするムハ（ミュシャ）のチェコのためにつくられたポスターはかわいらしいスラヴ娘を描いている。彼女たちはより自然に、写実的に表現され、立体的である。まわりの装飾は、アール・ヌーヴォー期のミュシャ・スタイルが転用されているが、エキセントリックなパターンは抑制され、ソフトで軽やかな明快さを持っている。複雑に絵とフレームが絡み合っていた構図もシンプルな分割になっている。

チェコ時代のムハ（ミュシャ）のデザインは、アール・ヌーヴォーの曲線性、平面性はやわらげられ、よりナチュラルな表現となっている。

アール・ヌーヴォーという国際的でやや過激なスタイルをやわらげていきながら、ムハ（ミュシャ）はチェコのフォーク・アート、神話、伝説、民話に関心を寄せ、民族衣裳などを研究し、民族性とデザインについて考えるようになる。

モダン・デザインはインターナショナル・スタイルに向かい、世界共通の視覚言語をつくろうとした。その流れの中でしだいに排除されていった〈装飾〉、それぞれの民族の、地方的なスタイルこそ、ムハ（ミュシャ）のスラヴ的デザインが私たちに呼びかける意味なのである。

• • •

After his success at the 1900 Paris Expo, Mucha began exploring post-Art Nouveau styles. While the art world was turning to modern art and design, Mucha was heading towards classic and folk art. Mucha's post-Art Nouveau designs are in a popularly accessible style, thanks to contact with American commercial art, often referencing Czech folk art. His Princess Hyacinth was the many Czech posters Mucha created depicting charming young Slavic women in a more natural, realistic, and three-dimensional style. We see Mucha's Art Nouveau style in the decorative elements but more restraint, clarity, and a simpler composition. Mucha was intrigued by Czech folk art, legends, and folk costume and addressed incorporating folk qualities and design. Modern design was moving towards the International Style and a shared language that excluded decoration, specific folk elements, and regional styles. For that very reason, Mucha's Slavic designs call out to us.

バレエ・パントマイム《ヒヤシンス姫》ポスター（次ページ）

POSTER FOR BALLET-PANTOMIME "PRINCESS HYACINTH"

ミュシャのチェコ・ポスターの代表作である。おとぎ話によるバレエ・パントマイムのポスターで、魔法使いにさらわれ、騎士に助けられるお姫さまの物語。姫はヒヤシンスをかたどった魔法の輪を手にしている。

P329：1911年 / カラー・リトグラフ、紙 / 125.5×83.5cm / Alamy/PPS通信社

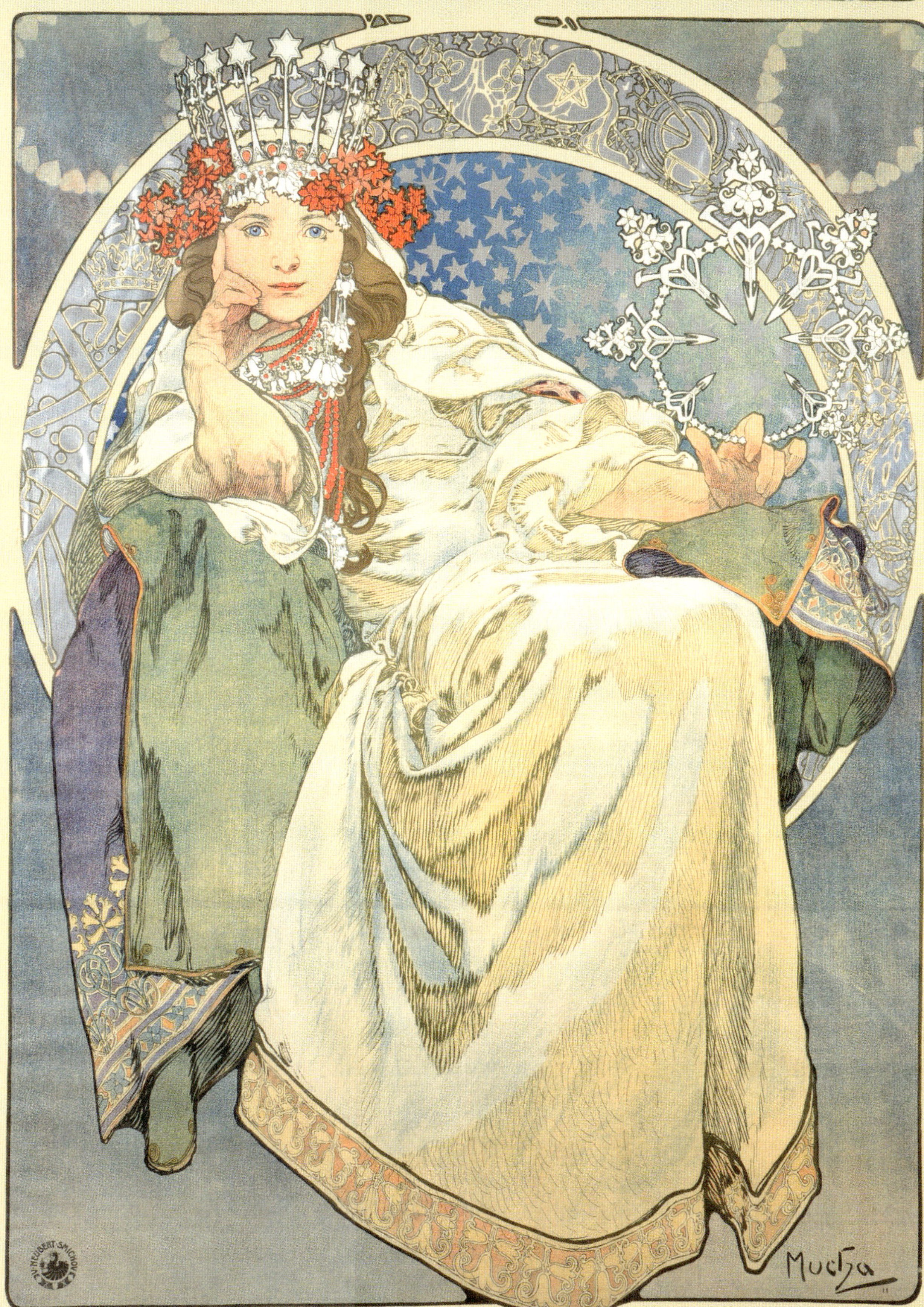
PRINCEZNA HYACINTA
VEŠKERÁ PRÁVA REPRODUKČNÍ, PATISKU ATD. VYHRAZENA
V. NEUBERT SMÍCHOV
Mucha
COPYRIGHT 1911 BY MOJMIR URBÁNEK DÉPOSÉ
NAKLADEM MOJMÍRA URBÁNKA V PRAZE

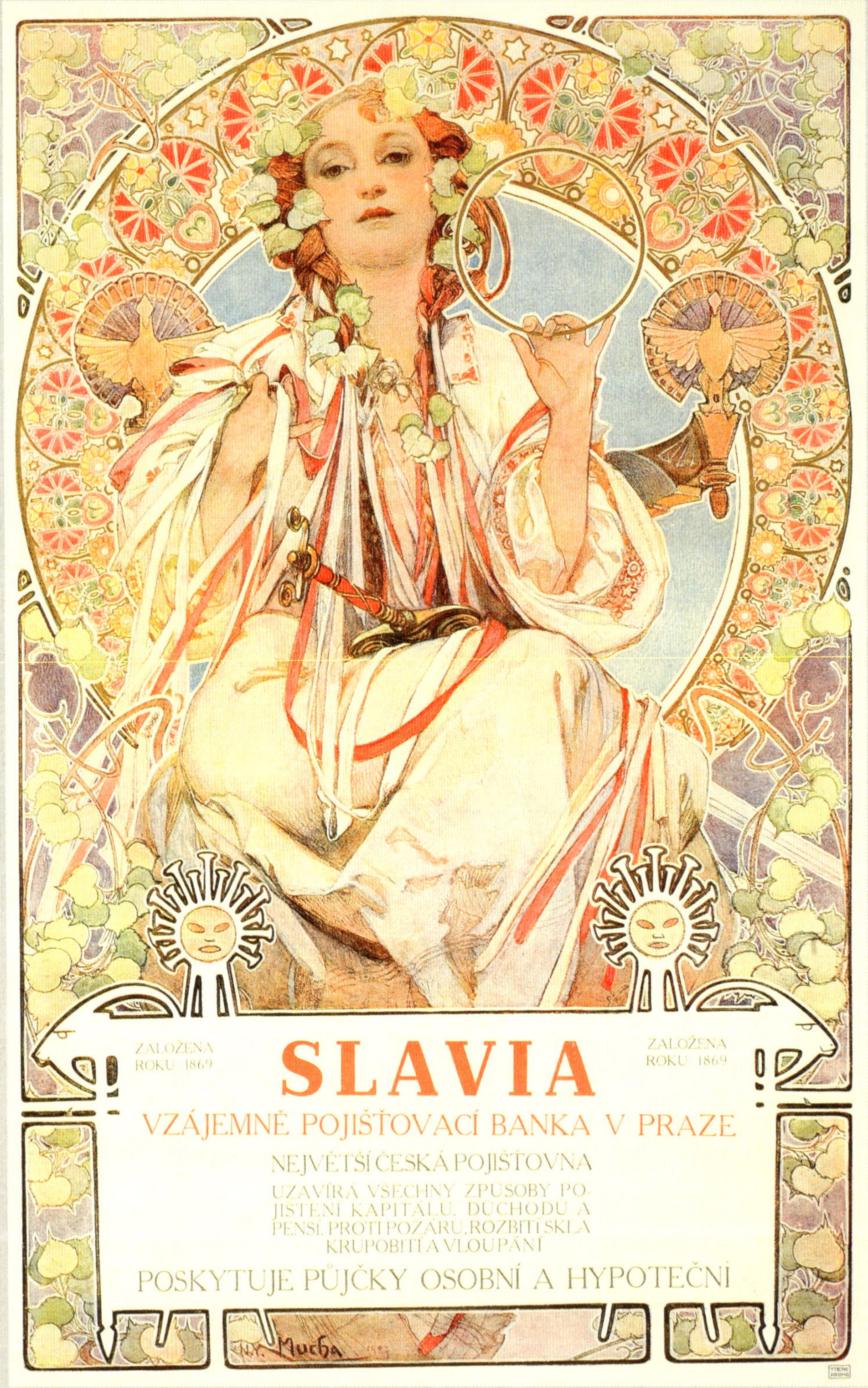

スラヴィア銀行の保険証書ポスター、モラヴィア教師の合唱団ポスター

★★★★★★★★★★★★★★★★★★★★★

ADVERTISING POSTERS FOR INSURANCE OF BANK "SLAVIA" / MORAVIAN TEACHERS' CHOIR

ZALOŽENA
ROKU 1869

SLAVIA

ZALOŽENA
ROKU 1869

VZÁJEMNĚ POJIŠŤOVACÍ BANKA V PRAZE

NEJVĚTŠÍ ČESKÁ POJIŠŤOVNA

UZAVÍRÁ VŠECHNY ZPŮSOBY POJIŠTĚNÍ KAPITÁLŮ, DŮCHODŮ A PENSÍ, PROTI POŽÁRU, ROZBITÍ SKLA KRUPOBITÍ A VLOUPÁNÍ

POSKYTUJE PŮJČKY OSOBNÍ A HYPOTEČNÍ

Mucha

上はチャールズ・クレインの娘ジョセフィンをスラヴ娘の衣裳で描いたもので、それをポスターに転用したものである。クレインが「スラヴ叙事詩」の後援を決意する1つのきっかけになったという。次ページはモラヴィアの教師による合唱団である。ムハ（ミュシャ）自身、かつて聖歌隊に入って歌っていた。モラヴィア地方の民族衣裳を着た娘が、鳥の声に耳をすましている。フレームはシンプルである。

P330：1907年 / カラー・リトグラフ、紙 / 55×36cm / Alamy/PPS通信社　　P331：1911年 / カラー・リトグラフ、紙 / 108.5×79.5cm / Artothek/アフロ

PĚVECKÉ SDRUŽENÍ UČITELŮ MORAVSKÝCH

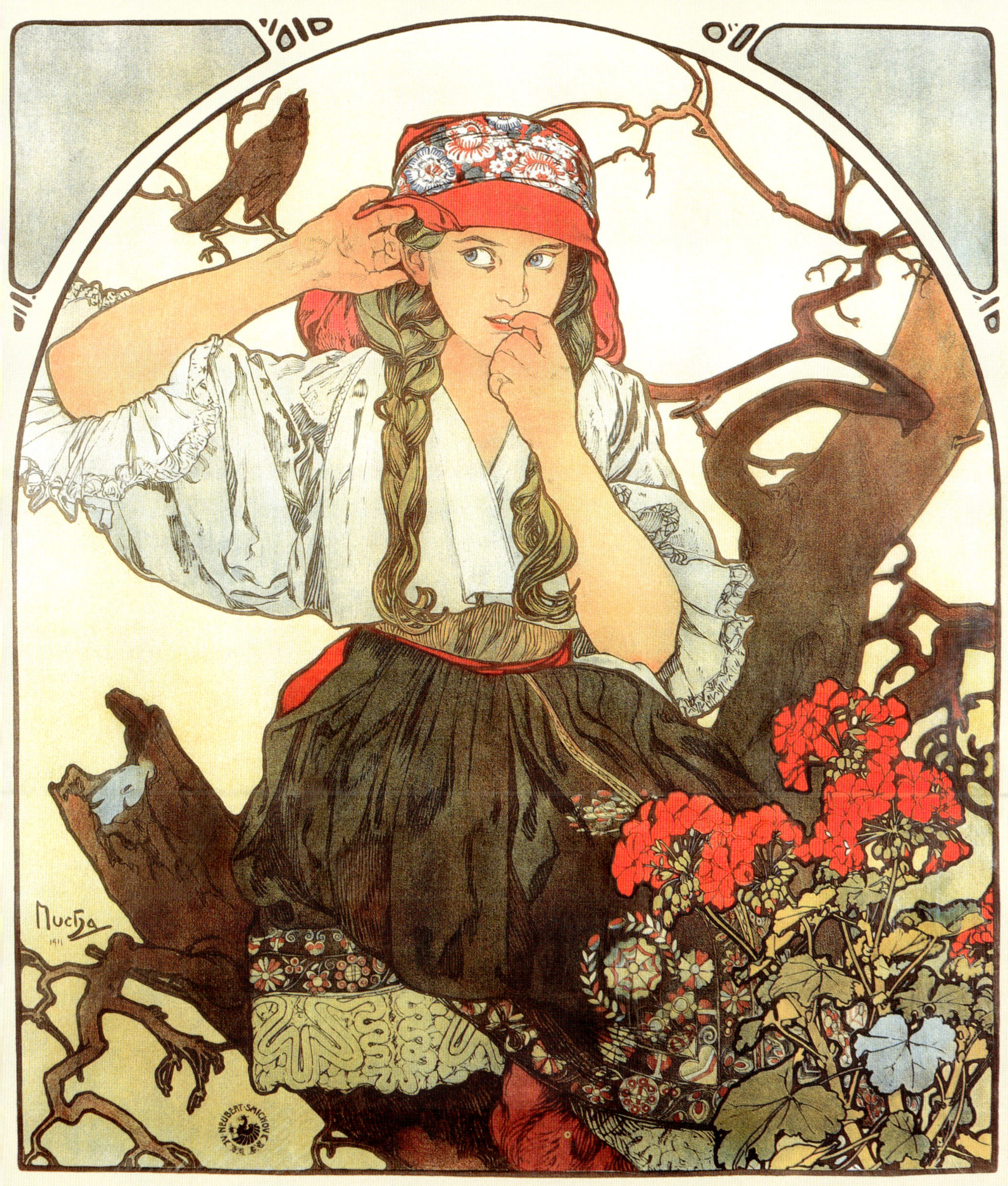

ヴィスコフ博覧会、北東ボヘミア博覧会ポスター

★★★★★★★★★★★★★★★★★★★★★★

POSTERS FOR THE EXHIBITION AT VYŠKOV / THE NORTHEAST BOHEMIAN EXHIBITION

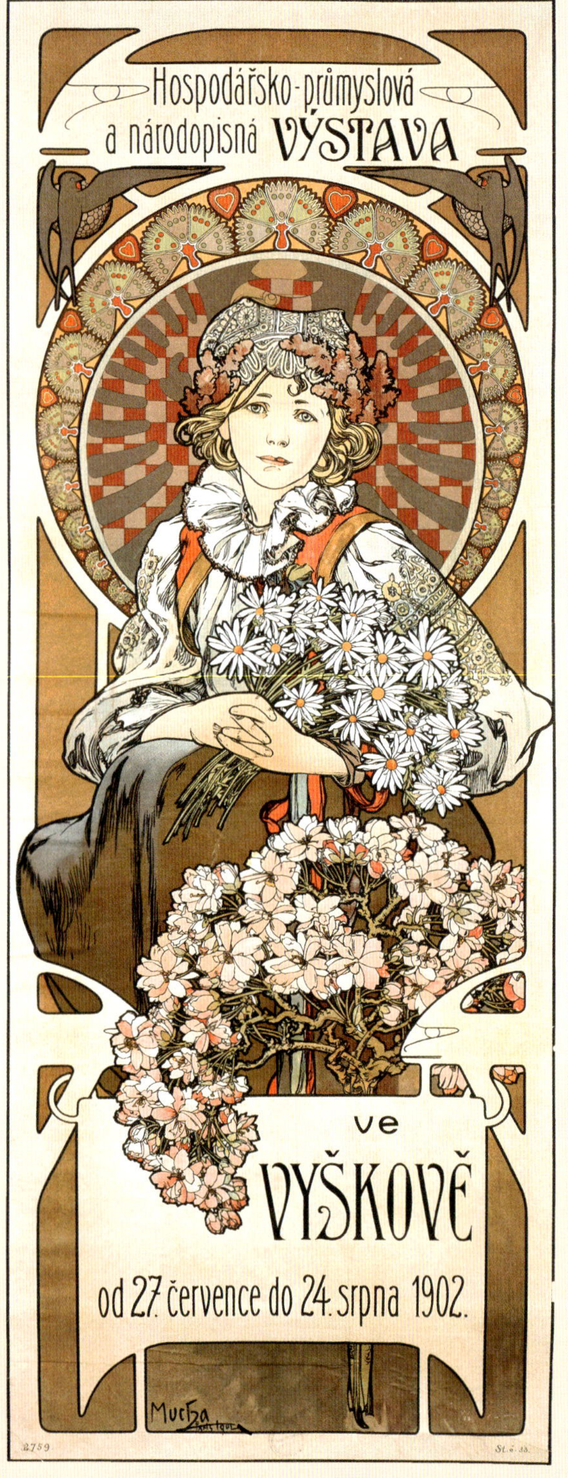

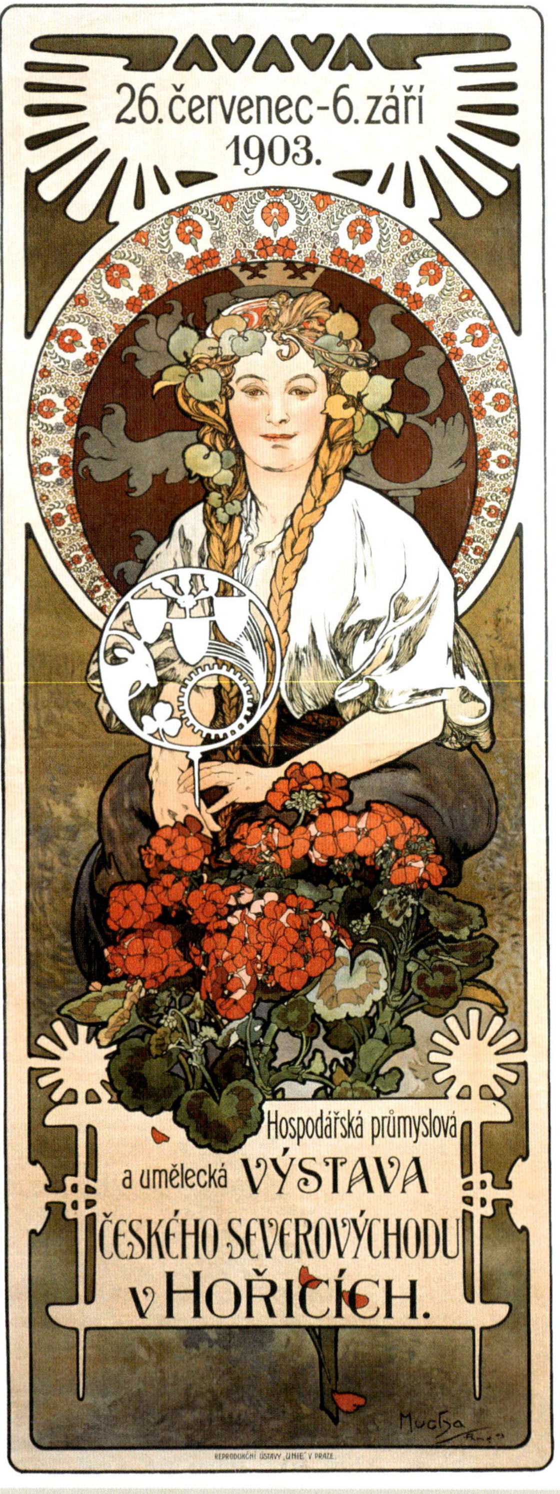

左はヴィスコフ（南モラヴィア、ブルノの東）の「経済・工業・民俗博覧会」である。民族衣裳の娘がほほえんでいる。一見地味であるが、精密な装飾がちりばめられている。右はプラハの北東のホジツェで開かれた。健康そうな農婦と花が描かれている。手にした輪の中に機械の歯車、山羊、花など工業や農業をモチーフがある。

左：1902年 / カラー・リトグラフ、紙 / 115×50cm / Artothek/アフロ　　右：1903年 / カラー・リトグラフ、紙 / 149×56cm / Artothek/アフロ

イヴァンチツェでの地方展ポスター

POSTER FOR THE REGIONAL FAIR AT IVANČICE

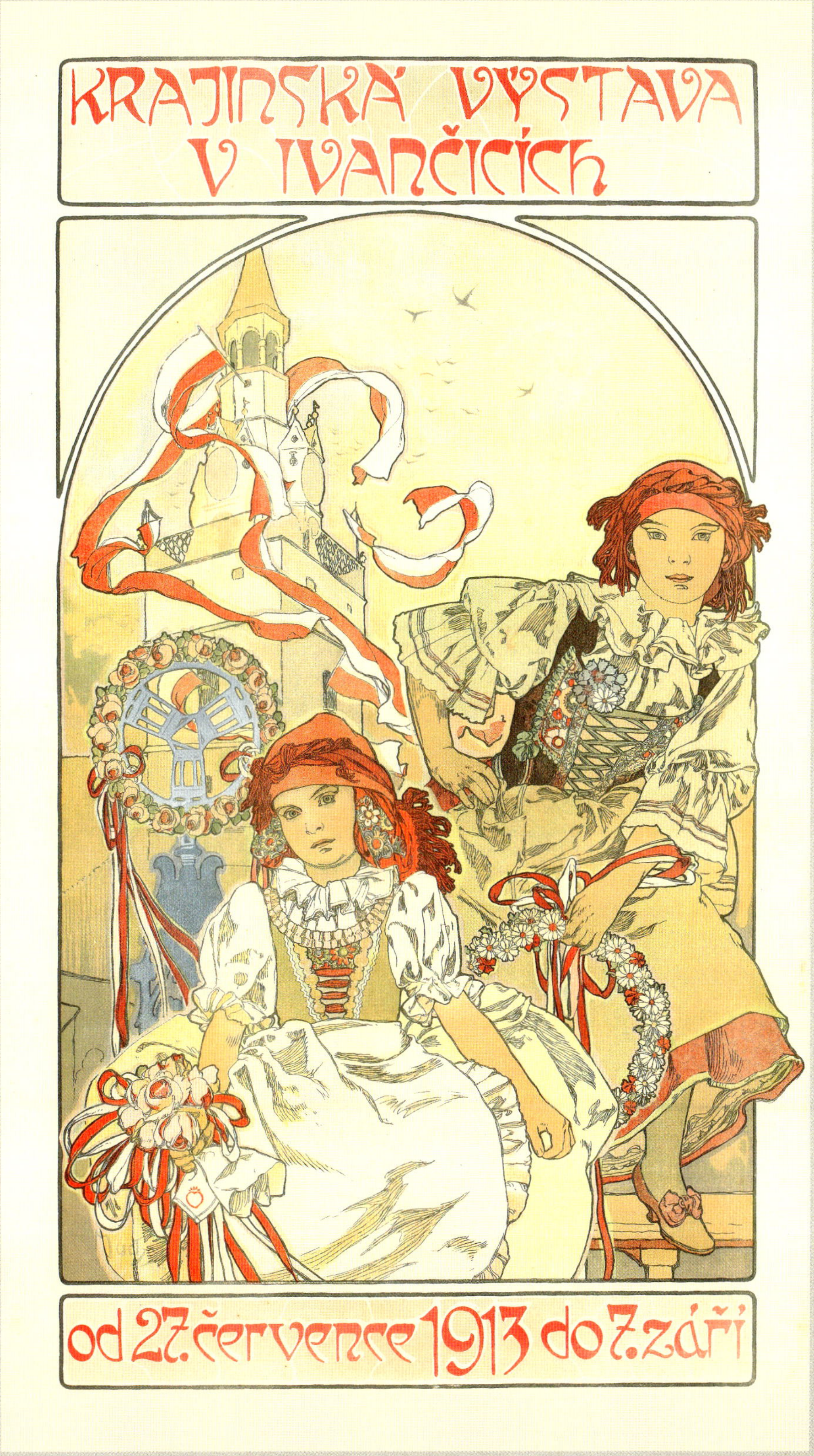

KRAJINSKÁ VÝSTAVA
V IVANČICÍCH

od 27. července 1913 do 7. září

1913年にムハ（ミュシャ）のふるさとイヴァンチツェで開かれた展示会である。1904年に描いたモラヴィアの民族衣裳の少女のスケッチを利用している。明るい色のさわやかな絵になっている。

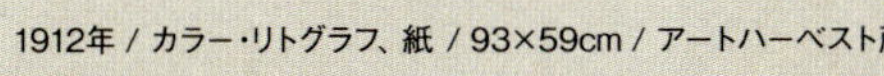
1912年 / カラー・リトグラフ、紙 / 93×59cm / アートハーベスト蔵

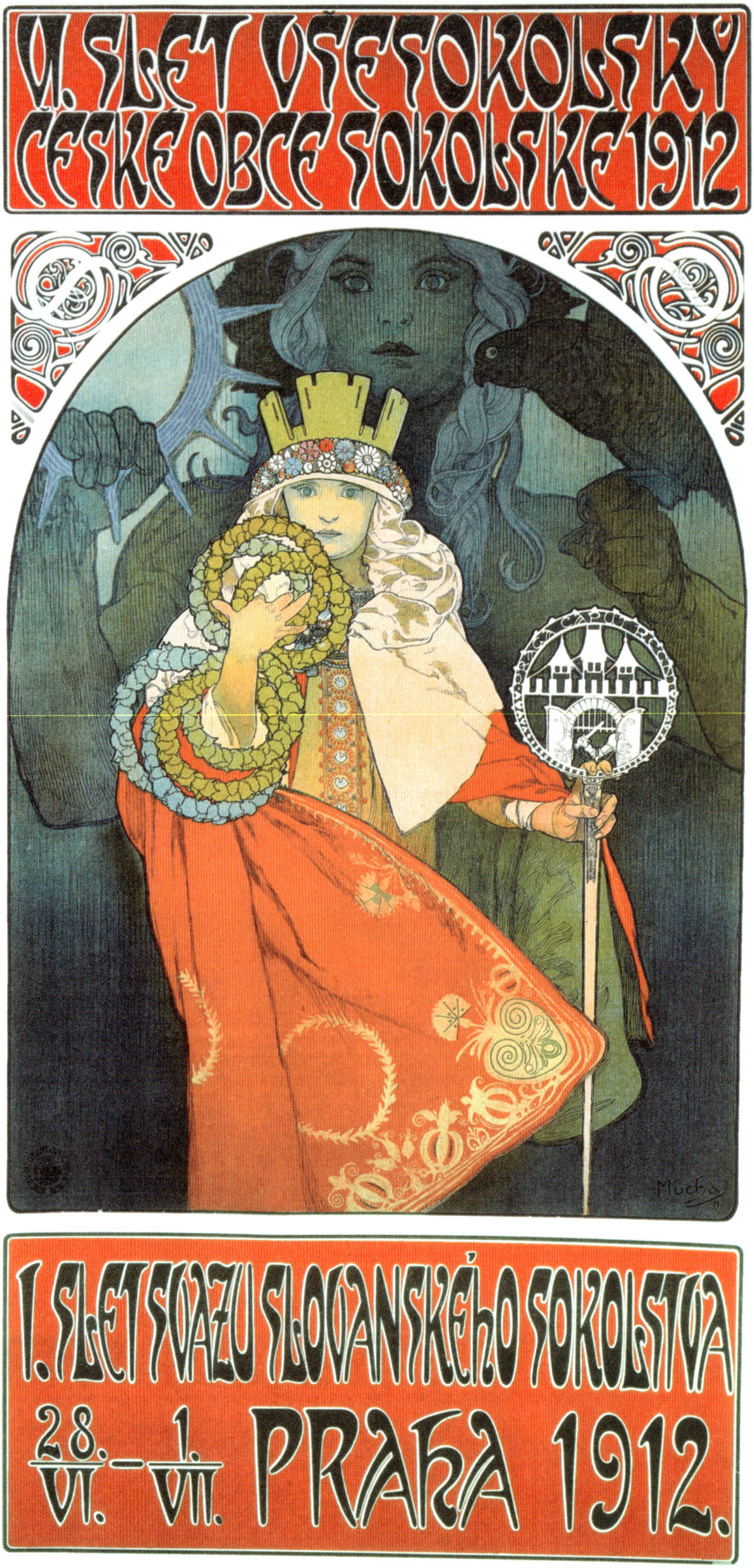

VI. SLET VŠESOKOLSKÝ ČESKÉ OBCE SOKOLSKÉ 1912

Mucha

I. SLET SVAZU SLOVANSKÉHO SOKOLSTVA

28./VI. – 1./VII. PRAHA 1912.

第6回(P334)・第8回(P335)ソコル(体育協会)祭ポスター

★★★★★★★★★★★★★★★★★★★★

POSTER FOR THE 6TH AND THE 8TH SOKOL FESTIVAL

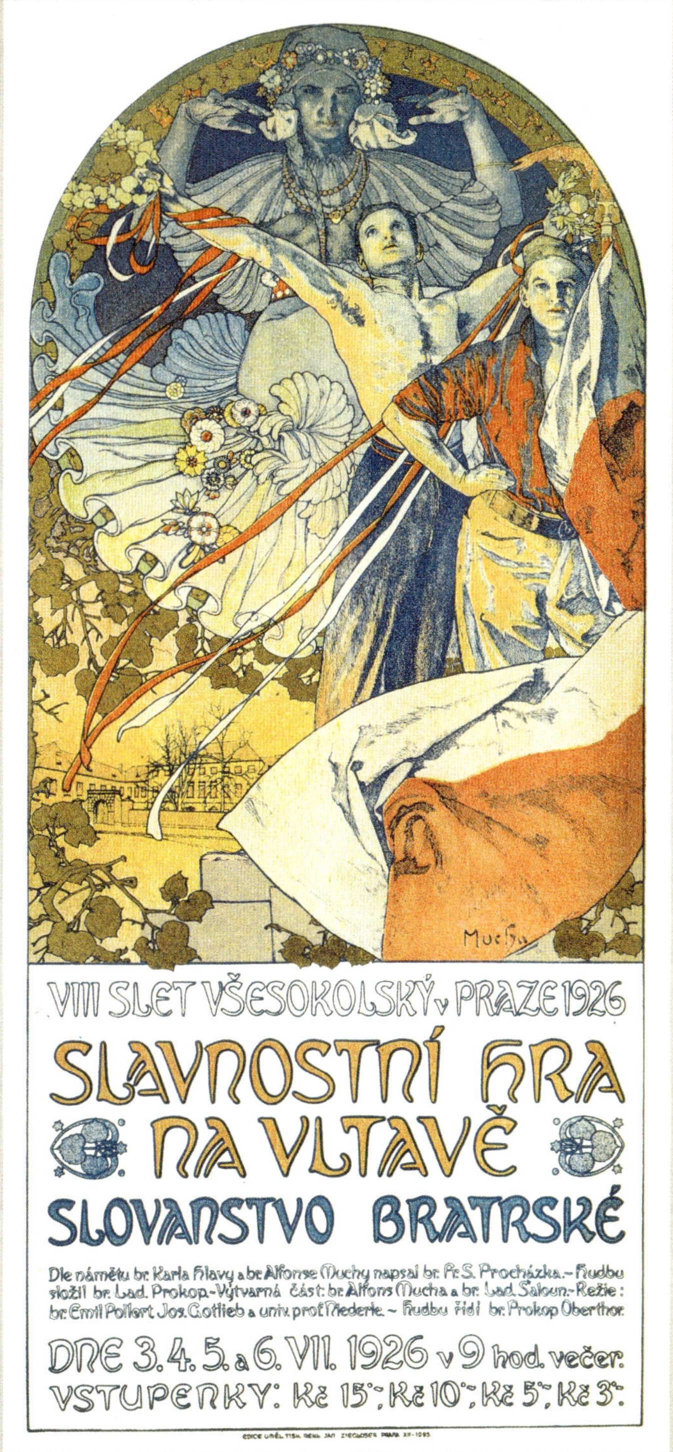

Mucha

VIII SLET VŠESOKOLSKÝ v PRAZE 1926

SLAVNOSTNÍ HRA NA VLTAVĚ

SLOVANSTVO BRATRSKÉ

Dle námětu br. Karla Hlavy a br. Alfonse Muchy napsal br. Fr. S. Procházka. – Hudbu složil br. Lad. Prokop. – Výtvarná část: br. Alfons Mucha a br. Lad. Šaloun. – Režie: br. Emil Pollert, Jos. Gotlieb a univ. prof. Niederle. – Hudbu řídí br. Prokop Oberthor.

DNE 3. 4. 5. a 6. VII. 1926 v 9 hod. večer.

VSTUPENKY: Kč 15.–, Kč 10.–, Kč 5.–, Kč 3.–

ソコルはチェコ語で「鷹」の意味。前ページのポスター右上に描かれている。〈ソコル〉は青少年の体を鍛えるためのスポーツ組織であった。この組織を中心に、愛国主義運動が目覚めた。1912年にプラハで開かれたソコル大会は大きな盛り上がりを見せた。中央の少女が左手に持っているのはプラハを象徴しているマークである。右手にはチェコをあらわす菩提樹の葉の輪である。背後には、鷹と太陽の輪を持った、チェコの古代を象徴する若者が立っている。上はムハ(ミュシャ)には珍しく、男性中心のポスターである。背後に女神がいるようだが、なんだかきびしい顔をしていて、あまりかわいくない。テープが斜めに流れ、ダイナミックな構図で、これもムハ(ミュシャ)としては異色である。

P334：1912年 / カラー・リトグラフ、紙 / 166×82cm / Artothek/アフロ　　P335：1925年 / カラー・リトグラフ、紙 / 176.5×78.5cm / Artothek/アフロ

「南西モラヴィア挙国一致宝くじ」ポスター

POSTER FOR "LOTTERY OF THE UNION OF SOUTHWESTERN MORAVIA"

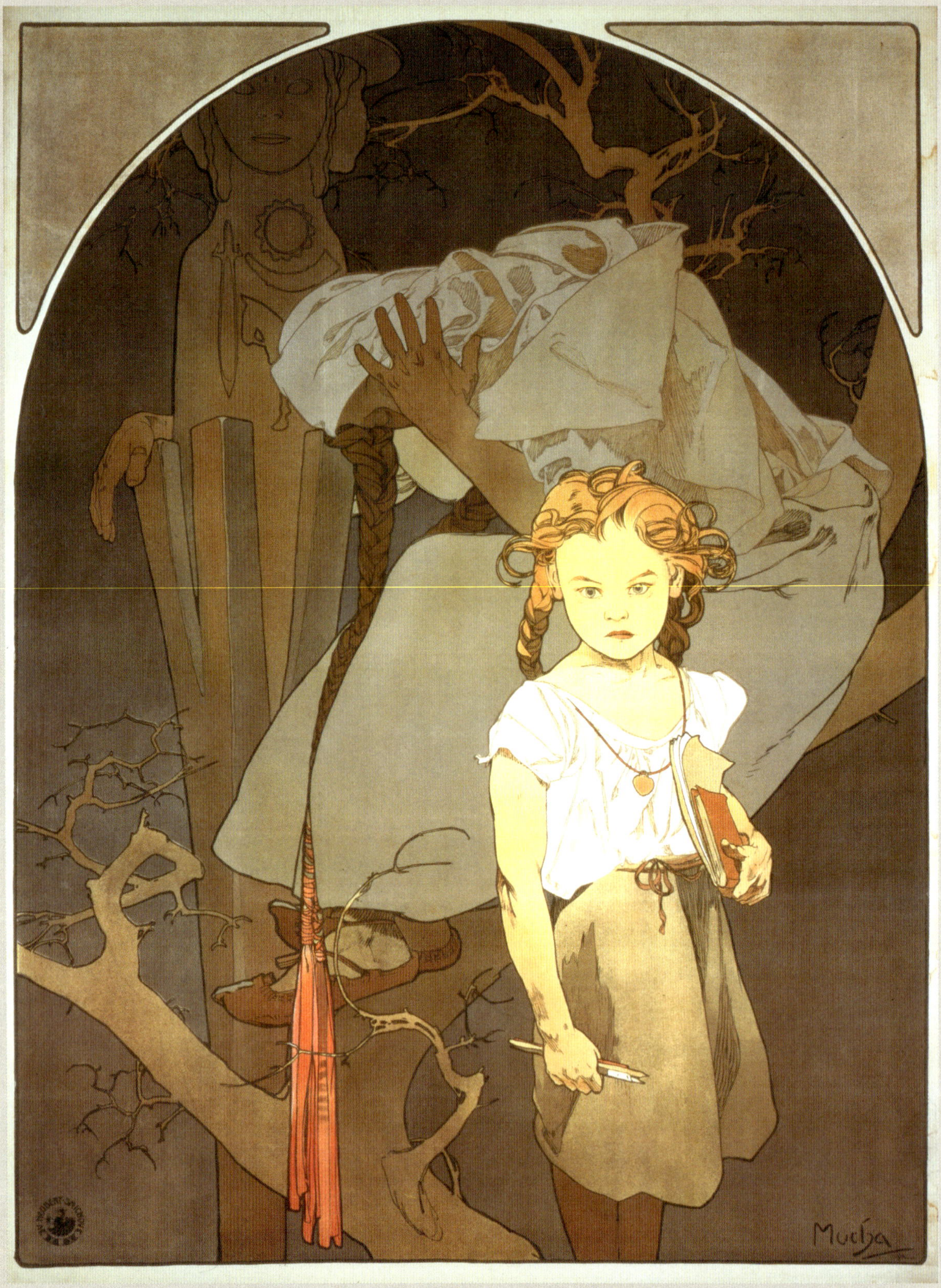

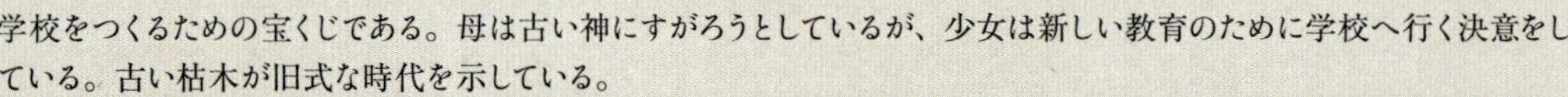

学校をつくるための宝くじである。母は古い神にすがろうとしているが、少女は新しい教育のために学校へ行く決意をしている。古い枯木が旧式な時代を示している。

1912年 / カラー・リトグラフ、紙 / 131×97cm / 堺市蔵

ポスター「ズデンカ・チェルニー」

POSTER "ZDENKĂ CEŘNÝ"

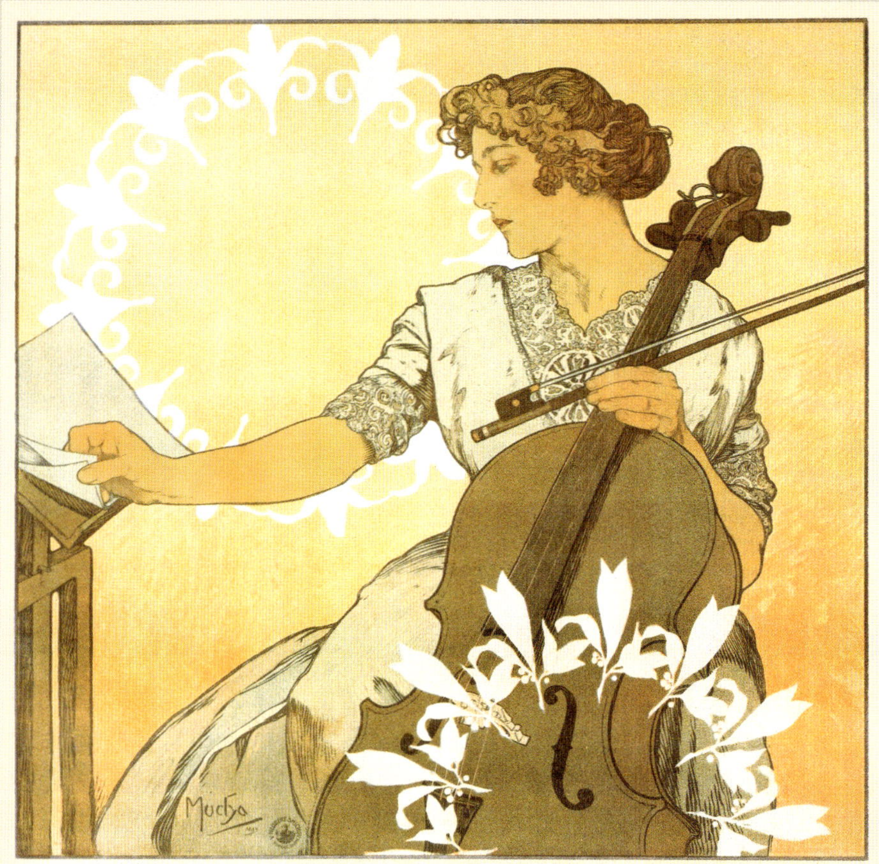

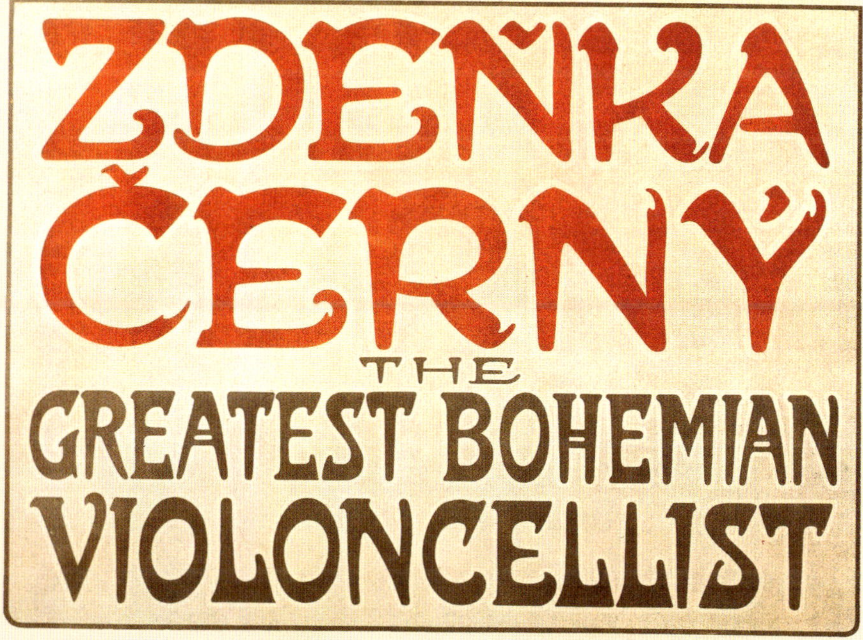

1906年、ムハ（ミュシャ）は妻とともに、シカゴのチェルニー家に滞在した。チェルニー家の娘ズデンカはチェリストとして成功し、1913年にプラハで演奏会を開くことになった。ムハ（ミュシャ）はそのポスターをつくったが、第1次世界大戦によって演奏会は中止となり、ポスターは無駄となった。月桂樹（下）と百合の2つの花輪をあしらったシンプルなイメージである。

1913年 / カラー・リトグラフ、紙 / 189×110cm / Artothek/アフロ

プラハ初のトーキー映画、「スラヴ叙事詩」展ポスター

POSTERS FOR "THE FIRST SOUND FILM IN PRAGUE" / THE EXHIBITION OF "THE SLAV EPIC"

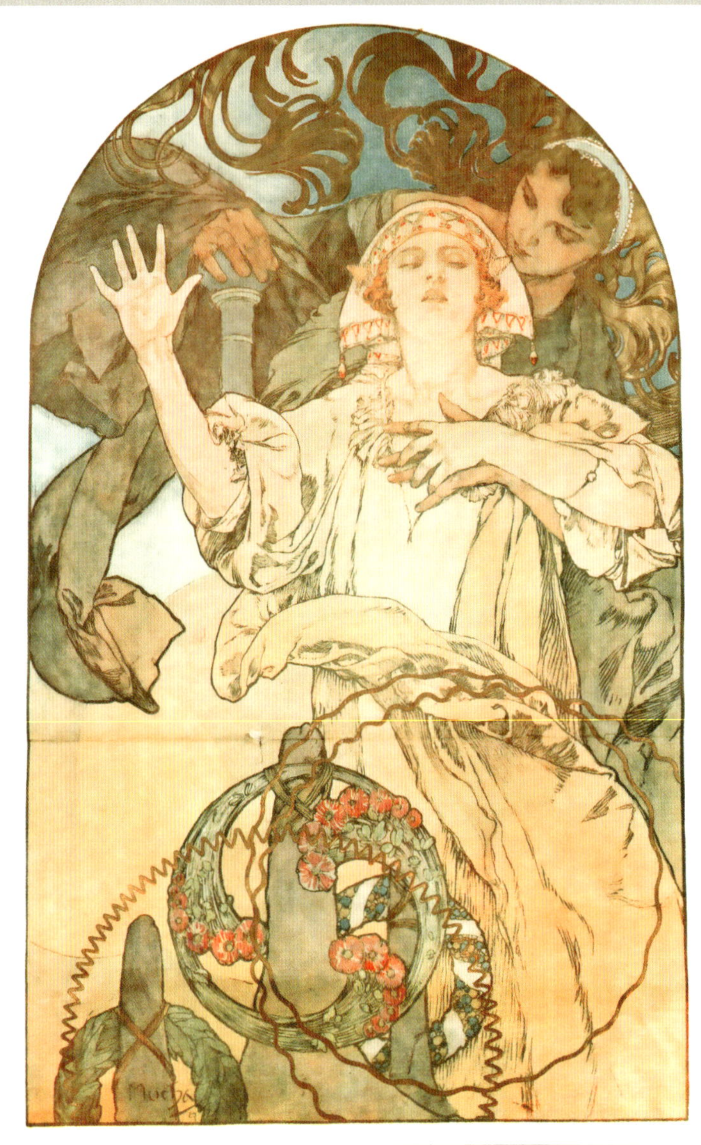

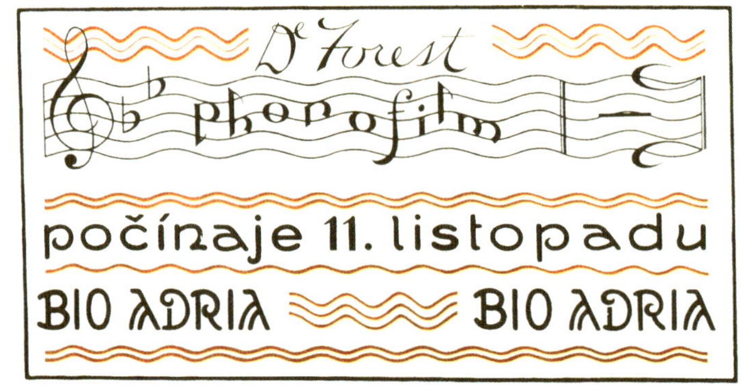

上はプラハのアドリア劇場で上映された音楽入りのトーキー映画（フォノフィルム、発声映画）のはしり。音楽にうっとりしている女性が描かれている。下方の不思議な花輪は魔術的音楽の象徴だろうか。次ページは1928年、プラハの新しい見本市宮殿で、「スラヴ叙事詩」展が開かれた際のポスター。「オムディラナ会の誓い スラヴ民族の復興」（P317-318）をのぞく 19 点が展示された。スラヴの古い神スヴァントヴィートの前で少女が竪琴を弾いている。モデルはムハ（ミュシャ）の娘ヤロスラヴァである。

P338：1927年 / カラー・リトグラフ、紙 / 153.5×76cm / Heritage/PPS通信社　P339：1928年 / カラー・リトグラフ、紙 / 183.6×81.2cm / Heritage/PPS通信社

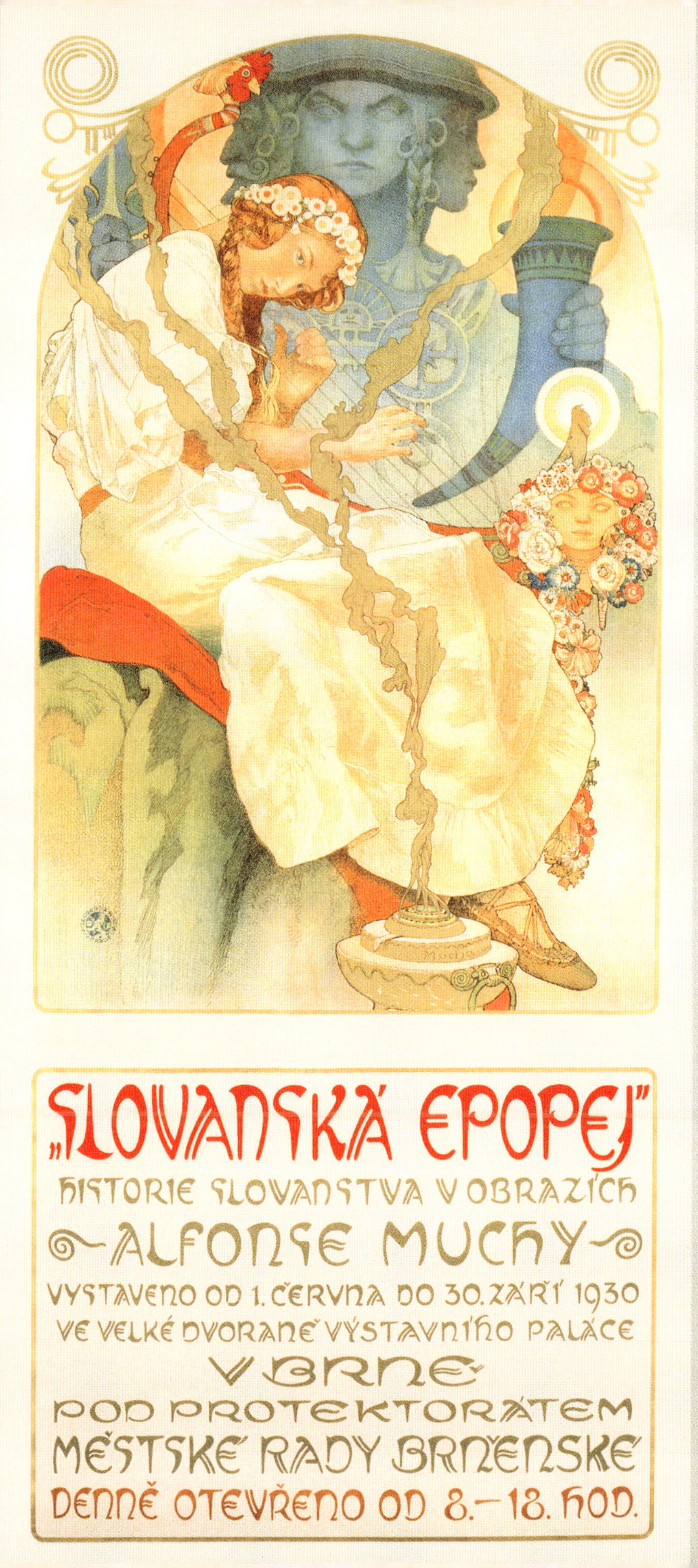

„SLOVANSKÁ EPOPEJ"

HISTORIE SLOVANSTVA V OBRAZÍCH

ALFONSE MUCHY

VYSTAVENO OD 1. ČERVNA DO 30. ZÁŘÍ 1930
VE VELKÉ DVORANĚ VÝSTAVNÍHO PALÁCE

V BRNĚ

POD PROTEKTORÁTEM
MĚSTSKE RADY BRNĚNSKE

DENNĚ OTEVŘENO OD 8.–18. HOD.

「チェコの心」、「1918-1928」チェコスロヴァキア独立10周年ポスター

★★★★★★★★★★★★★★★★★★★★★★

POSTERS FOR "THE CZECH HEART" / "1918-1928 (FOR THE 10TH ANNIVERSARY OF THE INDEPENDENCE OF CZECHOSLOVAKIA)"

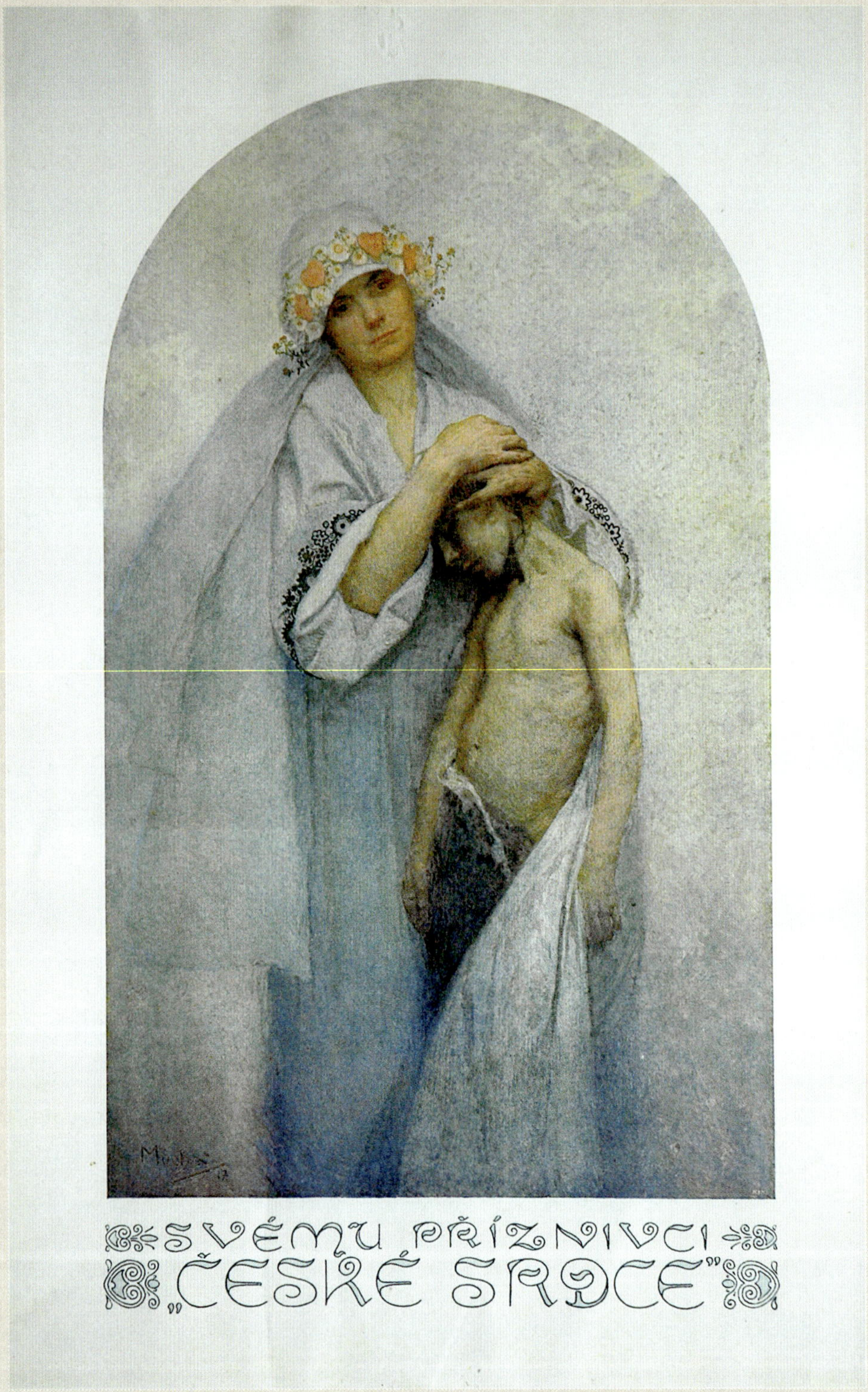

SVÉMU PŘÍZNIVCI
„ČESKÉ SRDCE"

第1次世界大戦でハプスブルク帝国が揺らぎ、その支配下のチェコは戦争に苦しめられる。チェコに未来はあるのだろうか。上は飢える子どもたちを母なるスラヴが慰めている。ムハ（ミュシャ）の社会的プロテストが強く示された作品。次ページは1918年の独立（チェコスロヴァキア共和国の成立）から10年の記念ポスター。しかし中央の女性はにこりともせずこちらをにらんでいる。共和国を守ろうとする決意だろうか。それとも、危機が迫っているのだろうか。後ろから彼女を支えているのはだれだろうか。年配の女性のようだが、頼りになるのだろうか。

P340：1917年 / 紙にカラー印刷 / 45×25cm / OGATAコレクション蔵　P341：1928年 / カラー・リトグラフ、紙 / 122.2×83.8cm / Artothek/アフロ蔵

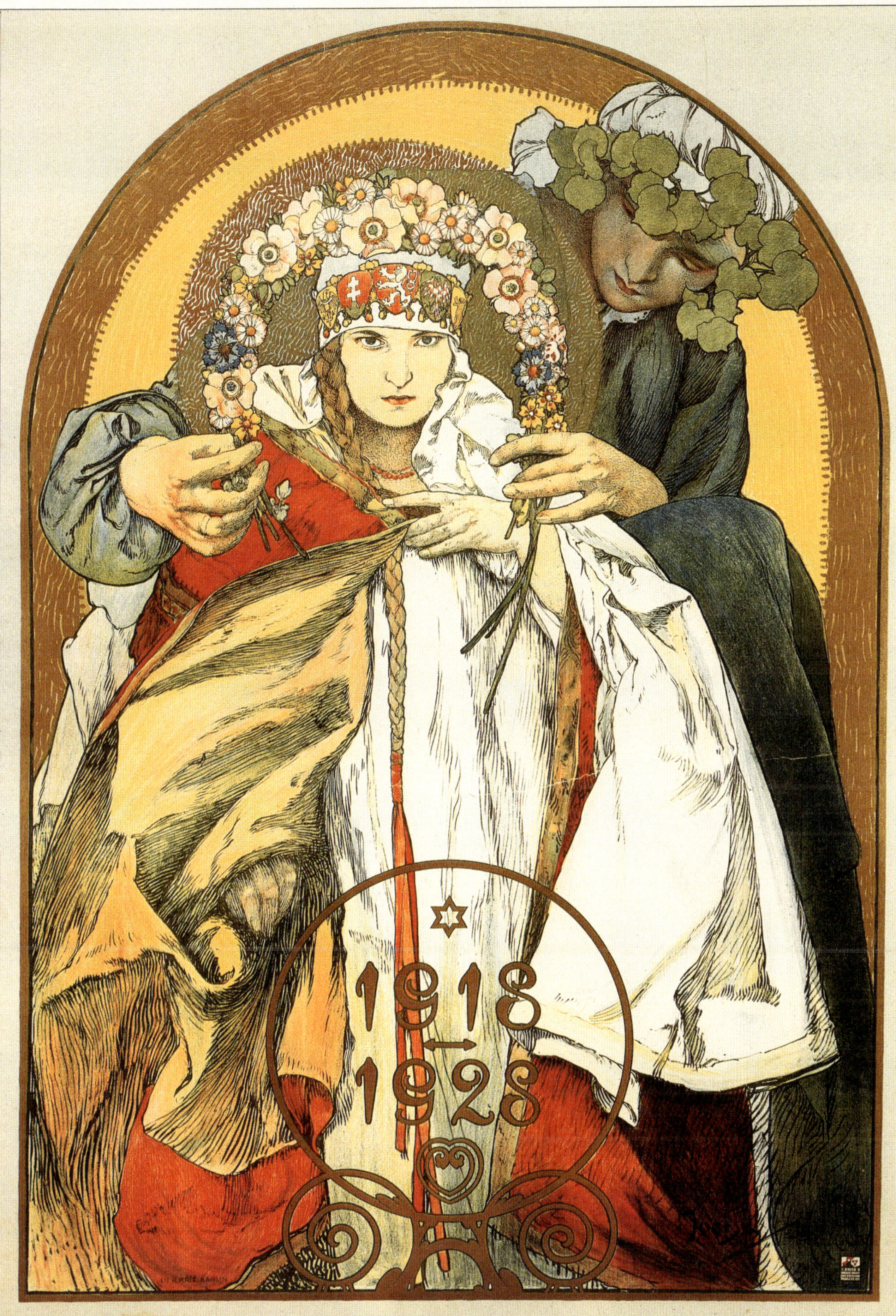
1918
1928

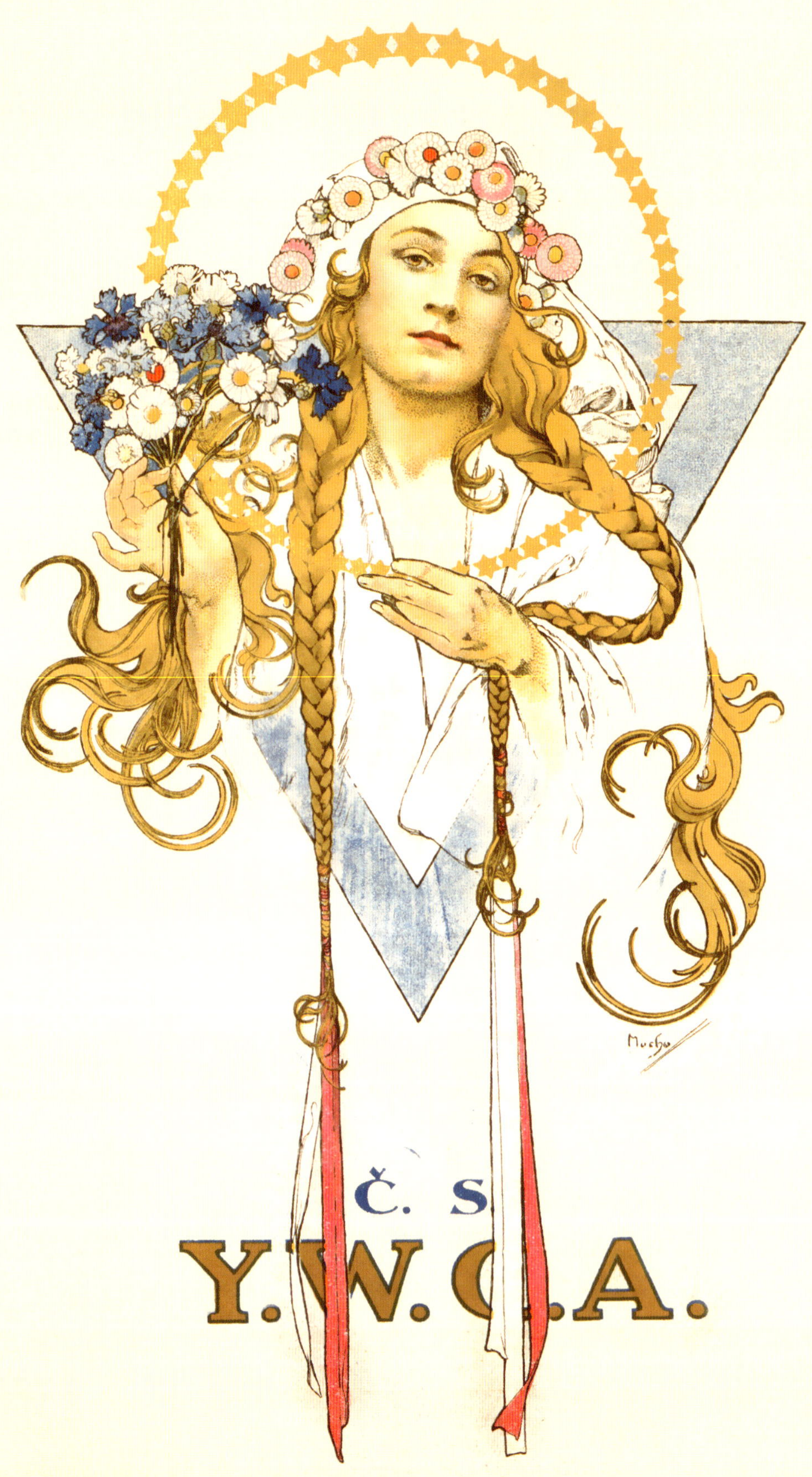
Mucha
Č. S
Y.W.C.A.

「チェコスロヴァキア Y.W.C.A.」、「ロシア復興」ポスター

★★★★★★★★★★★★★★★★★★★★★★

POSTERS FOR "CZECHOSLOVAKIA Y.W.C.A." / "RUSSIA MUST RECOVER"

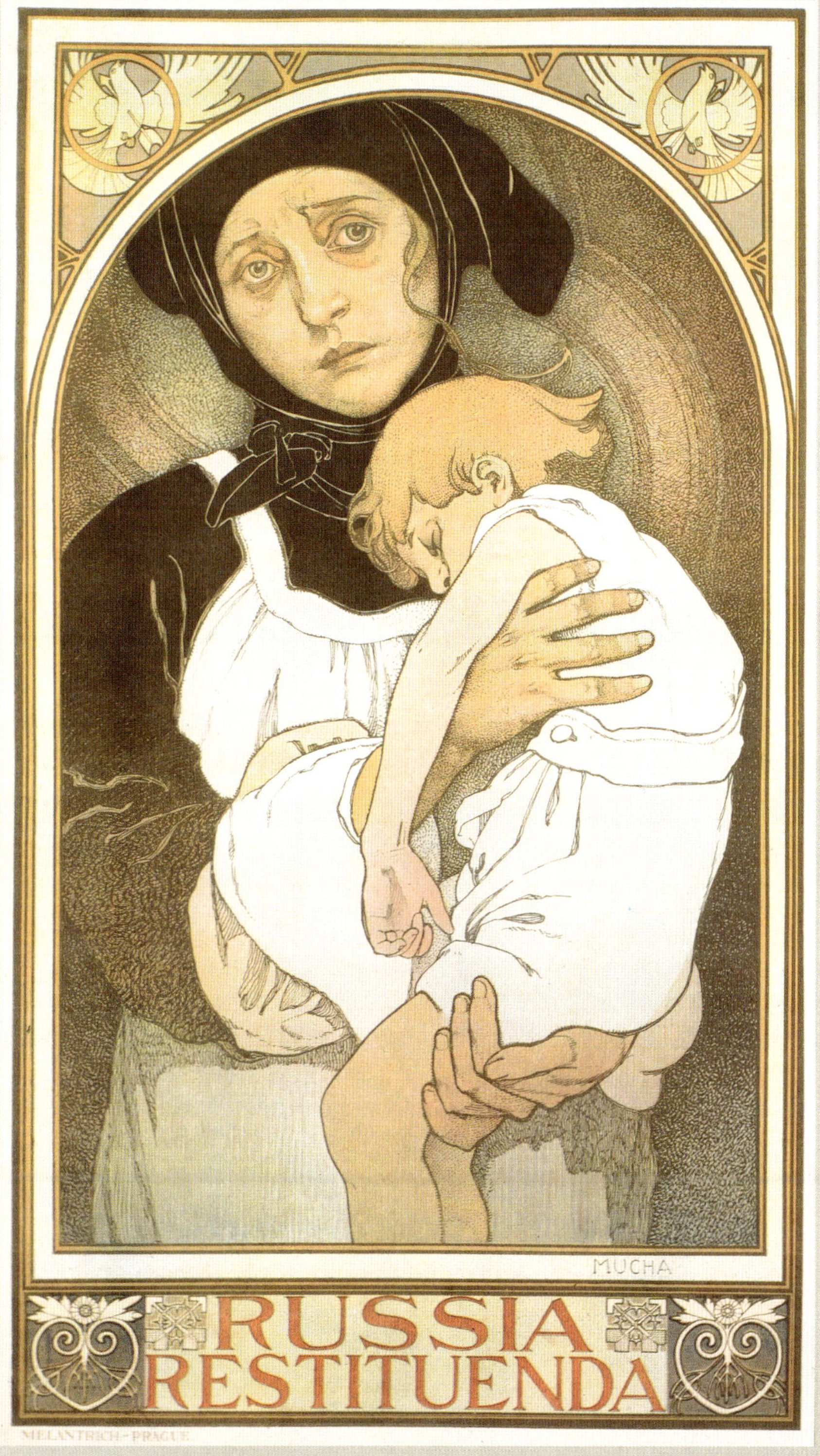

MUCHA

RUSSIA
RESTITUENDA

MELANTRICH - PRAGUE

前ページのチェコスロヴァキアのY.W.C.A.(キリスト教女子青年会)はT・G・マサリクの娘アリスによってもたらされた。彼女はシカゴに留学し、Y.W.C.A.に入った。ムハ(ミュシャ)は下絵では少女を描いたが、ポスターでは少し落ち着いた女性に変えている。上は1917年のロシア革命によって、ロシアは赤軍(革命派)と白軍(皇帝派)の内戦状態になったため、ロシアの飢えた子どもを救うための運動を訴えるポスターである。ムハ(ミュシャ)は聖母子像をイメージしながらロシアの母と子を描いた。上隅に傷ついた鳩、下隅にハート(救済の意味)が示されている。

P342:1922年 / カラー・リトグラフ、紙 / 83.2×54.5cm / ボストン美術館蔵　P343:1922年 / カラー・リトグラフ、紙 / 79.7×45.7cm / Alamy/PPS通信社

写真集『チェコ周遊旅行』表紙、書籍『スラヴィア ── やさしい母たち』挿絵

PHOTOGRAPHY BOOK COVER OF "ROUND TRIP IN CZECH" / INSIDE PAGES OF "SLAVIA, WARM-HEARTED MOTHERS"

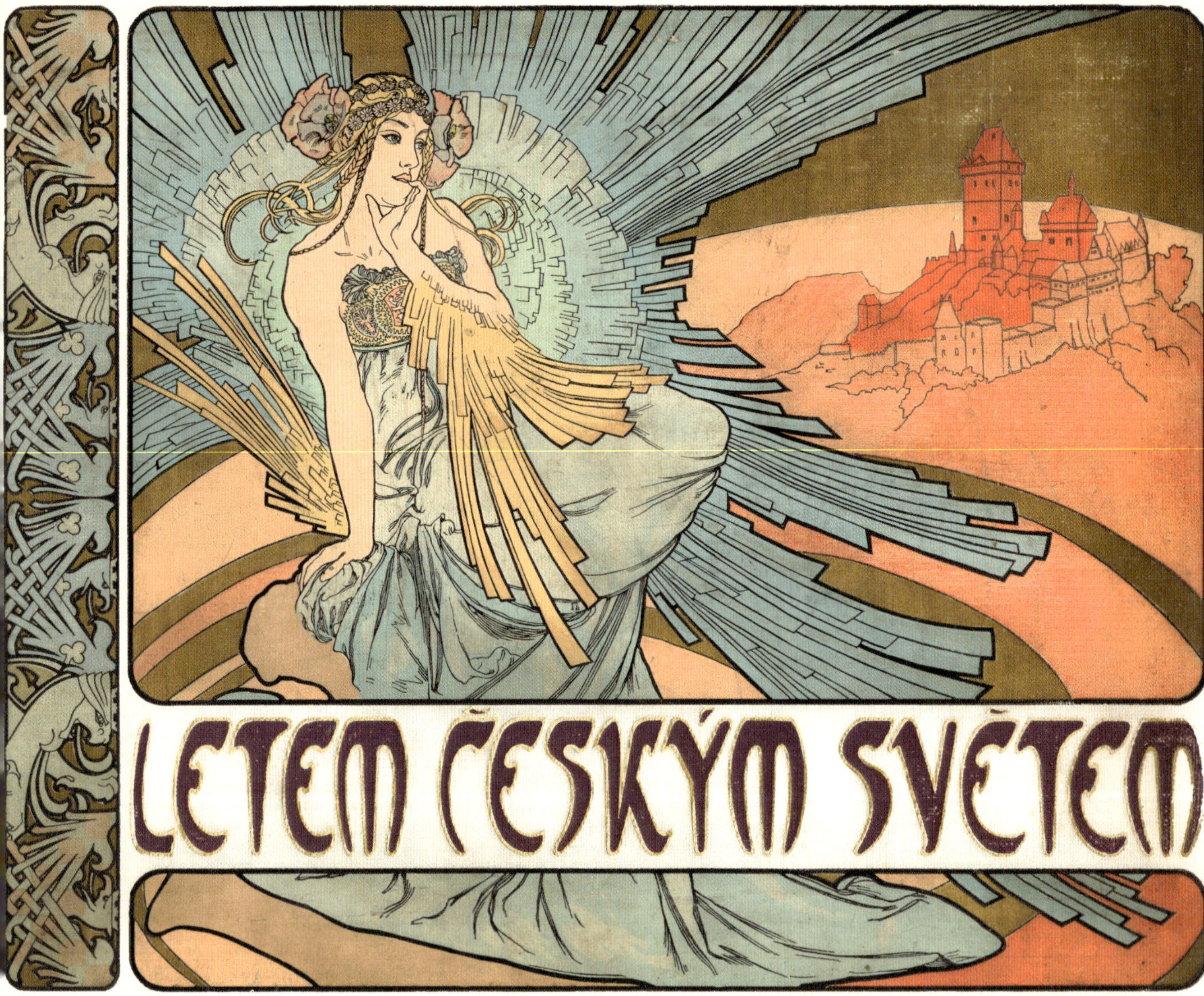

LETEM ČESKÝM SVĚTEM

この年、ミュシャはバルカン半島などに旅行し、「スラヴ叙事詩」の構想のきっかけになったといわれる。チェコの旅の写真集もそのヒントになったろう。祖国の古都へのロマンティックな空想が描かれている。次ページの『スラヴィア――やさしい母たち』では、ムハ（ミュシャ）はスラヴの母と子の愛らしいポーズを描いている。

P344：1899年刊 / 28.5×38cm / OGATAコレクション蔵　　P345すべて：1934年刊 / 24×16cm / OGATAコレクション蔵

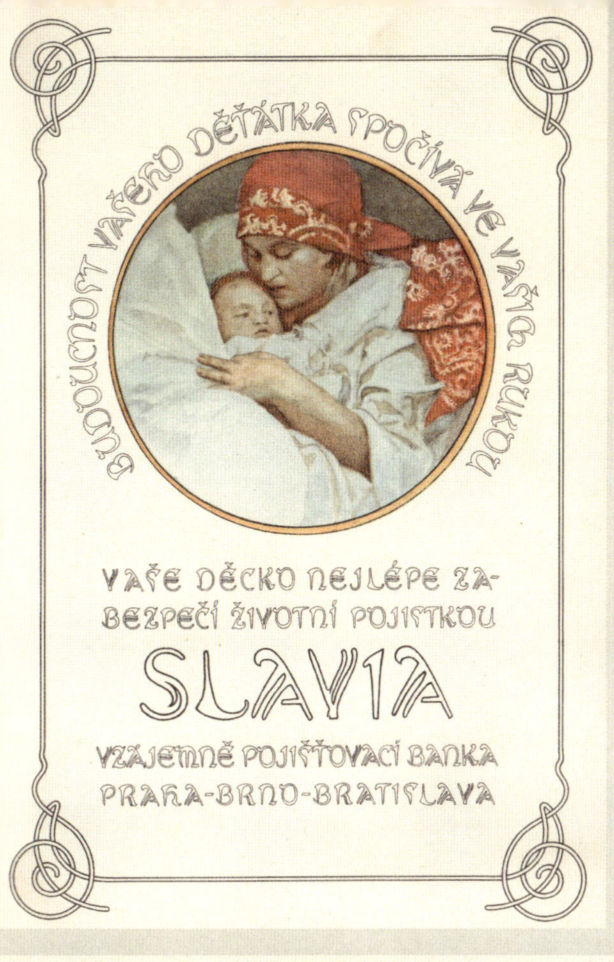

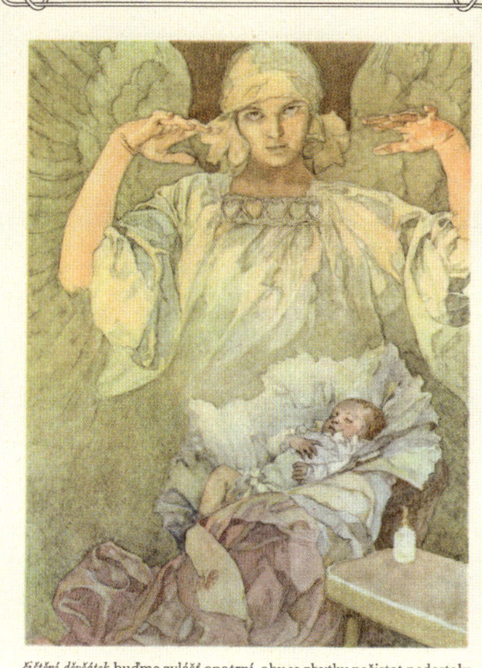

čištění děvčátek buďme zvlášť opatrní, aby se zbytky nečistot nedostaly do pochvy a močové roury. *Jest třeba čistiti od předu do zadu, vlastně ležící dítě shora dolů.*

Jen tím lze zabrániti opruzení dítěte, provádí-li se to vše co nejpečlivěji. Také je důležité, aby se zásyp jemně rozprašoval na kůži dítěte přímo z krabičky nahoře dirkované neb jednoduchým rozprašovačem.

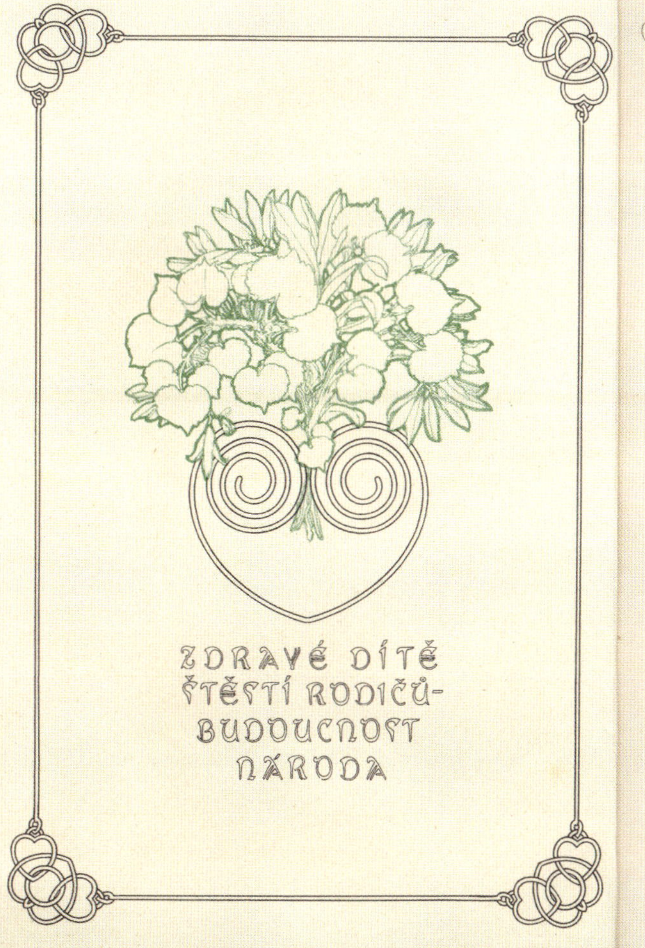

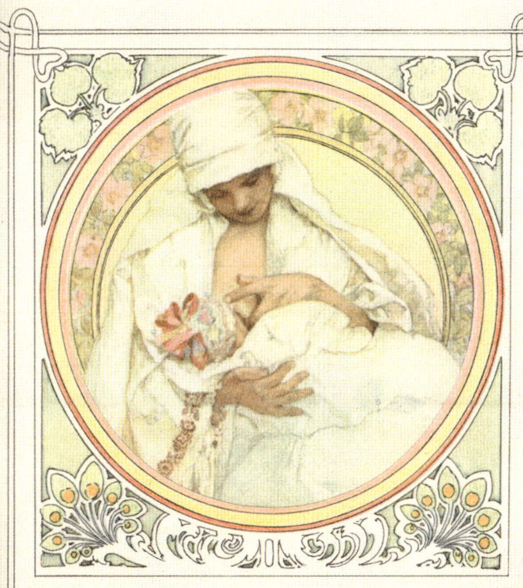

Napsal: MUDr. FRANTIŠEK LUSKA
profesor dětského lékařství Karlovy university v Praze.

Ilustroval: ALFONS MUCHA

K ZVÝŠENÍ VEŘEJNÉHO ZDRAVÍ VYDALA
VLASTNÍM NÁKLADEM BANKA SLAVIA

雑誌『マーイ（5月）』、『黄金のプラハ』表紙

MAGAZINE COVERS OF "MÁJ (MAY)" / "ZLATÁ PRAHA (GOLDEN PRAGUE)"

ROČNÍK I. V PRAZE, DNE 27. ÚNORA 1903. ČISLO 23.

VYDÁVÁ NAKLADATELSKÉ DRUŽSTVO SPOLKU ČESKÝCH SPISOVATELŮ BELLETRISTŮ
—— MÁJE. ——

ODPOVĚDNÝ REDAKTOR
FRANTIŠEK HERITES.
MÁJ VYCHÁZÍ VŽDY V PÁTEK O 8. HOD. RANNÍ V ČÍSLECH, VŽDY DRUHÝ - - PÁTEK V SEŠITECH. - -

MÁJ

REDAKČNÍ VÝBOR

JAROSLAV VRCHLICKÝ, JAROMÍR BORECKÝ, AD. ČERNÝ, JAN ČERVENKA, JIŘÍ GUTH, FRANT. HERITES, ANTONÍN KLÁŠTERSKÝ, RUD. J. KRONBAUER, VILÉM MRŠTÍK, ANTONÍN SOVA A VÁCLAV ŠTECH.

ムハ（ミュシャ）はパリ時代にもしばしばチェコの雑誌を飾っている。上の『マイ』（1903）はその一例である。特に『黄金のプラハ』（次ページ）には1898年から1910年にかけて、何年も表紙を描いている。

P346：1903年刊 / 紙に単色印刷 / 32×24cm / OGATAコレクション蔵　P347：1918年刊 / 紙に単色印刷 / 40×30cm / OGATAコレクション蔵

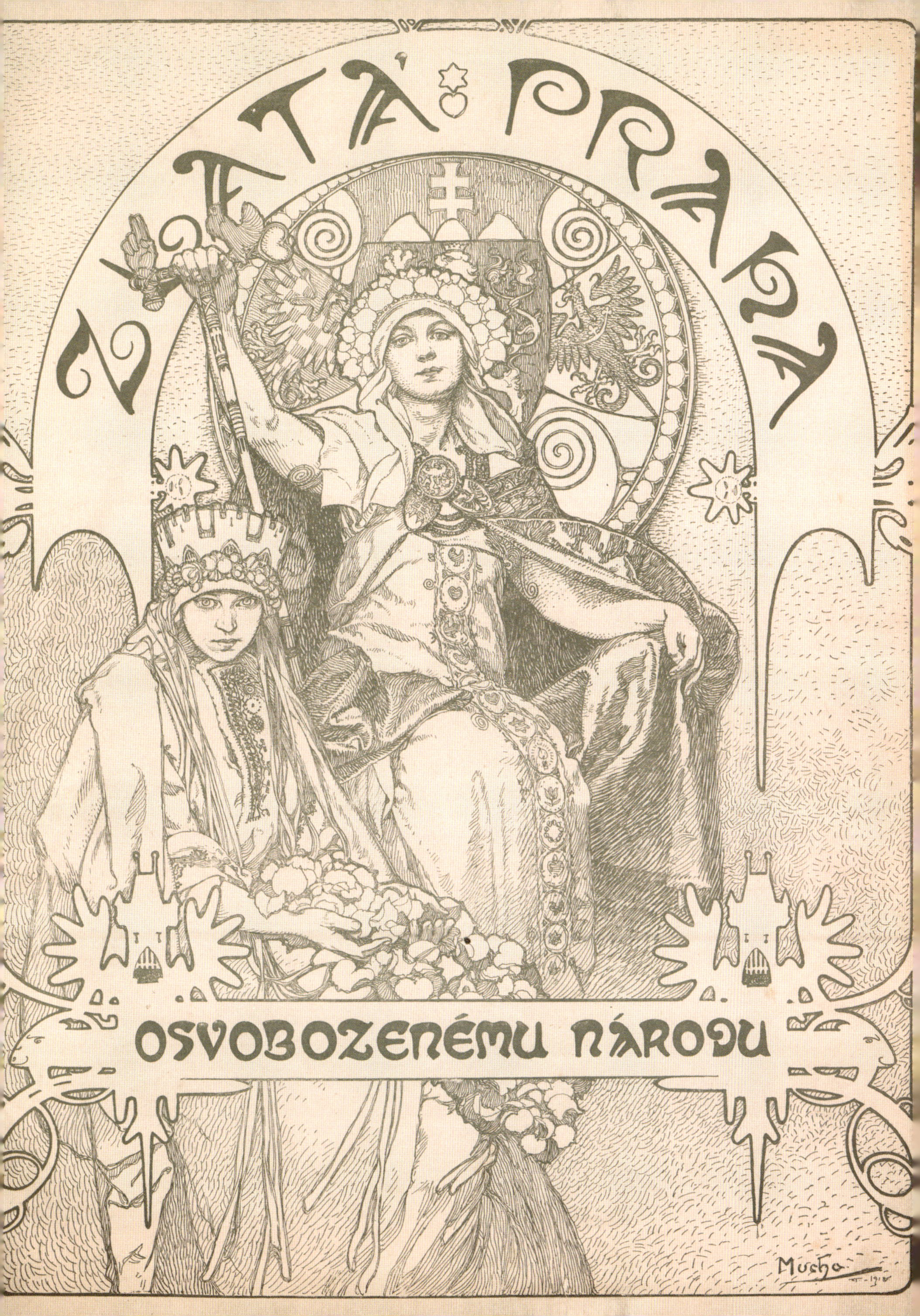
ZLATÁ PRAHA
OSVOBOZENÉMU NÁRODU
Mucha

チェコの絵はがき

★★★★★★★★★★★★★★★★★★★★★

CZECH POSTCARDS

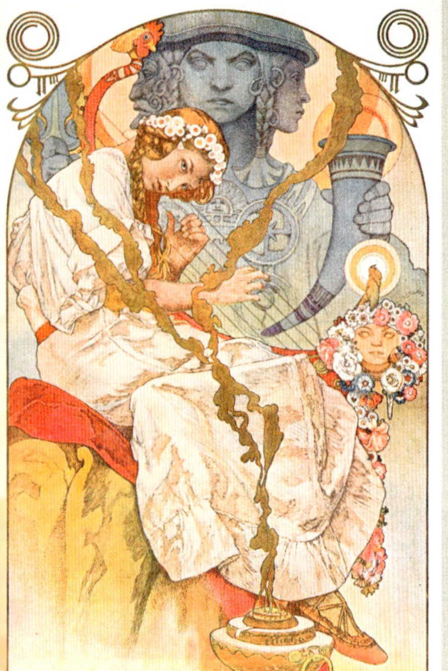

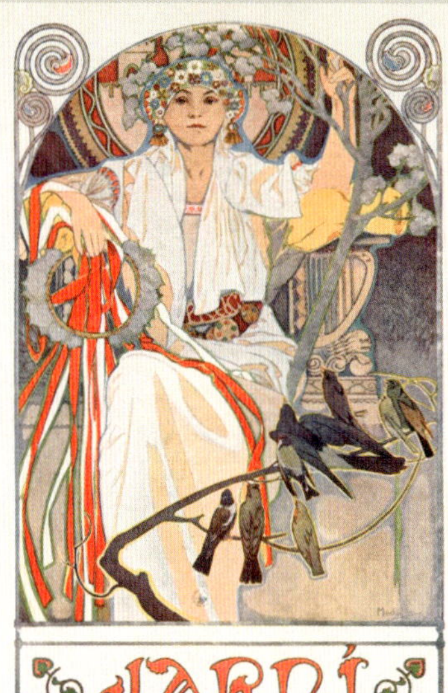

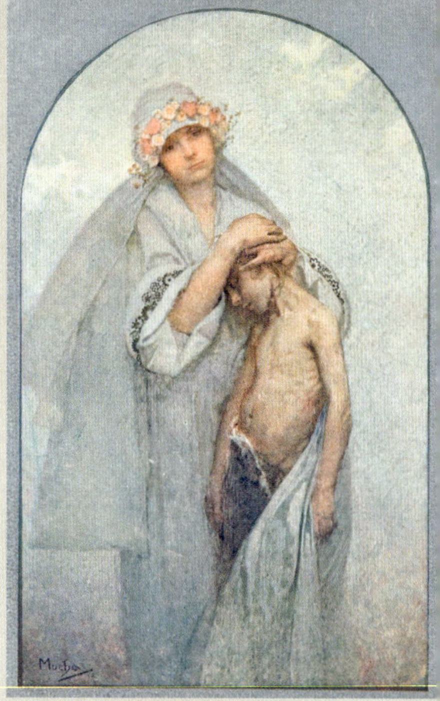

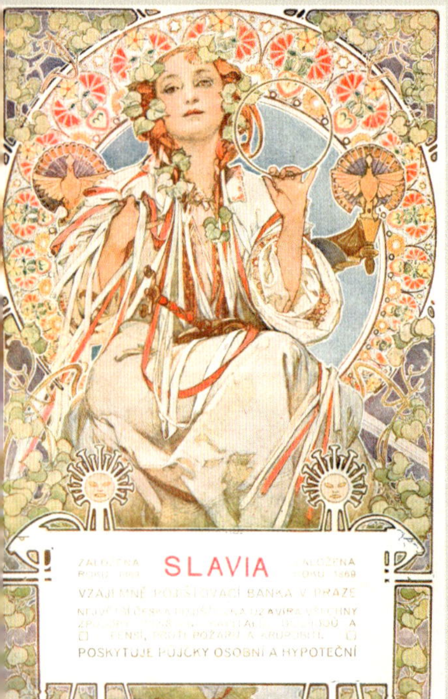

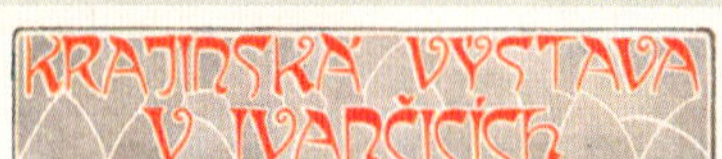

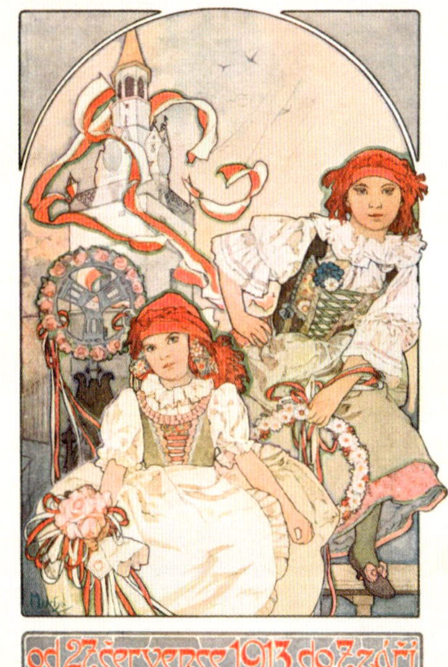

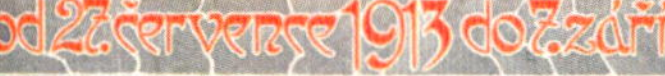

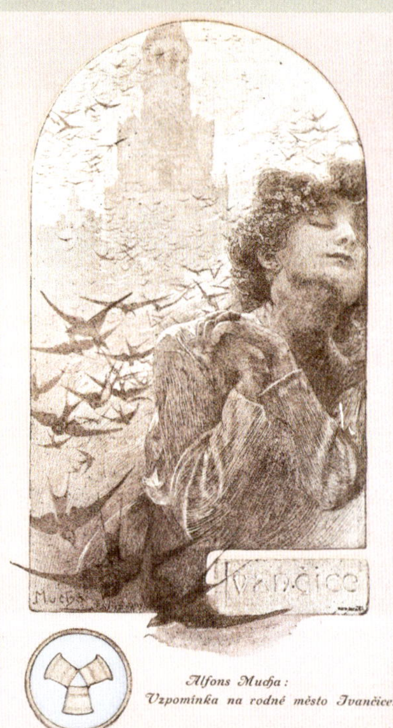

1900年前後は絵はがきの黄金時代であったから、ミュシャの作品も多くがポストカードに使われた。「イヴァンチツェの思い出」(1903、P348下段右)はふるさとへの郷愁を湛えたすばらしいスケッチだが、1909年にポストカード化された。その他、デッサン、スケッチなど、あまり公開されなかったミュシャの小品にはそれぞれ不思議な魅力があって、モザイクのように彼の装飾宇宙を構成している。次ページはすべてプラハ市民会館スメタナホール(1911)の建築装飾の絵はがき。ドーム形天井画や柱上の三角のスペースなどの複雑なフレームの中に、ミュシャは巧みに絵柄をはめこんでいる。

P348-349：1909-1925年 / 16×8.9cm (P348下段右)、14×9cmまたは9×14cm (その他) / ボストン美術館蔵

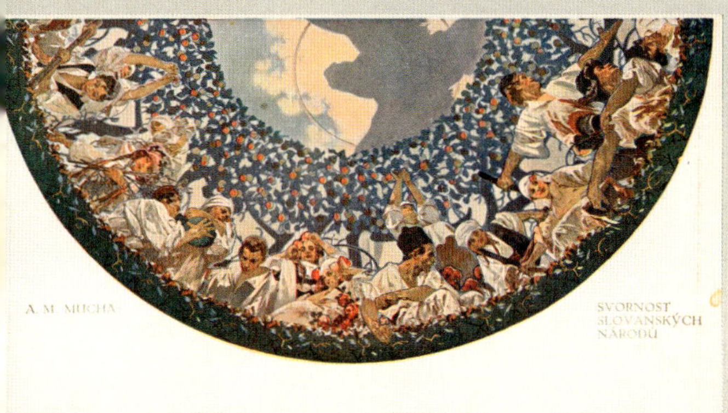
A. M. MUCHA
SVORNOST
SLOVANSKÝCH
NÁRODŮ

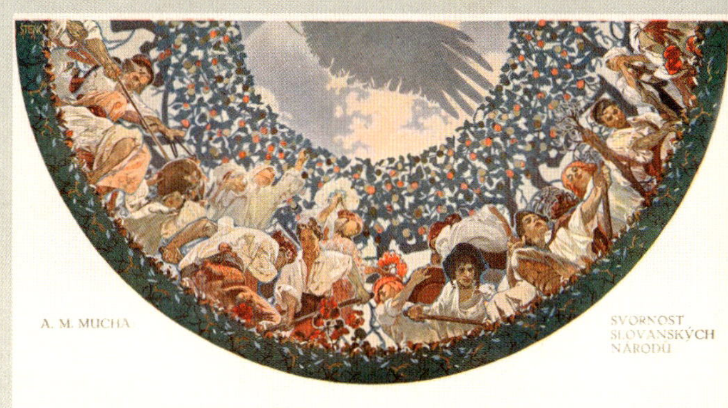
A. M. MUCHA
SVORNOST
SLOVANSKÝCH
NÁRODŮ

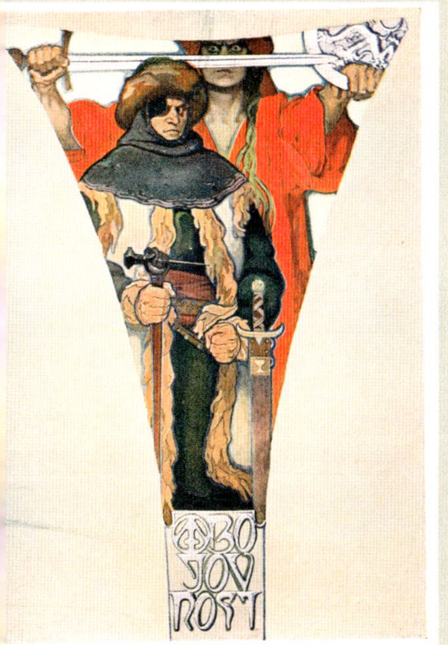

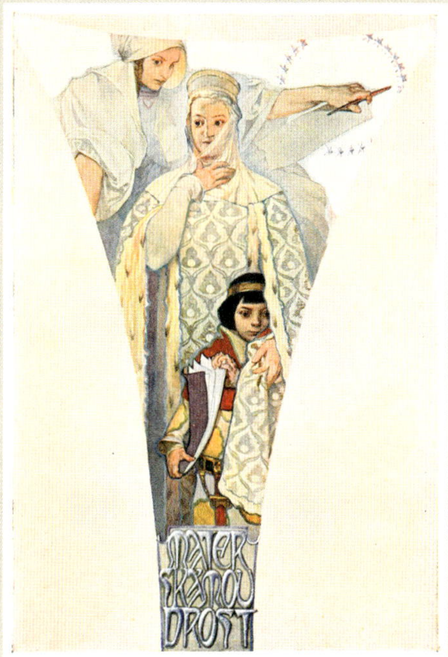

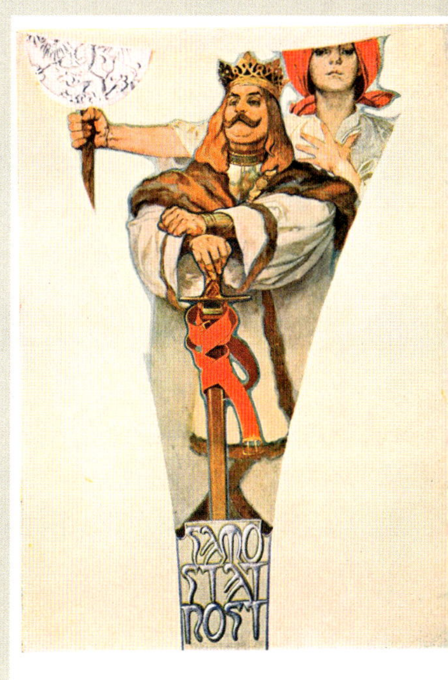

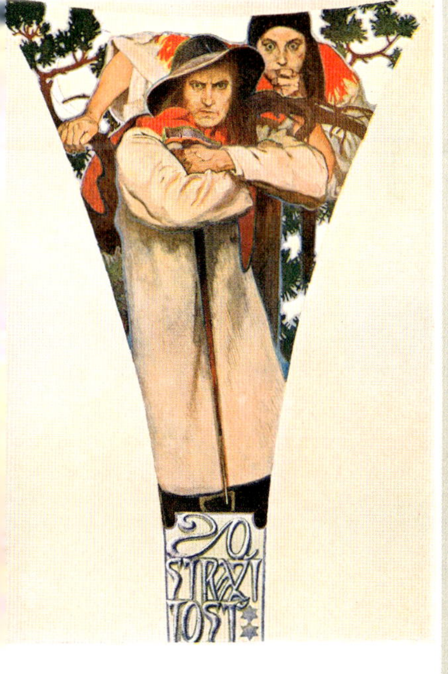

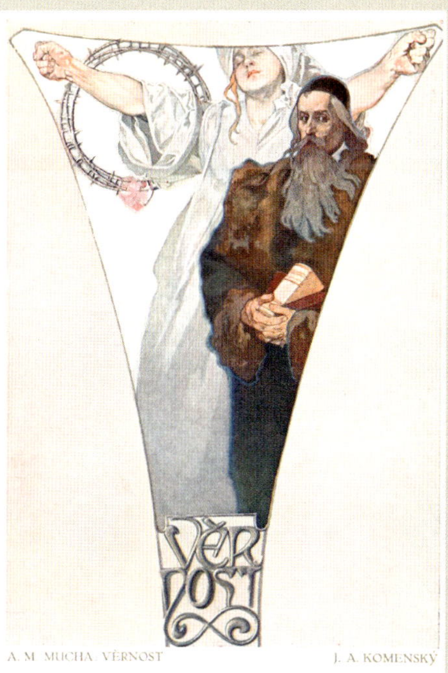
A. M. MUCHA VĚRNOST
J. A. KOMENSKÝ

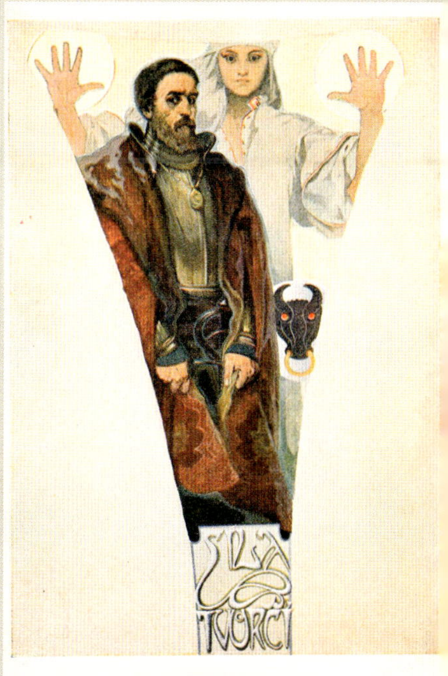

チェコスロヴァキアの紙幣と切手、蔵書票

★★★★★★★★★★★★★★★★★★★★★

BANKNOTES AND STAMPS OF CZECHOSLOVAKIA / BOOKPLATES

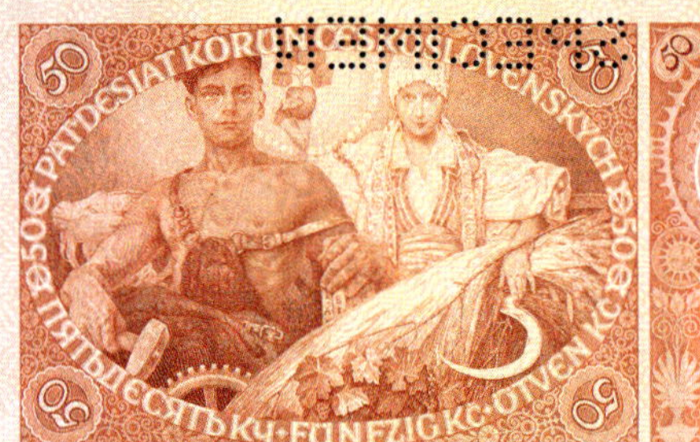
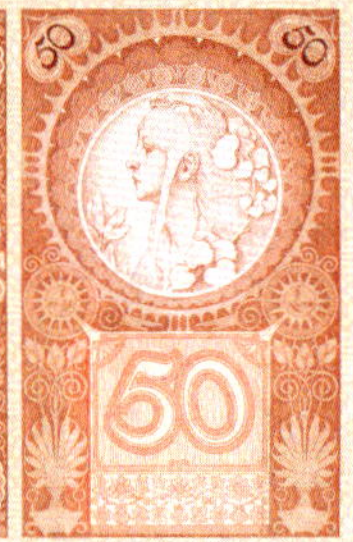
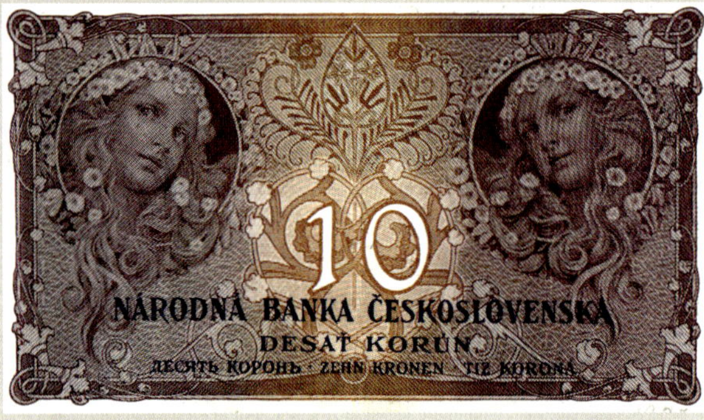

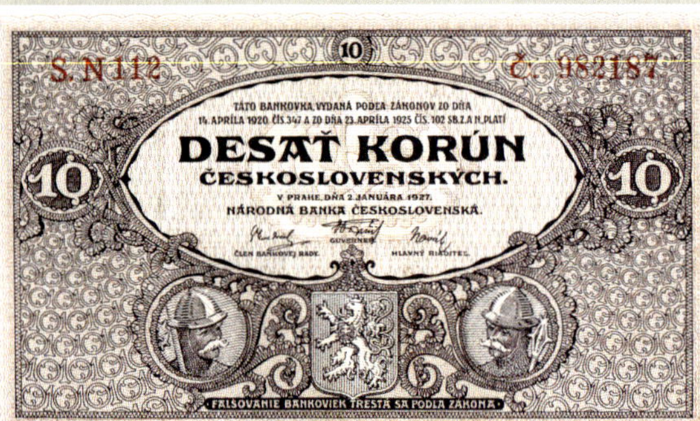

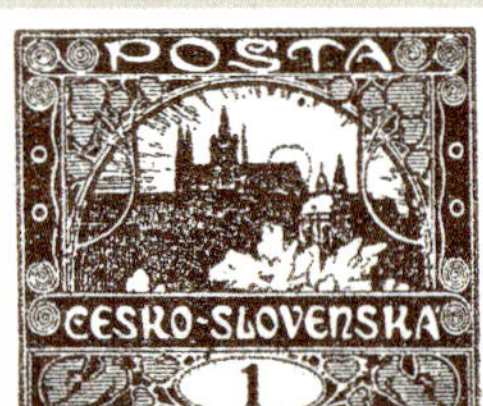

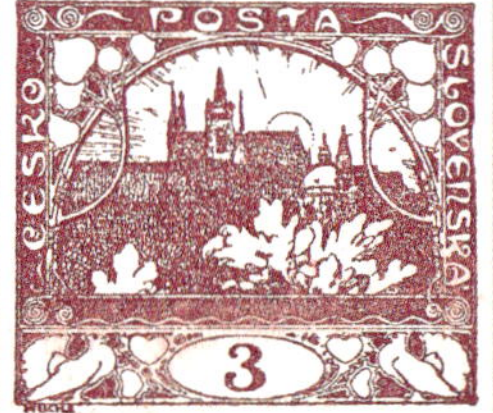

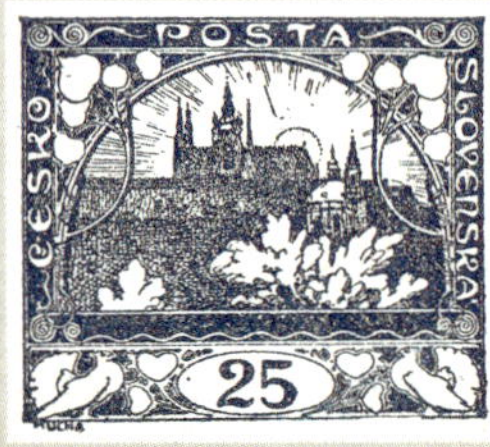

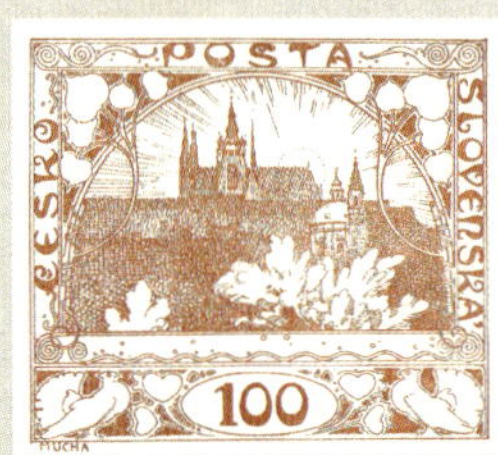

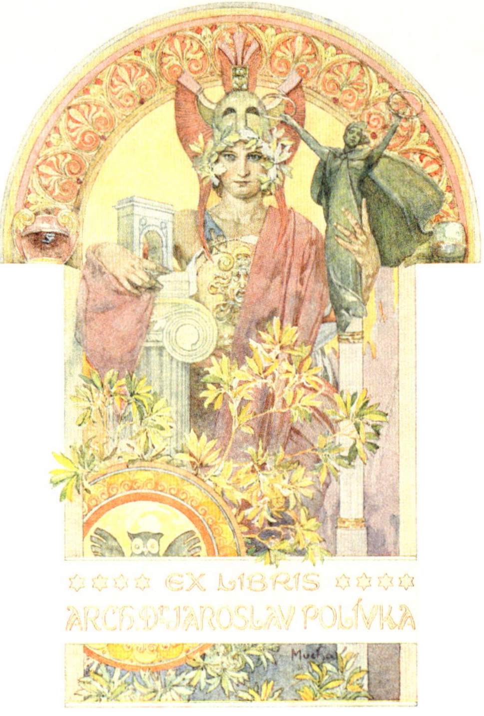

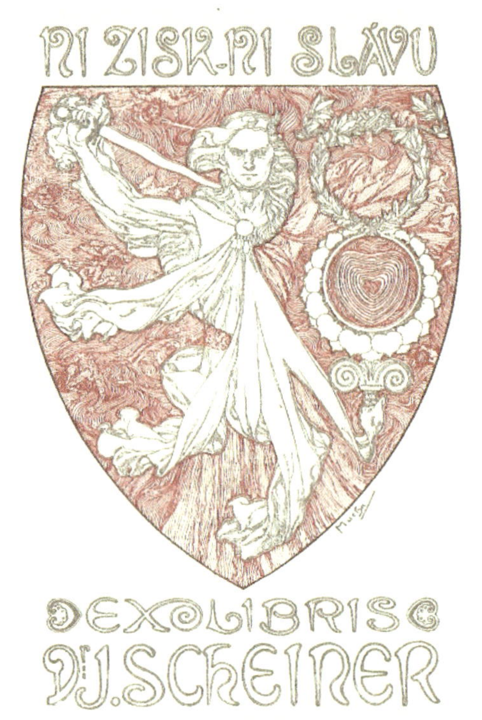

ミュシャはグラフィック・アートのあらゆる分野を手がけた。蔵書票・切手・紙幣のような極小空間も楽しんで描いている。精密な装飾は宝飾細工のような魅力をきらめかせている。フリーメイソンの熱心なメンバーであった彼はこの団体のための入団証、紀章、カップなどもデザインしている。ちょっと秘密の、隠れた小さな世界に少年のような興味を持っていたのだろう。

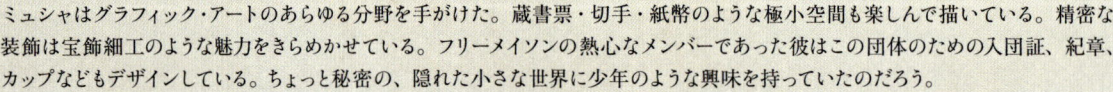

50コルナ紙幣（左列上）：1920年 / 8×16cm / 個人蔵　10コルナ紙幣（表裏、左列2、3段目）：1919年 / 8.6×11.4cm / 個人蔵
郵便切手（左列下4点）：1918年 / 個人蔵　蔵書票（右列上）：1917年 /カラー・リトグラフ、紙 / 17.5×12.5cm / アートハーベスト蔵
蔵書票（右列下）：1913年 / カラー・リトグラフ、紙 / 14×9cm / 個人蔵

TOPICS

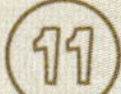

チェコのアール・ヌーヴォー

CZECH ART NOUVEAU

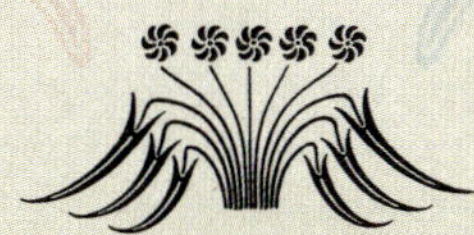

プラハを中心とするチェコのアール・ヌーヴォーは1891年にプラハで開かれた産業博覧会を1つのきっかけとしてはじまる。チェコのバロック的な装飾彫刻の伝統、ボヘミア風といわれる民族的な傾向に、パリやウィーンからのアール・ヌーヴォーが入ってきた。まず、パリからアルフォンス・ムハ（ミュシャ）のアール・ヌーヴォーがもたらされた。そして1890年代からはウィーンのゼツェッシオン（分離派）・スタイルの影響が強くなった。

ムハ（ミュシャ）のスタイルはプラハでは過激すぎると受け取られたようである。ムハ（ミュシャ）はパリではエキゾティックであるとされた。ビザンチン風の装飾が東方的と見られたのである。ところが故郷のチェコではパリ風、外国的とされた。ミュシャ・スタイルはチェコのアール・ヌーヴォーで異端とされ、プラハはむしろウィーンのゼツェッシオン・スタイルに親密性を持っている。

ゼツェッシオンは、アール・ヌーヴォーの後期で、ヨーゼフ・ホフマンなどの幾何学的、直線的なデザインによって、モダン・デザインの先駆となった。いくらかおくれてきたチェコのアール・ヌーヴォーはゼツェッシオンと結びつくことで、盛期のアール・ヌーヴォーであったミュシャ・スタイルを置き去りにしてしまった。

1891年のプラハ博覧会は、モダン都市プラハを目指し、そのモデルとしてウィーンを選んだ。そして市中に多くのアール・ヌーヴォー建築をちりばめた。その動きは1910年の市民会館までつづいた。プラハのアール・ヌーヴォー建築の特徴はボヘミアのフォーク・アートの楽しさをあふれさせた装飾や彫刻に飾られていることである。

フランチシェク・クプカ、ヴォイチェフ・プレイスィクなどのグラフィック・アート、そしてプラハの市街にあふれる装飾的な建築と彫刻はチェコのアール・ヌーヴォーの魅力を伝えている。しかしそれに交じって、アルフォンス・ムハ（ミュシャ）のアートはちょっと微妙な位置を占めている。

☆☆☆

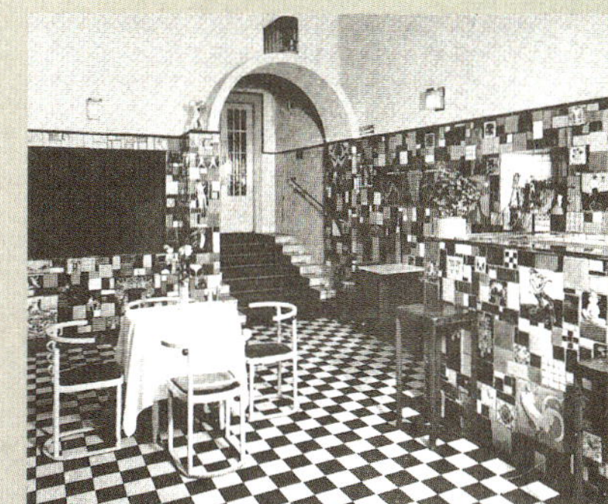

ウィーンのキャバレー・コウモリの内装
デザイン：ヨーゼフ・ホフマン
1907年頃

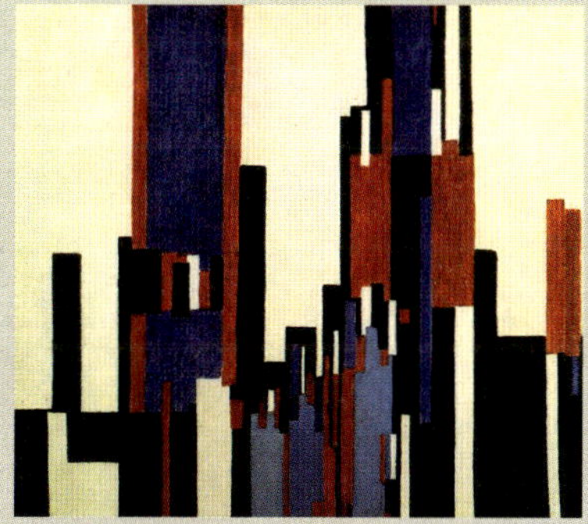

「青と赤の垂直面」
フランチシェク・クプカ画
1913年頃

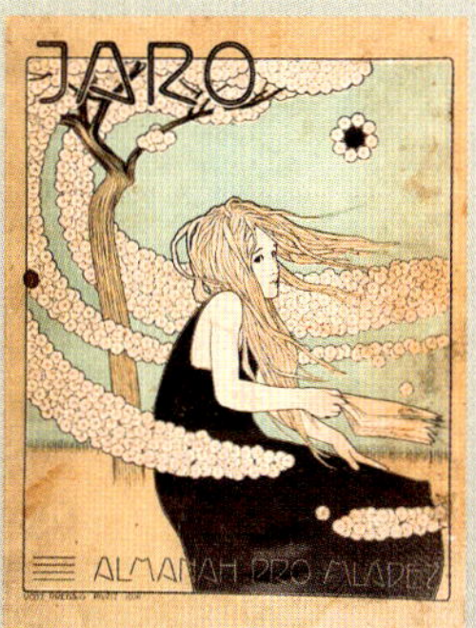

雑誌『春 ── 青少年のための年間』表紙
ヴォイチェフ・プライスィク画
1900年

ALFONS MARIA MUCHA

ムハ(ミュシャ)の油絵
——色彩と線の葛藤

MUCHA'S OIL PAINTINGS— CONFLICT BETWEEN COLOR AND LINE

ムハ（ミュシャ）はデッサンから油絵にいたる、当時の線画の基本を学び、見事な技術を持っている。しかし世紀末のグラフィック・アートとの出合いは線の芸術家としての才能を開花させた。そしてつねに油絵画家にもどろうとする意識を持っていたようだ。そして多くの油絵を描きつづけた。そこには色彩と線の葛藤が感じられる。彼の油絵の特徴は、その華麗な色彩にもかかわらず、線的な構図が見られること、また、独立した画像というより、なにか大きな構図の一部のように思えることだ。

20世紀になって、ムハ（ミュシャ）はアメリカで肖像画家へと転身しようとした。しかしそれがうまくいかなかったのは、彼の人物画が、日常的な個人の肖像というより、大きな物語かドラマのあるシーンのように見えたからではないだろうか。

ムハ（ミュシャ）の油絵には、アール・ヌーヴォーの線的な構図（平面性、輪郭性、装飾性、象徴性）から脱出しようとする葛藤があるが、やはりそれを逃れてはいない。むしろその葛藤が彼の絵の魅力なのである。

ムハ（ミュシャ）の描く女たちは日常的な女性ではなく、巫女であり、女神であり、スラヴ民族の象徴である。また、その画面は現実的な空間に人間がいるのではなく、背景もまた人物と一体化し、1つの平面を構成している。

そして女たちは、なにかもの思いに沈み、別な世界を見ているかのようだ。ムハ（ミュシャ）の油絵は、19世紀末の象徴主義、魔術的幻想に深くひたされている。写実的であるほど、この世ではないような世界をのぞかせてくれるのだ。

• • •

Mucha was trained in all forms of art. His talent first flowered in graphic art, where line is dominant. But he later returned to oil painting, a medium in which we see in his work conflict between line and color. The color is gorgeous but struggles against the powerful lines and composition that contains it. Later, in America, Mucha turned to portraits. But here the focus is less on the individual subject than on dramatic scene and story.In his portraits, Mucha struggled to escape the limitations of Art Nouveau's emphasis on the flat plane, contour, decoration, and distinctive features, but this conflict informs all of his work. In Mucha's portraits, a woman is not just a woman, but a witch, a goddess, a symbol of Slav identity. She does not appear in a natural scene, but instead as a character in a dramatic setting. Instead of mimesis, what we see is the strong influence of late nineteenth-century symbolism and interest in magic and illusion.

「百合の聖母」（次ページ）

"THE MADONNA OF THE LILIES"

百合の花に包まれた聖母がスラヴ娘を祝福している。聖母は世紀末の薔薇十字会の象徴主義を、スラヴ娘はムハ（ミュシャ）に芽生えたチェコへの民族主義を示している。19世紀から20世紀への変化が描かれている。

P353：1905年 / 油彩、テンペラ、カンヴァス / 239.5×172.8cm / Alamy/アフロ

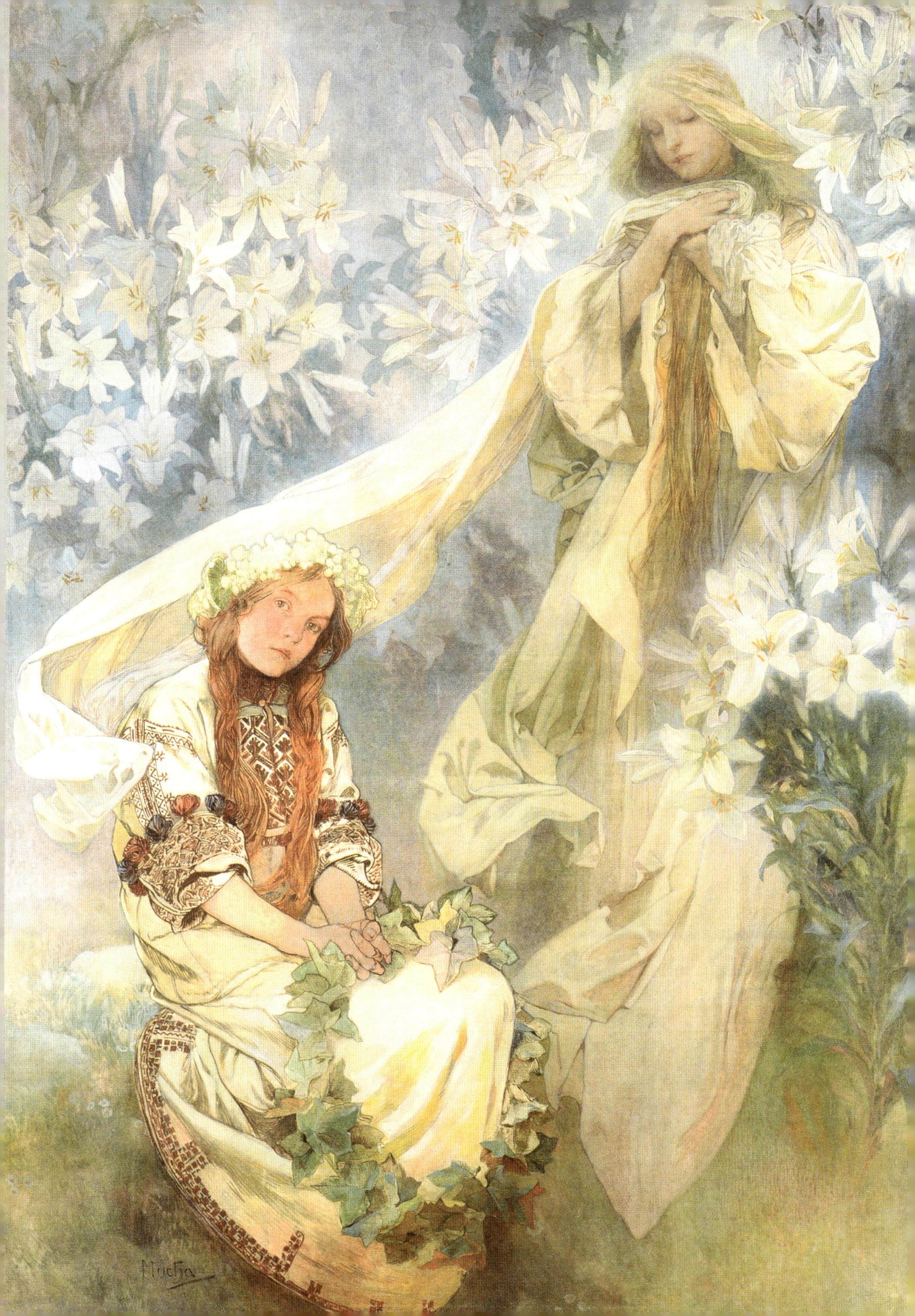
Mucha

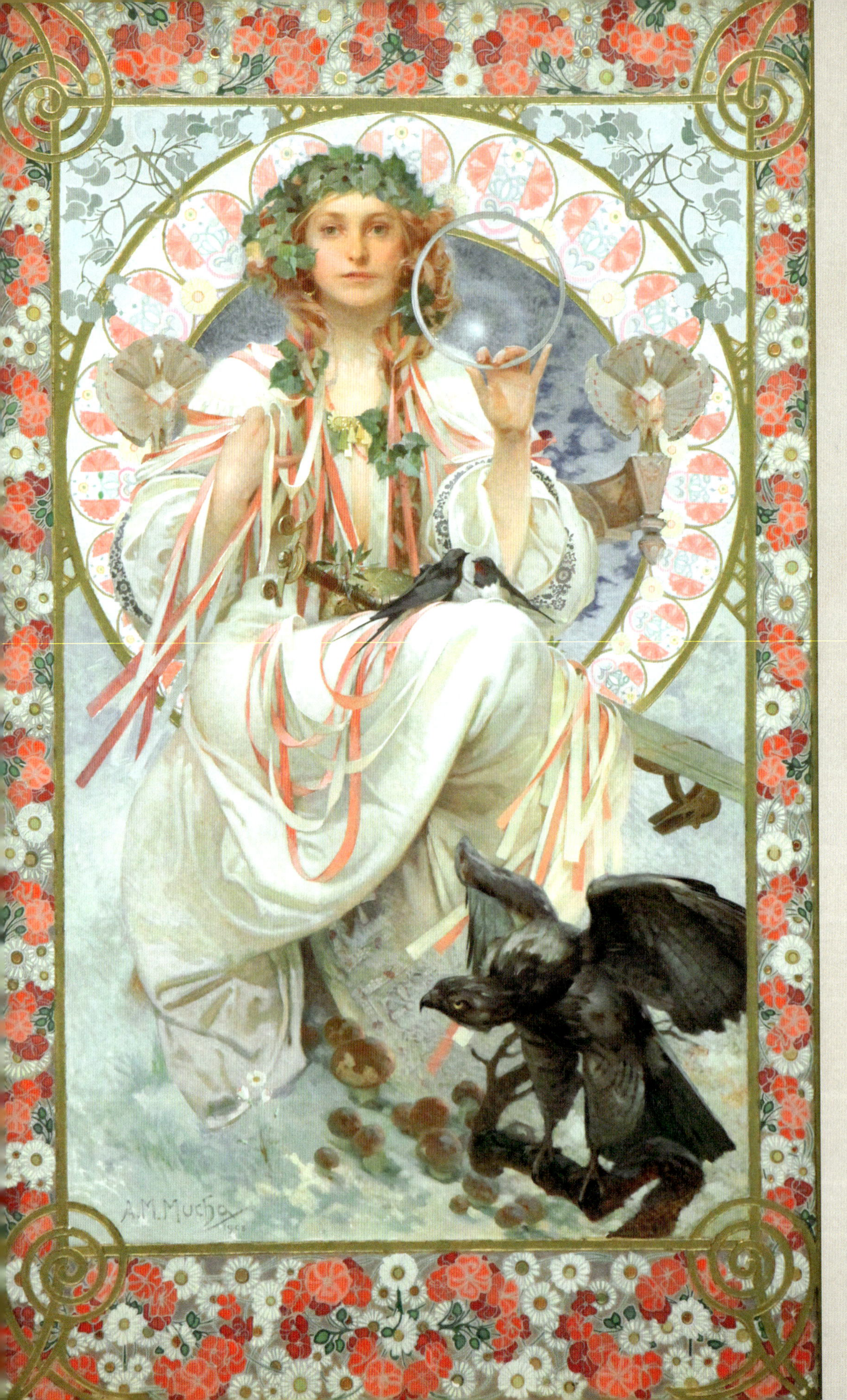
A.M.Mucha

「スラヴィア」、「目を閉じた少女」

"SLAVIA" / "THE GIRL WITH CLOSED EYES"

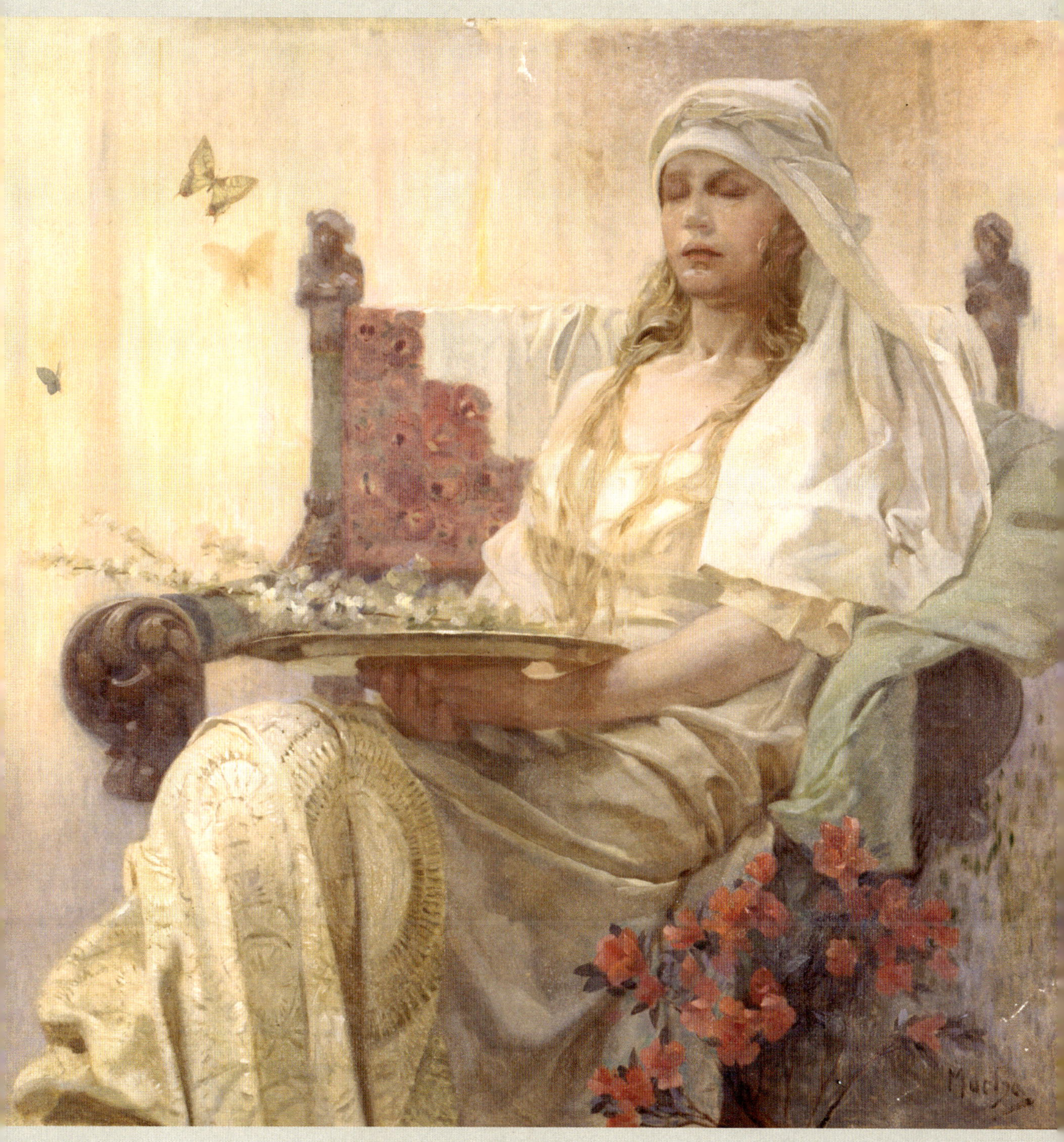

前ページはチャールズ・クレインの娘ジョセフィンの肖像画をスラヴ民族を象徴する娘として使っている。そしてミュシャ・スタイルの輪などのフレームで飾っている。アール・ヌーヴォーとスラヴ民族主義の融合が試みられている。上は白い頭巾をかぶって目を閉じている少女。大きな肘掛け椅子の異教的な彫像、そのまわりを飛ぶ蝶、ひざ掛けの輪形など魔術的なオブジェがちりばめられている。月桂樹のような聖樹の小枝をのせた皿を持っている。巫女であろうか。

P354：1908年 / 油彩、テンペラ、カンヴァス / 165×123cm / Alamy/PPS通信社　P355：1920年頃 / 油彩、カンヴァス / 64×63.5cm / 堺市蔵

「女占い師」、「巫女」

★★★★★★★★★★★★★★★★★★★★★★

"A SIBYL" / "PRIESTESS"

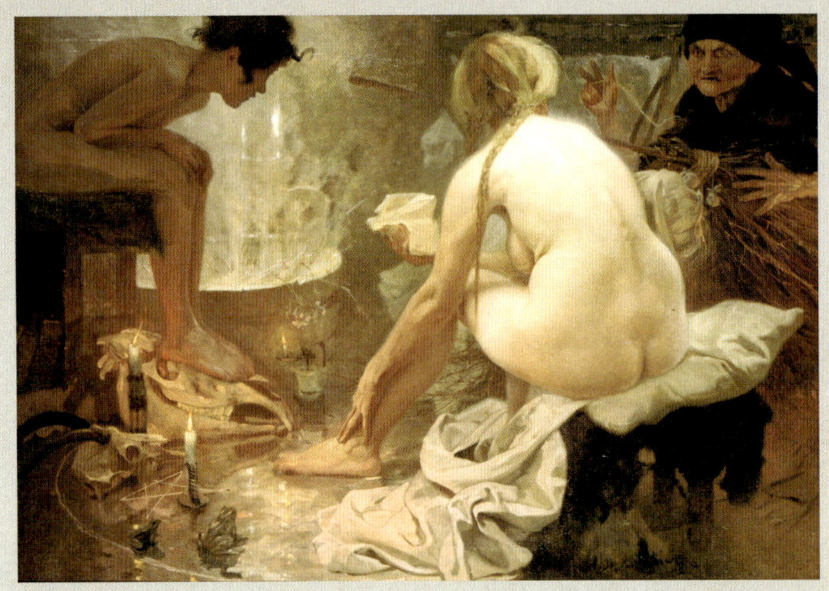

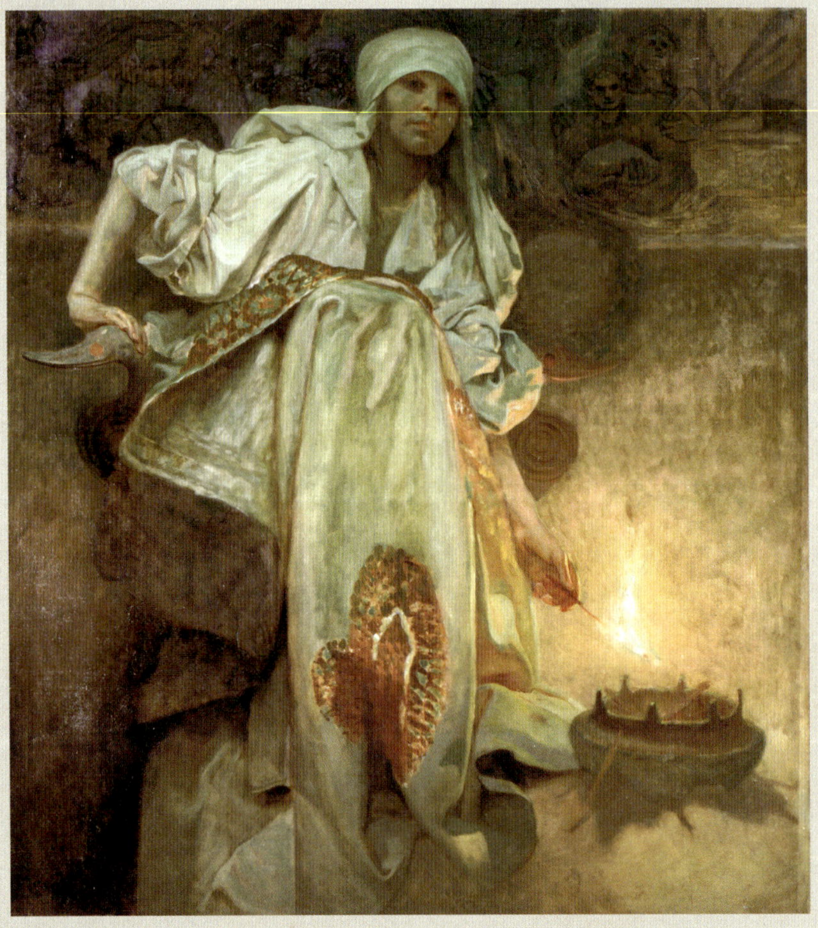

上段の「女占い師」は占い師の老婆が、裸の少年と娘の運命を占っている。魔女の釜の前で、少年は怪獣の頭蓋骨に足をのせている。魔術的な宴に興味を持っていたムハ（ミュシャ）のエロティックな作品である。下段は「巫女」。1920年から35年頃にかけて、白い頭巾をかぶった娘をムハ（ミュシャ）はしばしば描いた。彼女たちは若き魔女と見られる。この絵では布の下部に焼けただれたような赤いしみが見える。彼女は左手に火を持っている。火と焼けこげでなにを予告しているのだろうか。

上段：1917年 / 油彩、カンヴァス / 63.3×90.5cm / 堺市蔵　　下段：1926年 / 油彩、カンヴァス / 99.5×90cm / 堺市蔵

「眠れる大地の春の目覚め」

★★★★★★★★★★★★★★★★★★★★★

"SPRING AWAKENS THE EARTH"

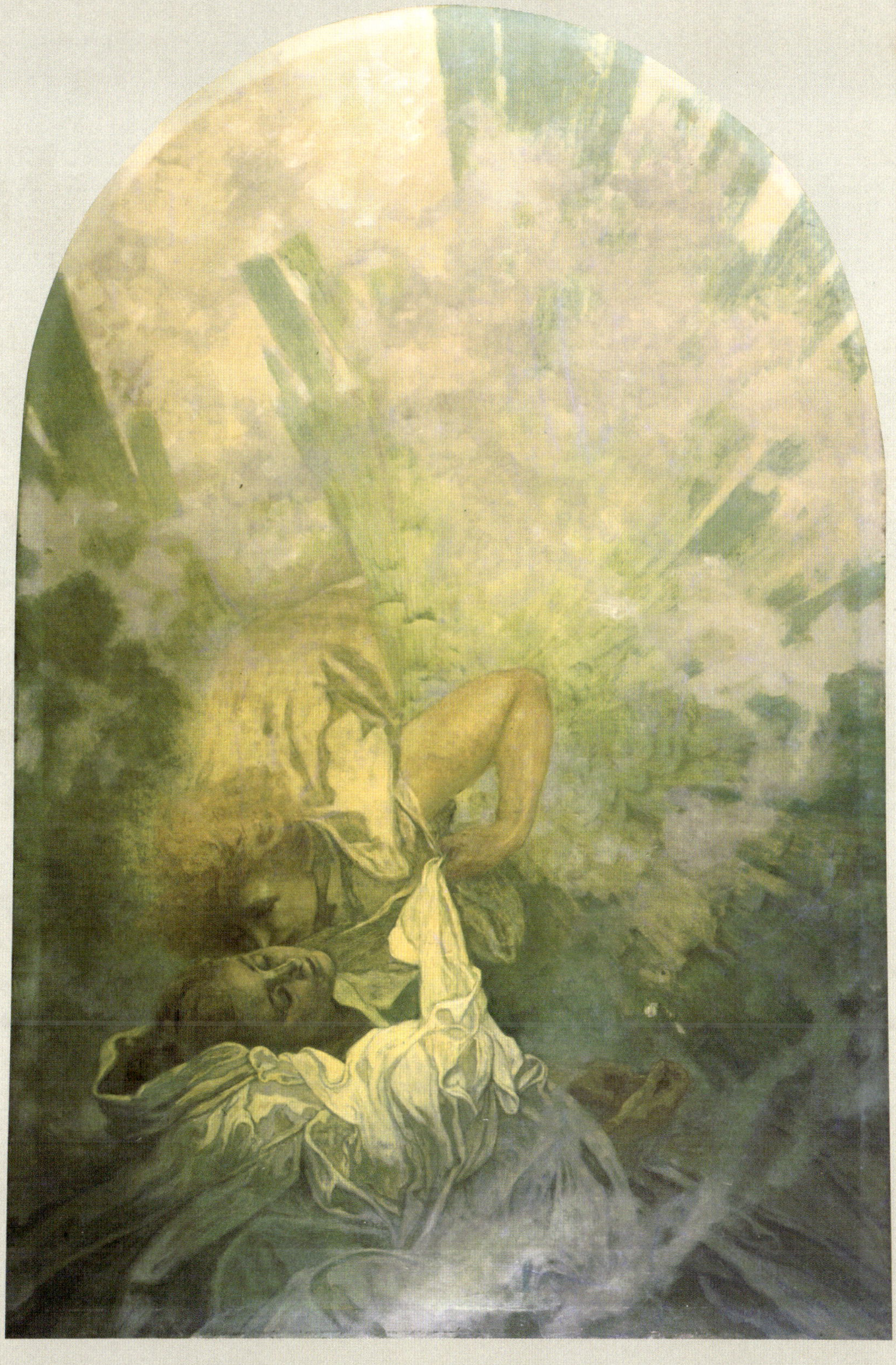

これは1919年にリトグラフでつくった絵を油絵で描き直したものという。「スラヴ叙事詩」の後、ムハ（ミュシャ）はまた世紀末のメルヘンの世界にもどっていった。大地の娘にキスする若者のまわりがかすんで青や白の光の散乱のようにきらめいている。

1913年 / 油彩、カンヴァス / 189×110cm / Artothek/アフロ

TOPICS

ムハ（ミュシャ）とバレエ・リュス

MUCHA AND BALLETS RUSSES

ムハ（ミュシャ）と〈バレエ・リュス〉（ロシア・バレエ団）の直接的関係は伝えられていないが両者は同時代であり、間接的にはつながっていたはずである。1つのつながりは「スラヴ叙事詩」のパトロン、チャールズ・クレインを通してのものである。

クレインは1894年にロシアを訪問した際、ペテルブルクで雑誌『芸術世界』を出していたセルゲイ・ディアギレフと会っている。ディアギレフは1909年に〈バレエ・リュス〉を結成し、パリで公演する。この年にクレインは「スラヴ叙事詩」の後援を決めるのである。〈バレエ・リュス〉の東方的、異教的な表現と「スラヴ叙事詩」はどこかでひびき合っている。

1913年、〈バレエ・リュス〉は《春の祭典》を初演した。イーゴリ・ストラヴィンスキー作曲で台本はストラヴィンスキーとニコライ・レーリヒ、舞台美術にレーリヒ、振付はニジンスキーであった。「異教的ロシアの2幕の情景」と題されたバレエはロシアの農村の原始的な春の祭りで若い娘を犠牲に捧げるシーンなどがあり、異様な雑音のような音楽が演奏され、観客が騒ぐなどスキャンダルとなった。

ムハ（ミュシャ）の「スラヴ叙事詩」と〈バレエ・リュス〉の《春の祭典》公演は同時代現象としてとらえなければならない。ディアギレフの『芸術世界』のグループであるイワン・ビリービンはロシアの古代叙事詩を描いた。そしてフィンランドのアクセリ・ガレン＝カレラはフィンランドの叙事詩『大カレワラ』の挿絵を描いた。これらのスラヴ叙事詩の世界、キリスト教前の異教世界への関心が19世紀末から高まり、その潮流の中でムハ（ミュシャ）も「スラヴ叙事詩」を構想したのである。神話的、異教的、原始的な記憶の甦りが〈スラヴ・ファンタジー〉の広々としたヴィジョンを開幕させたのである。

☆☆☆

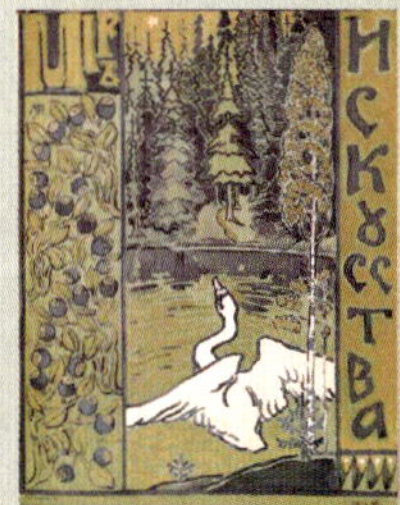

雑誌『芸術世界』
1899年2号
タイトルページ
マリア・ヤクンチコワ画
1899年

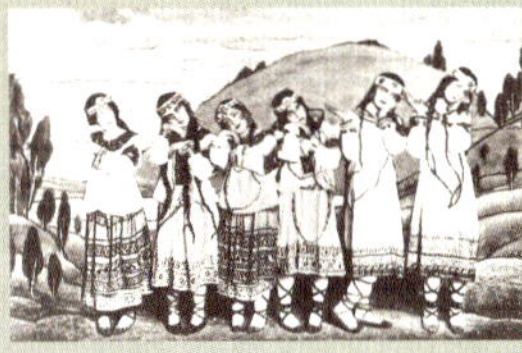

バレエ《春の祭典》

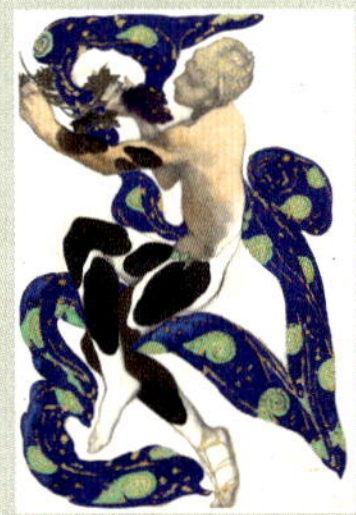

〈バレエ・リュス〉のバレエ
《牧神の午後》を踊る
ニジンスキーのための
衣裳デザイン
レオン・バクスト画
1912年

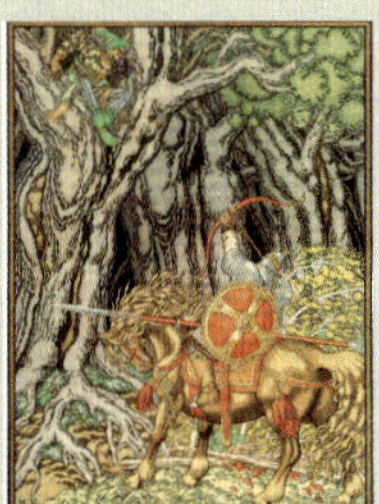

『ロシアの口承叙事詩（ブィリーナ）』より
「勇士イリヤ・ムーロメツと盗賊うぐいす丸」挿絵
イワン・ビリービン画
1932年

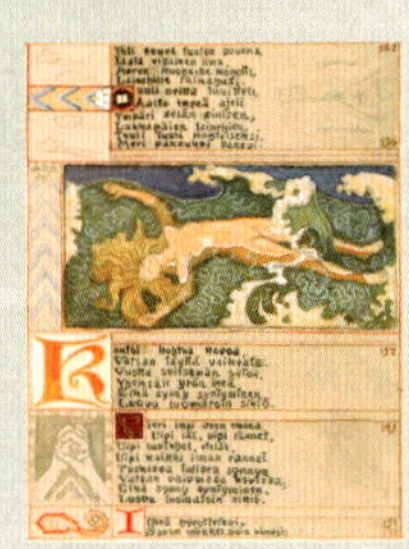

『大カレワラ』挿絵
アクセリ・ガレン＝カレラ画
1881-1930年

本書では「アルフォンス」の英語表記を「Alfons」としています。
第3章はチェコに関する内容のため、
「ミュシャ」の日本語表記は
チェコ語読みを優先し、「ムハ(ミュシャ)」としています。

クレジット付記

本書に掲載した作家名、作品名(日本語訳)は
一般的に知られている名称を掲載しています。
各図版のクレジットは、
制作年(書籍・雑誌の場合は刊行年)、画材、
作品サイズ(縦×横、書籍・雑誌の場合はすべて判型で統一)、
所蔵先または提供先クレジットの順に記載しています。

Special Thanks (敬称略)

アートハーベスト
ヴラスタ・チハーコヴァー
尾形寿行(OGATAコレクション)
堺 アルフォンス・ミュシャ館(堺市立文化館)
中野泰隆(株式会社文化企画)
プラハ市立美術館(Prague City Gallery)

本書をまとめるにあたり、上記の方々をはじめ
たくさんの皆様にご協力いただきました。
誠にありがとうございました。
心より感謝申し上げます。

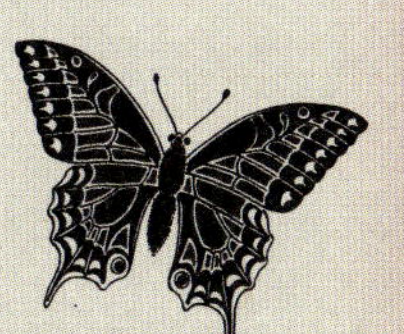

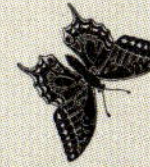
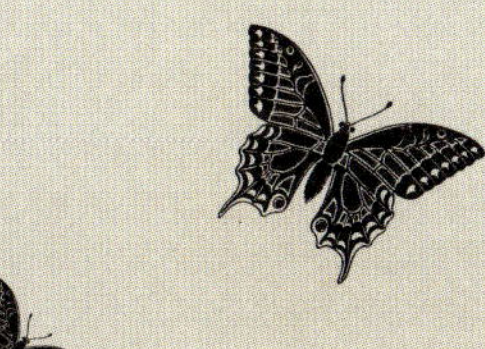
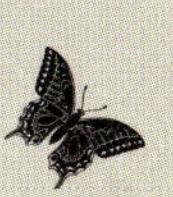

海野 弘 Hiroshi Unno

1939年東京生まれ。評論家、作家。
早稲田大学ロシア文学科卒業後、
平凡社にて『太陽』編集長を経て独立。
美術、映画、音楽、文学、都市論、ファッションなど
幅広い分野で執筆を行う。著書多数。

［海野弘の本（パイ インターナショナル刊）］

『おとぎ話の幻想挿絵』
『優美と幻想のイラストレーター　ジョルジュ・バルビエ』
『夢みる挿絵の黄金時代　フランスのファッション・イラスト』
『野の花の本　ボタニカルアートと花のおとぎ話』
『おとぎ話の古書案内』
『ロシアの挿絵とおとぎ話の世界』
『クラシカルで美しいパターンとデザイン　ウィリアム・モリス』
『ヨーロッパの図像　神話・伝説とおとぎ話』
『ヨーロッパの装飾と文様』
『世紀末の光と闇の魔術師　オーブリー・ビアズリー』
『アイルランドの挿絵とステンドグラスの世界　ハリー・クラーク』
『チェコの挿絵とおとぎ話の世界』
『ロシア・アヴァンギャルドのデザイン　未来を夢見るアート』
『北欧の挿絵とおとぎ話の世界』
『マティスの切り絵と挿絵の世界』
『世界の美しい本』
『オリエンタル・ファンタジー　アラビアン・ナイトのおとぎ話ときらめく装飾の世界』
『ヨーロッパの幻想美術　世紀末デカダンスとファム・ファタール（宿命の女）たち』
『ヨーロッパの図像　花の美術と物語』
『ファンタジーとSF・スチームパンクの世界』
『日本の装飾と文様』
『グスタフ・クリムトの世界 女たちの黄金迷宮』
『おとぎ話のモノクロームイラスト傑作選』
『華麗なる「バレエ・リュス」と舞台芸術の世界』
『366日　風景画をめぐる旅』
『366日　物語のある絵画』
『366日　絵のなかの部屋をめぐる旅』
『366日　絵画でめぐるファッション史』
『クィア・アートの世界　自由な性で描く美術史』
『ウクライナに愛をこめて　ウクライナ美術への招待』
『アジア・中東の装飾と文様』

協力（敬称略）

アートハーベスト
ヴラスタ・チハーコヴァー
尾形寿行（OGATAコレクション）
株式会社アフロ
株式会社アマナイメージズ
株式会社ピーピーエス通信社
堺 アルフォンス・ミュシャ館（堺市立文化館）
中野泰隆（株式会社文化企画）
プラハ市立美術館（Prague City Gallery）
ペトル・ホリー（チェコ蔵）

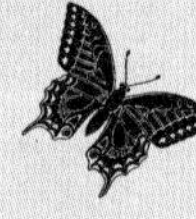

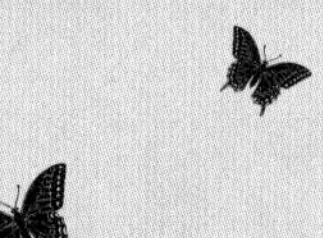

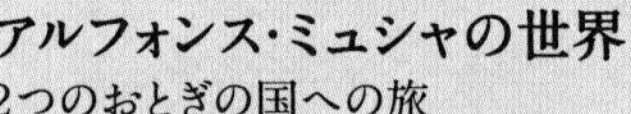

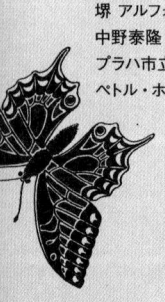

アルフォンス・ミュシャの世界
2つのおとぎの国への旅

The World of Mucha
A Journey to Two Fairylands : Paris and Czech

2016年8月19日　初版第１刷発行
2025年2月２日　　　第11刷発行

解説・監修　海野 弘

アートディレクション　原条令子
デザイン　八田さつき
翻訳　マクレリー ルシー（ザ・ワード・ワークス）
校閲　酒井清一
撮影　北郷 仁
　　　藤本邦治
コーディネーション　井上晶子
編集　荒川佳織

発行人　三芳寛要
発行元　株式会社 パイ インターナショナル
〒170-0005　東京都豊島区南大塚2-32-4
TEL 03-3944-3981
FAX 03-5395-4830
sales@pie.co.jp

PIE International Inc.
2-32-4 Minami-Otsuka, Toshima-ku,
Tokyo 170-0005 JAPAN
TEL +81-3-3944-3981
FAX +81-3-5395-4830
sales@pie.co.jp

印刷・製本　TOPPANクロレ株式会社

ISBN978-4-7562-4789-6　C0071
Printed in Japan